Microsoft
Office
Specialist

MOS 攻略問題集

PowerPoint 365&2019

日経BP

目次

はじめに

重要なお知らせ

- 本書解説および模擬練習問題の実習と、模擬テストプログラムの実行には、コンピューターに適切なバージョンの Windows と Office がインストールされている必要があります。次ページの「■学習に必要なコンピュータ環境」を参照してください。
- 模擬テストプログラムを実行する前に、必ず 288 ページの「模擬テストプログラムの使い方」を確認してください。
- 本書や模擬テストについての最新情報は、次の Web サイトをご参照ください。
https://bookplus.nikkei.com/atcl/catalog/20/P60420/

本書は、Microsoft Office Specialist（MOS）に必要なアプリケーションの機能と操作方法を、練習問題で実習しながら学習する試験対策問題集です。試験の出題範囲をすべて学習することができます。
本書は「本誌解説」「模擬練習問題」「模擬テストプログラム」の 3 つの教材で学習を行います。

■ 本誌解説

個々の機能について、練習問題＋機能の説明＋操作手順という 3 ステップで学習します。
学習のために利用する実習用データは DVD-ROM からインストールしてください。インストール方法は（7）ページを参照してください。

■ 模擬練習問題

より多くの問題を練習したい、という方のための模擬問題です。模擬テストプログラムではプログラムの都合上判定ができないような問題も収録しています。問題は 286 ページに掲載しています。解答に使用するファイルは実習用データと一緒にインストールされます。解答が終了したらプロジェクト単位でファイルを保存し、解答（PDF ファイル）および完成例ファイルと比較し、答え合わせを行ってください。

■ 模擬テストプログラム

実際の MOS 試験に似た画面で解答操作を行います。採点は自動で行われ、実力を確認できます。模擬テストは DVD-ROM からインストールしてください。インストール方法は（7）ページ、詳しい使い方は 288 ページを参照してください。

模擬テストには次の 3 つのモードがあります。

- 練習モード：　一つのタスクごとに採点します。
- 本番モード：　実際の試験と同じように、50 分の制限時間の中で解答します。終了すると合否判定が表示され、問題ごとの採点結果を確認できます。作成したファイルはあとで内容を確認することもできます。
- 実力判定テスト：毎回異なる組み合わせでプロジェクトが出題されます。何回でも挑戦できます。

■ 学習に必要なコンピューター環境（実習用データ、模擬テストプログラム）

OS	Windows 10（日本語版、32 ビットおよび 64 ビット。ただし S モードを除く）。本書発行後に発売された Windows のバージョンへの対応については、本書のウェブページ（https://bookplus.nikkei.com/atcl/catalog/20/P60420/）を参照してください。
アプリケーションソフト	Microsoft Office 2019 または Office 365（Microsoft 365、日本語版、32 ビットおよび 64 ビット）をインストールし、ライセンス認証を完了させた状態。 なお、お使いの Office がストアアプリ版の場合、模擬テストプログラムが動作しないことがあります。くわしくは、本書のウェブページ（https://bookplus.nikkei.com/atcl/catalog/20/P60420/）の「お知らせ」を参照してください。
インターネット	本誌解説の中には、インターネットに接続されていないと実習できない機能が一部含まれています。模擬テストプログラムの実行にインターネット接続は不要ですが、模擬テストプログラムの更新プログラムの適用にはインターネット接続が必要です。
ハードディスク	1.0GB 以上の空き容量が必要です。
画面解像度	本誌解説は画面解像度が 1280 × 768 ピクセルの環境での画面ショットを掲載しています。環境によりリボンやボタンの表示が誌面とは異なる場合があります。模擬テストプログラムの実行には、横 1280 ピクセル以上を推奨します。
DVD-ROM ドライブ	実習用データおよび模擬テストのインストールに必要です。

※模擬テストプログラムは、Office 2019 もしくは Office 365（Microsoft 365）以外のバージョンや Microsoft 以外の互換 Office では動作いたしません。また、複数の Office が混在した環境では、本プログラムの動作を保証しておりません。

※ Office は、本プログラムのインストールより先にインストールしてください。本プログラムのインストール後に Office のインストールや再インストールを行う場合は、いったん本プログラムをアンインストールしてください。

■ インストール方法

本書付属 DVD-ROM では次の 2 つをインストールできます。

・模擬テストプログラム

・実習用データと模擬練習問題

これらは別々にインストールできます。

●インストール方法

DVD-ROM をドライブに挿入すると、自動再生機能によりインストールが始まります。始まらない場合は、DVD-ROM の中にある MosPowerPoint2019_Setup.exe をダブルクリックしてください（ファイルを間違えないようご注意ください）。

インストールウィザードで右の画面が表示されたら、インストールするモジュールの左にあるアイコンをクリックします。インストールする場合は［この機能をローカルのハードディスクドライブにインストールします。］（既定値）、インストールしない場合は［この機能を使用できないようにします。］を選んでください。その他の項目を選択すると正常にインストールされないのでご注意ください。

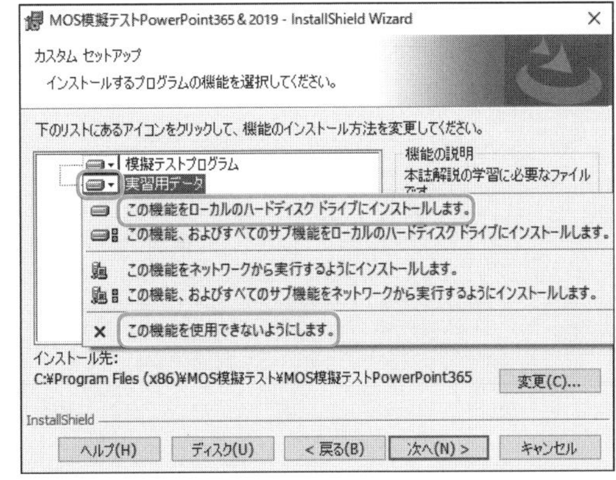

あとから追加でインストールする場合は、［コントロールパネル］の［プログラムと機能］で表示される一覧から［MOS 模擬テスト PowerPoint365&2019］を選び、［変更］をクリックします。右の画面で［変更］を選んで［次へ］をクリックすると、右上と同じ画面が表示されます。

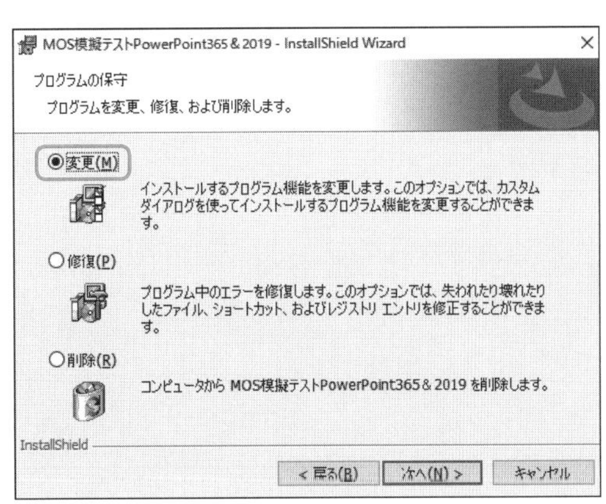

※「インストールしています」の画面が表示されてからインストールが開始されるまで、かなり長い時間がかかる場合があります。インストールの進行を示すバーが変化しなくても、そのまましばらくお待ちください。

●インストール場所

模擬テストプログラム：インストールプログラムが提示します。この場所は変更できます。
実習用データ：［ドキュメント］-［PowerPoint365&2019（実習用）］フォルダー。この場所は変更できませんが、インストール後に移動させることはできます。

●アンインストール方法

①Windowsに管理者（Administrator）でサインイン/ログオンします。
②コントロールパネルの［プログラムと機能］ウィンドウを開き、［MOS模擬テストPowerPoint365&2019］を選んで［アンインストール］をクリックします。
※アンインストールを行うと、実習用データ（あとで作成したものを除く）も削除されます。

おことわり

本書の内容および模擬テストプログラムは、2020年10月現在のOffice 2019 Professional Plusで検証しています。
Officeの更新状況や機能・サービスの変更により、模擬テストプログラムの正解手順に応じた操作ができなかったり、正しい手順で操作したにもかかわらず正解とは判定されなかったりすることがあります。その場合は、適宜別の方法で操作したり、手順を確認のうえ、ご自分で正解と判断したりして学習を進めてください。

本書の使い方

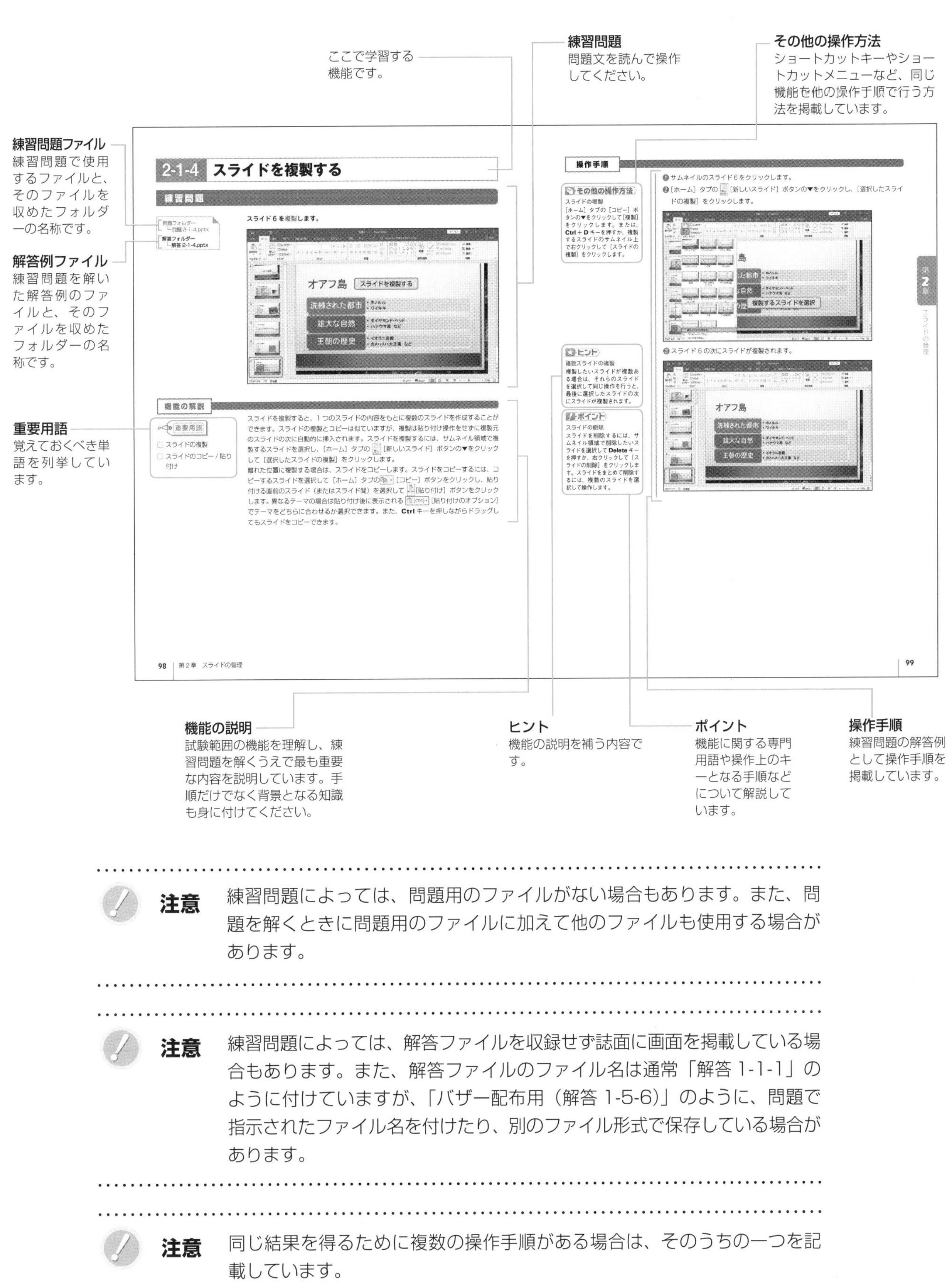

注意　練習問題によっては、問題用のファイルがない場合もあります。また、問題を解くときに問題用のファイルに加えて他のファイルも使用する場合があります。

注意　練習問題によっては、解答ファイルを収録せず誌面に画面を掲載している場合もあります。また、解答ファイルのファイル名は通常「解答 1-1-1」のように付けていますが、「バザー配布用（解答 1-5-6）」のように、問題で指示されたファイル名を付けたり、別のファイル形式で保存している場合があります。

注意　同じ結果を得るために複数の操作手順がある場合は、そのうちの一つを記載しています。

■ PowerPoint 2019 の画面

クイックアクセスツールバー

［上書き保存］［元に戻す］など、作業内容にかかわらず頻繁に利用するボタンが集められたバー。ボタンをカスタマイズすることもできる。

［ファイル］タブ

クリックすると開く、保存、印刷などのメニューが表示される。そのほか PowerPoint の設定やファイルの情報を管理する操作が実行できる。

タブ

ウィンドウ上の［ホーム］［挿入］…と表示された部分。クリックすると、その下のボタンの内容が変化する。

リボン

ウィンドウ上の［ホーム］［挿入］…と表示された部分とその下のボタンが並んでいるエリア。リボンは現在の作業に応じて自動的に切り替わる。

詳細なダイアログボックスの表示

クリックすると、より詳細な設定ができるダイアログボックスや作業ウィンドウが表示される。

スライドのサムネイル

スライドのサムネイル（縮小版）が表示される。ステータスバーの［標準］ボタンをクリックすると、サムネイル表示とアウトライン表示が切り替わる。

スライドペイン

各スライドのテキストがどのように表示されるのかを確認することができる。スライドごとに、グラフィックス、ビデオ、サウンドなどの追加、ハイパーリンクの作成、アニメーションの追加などを行うことができる。

ミニツールバー

文字を選択したとき選択文字の右上に現れるバー。文字を選択したときは透明な状態で表示され、マウスポインターをミニツールバーの上に移動すると不透明になってボタンがクリックできる。ミニツールバーはマウスを右クリックしても表示される。

ノートペイン

発表者用のノートや参加者と共有する情報を入力できる。

コマンドボタン

各グループを構成する個々のボタン。コマンドボタンにマウスポインターを合わせて少し待つと、そのコマンドボタンの機能がポップヒントで表示される。

グループ

ボタンが［フォント］や［段落］などのグループに分類されている。グループには、似た機能を持つボタン（コマンドボタン）が集められている。

ノート

ノートペインの表示 / 非表示を切り替える。

コメント

スライドペインの右側に表示されるコメントペインの表示 / 非表示を切り替える。

表示選択ショートカット

［標準］［スライド一覧］［閲覧表示］［スライドショー］の各表示画面に切り替えるボタンが配置されている。

ズームスライダー

ウィンドウ右下にあり、表示倍率を変更する。スライダーをドラッグすると表示倍率を変更できる。また、［+］［−］のボタンをクリックすると 10%ずつ拡大 / 縮小できる。

スクロールバー

画面に表示されていない部分を表示する場合に使用する。

■ 本書の表記

本書では、Windows 10 上で PowerPoint 2019 を操作した場合の画面表示、名称を基本に解説し、次のように表記しています。

●画面に表示される文字

メニュー、コマンド、ボタン、ダイアログボックスなどの名称で画面に表示される文字は、角かっこ（[ ]）で囲んで表記しています。アクセスキー、コロン（:）、省略記号（...）、チェックマークなどの記号は表記していません。

●ボタン名の表記

ボタンに表記されている名前を、原則的に使用しています。なお、ボタン名の表記がないボタンは、マウスでポイントすると表示されるポップヒントで表記しています。また、右端や下に▼が付いているボタンでは、「[○○] ボタンをクリックする」とある場合はボタンの左側や上部をクリックし、「[○○] ボタンの▼をクリックする」とある場合は、ボタンの右端や下部の▼部分をクリックすることを表します。

■ 実習用データの利用方法

インストール方法は、(7) ページを参照してください。[PowerPoint365&2019（実習用)] フォルダーは [ドキュメント] の中にあり、以下のフォルダーと解答に使用するファイルが収録されています。

フォルダー名	内容
[問題] フォルダー	練習問題用のファイル
[解答] フォルダー	練習問題の解答例ファイル
[模擬練習問題] フォルダー	模擬練習問題に関する、解答に必要なファイル、完成例ファイル、問題と解答例

おことわり

Officeのバージョンやエディション、更新状況に伴う機能・サービスの変更により、誌面の通りに表示されなかったり操作できなかったりすることがあります。その場合は適宜別の方法で操作してください。

学習の進め方

本誌解説は、公開されているMOS 365&2019の「出題範囲」に基づいて章立てを構成しています。このため、PowerPointの機能を学習していく順序としては必ずしも適切ではありません。PowerPointの基本から応用へと段階的に学習する場合のカリキュラム案を以下に示しますが、もちろんこの通りでなくてもかまいません。

本書は練習問題（1-1-1のような項目ごとに一つの練習問題があります）ごとに実習用の問題ファイルが用意されているので、順序を入れ替えても問題なく練習できるようになっています。

1. スライドの挿入と編集

2-1　スライドを挿入する（2-1-5を除く）
2-2　スライドを変更する
2-3　スライドを並べ替える、グループ化する

2. テキスト、画像、図形の挿入と編集

3-1　テキストを書式設定する
3-3　図を挿入する、書式設定する
3-4　グラフィック要素を挿入する、書式設定する（3-4-6を除く）
3-5　スライド上の図形を並べ替える、グループ化する

3. 表、グラフ、SmartArt、3Dモデル、メディアの挿入と書式設定

4-1　表を挿入する、書式設定する
4-2　グラフを挿入する、変更する
4-3　SmartArtを挿入する、書式設定する
4-4　3Dモデルを挿入する、変更する
4-5　メディアを挿入する、管理する

4. 特殊効果の設定とスライドショー

5-1	画面切り替えを適用する
5-2	スライドのコンテンツにアニメーションを設定する
5-3	画面切り替えとアニメーションのタイミングを設定する
1-4	スライドショーを設定する、実行する

5. プレゼンテーション全体の管理

1-1	スライド、配布資料、ノートのマスターを変更する
1-2	プレゼンテーションのオプションや表示を変更する
3-2	リンクを挿入する
2-1-5	サマリーズームのスライドを挿入する

6. プレゼンテーションの印刷と配布準備

1-3	プレゼンテーションの印刷設定を行う
1-5	共同作業用にプレゼンテーションを準備する
3-4-6	アクセシビリティ向上のため、グラフィック要素に代替テキストを追加する

MOS 試験について

●試験の内容と受験方法

MOS（マイクロソフトオフィススペシャリスト）試験については、試験を実施しているオデッセイコミュニケーションズの MOS 公式サイトを参照してください。
https://mos.odyssey-com.co.jp/

● PowerPoint 365&2019 の出題範囲

より詳しい出題範囲（PDF ファイル）は MOS 公式サイトからダウンロードできます。その PDF ファイルにも書かれていますが、出題範囲に含まれない操作や機能も出題される可能性があります。

プレゼンテーションの管理

・スライド、配布資料、ノートのマスターを変更する
・プレゼンテーションのオプションや表示を変更する
・プレゼンテーションの印刷設定を行う
・スライドショーを設定する、実行する
・共同作業用にプレゼンテーションを準備する

スライドの管理

・スライドを挿入する
・スライドを変更する
・スライドを並べ替える、グループ化する

テキスト、図形、画像の挿入と書式設定

・テキストを書式設定する
・リンクを挿入する
・図を挿入する、書式設定する
・グラフィック要素を挿入する、書式設定する
・スライド上の図形を並べ替える、グループ化する

表、グラフ、SmartArt、3D モデル、メディアの挿入

・表を挿入する、書式設定する
・グラフを挿入する、変更する
・SmartArt を挿入する、書式設定する
・3D モデルを挿入する、変更する
・メディアを挿入する、管理する

画面切り替えやアニメーションの適用

・画面切り替えを適用する、設定する
・スライドのコンテンツにアニメーションを設定する
・アニメーションと画面切り替えのタイミングを設定する

試験の操作方法

試験問題の構成や操作方法などは試験開始前に説明画面が表示されますが、なるべく事前に頭に入れておき、問題の解答操作以外のところで時間を取られないよう注意しましょう。

●試験問題の構成

試験は「マルチプロジェクト」と呼ぶ形式で、5 ～ 10 個のプロジェクトで構成されています。プロジェクトごとに一つのファイルが開き、そのファイルに対して解答操作を行います。タスク（問題）はプロジェクトごとに 1 ～ 7 個、試験全体で 26 ～ 35 個あります。

●プロジェクトの操作

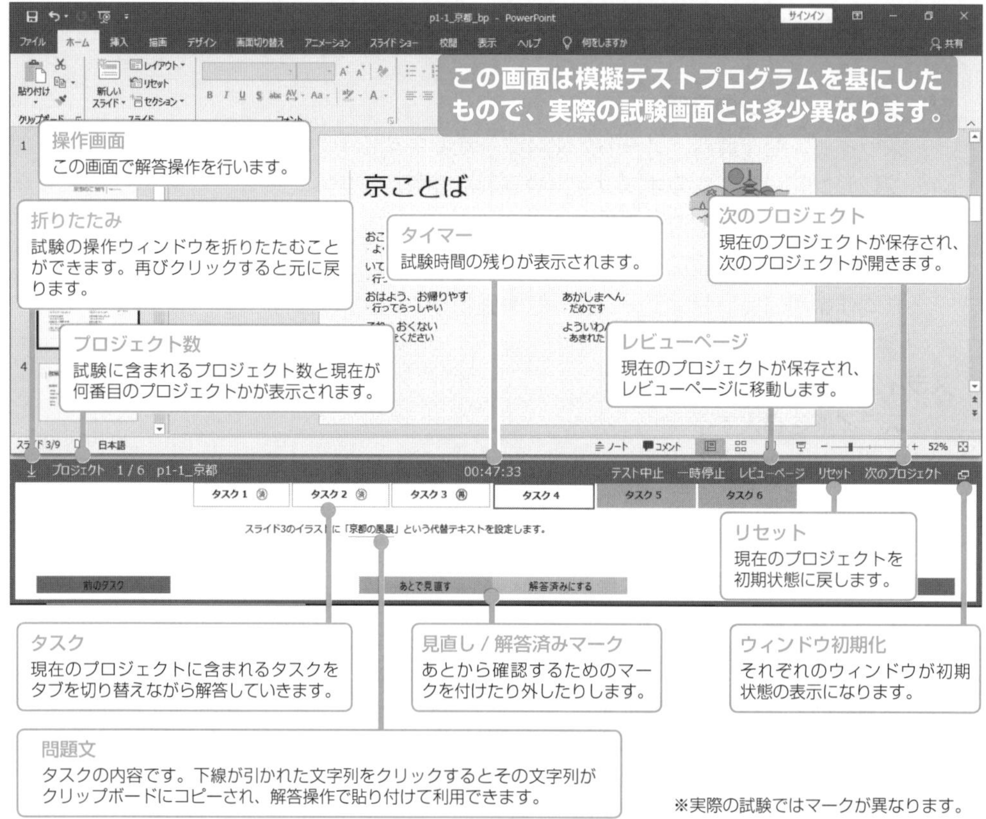

※実際の試験ではマークが異なります。

試験が始まると上記のような画面が表示されます。上半分がプロジェクトファイルを開いたPowerPointのウィンドウです。下半分が試験の操作ウィンドウ（プロジェクト操作ウィンドウ）で、問題文の表示、タスク（問題）の切り替え、次のプロジェクトへの移動、[解答済みにする] と [あとで見直す] のマーク付けなどを行います。[プロジェクトの概要] [タスク 1] [タスク 2] …という部分はタブになっていて、選択されているタスクの問題文やプロジェクトの簡単な説明がその下に表示されます。

一つのタスクについて、解答操作を行ったら［解答済みにする］をクリック、解答操作に自信がない（あとで見直したい）場合や解答をいったんスキップする場合は［あとで見直す］をクリックします。なお、［解答済みにする］マークや［あとで見直す］マークは確認のためのものであり、試験の採点には影響しません。その後、ほかのタスクに切り替えます。タスクは番号にかかわらずどの順序でも解答することができます。解答操作をキャンセルしてファイルを初期状態に戻したいときは［リセット］をクリックします。この場合、そのプロジェクトのすべてのタスクに関する解答操作が失われます。
全部のタスクを解答またはスキップしたら［次のプロジェクト］をクリックします。すると確認メッセージとともにそのプロジェクトが保存され、次のプロジェクトが開きます。試験の操作ウィンドウの上部のバーには試験に含まれるプロジェクト数と現在が何番目のプロジェクトかが「1/7」という形式で表示されており、その横に残り時間が表示されています。
最後のプロジェクトで［次のプロジェクト］をクリックすると、確認メッセージに続けてレビューページが表示されます。

●レビューページ

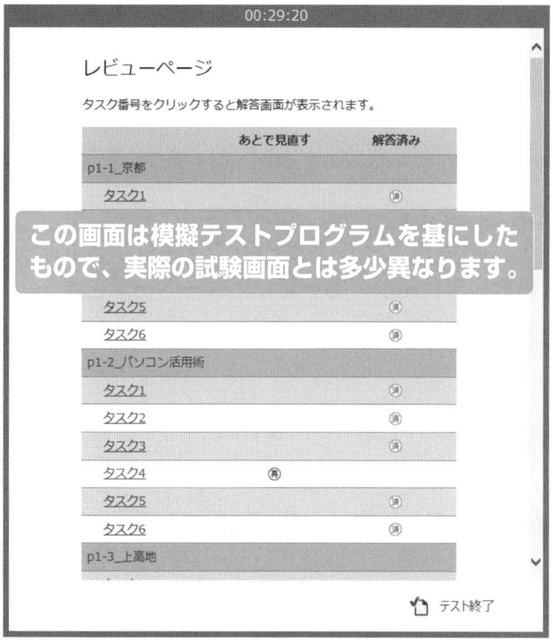

00:29:20

レビューページ

タスク番号をクリックすると解答画面が表示されます。

	あとで見直す	解答済み
p1-1_京都		
タスク1		済
タスク5		済
タスク6		済
p1-2_パソコン活用術		
タスク1		済
タスク2		済
タスク3		済
タスク4	済	
タスク5		済
タスク6		済
p1-3_上高地		

テスト終了

この画面は模擬テストプログラムを基にしたもので、実際の試験画面とは多少異なります。

レビューページには、解答操作の際に付けた［解答済みにする］と［あとで見直す］のマークがそれぞれのタスクに表示されます。タスク番号をクリックすると試験の操作画面に戻り、該当するプロジェクトのファイルが開きます。プロジェクトファイルは保存したときの状態で、クリックしたタスクが選択されています。解答の操作、修正、確認などを行ったら［解答済みにする］や［あとで見直す］のマークの状態を更新します。
一度レビューページが表示されたあとは、試験の操作ウィンドウの右上にこの一覧画面に戻るための［レビューページ］が表示され、クリックするとプロジェクトが保存されてレビューページに戻ります。
すべての操作や確認が完了したら［テスト終了］をクリックして試験を終了します。［テスト終了］をクリックしなくても、試験時間の 50 分が経過したら自動的に終了します。

受験時のアドバイス

▶▶▶ 試験開始前に配布資料をよく読む

試験開始前には、試験官の注意をよく聞き、配布される資料をきちんと読みましょう。資料には解答時の注意点などが書かれており、それが採点に影響することもありますから、確認漏れのないよう注意します。

▶▶ タスクの解答順にはこだわらない

一つのプロジェクト内では同じファイルに対して操作を行いますが、タスクは基本的に相互の関連がないので、前のタスクを解答しないと次のタスクが解答できない、ということはありません。左の「タスク 1」から順に解答する必要はありません。

▶▶▶ 一つのタスクに固執しない

できるだけ高い得点をとるためには、やさしい問題を多く解答して正解数を増やすようにします。とくに試験の前半で難しい問題に時間をかけてしまうと、時間が足りなくなる可能性があります。タスクの問題文を読んで、すぐに解答できる問題はその場で解答し、すぐに解答できそうにないと感じたら、早めにスキップして解答を後回しにします。全部のタスクを開いたら、スキップしたタスクがあっても次のプロジェクトに進みます。

▶▶▶ [解答済みにする] か [あとで見直す] のチェックは必ず付ける

一つのタスクについて、解答したときは [解答済みにする]、解答に自信がないかすぐに解答できないときは [あとで見直す] のチェックを必ず付けてから、次のタスクを選択するようにします。これらのチェックは採点結果には影響しませんが、あとでレビューページを表示したときに重要な情報になるので、付け忘れないようにします。

▶▶▶ レビューページで未了タスクを確認

どのタスクの解答を解答済みにしたかは、レビューページで確認します。レビューページはすべてのプロジェクトを保存（[次のプロジェクト] ボタンをクリック）しないと表示されません。レビューページで [解答済みにする] マークも [あとで見直す] マークも付いていないタスクは、タスクの問題文を見逃している可能性があるので、そのタスクがあればまず確認し解答します。

次に、[あとで見直す] マークが付いているタスクに取りかかります。解答できたら [あとで見直す] マークのチェックを外し [解答済みにする] マークをチェックしてから、レビューページに戻ります。

▶▶▶ 残り時間を意識し、早めにレビューページを表示する

プロジェクト操作画面とレビューページには、試験の残り時間が表示されています。試験終了間際にならないうちに、すべてのプロジェクトをいったん保存してレビューページを表示するように心がけます。

▶▶▶ ［リセット］ボタンは慎重に

［リセット］ボタンをクリックすると、現在問題文が表示されているタスクだけではなく、そのプロジェクトにあるタスクの操作がすべて失われるので注意が必要です。途中で操作の間違いに気づいた場合、なるべく［リセット］ボタンを使わず、［元に戻す］ボタン（または Ctrl+Z キー）で操作を順に戻すようにしましょう。

▶▶▶ 指示外の設定は変更しない

操作項目に書かれていない設定項目は既定のままにしておきます。これを変更すると採点結果に悪影響を与える可能性があります。

▶▶▶ 文字は直接入力せずコピー機能を利用する

問題文で下線が引かれた文字列をクリックするとその文字がクリップボードにコピーされ、解答操作で Ctrl+V キーなどで貼り付けて利用できます。プレースホルダーや図形への文字入力のほか、セクションやプロパティの設定などあらゆる文字入力の操作で利用できます。入力ミスを防ぎ操作時間を短縮するためにコピー機能を利用しましょう。

▶▶▶ 英数字や記号は基本的に半角文字

英数字や記号など、半角文字と全角文字の両方がある文字については、具体的な指示がない限り半角文字を入力します。

▶▶▶ プレビューやスライドショーで確認する

画面切り替えやアニメーションを設定したときはプレビューやスライドショーを実行して問題文で指示されているとおり動作するか確認しましょう。

▶▶▶ ファイルの保存は適度に

ファイルをこまめに保存するよう、案内画面には書かれていますが、それほど神経質になる必要はありません。ファイルの保存操作をするかどうかは採点結果には影響しません。何らかの原因で試験システムが停止してしまった場合に、操作を途中から開始できるようにするためのものです。ただし、このようなシステム障害の場合にどういう措置がとられるかは状況次第ですので、会場の試験官の指示に従ってください。

Chapter 1

プレゼンテーションの管理

本章で学習する項目

- □ スライド、配布資料、ノートのマスターを変更する
- □ プレゼンテーションのオプションや表示を変更する
- □ プレゼンテーションの印刷設定を行う
- □ スライドショーを設定する、実行する
- □ 共同作業用にプレゼンテーションを準備する

1-1 スライド、配布資料、ノートのマスターを変更する

PowerPoint ではプレゼンテーション全体をマスターで一括管理しています。マスターには、スライドマスター、配布資料マスター、ノートマスターの 3 種類があります。マスターでレイアウトや書式を設定すると、すべてのスライドに対して反映できるので、統一感のあるプレゼンテーションを作成することができます。

1-1-1 スライドマスターのテーマや背景を変更する

練習問題

問題フォルダー
└問題 1-1-1.pptx
PowerPoint 365&2019（実習用）フォルダー
└Logo.png
解答フォルダー
└解答 1-1-1.pptx

【操作 1】スライドマスターでテーマを「ウィスプ」、テーマの配色を「黄緑」、テーマのフォントを「Cambria」に変更します。
【操作 2】スライドマスターで背景を「スタイル 5」に変更します。
【操作 3】スライドマスターに［PowerPoint365&2019（実習用）］フォルダーに保存されている画像ファイル「Logo」を挿入し、スライドマスターの右上隅に配置して、スライドマスター表示を閉じます。

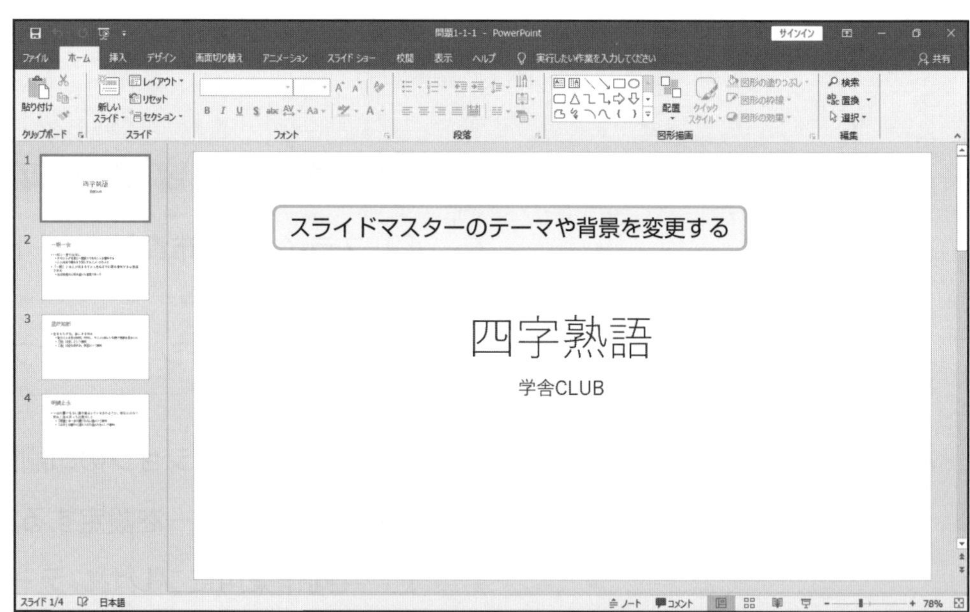

機能の解説

- スライドマスター
- ［スライドマスター］ボタン
- スライドレイアウト
- テーマ
- ［テーマ］ボタン
- 配色（テーマの配色）

スライドマスターは、スライドのデザインや書式を管理しているスライドのことです。スライドマスターには、プレゼンテーション内のスライドのプレースホルダーのサイズや位置、文字書式や段落書式、背景のデザインや配色、効果やアニメーションなどの情報が格納されています。スライドマスターを表示するには、［表示］タブの［スライドマスター］ボタンをクリックします。
スライドマスターには複数のスライドレイアウトが含まれ、各スライドレイアウトはスライドマスターが管理する要素をもとに構成されています。そのため、スライドマスターでテーマの適用、書式の変更、フッターや画像の挿入などを行うと、対応しているスライドレイアウトに反映されます。
テーマとは、スライドのデザインや配色、フォント、効果といった書式のセットのことで、Word や Excel などでも使用されています。テーマを適用するとプレゼンテーション全体のデザインをまとめて変更することができます。また、配色、フォント、効果を個別に設

□ フォント（テーマのフォント）
□ 効果（テーマの効果）
□ 背景の変更
□ 画像の挿入

定することや、独自に作成したテーマを保存して利用することも可能です。スライドマスターでテーマを変更するには、［スライドマスター］タブの［テーマ］ボタンをクリックして一覧から選択します。
スライドマスターで背景を変更するには、［スライドマスター］タブの 背景のスタイル ［背景のスタイル］ボタンをクリックして一覧から選択します。また、スライドマスターにロゴなどの画像や図形を挿入すると、対応するスライドレイアウトに共通に表示させることができます。画像や図形の挿入および配置の変更は通常のスライドと同じ操作で行うことができます。

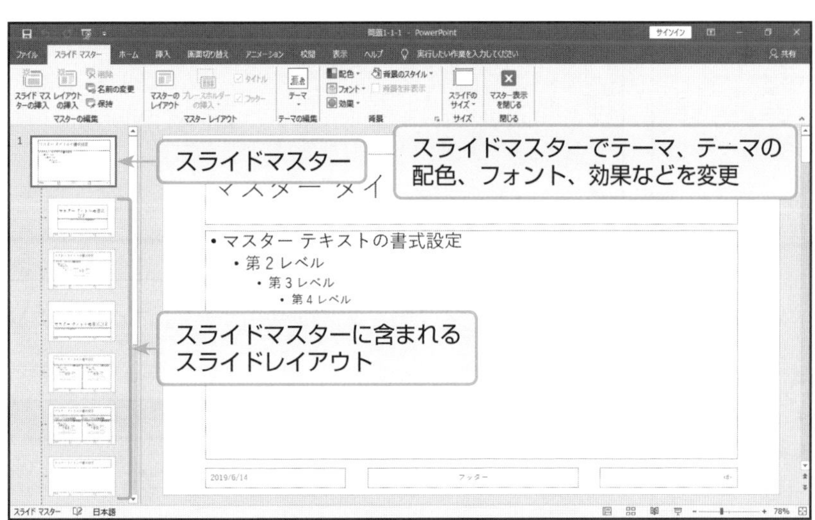

操作手順

その他の操作方法

スライドマスター表示
Shift キーを押しながらステータスバーの［標準］ボタンをクリックします。

【操作 1】

❶［表示］タブの［スライドマスター］ボタンをクリックします。

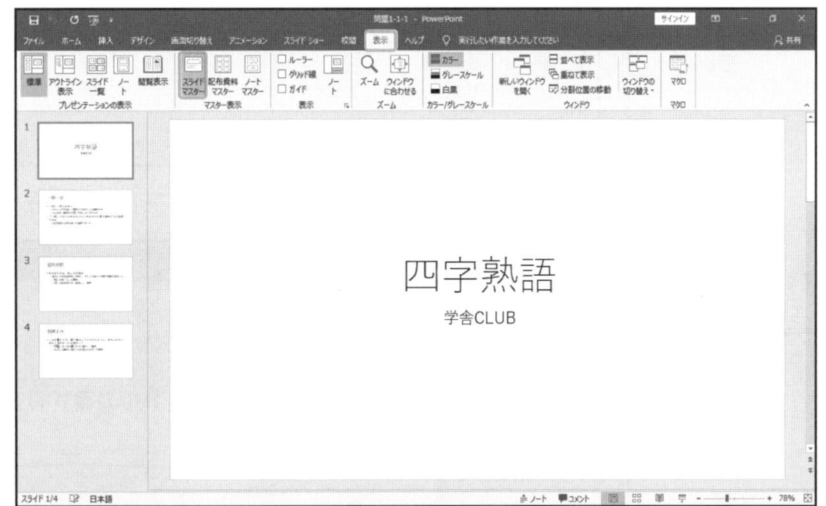

❷［スライドマスター］タブが表示されたことを確認します。

❸左側のサムネイルの一番上にあるスライドマスターをクリックします。

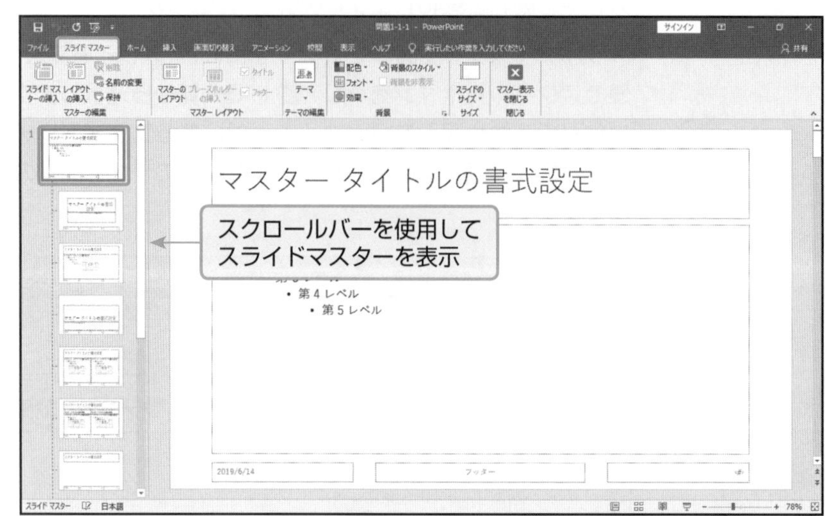

❹［スライドマスター］タブの［テーマ］ボタンをクリックし、［ウィスプ］をクリックします。

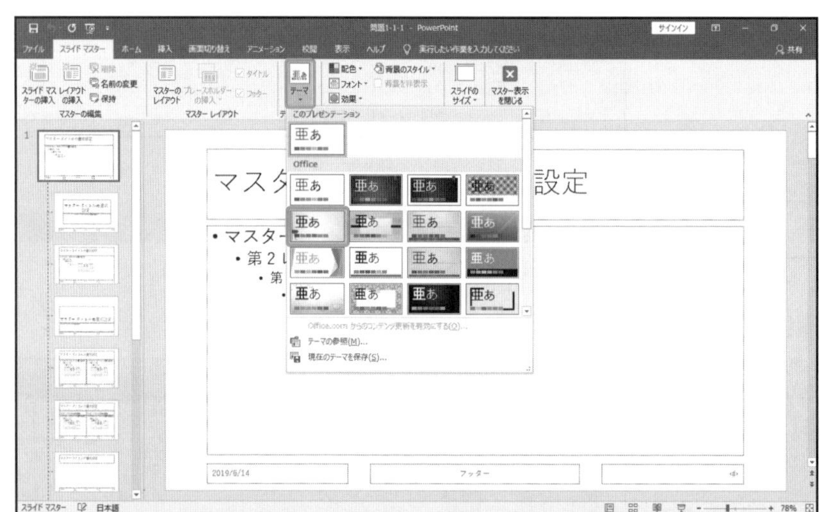

❺すべてのレイアウトにテーマ「ウィスプ」が適用されます。

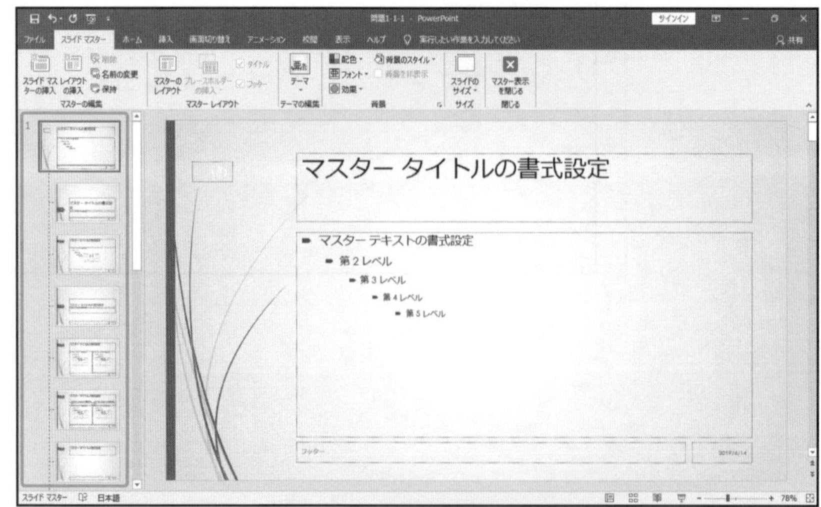

ヒント

スライドマスター

スライドマスターは１つのファイル内に複数管理することができます。新しいスライドマスターを追加するには、［スライドマスター］タブの［スライドマスターの挿入］をクリックします。

ヒント

既定のテーマ

新しいプレゼンテーションを作成すると、既定では［Office テーマ］が適用されます。

ポイント

テーマの設定

標準表示でテーマを設定することもできます。その場合は、［デザイン］タブのテーマの一覧で設定したいテーマをクリックします。

⑥［スライドマスター］タブの 配色▾［配色］ボタンをクリックし、［黄緑］をクリックします。

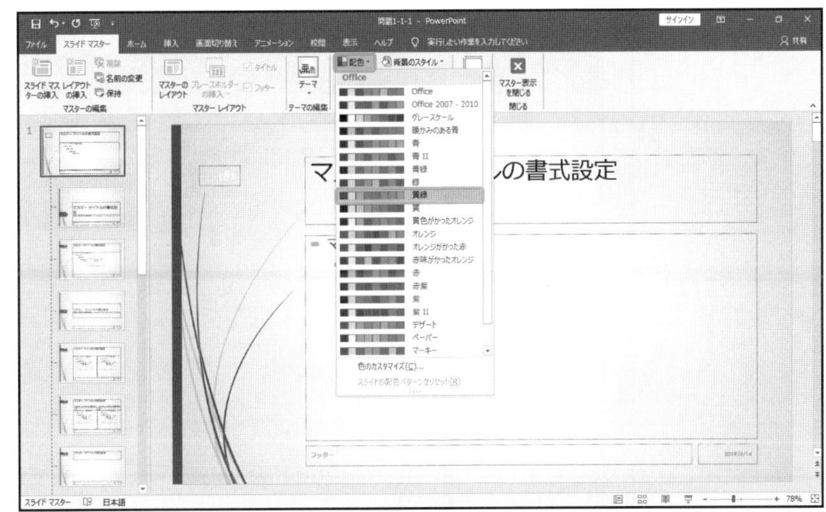

⑦すべてのレイアウトの配色が変更されます。

⑧［スライドマスター］タブの 亜フォント▾［フォント］ボタンをクリックし、［Cambria］をクリックします。

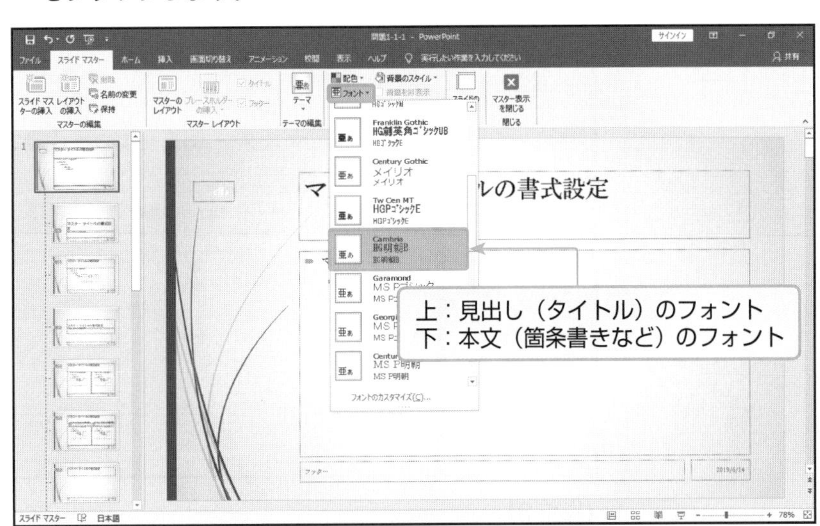

⑨すべてのレイアウトのフォントが変更されます。

ヒント

テーマの配色

テーマの配色は、テキスト/背景の色（4色）、アクセントの色（6色）、ハイパーリンクの色（2色）の全12色で構成されています。［配色］ボタンの色は、適用されているテーマのテキストおよび背景色を表しています。既存の配色をカスタマイズして独自の配色パターンを作成することも可能です。

ヒント

テーマのフォント

テーマのフォントは、見出しのフォントと本文のフォントで構成されています。既存のフォントをカスタマイズして独自のフォントパターンを作成することも可能です。

ヒント

テーマの効果

テーマの効果は、枠線、塗りつぶし、効果（影、反射、光彩、ぼかし、面取り、3-D回転）の組み合わせで構成されています。テーマの効果を変更すると、SmartArtグラフィック、図形、グラフ、表などの外観が変化します。

【操作 2】

⑩ [スライドマスター] タブの [背景のスタイル] ボタンをクリックし、[スタイル 5] をクリックします。

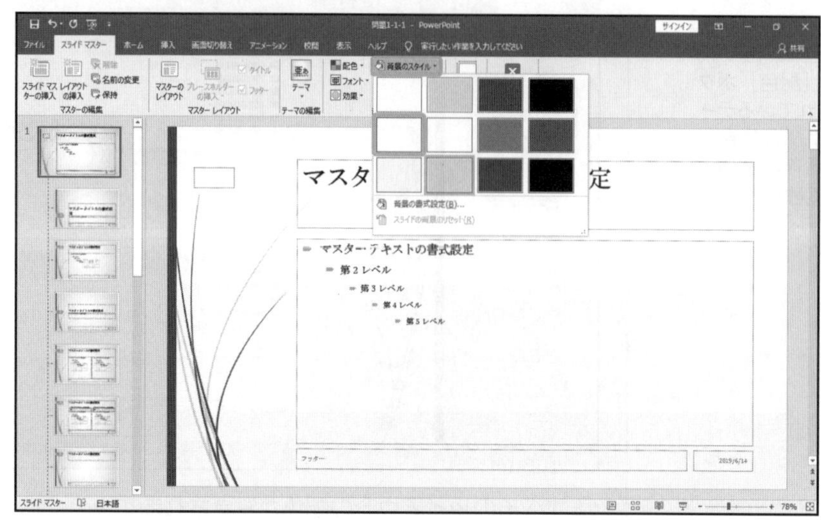

⑪ すべてのレイアウトの背景が変更されます。

ヒント

背景の変更

個々のスライドの背景を変更することもできます（「2-2-2 個々のスライドの背景を変更する」を参照）。

【操作 3】

⑫ [挿入] タブの [画像] ボタンをクリックします。

ヒント

スライド全体に画像を挿入

スライド全体に画像を背景として挿入するには、[スライドマスター] タブの [背景のスタイル] ボタンをクリックして [背景の書式設定] をクリックし、[背景の書式設定] 作業ウィンドウを使用します。

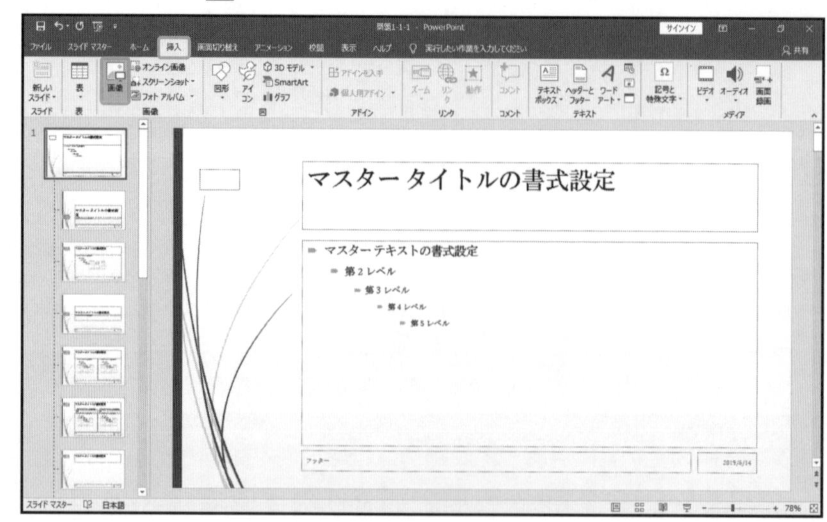

⑬［図の挿入］ダイアログボックスが表示されます。

⑭左側の一覧から［ドキュメント］をクリックします。

⑮［PowerPoint365&2019（実習用）］フォルダーをダブルクリックします。

⑯一覧から「Logo」をクリックし、［挿入］をクリックします。

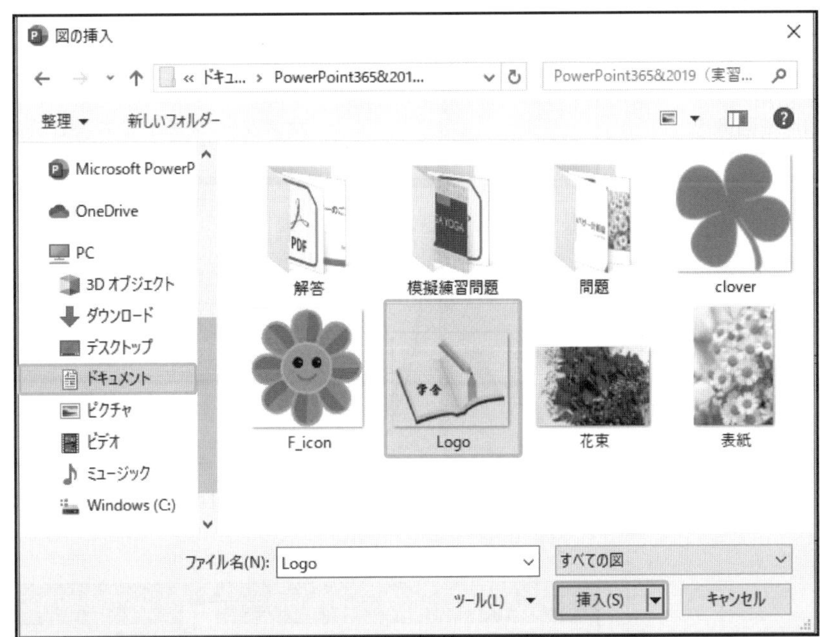

⑰画像が挿入されます。

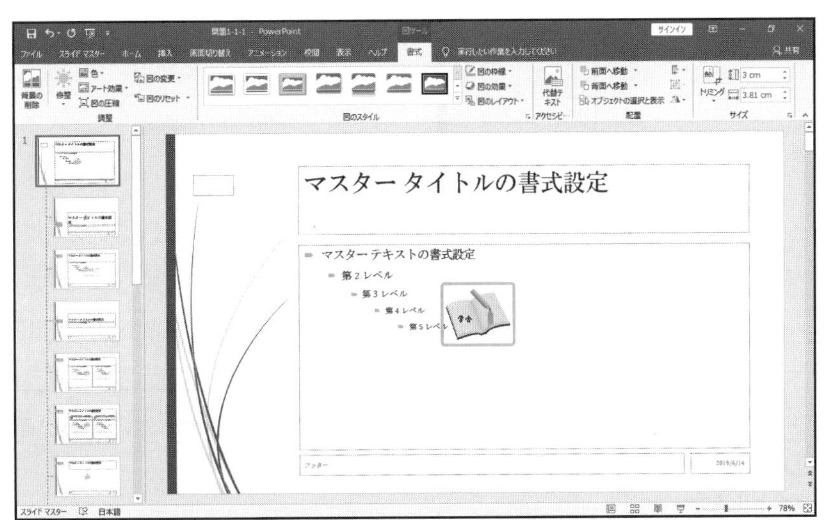

⑱画像をクリックして選択します。

⑲［書式］タブの ［オブジェクトの配置］ボタンをクリックし、［右揃え］をクリックします。

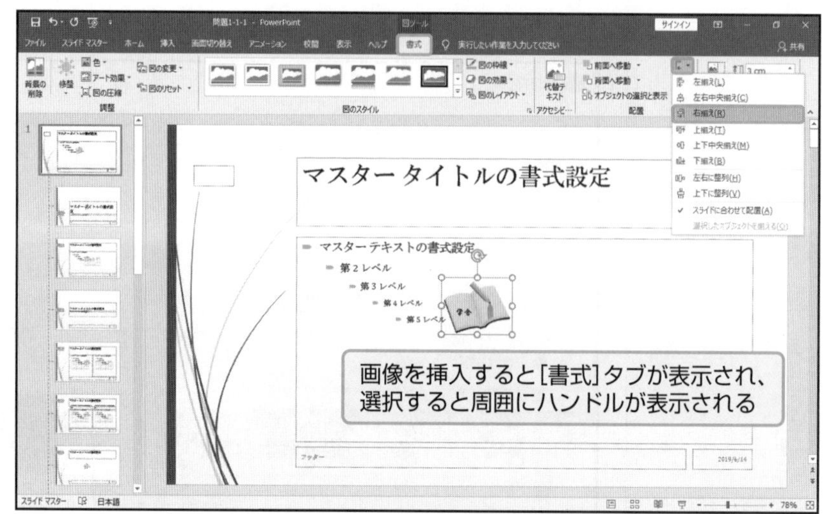

⑳［書式］タブの ［オブジェクトの配置］ボタンをクリックし、［上揃え］をクリックします。

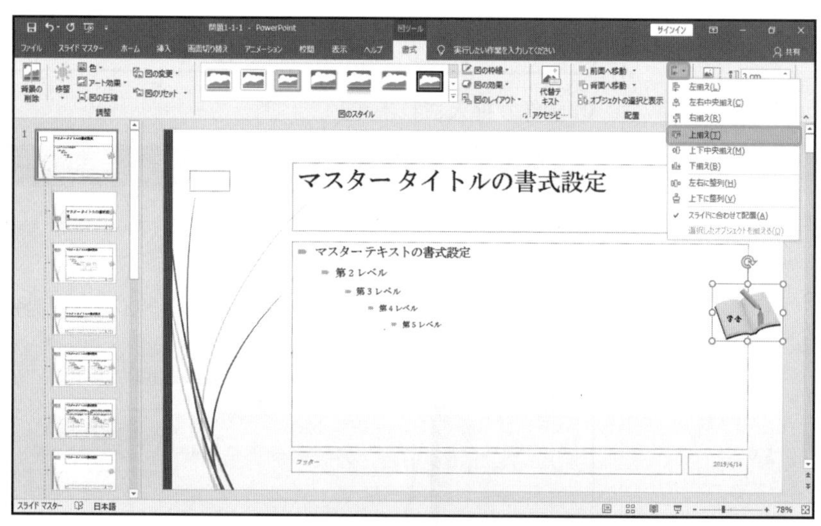

㉑画像がスライドの右上隅に配置され、対応しているマスターの各レイアウトにも表示されます。

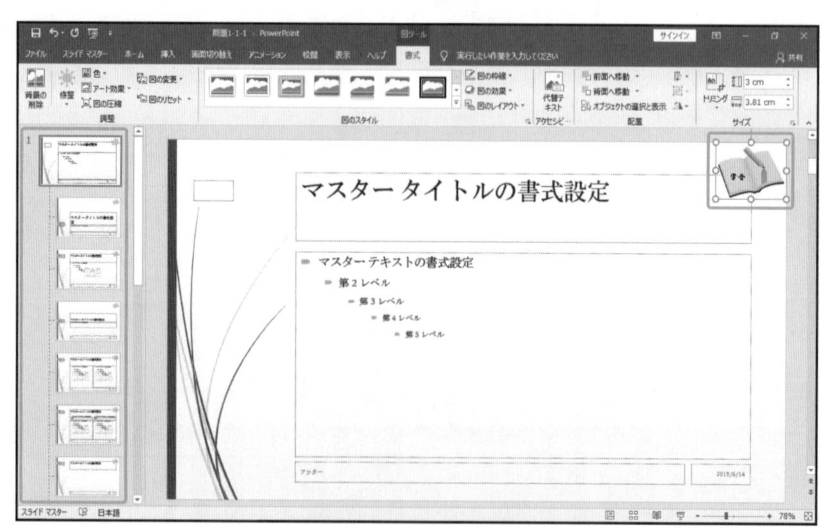

ヒント

数値を指定して画像を配置

数値を指定して画像を配置する場合は、画像を右クリックして［配置とサイズ］をクリックして表示される［図の書式設定］作業ウィンドウを使用します（「3-5-2　配置用のツールを表示する、図形や画像を配置する」を参照）。

ヒント

対応するスライドレイアウト

テーマによってはタイトルスライドなどのスライドレイアウトに画像が表示されない設定になっています。

㉒［スライドマスター］タブの［マスター表示を閉じる］ボタンをクリックします。

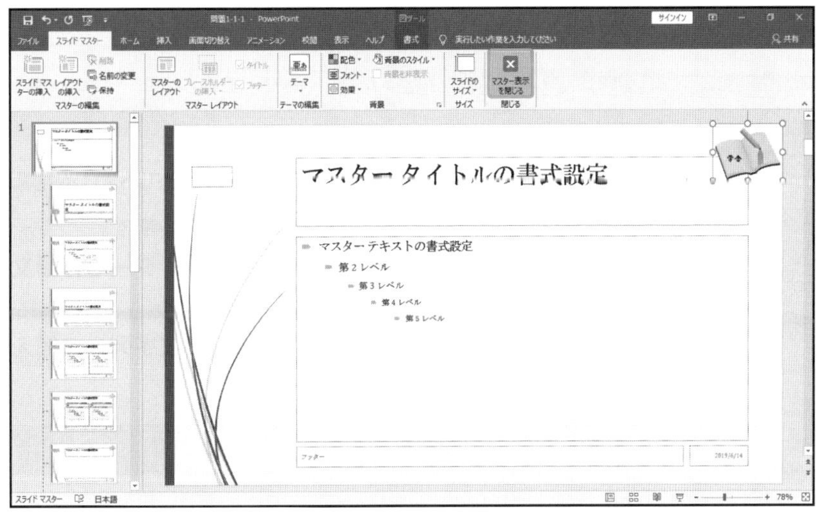

㉓各スライドが設定したテーマや背景になっていることを確認します。

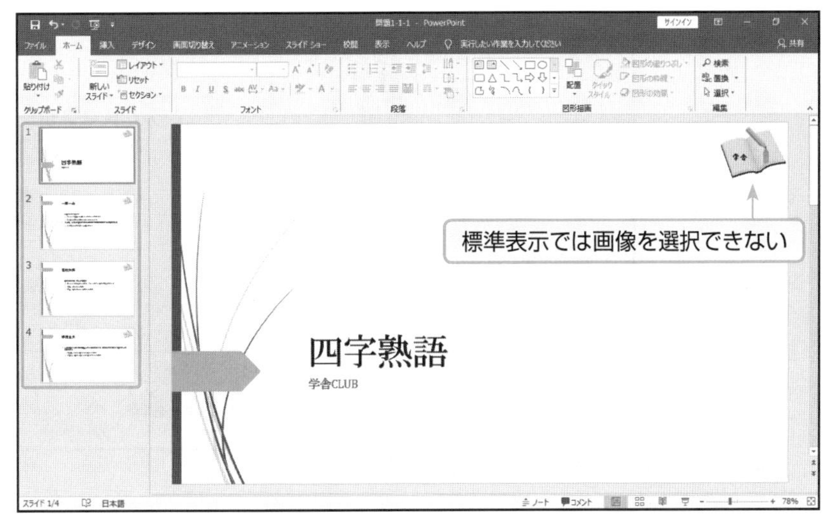

1-1-2 スライドマスターのコンテンツを変更する

練習問題

問題フォルダー
└問題 1-1-2.pptx

解答フォルダー
└解答 1-1-2.pptx

【操作 1】スライドマスターのタイトルのフォントの色を「緑、アクセント 1、黒＋基本色 50%」に変更し、太字を設定します。

【操作 2】スライドマスターのプレースホルダーの行頭文字を「塗りつぶし四角の行頭文字」に変更します。

【操作 3】スライドマスターでフッターの文字列を右揃えにし、スライドマスター表示を閉じます。

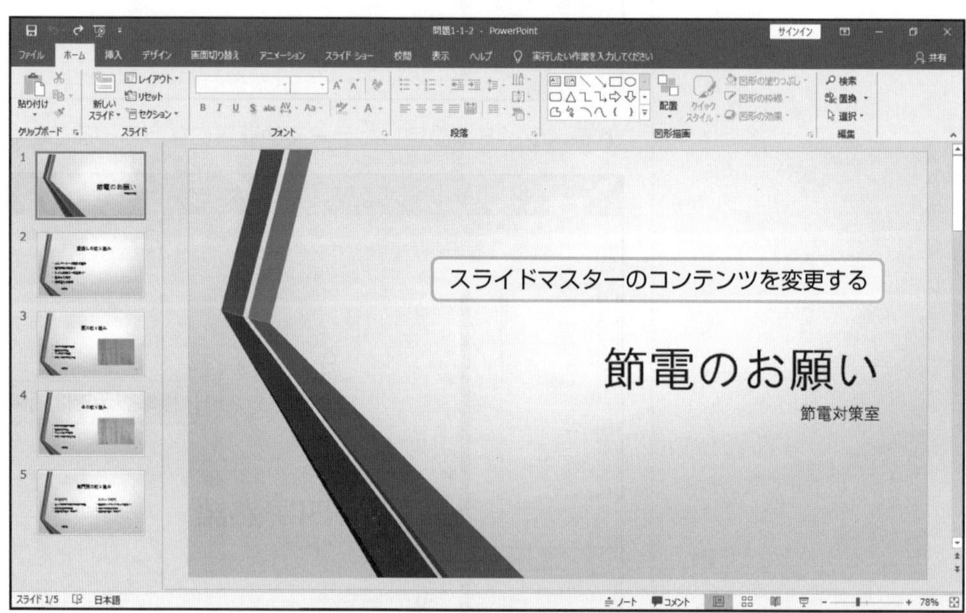

機能の解説

□ スライドマスターのコンテンツの変更

スライドマスターの書式や行頭文字、プレースホルダーの配置の変更は、通常のスライドと同様の操作で行うことができます（「3　テキスト、図形、画像の挿入と書式設定」を参照）。スライドマスターで変更を行うと、そのスライドマスターに含まれるレイアウトに反映されます（テーマによっては、変更されるレイアウトが異なる場合があります）。

操作手順

【操作 1】

❶［表示］タブの［スライドマスター］ボタンをクリックして［スライドマスター］タブを表示し、サムネイルの一番上にあるスライドマスターをクリックします。

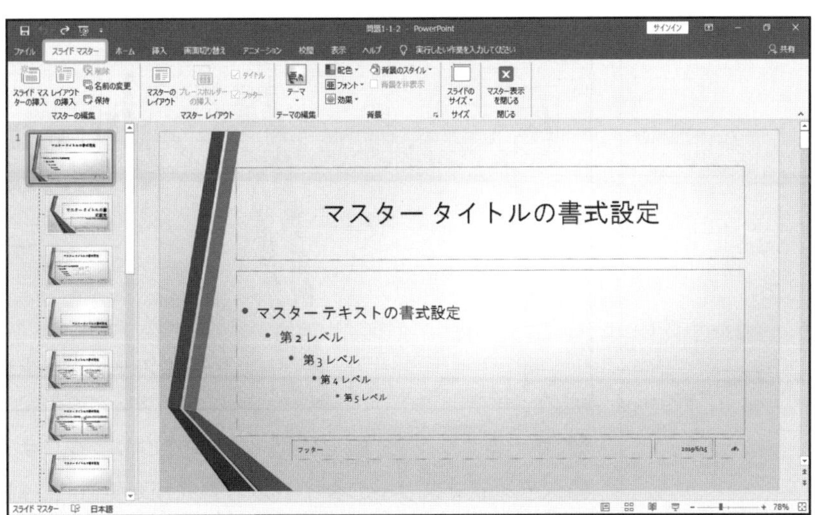

❷「マスタータイトルの書式設定」と表示されているプレースホルダーの枠線上をクリックします。

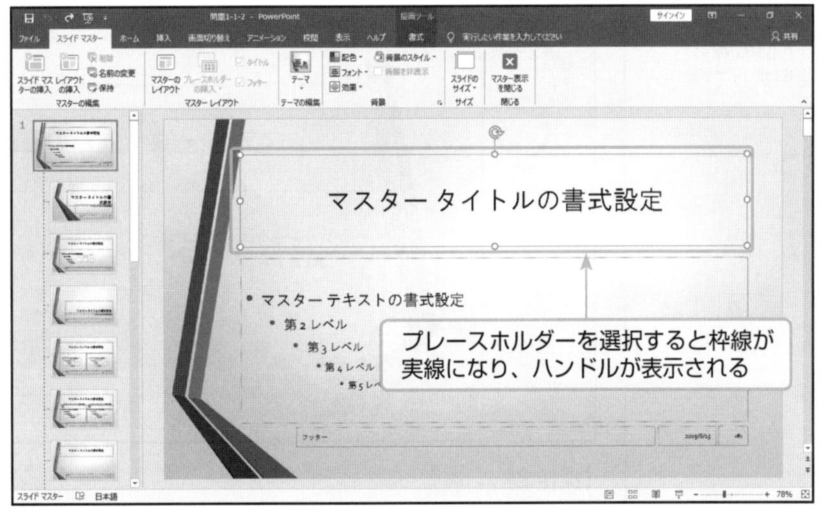

ヒント

テーマの色

[ホーム]タブの[フォントの色]ボタンの▼をクリックして表示される［テーマの色］の一覧でテーマの配色を確認することができます。

❸［ホーム］タブの［フォントの色］ボタンの▼をクリックし、［テーマの色］の［緑、アクセント 1、黒+基本色 50%］をクリックします。

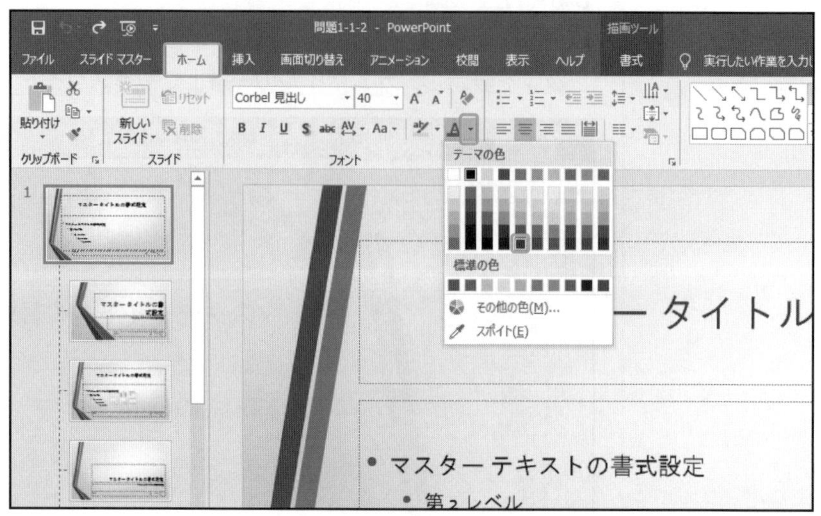

❹［ホーム］タブの［太字］ボタンをクリックします。

ポイント

スライドマスターの設定

テーマの種類や設定する内容によっては、一部のスライドレイアウトに反映されない場合があります。その場合は、スライドマスターの下部の各スライドレイアウトを選択して設定します。

❺スライドマスターのタイトルの書式が変更され、対応するスライドレイアウトにも反映されます。

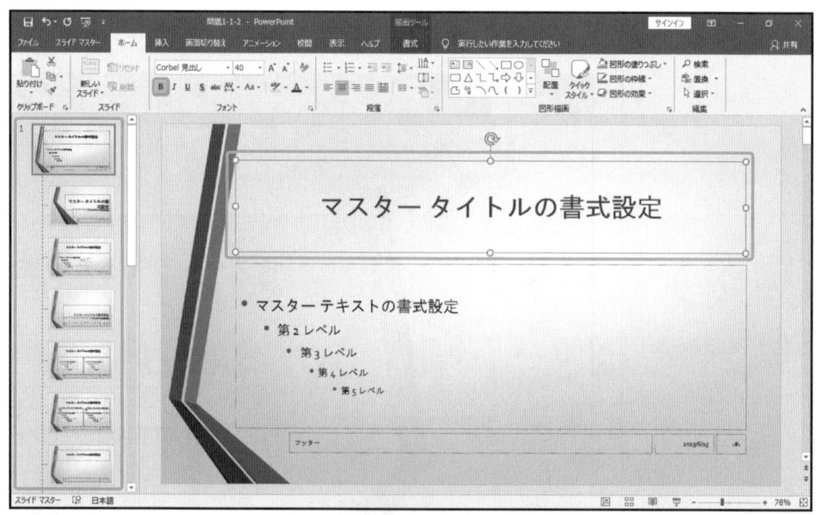

【操作 2】

❻「マスターテキストの書式設定」と表示されているプレースホルダーの枠線上をクリックします。

❼［ホーム］タブの［箇条書き］ボタンの▼をクリックし、［塗りつぶし四角の行頭文字］をクリックします。

ポイント

特定のレベルのみ変更

箇条書きの特定のレベルだけ行頭文字を変更するには、変更するレベルにカーソルを移動または選択して操作します。

❽ 行頭文字が変更されます。

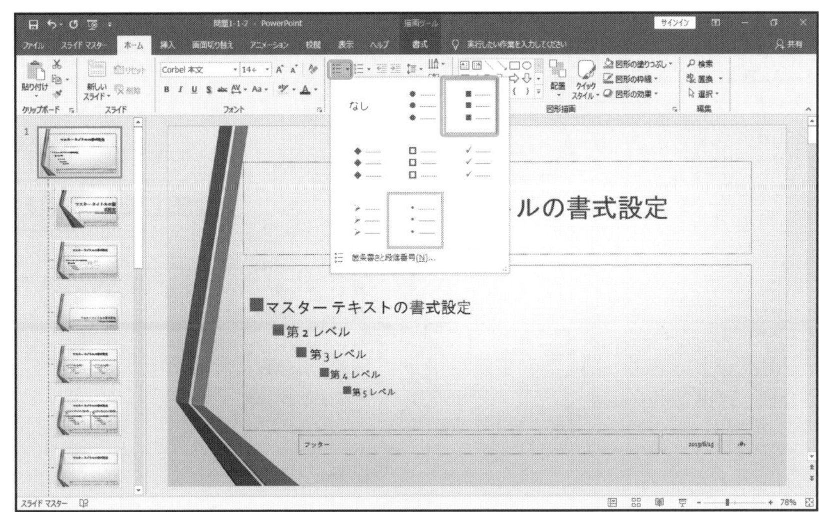

【操作 3】

❾「フッター」と表示されているプレースホルダーの枠線上をクリックします。

❿［ホーム］タブの［右揃え］ボタンをクリックします。

⓫「フッター」の文字列が右揃えになります。

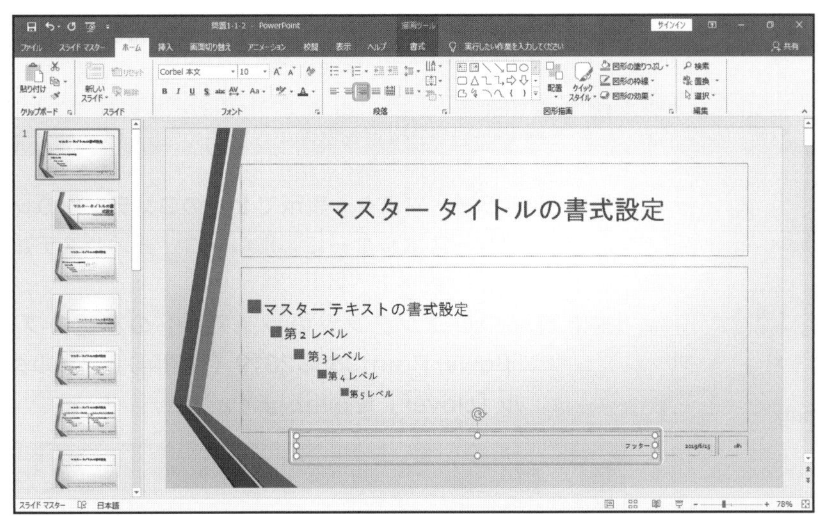

⓬［スライドマスター］タブの［マスター表示を閉じる］ボタンをクリックします。

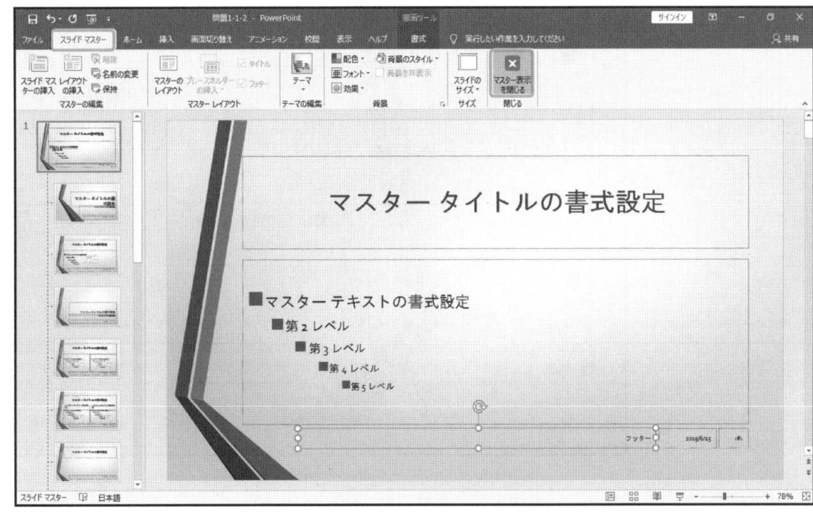

ヒント
フッター
「問題 1-1-2.pptx」にはあらかじめフッターとページ番号が入力、設定されています（フッターについては「2-2-3　スライドのヘッダー、フッター、ページ番号を挿入する」を参照）。

ヒント
リセット
作成済みのプレゼンテーションにスライドマスターの変更が適用されない場合は、標準表示でスライドを選択し、［ホーム］タブの［リセット］ボタンをクリックすると反映される場合があります。

⑬ すべてのスライドに設定した内容が適用されたことを確認します。

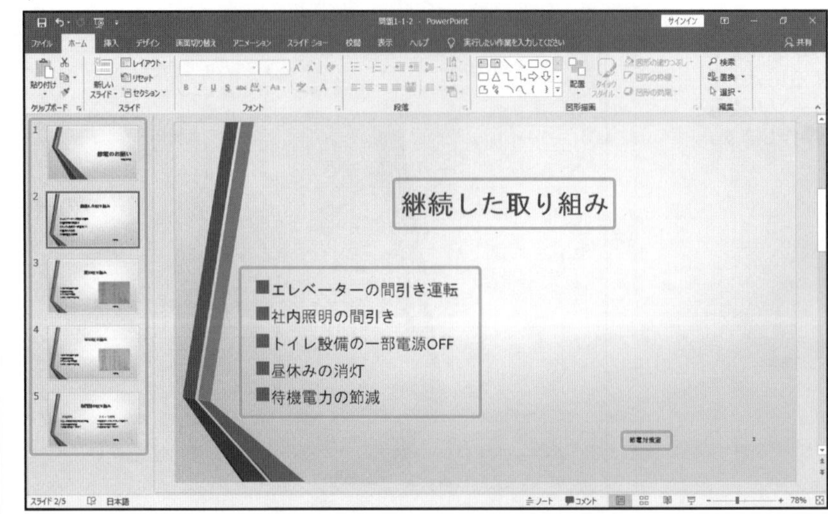

1-1-3 スライドのレイアウトを変更する

練習問題

問題フォルダー
└問題 1-1-3.pptx
PowerPoint 365&2019（実習用）フォルダー
└clover.png
解答フォルダー
└解答 1-1-3.pptx

【操作 1】スライドマスター表示で 2 つのコンテンツのレイアウトのマスタータイトルのプレースホルダーに図形のスタイル「パステル - ライム、アクセント 2」を設定します。

【操作 2】2 つのコンテンツのレイアウトの左側のプレースホルダーの行頭文字に「PowerPoint365&2019（実習用）」フォルダーに保存されている画像ファイル「clover」を適用します。

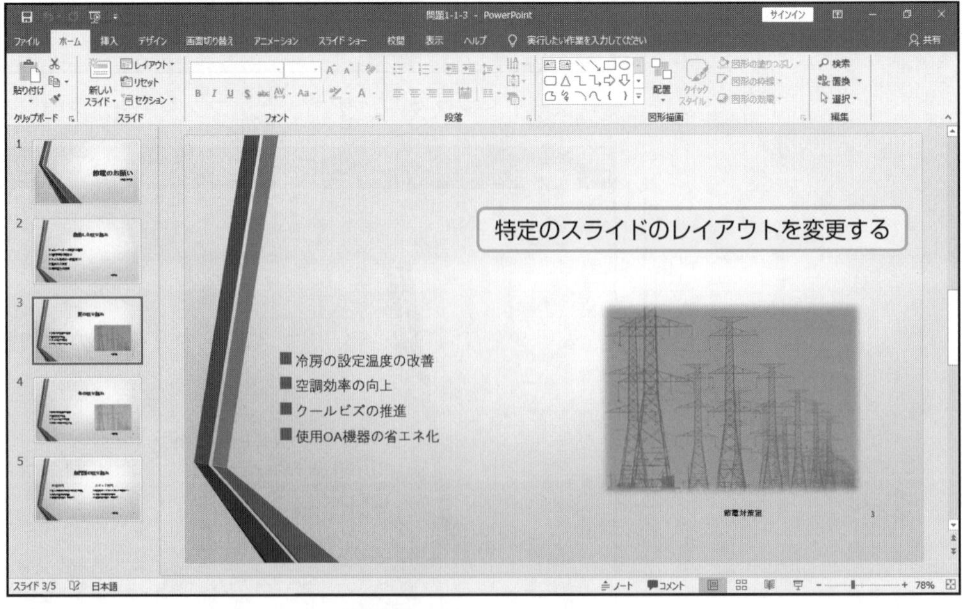

機能の解説

□ スライドのレイアウトの変更
□ レイアウト名

特定のスライドのレイアウトの書式やプレースホルダーの配置を変更するには、スライドマスターの下部にあるレイアウトを選択して操作します。レイアウトをポイントすると、レイアウト名と適用しているスライド番号がポップヒントで表示されます。標準表示に切り替えると、対応するレイアウトを適用しているスライドに反映されていることを確認できます。変更したレイアウトは、［ホーム］タブの［新しいスライド］ボタンや［レイアウト］ボタンに表示されるレイアウトにも反映されます。

操作手順

ヒント

選択されているレイアウト
スライドマスターに切り替えたときに選択されているレイアウトは、標準表示で選択しているスライドに対応しているレイアウトです。

ポイント

レイアウトの種類
レイアウトの種類はテーマによって異なる場合があります。

【操作 1】

❶［表示］タブの［スライドマスター］ボタンをクリックして［スライドマスター］タブを表示します。

❷サムネイルの一覧から［2 つのコンテンツレイアウト］をクリックします。

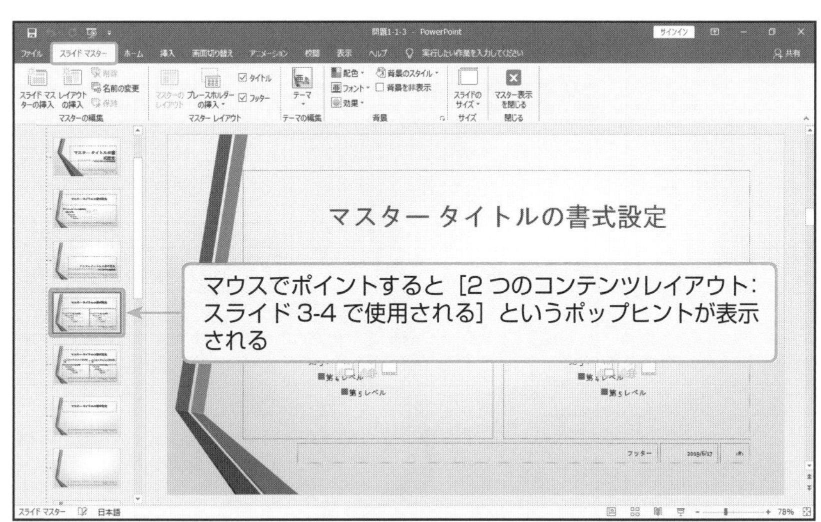

❸「マスタータイトルの書式設定」と表示されているプレースホルダーの枠線上をクリックします。

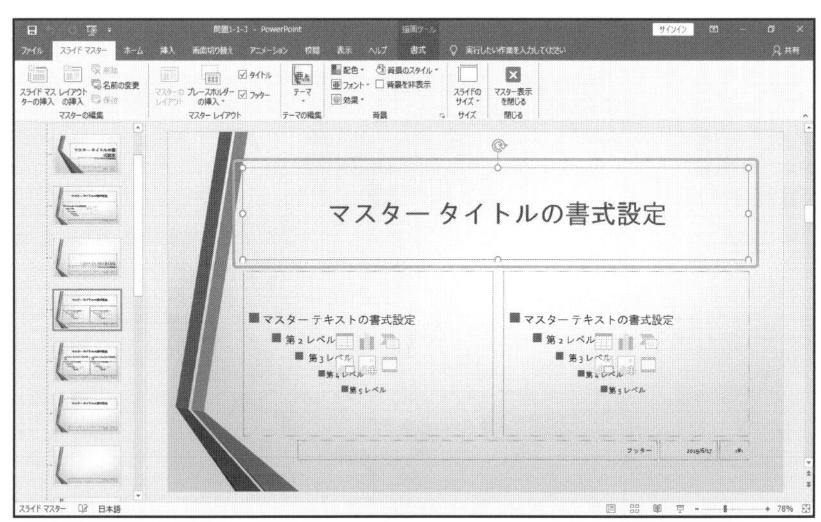

❹［書式］タブの［図形のスタイル］の［その他］ボタンをクリックし、一覧から［パステル - ライム、アクセント 2］をクリックします。

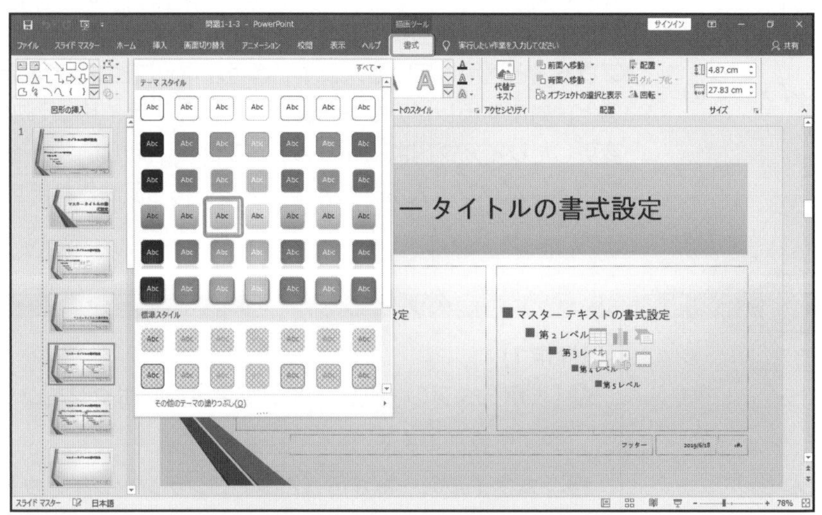

❺プレースホルダーに図形のスタイルが設定されます。

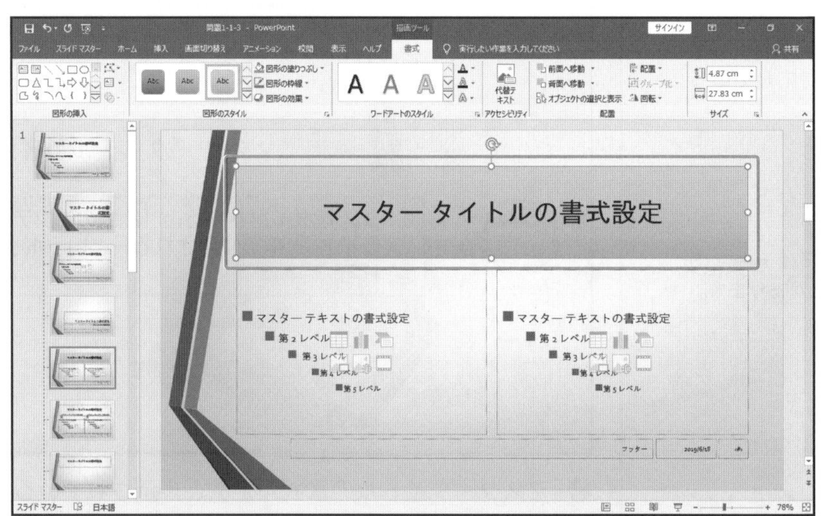

【操作 2】

❻左側のプレースホルダーの枠線をクリックします。

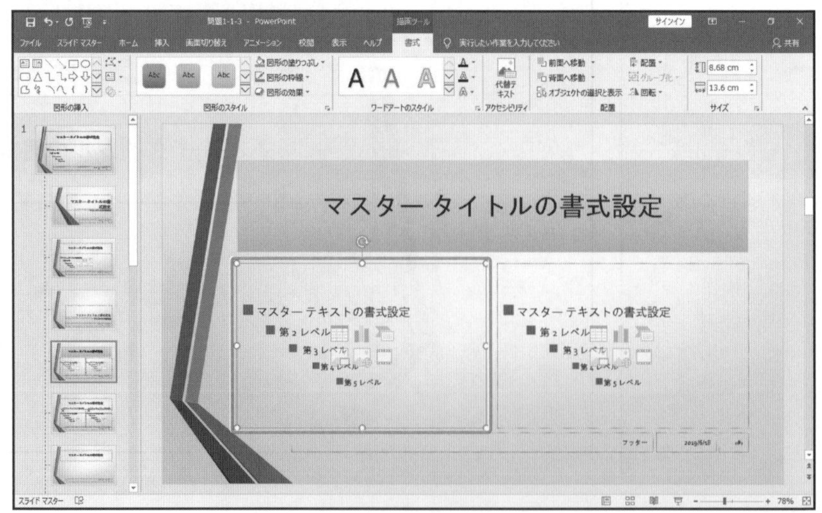

ポイント

特定のレベルのみ変更

箇条書きの特定のレベルだけ行頭文字を変更するには、変更するレベルにカーソルを移動または選択して操作します。

❼［ホーム］タブの ［箇条書き］ボタンの▼をクリックし、［箇条書きと段落番号］をクリックします。

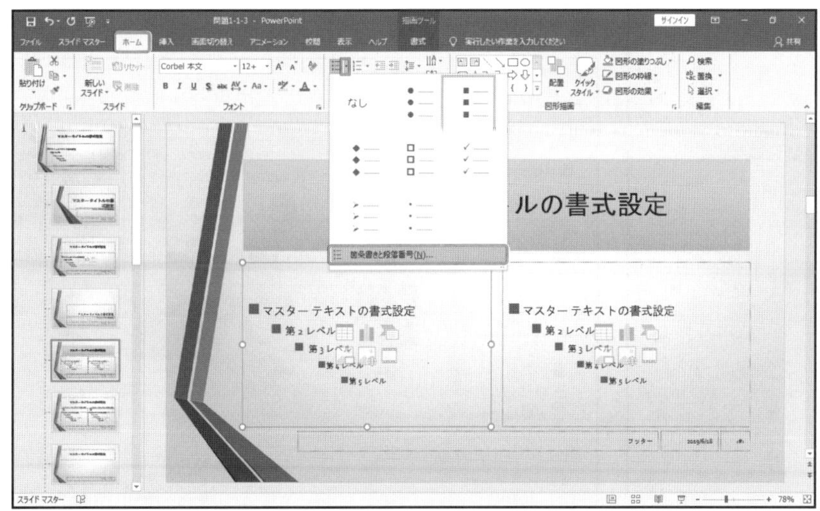

❽［箇条書きと段落番号］ダイアログボックスの［図］をクリックします。

❾［図の挿入］ウィンドウの［ファイルから］をクリックします。

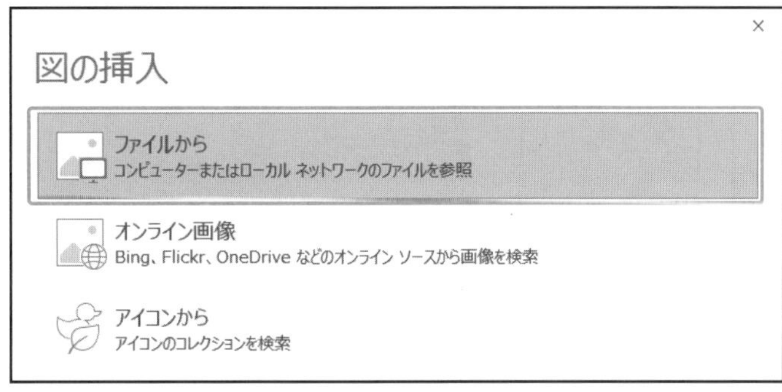

⑩［図の挿入］ダイアログボックスで［ドキュメント］をクリックします。

⑪一覧から［PowerPoint365&2019（実習用）］フォルダーをダブルクリックします。

⑫一覧から「clover」をクリックして［挿入］をクリックします。

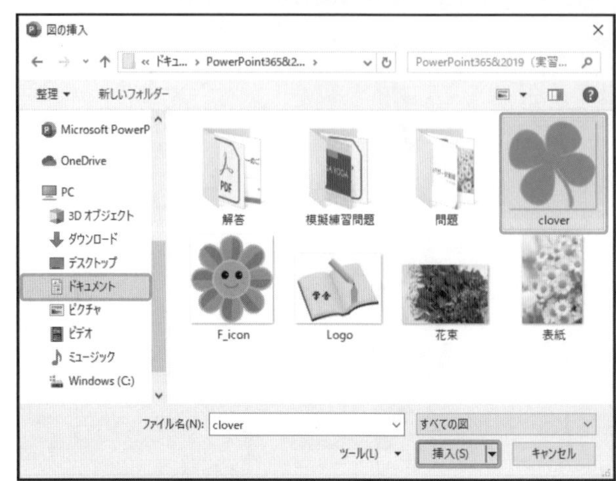

⑬行頭文字に画像が適用されます。

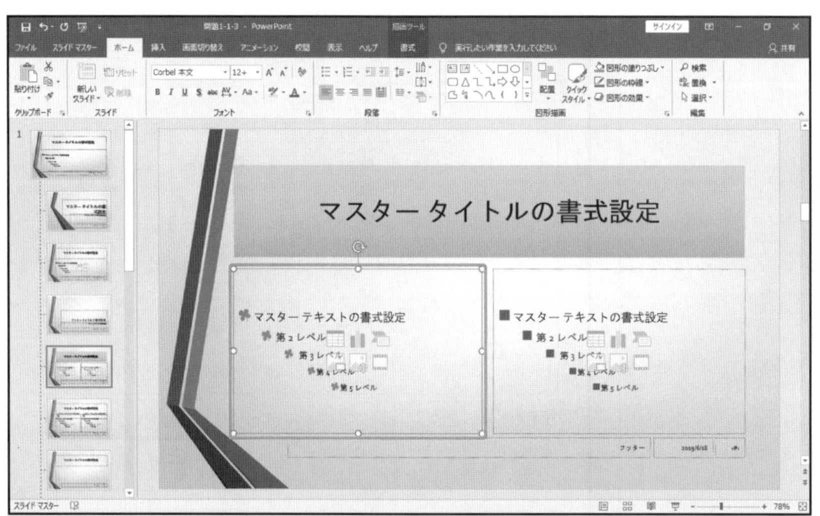

⑭［スライドマスター］タブの［マスター表示を閉じる］ボタンをクリックします。

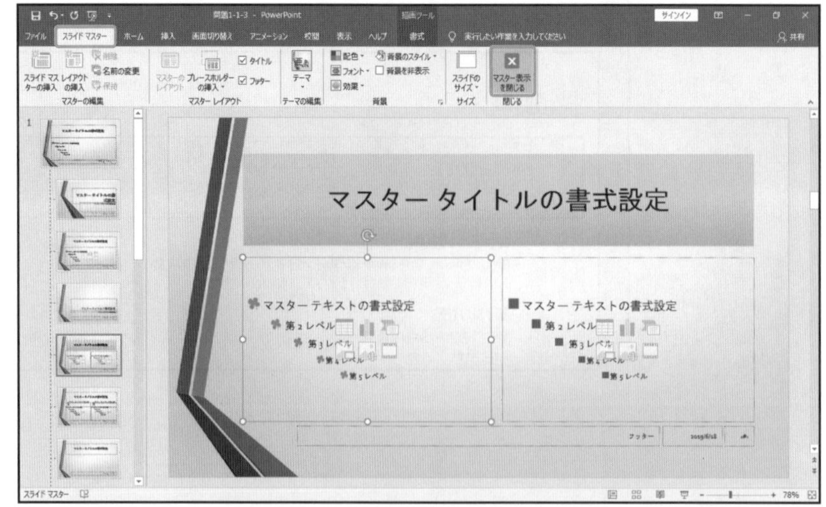

⑮ スライド３と４に設定した内容が適用されていることを確認します。

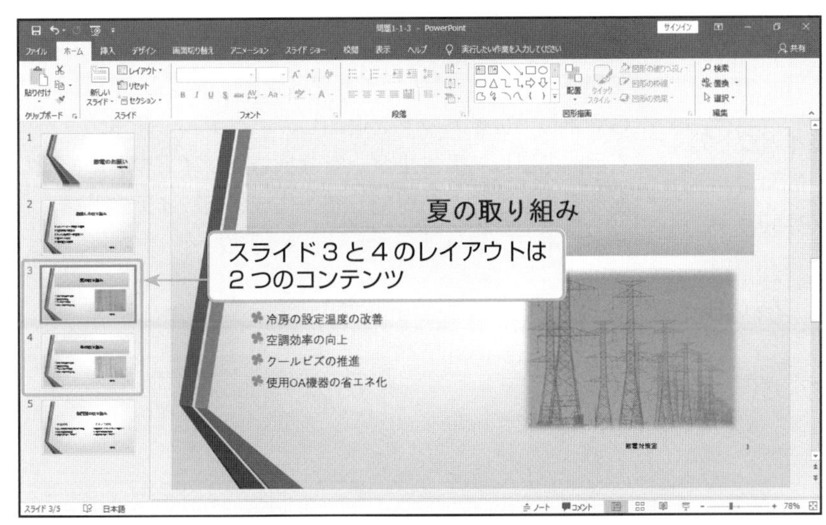

1-1-4 スライドのレイアウトを作成する

練習問題

問題フォルダー
└問題 1-1-4.pptx
解答フォルダー
└解答 1-1-4.pptx

【操作 1】タイトルスライドレイアウトの下に、以下の設定で「オリジナル」という名前で新しいレイアウトを作成します。

- タイトルプレースホルダーの左下に縦 10cm ×横 15cm の横書きテキストプレースホルダーを作成し、左側をタイトルプレースホルダーの左の位置に合わせる
- タイトルプレースホルダーの右下に縦 6cm ×横 8cm の図のプレースホルダーを作成し、右側をタイトルプレースホルダーの右、下側を左のテキストプレースホルダーの位置に合わせる

【操作 2】スライド２から４のレイアウトを「オリジナル」に変更します。

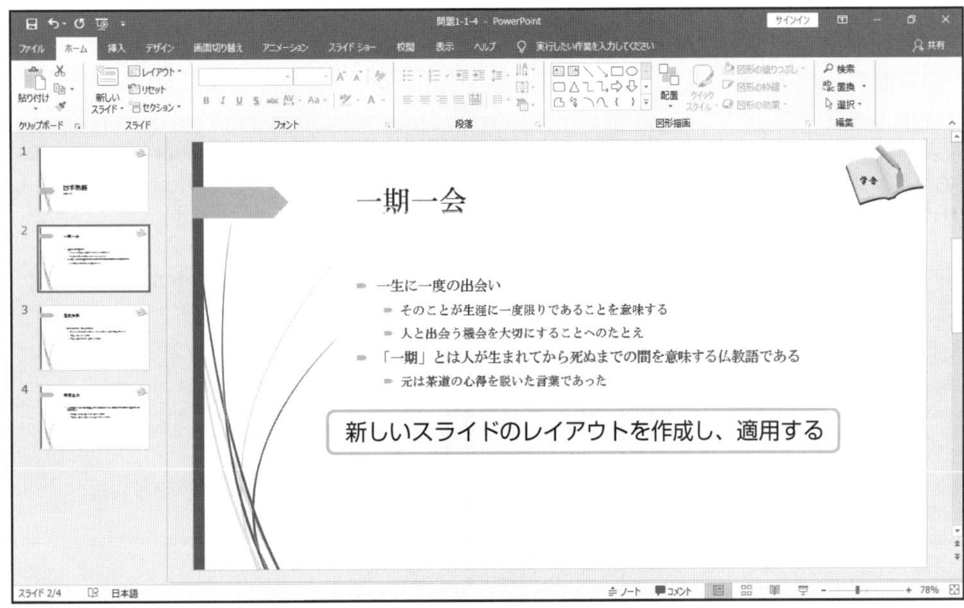

第1章 プレゼンテーションの管理

機能の解説

重要用語

- □ スライドのレイアウトの作成
- □ [レイアウトの挿入] ボタン
- □ [プレースホルダーの挿入] ボタン
- □ レイアウト名の変更

スライドのレイアウトは、ユーザーが独自に**作成**することもできます。新しいレイアウトを作成するには、[スライドマスター] タブの **[レイアウトの挿入] ボタン**をクリックして新しいレイアウトを追加し、**[プレースホルダーの挿入] ボタン**の▼をクリックして目的のプレースホルダーを選択してレイアウトに配置します。作成したレイアウトの名前を変更することも可能です。作成したレイアウトは、[ホーム] タブの [新しいスライド] ボタンや [レイアウト] ボタンに表示されます。

操作手順

【操作 1】

❶ [表示] タブの [スライドマスター] ボタンをクリックして [スライドマスター] タブを表示します。

❷ サムネイルの一覧から [タイトルスライドレイアウト] をクリックします。

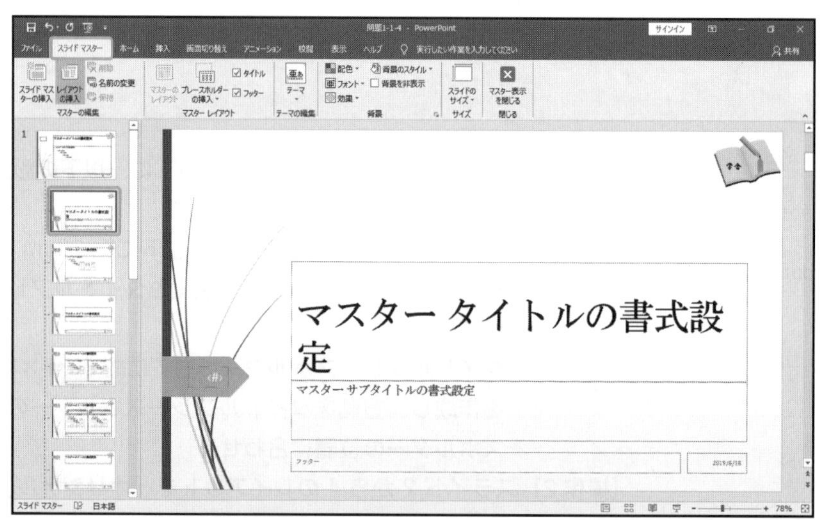

❸ [スライドマスター] タブの [レイアウトの挿入] ボタンをクリックします。

❹ [タイトルスライドレイアウト] の下に新しいレイアウトが挿入されます。

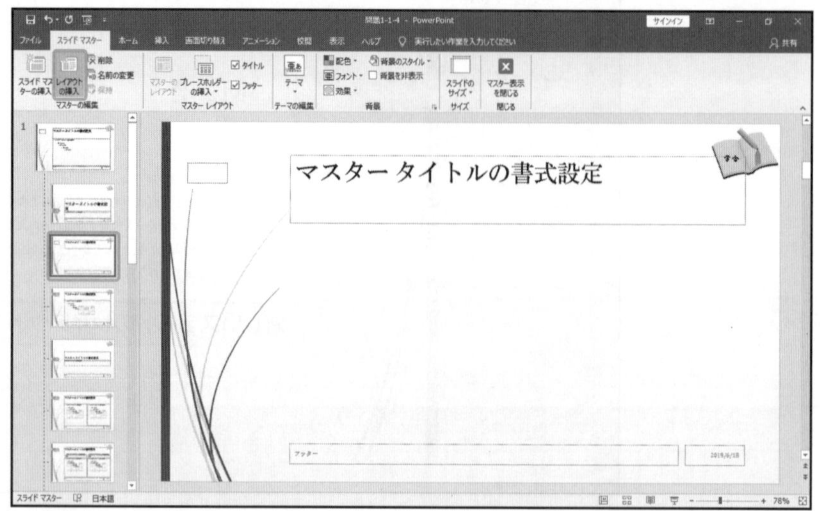

その他の操作方法

レイアウトの挿入

新しくレイアウトを挿入する位置で右クリックし、[レイアウトの挿入] をクリックします。

❺［スライドマスター］タブの［プレースホルダーの挿入］ボタンの▼をクリックし、［テキスト］をクリックします。

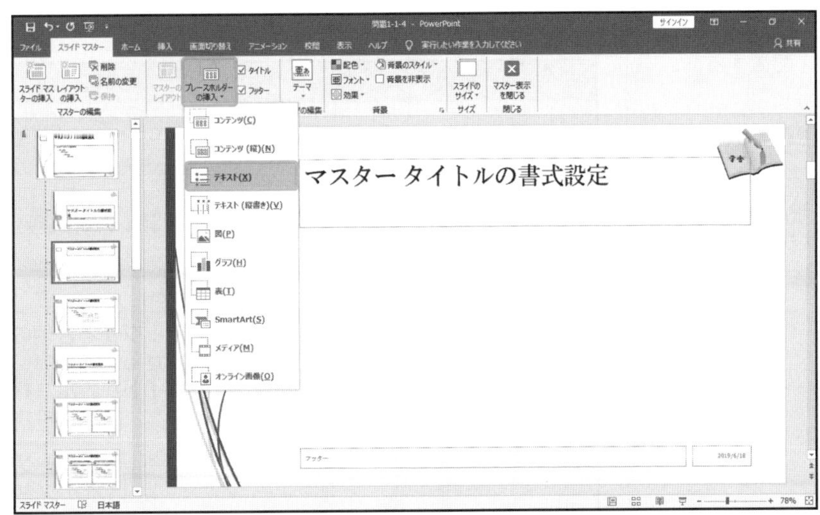

❻マウスポインターの形状が ＋ に変わったことを確認し、「マスタータイトルの書式設定」と表示されているプレースホルダーの左上から右下へドラッグします。

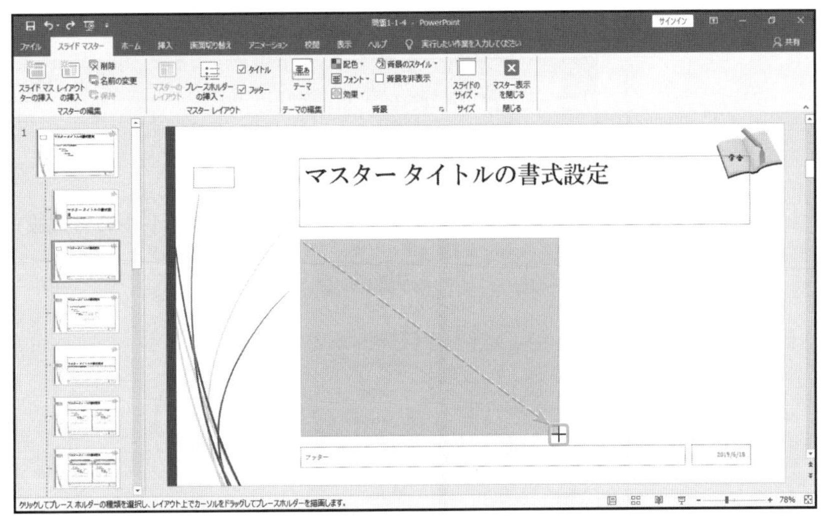

❼テキストプレースホルダーが作成されます。

❽［書式］タブの［図形の高さ］ボックスに「10cm」、［図形の幅］ボックスに「15cm」と指定します。

ポイント

数値の指定

数値を指定するボックスに直接数値を入力する場合、「cm」などの単位は省略できます。

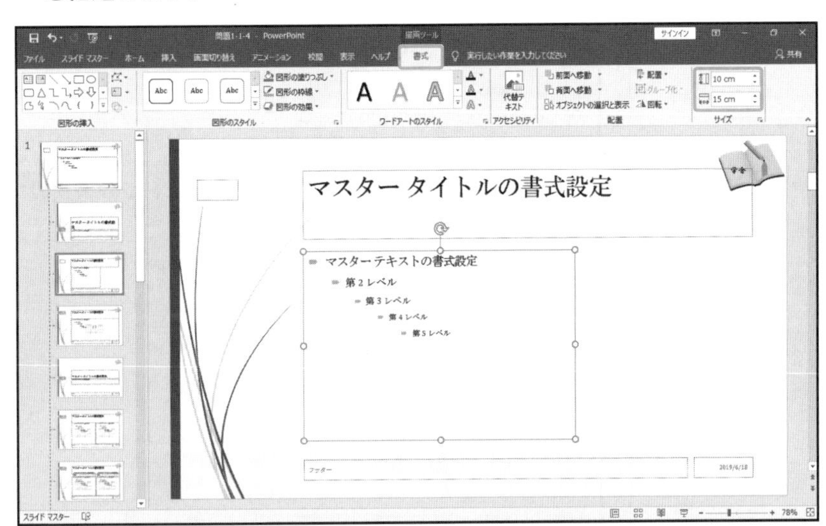

ヒント

スマートガイド

スマートガイドの詳細は「3-5-2　配置用のツールを表示する、図形や画像を配置する」を参照してください。

その他の操作方法

配置を揃える

揃えたい図形を選択し、[書式]タブの［オブジェクトの配置］ボタンをクリックして選択します。

⑨テキストプレースホルダーの枠線をポイントしてマウスポインターの形状が に変わったことを確認し、「マスタータイトルの書式設定」と表示されているプレースホルダーの左側に合わせるようにドラッグします。

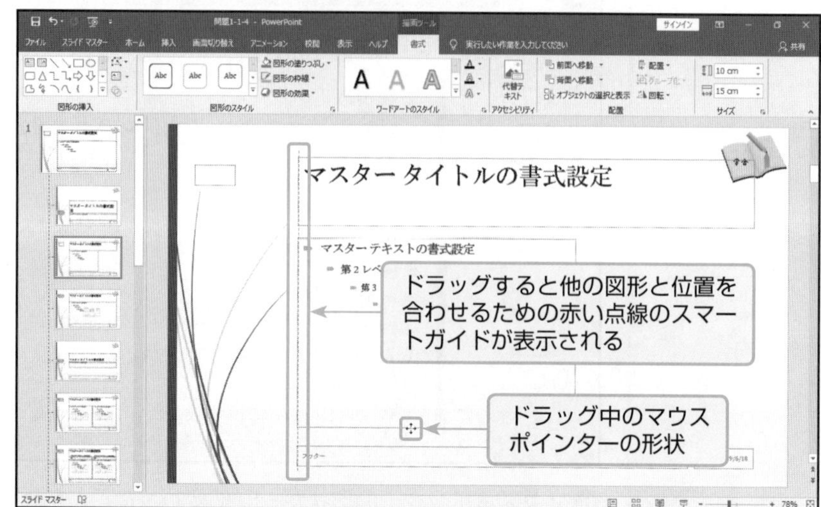

⑩［スライドマスター］タブの［プレースホルダーの挿入］ボタンの▼をクリックし、［図］をクリックします。

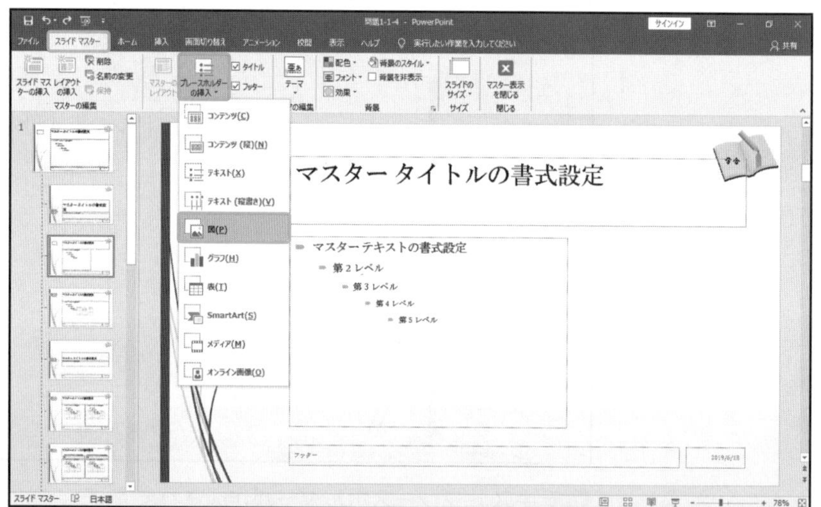

⑪マウスポインターの形状が ＋ に変わったことを確認し、テキストプレースホルダーの右側の余白をドラッグします。

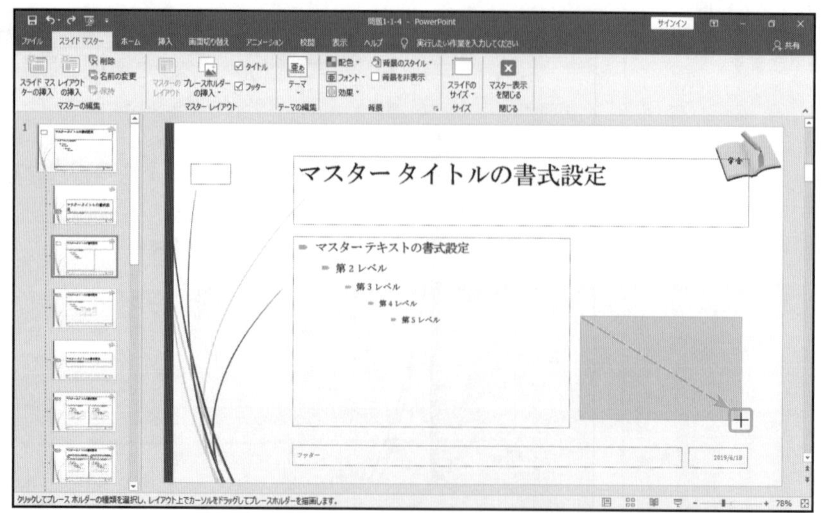

⑫図プレースホルダーが作成されます。

⑬［書式］タブの［図形の高さ］ボックスに「6cm」、［図形の幅］ボックスに「8cm」と指定します。

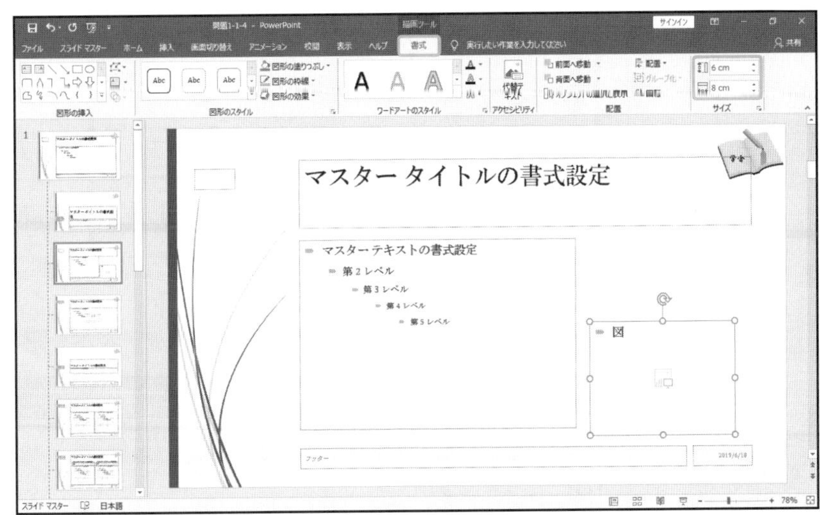

⑭図プレースホルダーの枠線をポイントしてマウスポインターの形状が に変わったことを確認し、「マスタータイトルの書式設定」と表示されているプレースホルダーの右側、テキストプレースホルダーの下側に合わせるようにドラッグします。

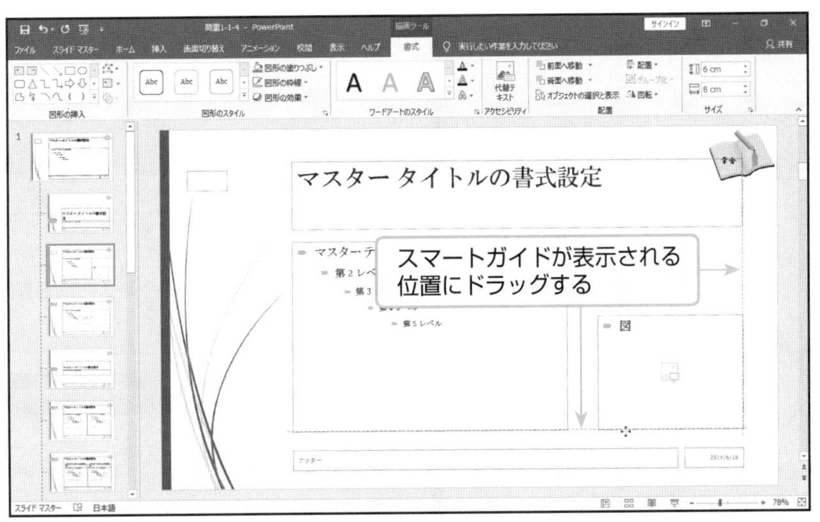

⑮［スライドマスター］タブの 名前の変更 ［名前の変更］ボタンをクリックします。

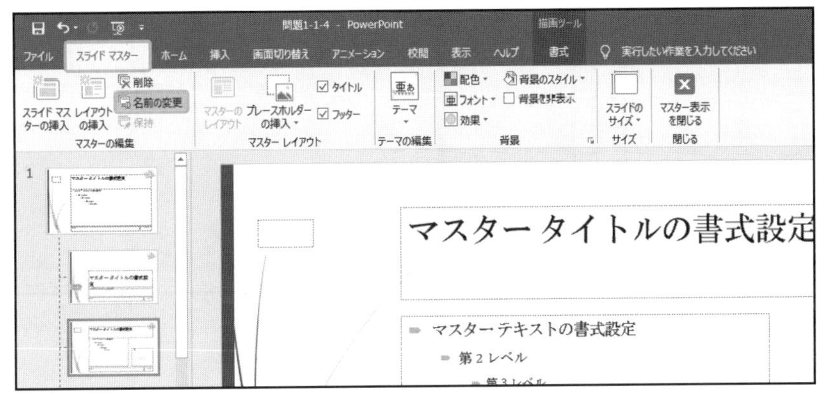

その他の操作方法

レイアウト名の変更

名前を変更するレイアウトで右クリックし、［レイアウト名の変更］をクリックします。

⑯［レイアウト名の変更］ダイアログボックスの［レイアウト名］ボックスに「オリジナル」と入力します。

⑰［名前の変更］をクリックします。

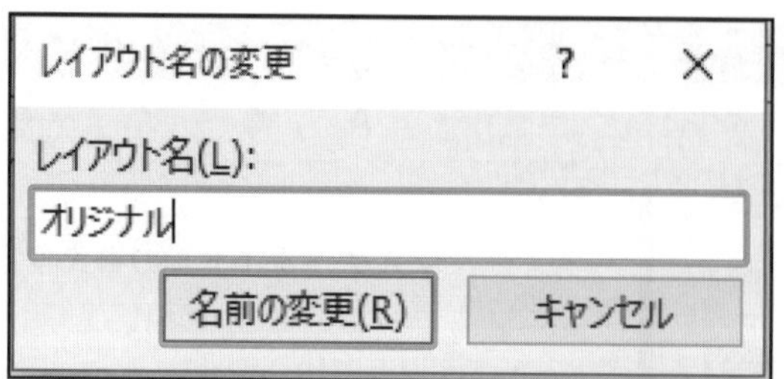

⑱レイアウト名が変更されます。

⑲［スライドマスター］タブの［マスター表示を閉じる］ボタンをクリックします。

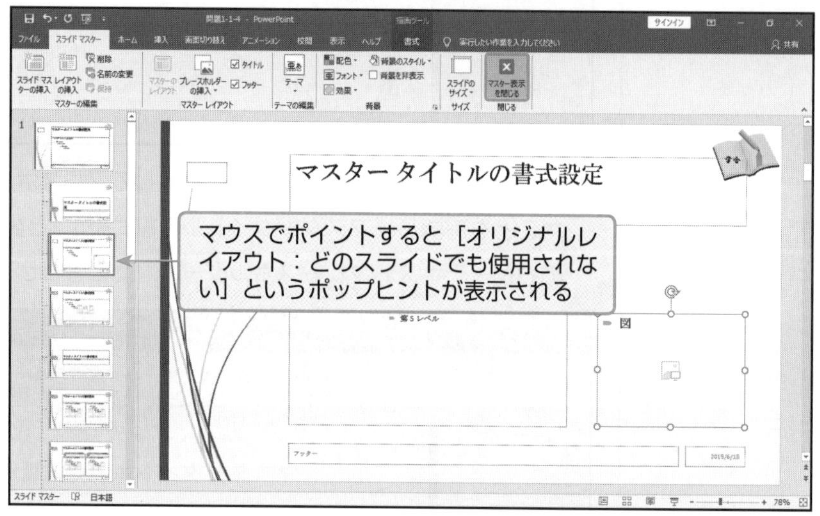

【操作 2】

⑳サムネイルの一覧でスライド 2 をクリックし、**Shift** キーを押しながらスライド 4 をクリックします。

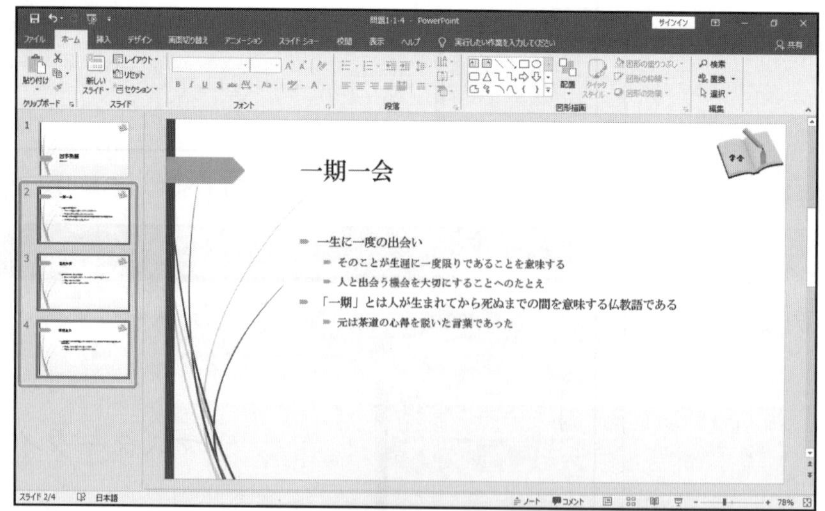

㉑［ホーム］タブの [レイアウト] ［レイアウト］ボタンをクリックし、［オリジナル］をクリックします。

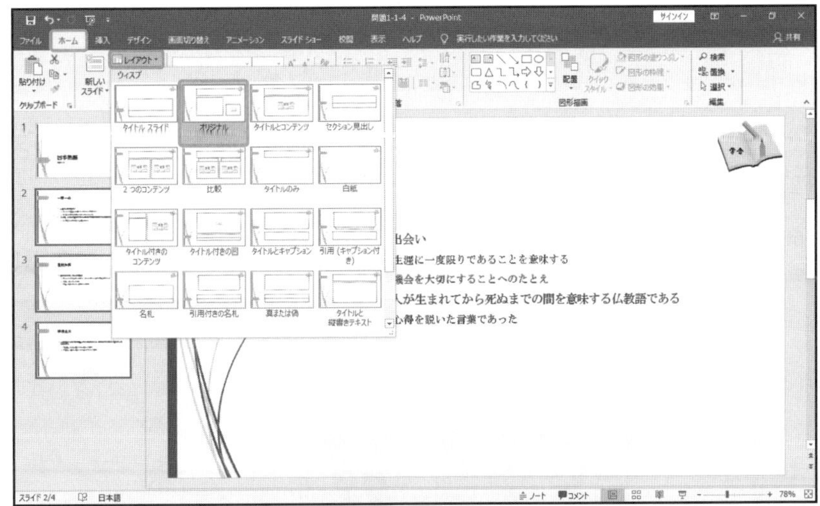

㉒スライド2から4のレイアウトが変更されます。

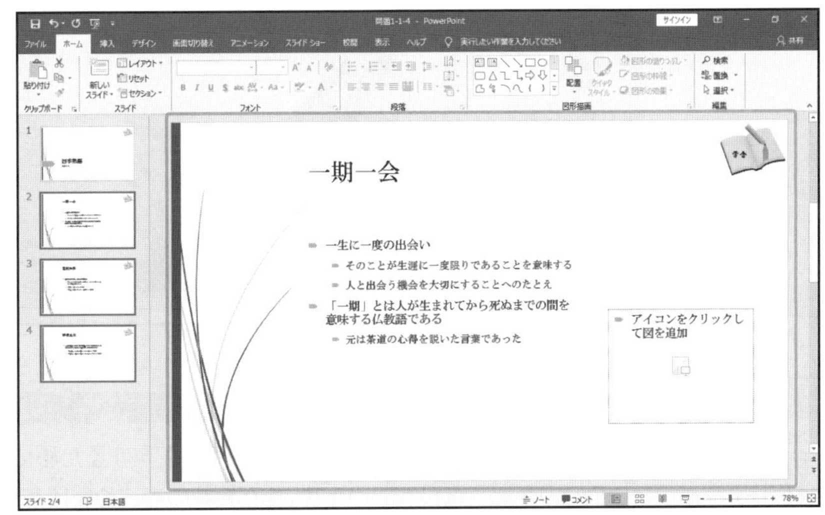

1-1-5 配布資料マスターを変更する

練習問題

問題フォルダー
└問題 1-1-5.pptx

解答フォルダー
└解答 1-1-5.pptx

【操作 1】配布資料マスターを使用して配布資料のヘッダーに「配布用」と表示するようにします。

【操作 2】配布資料の日付を非表示にし、ページ番号をページの右上隅に配置して印刷プレビュー画面で「2 スライド」で表示して確認します。

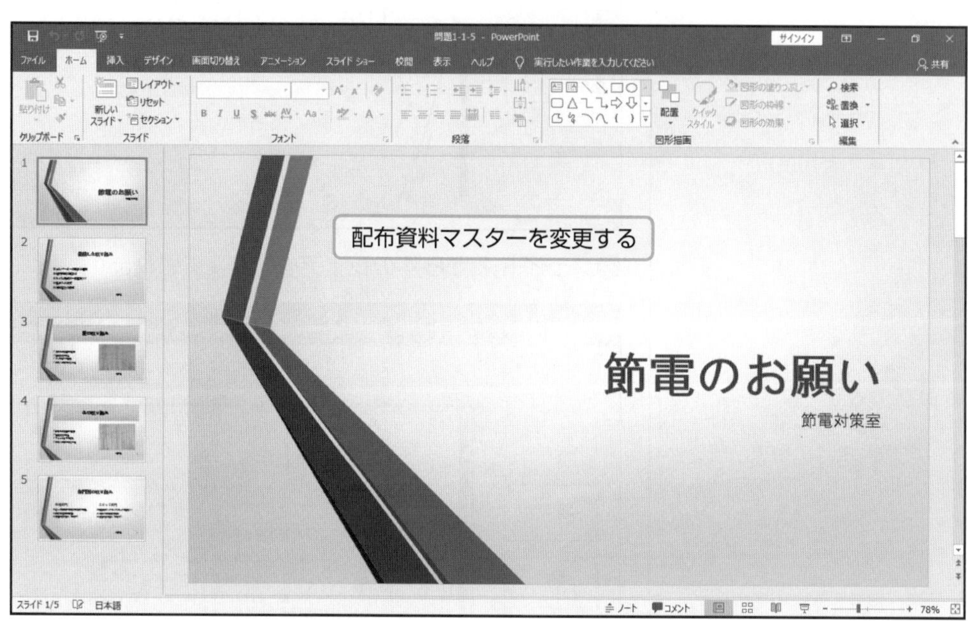

機能の解説

- □ 配布資料
- □ 配布資料マスター
- □ ［配布資料マスター］ボタン

プレゼンテーションのスライドを印刷して配布するために、スライドを用紙にレイアウトしたものを配布資料といいます。配布資料の書式や配置を設定するには、配布資料マスターを使用します。配布資料マスターを表示するには、［表示］タブの［配布資料マスター］ボタンをクリックします。

配布資料マスターでは、配布資料のヘッダーやフッターの入力や日付、ページ番号の位置やサイズ、表示 / 非表示などを変更することができます。配布資料マスターで変更した結果は印刷プレビューで確認できます（「1-3-3　配布資料を印刷する」を参照）。

ポイント

［ヘッダーとフッター］ダイアログボックス

配布資料のヘッダーやフッター、日付、ページ番号は、［挿入］タブの「ヘッダーとフッター］ボタンをクリックして表示される［ヘッダーとフッター］ダイアログボックスの［ノートと配布資料］タブでも指定できます。［ヘッダーとフッター］ダイアログボックスを使用した入力内容は、配布資料とノートの両方に適用されます。

［ヘッダーとフッター］ボタン

ヒント

配布資料の初期設定

配布資料の初期設定では右上に印刷時の日付、右下にページ番号が表示されます。

ヒント

配布資料マスターの変更内容

配布資料マスターで変更した内容は、アウトラインの印刷結果や発行対象を配布資料にしたPDF/XPS形式のファイルにも反映されます。

配布資料マスター画面

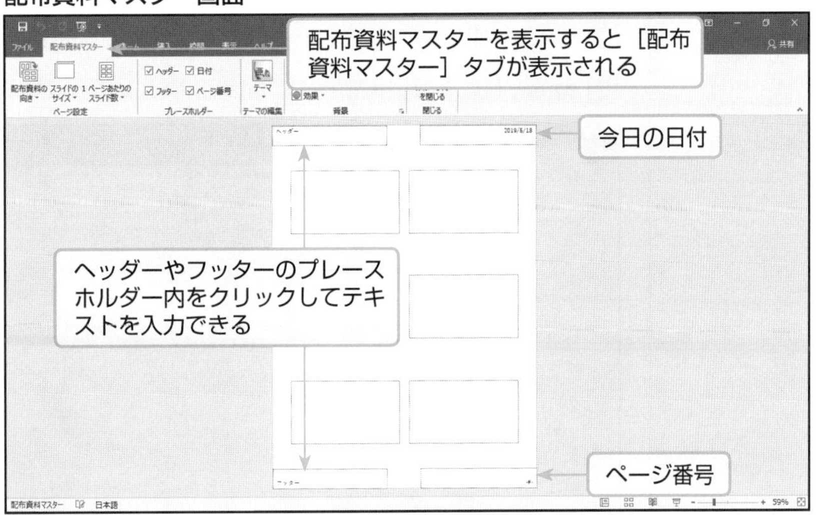

印刷プレビュー画面

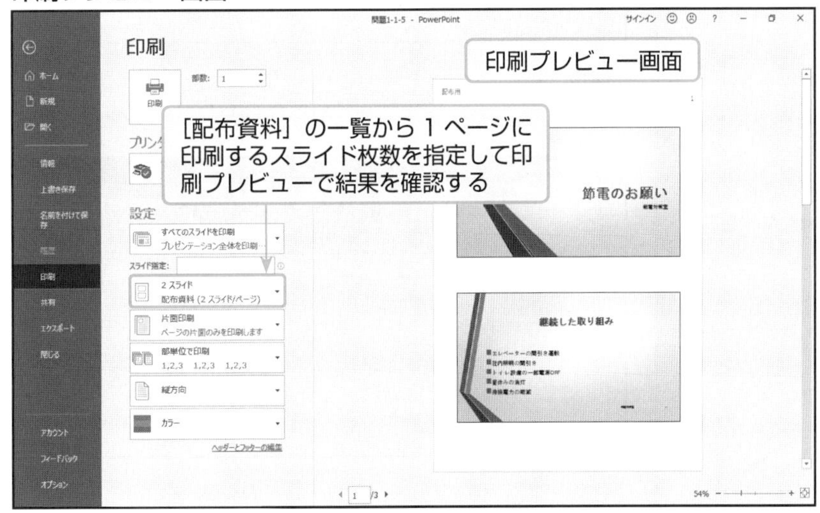

操作手順

【操作 1】

❶［表示］タブの［配布資料マスター］ボタンをクリックします。

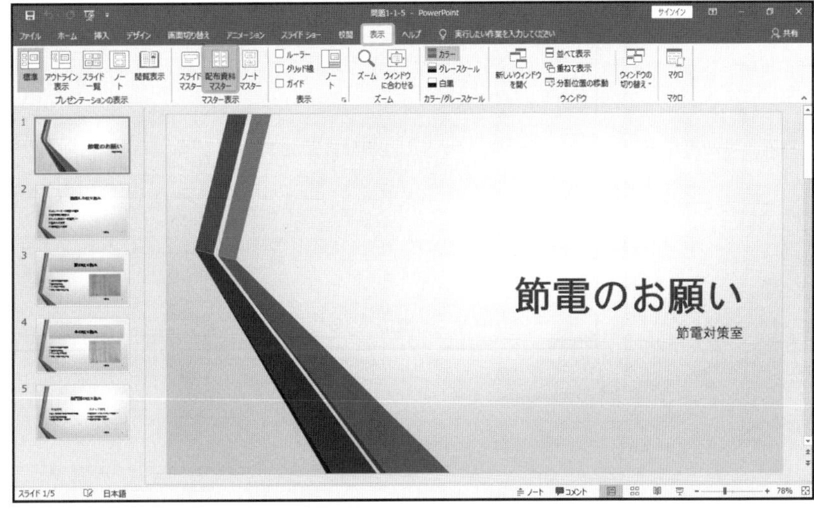

❷配布資料マスターが表示されます。

❸「ヘッダー」と表示されているプレースホルダー内をクリックします。

❹「配布用」と入力します。

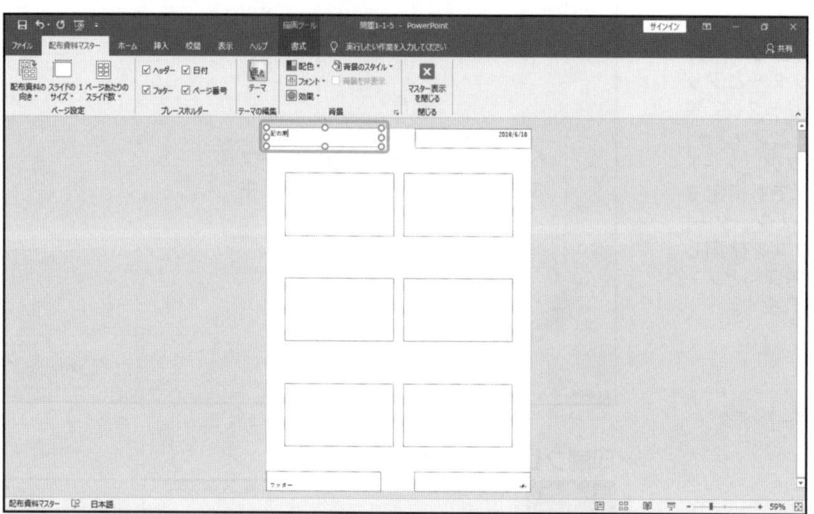

【操作 2】

❺［配布資料マスター］タブの［日付］チェックボックスをオフにします。

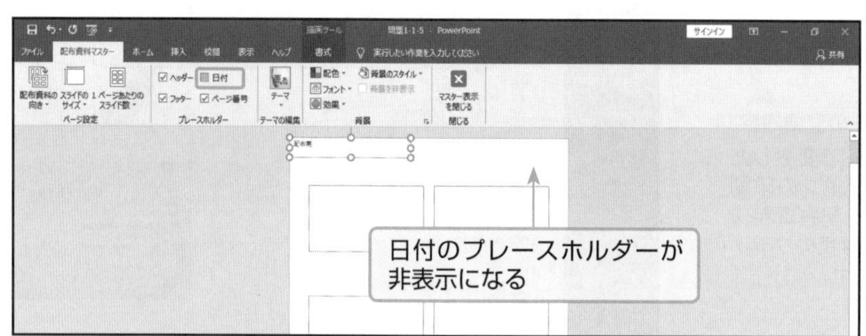

❻ページ番号のプレースホルダーの枠線をポイントしてマウスポインターの形状が に変わったことを確認し、ページの右上隅に合わせるようにドラッグします。

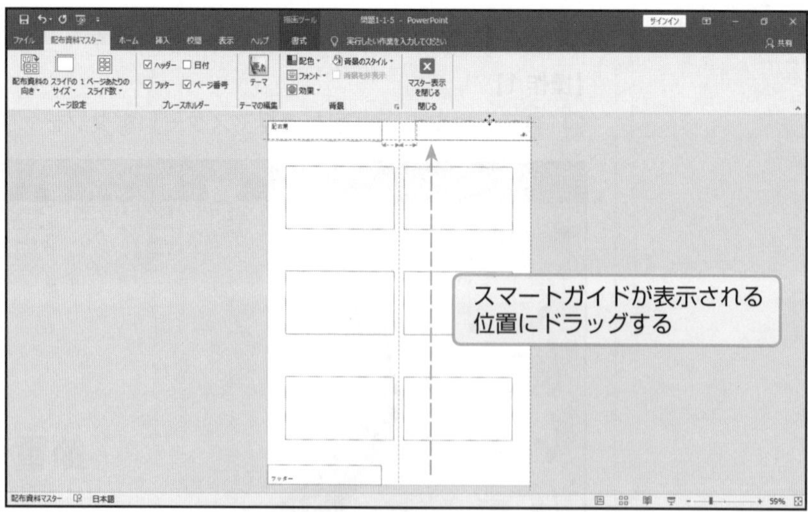

その他の操作方法

日付やフッターの非表示

非表示にするプレースホルダーを選択し、**Delete** キーを押します。

❼ページ番号のプレースホルダーの配置が変更されます。

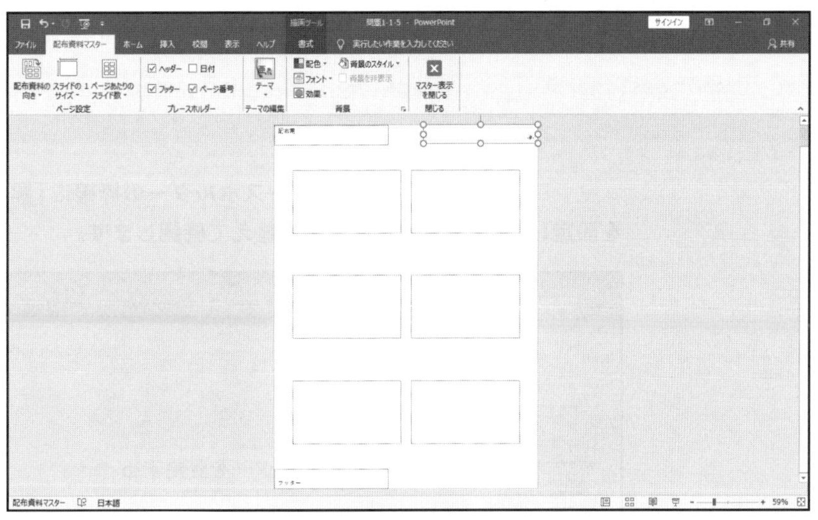

❽［配布資料マスター］タブの［マスター表示を閉じる］ボタンをクリックします。

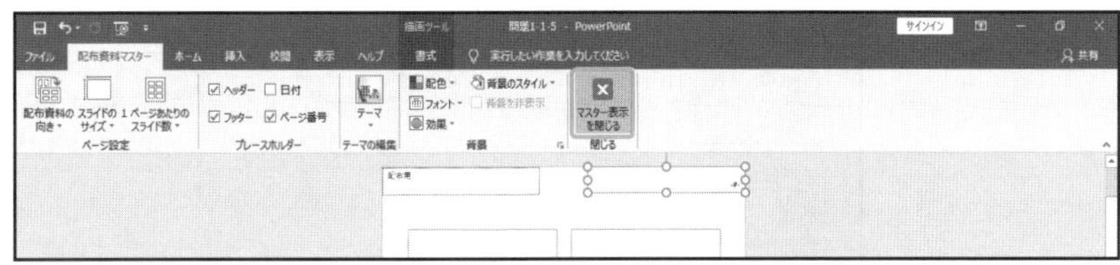

❾［ファイル］タブの［印刷］をクリックします。

❿［フルページサイズのスライド］をクリックし、［配布資料］の［2 スライド］をクリックします。

⓫ヘッダーとページ番号が表示されていることを確認します。

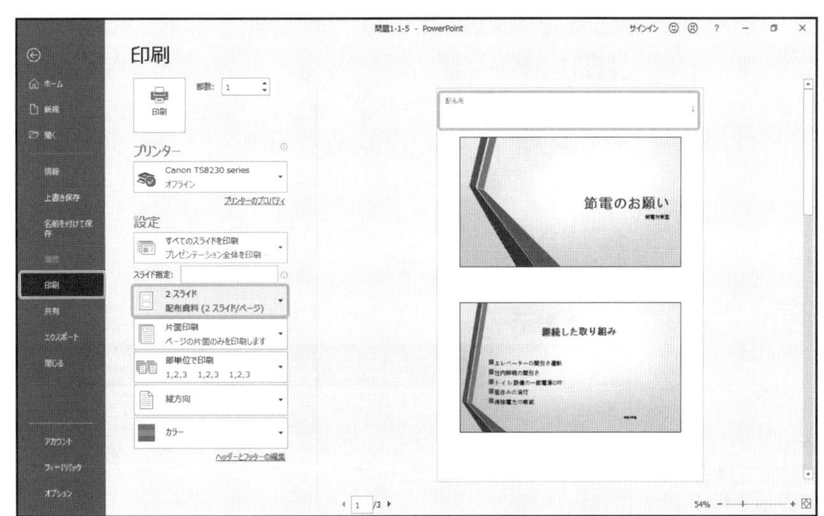

ポイント

印刷プレビュー画面

印刷プレビュー画面に表示される領域は選択しているプリンターによって異なります。設定した内容がプレビューに表示されていない場合は、配布資料マスターで位置を調整します。

1-1-6 ノートマスターを変更する

練習問題

問題フォルダー
└問題 1-1-6.pptx

解答フォルダー
└解答 1-1-6.pptx

ノートマスターのテキストプレースホルダーの枠線に「黒、テキスト 1」の色、太さ「1.5pt」を設定し、「ノート表示」に切り替えて確認します。

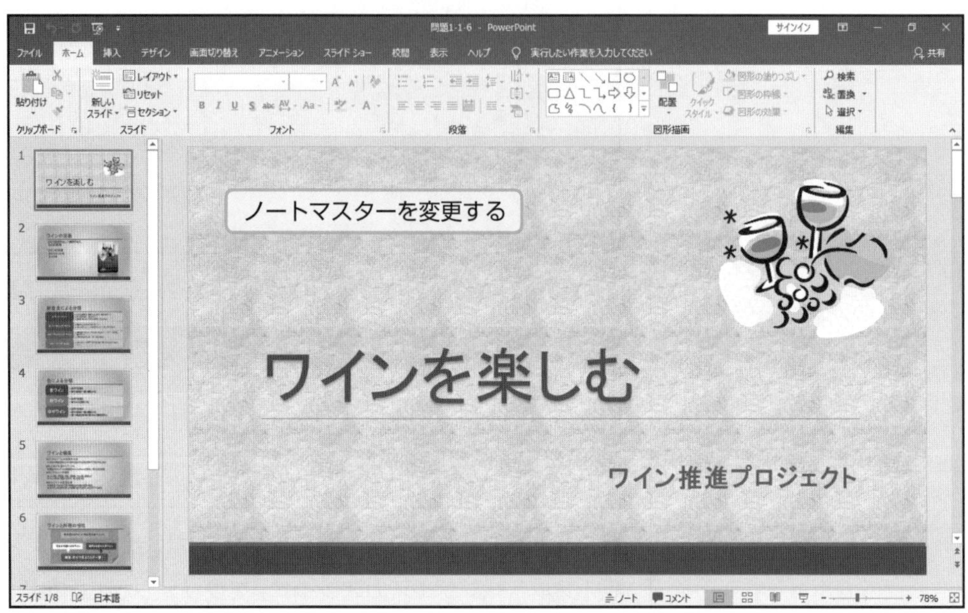

機能の解説

□ ノート
□ ノート表示
□ ノートマスター
□ ［ノートマスター］ボタン

ヒント

ノート表示の初期設定

ノート表示の初期設定では右下にページ番号が表示されています。

プレゼンテーションを発表するときに必要となる資料の作成は、ノートを使用すると便利です。［表示］タブの［プレゼンテーションの表示］の ［ノート］ボタンをクリックするとノート表示に切り替わります（「1.2.2　プレゼンテーションの表示を変更する」を参照）。
ノート表示は、既定で上部にスライド、下部にテキストを入力できるテキストプレースホルダーが表示されます。

ノート表示

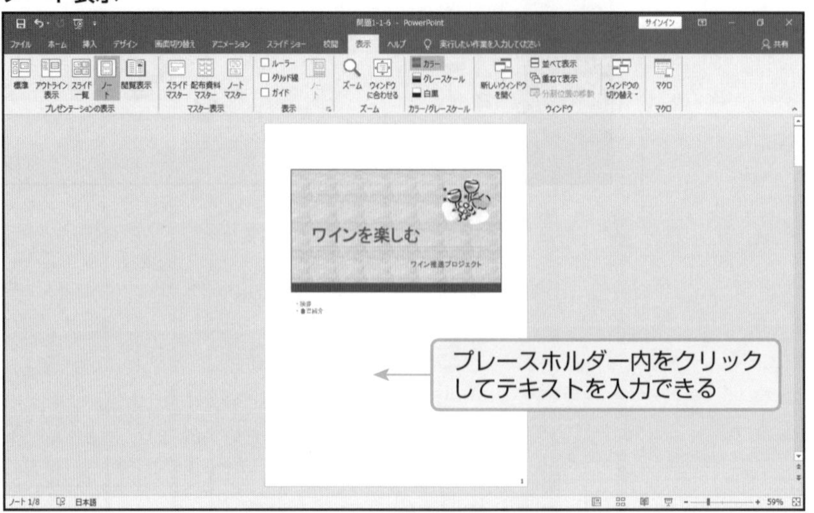

ノート表示のスライドやプレースホルダーのサイズ、書式、配置などをまとめて変更するには、ノートマスターを使用します。ノートマスターでは、ロゴなどの画像を挿入することも可能です。ノートマスターを表示するには、［表示］タブの［ノートマスター］ボタンをクリックします。

ヒント

ノートマスターの変更内容

ノートマスターで変更した内容は、ノートの印刷結果や発行対象をノートにしたPDF/XPS形式のファイルにも反映されます。

ノートマスター画面

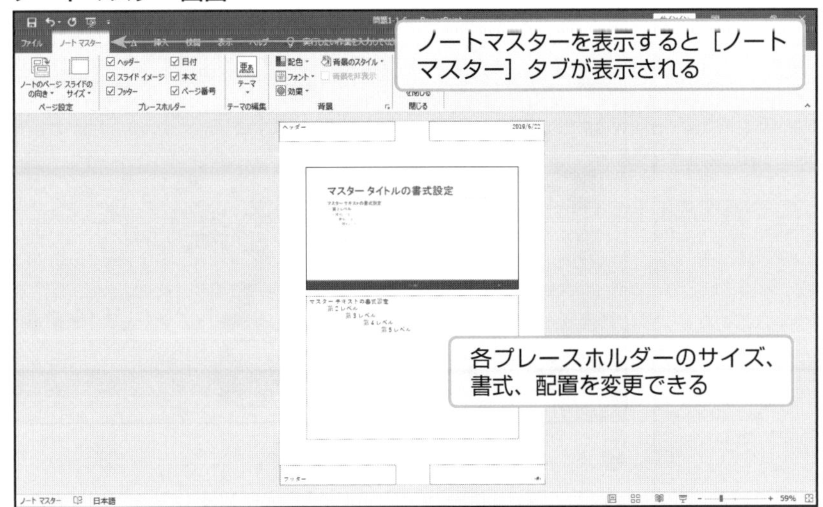

なお、ノートのヘッダーやフッター、日付、ページ番号は［挿入］タブの［ヘッダーとフッター］ボタンをクリックして表示される［ヘッダーとフッター］ダイアログボックスの［ノートと配布資料］タブで指定します。

ポイント

［ヘッダーとフッター］ダイアログボックス

［ヘッダーとフッター］ダイアログボックスを使用した入力内容は、配布資料とノートの両方に適用されます。

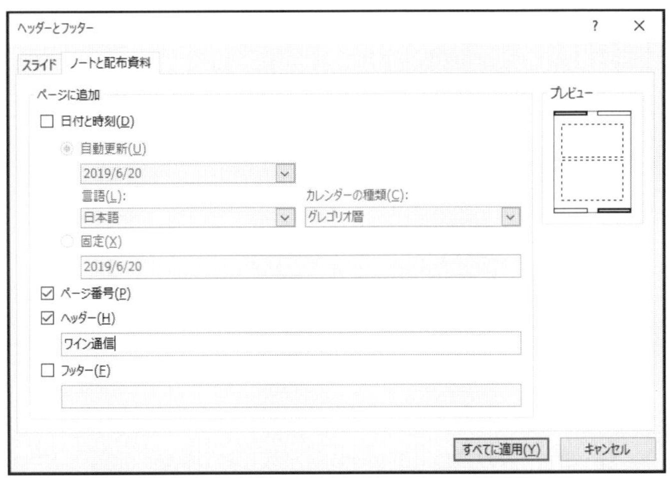

操作手順

❶［表示］タブの［ノートマスター］ボタンをクリックします。

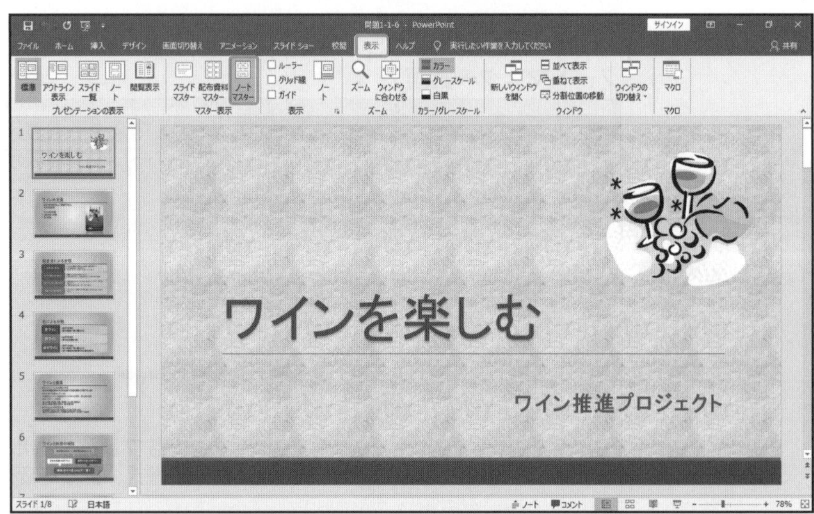

❷ノートマスターが表示されます。

❸「マスターテキストの書式設定」と表示されているプレースホルダーの枠線上をクリックします。

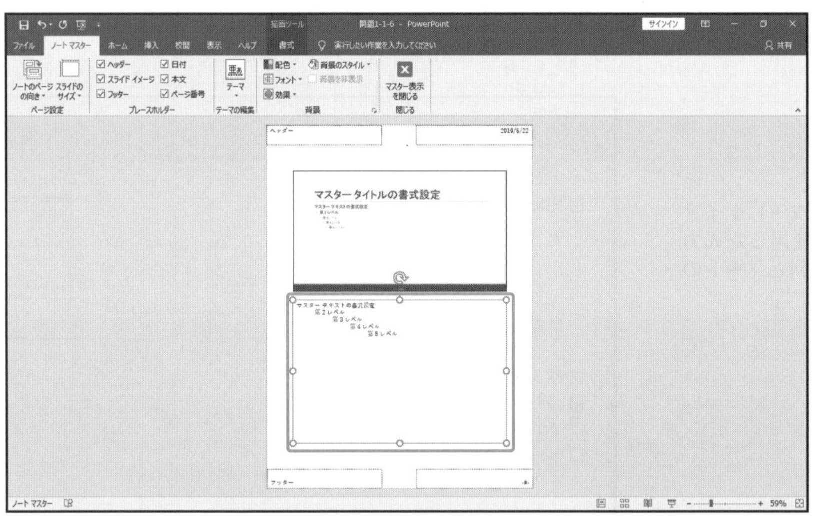

❹［書式］タブの［図形の枠線］ボタンの▼をクリックし、［テーマの色］の［黒、テキスト 1］をクリックします。

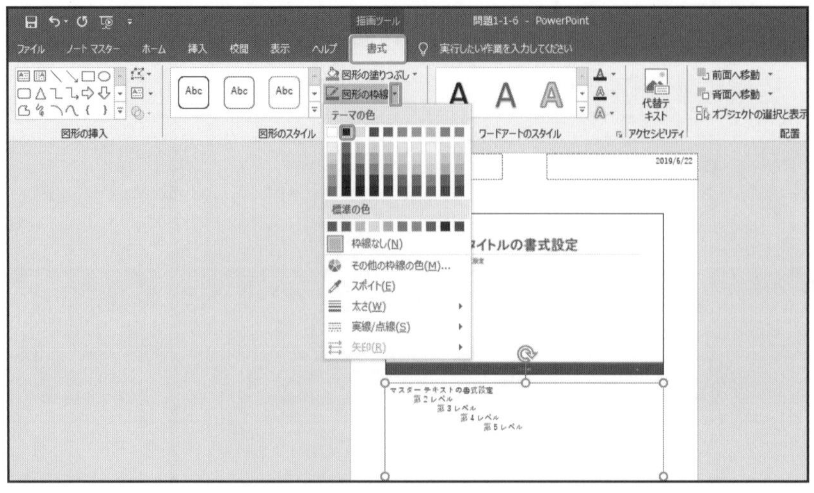

❺［書式］タブの［図形の枠線］ボタンの▼をクリックし、［太さ］をポイントして［1.5pt］をクリックします。

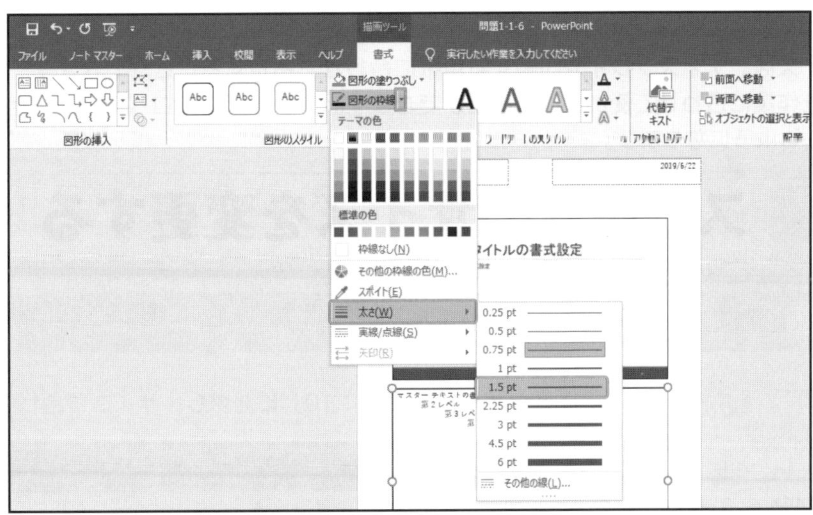

❻プレースホルダーの選択を解除し、設定を確認します。

❼［ノートマスター］タブの［マスター表示を閉じる］ボタンをクリックします。

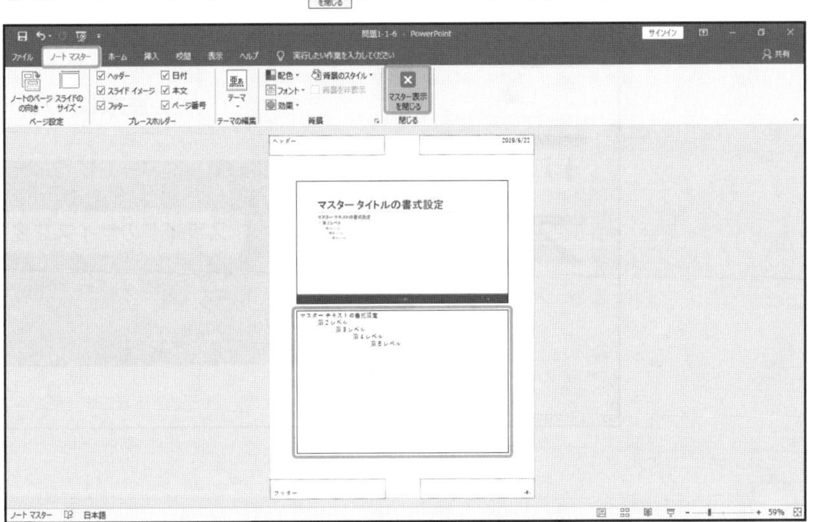

❽［表示］タブの［プレゼンテーションの表示］の［ノート］ボタンをクリックしてノート表示に切り替えます。

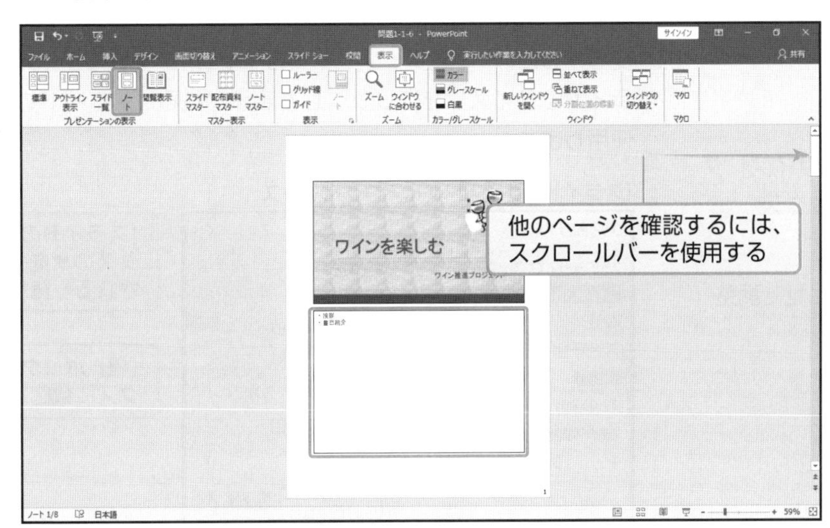

ヒント

［表示］タブの［表示］の［ノート］ボタン

［表示］タブの［表示］の［ノート］ボタンをクリックすると、標準表示モードのスライドペインの下部にノート領域が表示されます。テキストの入力はできますが書式設定や画像の挿入はできません。

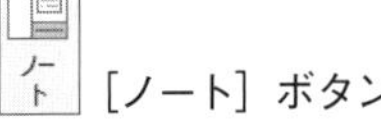
［ノート］ボタン

1-2 プレゼンテーションのオプションや表示を変更する

スライドのサイズは、ディスプレイや印刷する用紙に合わせて指定することができます。また、表示モードやカラー / グレースケールを作業に合わせて使い分けることができます。ファイルにプロパティを設定すると、ファイルの整理や検索を効率的に行えるようになります。

1-2-1 スライドのサイズを変更する

練習問題

問題フォルダー
└問題 1-2-1.pptx

解答フォルダー
└解答 1-2-1.pptx

スライドのサイズを「16：10」に変更し、サイズに合わせて調整します。

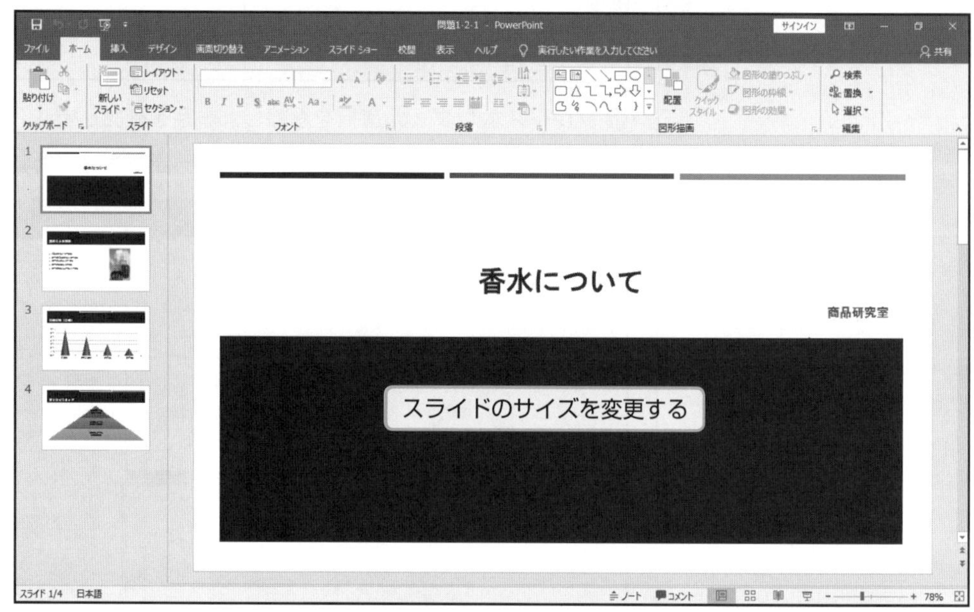

機能の解説

- スライドのサイズ
- [スライドのサイズ] ボタン
- [スライドのサイズ] ダイアログボックス
- 最大化
- サイズに合わせて調整

スライドのサイズは、プレゼンテーションを実施するディスプレイ（画面）のサイズやスライドを印刷する用紙サイズに合わせて変更することができます。スライドのサイズの初期値は、ワイド画面の比率である「16：9」が設定されています。スライドのサイズを変更するには、[デザイン] タブの [スライドのサイズ] ボタンの [ユーザー設定のスライドのサイズ] をクリックして表示される [スライドのサイズ] ダイアログボックスを使用します。

[スライドのサイズ] ダイアログボックス

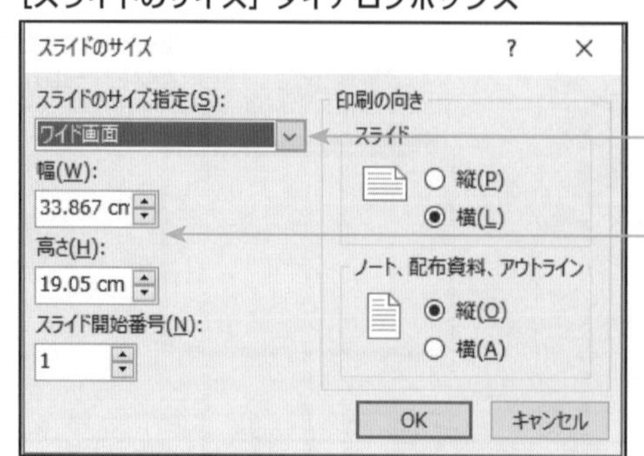

また、コンテンツを自動的に拡大縮小できないサイズを指定した場合は、2 種類のオプションを選択する画面が表示されます。

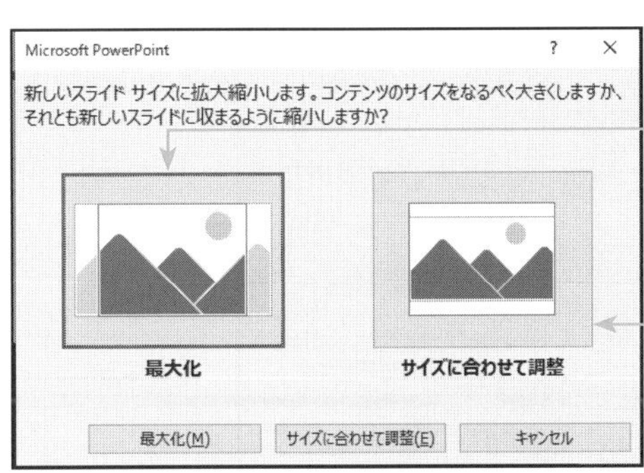

スライドを拡大してコンテンツをなるべく大きくする。コンテンツがスライド上に収まらない場合がある

スライドを縮小してすべてのコンテンツを収める。コンテンツは縮小されるがスライド上にすべて収まる

なお、作成済みのプレゼンテーションのサイズを変更すると、プレースホルダーやスライドに挿入した画像などのサイズや配置の変更や背景がリセットされる場合があります。スライドのサイズを変更した場合は、それらを必要に応じて調整します。

操作手順

❶［デザイン］タブの［スライドのサイズ］ボタンをクリックし、［ユーザー設定のスライドのサイズ］をクリックします。

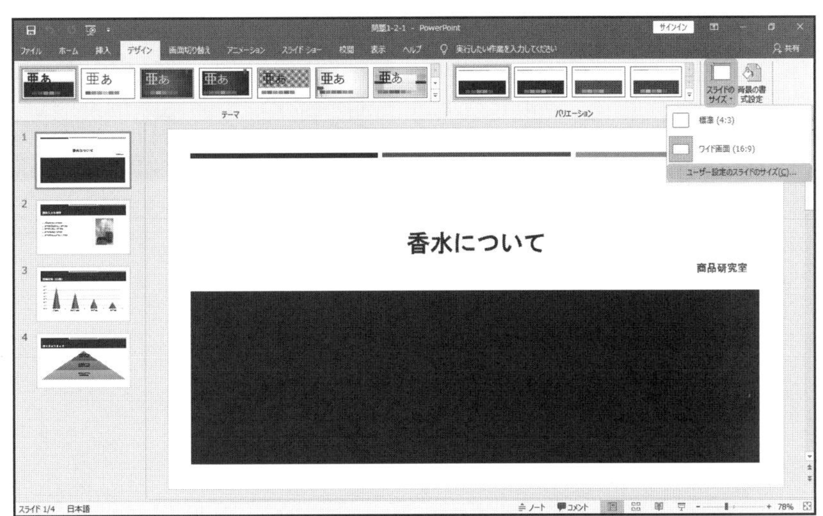

❷［スライドのサイズ］ダイアログボックスが表示されます。

❸［スライドのサイズ指定］ボックスの▼をクリックし、［画面に合わせる（16：10）］をクリックします。

❹［OK］をクリックします。

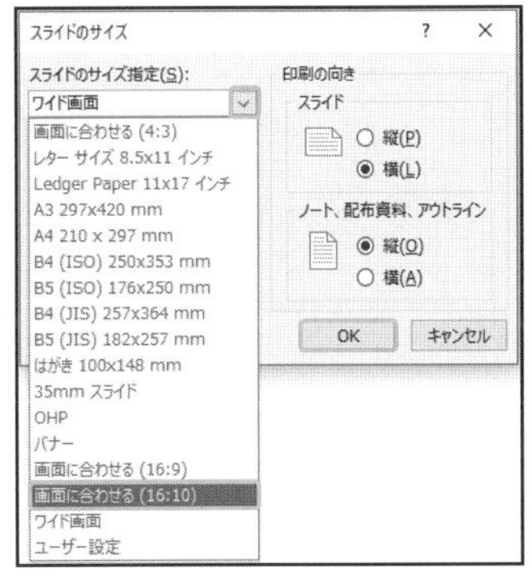

ポイント

スライドのサイズを数値で指定

スライドのサイズを数値で指定するには、［スライドのサイズ］ダイアログボックスの［幅］ボックスと［高さ］ボックスの数値を変更します。数値を変更すると［スライドのサイズ指定］ボックスが［ユーザー設定］になります。

❺［Microsoft PowerPoint］ダイアログボックスが表示されます。

❻［サイズに合わせて調整］をクリックします。

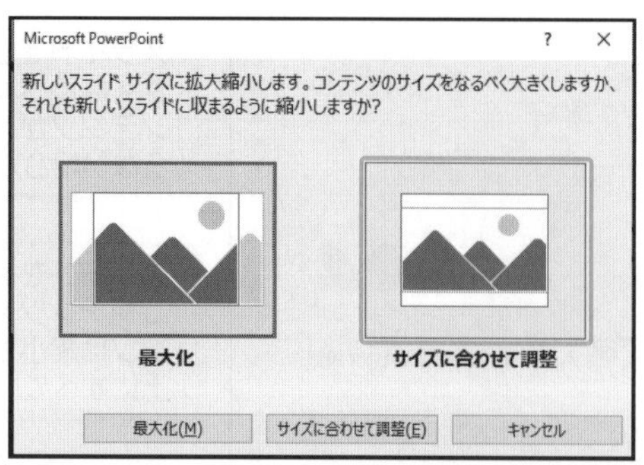

❼スライドのサイズが変更されます。

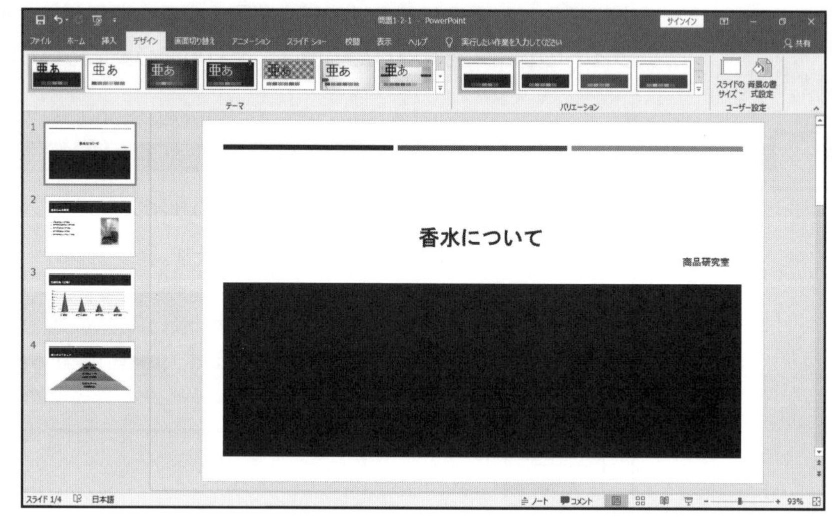

ヒント

スライドマスターでのサイズの変更

スライドマスターでスライドのサイズを変更するには、［スライドマスター］タブの［スライドのサイズ］ボタンを使用します。

1-2-2 プレゼンテーションの表示を変更する

練習問題

問題フォルダー
└問題 1-2-2.pptx

解答フォルダー
└解答 1-2-2.pptx

※解答ファイルにはグレースケールとスライドの移動の結果は保存されていません。

【操作 1】スライド一覧表示に切り替え、グレースケールで表示してスライド 8 を選択します。

【操作 2】ノート表示に切り替えて表示倍率を 80%に変更し、スライドのノートに「訪問先の紹介」と入力します。

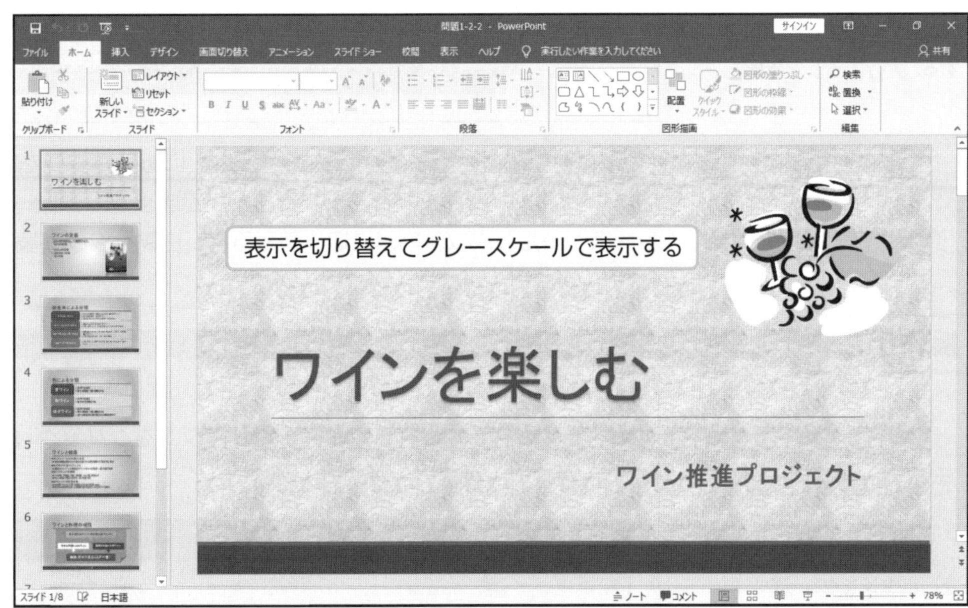

機能の解説

- 表示モード
- 標準表示
- スライド一覧表示
- サムネイル
- ノート表示
- [表示] タブ
- ステータスバー
- 表示倍率の変更
- グレースケール
- 白黒

PowerPoint の既定の表示モードは標準表示で、スライドに対して文字の入力や画像の挿入などのさまざまな作業を行うときに使用します。スライド一覧表示は、1 つの画面にすべてのスライドがサムネイル（スライドの縮小版）で表示されます。スライド全体の構成やバランスなどを確認するときに使用します。標準表示やスライド一覧表示では、サムネイルを使用してスライドの選択や移動ができます。ノート表示は、スライドとノートが表示されます。発表時の注意事項や留意点などを入力、編集するときに使用します。表示モードを切り替えるには、[表示] タブの [プレゼンテーションの表示] にあるボタンまたはステータスバーのボタンをクリックします。

また、各表示モードで 10%～ 400%の範囲で作業しやすい表示倍率に変更することができます。表示倍率を変更するには、[表示] タブの [ズーム] ボタンやステータスバーを使用します。変更した表示倍率を既定のウィンドウサイズにするには、ステータスバーの ボタンをクリックするか [表示] タブの [ウィンドウに合わせる] ボタンをクリックします。

ヒント

アウトライン表示

標準表示でサムネイルが表示される領域にスライドのテキストのみが表示されます。

ヒント

閲覧表示

現在の画面サイズでスライドショーが実行されます。複数のウィンドウを開いて作業しているときなどに利用すると便利です（スライドショーについては「1-4　スライドショーを設定する、実行する」を参照）。

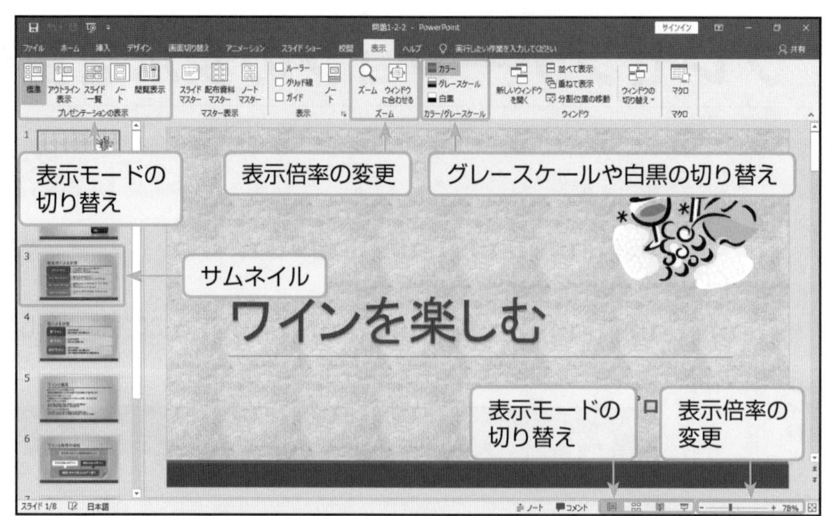

［表示］タブの［カラー / グレースケール］にあるボタンを使うと、プレゼンテーションをグレースケールや白黒で表示することができます。グレースケールに切り替えると［グレースケール］タブ、白黒に切り替えると［白黒］タブが表示されます。

操作手順

【操作 1】

❶［表示］タブの［スライド一覧］ボタンをクリックします。

❷スライド一覧表示に切り替わります。

その他の操作方法

スライド一覧表示

ステータスバーの［スライド一覧］ボタンをクリックします。

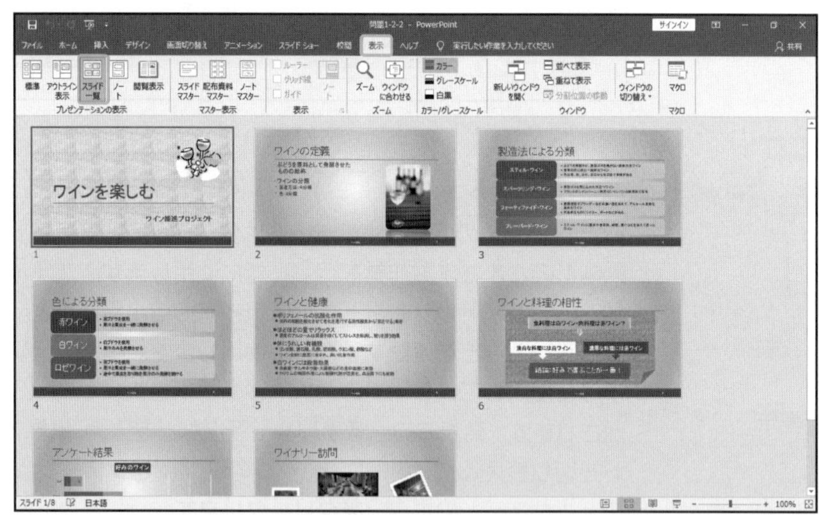

❸［表示］タブの［グレースケール］ボタンをクリックします。

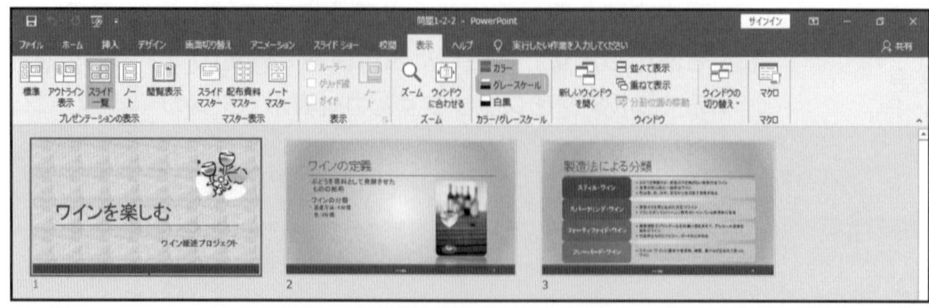

④表示がグレースケールに切り替わります。

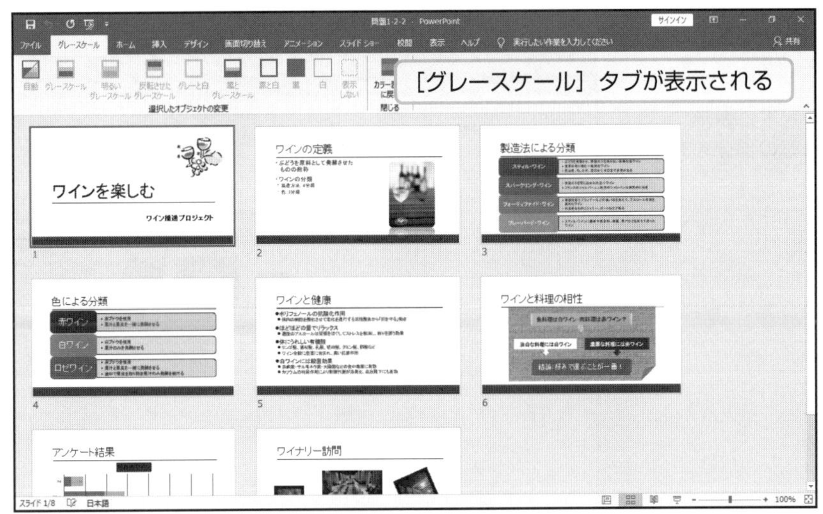

⑤スライド 8 をクリックします。

⑥スライド 8 が赤い枠で囲まれ、選択されます。

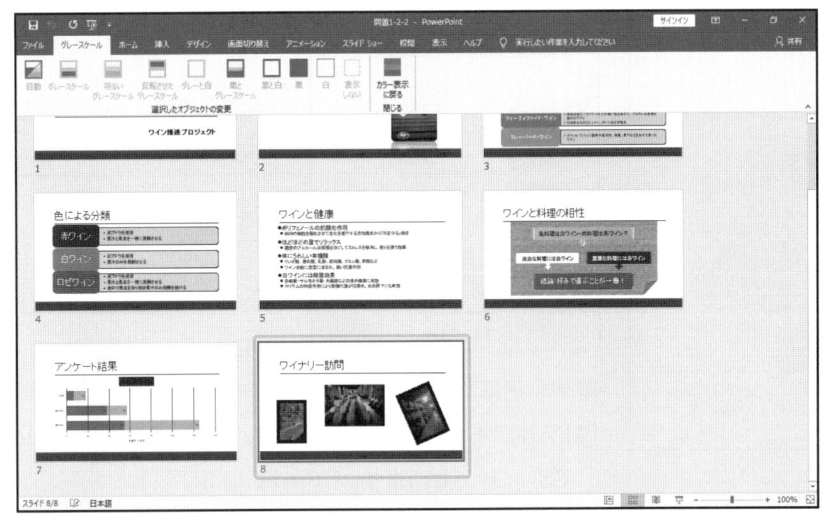

【操作 2】

⑦[表示] タブの [ノート] ボタンをクリックします。

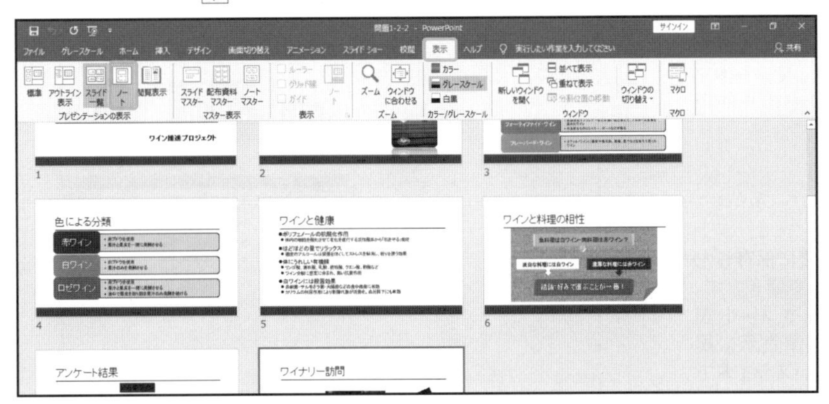

ポイント

ノートペインの表示

ノート表示への切り替えはステータスバーのボタンからは行えませんが、標準表示でノートペインを表示することは可能です。ノートペインの表示はステータスバーの [≜ノート] ボタンか [表示] タブの [表示] の [ノート] ボタンをクリックします。

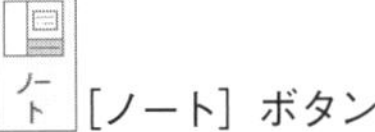
[ノート] ボタン

❽ノート表示に切り替わります。

❾［表示］タブの［ズーム］ボタンをクリックします。

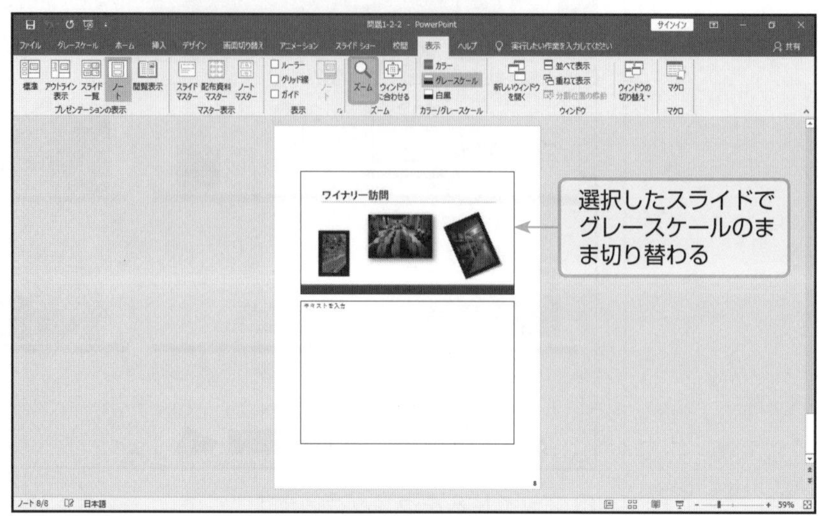

❿［ズーム］ダイアログボックスが表示されます。

⓫［指定］ボックスに「80」と入力し、［OK］をクリックします。

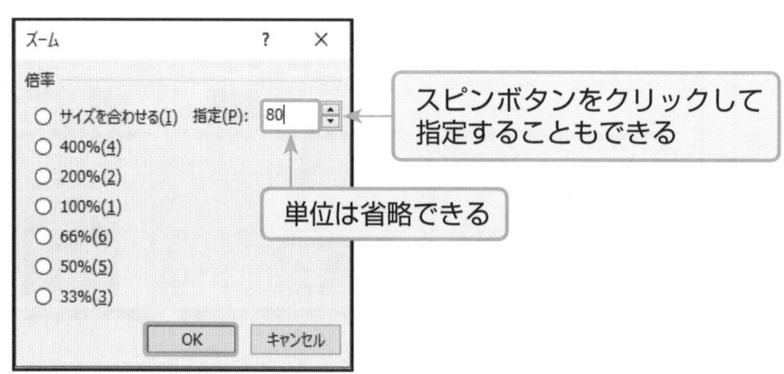

⓬表示倍率が変更され、ステータスバーに「80%」と表示されます。

⓭「テキストを入力」と表示されているプレースホルダー内をクリックし、「訪問先の紹介」と入力します。

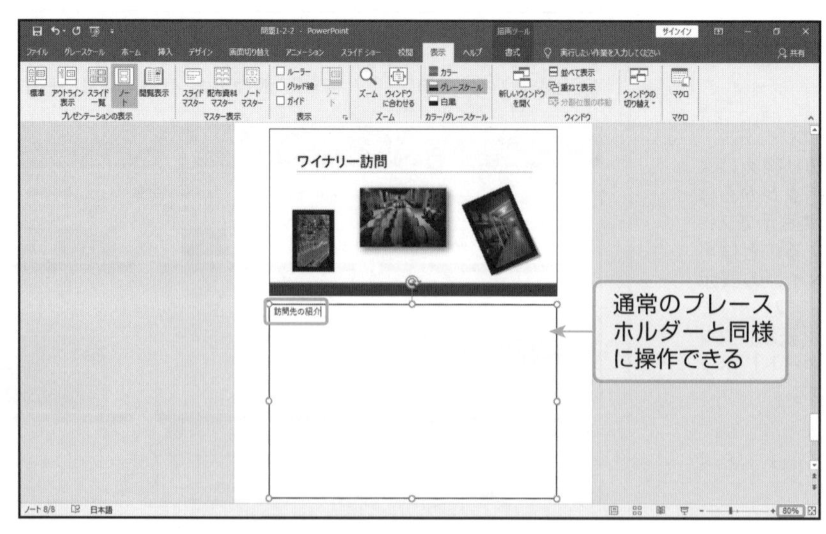

その他の操作方法

［ズーム］ダイアログボックスの表示

ステータスバーの右下に表示されている表示倍率の部分をクリックします。

ポイント

ノートマスター

ノート全体の配置や書式などを変更するには、［表示］タブの［ノートマスター］ボタンをクリックしてノートマスターで操作します（「問題1-2-2.pptx」では「1-1-6　ノートマスターを変更する」でノートマスターを変更したものを使用しています）。

ヒント

標準表示に戻る

PowerPointは最後に保存したときの表示モードで開きます。スライド一覧表示やノート表示からすばやく標準表示に戻るには、表示したいスライドでダブルクリックします。

1-2-3 ファイルの基本的なプロパティを設定する

練習問題

問題フォルダー
└問題 1-2-3.pptx

解答フォルダー
└解答 1-2-3.pptx

【操作 1】ファイルのプロパティの分類に「熟語」を設定します。
【操作 2】ファイルのプロパティの会社に「学舎 CLUB」を設定します。

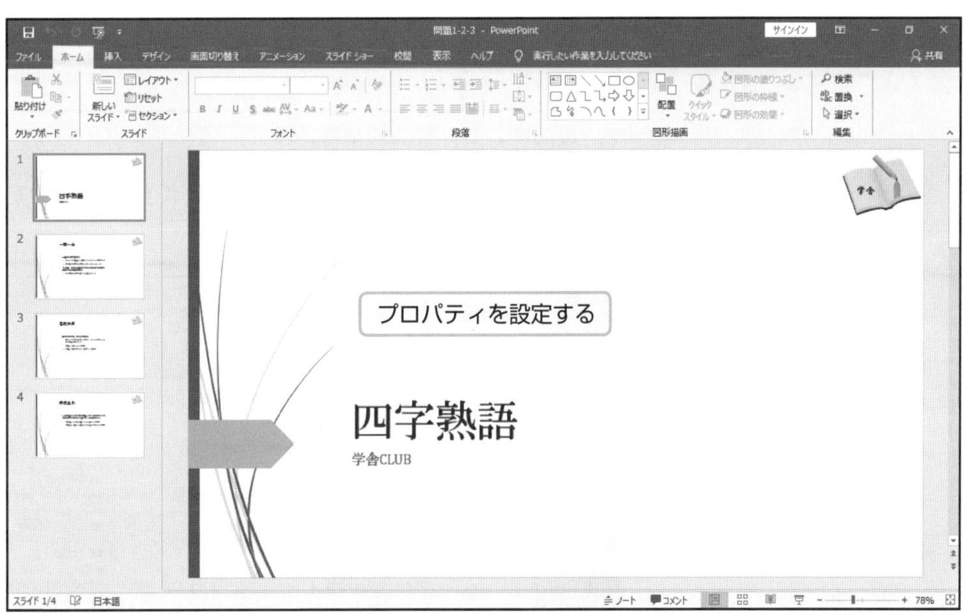

機能の解説

重要用語

- プロパティ
- ［情報］画面
- ［プロパティ］ダイアログボックス

プロパティとは、スライドに保存されているデータとは別にファイルの属性として自動的に設定されたり、ユーザーが独自に設定したりできる各種の情報のことです。プロパティには、サイズ、タイトル、更新日時や作成日時、作成者や最終更新者、会社名などがあり、それぞれの種類に応じた値が設定されます。プロパティは、［ファイル］タブの［情報］画面で確認できます。初期状態では一部のプロパティの内容のみ表示されており、［プロパティをすべて表示］をクリックするとすべての情報を表示できます。また、［プロパティ］をクリックして［詳細プロパティ］をクリックすると［プロパティ］ダイアログボックスが表示されます。

［ファイル］タブの［情報］画面

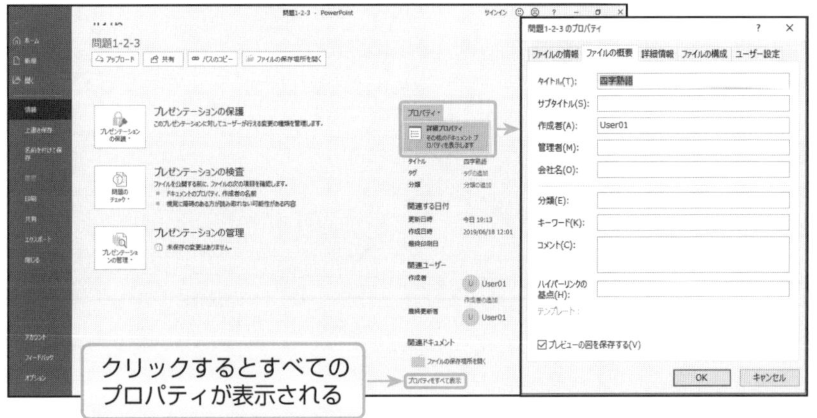

操作手順

【操作 1】

❶［ファイル］タブをクリックします。

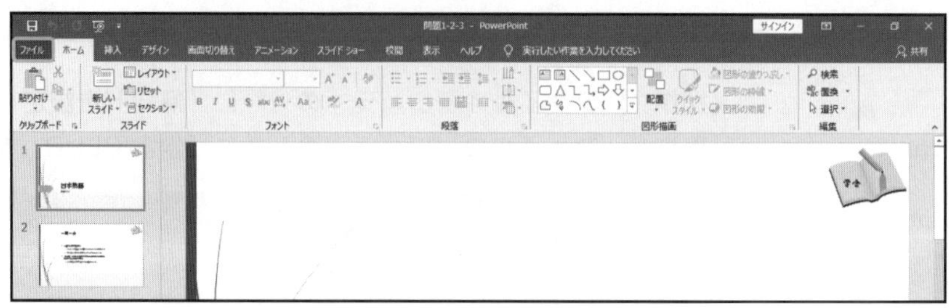

❷［情報］をクリックします。

❸［プロパティ］の［分類］の「分類の追加」と表示されているボックスをクリックし、「熟語」と入力します。

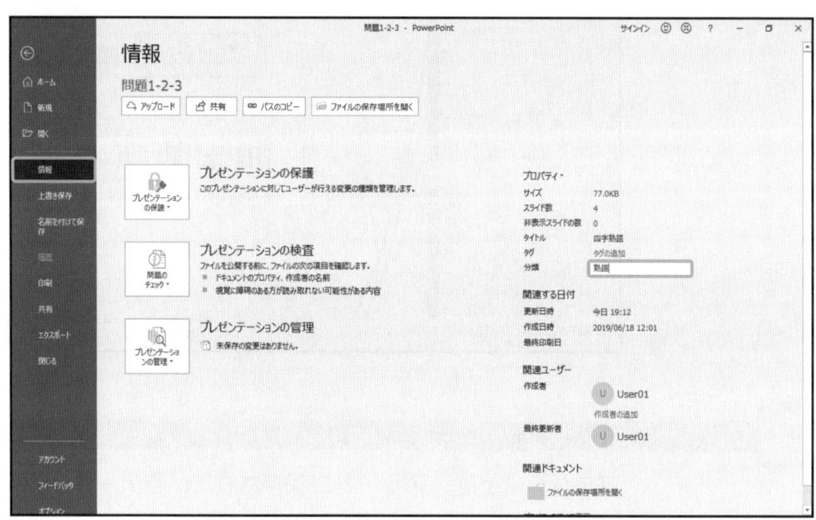

【操作 2】

❹［プロパティ］の一番下の［プロパティをすべて表示］をクリックします。

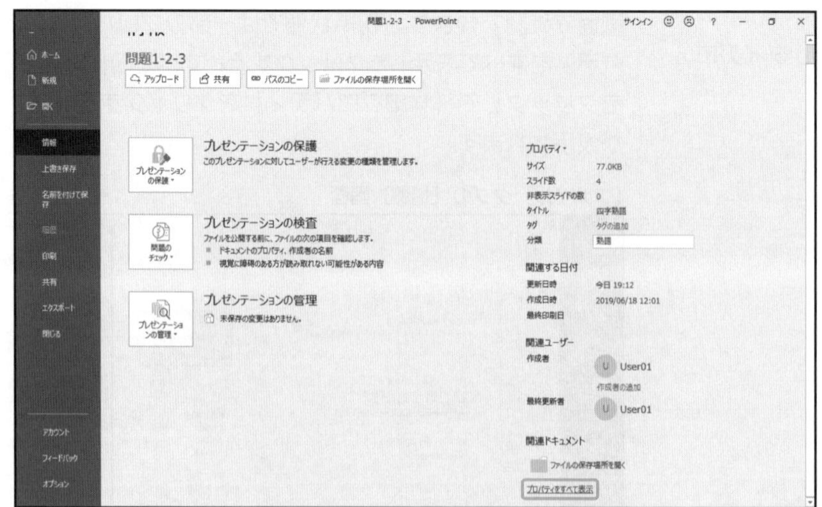

ヒント

プロパティの確認

エクスプローラーでファイルを右クリックして［プロパティ］をクリックすると、ファイルの［プロパティ］ダイアログボックスが表示され、［全般］タブや［詳細］タブでプロパティを確認できます。

❺［プロパティ］の［会社］の「会社名の指定」と表示されているボックスをクリックし、「学舎 CLUB」と入力します。

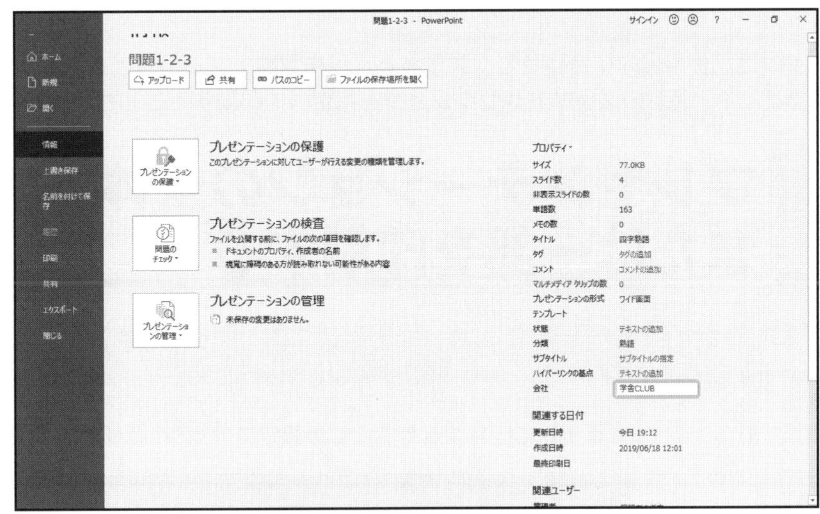

❻「分類」と「会社」プロパティが設定されます。

1-3 プレゼンテーションの印刷設定を行う

プレゼンテーションは、使用目的に合わせて、スライド、配布資料、ノートなどの形式で印刷できます。また、グレースケールで印刷することや、特定のスライドやセクションを指定して印刷することも可能です。

1-3-1 プレゼンテーションの全体または一部を印刷する

練習問題

問題フォルダー
└問題 1-3-1.pptx

解答ファイルはサンプルファイルに収録していません。本書に掲載した画面を参照してください。

スライドに枠を付けて高品質の設定でセクション「グラフ」のみ 1 部印刷する準備をします。

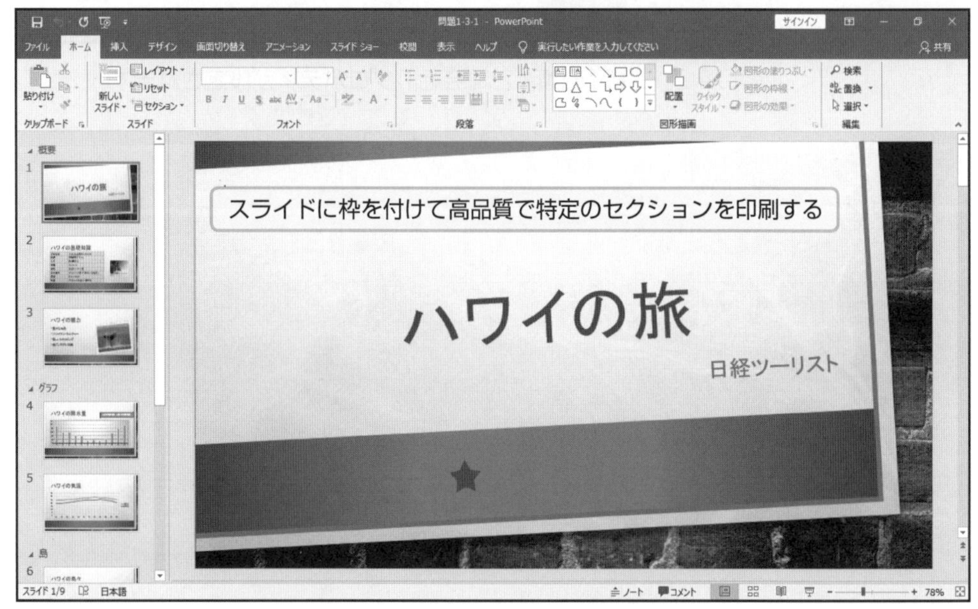

機能の解説

重要用語

- □ [印刷] 画面
- □ スライドの印刷
- □ スライドに枠を付けて印刷
- □ 用紙に合わせて拡大 / 縮小
- □ 高品質
- □ セクション単位で印刷
- □ 印刷するスライドを指定

プレゼンテーションの印刷に関する設定は、[ファイル] タブの [印刷] をクリックして表示される [印刷] 画面で行います。印刷のイメージを確認する印刷プレビューも同じ画面で確認できます。[設定] の [フルページサイズのスライド] は 1 ページに 1 枚のスライドを印刷します。[フルページサイズのスライド] をクリックすると、印刷のレイアウトや [スライドに枠を付けて印刷する]、[用紙に合わせて拡大 / 縮小]、[高品質] といったオプションを設定することができます。

[すべてのスライドを印刷] をクリックすると、選択中のスライドや現在のスライドといった印刷の範囲を選択することができます。セクションが設定されている場合はセクション名が表示され、セクション単位で印刷することも可能です。印刷するスライドを指定する場合は、[スライド指定] ボックスにスライド番号の数字をカンマ区切り（「1,3,4」など）またはハイフン（「2-4」など）でつなげて半角で入力します。

ポイント

印刷のレイアウト

プレゼンテーションはスライドのほかにノート、アウトライン、配布資料のレイアウトで印刷することができます（「1-3-2 ノートを印刷する」、「1-3-3 配布資料を印刷する」を参照）。［アウトライン］はプレゼンテーションのスライド上のテキストのみを印刷します。

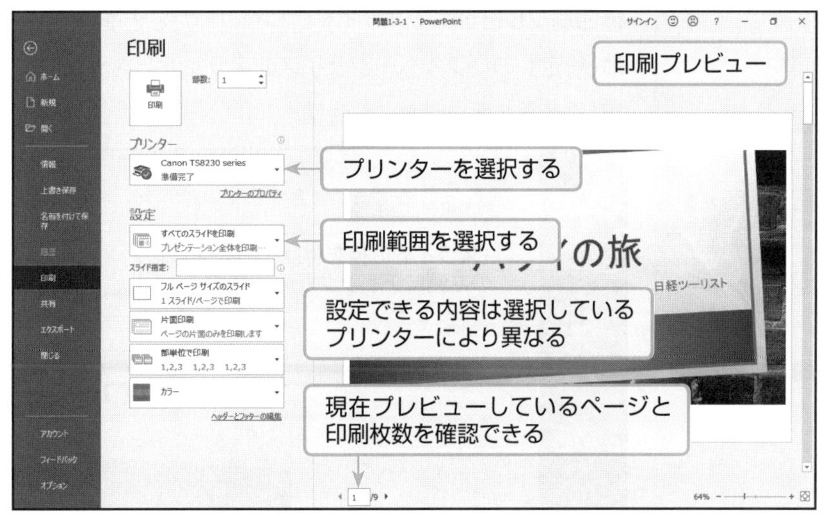

操作手順

❶［ファイル］タブの［印刷］をクリックします。

❷［設定］の［フルページサイズのスライド］をクリックします。

❸［印刷レイアウト］の［フルページサイズのスライド］が選択されていることを確認します。

❹［スライドに枠を付けて印刷する］をクリックします。

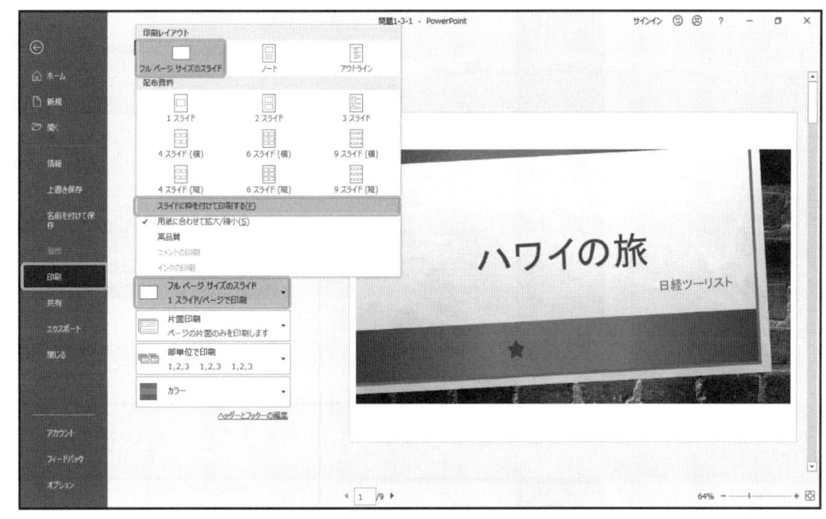

ヒント

コメントおよびインク注釈の印刷

プレゼンテーションにコメントやインク注釈が含まれている場合のみ［フルページサイズのスライド］をクリックして［コメントの印刷］や［インクの印刷］を選択できます（コメントについては「1-5-1 コメントを追加する、管理する」、インク注釈については「1-4-4 発表者ツールを使用してスライドショーを発表する」を参照）。

❺印刷プレビューでスライドに枠が付いたことを確認します。

❻［設定］の［フルページサイズのスライド］をクリックします。

❼［高品質］をクリックします。

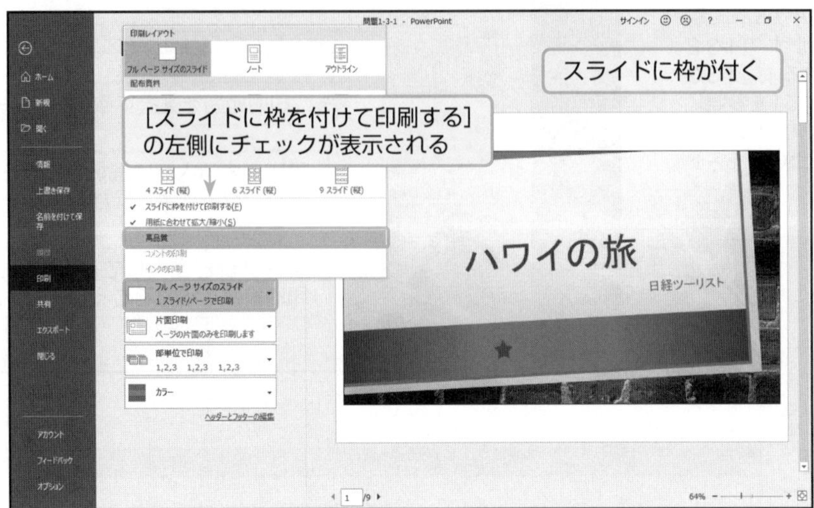

❽［設定］の［すべてのスライドを印刷］をクリックします。

❾［セクション］の［グラフ］をクリックします。

❿［部数］ボックスが「1」であることを確認します。

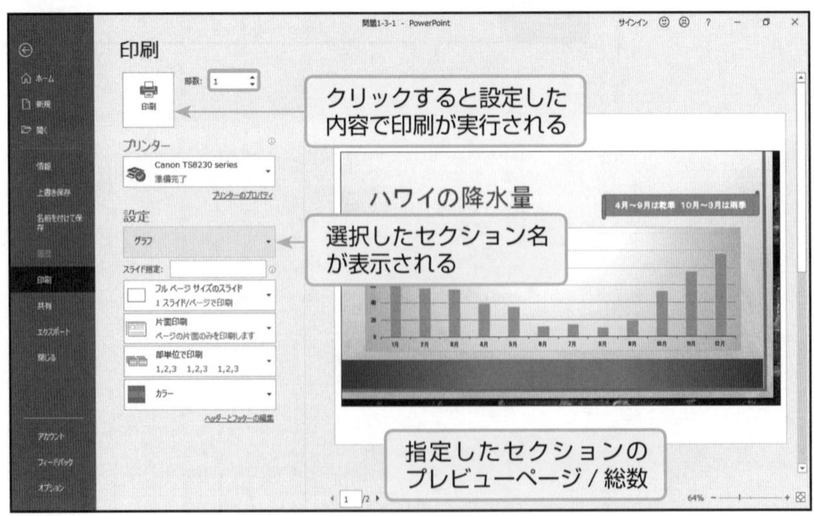

ヒント

非表示スライドの印刷

プレゼンテーションに非表示スライドが含まれている場合のみ［すべてのスライドを印刷］をクリックして［非表示スライドを印刷する］を選択できます（非表示スライドについては「2-2-1　スライドを表示する、非表示にする」を参照）。

1-3-2 ノートを印刷する

練習問題

問題フォルダー
└問題 1-3-2.pptx

解答フォルダー
└解答 1-3-2.pptx

※ヘッダーを除く印刷設定については本書に掲載した画面を参照してください。

【操作 1】ノートを印刷する準備をします。

【操作 2】ノートのヘッダーに「発表資料」と印刷されるようにします。

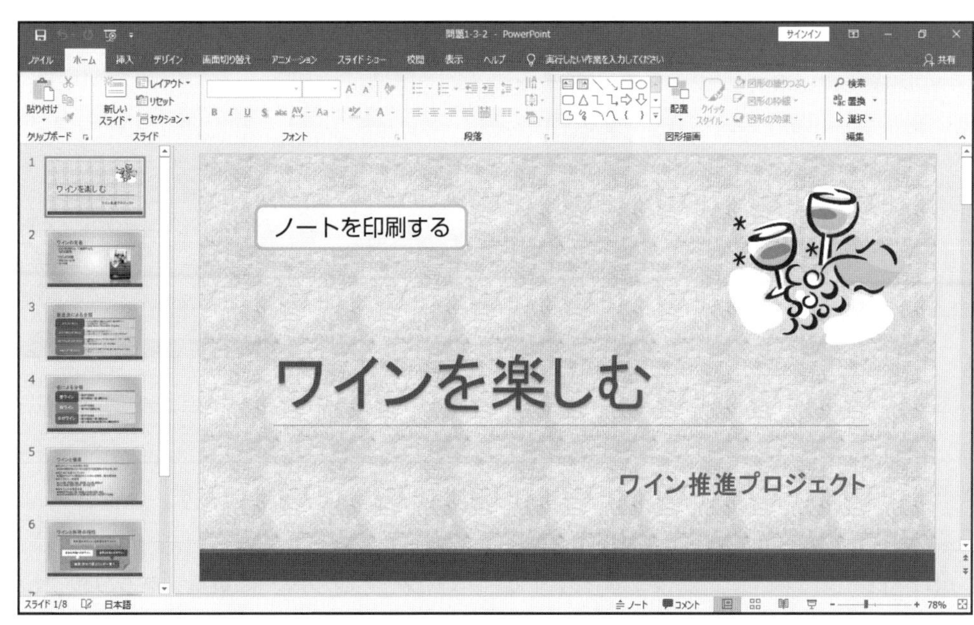

機能の解説

重要用語

- ノートの印刷
- [ヘッダーとフッター] ダイアログボックスの [ノートと配布資料] タブ

ノートを印刷するには、[ファイル] タブの [印刷] をクリックして [フルページサイズのスライド] の [印刷レイアウト] で [ノート] をクリックします。[ノート] では、スライドのイメージとノートに入力された情報を同時に印刷することができます。

[印刷] 画面からノートにヘッダー、フッター、日付、ページ番号を追加するには、[設定] の [ヘッダーとフッターの編集] をクリックして表示される [ヘッダーとフッター] ダイアログボックスの [ノートと配布資料] タブを使用します。

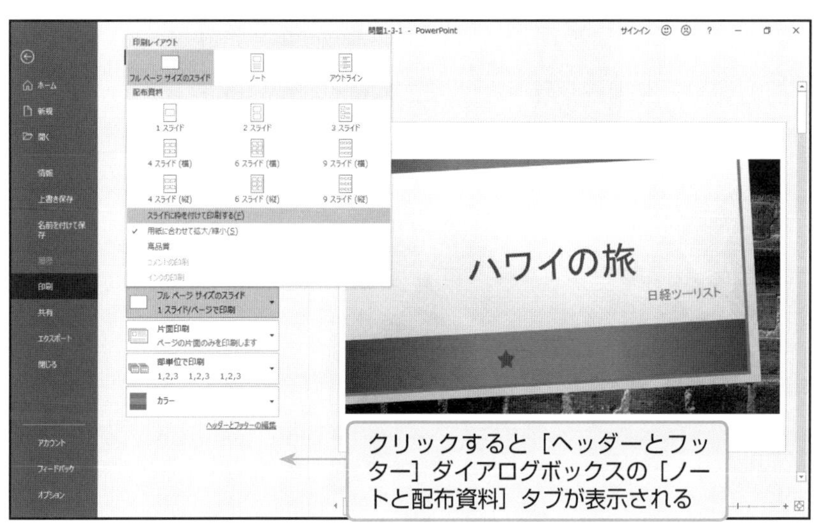

ポイント

[ヘッダーとフッター] ダイアログボックス

[ヘッダーとフッター] ダイアログボックスの [ノートと配布資料] タブで入力した内容は、配布資料とノートの両方に適用されます。

操作手順

【操作 1】

❶［ファイル］タブの［印刷］をクリックします。

❷［設定］の［フルページサイズのスライド］をクリックします。

❸［印刷レイアウト］の［ノート］をクリックします。

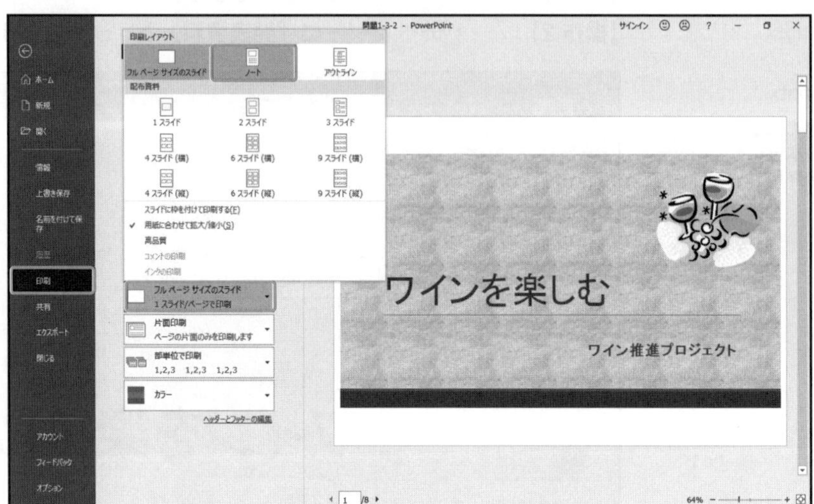

❹ノートが印刷プレビューに表示されます。

【操作 2】

❺［設定］の［ヘッダーとフッターの編集］をクリックします。

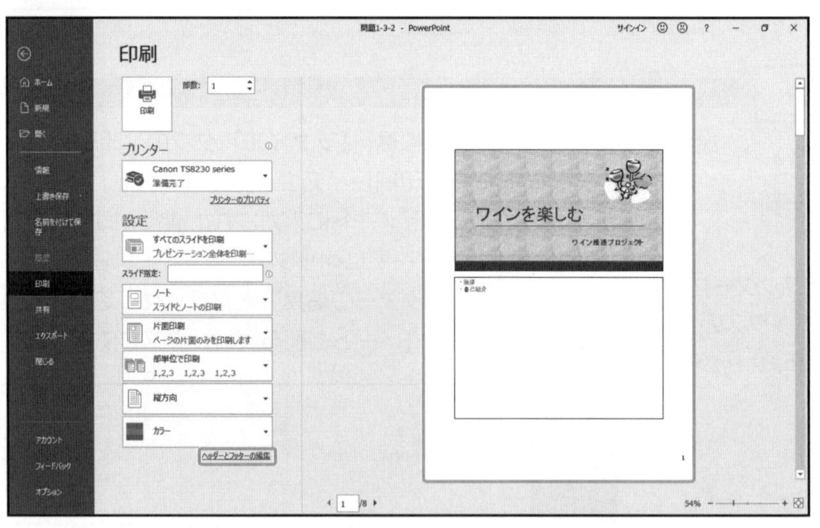

ポイント

ノートマスター

ノートのヘッダー、フッター、日付、ページ番号のサイズや位置、文字書式の変更などは、[表示]タブの[ノートマスター]をクリックして表示されるマスターの各プレースホルダーで作業します(「問題1-3-2.pptx」は「1-1-6　ノートマスターを変更する」で操作した結果が保存されています)。

❻［ヘッダーとフッター］ダイアログボックスの［ノートと配布資料］タブが表示されます。

❼［ヘッダー］チェックボックスをオンにします。

❽［ヘッダー］ボックスに「発表資料」と入力します。

❾［すべてに適用］をクリックします。

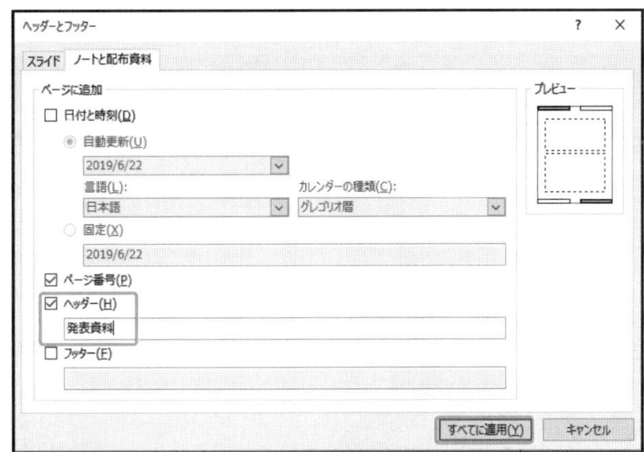

❿印刷プレビューのノートのヘッダーに「発表資料」と表示されます。

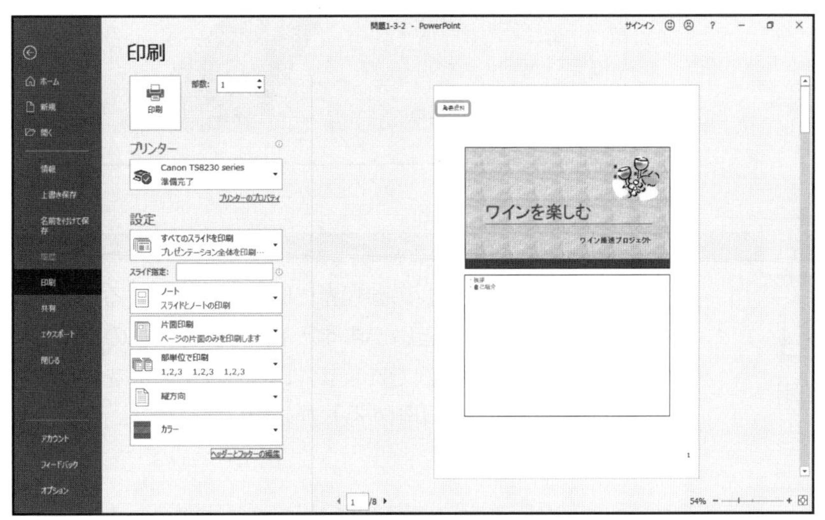

ヒント

ノートの印刷プレビュー

ノートの印刷プレビューとノート表示は同じ内容です（ノート表示については「1-2-2　プレゼンテーションの表示を変更する」を参照）。

1-3-3 配布資料を印刷する

練習問題

問題フォルダー
└問題 1-3-3.pptx

解答ファイルはサンプルファイルに収録していません。本書に掲載した画面を参照してください。

配布資料（2 スライド / ページ）を印刷する準備をします。

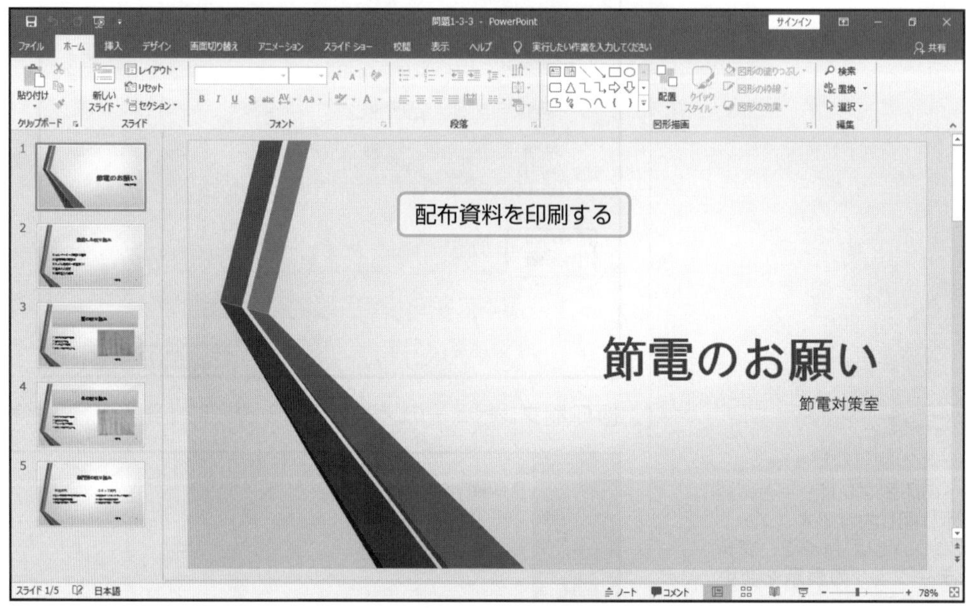

機能の解説

□ 配布資料の印刷

プレゼンテーションの参加者に印刷して配布するために、スライドを用紙にレイアウトしたものを配布資料といいます。1 ページあたりのスライドの数は、1 枚、2 枚、3 枚、4 枚、6 枚、9 枚から選択できます。印刷レイアウトを配布資料に変更すると、自動的に［スライドに枠を付けて印刷する］がオンになります。

操作手順

❶［ファイル］タブの［印刷］をクリックします。

❷［設定］の［フルページサイズのスライド］をクリックします。

❸［配布資料］の［2 スライド］をクリックします。

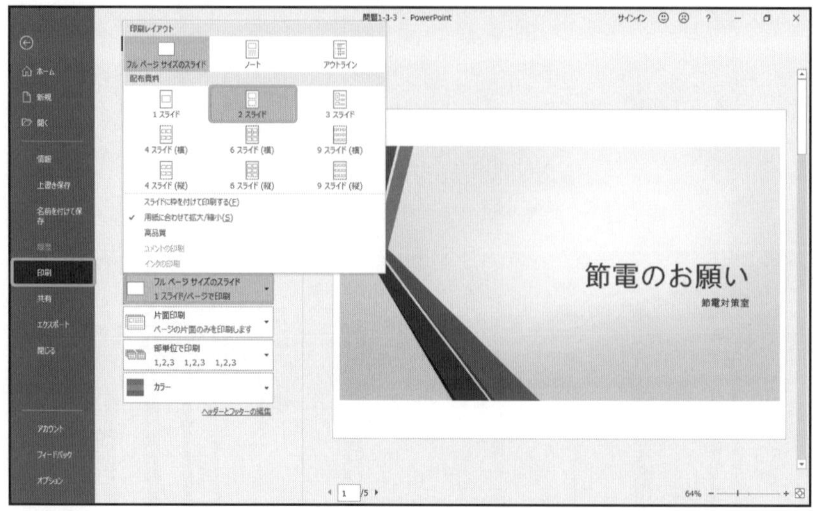

ポイント

配布資料の設定

配布資料のヘッダー、フッター、日付、ページ番号のサイズや位置、書式の変更などは、［表示］タブの［配布資料マスター］ボタンをクリックして表示されるマスターのプレースホルダーで作業します（「問題 1-3-3.pptx」は「1-1-5 配布資料マスターを変更する」で操作した結果が保存されています）。

ヒント

[ヘッダーとフッター] ダイアログボックス

[印刷] 画面から配布資料にヘッダー、フッター、日付、ページ番号を追加するには、[ヘッダーとフッターの編集] をクリックして表示される [ヘッダーとフッター] ダイアログボックスの[ノートと配布資料] タブを使用します（「1-3-2 ノートを印刷する」を参照）。

❹ 設定したレイアウトが印刷プレビューに表示されます。

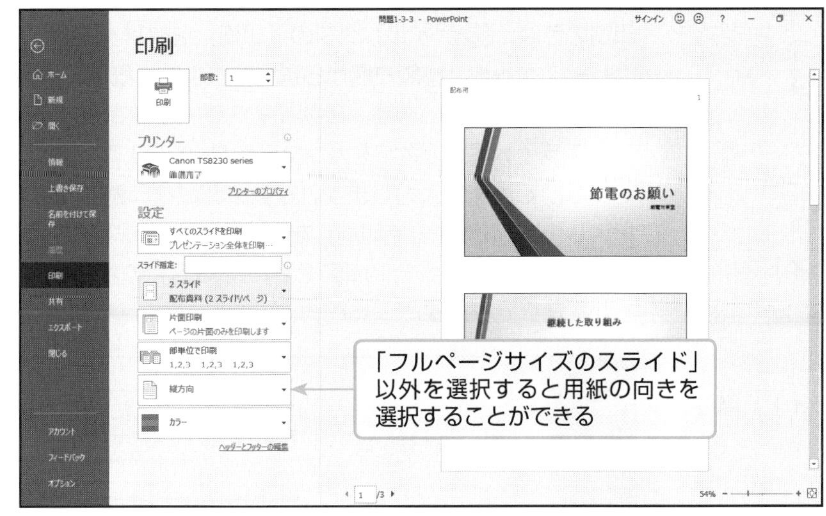

1-3-4 カラー、グレースケール、白黒で印刷する

練習問題

問題フォルダー
└問題 1-3-4.pptx

解答ファイルはサンプルファイルに収録していません。本書に掲載した画面を参照してください。

グレースケールで、スライド 4 とスライド 5 を 3 部、印刷する準備をします。

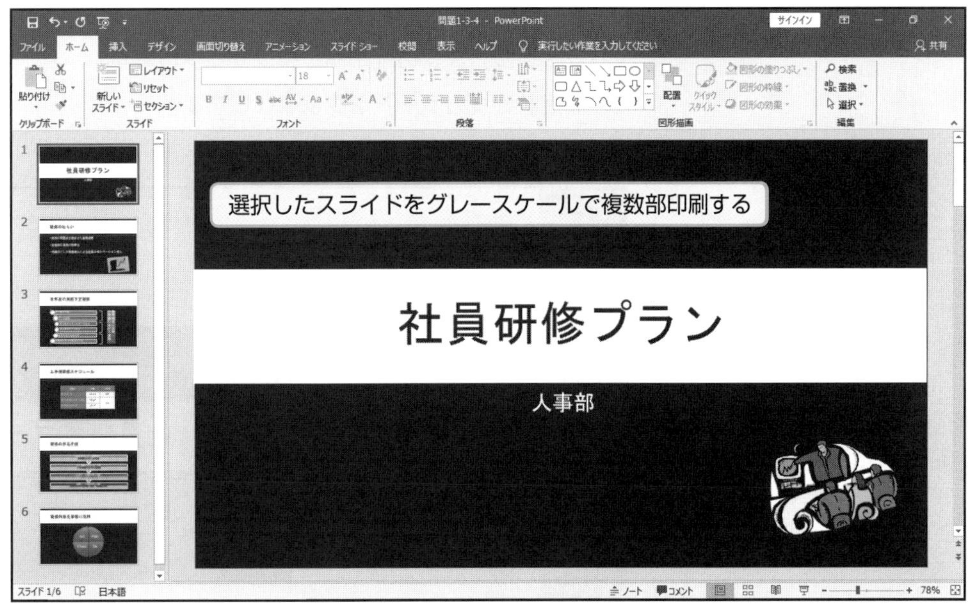

機能の解説

重要用語

- □ カラー
- □ グレースケール
- □ 単純白黒
- □ 印刷するスライドを指定
- □ 複数の部数の印刷
- □ 部単位で印刷
- □ ページ（スライド）単位で印刷

ヒント

既定のカラー

モノクロプリンターの場合は、既定で［グレースケール］が選択されています。

印刷の色は、［ファイル］タブの［印刷］をクリックして［設定］の［カラー］でカラー、グレースケール、単純白黒から選択できます。既定では現在のプリンターで設定されている色が選択されています。印刷するスライドを指定する場合は、［スライド指定］ボックスにスライド番号の数字をカンマ区切り（「1,3,4」など）またはハイフン（「2-4」など）でつなげて半角で入力します。複数の部数を印刷する場合は、［部数］ボックスに数値を指定します。［部単位で印刷］をクリックして「1,2,3」「1,2,3」「1,2,3」のように部単位で印刷するか「1,1,1」「2,2,2」「3,3,3」のようにページ（スライド）単位で印刷するかを選択できます。

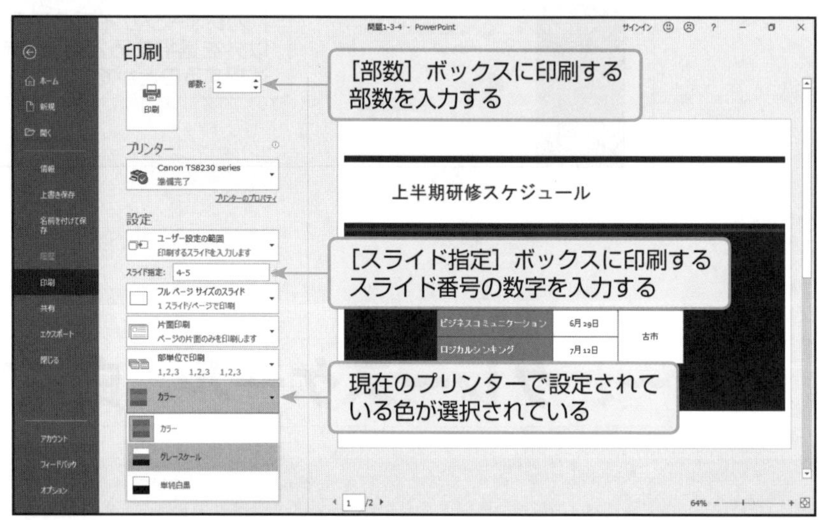

操作手順

❶［ファイル］タブの［印刷］をクリックします。

❷［設定］の［カラー］をクリックします。

❸［グレースケール］をクリックします。

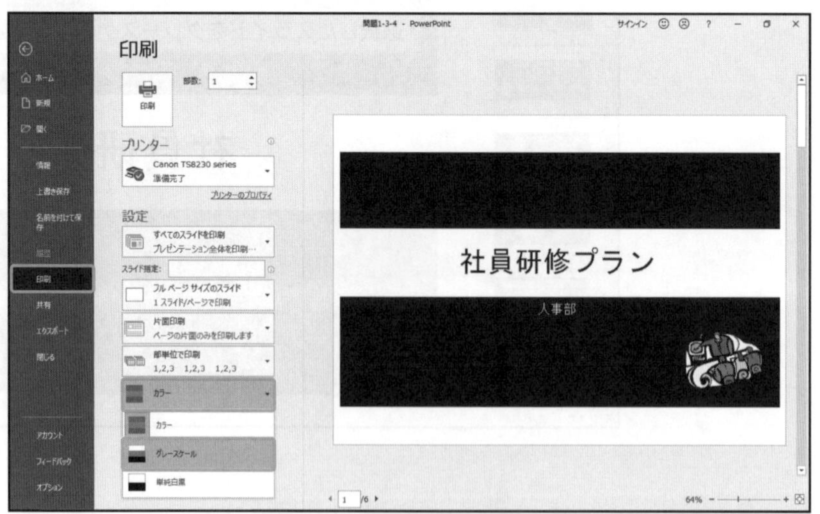

その他の操作方法

スライドを指定して印刷

印刷するスライドを選択した状態で［印刷］画面を表示し、［設定］の［すべてのスライドを印刷］をクリックして［選択した部分を印刷］をクリックします。

❹印刷プレビューがグレースケールで表示されます。

❺［設定］の［スライド指定］ボックスに「4-5」または「4,5」と半角で入力し、Tab キーを押します。

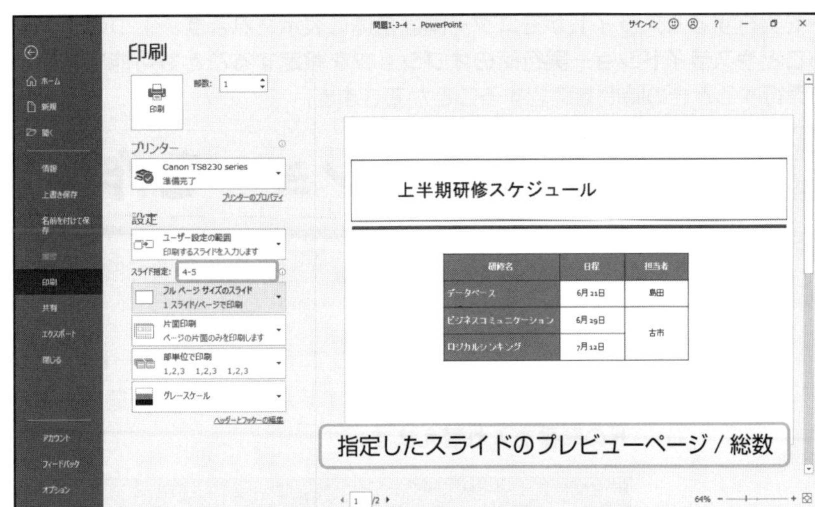

❻［部数］ボックスに「3」と入力します。

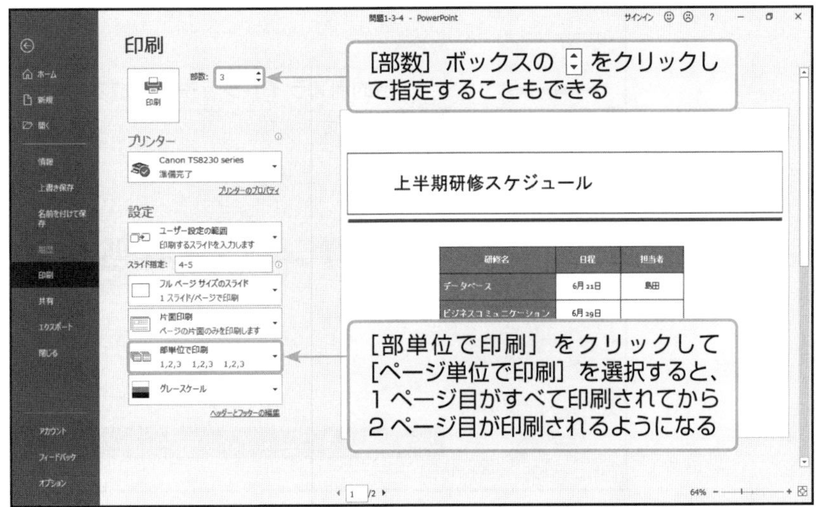

1-4 スライドショーを設定する、実行する

スライドショーを実行するとスライドがモニター画面全体に表示されます。１つのファイル内に複数の構成のスライドショーを作成することやスライドショー実行時のオプションを設定することも可能です。リハーサル機能を使用すると、スライドショーを実行するときの時間を確認することができます。

1-4-1 目的別スライドショーを作成する

練習問題

問題フォルダー
└問題 1-4-1.pptx
解答フォルダー
└解答 1-4-1.pptx

スライド 1、2、5、6 を使用して「ワイン（ショート）」という名前で目的別スライドショーを作成します。その際、タイトルが「ワインの健康」と「ワインと料理の相性」のスライドの順番を入れ替えます。

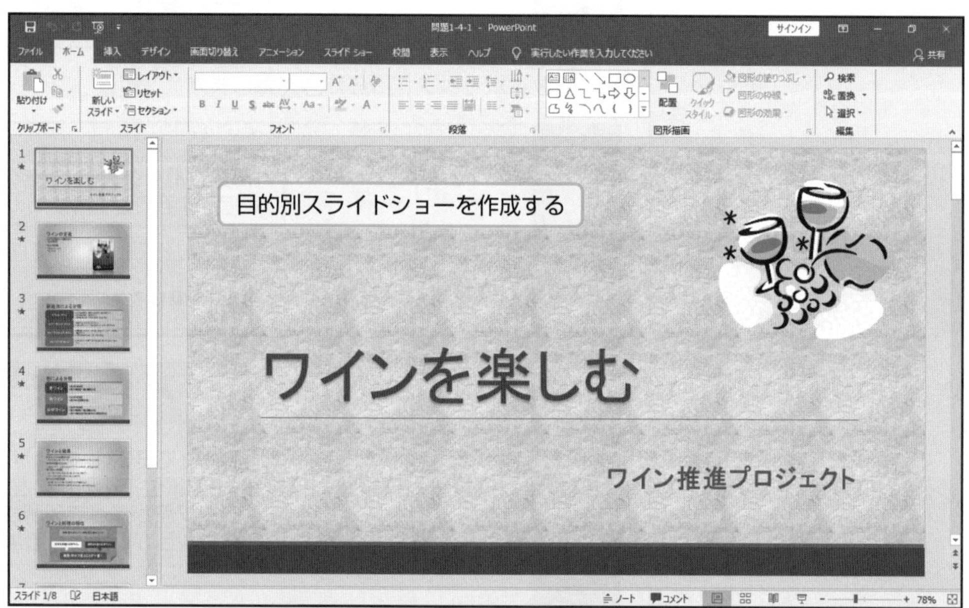

機能の解説

□ 目的別スライドショー
□ [目的別スライドショー] ボタン

目的別スライドショーを利用すると、１つのプレゼンテーションファイルを使って、さまざまな構成のスライドショーを準備できます。目的別スライドショーは複数作成することができるので、プレゼンテーションの時間や参加者層といった目的に合わせてスライドの枚数や順序などを調整したい場合に活用すると便利です。目的別スライドショーは、[スライドショー] タブの [目的別スライドショー] ボタンから作成します。

操作手順

ヒント

オンラインプレゼンテーション

[オンラインプレゼンテーション] ボタンを使用すると、Office Presentation Service を利用してスライドショーをインターネット経由で参加者の Web ブラウザーに表示できます。プレゼンテーションの URL をメールで送信し、受信した相手は発表者のスライドショーをリアルタイムで Web ブラウザーで見ることができます。

[オンラインプレゼンテーション] ボタン

❶ [スライドショー] タブの [目的別スライドショー] ボタンをクリックし、[目的別スライドショー] をクリックします。

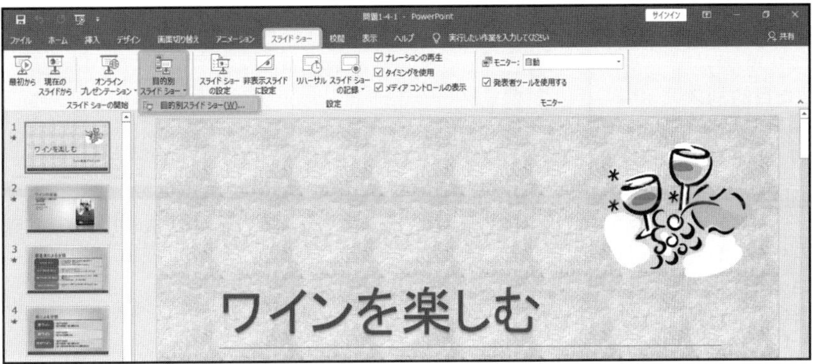

❷ [目的別スライドショー] ダイアログボックスが表示されます。

❸ [新規作成] をクリックします。

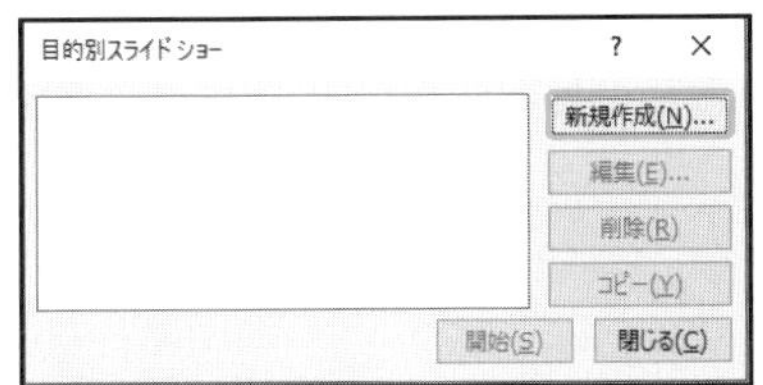

❹ [目的別スライドショーの定義] ダイアログボックスが表示されます。

❺ [スライドショーの名前] ボックスに「ワイン (ショート)」と入力します。

❻ [プレゼンテーション中のスライド] の [1. ワインを楽しむ] のチェックボックスをオンにします。

❼ 同様にスライド 2、5、6 のチェックボックスをオンにします。

❽ [追加] をクリックします。

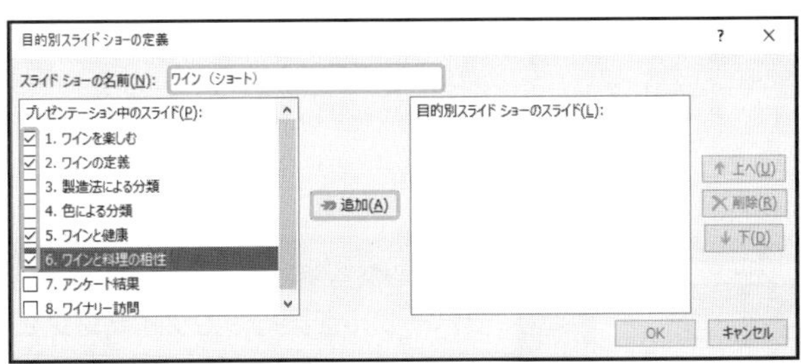

❾ [目的別スライドショーのスライド] に 4 枚のスライドが追加されます。

❿ [目的別スライドショーのスライド] の [4. ワインと料理の相性] をクリックします。

⓫ [上へ] をクリックします。

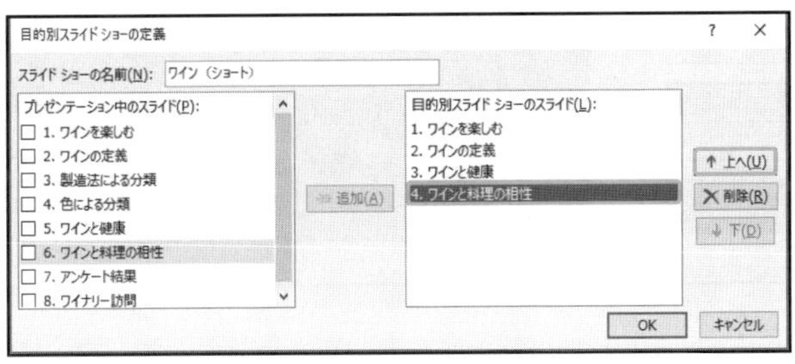

ポイント

目的別スライドショーの順序

目的別スライドショーの順序を変更するには、[目的別スライドショーのスライド] 内のスライドを選択して [上へ] [下へ] をクリックして順番を入れ替えます。[削除] をクリックすると [目的別スライドショーのスライド] から削除されます。

ヒント

目的別スライドショーの編集

作成した目的別スライドショーは［目的別スライドショー］ダイアログボックスに一覧表示されます。一覧から目的別スライドショーを選択して［編集］、［削除］、［コピー］をクリックすると、選択した目的別スライドショーの編集、削除、またはコピーを実行できます。

ヒント

目的別スライドショーの実行

目的別スライドショーを実行するには、［スライドショー］タブの［目的別スライドショー］ボタンをクリックして実行する名前をクリックするか［目的別スライドショー］ダイアログボックスで実行する名前を選択して［開始］をクリックします。

⑫［4. ワインと料理の相性］が3番目に移動したことを確認し、［OK］をクリックします。

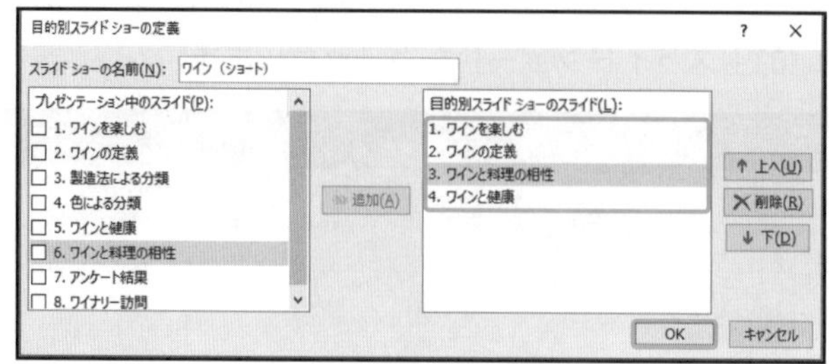

⑬［目的別スライドショー］ダイアログボックスの［閉じる］をクリックします。

⑭目的別スライドショーが作成されます。

1-4-2 スライドショーのリハーサル機能を使用する

練習問題

問題フォルダー
└問題 1-4-2.pptx

解答フォルダー
└解答 1-4-2.pptx

リハーサルを実行してタイミングを記録します。

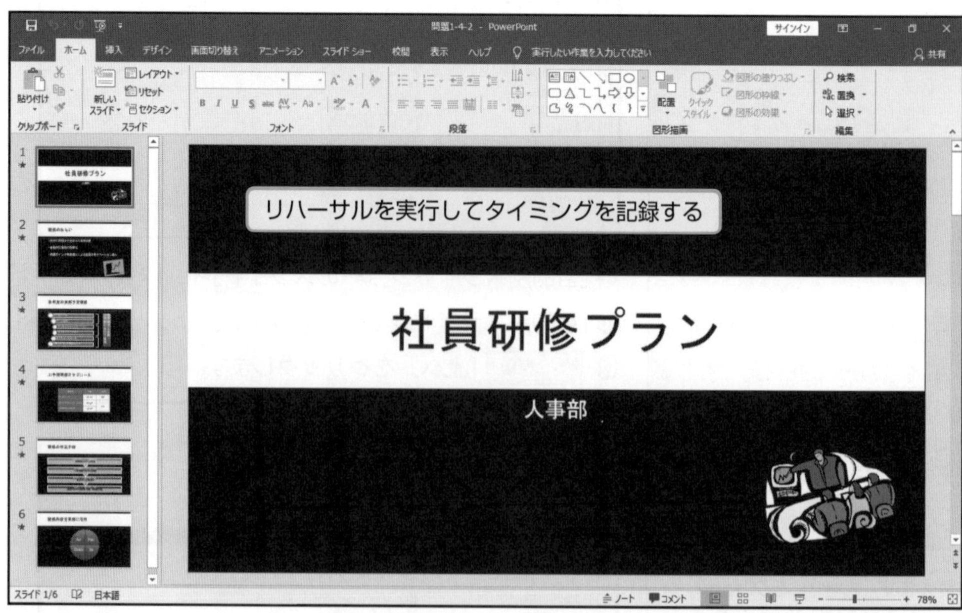

機能の解説

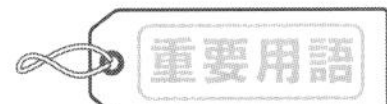

- □ リハーサル
- □ [リハーサル] ボタン
- □ [記録中] ツールバー
- □ タイミングを保存

リハーサルとは、スライドの切り替えやテキストなどの表示のタイミングを記録する機能です。この機能を利用すると、予定している時間内にプレゼンテーションが実行できるかどうかを確認することができます。リハーサル中には各スライドの所要時間が表示されるので、ナレーションのスピードや内容の調整にも役立ちます。リハーサルを実行するには、[スライドショー] タブの [リハーサル] ボタンをクリックします。
リハーサルが開始されると、画面左上に [記録中] ツールバーが表示されます。

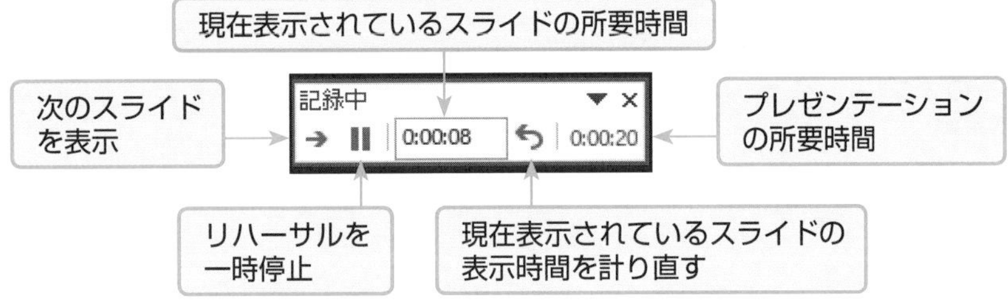

リハーサルを終了すると、「スライドショーの所要時間は○○です。今回のタイミングを記録して、スライドショーで使用しますか？」というメッセージが表示されます。[はい] をクリックすると画面切り替えのタイミングが保存されます。各スライドのタイミングは、[画面切り替え] タブの [自動的に切り替え] ボックス、またはスライド一覧表示で各スライドのサムネイルの右下の所要時間で確認できます。タイミングを保存すると、そのタイミングを使用して自動プレゼンテーションを実行できます。

操作手順

❶ [スライドショー] タブの [リハーサル] ボタンをクリックします。

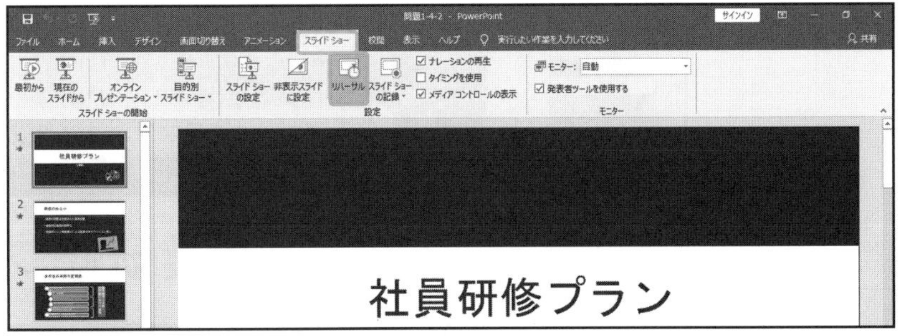

❷ リハーサルが開始され、画面左上に [記録中] ツールバーが表示されます。

❸ 任意のタイミングでスライドショーを進めます。

ヒント

タイミングの変更と無効

記録したタイミングを変更するには、スライドを選択して [画面切り替え] タブの [自動的に切り替え] ボックスに時間を入力します (「5-3-2 画面切り替えの開始と終了のオプションを設定する」を参照)。設定されたタイミングよりも早く画面上をクリックした場合は、クリックしたタイミングで画面が切り替わります。[自動的に切り替え] チェックボックスをオフにすると、そのスライドのタイミングが無効になります。

ヒント

画面切り替えのタイミングの使用の設定

画面切り替えのタイミングを設定してからスライドショーを実行すると、設定されたタイミングで画面が自動的に切り替わります。設定された画面切り替えのタイミングでスライドが切り替わらないようにするには、[スライドショー] タブの[タイミングを使用]チェックボックスをオフにします（「1-4-3　スライドショーのオプションを設定する」を参照）。

❹最後のスライドまで進み、メッセージが表示されたら［はい］をクリックします。

❺リハーサルが終了し、タイミングが保存されます。

1-4-3 スライドショーのオプションを設定する

練習問題

問題フォルダー
└問題 1-4-3.pptx

解答フォルダー
└解答 1-4-3.pptx

スライドショー実行時にタイミングを使用しないおよびアニメーションを実行しないようにし、レーザーポインターの色を「緑」に設定します。

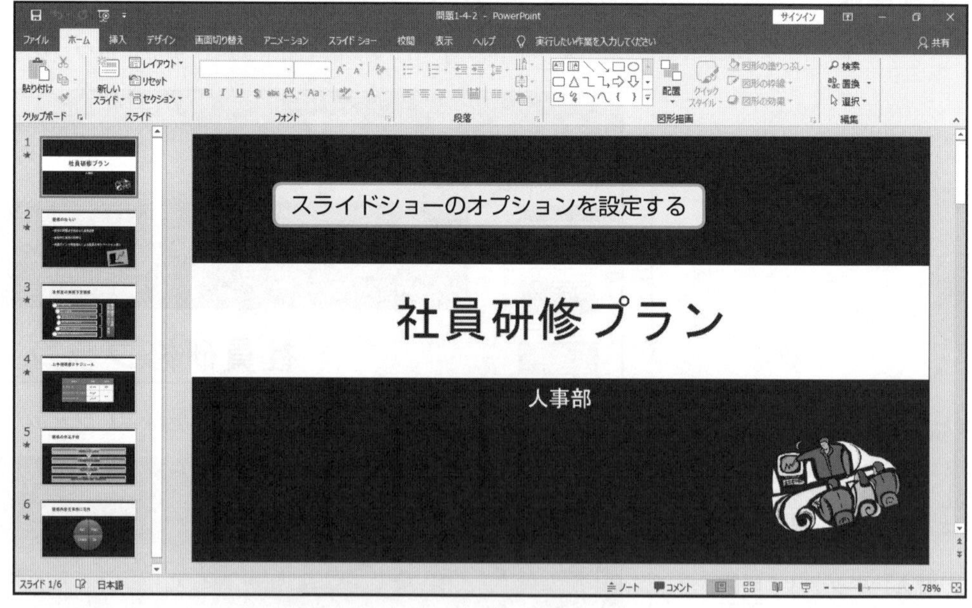

機能の解説

- スライドショーの設定
- [スライドショーの設定] ボタン
- [スライドショーの設定] ダイアログボックス

スライドショーの設定は、[スライドショー] タブの [設定] の各チェックボックスや [スライドショーの設定] ボタンをクリックして表示される [スライドショーの設定] ダイアログボックスを使用します。

項目	説明
[ナレーションの再生] チェックボックス	ナレーションが録音されている場合、再生するかどうかを設定
[タイミングを使用] チェックボックス	リハーサル機能でタイミングが記録されている場合、そのタイミングを使用するかどうかを設定
[メディアコントロールの表示] チェックボックス	スライドショー実行時にメディアコントロールを表示するかどうかを設定（ビデオファイルやオーディオファイル上をポイントすると表示される）

[スライドショーの設定] ダイアログボックス

全画面でスライドショーを実行する（既定）

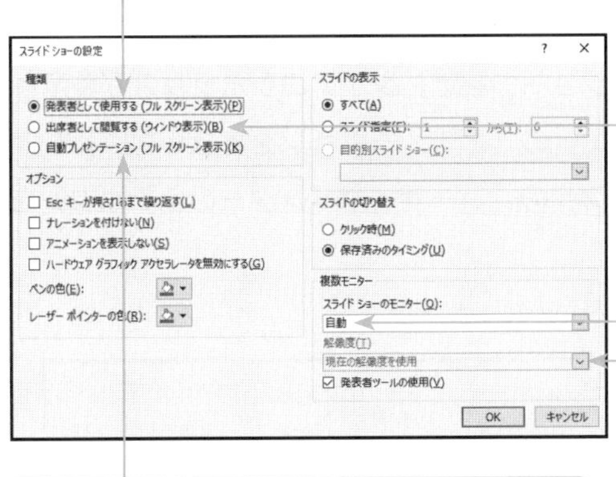

タイトルバーとステータスバーが表示されたウィンドウ内でスライドショーを実行する。プレゼンテーションファイルを配布して受け取った人がスライドショーを実行する場合に適する

複数のモニターを接続している場合にスライドショーを実行するモニターを選択できる

解像度を選択して見やすさを設定することができる。解像度が低いと描画の処理速度は速くなるが画質が荒くなり、解像度が高いと画像は鮮明になるが処理速度が遅くなる

全画面のスライドショーを自動実行する。実行するには各スライドの画面切り替えのタイミングを設定しておく

操作手順

ポイント

保存したタイミングの確認

保存されているタイミングを確認するには、スライド一覧表示に切り替えます。

❶［スライドショー］タブの［タイミングを使用］チェックボックスをオフにします。

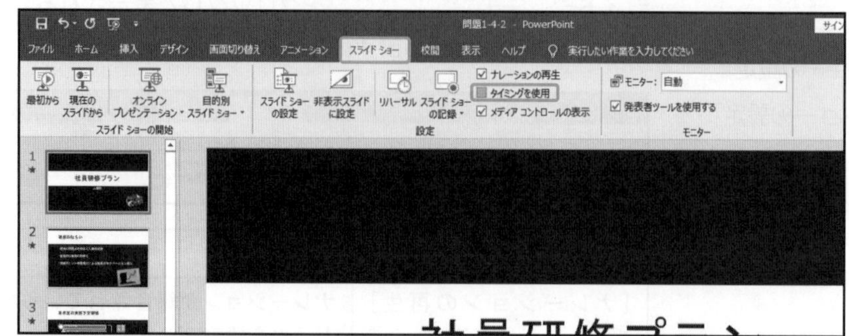

❷スライドショー実行時に記録されているタイミングが使用されなくなります。

❸［スライドショー］タブの［スライドショーの設定］ボタンをクリックします。

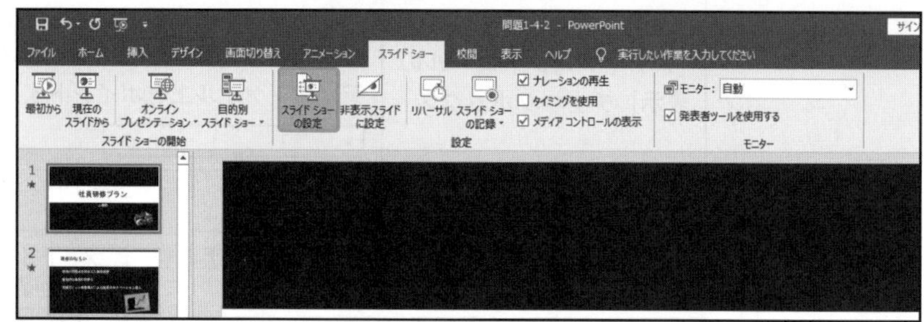

❹［スライドショーの設定］ダイアログボックスが表示されます。

❺［オプション］の［アニメーションを表示しない］をオンにします。

❻［オプション］の［レーザーポインターの色］ボタンをクリックして「緑」をクリックします。

❼［OK］をクリックします。

ヒント

レーザーポインター

マウスポインターをレーザーポインターとして利用することができます。ペンや蛍光ペンとは異なり画面上に線を引くのではなく、強調したい箇所を指し示す場合に使用します。

ヒント

スライド指定

［スライドの表示］の［スライド指定］をオンにすると、スライドショーで表示するスライドを指定できます。

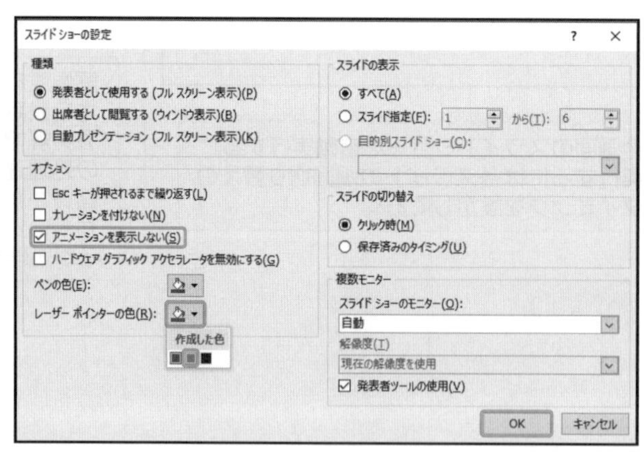

❽設定されているアニメーションがスライドショー実行時に再生されなくなり、レーザーポインターの色が「緑」になります。

※設定を確認するには、スライドショーを実行します。

1-4-4 発表者ツールを使用してスライドショーを発表する

練習問題

問題フォルダー
└問題 1-4-4.pptx

解答ファイルはサンプルファイルに収録していません。本書に掲載した画面を参照してください。

【操作 1】スライドショーを実行して発表者ツールの画面に切り替えます。
【操作 2】スライド 2 のワインの画像が表示されたらタイトルの文字列「ワインの定義」をペンで囲み、スライドを一覧表示してスライド 8 に移動します。ペンの色は既定のままとします。
【操作 3】スライドショー終了時にインク注釈を破棄します。

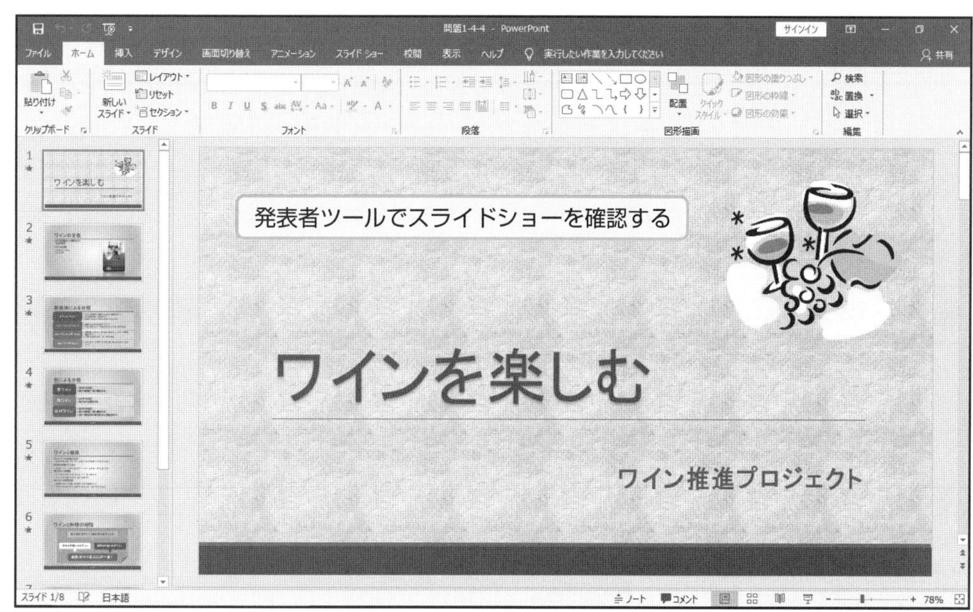

機能の解説

- スライドショー
- ショートカットツールバー
- ［発表者ツールを使用する］チェックボックス
- 発表者ツール
- ペン
- 蛍光ペン
- インク注釈の保持／破棄

［スライドショー］タブの［発表者ツールを使用する］チェックボックスがオン（既定）になっていると、1 台のコンピューターを 2 台のモニターに接続してスライドショーを実行するときに画面が自動的に発表者ツールの画面に切り替わり、別のモニターに参加者向けのスライドショーを表示することができます。発表者ツールは、スライドショーを操作するための画面です。1 台のモニターでもスライドショーのショートカットツールバーの ⋯ をクリックして［発表者ツールを表示］をクリックすると発表者ツールの画面に切り替わり、リハーサルに活用することができます。ショートカットツールバーとは、スライド上でマウスを動かしたときに画面左下に表示されるツールバーのことです。

ショートカットツールバー

スライドショー実行中にマウスを動かすと画面左下に半透明で表示され、各ボタンをポイントするとはっきり表示される

ヒント

スライドショーの操作

スライドショーの実行時に[**F1**]キーを押すと[スライドショーのヘルプ]が表示され、スライドショー実行時の操作方法を確認することができます。

発表者ツールの画面

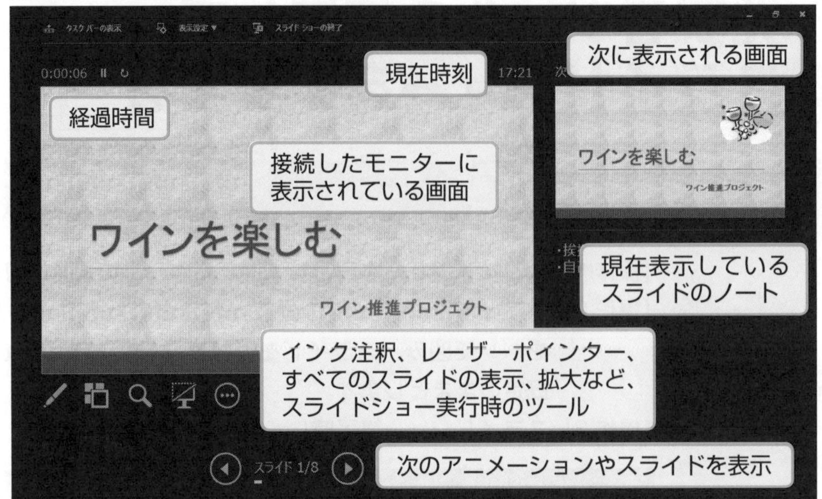

また、スライドショーの画面にペンや蛍光ペンでスライドの重要な部分を囲んだり、下線を引いたりすることができます。ペンや蛍光ペンの書き込みのことをインク注釈といいます。インク注釈はスライドショー終了時に保持するか破棄するかを選択できます。インク注釈を保持した場合は、[書式]タブでインク注釈の色や太さを変更することが可能です。

操作手順

【操作 1】

❶[スライドショー]タブの[最初から]ボタンをクリックします。

❷スライドショーが開始されます。

❸ショートカットツールバーの をクリックして、[発表者ツールを表示]をクリックします。

その他の操作方法

発表者ツールの表示

スライド上で右クリックし、[発表者ツールを表示]をクリックします。スライドショーを実行していない状態から発表者ツールを表示するには、**Alt+F5** キーを押します。

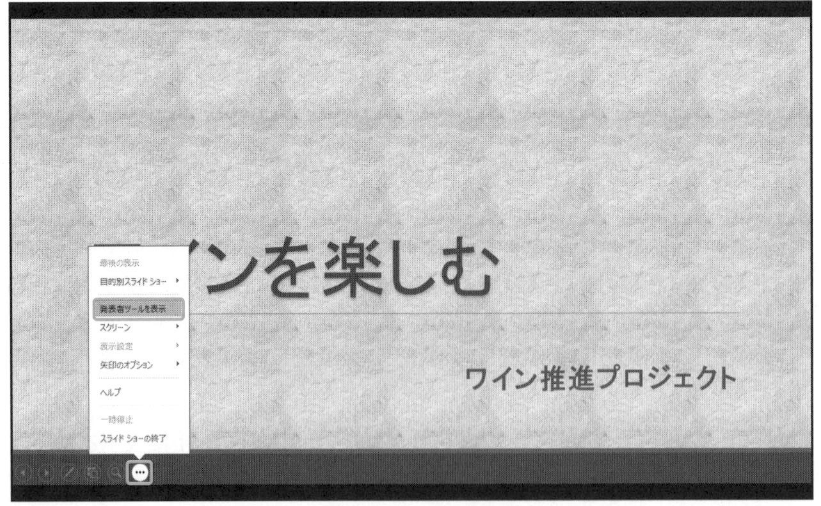

❹発表者ツールの画面に切り替わります。

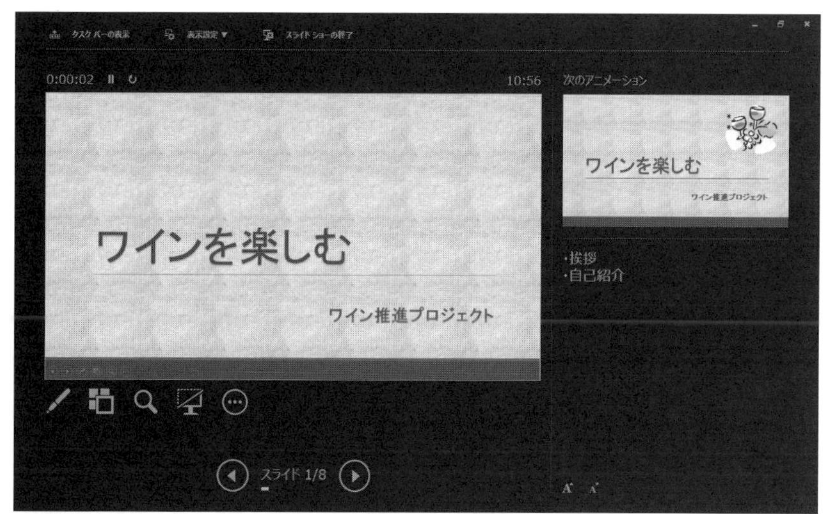

【操作 2】

❺発表者ツールの［次のアニメーションまたはスライドに進む］ボタンをクリックしながらスライド 2 がすべて表示されるまで進みます。

❻スライド 2 のワイングラスの画面が表示されたら、［ペンとレーザーポインターツール］ボタンをクリックして［ペン］をクリックします。

その他の操作方法

発表者ツールの進め方

Enter キー、↓キー、→キーを押します。

ポイント

発表者ツールの操作

発表者ツールでペンや蛍光ペンを使用するとスライドショーの画面に反映されます。

第1章 プレゼンテーションの管理

❼マウスポインターが赤い色に変わったら、「ワインの定義」のまわりをドラッグして囲みます。

❽ [すべてのスライドを表示します] ボタンをクリックします。

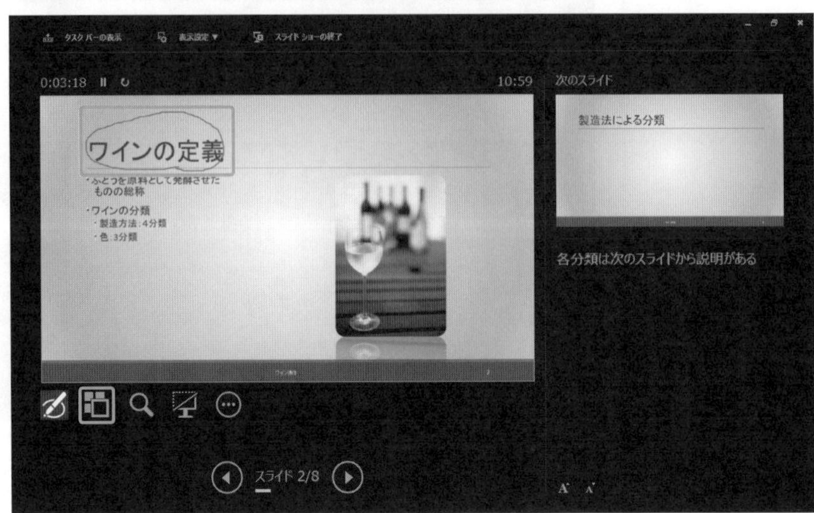

❾一覧からスライド8をクリックします。

❿スライド8に移動します。

ヒント

発表者ツールを途中で終了する

をクリックして［スライドショーの終了］をクリックするか **Esc** キーを押します。ペンや蛍光ペンを使用しているときは **Esc** キーを1回押すとペンや蛍光ペンの解除となり、再度 **Esc** キーを押すとスライドショーが終了します。

【操作 3】

⑪ [次のアニメーションまたはスライドに進む] ボタンをクリックしながら最後まで進みます。

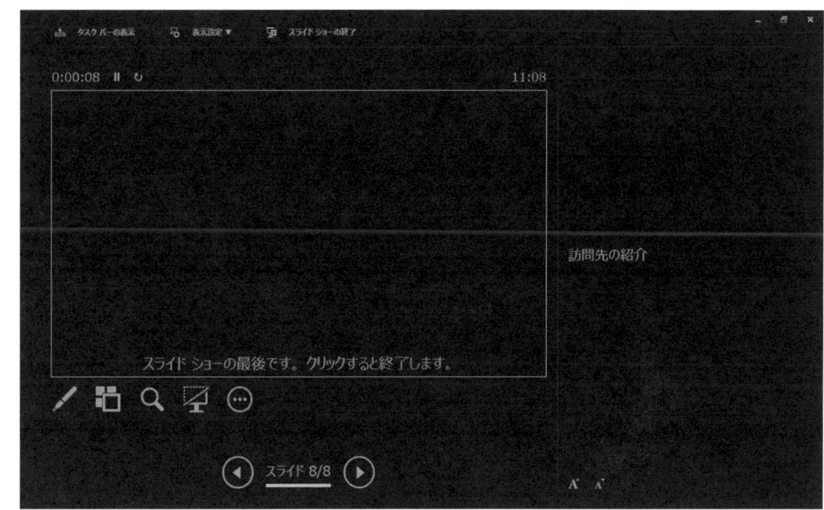

⑫ メッセージが表示されたら、[破棄] をクリックします。

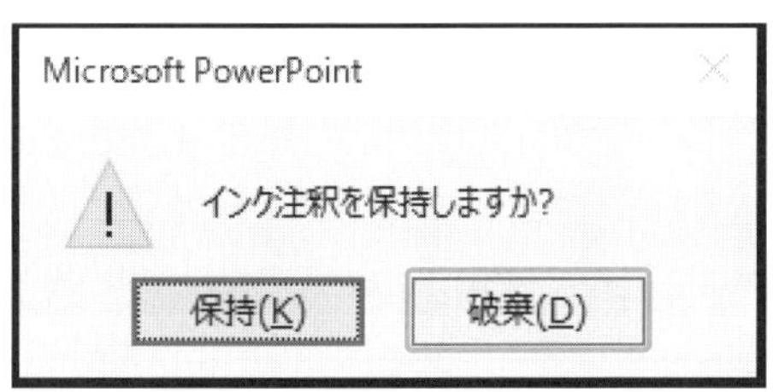

⑬ インク注釈が破棄されて、発表者ツールを使用したスライドショーが終了します。

1-4-5 スライドショーの記録のオプションを設定する

機能の解説

□ [スライドショーの記録] ボタン

マイクや Web カメラが接続されているパソコンでは、[スライドショー] タブの [スライドショーの記録] ボタンを使用して、ナレーションやタイミング、インクなどを記録することができます。

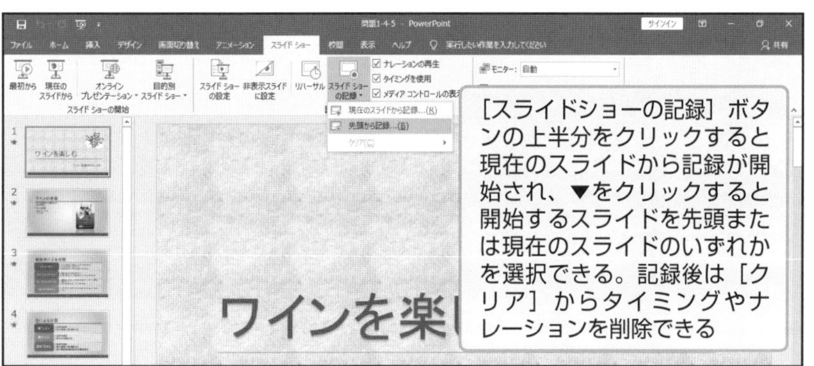

記録ウィンドウ

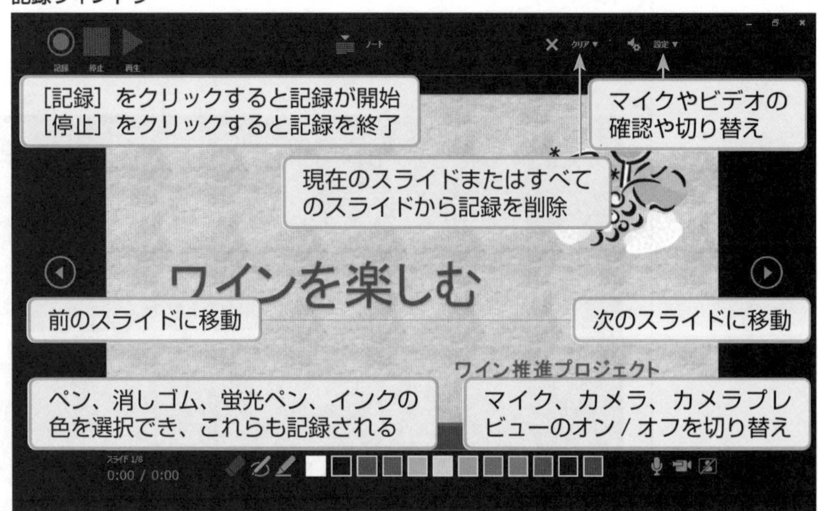

記録を終了すると、記録されたスライドの右下にオーディオアイコン、または Web カメラからの静止画が表示されます。記録されたスライドショーのタイミングは自動的に保存されます。

記録したスライドショーのプレビューを表示するには、[スライドショー] タブの [最初から] ボタンまたは [現在のスライドから] ボタンを使用します。再生中には、アニメーション、インク注釈、オーディオやビデオが再生されます。また、動画ファイルとして保存することも可能です。

1-5 共同作業用にプレゼンテーションを準備する

コメントを使ってプレゼンテーションにメモや要望を追加し、他の人がコメントに返信することができます。また、適切な内容かを検査することやプレゼンテーションを保護することができます。メディアファイルを最適化して適切なファイルサイズにすることや、別の形式で保存して PowerPoint がインストールされていない環境でも配布することも可能です。

1-5-1 コメントを追加する、管理する

練習問題

問題フォルダー
└問題 1-5-1.pptx

解答フォルダー
└解答 1-5-1.pptx

【操作 1】スライド 1 に「デザイン変更済み」とコメントを追加します。

【操作 2】スライド 4 の矢印の図形のコメント「文字の色を変更してください」に「変更しました」と返信します。

【操作 3】スライド 5 のコメントを削除し、［コメント］ウィンドウを閉じます。

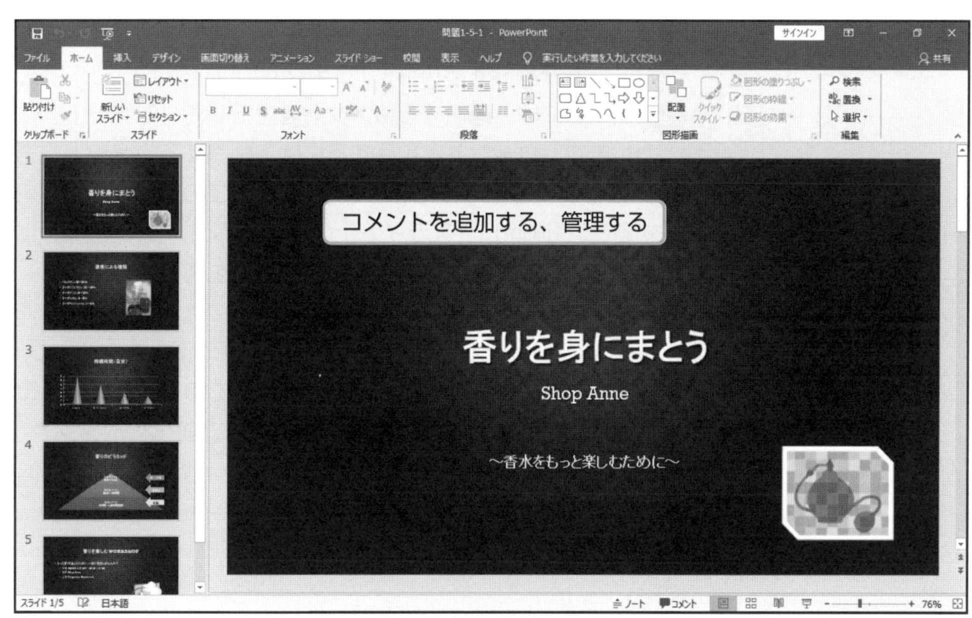

機能の解説

- コメントの追加
- ［新しいコメント］ボタン
- ［コメント］ウィンドウ
- コメントの編集
- コメントに返信
- コメントの削除
- コメントアイコンの非表示
- コメントの移動

コメントとは、スライドまたはスライド上の文字列やオブジェクトに付加できるメモのことで、プレゼンテーションの校閲やフィードバックを行うときに使用します。プレゼンテーションには複数のコメントを挿入できます。コメントの操作は、［校閲］タブにあるボタンや［コメント］ウィンドウにあるボタンを使用します。ステータスバーの［コメント］ボタンを使用することもできます。

ヒント

コメントが挿入されたファイル

コメントが挿入されたプレゼンテーションを開くとステータスバーの [コメント] ボタンの近くにメッセージが表示される場合があります。

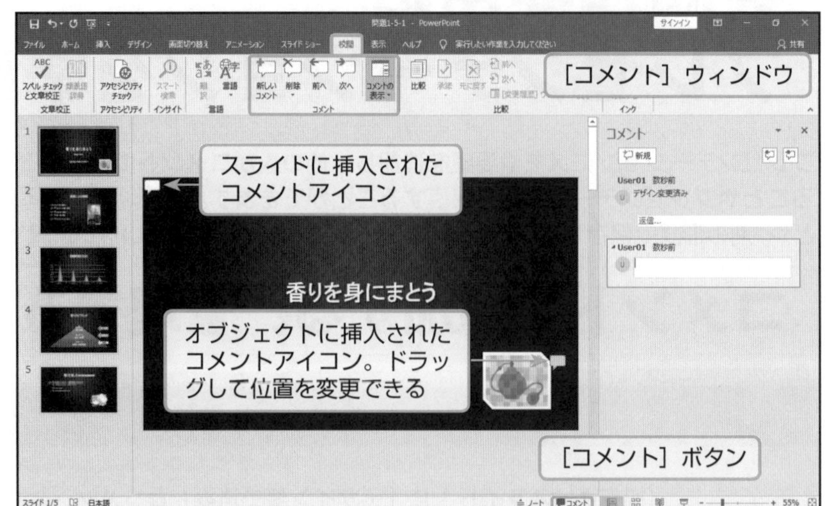

スライドにコメントを追加するには、スライドを選択して［校閲］タブの［新しいコメント］ボタンをクリックし、［コメント］ウィンドウのボックスにコメントを入力します。文字列やオブジェクトにコメントを追加する場合は、追加対象を選択して操作します。ボックスの上には自動的にユーザー名と入力日（時間）が挿入されます。

コメントを編集するには、［コメント］ウィンドウで文字を入力し直します。コメントに返信するには、返信するコメントを選択して［コメント］ウィンドウの返信ボックスに入力します。コメントを削除するには、削除するコメントを選択して［コメント］ウィンドウで ✕ をクリックします。［校閲］タブの［コメントの削除］ボタンの▼をクリックすると、［削除］、［スライド上のすべてのコメントを削除］、［このプレゼンテーションからすべてのコメントを削除］のいずれかを選択できます。

また、コメントアイコンを非表示にするには、［校閲］タブの［コメントの表示］ボタンの▼をクリックして［コメントと注釈の表示］をクリックしてチェックをオフにします。コメントアイコンの表示 / 非表示はすべてのコメントアイコンが対象になります。

挿入されたコメントは、［校閲］タブの［前へ］ボタンや［次へ］ボタンで移動しながらレビューすることができます。［コメント］ウィンドウの をクリックして移動することもできます。

操作手順

その他の操作方法

コメントの挿入

[挿入] タブの [コメント] ボタンをクリックします。または、[コメント] ウィンドウを表示して [新規] をクリックします。

[コメント] ボタン

【操作 1】

❶スライド 1 が選択されていることを確認します。

❷[校閲] タブの [新しいコメント] ボタンをクリックします。

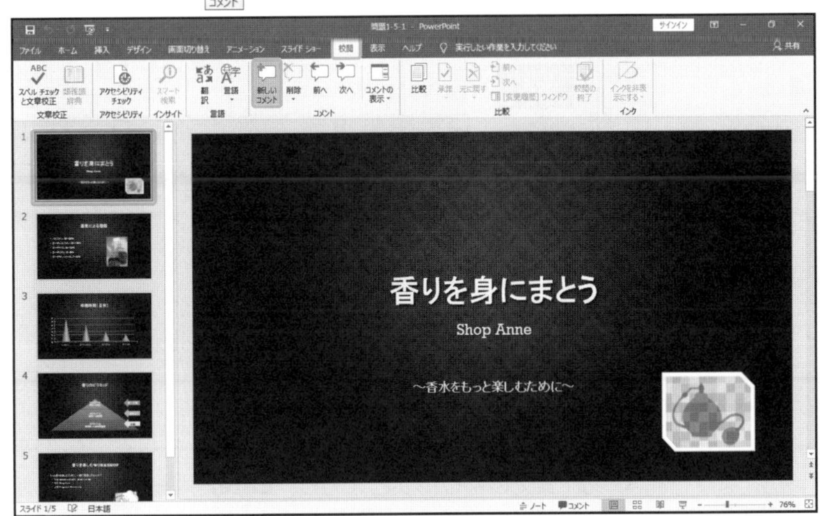

❸[コメント] ウィンドウが表示され、ボックスにカーソルが表示されます。

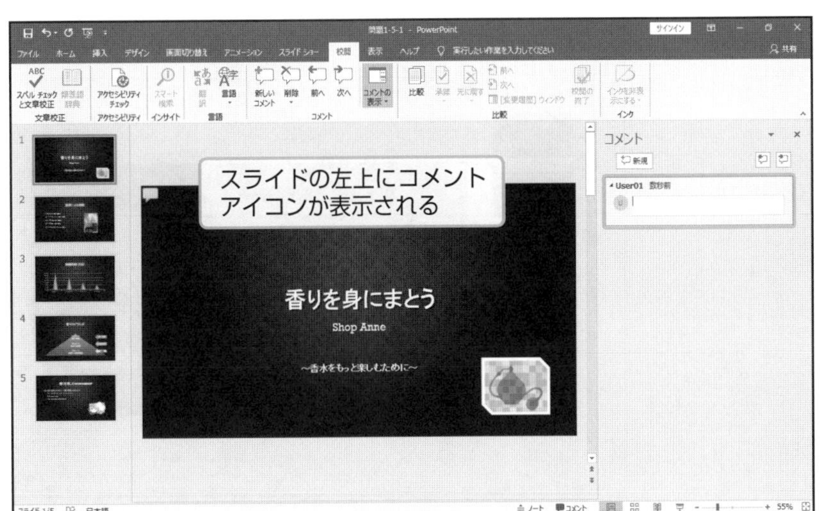

ヒント

ユーザー名

ユーザー名は、[ファイル] タブの [オプション] をクリックして [PowerPoint のオプション] ダイアログボックスの [全般]の[Microsoft Office のユーザー設定] の [ユーザー名] ボックスに入力されている情報が表示されます。Microsoft アカウントでサインインしている場合は Microsoft アカウントに登録している名前が表示されます。

❹「デザン変更済み」と入力し、**Enter** キーを押します。

❺スライド 1 にコメントが挿入されます。

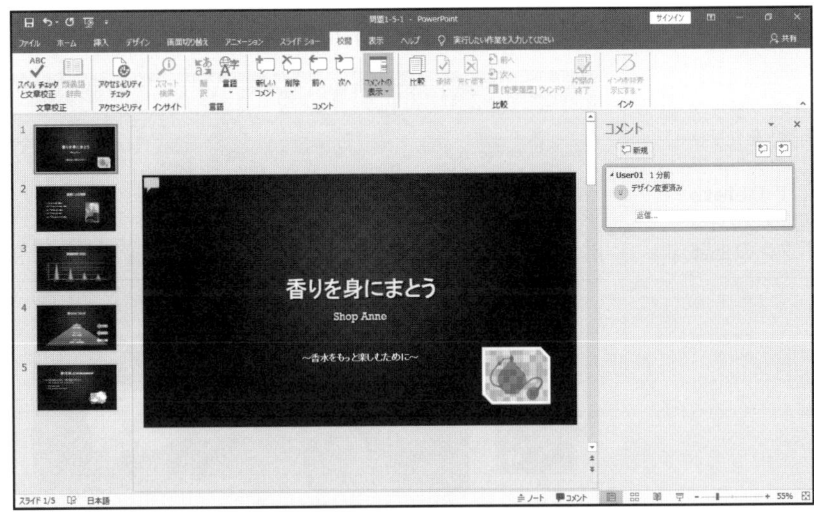

ヒント

コメントボックス内の改行

コメントボックス内で改行するときは **Shift**+**Enter** キーを押します。

その他の操作方法

コメントの移動

[校閲] タブの [次へ] ボタンまたは [前へ] ボタンをクリックします。[コメント] ウィンドウのボタンでも移動できます。

【操作 2】

❻ サムネイルのスライド 4 をクリックし、[コメント] ウィンドウの「文字の色を変更してください」の下にある返信ボックスをクリックします。

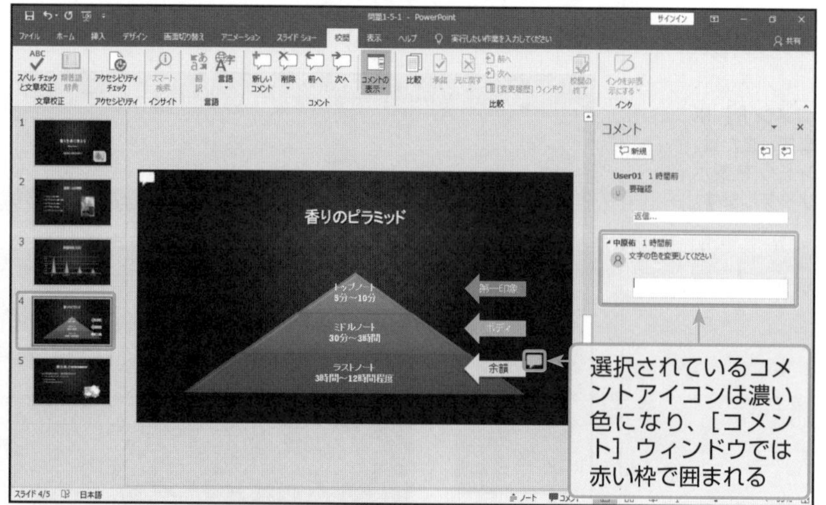

❼「変更しました」と入力し、**Enter** キーを押して確定します。

❽ 選択したコメントに返信されます。

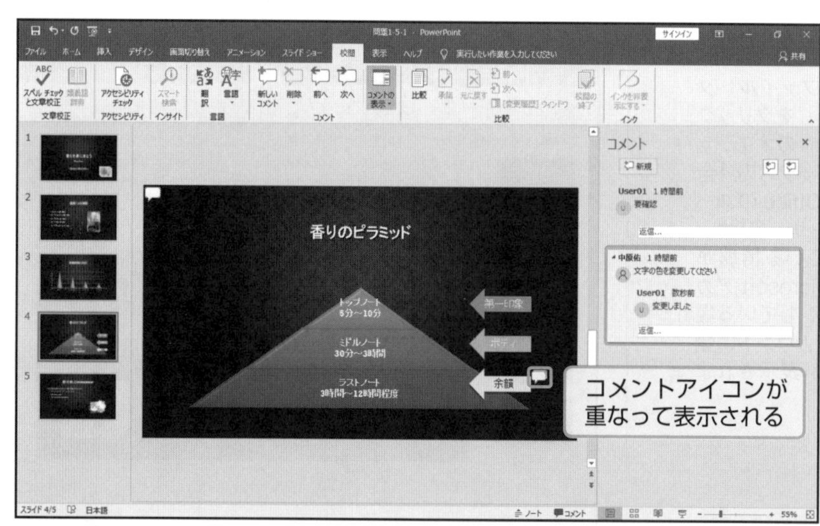

【操作 3】

❾ サムネイルのスライド 5 をクリックし、[コメント] ウィンドウのコメントをクリックします。

❿ [コメント] ウィンドウの ☒ をクリックします。

その他の操作方法

コメントの削除

コメントアイコンを右クリックして [コメントの削除] をクリックします。または、コメントアイコンをクリックして **Delete** キーを押すか [校閲] タブの [コメントの削除] ボタンの上部をクリックします。

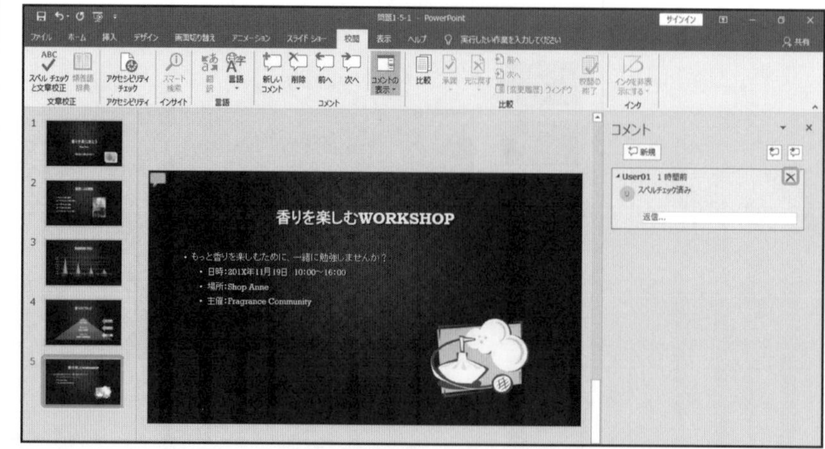

ポイント

[コメント] ウィンドウの表示

[コメント] ウィンドウを閉じるとスライド上にはコメントアイコンのみが表示されます。コメントの内容を確認するにはコメントアイコンをクリックするか [校閲] タブの [コメントの表示] ボタンをクリックして [コメント] ウィンドウを表示します。

[コメントの表示] ボタン

ヒント

コメントの印刷

印刷時にコメントも含めるかどうかは、[ファイル] タブの [印刷] をクリックし、[設定] の [フルページサイズのスライド] をクリックして [コメントの印刷] をクリックしてオンにします。印刷イメージは印刷プレビューで確認できます。

⑪ 選択したコメントが削除されます。

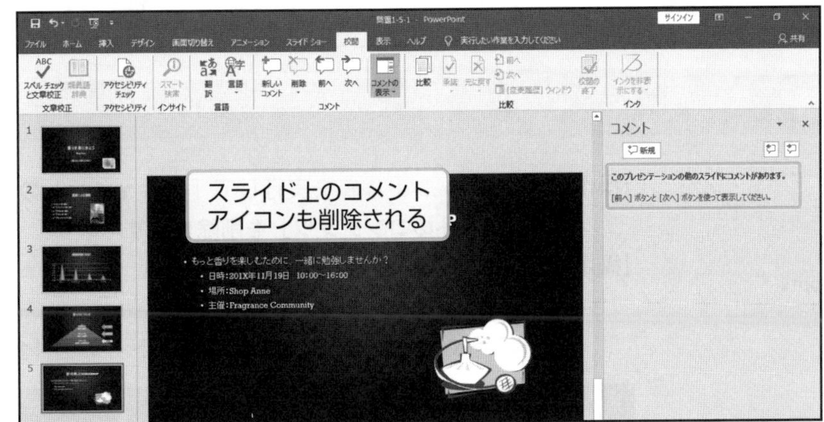

⑫ [コメント] ウィンドウの [×] [閉じる] ボタンをクリックしてウィンドウを閉じます。

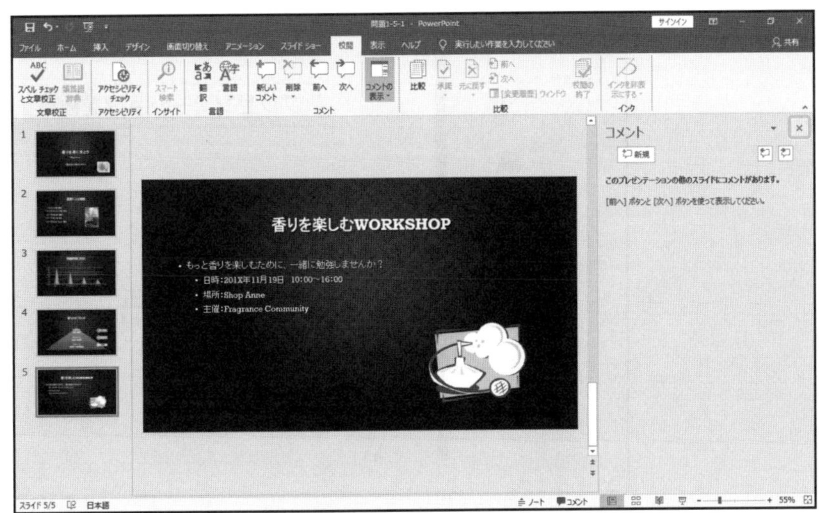

1-5-2 プレゼンテーションを検査する

練習問題

問題フォルダー
└問題 1-5-2.pptx

解答フォルダー
└解答 1-5-2.pptx

【操作 1】ドキュメント検査を実行して「ドキュメントのプロパティと個人情報」と「スライド外のコンテンツ」を削除します。

【操作 2】プレゼンテーションのアクセシビリティをチェックし、以下の代替テキストを設定してエラーを修正します。

・スライド 2 の図「茶道」 ・スライド 3 の図「金閣寺」 ・スライド 4 の図「湖」

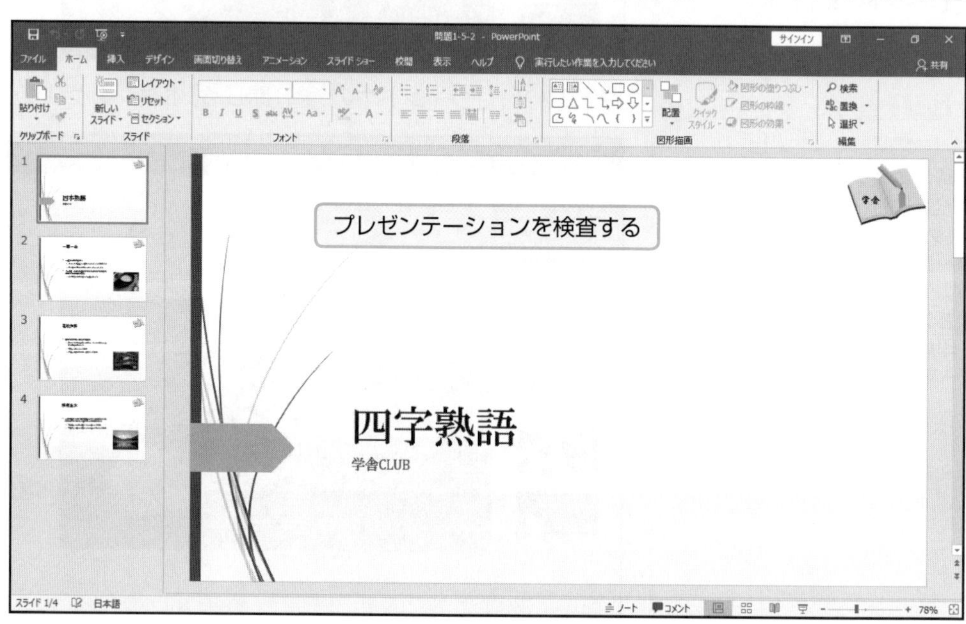

機能の解説

- □ ドキュメント検査
- □ アクセシビリティチェック
- □ 互換性チェック

［ファイル］タブの［情報］の［プレゼンテーションの検査］の［問題のチェック］では、ドキュメント検査、アクセシビリティチェック、互換性チェックを実行することができます。

ドキュメント検査を実行すると、プレゼンテーションに含まれる個人情報やコメント、スライドの外に配置されたオブジェクトなどを検索し、必要に応じて削除することができます。配布する予定のプレゼンテーションファイルで、作成者の個人情報や発表者用のノートといった相手に知られたくない情報や不要なものを削除したいときに利用します。

アクセシビリティチェックを実行すると、視覚に障害があるユーザーに読み取りにくい内容が含まれていないかどうかを検査することができます。検査結果は［アクセシビリティチェック］作業ウィンドウに一覧表示され、問題を解決すると表示が消えます。結果には、次の 3 つの分類があります。

分類	内容
エラー	障害のあるユーザーにとって理解が難しい、または不可能なコンテンツに対して表示
警告	障害のあるユーザーにとって理解しにくい可能性が高いコンテンツに対して表示
ヒント	障害のあるユーザーにとって理解は可能だが分りやすくするために構成や表示を改善することが望ましいコンテンツに対して表示

互換性チェックを実行すると、PowerPoint 2019 で作成したプレゼンテーションを以前のバージョンの形式で保存したときに失われる可能性がある機能と内容を事前に調べることができます。以前のバージョンの形式で変換される機能がない場合は「互換性に関する問題は見つかりませんでした。」と表示されます。

互換性チェックを実行した結果の例

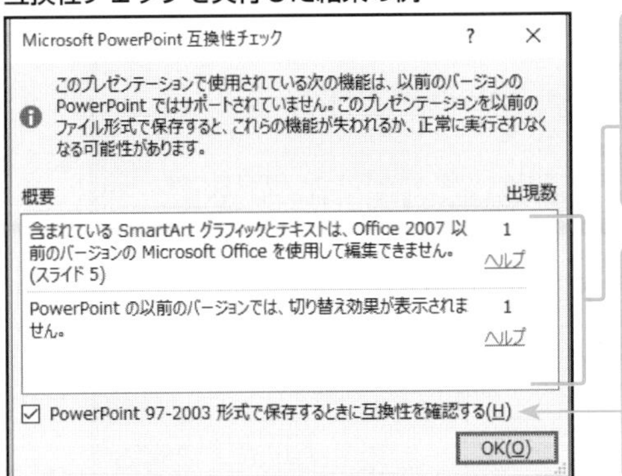

操作手順

【操作 1】

❶ [ファイル] タブの [情報] の [問題のチェック] をクリックします。

❷ [ドキュメント検査] をクリックします。

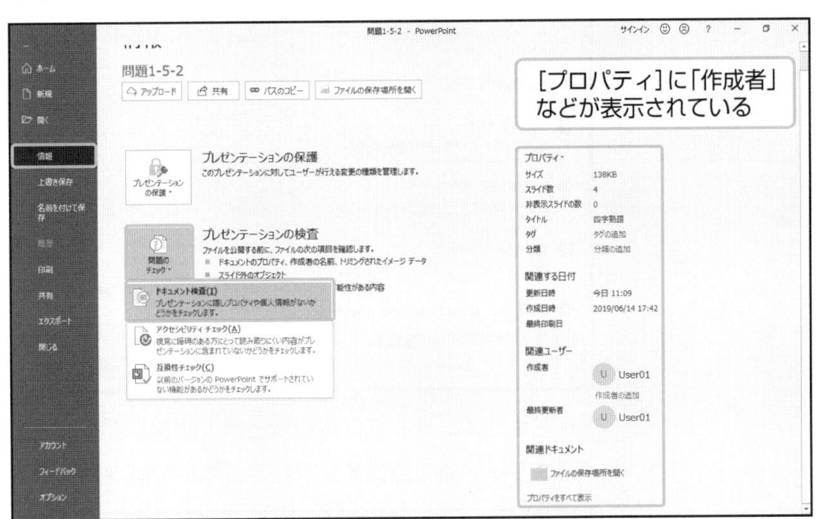

❸ [ドキュメントの検査] ダイアログボックスが表示されます。

❹ [ドキュメントのプロパティと個人情報] チェックボックスがオンであることを確認し、[スライド外のコンテンツ] チェックボックスをオンにします。

ポイント

プロパティ

プロパティについては「1-2-3 ファイルの基本的なプロパティを設定する」を参照してください。

ヒント

保存確認のメッセージ

新規プレゼンテーションや修正を加えたプレゼンテーションに対してドキュメント検査を実行すると、[ドキュメントの検査] ダイアログボックスが表示される前に保存確認のメッセージが表示されます。[はい] をクリックすると、新規プレゼンテーションの場合は [名前を付けて保存] ダイアログボックスが表示され、既存のプレゼンテーションの場合は上書き保存されます。

ヒント

[ドキュメントの検査] ダイアログボックス

検査する必要がない項目がある場合は、チェックボックスをオフにします。

❺ [検査] をクリックします。

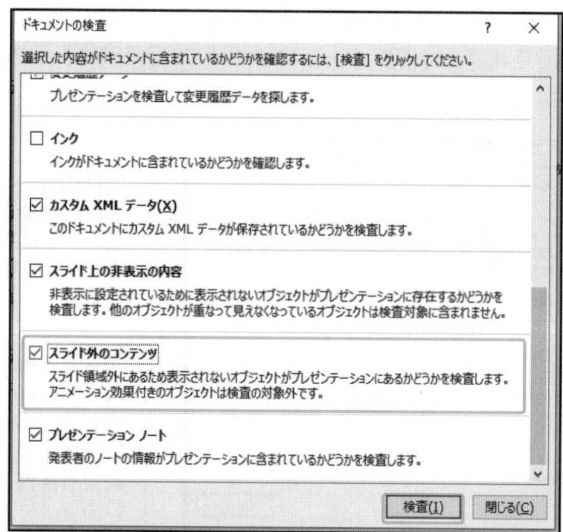

❻ ドキュメント検査の結果を確認します。

❼ [ドキュメントのプロパティと個人情報] の [すべて削除] をクリックします。

ポイント

削除した情報

[ドキュメント検査] ダイアログボックスの [すべて削除] をクリックして削除した情報は、[元に戻す] ボタンをクリックしても復元できない場合があります。

❽ [ドキュメントのプロパティと個人情報] が削除されたことを確認します。

❾ [スライド外のコンテンツ] の [すべて削除] をクリックします。

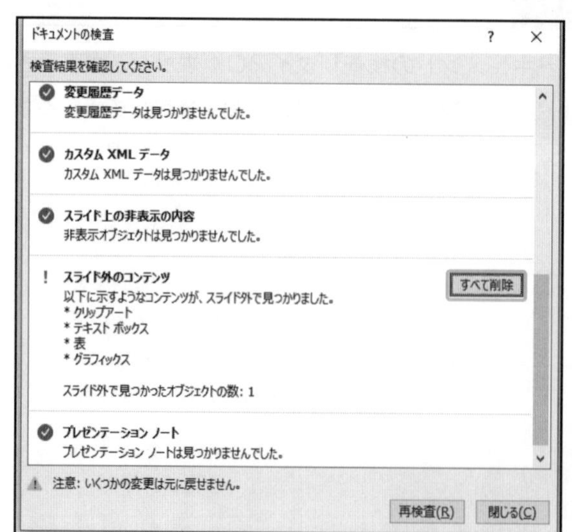

今回の場合はスライド４のスライド外に図形が配置されている

❿ [スライド外のコンテンツ] が削除されたことを確認します。

⑪［閉じる］をクリックします。

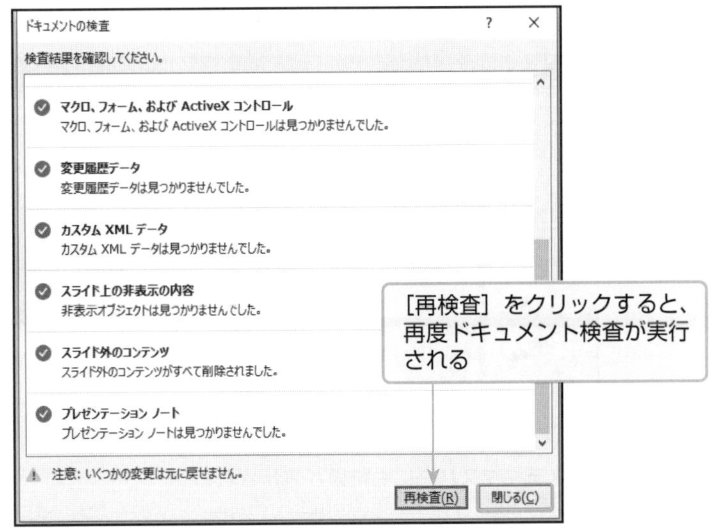

⑫ドキュメント検査が終了します。

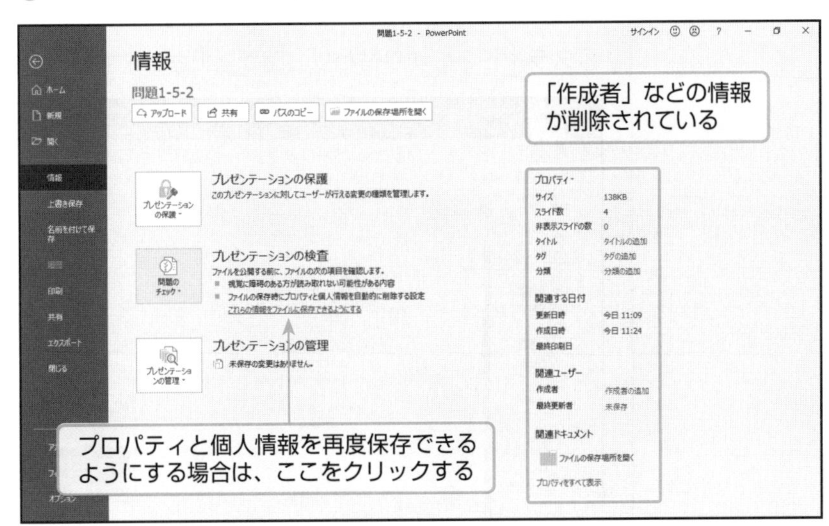

【操作 2】

⑬［プレゼンテーションの検査］の［問題のチェック］をクリックします。

⑭［アクセシビリティチェック］をクリックします。

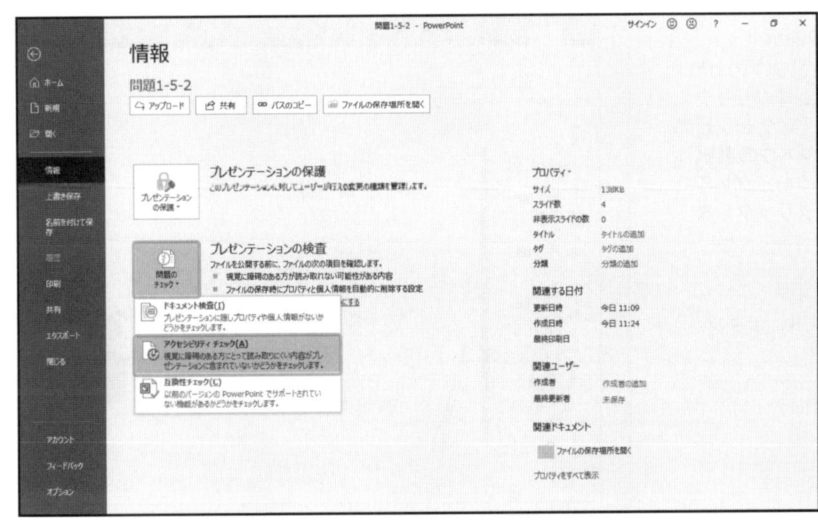

⑮［アクセシビリティチェック］作業ウィンドウが表示されます。

⑯［アクセシビリティチェック］作業ウィンドウの［検査結果］の［代替テキストがありません（3）］をクリックします。

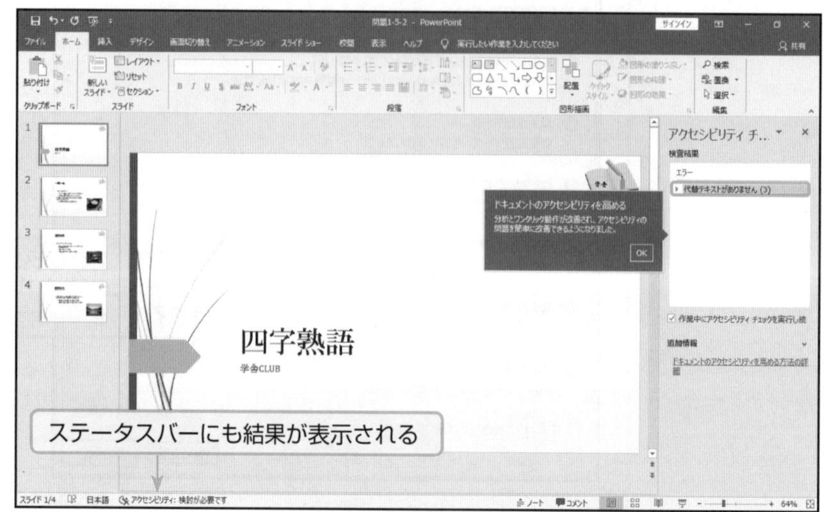

⑰［図プレースホルダー 5（スライド 2）］をクリックします。

⑱スライド 2 に切り替わり、図が選択されます。

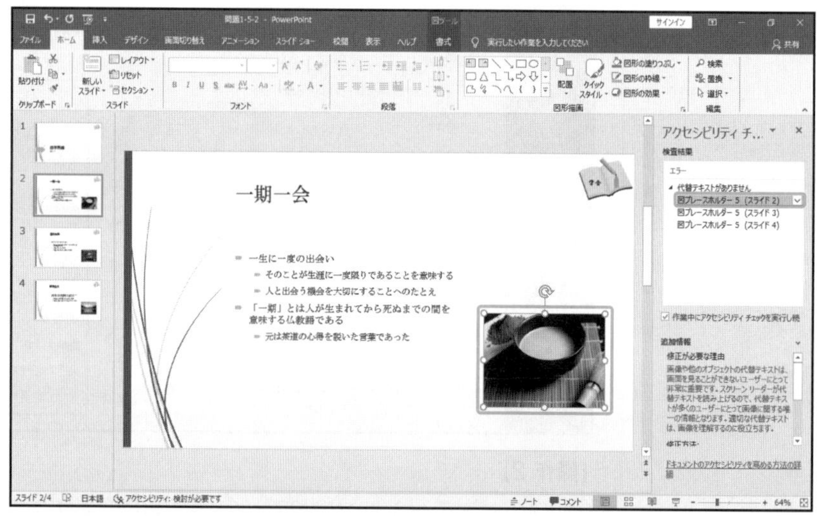

⑲図を右クリックし、［代替テキストの編集］をクリックします。

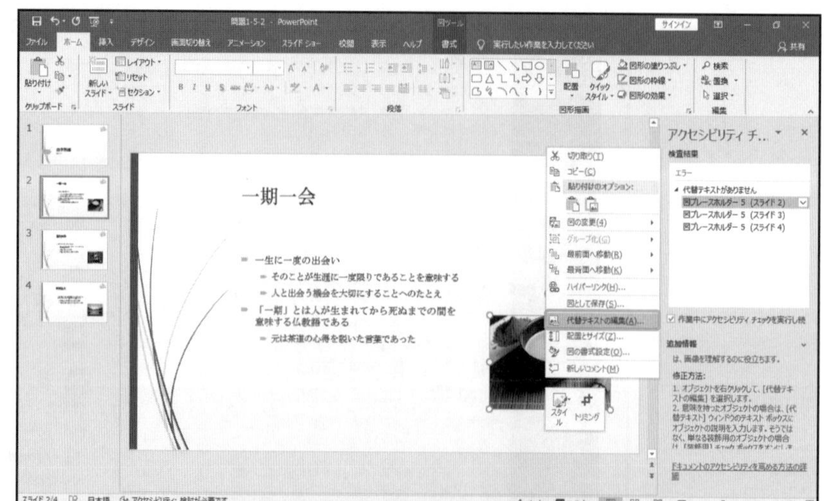

⑳［代替テキスト］作業ウィンドウが表示されます。

㉑ボックス内をクリックし、「茶道」と入力します。

その他の操作方法

［代替テキスト］作業ウィンドウの表示

図を選択して［書式］タブの［代替テキスト］ボタンをクリックします。または、［アクセシビリティ］作業ウィンドウの選択された箇所の▼をクリックして［説明を追加］をクリックします。

［代替テキスト］ボタン

ポイント

代替テキスト

代替テキストはスクリーンリーダーなどで読み上げられる情報として使用されます。

㉒［アクセシビリティチェック］作業ウィンドウの［図プレースホルダー 5（スライド 2）］が消えたことを確認します。

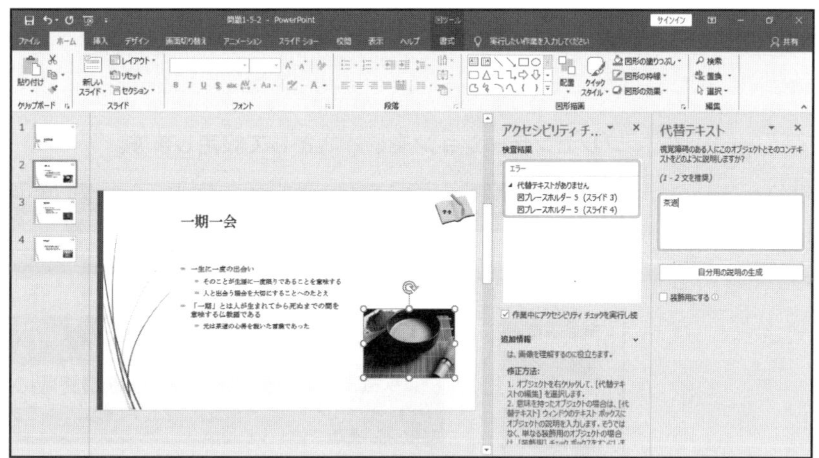

㉓同様に、［アクセシビリティチェック］作業ウィンドウの［図プレースホルダー 5（スライド 3）］をクリックして［代替テキスト］作業ウィンドウのボックスに「金閣寺」と入力します。

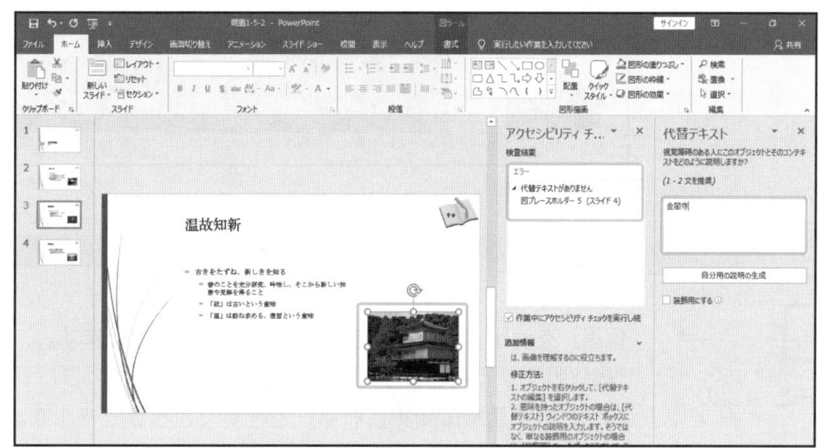

㉔同様に、［図プレースホルダー 5（スライド 4）］をクリックして［代替テキスト］作業ウィンドウのボックスに「湖」と入力します。

㉕［アクセシビリティチェック］作業ウィンドウのすべてのエラーが消えたことを確認します。

㉖［アクセシビリティチェック］作業ウィンドウと［代替テキスト］作業ウィンドウの ×［閉じる］ボタンをクリックして閉じます。

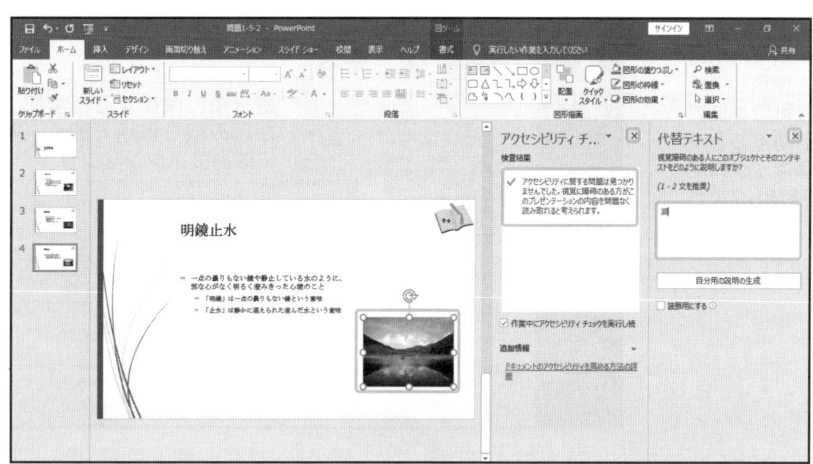

ヒント

ステータスバーの表示

アクセシビリティチェックを行うと、それ以降のファイルにもステータスバーに結果が表示されるようになります。非表示にするにはステータスバーで右クリックして［アクセシビリティチェック］をクリックしてオフにします。

1-5-3 編集を制限する

練習問題

問題フォルダー
└問題 1-5-3.pptx

解答フォルダー
└解答 1-5-3.pptx

プレゼンテーションを最終版として設定します。

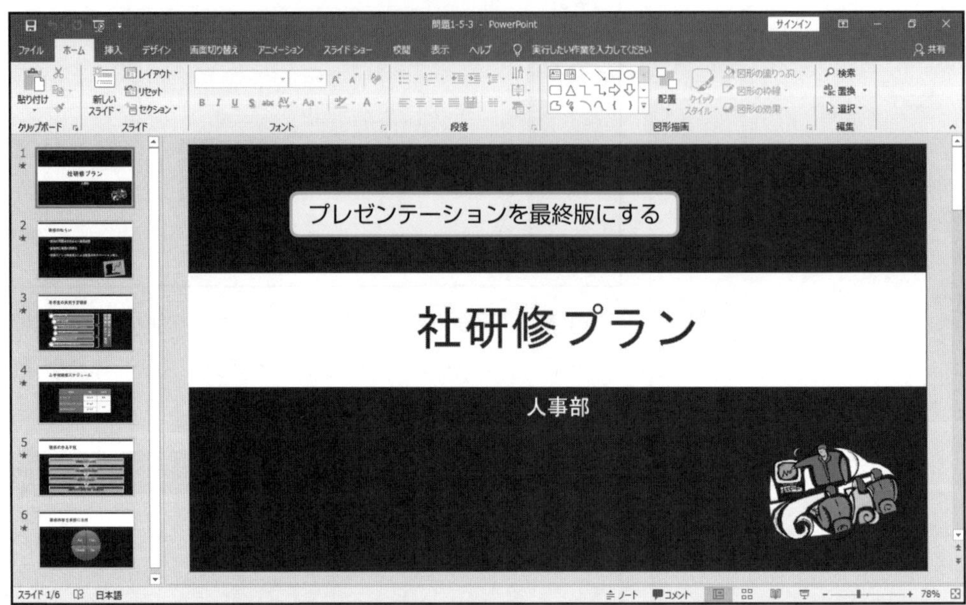

機能の解説

重要用語

- ［プレゼンテーションの保護］
- 最終版
- 読み取り専用
- メッセージバー
- ［最終版］アイコン

［ファイル］タブの［情報］の［プレゼンテーションの保護］の［プレゼンテーションの保護］を使用すると、さまざまな制限を設定できます。
［最終版にする］をクリックして最終版にすると、プレゼンテーションが読み取り専用に設定され不用意に変更されることを防ぐことができます。最終版にするとタブの下にメッセージバー、ステータスバーに［最終版］アイコンが表示され、リボンが最小化されます。タブをクリックしてもリボンのボタンは淡色表示となるので変更作業はできません。また、［常に読み取り専用で開く］をクリックして保存すると、そのファイルは常に読み取り専用で開くようになります。編集できるようにするには、メッセージバーの 編集する ［編集する］をクリックします。

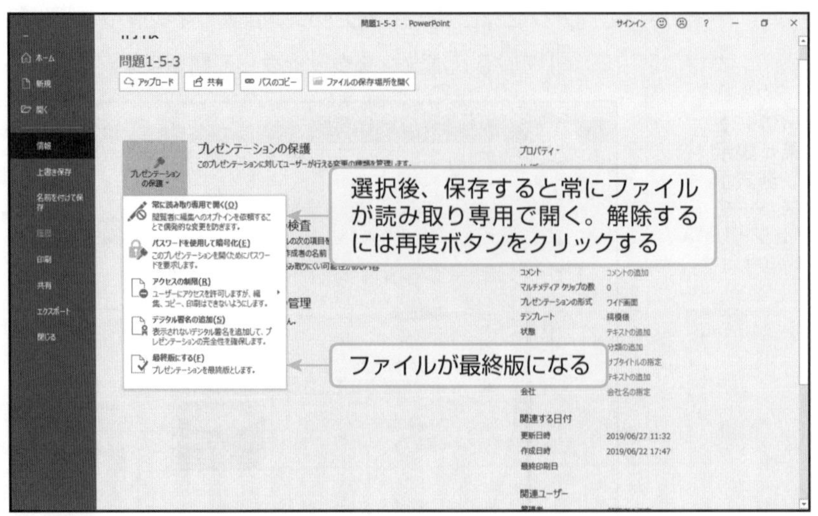

ヒント
アクセスの制限
IRM（Information Rights Management）を使用して機密情報に対する許可のないアクセスや再利用を防ぐことができます。詳細はマイクロソフト社のサイトで確認してください。

操作手順

❶［ファイル］タブの［情報］の［プレゼンテーションの保護］の［プレゼンテーションの保護］をクリックします。

❷［最終版にする］をクリックします。

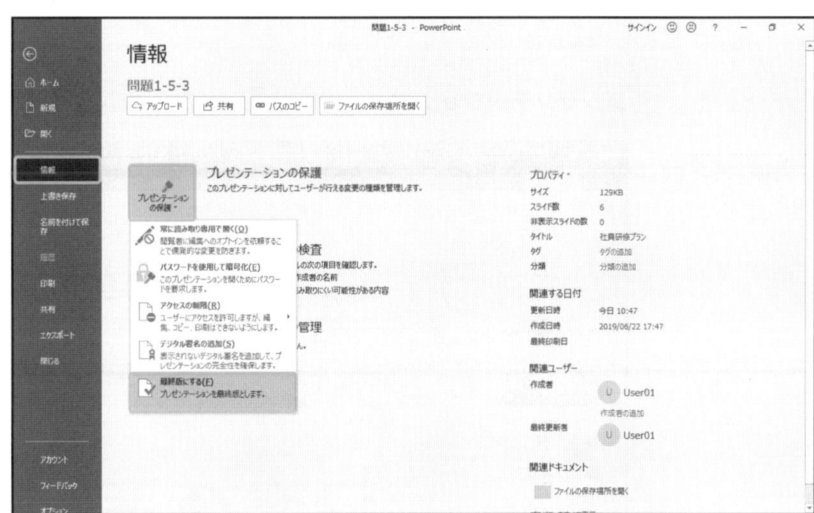

❸ メッセージの内容を確認し、［OK］をクリックします。

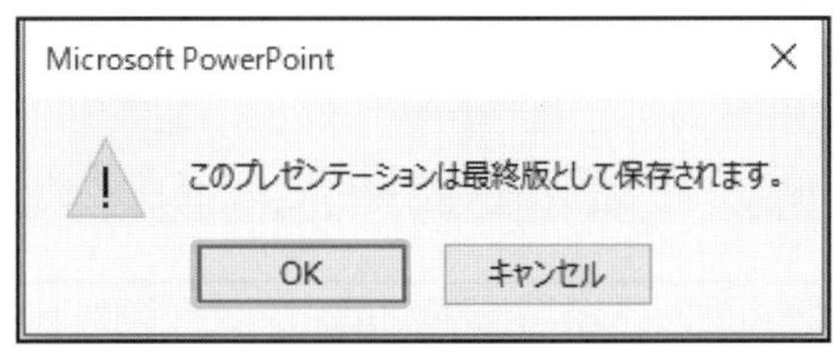

❹ メッセージの内容を確認し、［OK］をクリックします。

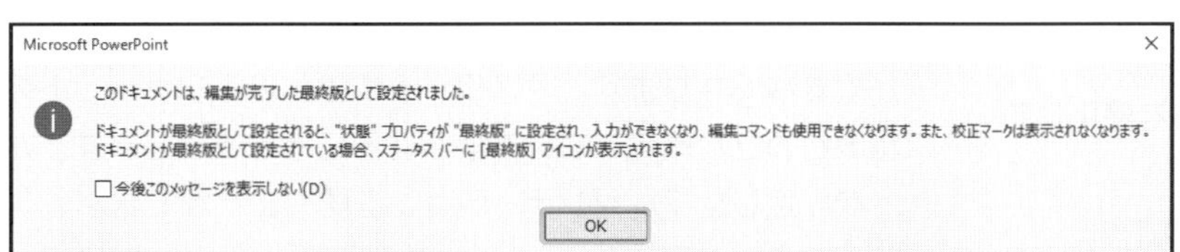

❺ タブの下にメッセージバー、ステータスバーに［最終版］アイコンが表示され、プレゼンテーションが最終版として設定されます。

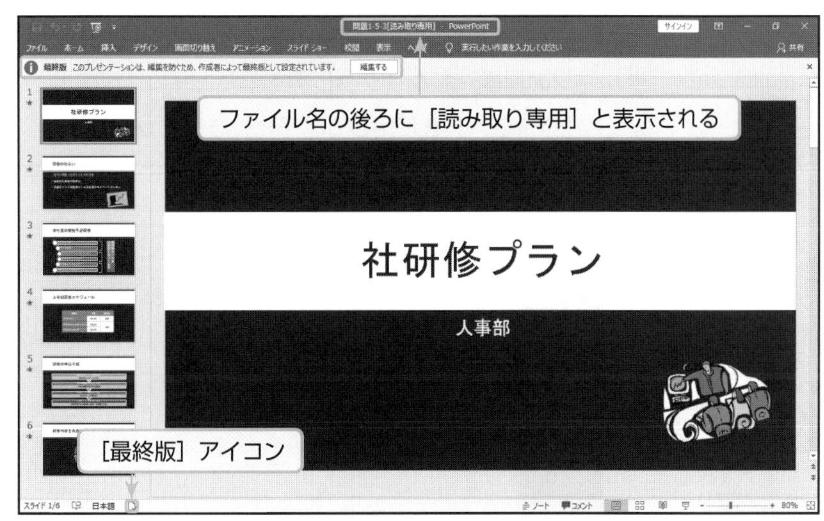

1-5-4 パスワードを使用して プレゼンテーションを保護する

練習問題

問題フォルダー
└問題 1-5-4.pptx

解答フォルダー
└解答 1-5-4.pptx

プレゼンテーションにパスワード「pw123」を設定して暗号化します。

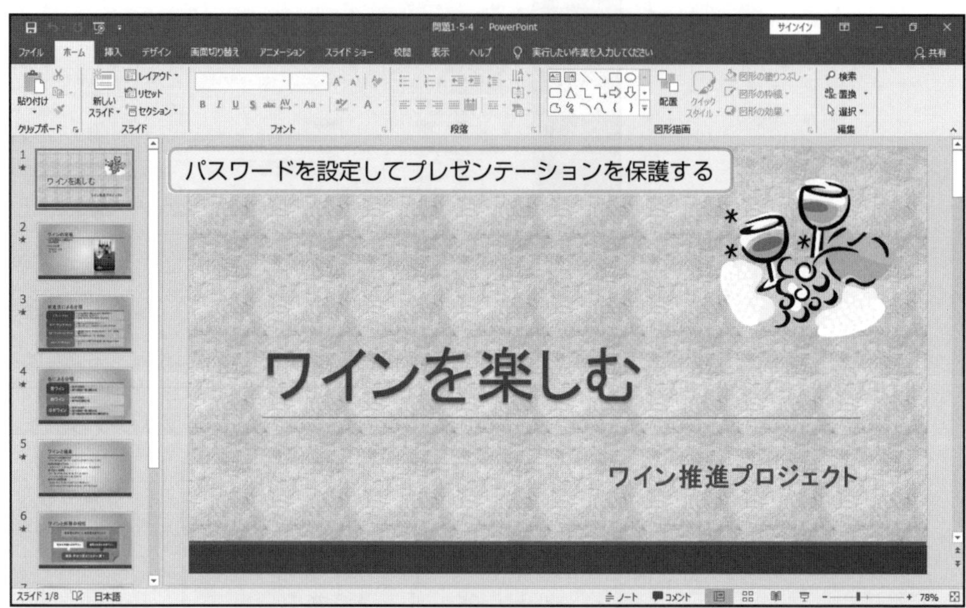

機能の解説

□［パスワードを使用して暗号化］
□ パスワードの設定

［ファイル］タブの［情報］の［プレゼンテーションの保護］の［パスワードを使用して暗号化］でパスワードを設定すると、パスワードを知らない第三者はファイルを開くことができなくなります。パスワードには、アルファベットの大文字や小文字、数字、記号を組み合わせた複雑なものを使用することを推奨します。パスワードを忘れると、パスワードを設定したプレゼンテーションを開くことができなくなるので注意が必要です。

操作手順

ポイント

読み取りパスワードと書き込みパスワード

パスワードは［名前を付けて保存］ダイアログボックスの［ツール］をクリックして［全般オプション］をクリックしても設定できます。［全般オプション］ダイアログボックスでは、ファイルを開くときに使用する読み取りパスワードとファイルを編集するときに使用する書き込みパスワードを別々に設定することができます。書き込みパスワードを設定するとファイルが読み取り専用で開かれ、パスワードを知らないユーザーは編集することができなくなります。

❶［ファイル］タブの［情報］の［プレゼンテーションの保護］の［プレゼンテーションの保護］をクリックします。

❷［パスワードを使用して暗号化］をクリックします。

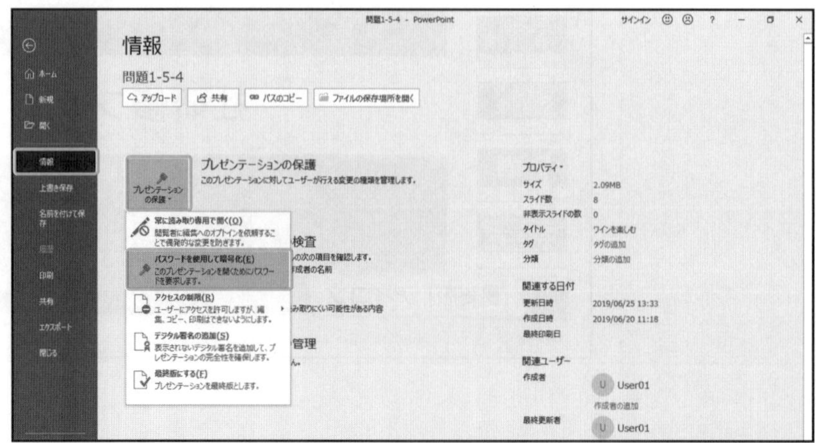

❸［ドキュメントの暗号化］ダイアログボックスが表示されます。

❹［パスワード］ボックスに「pw123」と入力し、［OK］をクリックします。

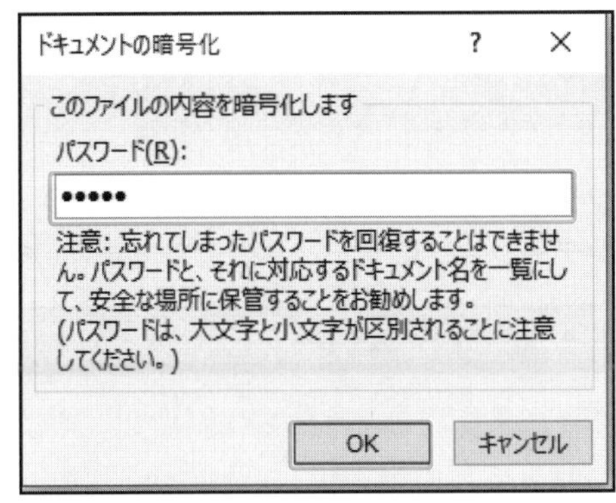

❺［パスワードの確認］ダイアログボックスが表示されます。

❻［パスワードの再入力］ボックスに「pw123」と入力し、［OK］をクリックします。

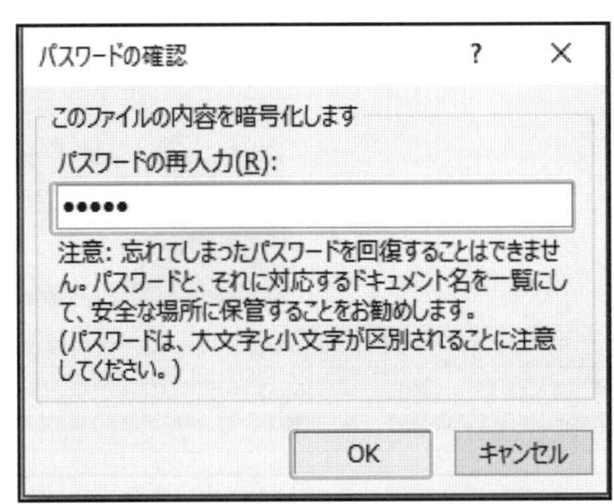

❼［プレゼンテーションの保護］が黄色で囲まれ、下にアイコンとメッセージが表示されます。

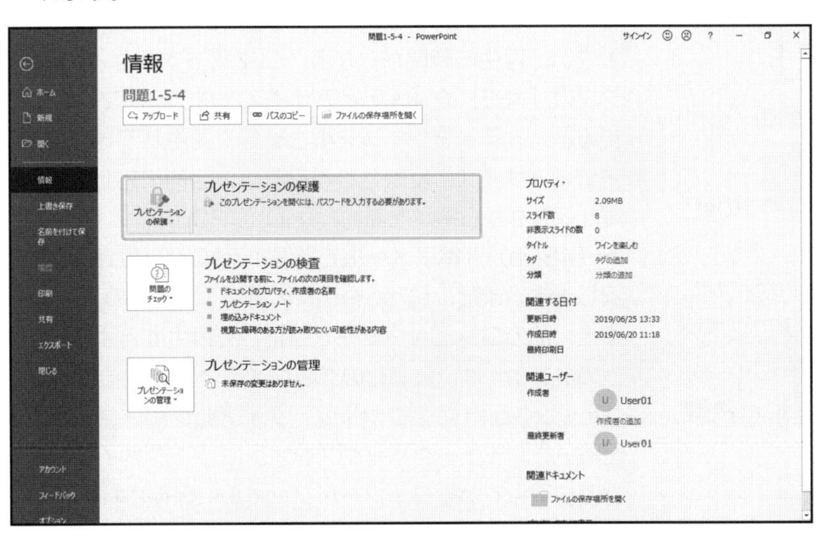

ポイント

パスワードの解除・変更

パスワードを解除するには、［ドキュメントの暗号化］ダイアログボックスの［パスワード］ボックスの内容を削除して［OK］をクリックして上書き保存します。パスワードを変更するには、変更するパスワードを入力して上書き保存します。

1-5-5 プレゼンテーションの内容を保持する

練習問題

問題フォルダー
└問題 1-5-5.pptx

解答フォルダー
└解答 1-5-5.pptx

【操作 1】プレゼンテーションのメディアのサイズを HD（720p）に変更します。
【操作 2】プレゼンテーションにフォントを埋め込む設定をします。

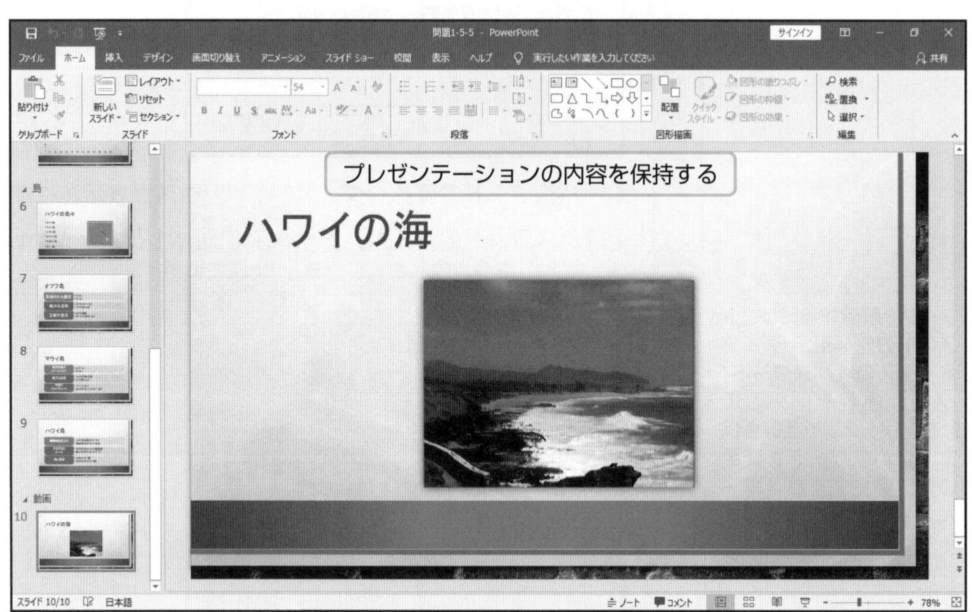

機能の解説

重要用語

- [メディアの圧縮]
- メディアサイズ
- [メディアの互換性の最適化]
- [PowerPoint のオプション] ダイアログボックスの［保存］
- ファイルにフォントを埋め込む

ビデオやオーディオコンテンツが埋め込まれたプレゼンテーションで、ファイルサイズが大きい、再生に時間がかかる、コマ落ちするなどの現象が発生する場合は、［ファイル］タブの［情報］の［メディアサイズとパフォーマンス］にある［メディアの圧縮］を使用すると、メディアサイズを小さくして再生パフォーマンスを向上させることができます。メディアサイズに反映される品質は、目的に応じて［フル HD（1080p）］（全体的な品質を保ちながら領域を節約）、[HD（720p）]（ストリーミングメディアと同等の品質）、[標準（480p）]（電子メールで送信するなど容量が限られている場合に使用）の 3 つから選択します。また、［ファイル］タブの［情報］の［メディアの互換性の最適化］を実行すると、他のコンピューターでも正しく再生するように最適化できます。[メディアの互換性の最適化］は、最適化の必要なメディアファイルがある場合に表示されます。

［PowerPoint のオプション］ダイアログボックスの［保存］の［ファイルにフォントを埋め込む］チェックボックスをオンにしてファイルを保存すると、そのプレゼンテーションで使用しているフォントがファイルに保存されます。他のコンピューターでそのフォントがインストールされていない場合でも、そのままのフォントを表示することができます。

操作手順

> **ヒント**
> **メディアの圧縮**
> ［メディアの圧縮］や［メディアの互換性の最適化］は、メディアファイルによってはサポート外の場合があります。

【操作 1】

❶［ファイル］タブの［情報］の［メディアサイズとパフォーマンス］の［メディアの圧縮］をクリックします。

❷［HD（720p）］をクリックします。

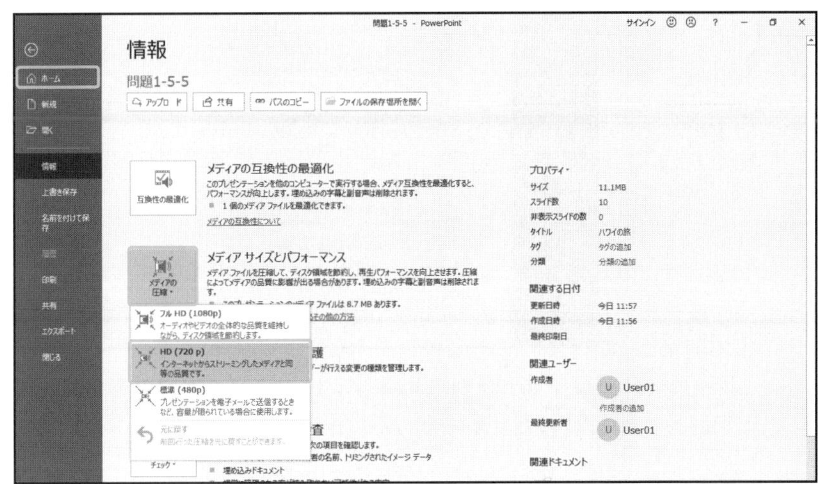

❸［メディアの圧縮］ダイアログボックスが表示され、圧縮の進行状態が表示されます。

❹圧縮が完了したら［メディアの圧縮］ダイアログボックスの［閉じる］をクリックします。

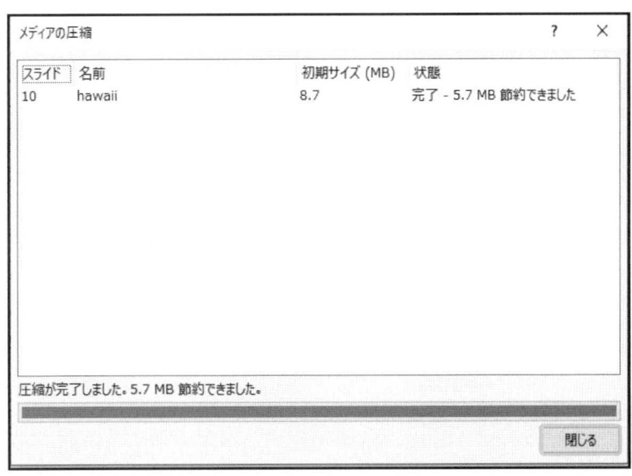

❺［メディアサイズとパフォーマンス］に結果が表示されます。

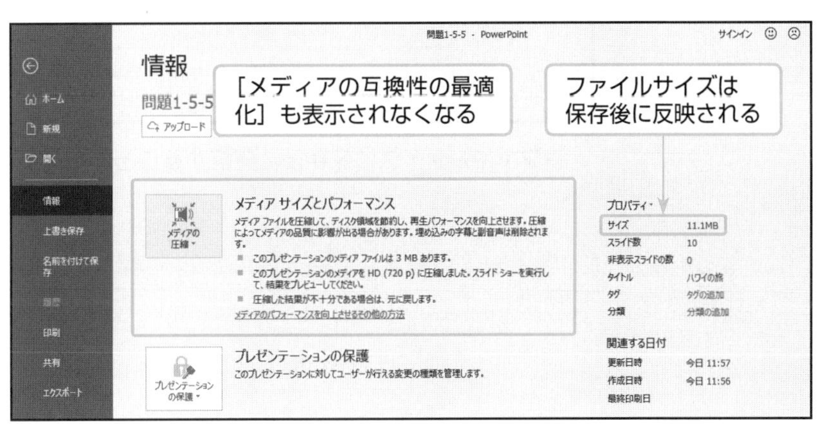

その他の操作方法

フォントを埋め込む

[名前を付けて保存] ダイアログボックスの[ツール]をクリックし、[保存オプション] をクリックして [PowerPoint のオプション] ダイアログボックスの [保存] を表示します。

【操作 2】

❻ [ファイル] タブの [オプション] をクリックします。

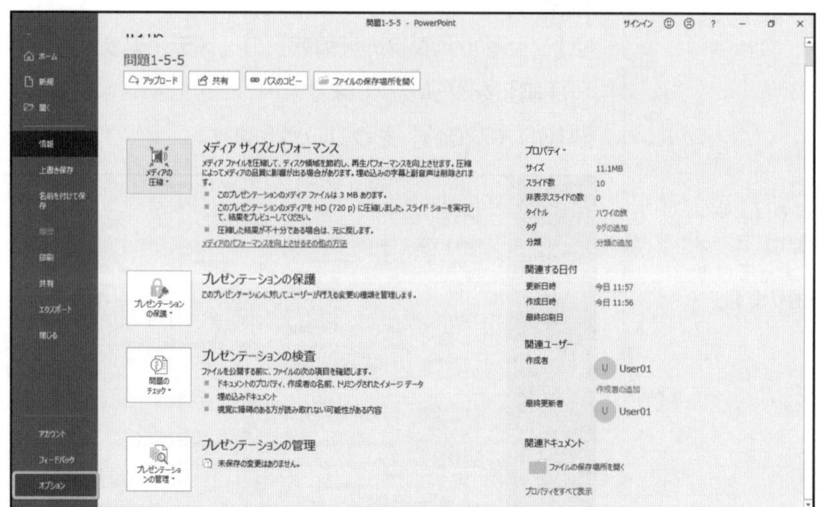

❼ [PowerPoint のオプション] ダイアログボックスが表示されます。

❽ [保存] をクリックします。

❾ [次のプレゼンテーションを共有するときに再現性を保つ] の [ファイルにフォントを埋め込む] チェックボックスをオンにします。

❿ [使用されている文字だけを埋め込む (ファイルサイズを縮小する場合)] がオンであることを確認し、[OK] をクリックします。

※ファイルサイズは保存後に確認することができます。

1-5-6 プレゼンテーションを別の形式にエクスポートする

練習問題

問題フォルダー
└問題 1-5-6.pptx

解答フォルダー
└バザー配布用（解答 1-5-6）.pdf

プレゼンテーションを以下の内容で PDF 形式としてエクスポートします。

・保存先［PowerPoint365&2019（実習用）］フォルダー、ファイル名は「バザー配布用」とする
・1 ページあたりのスライド数を「2」とし、スライドに枠を付ける
・発行後に PDF ファイルを開かないようにする

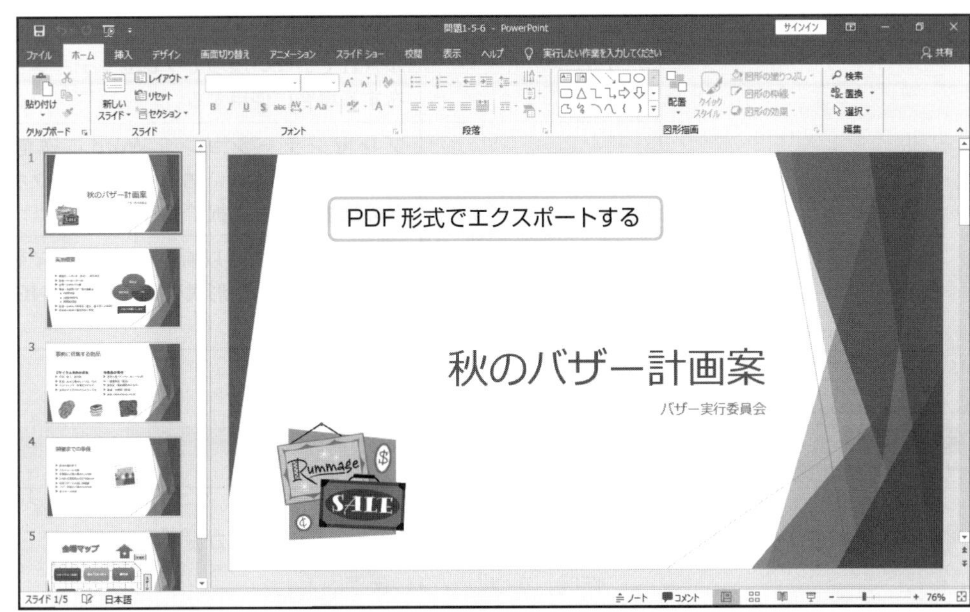

機能の解説

重要用語

- 別のファイル形式にエクスポート
- ［ファイル］タブの［エクスポート］
- PDF 形式
- XPS 形式
- ビデオの作成
- プレゼンテーションパック
- 配布資料の作成
- PowerPoint 97-2003 プレゼンテーション形式

作成したプレゼンテーションを PowerPoint 2019 がインストールされていない環境でも閲覧できるように、別のファイル形式にエクスポートすることができます。プレゼンテーションをエクスポートするには、［ファイル］タブの［エクスポート］をクリックして表示される一覧から形式を選択します。［ファイル］タブの［名前を付けて保存］画面や［名前を付けて保存］ダイアログボックスでファイルの種類を変更して保存することも可能です。

また、PDF/XPS 形式では［PDF または XPS 形式で発行］ダイアログボックスの［オプション］をクリックして表示される［オプション］ダイアログボックスで詳細設定を行うことができます。

ヒント

互換性チェック

PowerPoint 97-2003プレゼンテーション形式で保存するときに失われる可能性がある機能と内容は互換性チェックで確認できます（「1-5-2　プレゼンテーションを検査する」を参照）。

エクスポートで選択できる主なファイル形式

ファイル形式	説明
PDF（Portable Document Format）	文字情報や画像情報、レイアウトの情報を持ったファイル形式。Windowsアプリの「リーダー」やアドビシステム社から提供されている「Adobe Reader」などの無料配布されているソフトウェアで閲覧や印刷することができる。
XPS（XML Paper Specification）	文字情報や画像情報、レイアウトの情報を持ったファイル形式。マイクロソフト社が無料で提供しているXPSビューアーを使用して閲覧や印刷することができる。
ビデオ	Windows MediaビデオまたはMPG-4ビデオを作成して配布できる。アニメーションや動画を含むマルチメディアプレゼンテーションを再生できる。
プレゼンテーションパック	プレゼンテーションとリンクされているすべてのファイルをパッケージ化し、CDやフォルダーに保存できる。PowerPointがインストールされていない環境でプレゼンテーションを実施またはユーザーに配布する場合に使用する。
配布資料の作成	プレゼンテーションをWordに送信して配布資料を作成する。［Microsoft Wordに送る］ダイアログボックスでレイアウトやスライドの追加方法を選択できる。
その他の主なファイル形式	PowerPoint 2003以前のバージョンで開けるPowerPoint 97-2003プレゼンテーション形式やJPEGやPNGなどの画像ファイル形式などを選択できる。

操作手順

その他の操作方法

［PDF形式］で保存

［ファイル］タブの［名前を付けて保存］をクリックして保存先を選択して表示される［名前を付けて保存］ダイアログボックスの［ファイルの種類］ボックスの▼をクリックして［PDF］をクリックします。

❶［ファイル］タブの［エクスポート］をクリックします。

❷［PDF/XPSドキュメントの作成］が選択されていることを確認し、［PDF/XPSの作成］をクリックします。

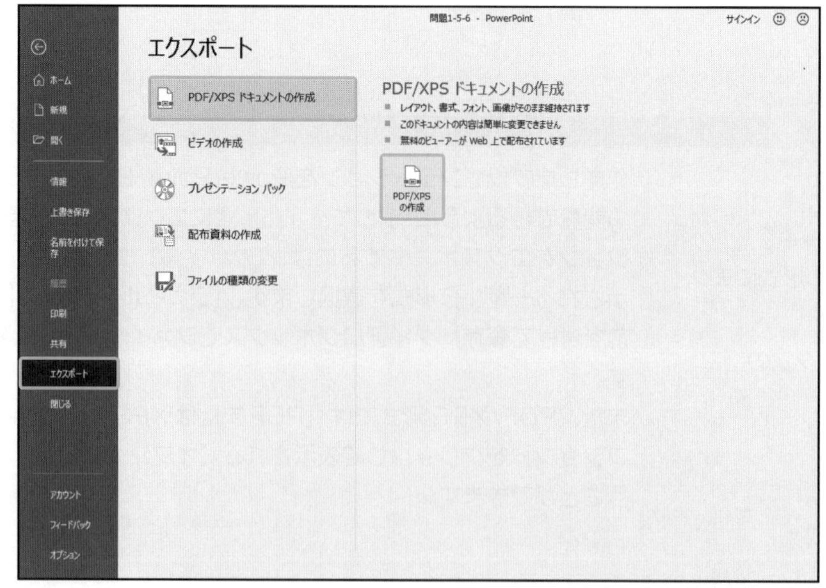

③[PDF または XPS 形式で発行] ダイアログボックスが表示されます。

④[ドキュメント] をクリックします。

⑤一覧から [PowerPoint365&2019 (実習用)] をダブルクリックします。

⑥[ファイル名] ボックスに「バザー配布用」と入力します。

⑦[ファイルの種類] ボックスをクリックして「PDF」をクリックします。

⑧[発行後にファイルを開く] チェックボックスをオフにします。

⑨[オプション] をクリックします。

ヒント

発行後にファイルを開く

ファイルを保存した後、選択した形式でそのファイルを開く場合は [発行後にファイルを開く] チェックボックスをオンにします。

ヒント

最適化

ドキュメントの印刷品質を高くする場合は [標準 (オンライン発行および印刷)] をオンにし、印刷品質よりもファイルサイズを優先する場合は [最小サイズ (オンライン発行)] をオンにします。

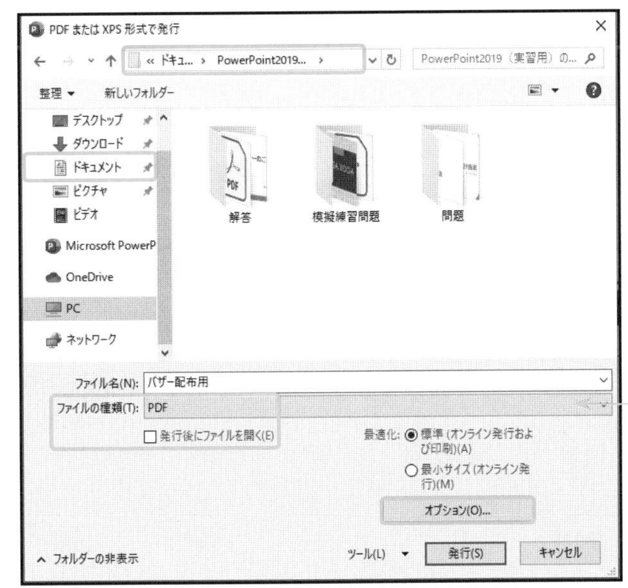

⑩[オプション] ダイアログボックスが表示されます。

⑪[発行オプション] の [発行対象] の▼をクリックし、[配布資料] をクリックします。

⑫[スライドに枠を付ける] チェックボックスをオンにします。

⑬[1 ページあたりのスライド数] の▼をクリックし、[2] をクリックします。

⑭[OK] をクリックします。

ヒント

配布資料

配布資料については「1-3-3 配布資料を印刷する」を参照してください。

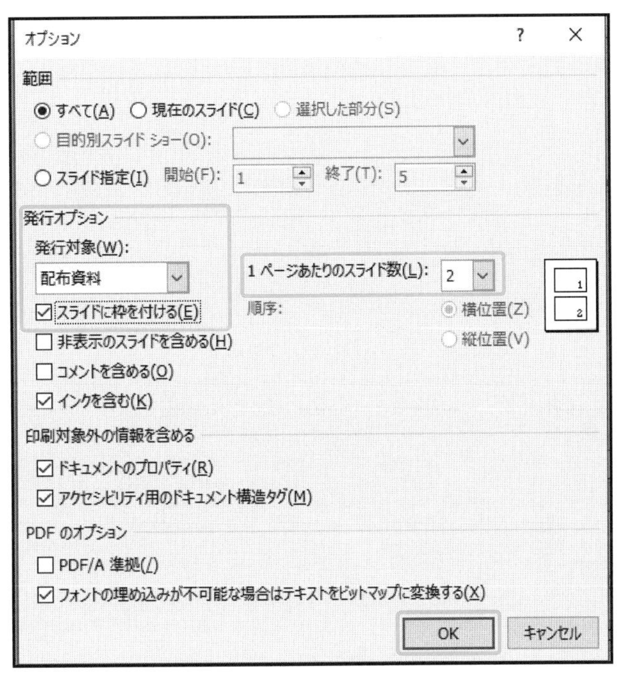

⓯［PDF または XPS 形式で発行］ダイアログボックスに戻るので、［発行］をクリックします。

⓰PDF ファイルが作成され、［PowerPoint365&2019（実習用）］フォルダーにエクスポートされます。

Chapter 2

スライドの管理

本章で学習する項目

□ スライドを挿入する

□ スライドを変更する

□ スライドを並べ替える、グループ化する

2-1 スライドを挿入する

プレゼンテーションを作成するとき、他のアプリケーションで作成したデータや既存のスライドを活用して作業を効率化することができます。また、新しいスライドを挿入してレイアウトを変更し、目的に合ったプレゼンテーションに編集することもできます。

2-1-1 Word のアウトラインをインポートする

練習問題

問題フォルダー
└問題 2-1-1.pptx

PowerPoint 365&2019（実習用）フォルダー
└節電計画 .docx

解答フォルダー
└解答 2-1-1.pptx

スライド 2 以降に［PowerPoint365&2019（実習用）］フォルダーに保存されているアウトラインを設定した Word 文書「節電計画 .docx」を挿入します。

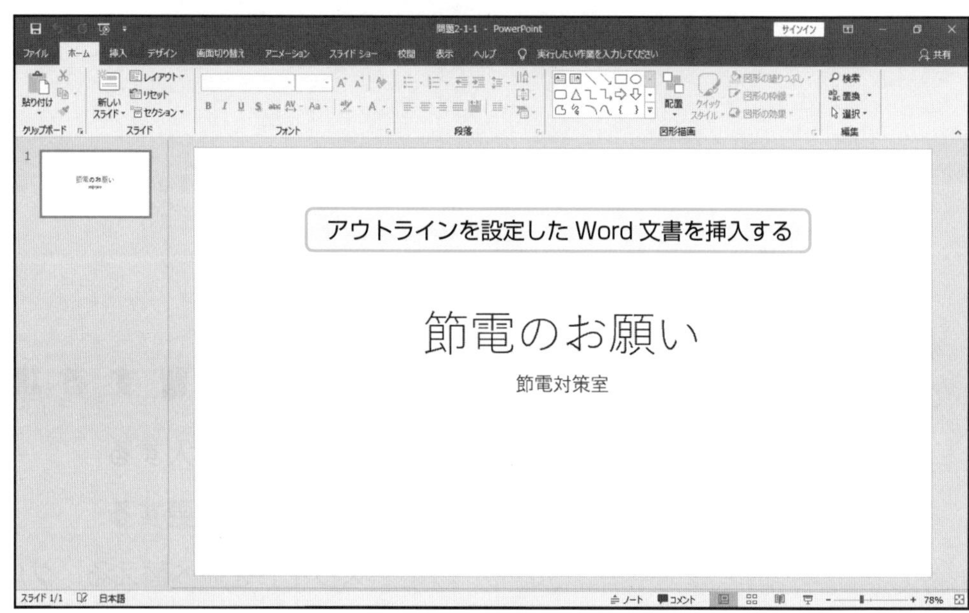

機能の解説

- □ アウトラインを設定した Word 文書
- □ アウトラインの挿入
- □ ［アウトラインの挿入］ダイアログボックス

プレゼンテーションにアウトラインを設定した Word 文書の内容を挿入することができます。Word 文書は選択したスライドの次からアウトラインレベルに応じて挿入されます。プレゼンテーションの構成が Word 文書として既に存在する場合に活用できます。

Word 文書の「見出し 1」はスライドのタイトル、「見出し 2」以降は箇条書きテキストになります。箇条書きテキストもアウトラインで管理され、Word 文書の「見出し 2」は箇条書きテキストの第 1 レベル、「見出し 3」は第 2 レベルに設定されます。

アウトラインを設定した Word 文書を挿入するには、［ホーム］タブの［新しいスライド］ボタンの▼をクリックし、［アウトラインからスライド］をクリックして表示される［アウトラインの挿入］ダイアログボックスを使用します。

ポイント

テキストファイルの内容の挿入

インデントによりアウトラインレベルを設定したテキストファイルの内容を挿入することもできます。操作は Word 文書を挿入する場合と同じです。

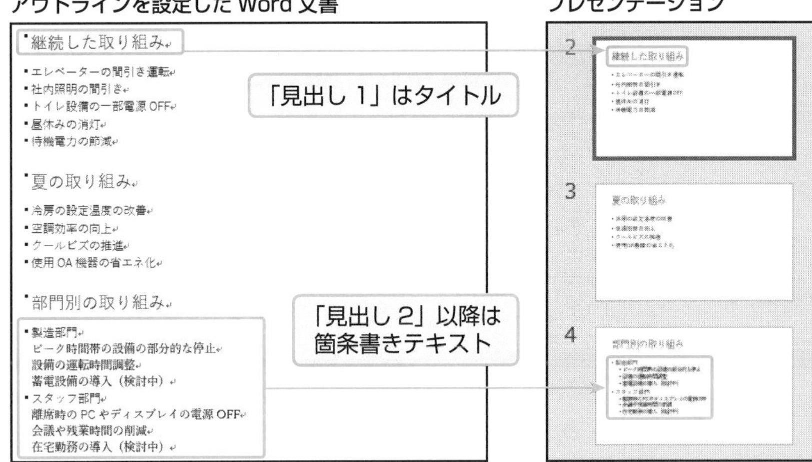

操作手順

ヒント

Word 文書から新しいプレゼンテーションを作成

アウトラインを設定した Word 文書を基にして新しいプレゼンテーションを作成することもできます。[ファイル]タブの[開く]をクリックして［ファイルを開く］ダイアログボックスの［ファイルの種類］ボックスの一覧から［すべてのアウトライン］を選択し、基になる Word 文書を指定します。

❶［ホーム］タブの［新しいスライド］ボタンの▼をクリックし、［アウトラインからスライド］をクリックします。

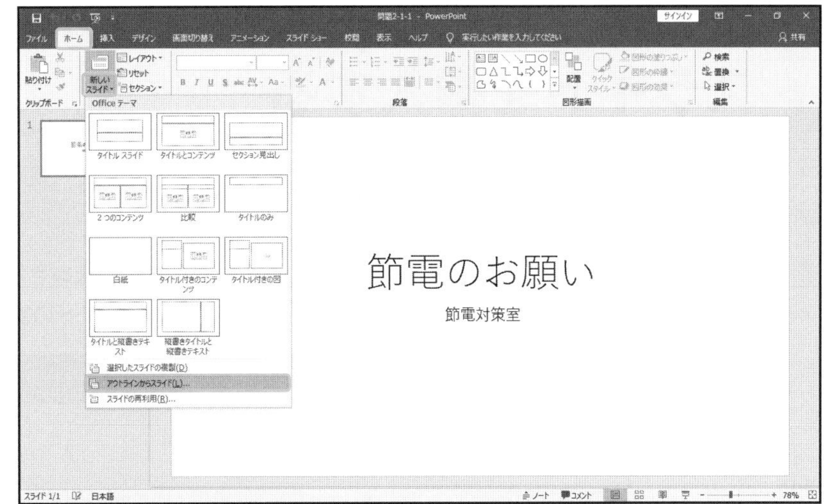

❷［アウトラインの挿入］ダイアログボックスが表示されます。

❸ 左側の一覧から［ドキュメント］をクリックします。

❹ 一覧から［PowerPoint365&2019（実習用）］をダブルクリックします。

❺ Word 文書「節電計画」をクリックして［挿入］をクリックします。

ヒント

フォントサイズの自動調整

プレースホルダー内の文字情報量に応じてフォントサイズは自動調整されます。

ポイント

追加したスライドのテーマ

テーマが適用されている場合は同じテーマのスライドが追加されます。

⑥ Word 文書「節電計画」を基にしたスライドが作成されます。

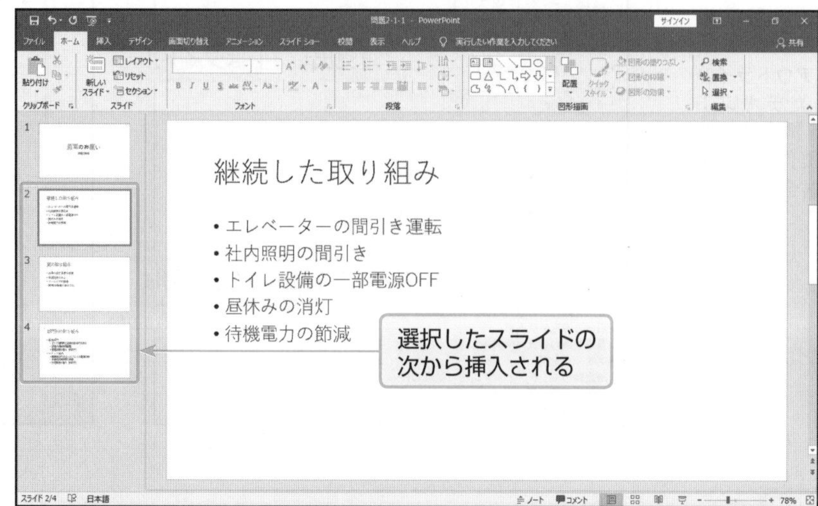

2-1-2 ほかのプレゼンテーションからスライドを挿入する

練習問題

問題フォルダー
└問題 2-1-2.pptx
PowerPoint 365&2019（実習用）フォルダー
└香水について .pptx

解答フォルダー
└解答 2-1-2.pptx

［PowerPoint365&2019（実習用）］フォルダーに保存されているプレゼンテーション「香水について」のスライド 2 から 4 をタイトルスライドの次に挿入します。

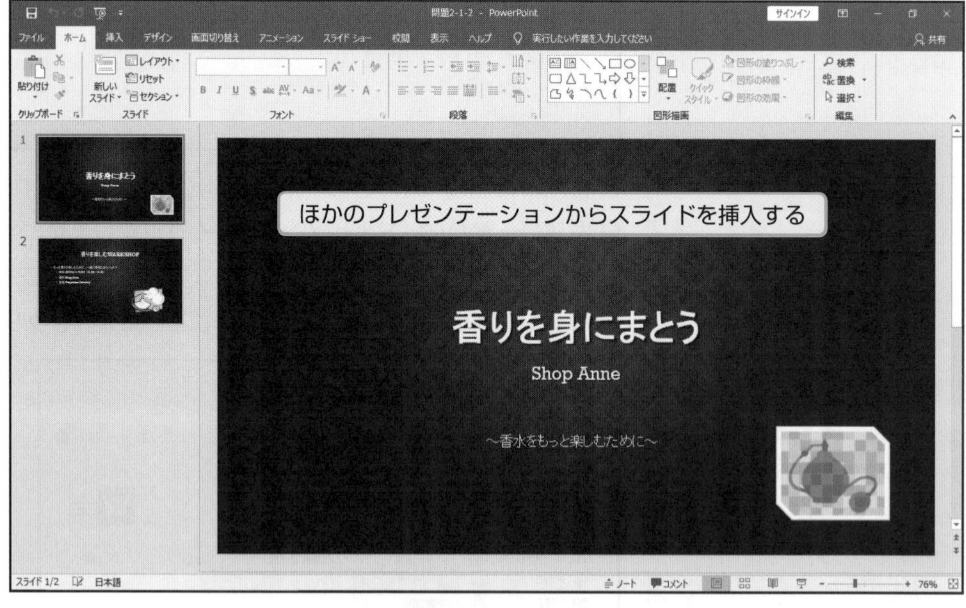

機能の解説

重要用語

- スライドの再利用
- ［スライドの再利用］ウィンドウ
- 異なるプレゼンテーション間のスライドのコピー

作成済みのプレゼンテーションからスライドを挿入して再利用することができます。必要なスライドが他のプレゼンテーションにある場合や、複数のプレゼンテーションをまとめるときに活用すると便利です。既存のスライドを挿入するには、［ホーム］タブの［新しいスライド］ボタンの▼をクリックし、［スライドの再利用］をクリックして表示される［スライドの再利用］ウィンドウを使用します。

また、異なるプレゼンテーション間でスライドをコピーすることもできます。コピー元とコピー先のプレゼンテーションを開き、コピーするスライドを選択して［ホーム］タブの［コピー］ボタンをクリックし、貼り付ける直前のスライド（またはスライド間）を選択して［貼り付け］ボタンをクリックします。コピーするスライドをコピー先までドラッグしてコピーすることも可能です。異なるテーマの場合は、(Ctrl)［貼り付けのオプション］でテーマをどちらに合わせるかを選択できます。

ポイント

並べて表示

並べて表示したいプレゼンテーションを開いて、［表示］タブの［並べて表示］ボタンをクリックします。

ヒント

ウィンドウの切り替え

開いている複数のプレゼンテーションを切り替えるには、［表示］タブの［ウィンドウの切り替え］ボタンをクリックし、表示されるプレゼンテーション名をクリックします。

［ウィンドウの切り替え］ボタン

2つのプレゼンテーションを並べて表示してコピー

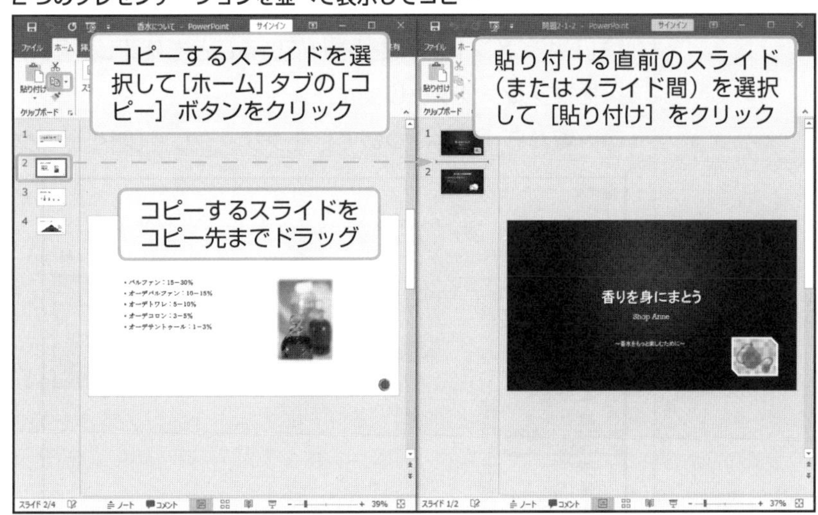

操作手順

❶スライド1が選択されていることを確認します。

❷［ホーム］タブの［新しいスライド］ボタンの▼をクリックし、［スライドの再利用］をクリックします。

第2章 スライドの管理

❸[スライドの再利用]ウィンドウが表示されます。

❹[PowerPoint ファイルを開く]をクリックします。

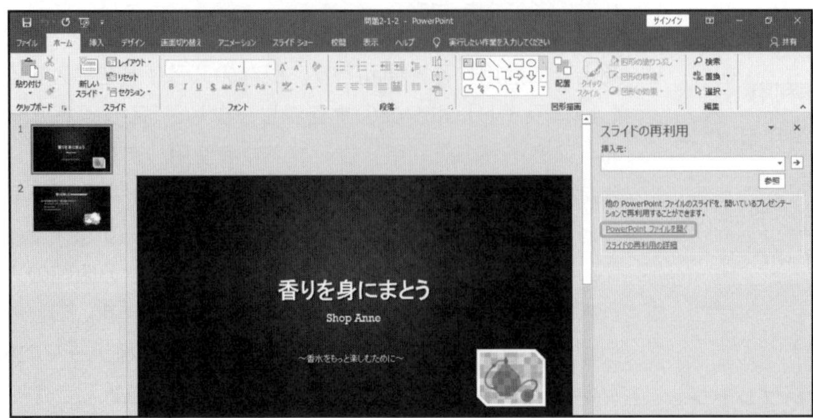

❺[参照]ダイアログボックスが表示されます。

❻[ドキュメント]が選択されていることを確認し、[PowerPoint365&2019(実習用)]をダブルクリックします。

❼一覧から[香水について]をクリックし、[開く]をクリックします。

❽[スライドの再利用]ウィンドウに指定したプレゼンテーションのスライドの一覧が表示されます。

❾[スライドの再利用]ウィンドウの2枚目のスライドをクリックします。

❿スライド2にスライドが挿入されます。

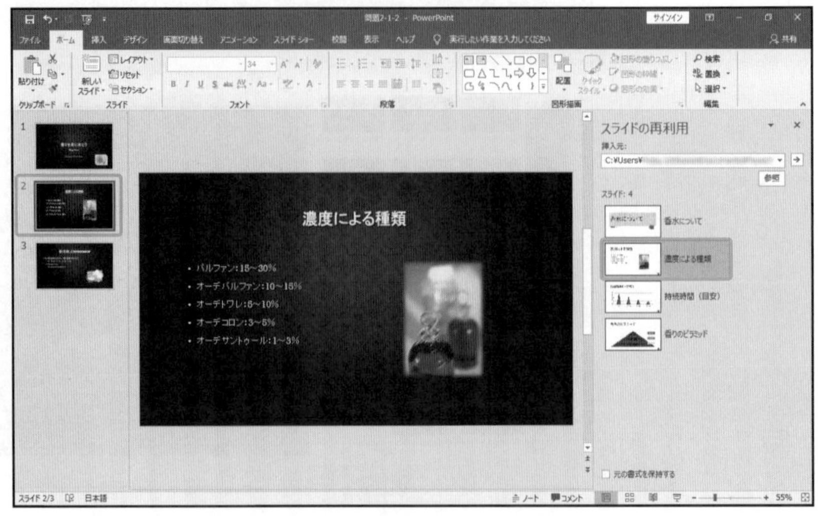

その他の操作方法

参照先の指定

[スライドの再利用]ウィンドウの 参照 [参照]をクリックします。

ヒント

すべてのスライドを挿入

[スライドの再利用]ウィンドウの任意のスライドを右クリックして[すべてのスライドを挿入]をクリックすると、表示されているすべてのスライドを一括して挿入することができます。

ポイント

元の書式を保持する

［スライドの再利用］ウィンドウの下部にある［元の書式を保持する］チェックボックスをオンにしてスライドを挿入すると、元のテーマや書式のままスライドを挿入することができます。

ヒント

挿入元のテーマを適用する

［スライドの再利用］ウィンドウのスライドを右クリックして［すべてのスライドにテーマを適用］をクリックすると、表示されているテーマを現在開いているプレゼンテーション全体に適用することができます。［選択したスライドにテーマを適用］をクリックすると、現在選択されているスライドのみにテーマが適用されます。

⑪ 同様に、［スライドの再利用］ウィンドウの3枚目と4枚目のスライドをクリックします。

⑫ スライド3とスライド4にスライドが挿入されます。

⑬［スライドの再利用］ウィンドウの［閉じる］ボタンをクリックします。

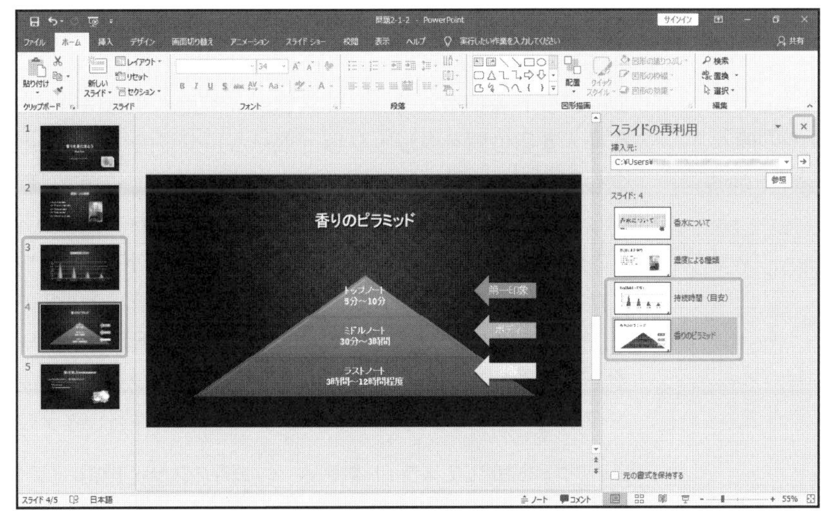

2-1-3 スライドを挿入し、スライドのレイアウトを選択する

練習問題

問題フォルダー
└問題 2-1-3.pptx

解答フォルダー
└解答 2-1-3.pptx

【操作1】スライド3の次に［タイトルのみ］のレイアウトのスライドを挿入し、タイトルに「ハワイの気温」と入力します。

【操作2】スライド5（「ハワイの島々」のタイトル）のスライドのレイアウトに［2つのコンテンツ］を適用します。

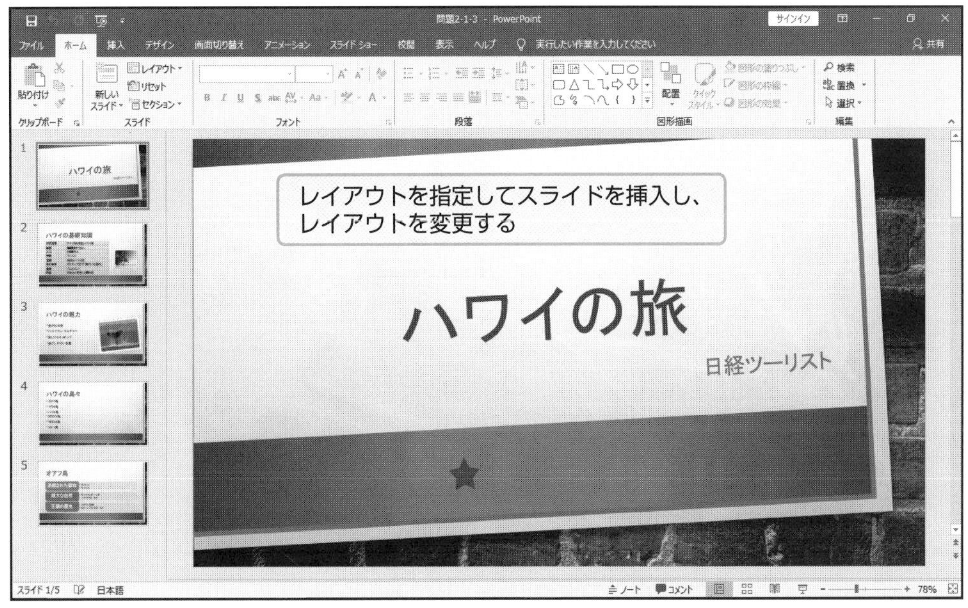

第2章 スライドの管理

機能の解説

重要用語

- □ スライドのレイアウト
- □ コンテンツ
- □ プレースホルダー
- □ 新しいスライドの挿入
- □ [新しいスライド] ボタン
- □ スライドに別のレイアウトを適用
- □ [レイアウト] ボタン

スライドのレイアウトとは、スライド上にタイトルなどのテキストや図や表などのコンテンツを簡単に配置することができるスライドの構成のことです。スライドのレイアウトには、スライドに配置されるプレースホルダー、コンテンツの書式、位置が設定されています。スライドにコンテンツを体裁よく配置するには、適切なレイアウトを選択することが大切です。

レイアウトを指定して新しいスライドを挿入するには、サムネイルの表示領域でスライドを挿入する位置をクリックし、[ホーム] タブの [新しいスライド] ボタンの▼をクリックして一覧から目的のレイアウトをクリックします。[新しいスライド] ボタンの上部をクリックすると前のスライドと同じレイアウト（タイトルスライドを選択している場合は [タイトルとコンテンツ] レイアウトのスライドが挿入されます。

また、スライドのレイアウトは後から変更することもできます。スライドに別のレイアウトを適用するには、変更したいスライドを選択し、[ホーム] タブの [レイアウト] ボタンをクリックして一覧から目的のレイアウトをクリックします。[レイアウト] ボタンと [新しいスライド] ボタンに表示されるレイアウトは同じです。

レイアウトを指定してスライドを挿入

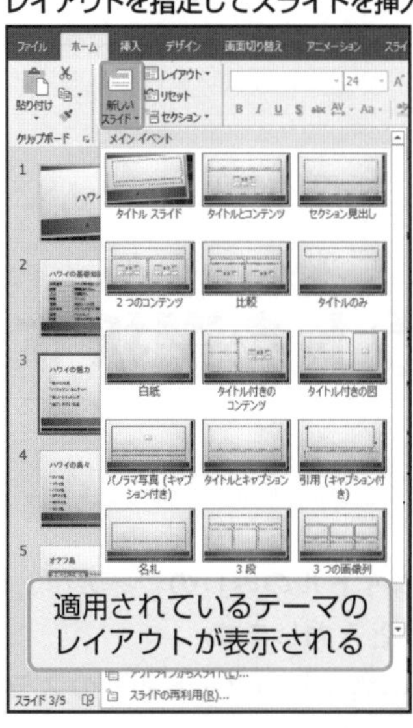

既存のスライドのレイアウトを変更

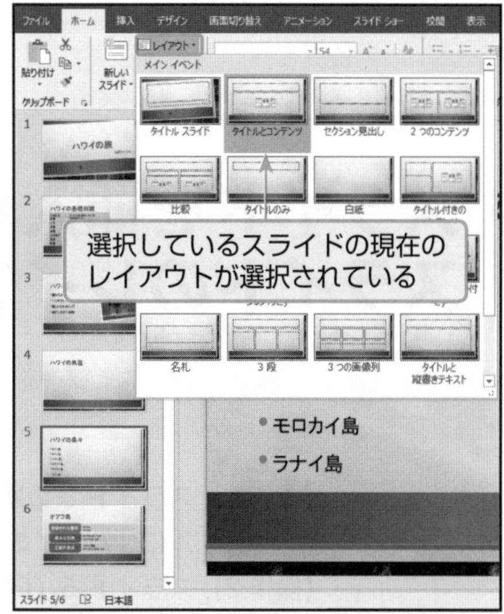

操作手順

【操作 1】

❶ サムネイル表示領域のスライド 3 と 4 の間、またはスライド 3 をクリックします。

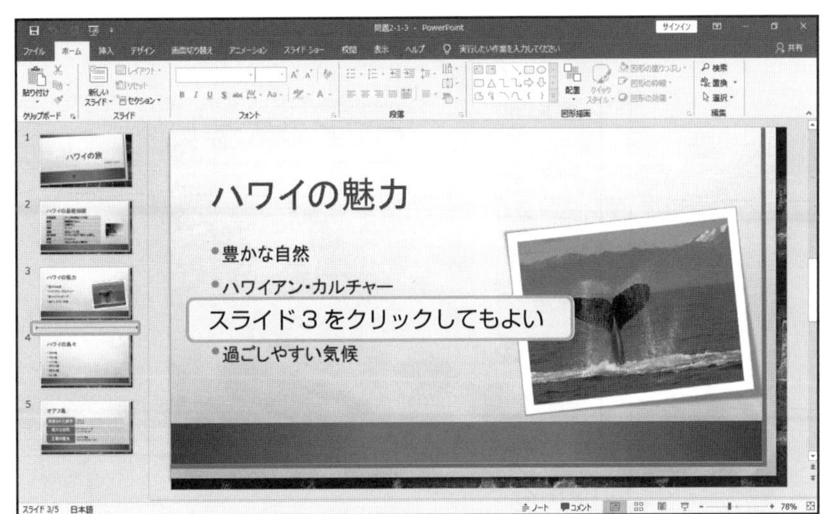

❷［ホーム］タブの［新しいスライド］ボタンの▼をクリックし、［タイトルのみ］をクリックします。

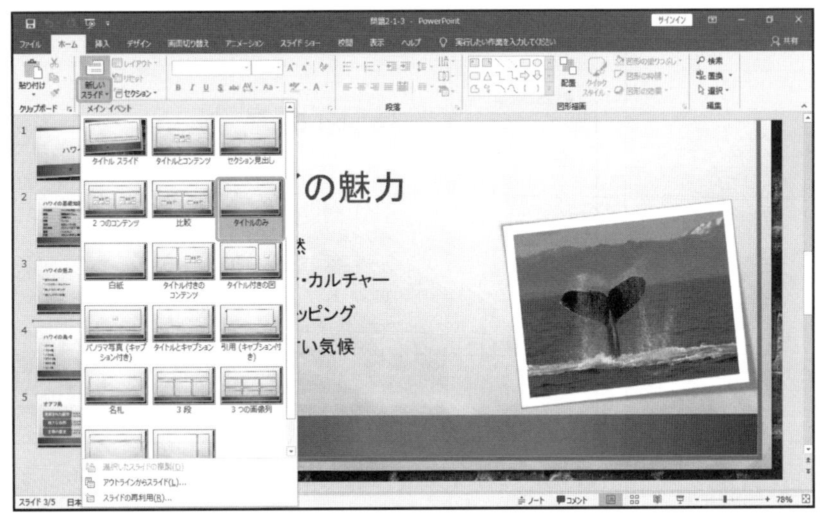

❸ スライド 4 にレイアウトが［タイトルのみ］の新しいスライドが挿入されます。

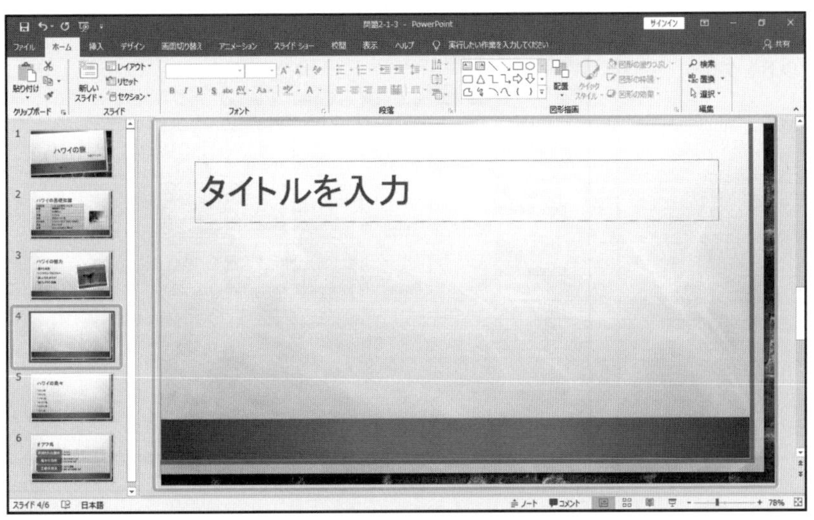

第2章 スライドの管理

❹「タイトルを入力」と表示されているプレースホルダー内をクリックし、「ハワイの気温」と入力します。

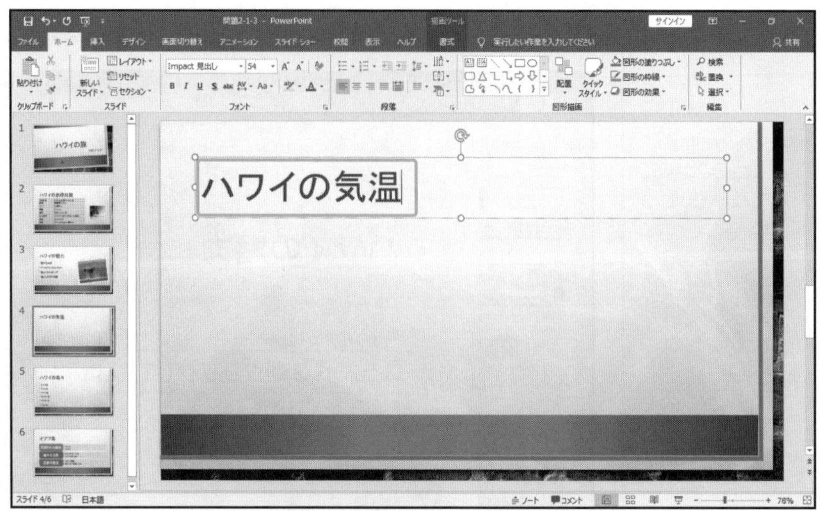

【操作 2】

❺サムネイルのスライド 5 をクリックします。

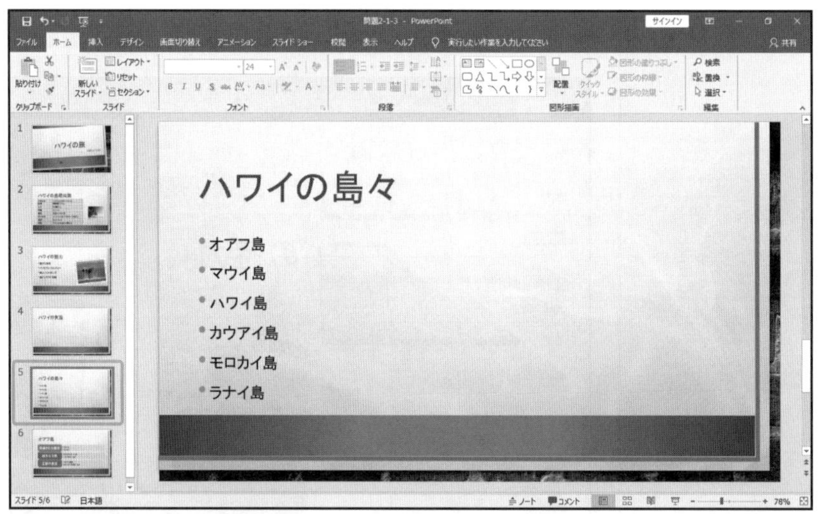

❻［ホーム］タブの [レイアウト] ［レイアウト］ボタンをクリックし、［2 つのコンテンツ］をクリックします。

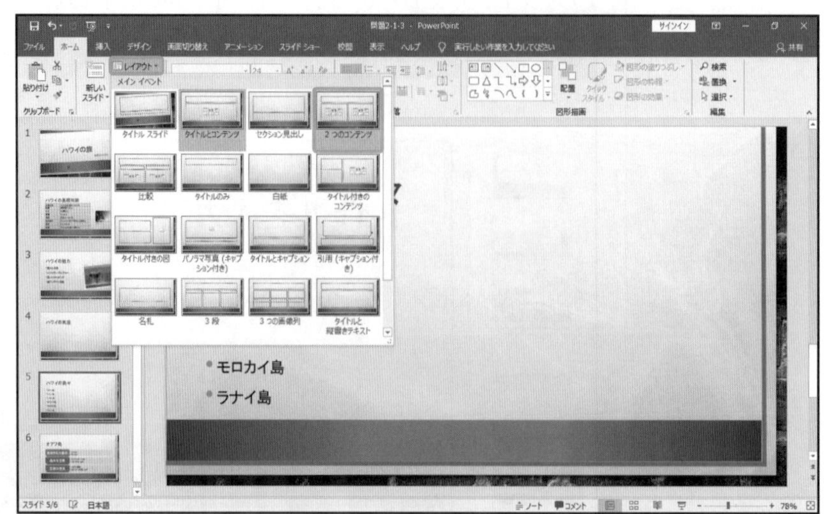

その他の操作方法

レイアウトの変更

変更するスライド（またはサムネイル）で右クリックし、［レイアウト］をポイントして一覧から目的のレイアウトをクリックします。

ヒント

レイアウトのリセット

プレースホルダーの位置やサイズ、書式などに変更を加えたスライドを標準のレイアウトに戻すには、[ホーム] タブの [リセット] ボタンをクリックします。

ポイント

独自のスライドのレイアウトの作成

独自のスライドレイアウトを作成することもできます。独自のスライドのレイアウトの作成は、スライドマスターで行います（「1-1-4　スライドのレイアウトを作成する」を参照）。

⑦スライド５のレイアウトが変更されます。

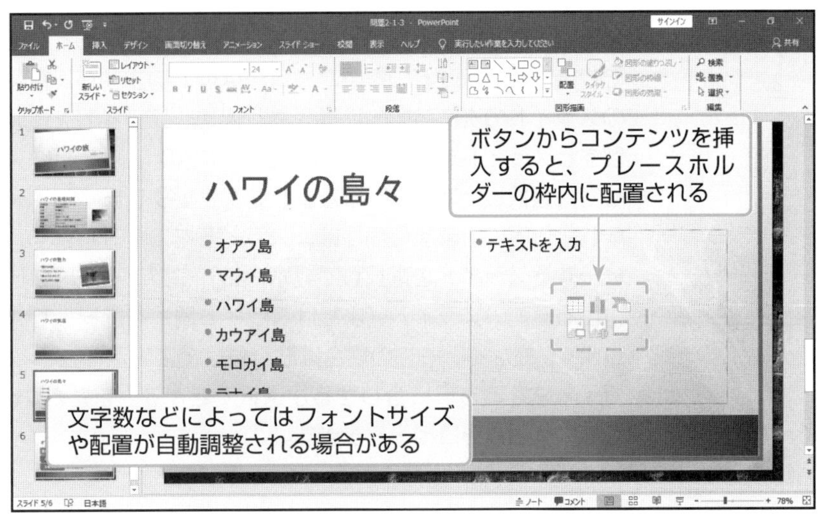

2-1-4 スライドを複製する

練習問題

問題フォルダー
└問題 2-1-4.pptx

解答フォルダー
└解答 2-1-4.pptx

スライド６を複製します。

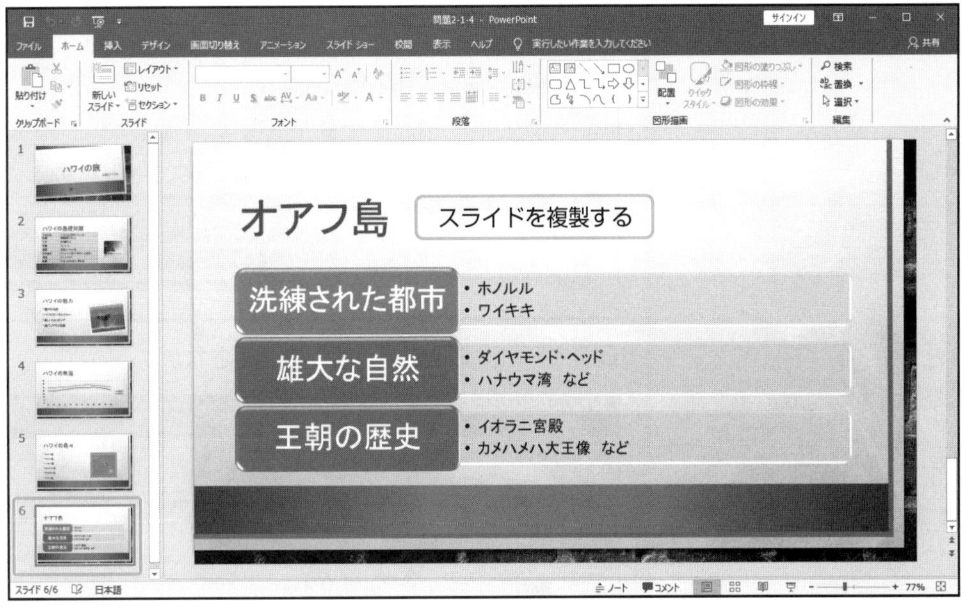

第2章 スライドの管理

機能の解説

重要用語

□ スライドの複製

□ スライドのコピー / 貼り付け

スライドを複製すると、1つのスライドの内容をもとに複数のスライドを作成することができます。スライドの複製とコピーは似ていますが、複製は貼り付け操作をせずに複製元のスライドの次に自動的に挿入されます。スライドを複製するには、サムネイル領域で複製するスライドを選択し、[ホーム] タブの [新しいスライド] ボタンの▼をクリックして [選択したスライドの複製] をクリックします。

離れた位置に複製する場合は、スライドをコピーします。スライドをコピーするには、コピーするスライドを選択して [ホーム] タブの [コピー] ボタンをクリックし、貼り付ける直前のスライド(またはスライド間)を選択して [貼り付け] ボタンをクリックします。異なるテーマの場合は貼り付け後に表示される (Ctrl) [貼り付けのオプション] でテーマをどちらに合わせるか選択できます。また、**Ctrl** キーを押しながらドラッグしてもスライドをコピーできます。

操作手順

その他の操作方法

スライドの複製

[ホーム] タブの [コピー] ボタンの▼をクリックして [複製] をクリックします。または、**Ctrl** + **D** キーを押すか、複製するスライドのサムネイル上で右クリックして [スライドの複製] をクリックします。

❶サムネイルのスライド6をクリックします。

❷[ホーム] タブの [新しいスライド] ボタンの▼をクリックし、[選択したスライドの複製] をクリックします。

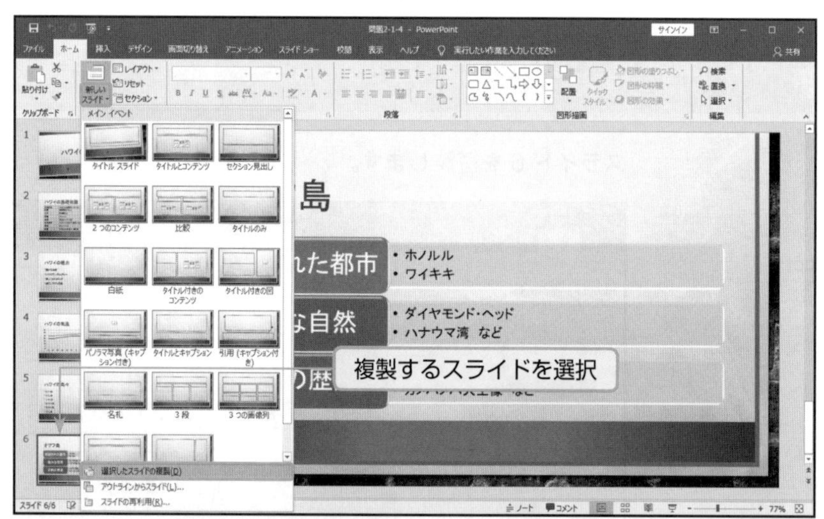

❸スライド6の次にスライドが複製されます。

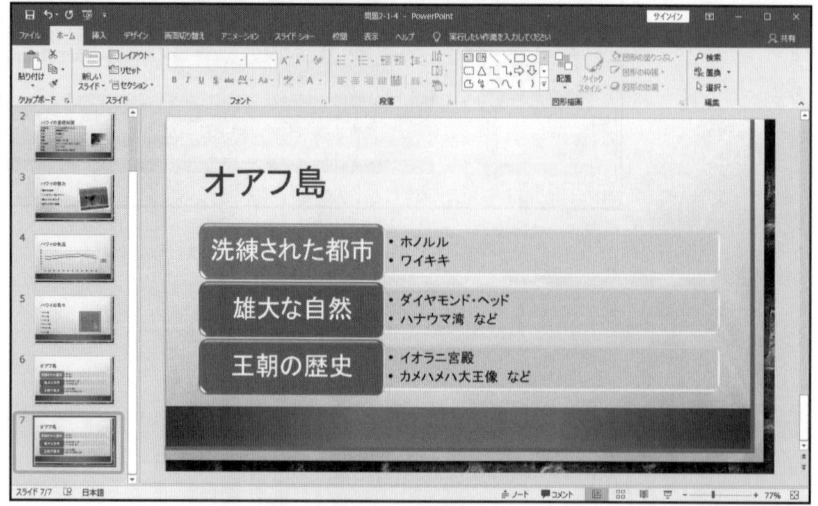

ヒント

複数スライドの複製

複製したいスライドが複数ある場合は、それらのスライドを選択して同じ操作を行うと、最後に選択したスライドの次にスライドが複製されます。

ポイント

スライドの削除

スライドを削除するには、サムネイル領域で削除したいスライドを選択して **Delete** キーを押すか、右クリックして [スライドの削除] をクリックします。スライドをまとめて削除するには、複数のスライドを選択して操作します。

2-1-5 サマリーズームのスライドを挿入する

練習問題

問題フォルダー
└問題 2-1-5.pptx

解答フォルダー
└解答 2-1-5.pptx

タイトルスライドの次に「ハワイの基礎知識」、「ハワイの島々」、「ハワイの降水量」へのリンクを含むサマリーズームのスライドを挿入します。

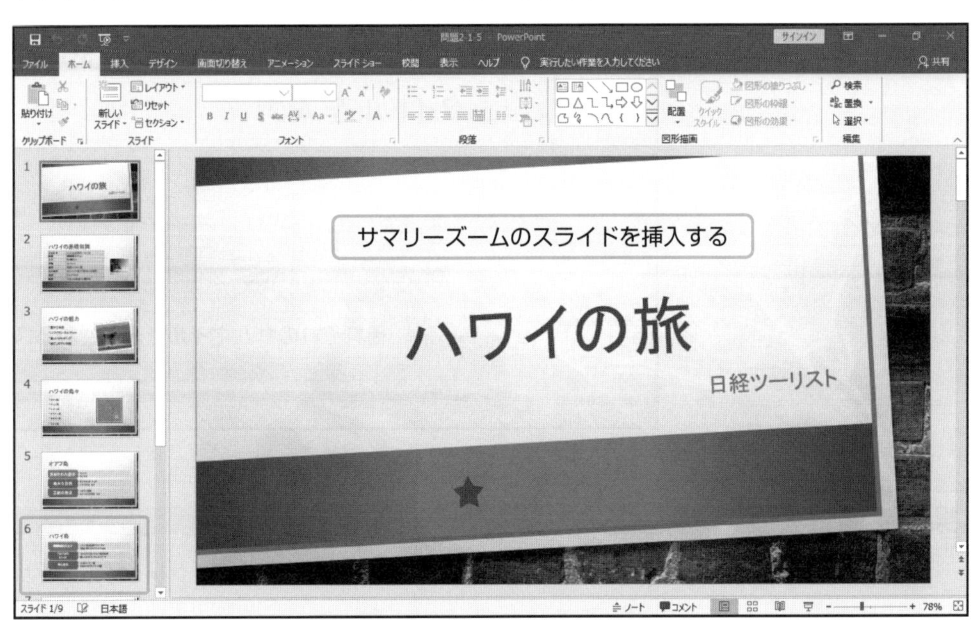

機能の解説

重要用語

- サマリーズーム
- [ズーム] ボタン
- [ズームツール] の [書式] タブ

サマリーズーム機能を使用すると、選択したスライドのサムネイルを一覧に表示した目次のようなスライドを自動的に作成することができます。サマリーズームのスライドを挿入するには、[挿入] タブの [ズーム] ボタンをクリックし、[サマリーズーム] をクリックして表示される [サマリーズームの挿入] ダイアログボックスで目的のスライドのチェックボックスをオンにして [挿入] をクリックします。

サマリーズームのスライドは、[サマリーズームの挿入] ダイアログボックスで選択した最初のスライドの直前に挿入され、自動的にセクションが作成されます（セクションについては「2-3-1　セクションを作成する、セクション名を変更する」を参照）。

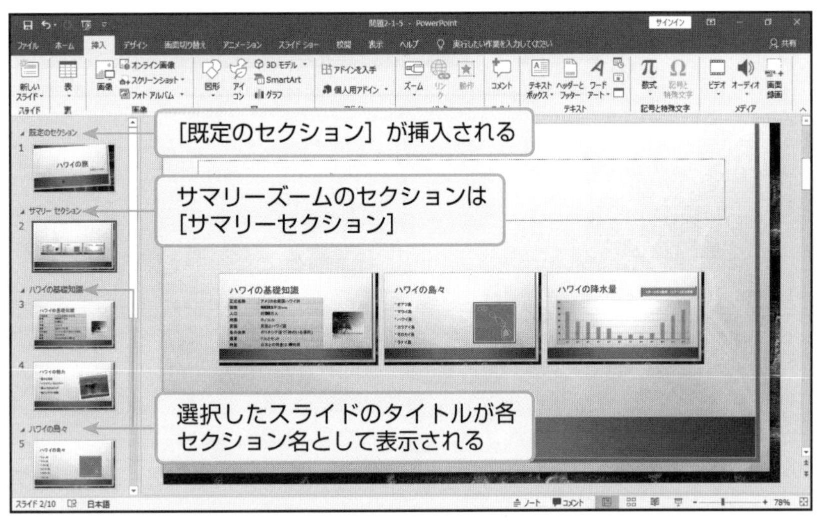

ヒント

セクションが設定されている場合

セクションが作成されているプレゼンテーションでは、[サマリーズームの挿入] ダイアログボックスで各セクションの先頭のスライドが選択されています。

ポイント

その他のズーム機能

ズーム機能にはサマリーズームのほかに、セクションズーム、スライドズームがあります（「3-2-2　セクションズームやスライドズームのリンクを挿入する」を参照）。

スライドショー実行時にサマリーズームのスライドのサムネイルをクリックすると、ズーム（拡大）しながら選択したスライドに移動し、そのセクションの最後のスライドを表示後、サマリーズームのスライドに戻ります。また、サマリーズームのズームの領域をクリックすると［ズームツール］の［書式］タブが表示され、サマリーズームのオプションや書式などのさまざまな設定を行うことができます。

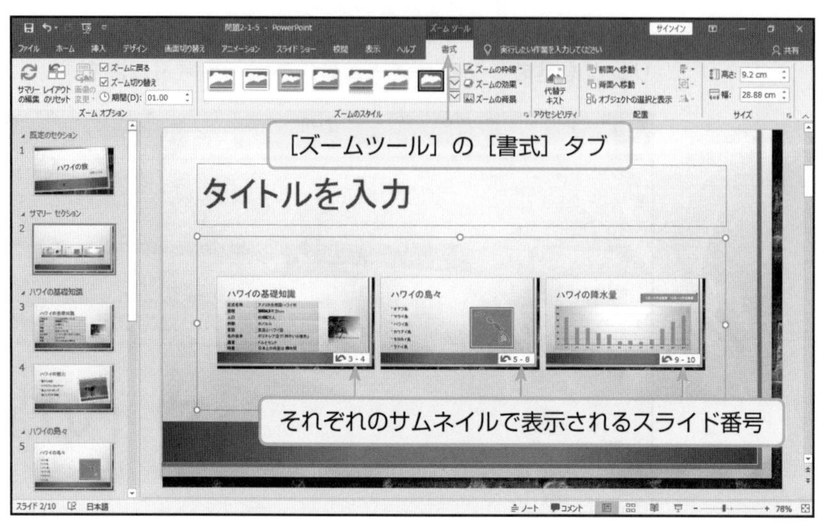

操作手順

❶［挿入］タブの［ズーム］ボタンをクリックし、［サマリーズーム］をクリックします。

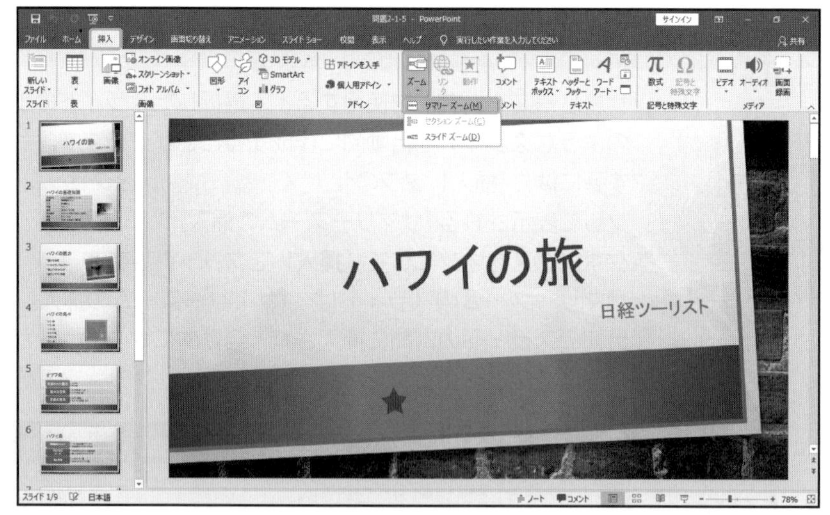

❷［サマリーズームの挿入］ダイアログボックスが表示されます。

❸「2. ハワイの基礎知識」、「4. ハワイの島々」、「8. ハワイの降水量」のチェックボックスをオンにして［挿入］をクリックします。

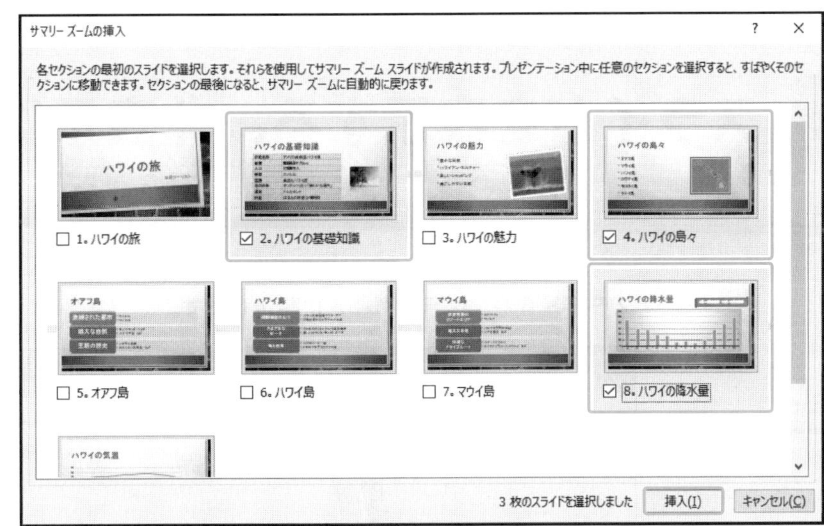

❹スライド 2 の位置に選択したスライドへのリンクが設定されたサムネイルが配置されたサマリーズームのスライドが挿入されます。

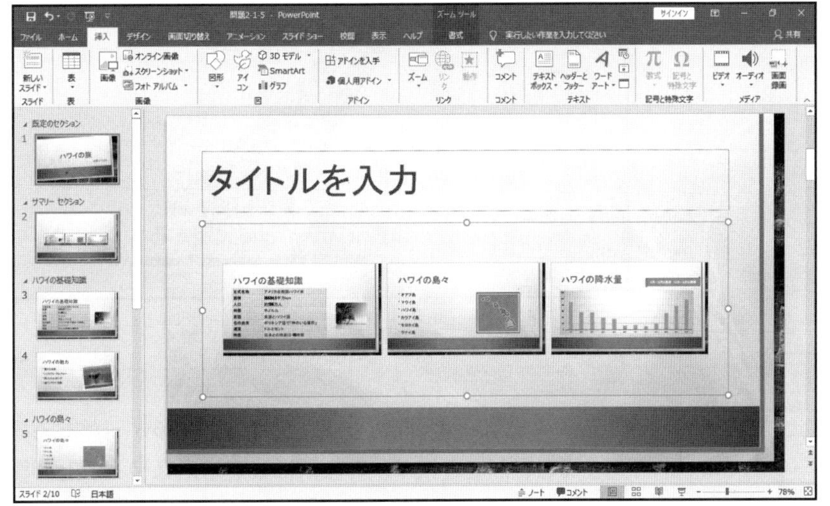

※サマリーズームの動作を確認する場合は、スライドショーを実行します。

2-2 スライドを変更する

スライドを非表示にして、スライドショー実行時に表示しないようにすることができます。また、スライド単位で背景を設定して洗練されたプレゼンテーションにすることができます。スライドにページ番号やフッターを挿入することも可能です。

2-2-1 スライドを表示する、非表示にする

練習問題

問題フォルダー
└問題 2-2-1.pptx
解答フォルダー
└解答 2-2-1.pptx

スライド 6 を非表示スライドに設定します。

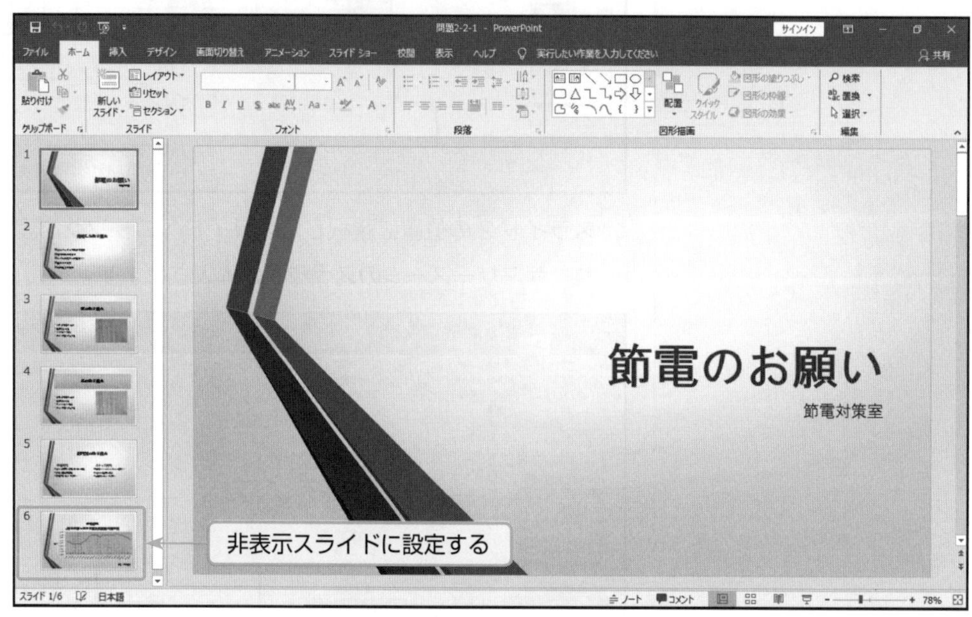

機能の解説

□ 非表示スライドに設定
□ [非表示スライドに設定] ボタン

スライドショー実行時に表示したくないスライドがある場合、そのスライドを非表示に設定することができます。非表示に設定したスライドを印刷したりスライドショー実行時に表示させることも可能です（「1-3-1　プレゼンテーションの全体または一部を印刷する」のヒントを参照）。

非表示スライドに設定するには、サムネイル領域で非表示にするスライドを選択し、[スライドショー] タブの [非表示スライドに設定] ボタンをクリックします。非表示スライドを再び表示するには、表示したいスライドを選択して再度 [非表示スライドに設定] ボタンをクリックするか、サムネイル上で右クリックして [非表示スライドに設定] をクリックします。

操作手順

その他の操作方法

非表示スライドに設定

スライドのサムネイルまたはスライド一覧表示で対象のスライド上で右クリックし、[非表示スライドに設定] をクリックします。

❶ サムネイルのスライド 6 をクリックします。

❷ [スライドショー] タブの [非表示スライドに設定] ボタンをクリックします。

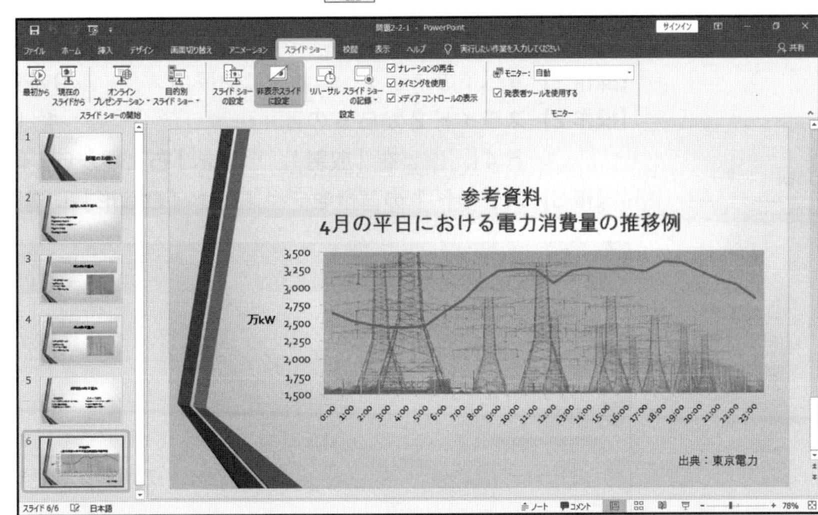

❸ サムネイルのスライド 6 が薄い表示になり、スライド番号に非表示であることを示す「＼」が付加されます。

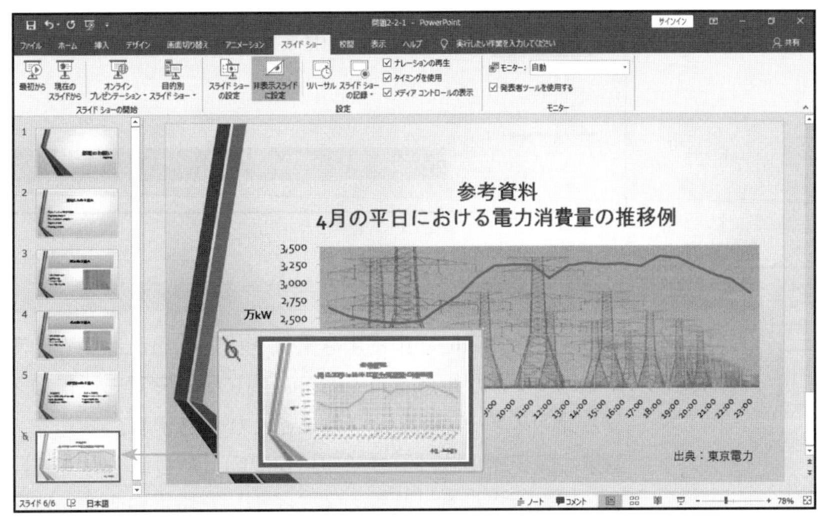

2-2-2 個々のスライドの背景を変更する

練習問題

問題フォルダー
└問題 2-2-2.pptx

解答フォルダー
└解答 2-2-2.pptx

【操作 1】すべてのスライドの背景に背景のスタイル 9 を適用します。
【操作 2】スライド 2 から 5 の背景のグラデーションを「薄いグラデーション - アクセント 4」、種類を「放射」、方向を「右上隅から」に変更します。
【操作 3】スライド 1 の背景をテクスチャ「ひな形」に変更します。

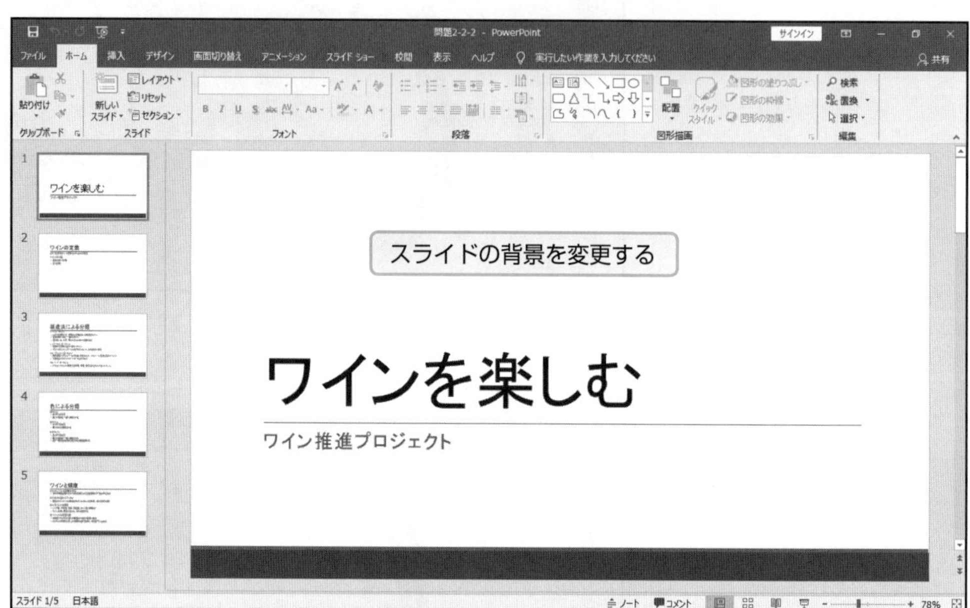

機能の解説

重要用語

- □ スライドの背景
- □ 背景のスタイル
- □ すべてのスライドに適用
- □ 選択したスライドに適用
- □［背景の書式設定］作業ウィンドウ

スライドの背景にさまざまな書式を設定することができます。各テーマには 12 種類の背景のスタイルが用意されており、同じテーマでも背景のスタイルを変更してプレゼンテーションのイメージを変化させることができます。
背景のスタイルは、［デザイン］タブの［バリエーション］の［その他］ボタンをクリックして表示される［背景のスタイル］で設定します。背景のスタイルはすべてのスライドに適用されます。選択したスライドのみに適用したい場合は、設定するスタイルを右クリックして［選択したスライドに適用］をクリックします。
また、［背景の書式設定］作業ウィンドウを使用して、背景の塗りつぶし、グラデーション、テクスチャ、図、パターンを詳細に設定することができます。［背景の書式設定］作業ウィンドウの設定は選択しているスライドのみに適用されます。すべてのスライドに適用したい場合は［すべてに適用］をクリックします。

ヒント

背景のリセット

[背景の書式設定] 作業ウィンドウで行った設定を適用しないで閉じる場合や、設定されている背景を削除したい場合は、[背景のリセット] をクリックすると設定内容がリセットされます。また、[デザイン] タブの [バリエーション] の [背景のスタイル] をクリックして [スライドの背景のリセット] をクリックしても設定されている背景を削除できます。

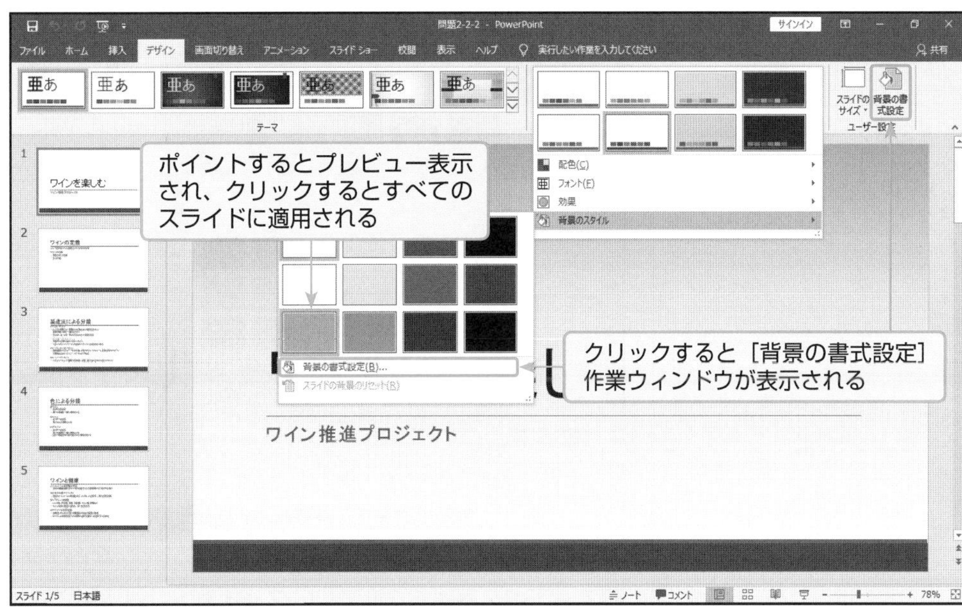

[背景の書式設定] 作業ウィンドウ

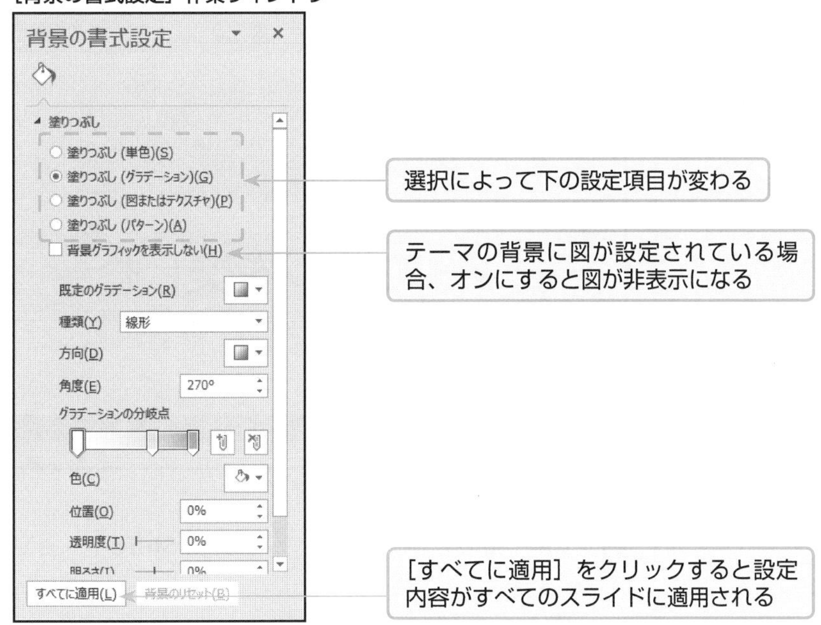

操作手順

【操作 1】

❶ [デザイン] タブの [バリエーション] の [その他] ボタンをクリックします。

第2章 スライドの管理

ポイント

スライドマスターで背景を変更

スライドマスターで背景を変更するには、[スライドマスター] タブの ［背景のスタイル▾］ [背景のスタイル] ボタンを使用します。

❷[背景のスタイル] をポイントし、「スタイル 9」をクリックします。

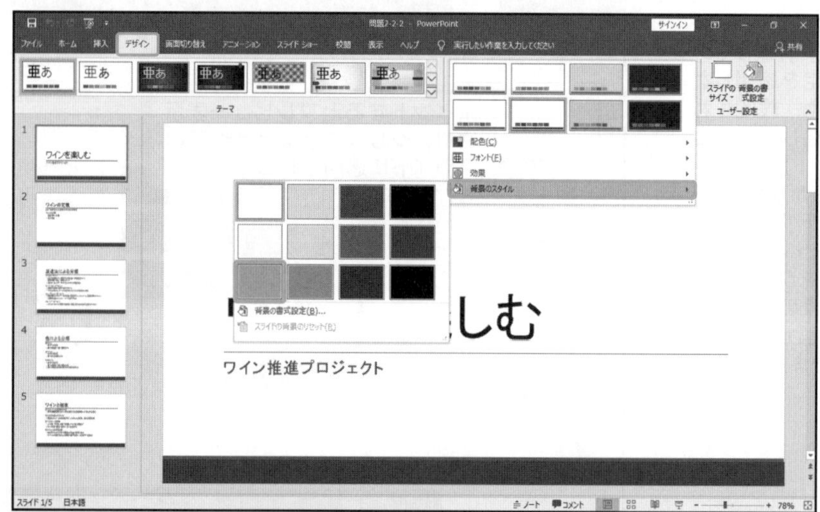

❸すべてのスライドの背景に「スタイル 9」が適用されます。

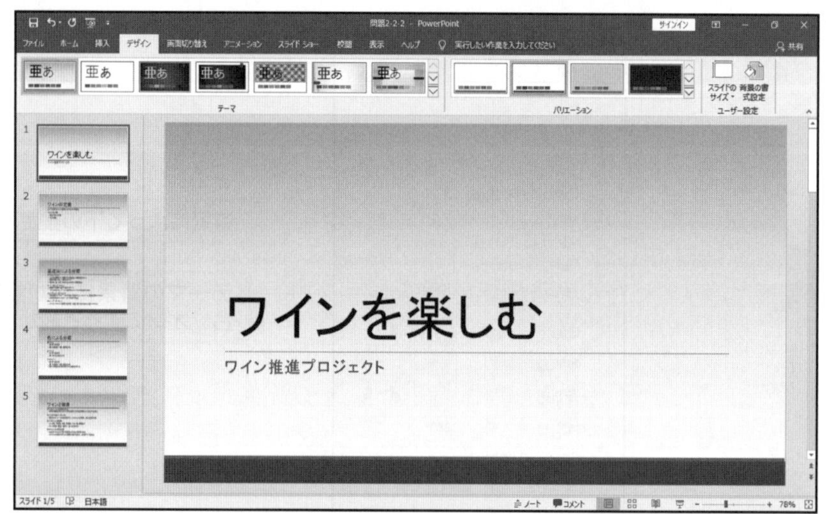

ポイント

複数スライドの選択

連続するスライドを選択するには、対象範囲の先頭のスライドをクリックし、**Shift** キーを押しながら最後のスライドをクリックします。離れているスライドを選択するには、1 枚目のスライドをクリックし、**Ctrl** キーを押しながら 2 枚目以降のスライドをクリックしていきます。

その他の操作方法

[背景の書式設定] 作業ウィンドウの表示

[デザイン] タブの [バリエーション] の [背景のスタイル] をクリックするか、スライドやサムネイルを右クリックして [背景の書式設定] をクリックします。

【操作 2】

❹サムネイルのスライド 2 をクリックし、**Shift** キーを押しながらスライド 5 をクリックします。

❺[デザイン] タブの ［背景の書式設定］ [背景の書式設定] ボタンをクリックします。

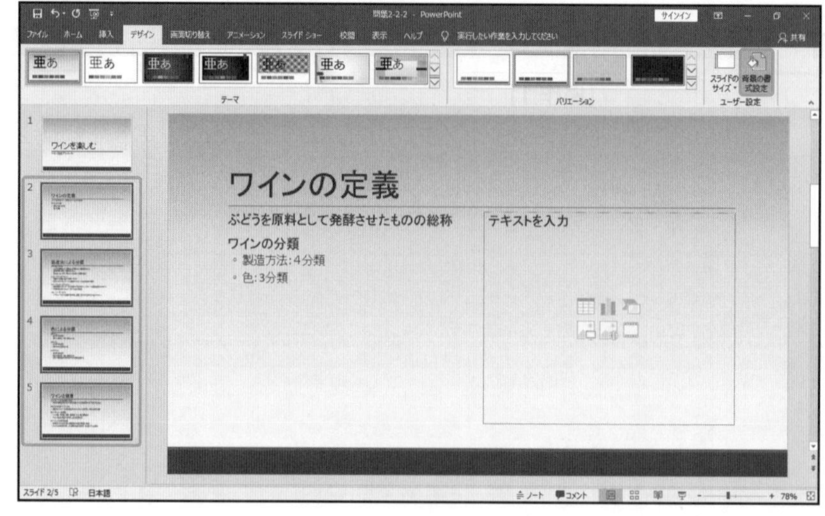

❻［背景の書式設定］作業ウィンドウが表示されます。

❼［塗りつぶし］の［塗りつぶし（グラデーション）］が選択されていることを確認します。

❽［既定のグラデーション］の［▢▾］をクリックし、［薄いグラデーション - アクセント 4］をクリックします。

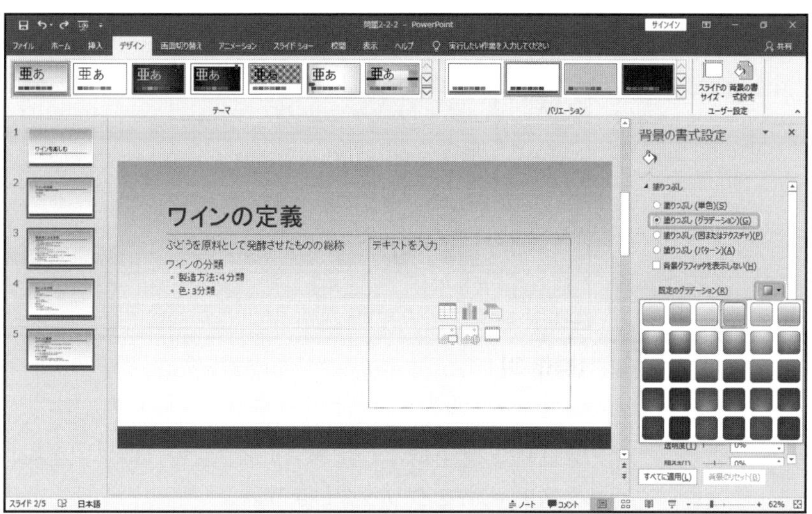

❾［種類］ボックスをクリックし、［放射］をクリックします。

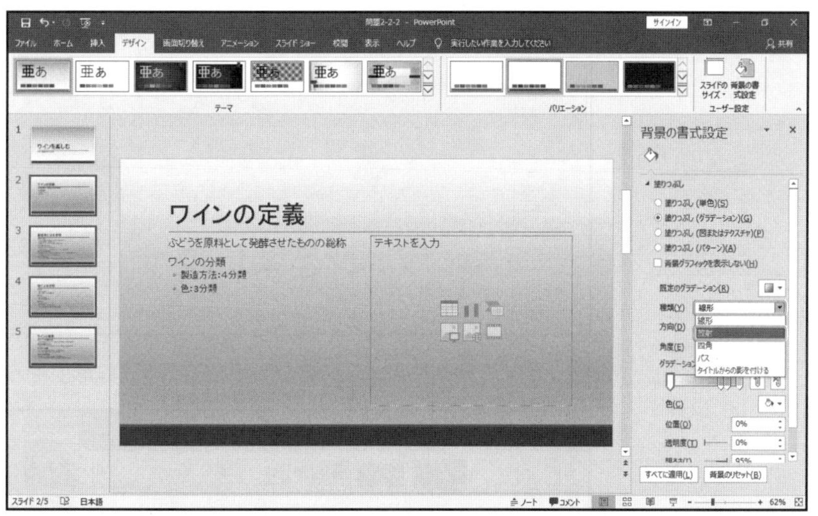

❿［方向］の［▢▾］をクリックし、［右上隅から］をクリックします。

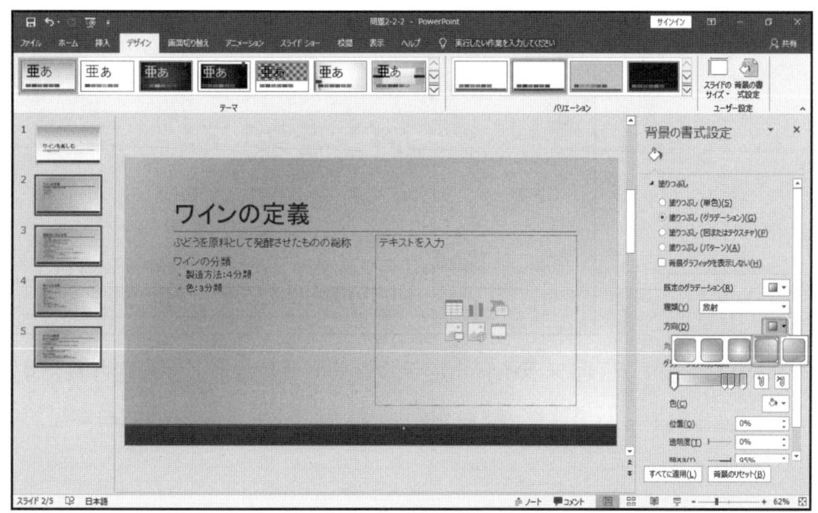

⑪スライド2からスライド5のグラデーションが変更されます。

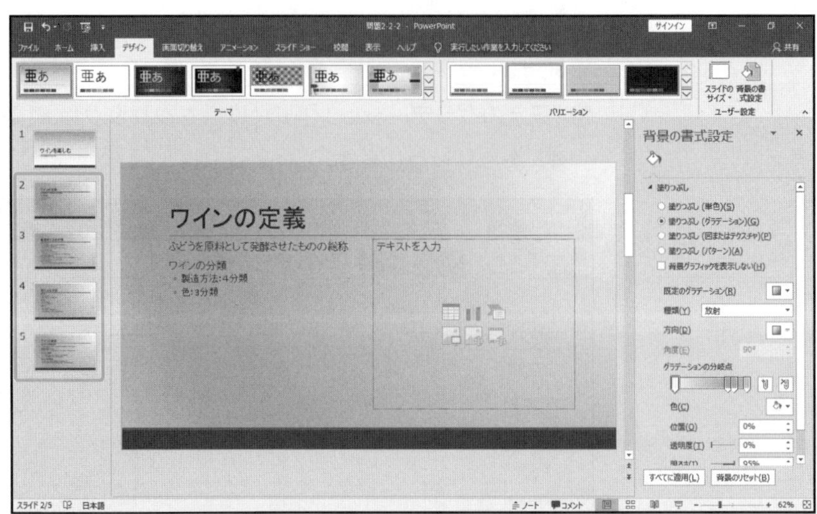

【操作3】

⑫サムネイルのスライド1をクリックします。

⑬［背景の書式設定］作業ウィンドウの［塗りつぶし］の［塗りつぶし（図またはテクスチャ）］をクリックします。

⑭［テクスチャ］の ［▼］ をクリックし、「ひな形」をクリックします。

⑮スライド1にテクスチャ「ひな形」が設定されます。

ヒント

背景に画像を適用

［背景の書式設定］作業ウィンドウの［塗りつぶし］の［塗りつぶし（図またはテクスチャ）］の［図の挿入元］の［ファイル］をクリックすると［図の挿入］ダイアログボックスが表示され、画像を選択してスライドの背景に表示することができます。

⑯［背景の書式設定］作業ウィンドウの ☒ をクリックします。

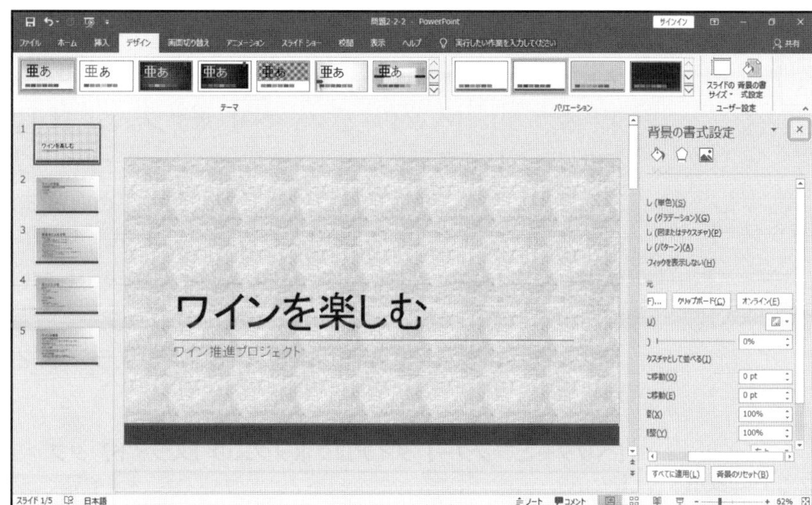

2-2-3 スライドのヘッダー、フッター、ページ番号を挿入する

練習問題

問題フォルダー
└問題 2-2-3.pptx

解答フォルダー
└解答 2-2-3.pptx

タイトルスライド以外のフッターに「ワイン通信」の文字列とスライド番号を挿入します。

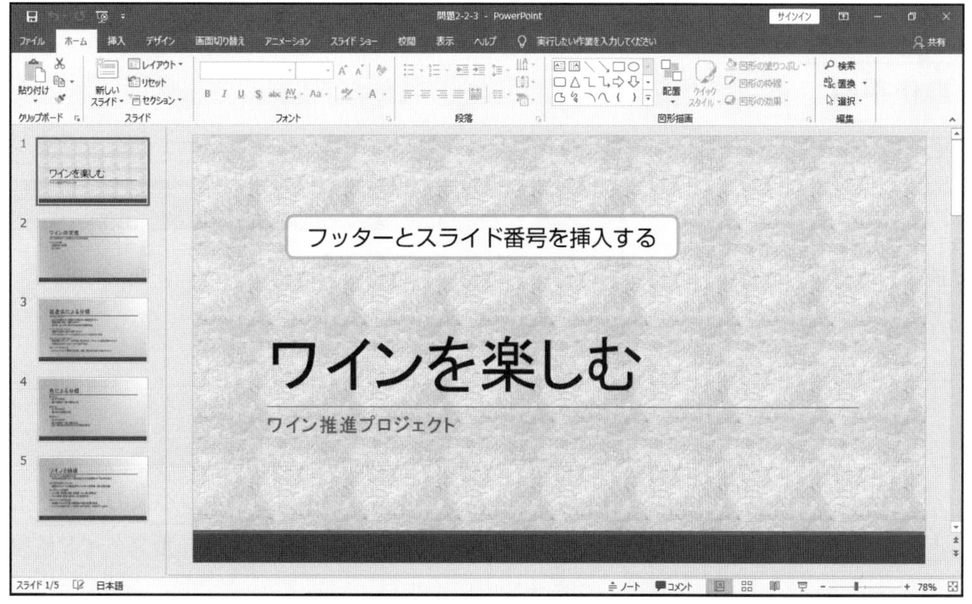

機能の解説

重要用語

- □ フッター
- □ スライド番号
- □ [ヘッダーとフッター] ボタン
- □ [スライド番号の挿入] ボタン
- □ [ヘッダーとフッター] ダイアログボックス
- □ タイトルスライドに表示しない

ヒント

スライド上の表示位置

スライド番号、フッター、日付の表示位置はテーマによって異なるため、テーマを変更すると表示位置が変わることがあります。

スライドにフッターやスライド番号などを挿入することができます。フッターとは、スライドに共通して表示される情報のことです。スライド番号やフッターを挿入するには、[挿入] タブの [ヘッダーとフッター] ボタン、または [スライド番号の挿入] ボタンをクリックして表示される [ヘッダーとフッター] ダイアログボックスの [スライド] タブを使用します。特定のスライドにのみ表示する場合は [適用]、すべてのスライドに表示する場合は、[すべてに適用] をクリックします。[タイトルスライドに表示しない] チェックボックスをオンにするとタイトルスライドに表示しないように設定できます。

なお、すべてのスライドのスライド番号やフッターの配置や書式を変更するときはスライドマスターを表示して操作します（「1-1-2　スライドマスターのコンテンツを変更する」を参照）。

[ヘッダーとフッター] ダイアログボックスの [スライド] タブ

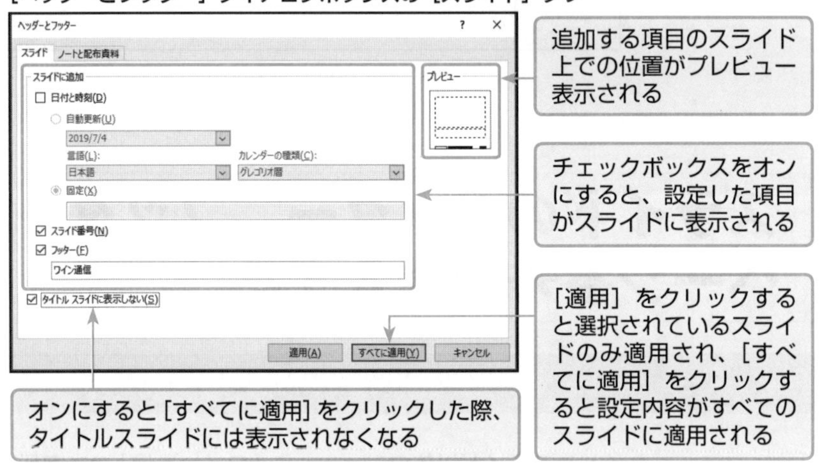

操作手順

その他の操作方法

[ヘッダーとフッター] ダイアログボックスの表示

[挿入] タブの [スライド番号の挿入] ボタン、または [日付と時刻] ボタンをクリックします。

❶ [挿入] タブの [ヘッダーとフッター] ボタンをクリックします。

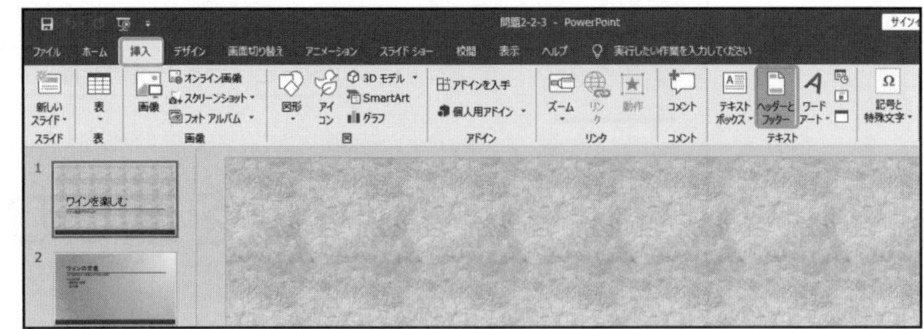

❷ [ヘッダーとフッター] ダイアログボックスの [スライド] タブが表示されます。

❸ [スライド番号]、[フッター]、[タイトルスライドに表示しない] のチェックボックスをオンにします。

❹ [フッター] ボックスに「ワイン通信」と入力します。

ポイント

日付と時刻

日付と時刻を挿入する場合、自動で更新するには［自動更新］を選択し、下のボックスで表示形式を指定します。言語やカレンダーの種類も指定できます。常に同じ日付を表示する場合は［固定］を選択して表示する日付を入力します。

ヒント

［ノートと配布資料］タブ

［ノートと配布資料］タブではノートと配布資料のヘッダーやフッターの設定を行うことができます。

ヒント

スライド2の番号を「1」から開始

スライド2の番号を「1」から開始するには、［デザイン］タブの［スライドのサイズ］ボタンをクリックし、［ユーザー設定のスライドのサイズ］をクリックして表示される［スライドのサイズ］ダイアログボックスで［スライド開始番号］を「0」に変更します。

❺［すべてに適用］をクリックします。

❻タイトルスライド以外のスライドにスライド番号とフッターが表示されます。

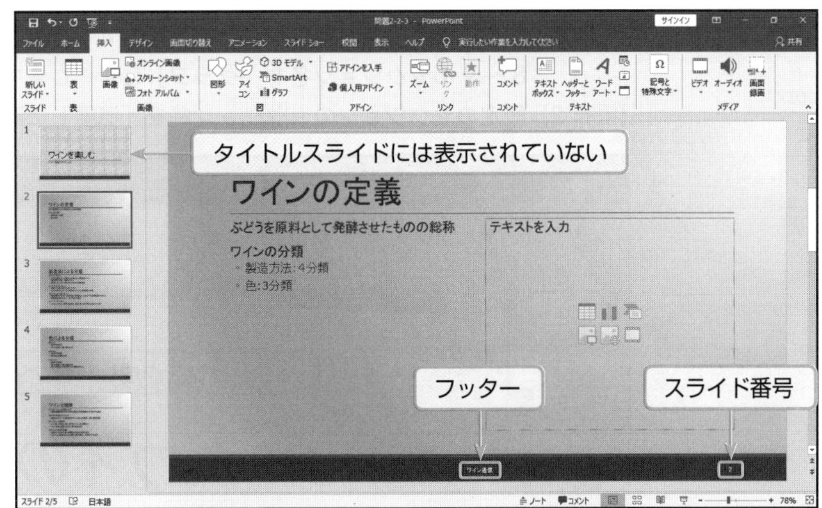

2-3 スライドを並べ替える、グループ化する

プレゼンテーションの作成後にスライドの順番を入れ替えることや、枚数が多いプレゼンテーションのスライドをセクションに分けてグループ化し、まとめて編集することができます。

2-3-1 セクションを作成する、セクション名を変更する

練習問題

問題フォルダー
└問題 2-3-1.pptx
解答フォルダー
└解答 2-3-1.pptx

【操作 1】スライド 1 ～ 3、スライド 4 ～ 7、スライド 8 ～ 9 が同じセクションになるように、セクションを作成し、スライド 4 ～ 7 のセクション名を「島」、スライド 8 ～ 9 のセクション名を「グラフ」に変更します。
【操作 2】既定のセクションのセクション名を「概要」に変更します。

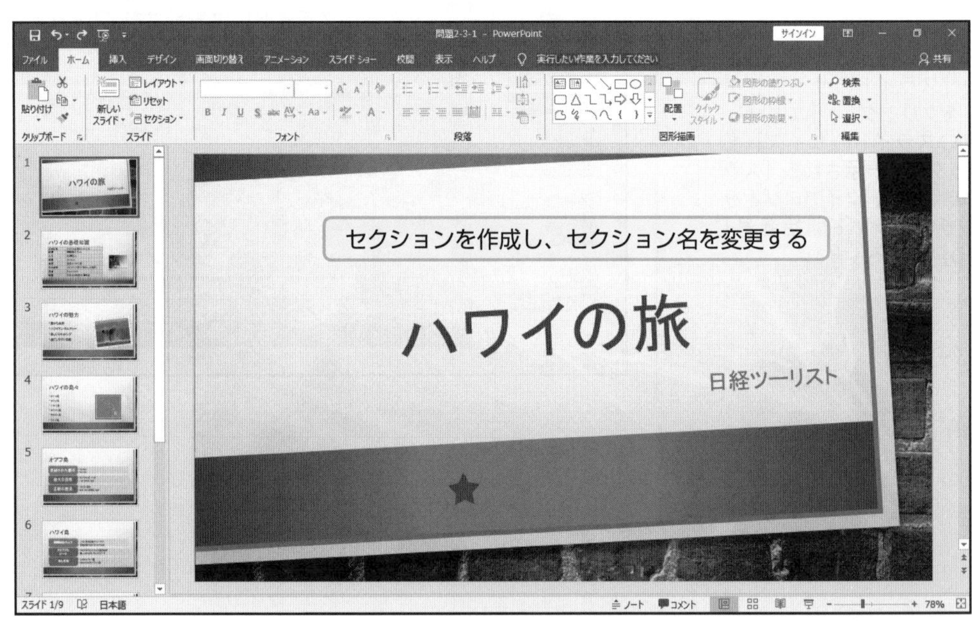

機能の解説

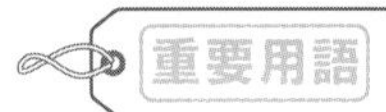

- □ セクション
- □ セクションの挿入
- □ [セクション] ボタン
- □ セクション名の変更

セクションとは、複数の連続したスライドをまとめる単位のことです。スライドの枚数が多いプレゼンテーションをセクションに分けて管理すると、セクション単位の移動やテーマの変更など、作業を効率的に行うことができます。セクションを挿入するには、標準表示のサムネイル表示領域またはスライド一覧表示でセクションを区切りたいスライド間（または下側のスライド）をクリックし、[ホーム] タブの [セクション] ボタンをクリックして [セクションの追加] をクリックします。[セクション名の変更] ダイアログボックスが表示されるので、セクション名を入力します。挿入済みのセクション名を変更するには、変更するセクションバーをクリックして、[ホーム] タブの [セクション] ボタンをクリックして [セクション名の変更] をクリックします。セクションは、プレゼンテーションのトピックのアウトラインとして使用することもできます。

上２つのセクションを折りたたみ、３つ目の「グラフ」セクションを選択した状態

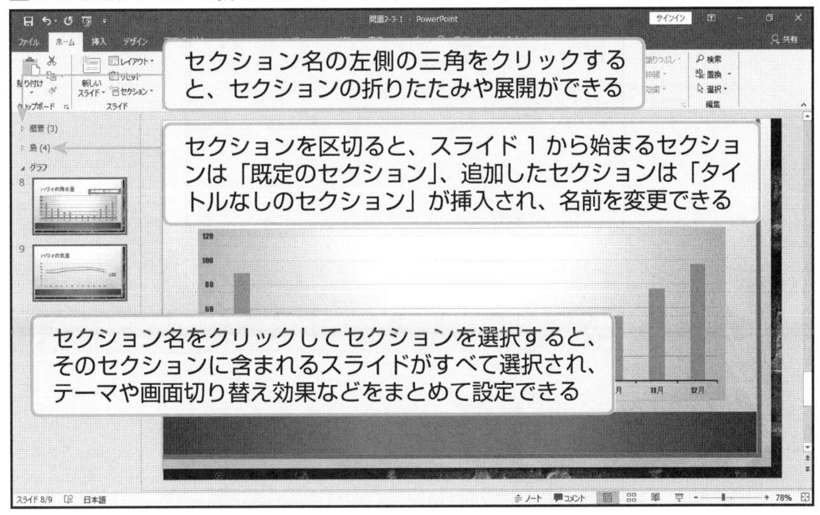

操作手順

その他の操作方法

セクションの追加

セクションを区切るスライド間またはスライドを右クリックし、[セクションの追加] をクリックします。

【操作 1】

❶ サムネイルのスライド３と４の間（またはスライド４）をクリックします。

❷ [ホーム] タブの [セクション] ボタンをクリックし、[セクションの追加] をクリックします。

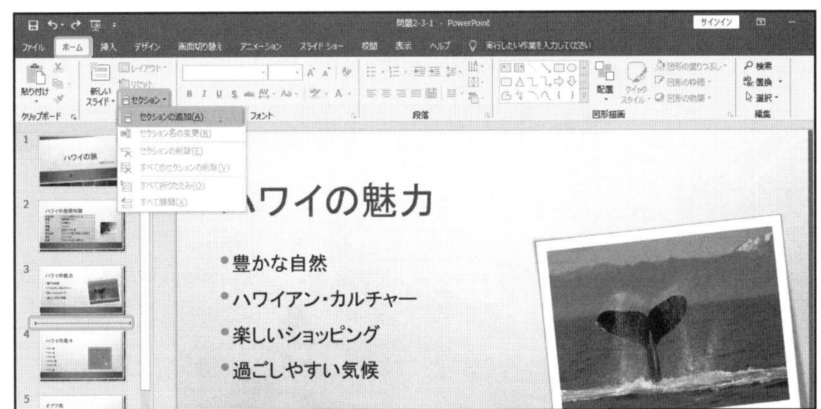

❸ [既定のセクション] と [タイトルなしのセクション] が追加され、[セクション名の変更] ダイアログボックスが表示されます。

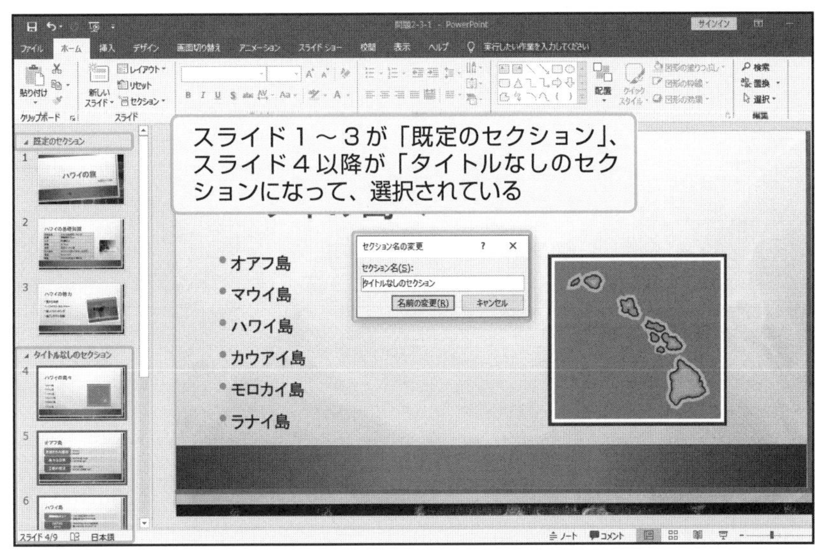

❹［セクション名］ボックスに「島」と入力し、［名前の変更］ボタンをクリックします。

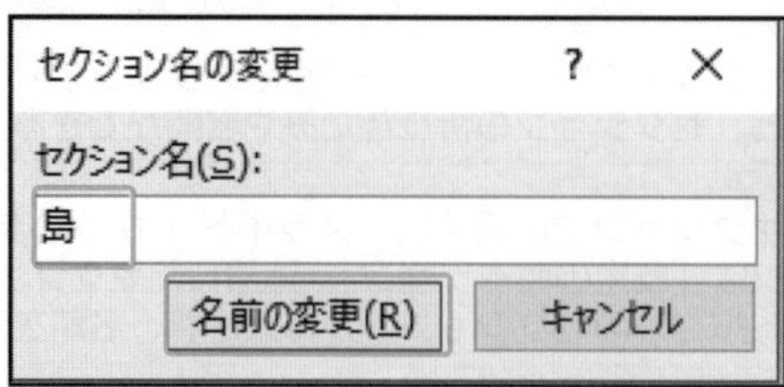

❺セクション名が変更されます。

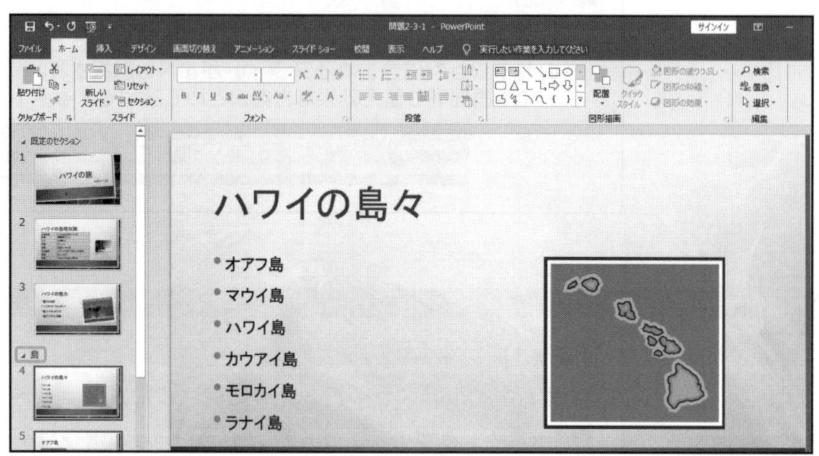

❻スライド７と８の間（またはスライド８）をクリックします。

❼［ホーム］タブの［セクション］ボタンをクリックし、［セクションの追加］をクリックします。

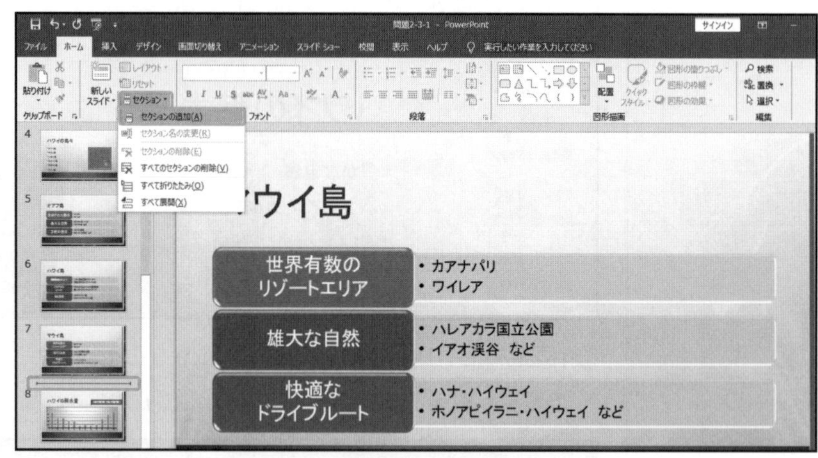

❽［タイトルなしのセクション］が追加され、［セクション名の変更］ダイアログボックスが表示されます。

❾［セクション名］ボックスに「グラフ」と入力し、［名前の変更］ボタンをクリックします。

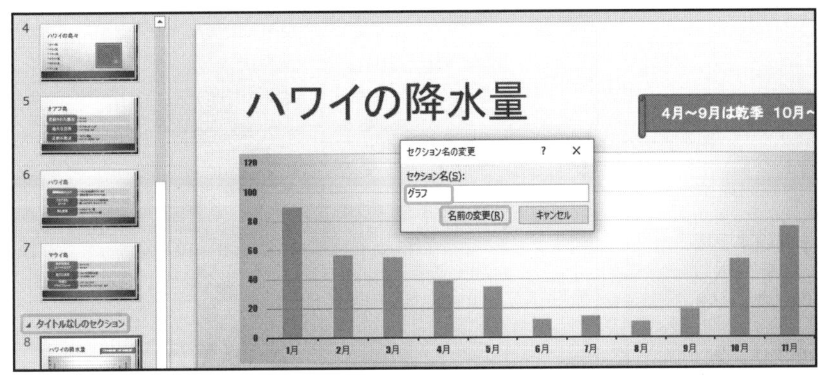

❿セクション名が変更されます。

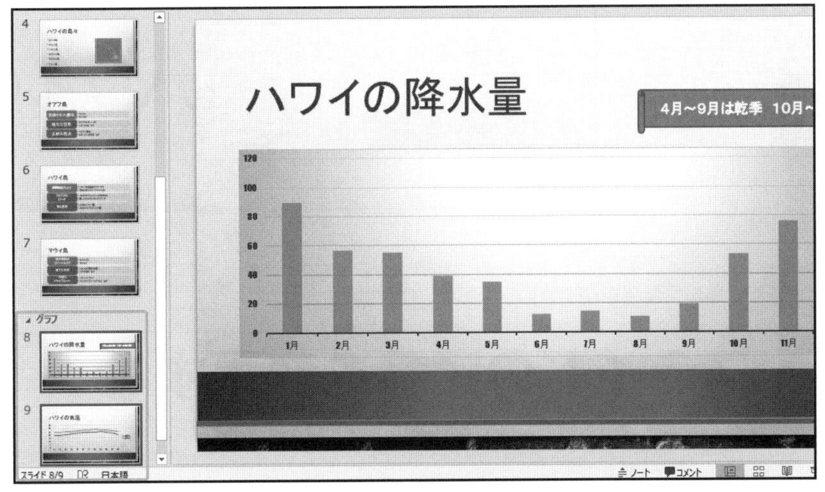

【操作 2】

⓫［既定のセクション］をクリックします。

⓬［ホーム］タブの セクション ［セクション］ボタンをクリックし、［セクション名の変更］をクリックします。

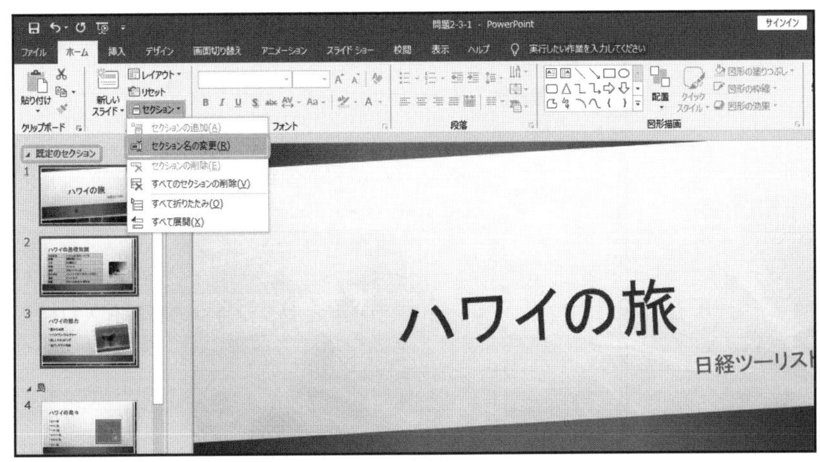

⓭［セクション名の変更］ダイアログボックスが表示されます。

ヒント

［セクション］ボタン

［ホーム］タブの［セクション］ボタンでは、セクション名の変更のほか、セクションの追加や削除、すべてのセクションをまとめて削除、折りたたみ、展開することができます。

その他の操作方法

セクション名の変更

名前を変更するセクション名を右クリックし、［セクション名の変更］をクリックします。

⑭［セクション名］ボックスに「概要」と入力し、［名前の変更］ボタンをクリックします。

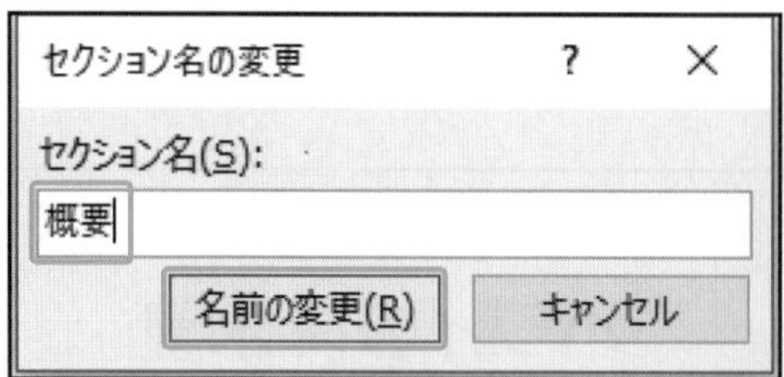

⑮セクション名が変更されます。

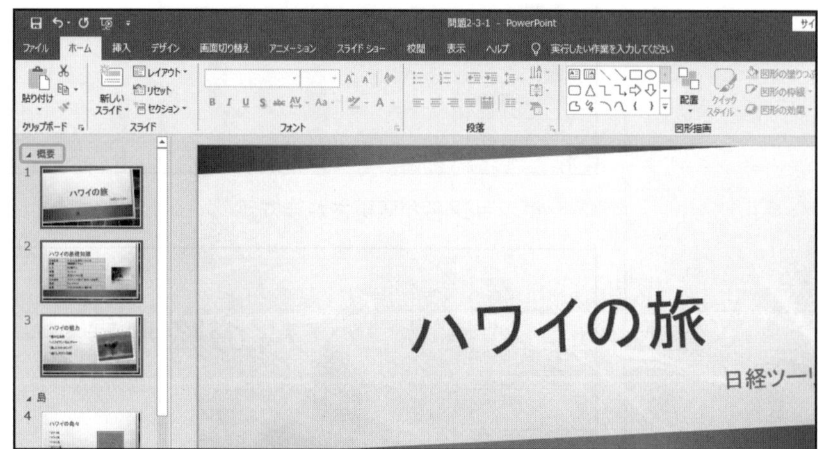

ヒント

セクションの削除

1つのセクションを削除する場合は、セクション名を選択して［ホーム］タブの［セクション］ボタンをクリックし、［セクションの削除］をクリックします。セクション名を選択して**Delete**キーを押して削除することもできます。すべてのセクションを削除するには、［ホーム］タブの［セクション］ボタンをクリックして［すべてのセクションの削除］をクリックします。

2-3-2 スライドの順番を変更する

練習問題

問題フォルダー
└問題 2-3-2.pptx

解答フォルダー
└解答 2-3-2.pptx

【操作 1】スライド 6 とスライド 7 の順番を入れ替えます。

【操作 2】セクション「島」とセクション「グラフ」の順番を入れ替えます。

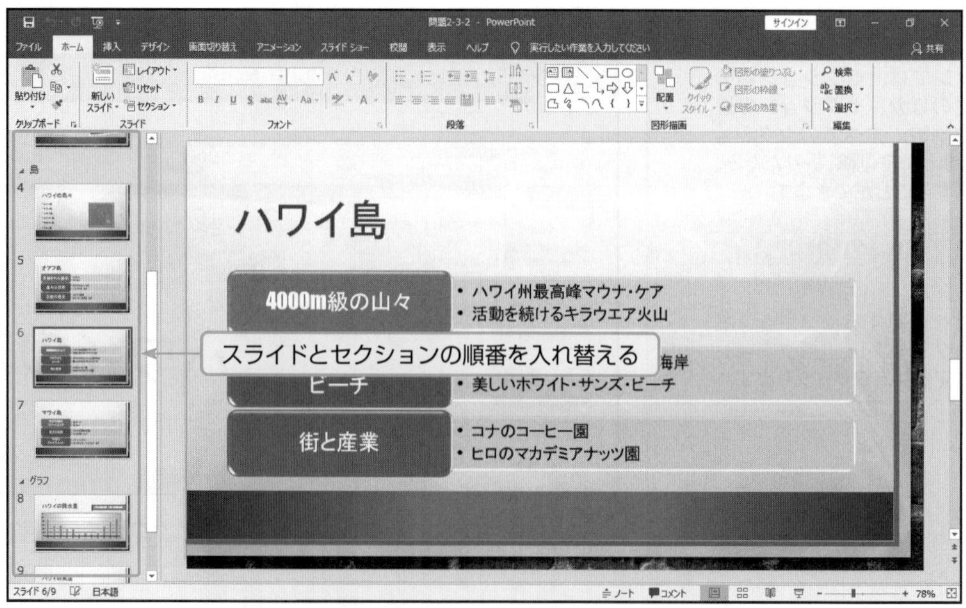

機能の解説

重要用語

- スライドの移動
- セクションの移動

スライドを移動してスライドの順番を入れ替えるときには、サムネイル表示領域でスライドをドラッグして移動します。**Ctrl** キーを押しながらドラッグするとスライドがコピーされます。セクションを移動するには、セクション名を右クリックして［セクションを上へ移動］または［セクションを下へ移動］をクリックします。セクションを移動すると、そのセクションに含まれるスライドをまとめて移動することができます。枚数が多い場合やプレゼンテーション全体を確認しながら移動するときは、スライド一覧表示で移動すると便利です。

操作手順

ヒント

スライドの切り取り / 貼り付けによる移動

離れた位置にスライドを移動する場合は、切り取り / 貼り付けを使用すると便利です。移動するスライドをクリックし、［ホーム］タブの ［切り取り］ボタンをクリックします。次に、貼り付ける位置をクリックして［ホーム］タブの［貼り付け］ボタンをクリックします。

［貼り付け］ボタン

【操作 1】

❶ サムネイルのスライド 6 をスライド 7 の下にドラッグします。

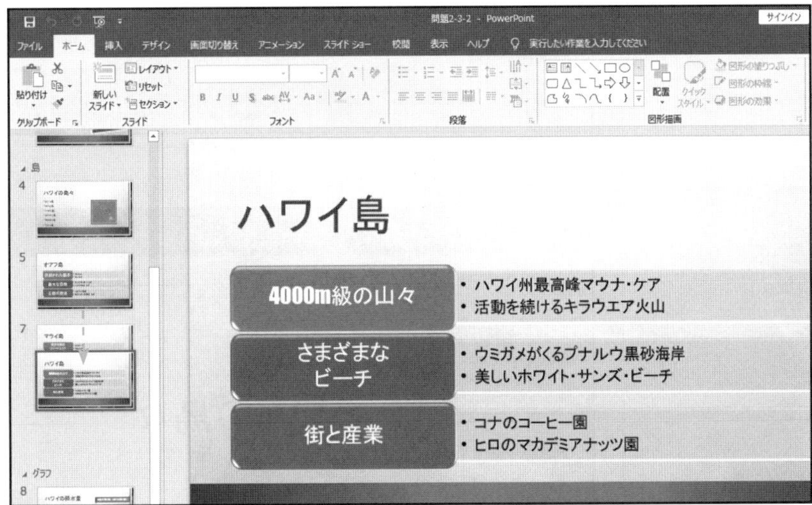

❷ スライド 6 とスライド 7 の順番が入れ替わります。

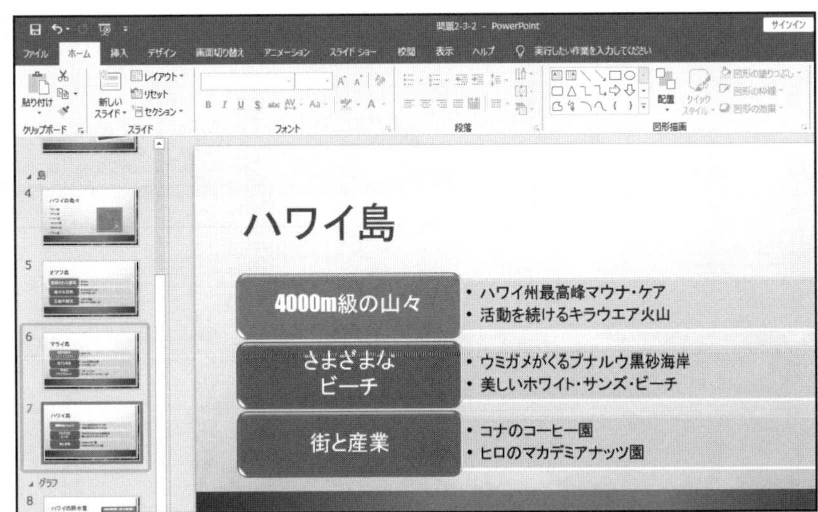

【操作 2】

❸ セクション名「島」を右クリックします。

❹［セクションを下へ移動］をクリックします。

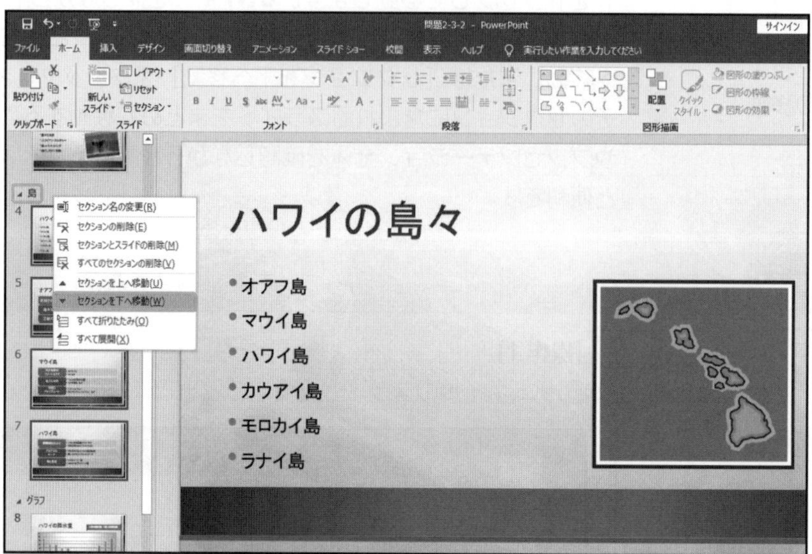

❺ セクションの順番が入れ替わります。

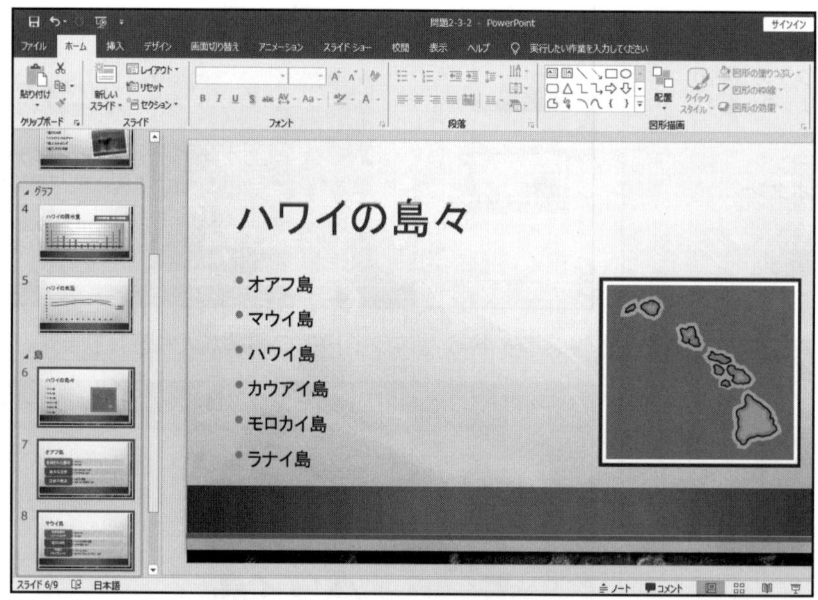

その他の操作方法

セクションの移動

セクション名を移動する位置にドラッグします。ドラッグ中はすべてのセクションが折りたたまれます。

Chapter

テキスト、図形、画像の挿入と書式設定

本章で学習する項目

□ テキストを書式設定する

□ リンクを挿入する

□ 図を挿入する、書式設定する

□ グラフィック要素を挿入する、書式設定する

□ スライド上の図形を並べ替える、グループ化する

3-1 テキストを書式設定する

スライドのプレースホルダーに設定されているテキストの書式を変更し、重要な箇所を強調して的確に内容を伝えることができます。また、箇条書きの行頭文字を変更したり段組みを設定したりして、読みやすくすることができます。

3-1-1 テキストに組み込みスタイルを適用する

練習問題

問題フォルダー
└問題 3-1-1.pptx

解答フォルダー
└解答 3-1-1.pptx

【操作 1】スライド 1 の「日経フラワー」のフォントサイズを「24pt」、文字の間隔を「広く」します。

【操作 2】スライド 4 の「お見舞いに行くとき」と「相手への思いやり」に「下線」と「文字の影」のスタイルを適用します。

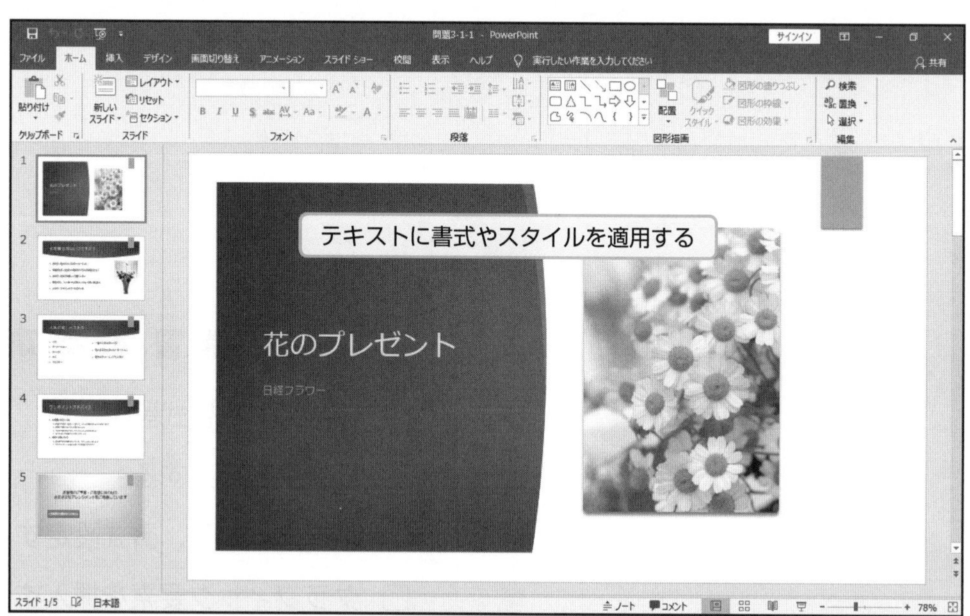

機能の解説

重要用語

- 文字書式
- スタイル
- ミニツールバー
- [フォント] ダイアログボックス

プレースホルダーに入力したテキストにプレゼンテーションの内容に合わせて下線、サイズ、色などの文字書式を設定して重要な部分を強調したり、主旨を的確に伝えたりすることができます。[ホーム] タブの [フォント] グループには、太字、斜体、文字の影などのスタイルを設定するためのボタンや、フォントサイズなどを変更するボックスが用意されています。プレースホルダー内の文字列全体に書式を設定するときは、プレースホルダーを選択します。プレースホルダー内でクリックして表示される「点線」の枠線上をポイントしてマウスポインターが ✥ の形状でクリックすると、枠線が「実線」に変わってプレースホルダー全体が選択されます。

また、テキストを範囲選択すると近くに半透明で表示されるミニツールバーを使用すると、マウスをリボンまで動かさずに効率的に書式を設定できます。

[ホーム] タブの [フォント] グループ

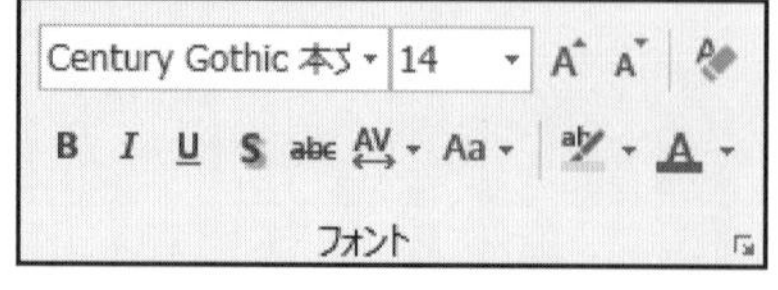

ミニツールバー

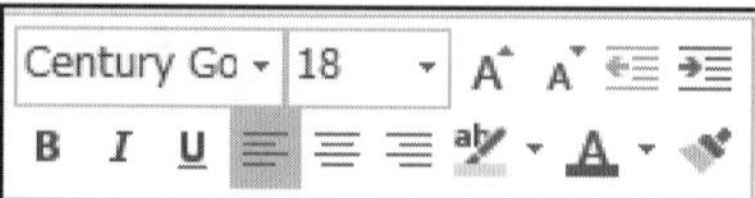

複数の文字書式をまとめて設定したりボタンにない書式を設定したりするには、[ホーム] タブの [フォント] グループ右下の [フォント] ボタンをクリックして表示される [フォント] ダイアログボックスを使用します。

操作手順

その他の操作方法

数値で指定

[フォントサイズ] ボックスに直接数値を入力することもできます。

ヒント

プレースホルダーの選択

プレースホルダー内でクリックして表示される「点線」の枠線上をポイントしてマウスポインターが の形状でクリックすると、枠線が「実線」に変わってプレースホルダー全体が選択されます。

ヒント

フォントサイズの拡大 / 縮小

[ホーム] タブの [フォントサイズの拡大] ボタンまたは [フォントサイズの縮小] ボタンをクリックすると、フォントサイズを1段階 ([フォントサイズ] ボックスの数値) ずつ変更することができます。フォントサイズの単位はポイント (pt) で、1ポイントは約0.35mmです。

【操作 1】

❶スライド1の「日経フラワー」と入力されているプレースホルダーを選択します。

❷[ホーム] タブの 14 [フォントサイズ] ボックスの▼をクリックし、「24」をクリックします。

❸フォントサイズが「24pt」に変更されます。

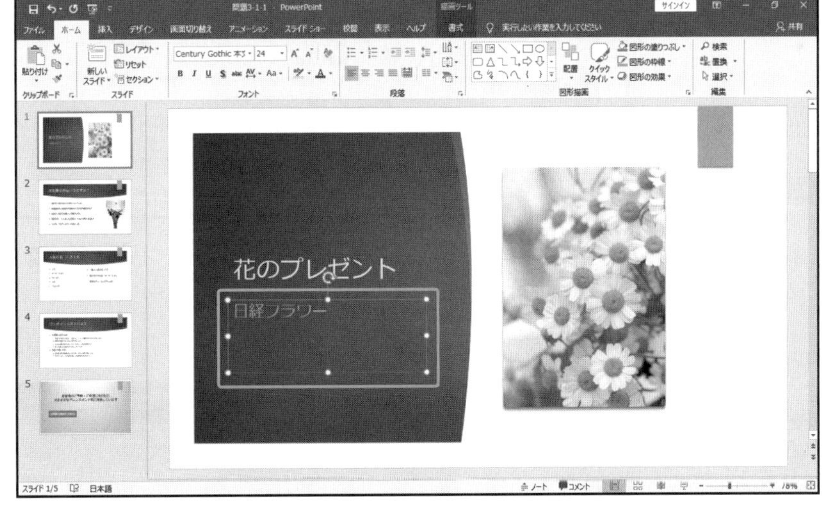

第3章 テキスト、図形、画像の挿入と書式設定

④［ホーム］タブの AV▾［文字の間隔］ボタンをクリックし、「広く」をクリックします。

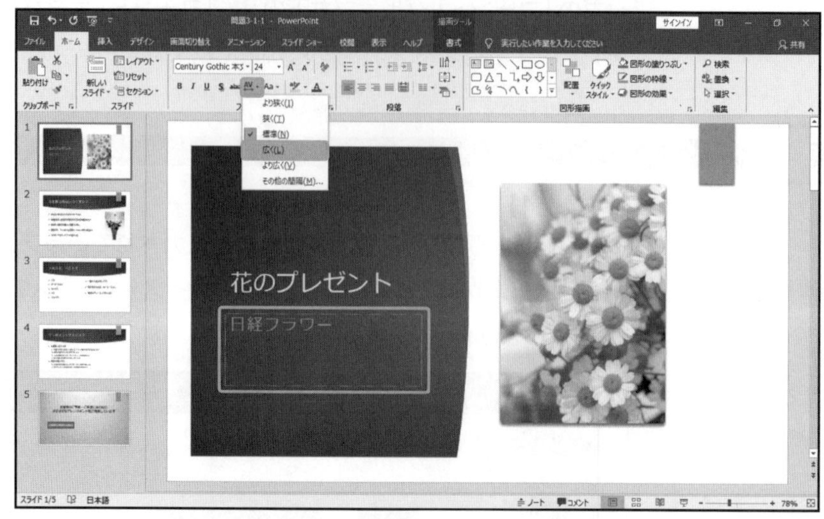

⑤文字の間隔が広くなります。

【操作 2】

⑥スライド 4 の「お見舞いに行くとき」を範囲選択し、**Ctrl** キーを押しながら「相手への思いやり」を範囲選択します。

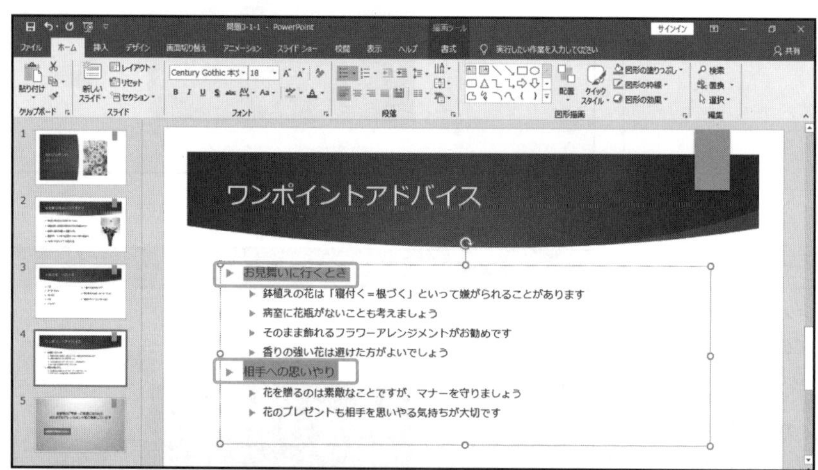

⑦［ホーム］タブの U［下線］ボタンをクリックします。

⑧ S［文字の影］ボタンをクリックします。

⑨書式が設定されます。

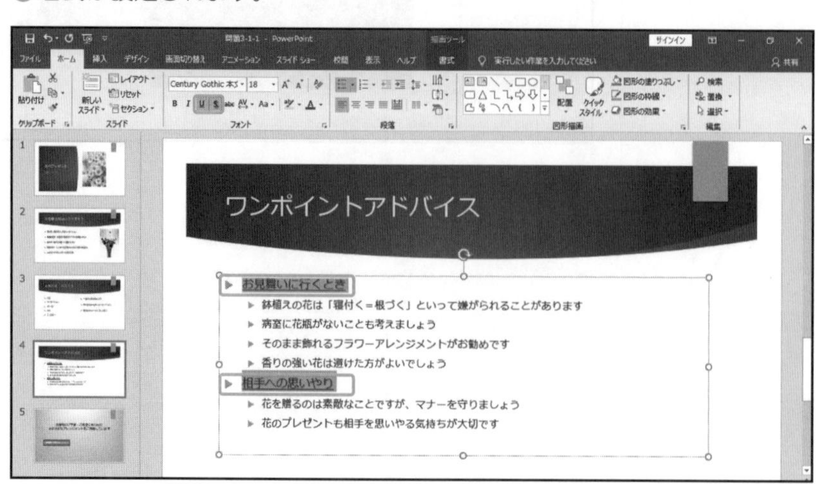

ポイント

離れた文字列の範囲選択

離れた位置にある文字列を範囲選択するには、**Ctrl** キーを押しながら2つ目以降をドラッグします。

その他の操作方法

ミニツールバー

ミニツールバーのボタンを使用して設定することもできます。

ヒント

書式のコピー／貼り付け

文字列に設定された書式を別の文字列に貼り付けることができます。書式のコピー元範囲を選択して、［ホーム］タブの［書式のコピー／貼り付け］ボタンをクリックし、貼り付け先の文字列をドラッグします。複数の箇所に連続して書式を貼り付ける場合は、［書式のコピー／貼り付け］ボタンをダブルクリックします。解除するには［書式のコピー／貼り付け］ボタンを再度クリックするか **Esc** キーを押します。

3-1-2 箇条書きや段落番号を作成する

練習問題

問題フォルダー
└問題 3-1-2.pptx
PowerPoint 365&2019（実習用）フォルダー
└F_icon.gif
解答フォルダー
└解答 3-1-2.pptx

【操作 1】スライド 2 の行頭文字に「PowerPoint365&2019（実習用）」フォルダーに保存されている画像ファイル「F_icon」を適用し、サイズを 150%に変更します。
【操作 2】スライド 3 の左側のプレースホルダーの行頭文字を段落番号「1.2.3.…」に変更し、色を標準の色の「濃い赤」に設定します。

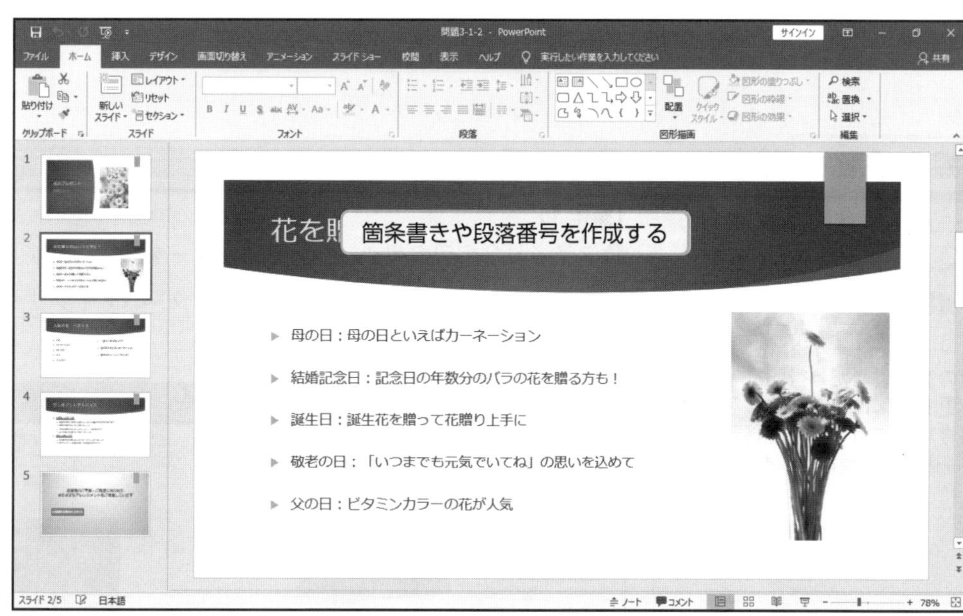

機能の解説

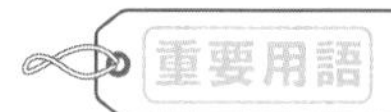

□ 段落
□ 行頭文字
□ 段落番号
□ ［箇条書き］ボタン
□ ［段落番号］ボタン
□ ［箇条書きと段落番号］ダイアログボックス

段落とは、**Enter** キーを押してから次に **Enter** キーを押すまでのひとまとまりの文字列のことです。プレースホルダー内の文字列は、段落単位で配置、行間、インデントなどの書式を変更してバランスの良いレイアウトにすることができます。［ホーム］タブの［段落］グループには、段落の書式を設定するためのボタンが用意されています。

［ホーム］タブの［段落］グループ

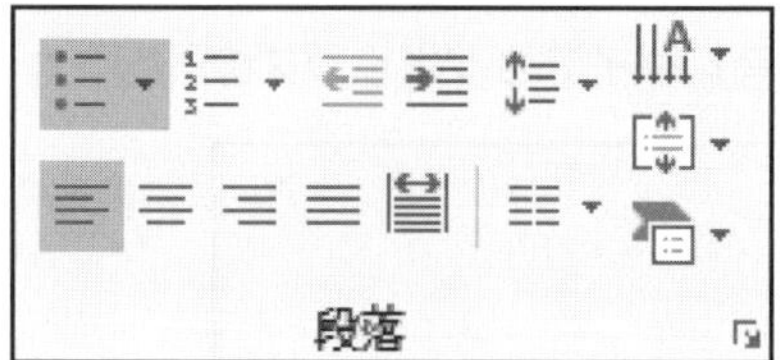

行頭文字とは、箇条書きの各行頭につく記号や文字のことです。テーマに合わせて設定されている行頭文字は、他の記号や画像、図、段落番号に変更することができます。行頭文字は、プレースホルダーまたは段落を選択し、［ホーム］タブの［箇条書き］ボタンで指定します。段落番号の設定や変更は、［ホーム］タブの［段落番号］ボタンを使用します。
［箇条書き］ボタンや［段落番号］ボタンの▼をクリックし、［箇条書きと段落番号］をクリックして表示される［箇条書きと段落番号］ダイアログボックスを使用すると、箇条書きや段落番号の色やサイズを編集することや、画像や記号を行頭文字に設定することができます。また、段落番号の開始番号も設定できます。

［箇条書きと段落番号］ダイアログボックス

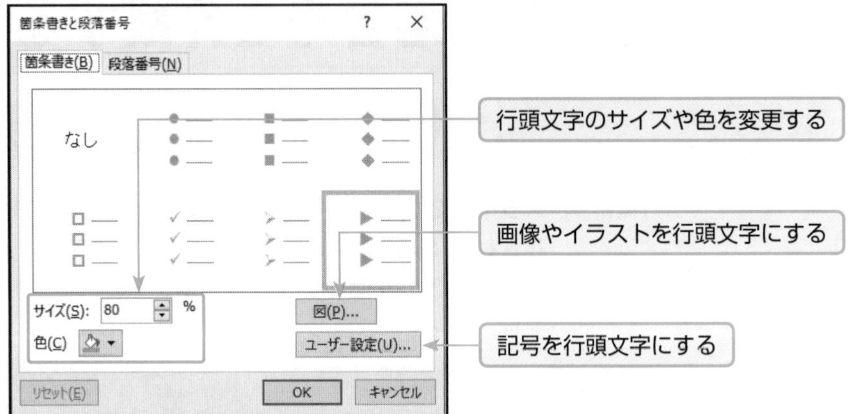

操作手順

ポイント

特定の項目のみ変更

特定の箇条書きだけ行頭文字を変更するには、変更する箇条書き項目にカーソルを移動または選択して操作します。

【操作 1】

❶スライド 2 の箇条書きプレースホルダーを選択します。

❷［ホーム］タブの ［箇条書き］ボタンの▼をクリックし、［箇条書きと段落番号］をクリックします。

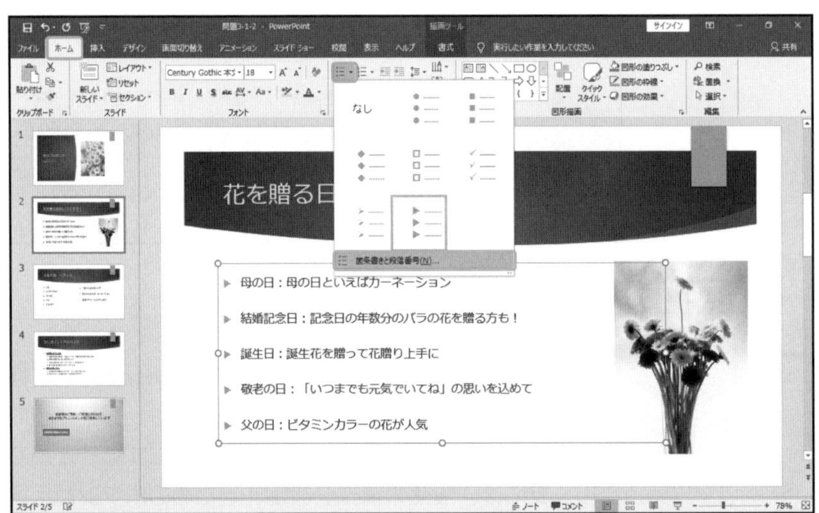

❸［箇条書きと段落番号］ダイアログボックスが表示されます。

❹［箇条書きと段落番号］ダイアログボックスの［図］をクリックします。

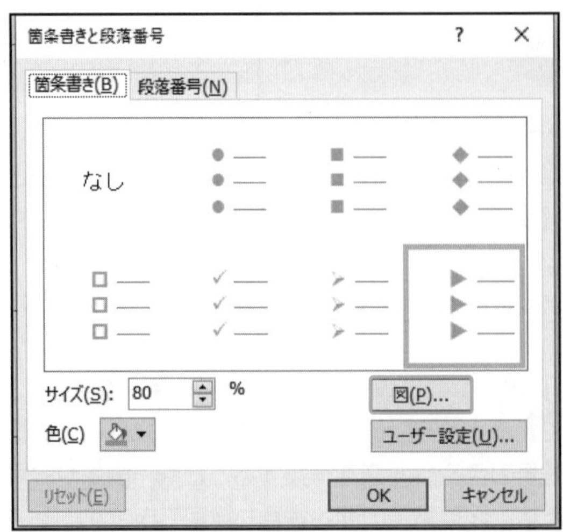

❺［図の挿入］ウィンドウの［ファイルから］をクリックします。

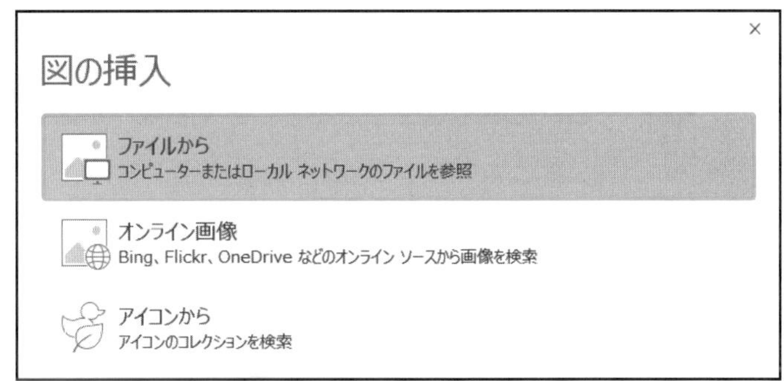

❻［図の挿入］ダイアログボックスで［ドキュメント］をクリックします。

❼一覧から［PowerPoint365&2019（実習用）］フォルダーをダブルクリックします。

❽一覧から「F_icon」をクリックして［挿入］をクリックします。

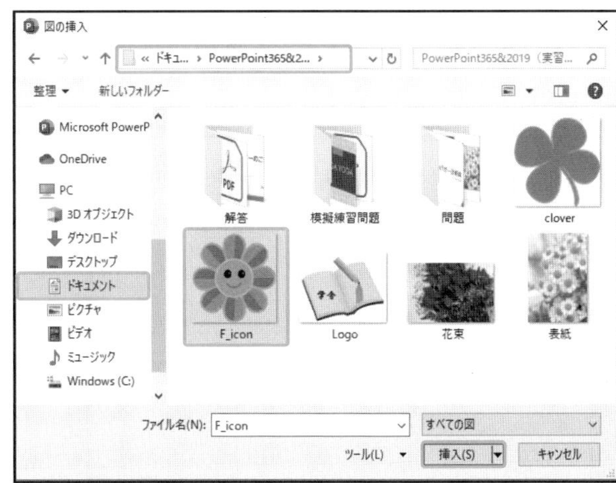

❾行頭文字に画像が適用されます。

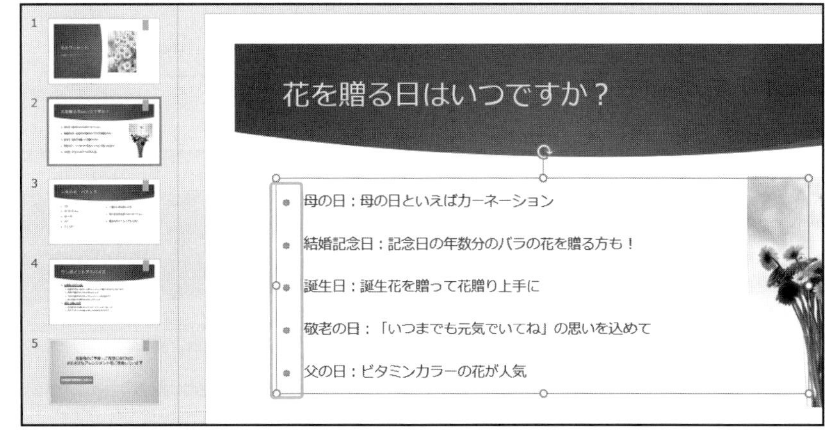

ポイント

行頭文字の削除

行頭文字を削除するには［ホーム］タブの［箇条書き］ボタンの▼をクリックして［なし］をクリックします。

ヒント

箇条書きのレベル

箇条書きの階層をレベルといいます。箇条書きのレベルを変更するには、［ホーム］タブの［インデントを増やす］ボタン、［インデントを減らす］ボタンを使用するか、行頭にカーソルがある状態で **Tab** キー、**Shift** + **Tab** キーを押します。

⑩［ホーム］タブの [箇条書き] ボタンの▼をクリックし、［箇条書きと段落番号］をクリックします。

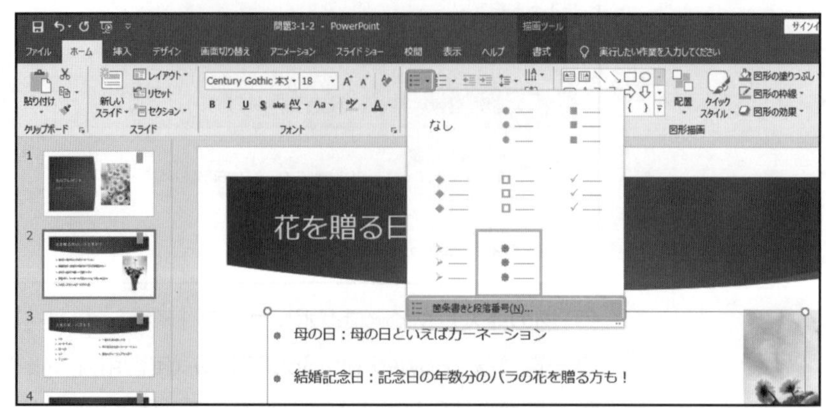

⑪［箇条書きと段落番号］ダイアログボックスの［箇条書き］タブで挿入した画像の行頭文字が選択されていることを確認し、［サイズ］ボックスに「150」と入力します。

⑫［OK］をクリックします。

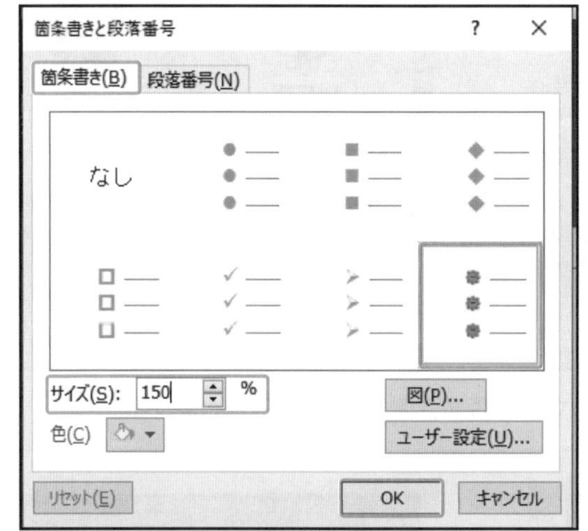

⑬行頭文字のサイズが変更されます。

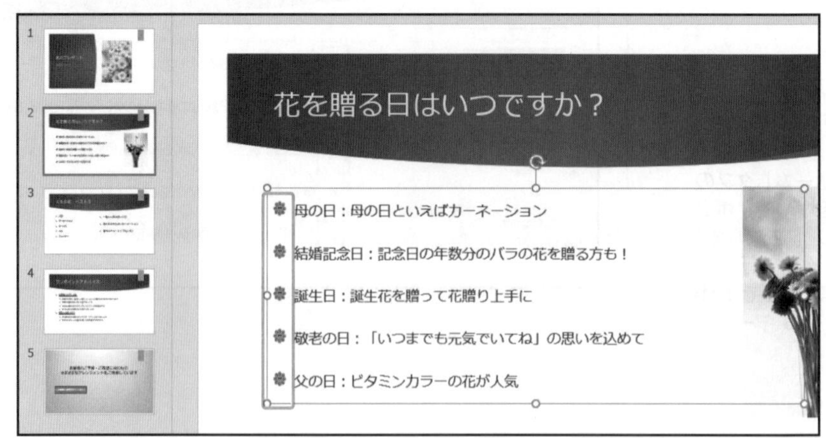

【操作 2】

⑭スライド３の左側の箇条書きプレースホルダーを選択します。

⑮［ホーム］タブの［段落番号］ボタンの▼をクリックし、［箇条書きと段落番号］をクリックします。

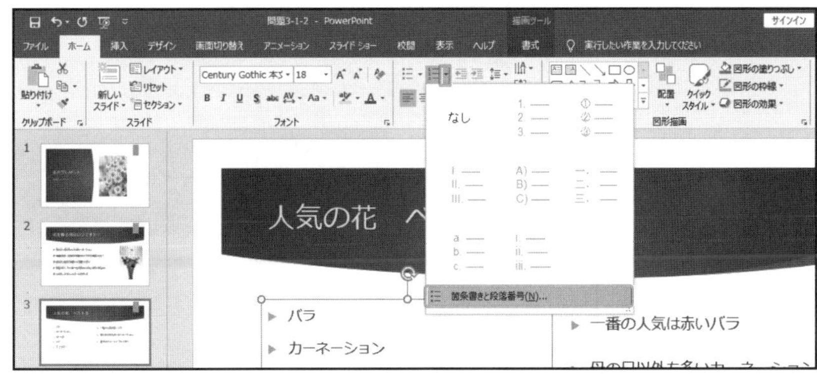

⑯［箇条書きと段落番号］ダイアログボックスの［段落番号］タブで［1.2.3.］をクリックします。

⑰［色］ボックスの▼をクリックして［標準の色］の［濃い赤］をクリックします。

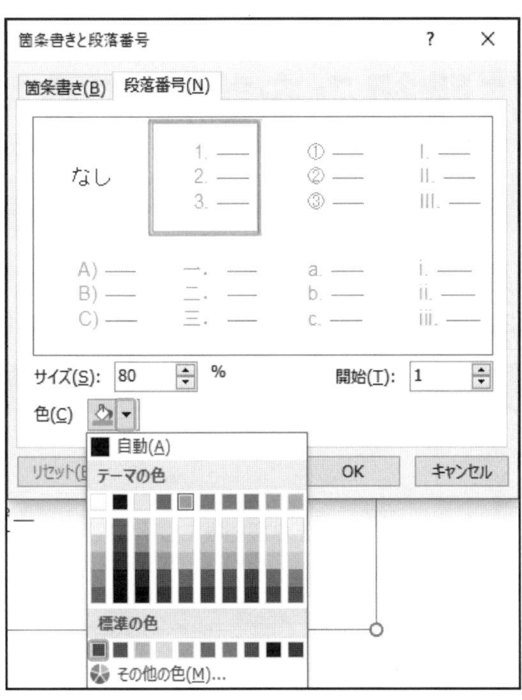

⑱［箇条書きと段落番号］ダイアログボックスの［段落番号］タブで色が変更されてことを確認し、［OK］をクリックします。

⑲ 行頭文字が「濃い赤」の段落番号「1.2.3.…」に変更されます。

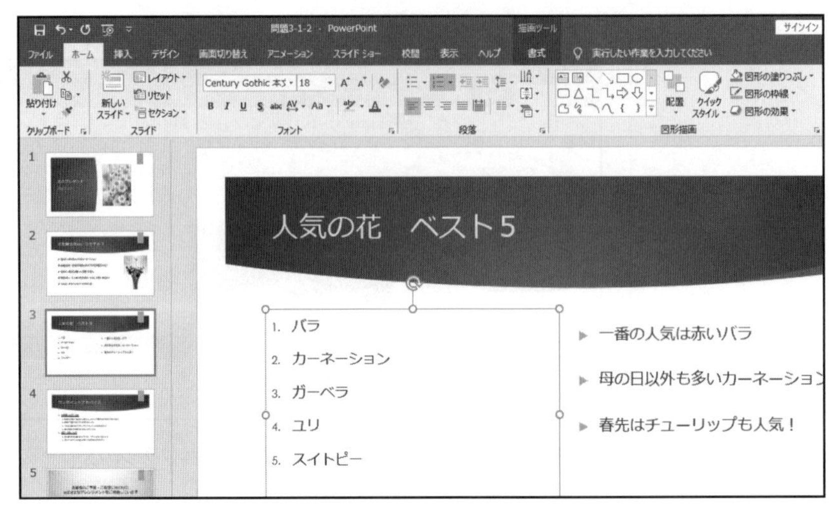

3-1-3 テキストに段組みを設定する

練習問題

問題フォルダー
└問題 3-1-3.pptx

解答フォルダー
└解答 3-1-3.pptx

【操作 1】 スライド 4 の箇条書きを 2 段組みにします。

【操作 2】 2 段目の開始段落を「相手への思いやり」に変更します。

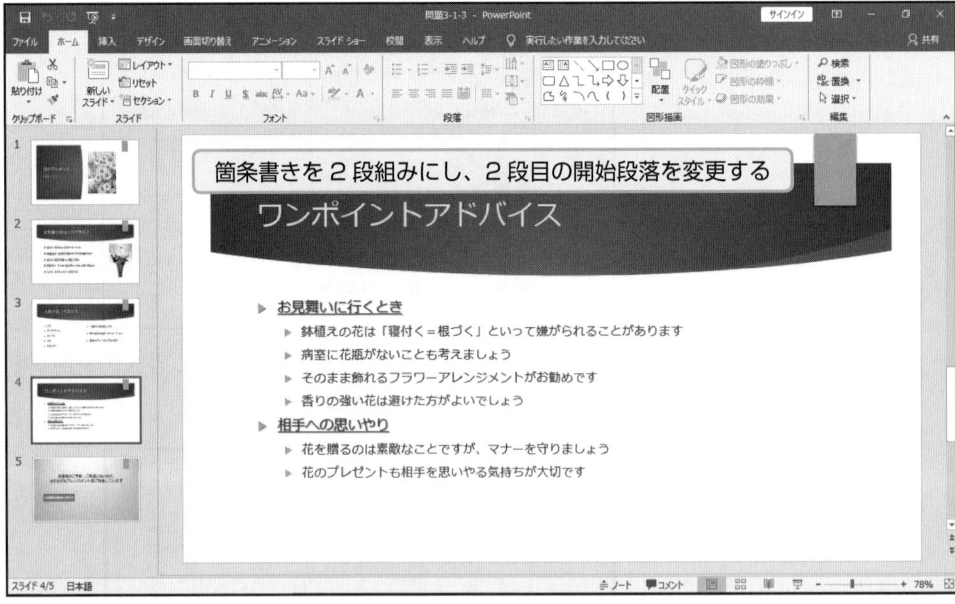

機能の解説

- 段組み
- ［段の追加または削除］ボタン
- 段と段の間隔
- ［段組み］ダイアログボックス
- 開始段落の変更

段組みとは新聞や雑誌のように文章をいくつかの段に区切ったレイアウトのことで、プレースホルダーやテキストボックスに設定することができます。段組みを設定すると 1 行あたりの文字数が少なくなり、長い文章が読みやすくなります。段組みは［ホーム］タブの ☰ ▾［段の追加または削除］ボタンで設定します。4 段以上の段組みや段と段の間隔を設定するには、［段の追加または削除］ボタンの［段組みの詳細設定］をクリックして表示される［段組み］ダイアログボックスを使用します。2 段目以降の開始段落を変更するには、**Enter** キーで段落を増やすか、プレースホルダーのサイズを変更します。

［段組み］ダイアログボックス

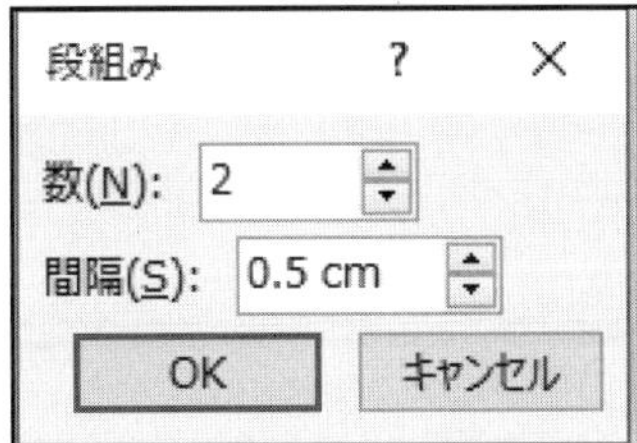

［数］ボックスや［間隔］ボックスに指定する数値は直接入力するか右端の ⬍ をクリックして変更する。
直接入力する場合は「cm」を省略できる。

操作手順

【操作 1】

❶ スライド 4 の箇条書きプレースホルダーを選択します。

❷［ホーム］タブの ☰ ▾［段の追加または削除］ボタンをクリックし、［2 段組み］をクリックします。

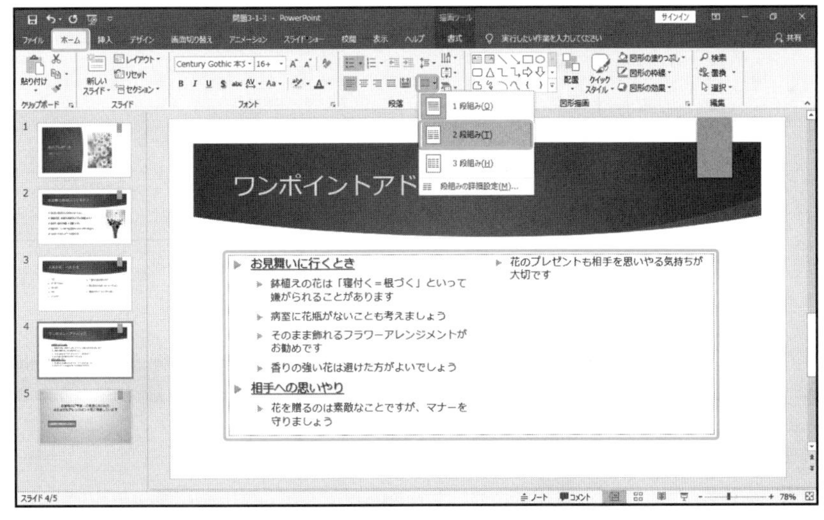

❸段組みが設定されます。

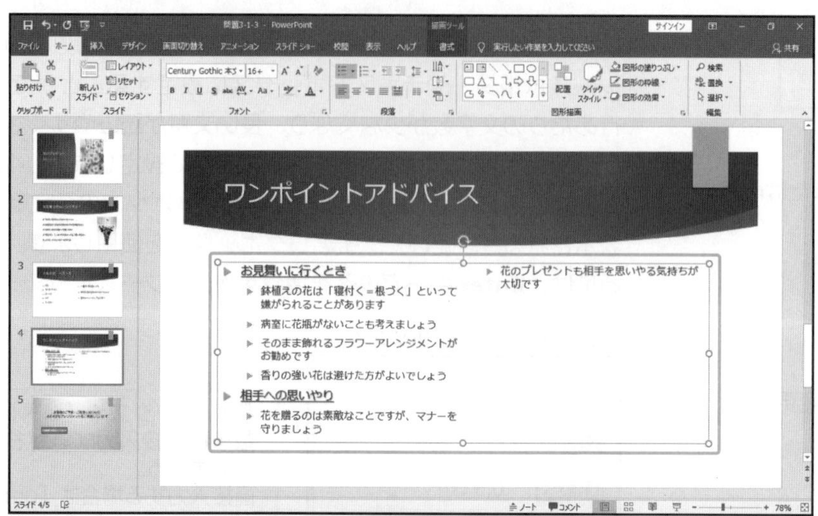

【操作 2】

❹「相手への思いやり」の行頭をクリックします。

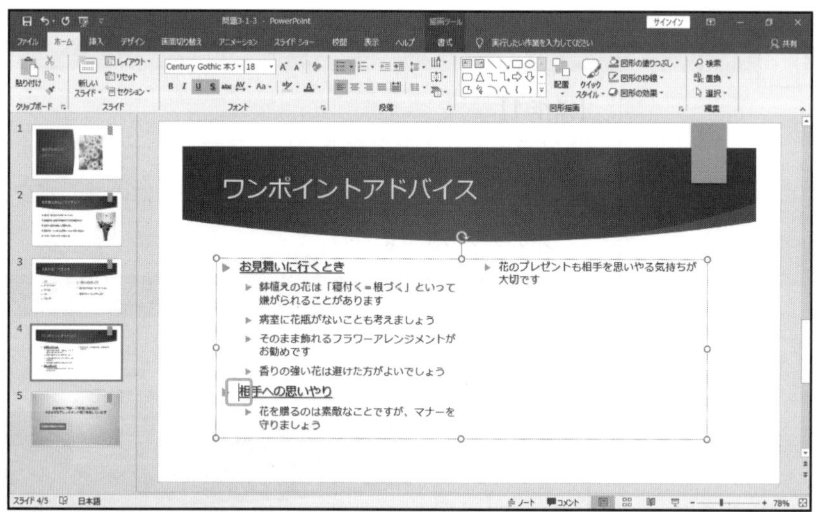

❺**Enter** キーを 2 回押し、「相手への思いやり」が 2 段目になるようにします。

❻2 段目の開始段落が変更されます。

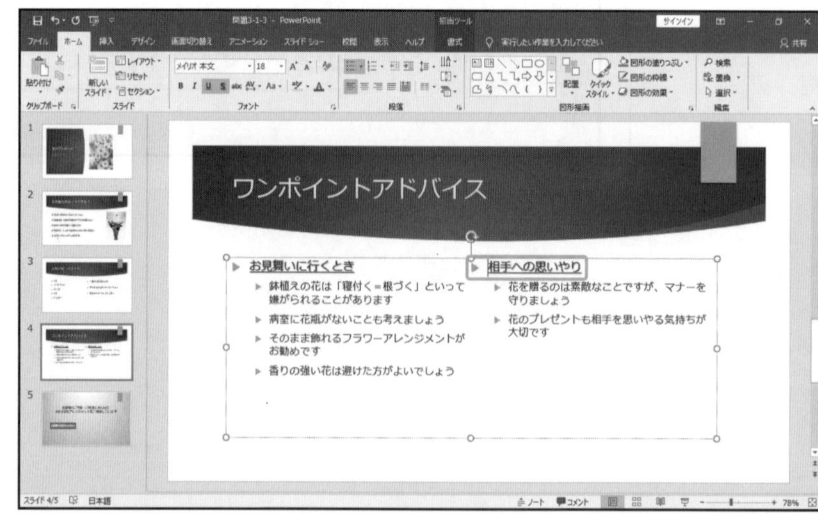

ヒント

段組みの解除

段組みを解除するには［段の追加または削除］ボタンの［1 段組み］をクリックします。

3-2 リンクを挿入する

スライドの文字列や図にハイパーリンクを挿入し、スライドショー実行時にインターネットのサイトおよびExcelやWordなどのファイルに簡単に移動することができます。また、新機能のセクションズームやスライドズームを挿入してダイナミックなスライドショーを展開することができます。

3-2-1 ハイパーリンクを挿入する

練習問題

問題フォルダー
└問題 3-2-1.pptx

解答フォルダー
└解答 3-2-1.pptx

スライド5の文字列「お気軽にお問い合わせください」にWebページ「https://nikkeifl.example.com/」（架空のURL）へのハイパーリンクを挿入します。

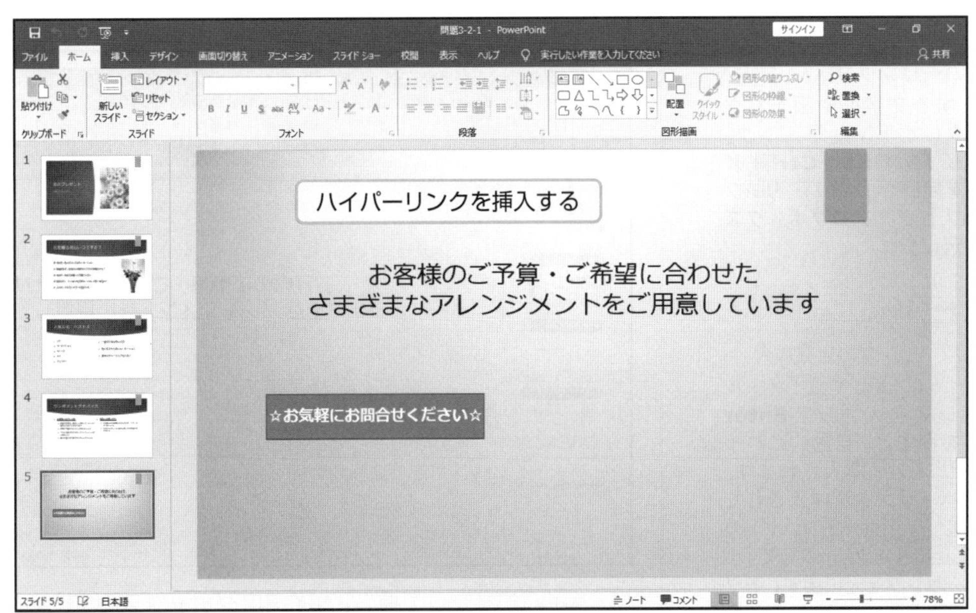

機能の解説

重要用語

- ハイパーリンク
- [リンク] ボタン
- [ハイパーリンクの挿入] ダイアログボックス

ハイパーリンクとは、スライドショー実行中に別の任意のスライド、WordやExcelなどのファイル、Webページなどへジャンプして表示を切り替えることができる機能です。ハイパーリンクは、スライド上の文字列、画像や図形などのオブジェクトに挿入することができます。ハイパーリンクを挿入するには、ハイパーリンクを挿入する文字列やオブジェクトを選択し、[挿入] タブの [リンク] ボタンをクリックして表示される [ハイパーリンクの挿入] ダイアログボックスを使用します。文字列にハイパーリンクを挿入すると、テーマの配色で設定されている色に変わり、下線が付きます。

ヒント

表示文字列

[表示文字列] ボックスではスライド上のリンクの文字列を変更できます。

[ハイパーリンクの挿入] ダイアログボックス

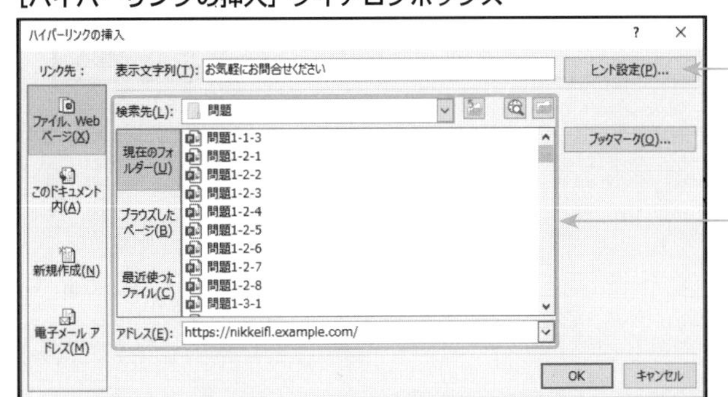

[ヒント設定] ではスライドショー実行時にハイパーリンクをポイントすると表示されるポップアップ文字列を設定する

選択したリンク先に応じてファイルやWebページ、ドキュメント内の場所などが表示される

リンク先

ファイル、Web ページ	他のプレゼンテーションやファイル、Web ページへのハイパーリンクを挿入
このドキュメント内	現在開いているプレゼンテーション内のスライドへのハイパーリンクを挿入
新規作成	リンク先のプレゼンテーションを新たに作成
電子メールアドレス	指定した電子メールアドレスへのメール作成画面を表示

操作手順

その他の操作方法

ハイパーリンクの挿入

挿入する文字列や図を右クリックして［ハイパーリンク］をクリックするか、**Ctrl**＋**K** キーを押して［ハイパーリンクの挿入］ダイアログボックスを表示します。

ヒント

ハイパーリンクの自動挿入

スライドに URL や電子メールアドレスを入力して **Enter** キーを押すと、自動的にハイパーリンクが挿入されます。ハイパーリンクが挿入された直後に［オートコレクトのオプション］をクリックして［ハイパーリンクを元に戻す］をクリックすると、ハイパーリンクが解除されて通常の文字列に戻ります。

❶スライド 5 の文字列「お気軽にお問い合わせください」を範囲選択します。

❷［挿入］タブの［リンク］ボタンをクリックします。

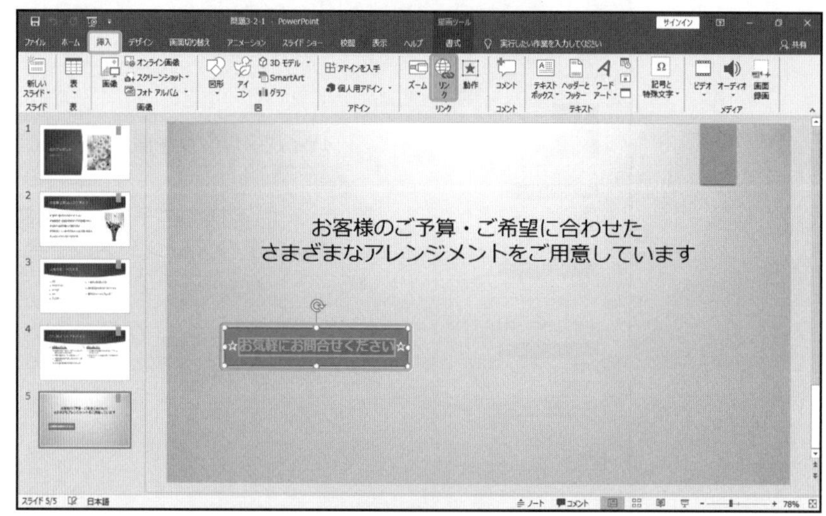

❸［ハイパーリンクの挿入］ダイアログボックスの［リンク先］で［ファイル、Web ページ］が選択されていることを確認します。

❹［アドレス］ボックスに「https://nikkeifl.example.com/」と入力し、［OK］をクリックします。

ヒント

ハイパーリンクの編集と削除

ハイパーリンクを編集するには、挿入した箇所を右クリックして［ハイパーリンクの編集］をクリックし、［ハイパーリンクの編集］ダイアログボックスで編集します。ハイパーリンクを削除するには、挿入した箇所を右クリックして［リンクの削除］をクリックします。

ポイント

ハイパーリンクの動作確認

ハイパーリンクを挿入した箇所で **Ctrl** キーを押さえながらマウスでポイントするとマウスポインターの形状が に変わり、リンク先がポップアップ表示され、クリックするとハイパーリンク先の情報が表示されます。スライドショー実行時は、設定した箇所でクリックします。

❺ 文字列にハイパーリンクが設定されます。

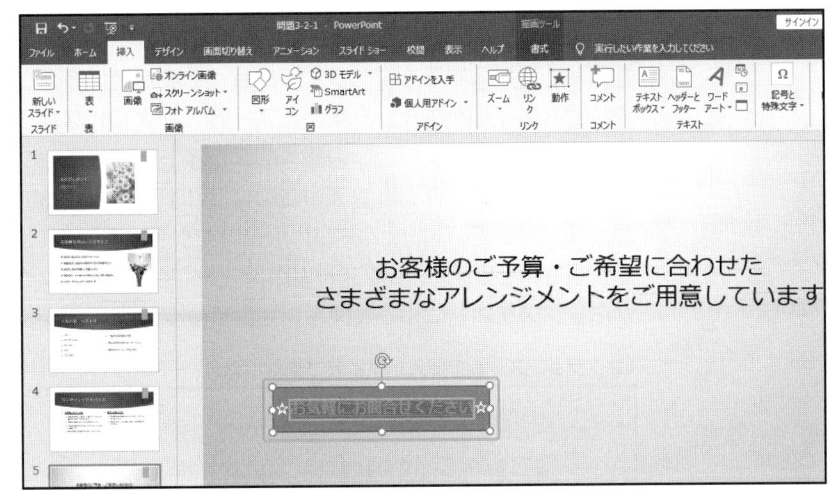

※ハイパーリンクの動作を確認する場合は、ハイパーリンクを設定した箇所で **Ctrl** キーを押しながらクリックします。

3-2-2 セクションズームやスライドズームのリンクを挿入する

練習問題

問題フォルダー
└問題 3-2-2.pptx

解答フォルダー
└解答 3-2-2.pptx

【操作 1】スライド 1 にセクション「2. 基本情報」「3. グラフ」「4. 島」にリンクするセクションズームを挿入します。

【操作 2】挿入したサムネイルを下部のベージュの角丸四角形内に左から「2 基本情報」「3 グラフ」「4 島」の順に重ならないように横に並べて配置します（正確な位置は問いません）。

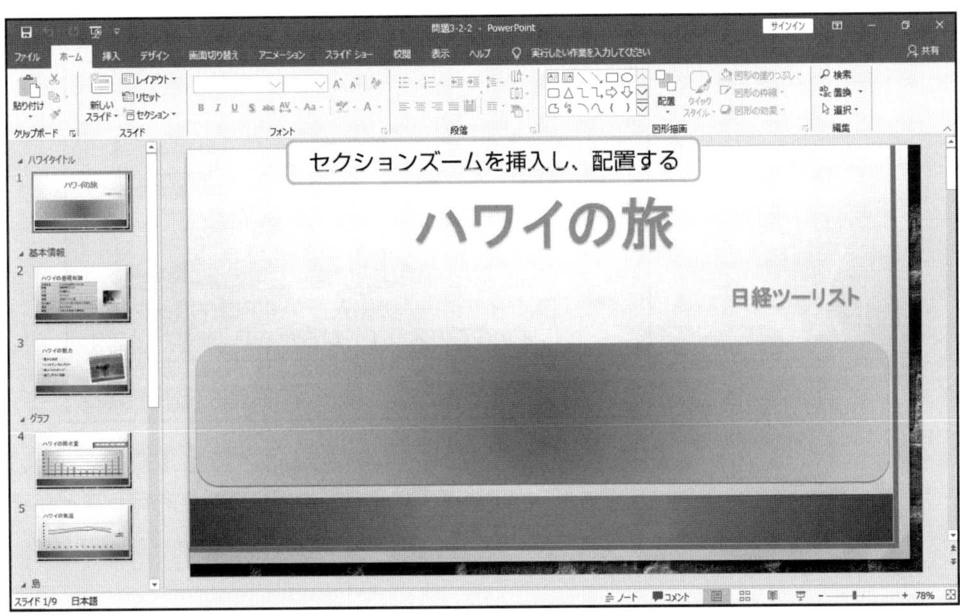

機能の解説

重要用語

- □ セクションズーム
- □ [ズーム]ボタン
- □ [セクションズーム]ダイアログボックス
- □ スライドズーム
- □ [スライドズーム]ダイアログボックス
- □ [ズームツール]の[書式]タブ

ヒント

スライドズームの設定

スライドズームで挿入したスライドに戻るには、サムネイルをクリックして表示される[ズームツール]の[書式]タブの[ズームに戻る]チェックボックスをオンにします。

事前にセクションが挿入されているプレゼンテーションでは、既存のスライドにセクションズームを挿入すると、スライドショーの実行時に各セクションに移動することができます。サムネイルをクリックするとズーム（拡大）しながらそのセクションの先頭のスライドが表示され、セクションの最後のスライド終了後にセクションズームを挿入したスライドに戻ります。セクションズームのスライドを挿入するには、挿入するスライドを選択して［挿入］タブの［ズーム］ボタンをクリックし、［セクションズーム］をクリックして表示される［セクションズームの挿入］ダイアログボックスで目的のセクションのチェックボックスをオンにして［挿入］をクリックします。

［セクションズームの挿入］ダイアログボックス

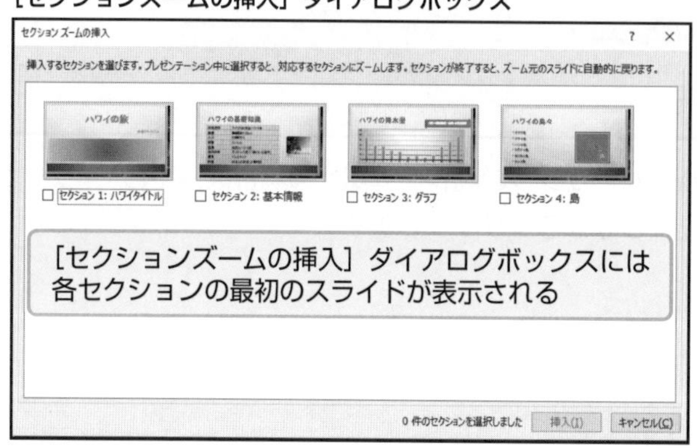

セクションズームとサマリーズーム（「2-1-5　サマリーズームを挿入する」を参照）の主な違い

セクションズーム	既存の選択したスライドにサムネイルが挿入される	セクションがあらかじめ設定されている必要がある
サマリーズーム	選択したスライドの直前にスライドが新規作成される	選択したスライドを先頭にしたセクションが自動的に作成される

スライドズームは既存のスライドに特定のスライドに移動するサムネイルを挿入する機能です。セクションズームおよびサマリーズームと違い、既定ではスライドズームは移動後にサムネイルを挿入したスライドには戻りません。スライドズームを挿入するには、挿入するスライドを選択して［挿入］タブの［ズーム］ボタンをクリックし、［スライドズーム］をクリックして表示される［スライドズームの挿入］ダイアログボックスで目的のスライドのチェックボックスをオンにして［挿入］をクリックします。

［スライドズームの挿入］ダイアログボックス

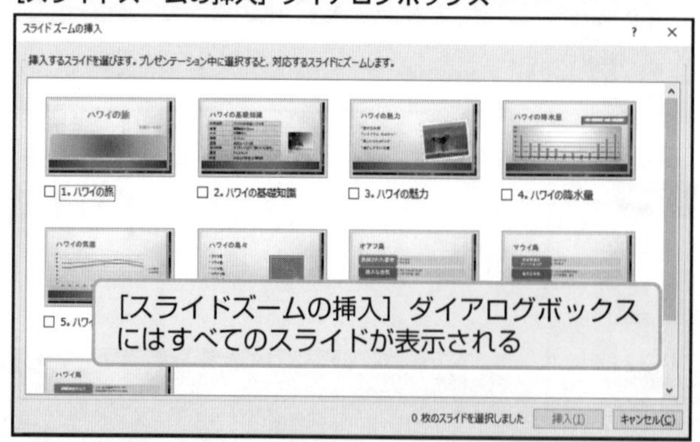

なお、挿入したサムネイルをクリックすると［ズームツール］の［書式］タブが表示され、各ズームの設定や書式などのさまざまな設定を行うことができます。

操作手順

【操作 1】

❶スライド 1 が選択されていることを確認して［挿入］タブの［ズーム］ボタンをクリックし、［セクションズーム］をクリックします。

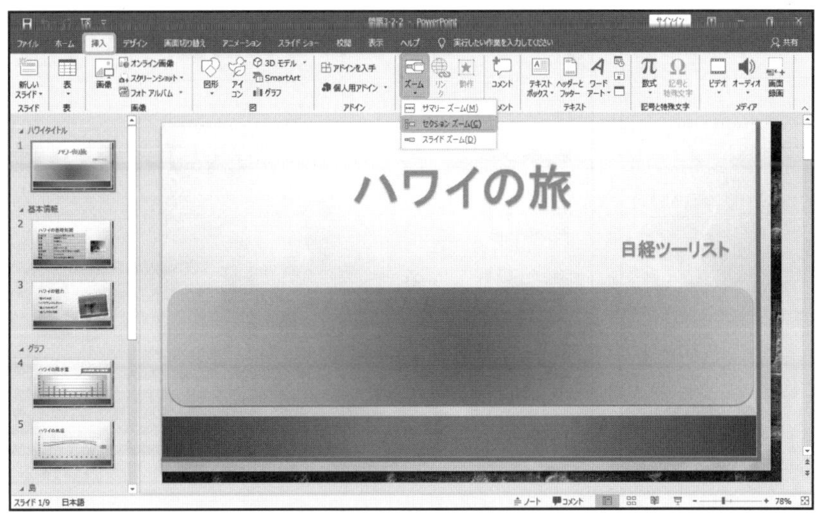

❷［セクションズームの挿入］ダイアログボックスが表示されます。

❸「セクション 2：基本情報」、「セクション 3：グラフ」、「セクション 4：島」のチェックボックスをオンにして［挿入］をクリックします。

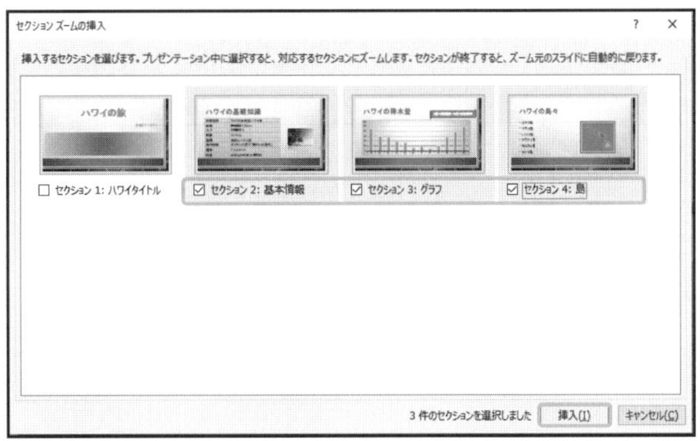

❹スライド 1 に選択したセクションの先頭スライドへのリンクが設定されたサムネイルが挿入されます。

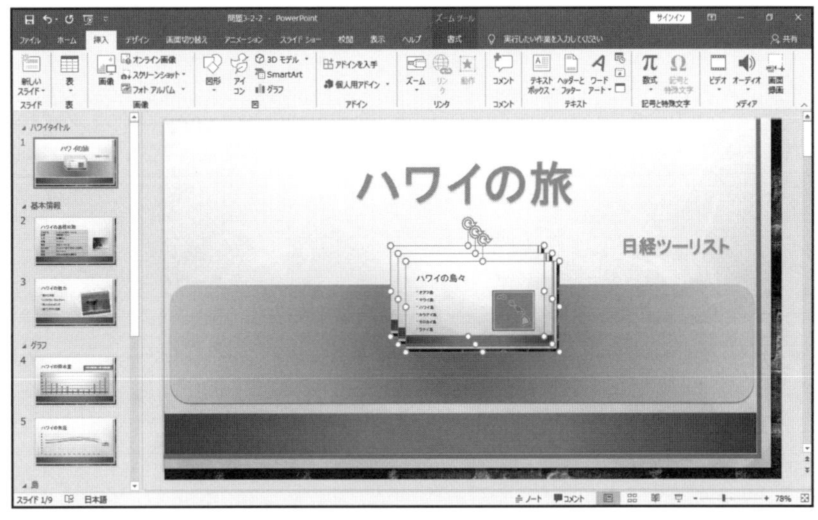

ヒント

サムネイルの配置と整列

挿入したサムネイルは、図と同じように配置や整列をすることができます（「3-5-2　配置用のツールを表示する、図形や画像を配置する」を参照）。

【操作 2】

❺各サムネイルを１つずつ選択してドラッグしながら下部のベージュの角丸四角形内に左から「ハワイの基礎知識」「ハワイの降水量」「ハワイの島々」の順に重ならないように横に並べて配置します。

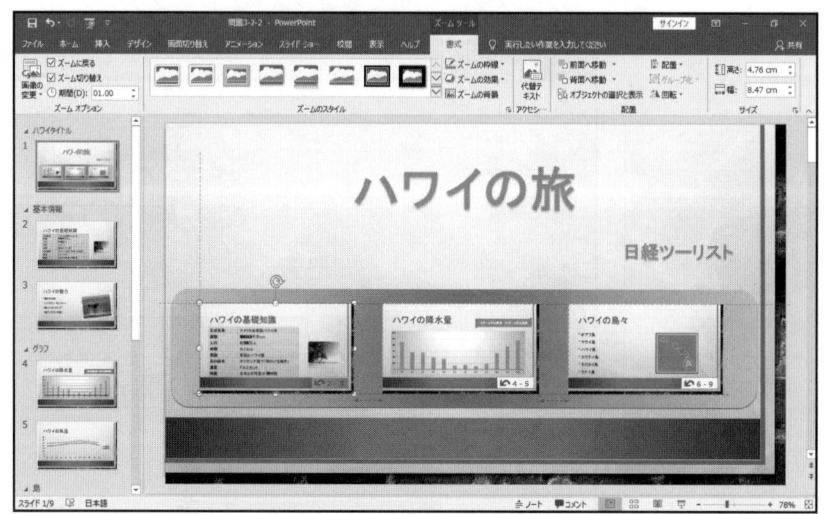

※セクションズームの動作を確認する場合は、スライドショーを実行します。

3-3 図を挿入する、書式設定する

写真やイラストなどの画像（図）をスライドに挿入して編集することができます。画像やイラストを活用することで、文字だけでは表現できない視覚的な効果が得られます。また、開いている特定の画面のショットを活用することも可能です。

3-3-1 図を挿入する、図のサイズを変更する

練習問題

問題フォルダー
└問題 3-3-1.pptx

PowerPoint 365&2019（実習用）フォルダー
└表紙 .jpg
└花束 .jpg

解答フォルダー
└解答 3-3-1.pptx

【操作 1】スライド 1 の右側のプレースホルダーに「PowerPoint365&2019（実習用）」フォルダーに保存されている画像「表紙」を挿入します。

【操作 2】スライド 4 の花のイラストを高さ「4cm」に変更します。

【操作 3】スライド 5 に「PowerPoint365&2019（実習用）」フォルダーに保存されている画像「花束」を挿入してスライドの右下に移動し、画像のサイズを「85%」に変更します。

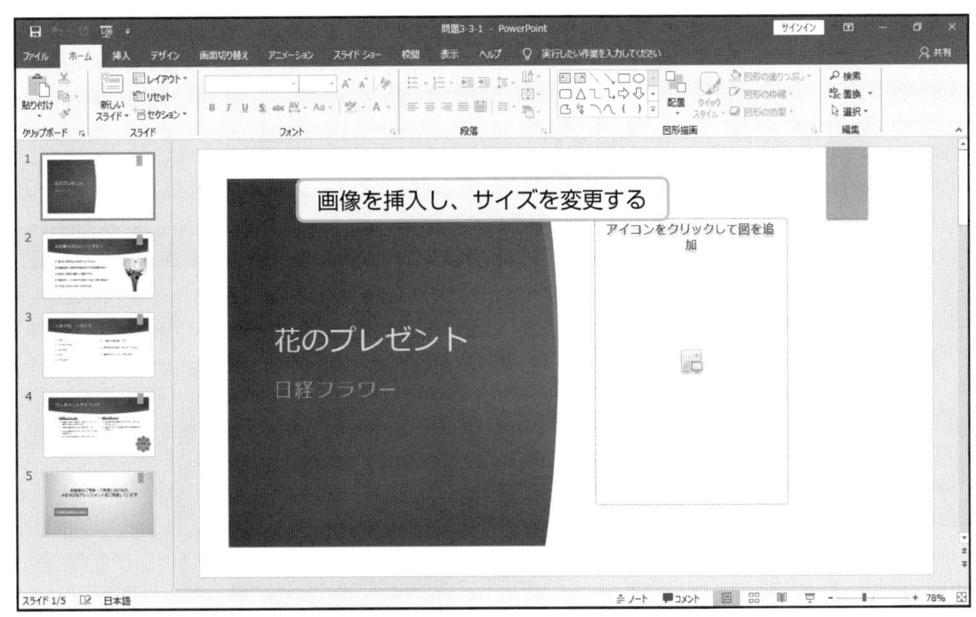

機能の解説

重要用語

- 図（画像）の挿入
- ［図］アイコン
- ［画像］ボタン
- 図のサイズ変更
- ［図形の高さ］ボックス
- ［図形の幅］ボックス
- ［図の書式設定］作業ウィンドウ
- 縦横比を固定する
- サイズ変更ハンドル

スライドにはデジタルカメラで撮影した写真やスキャナで取り込んだ図（画像）を挿入することができます。プレースホルダーに［図］アイコンがある場合は、アイコンをクリックして図（画像）を挿入します。この場合はプレースホルダーに合わせたサイズや配置で挿入されます。任意の位置に挿入するには、［挿入］タブの［画像］ボタンを使用します。挿入した図を任意の位置に移動するには、図をポイントしてマウスポインターの形状がに変わったらドラッグします。ドラッグ中のマウスポインターの形状はに変わります。

また、スライドに挿入した図のサイズを変更することができます。サイズを数値で指定する場合は、［書式］タブの 5.03 cm ［図形の高さ］ボックスや 4.82 cm ［図形の幅］ボックスまたは［図の書式設定］作業ウィンドウを使用します。図は既定で縦横の比率が固定されているので、一方のボックスに数値を指定すると他方のボックスの数値が自動的に変わります。［図の書式設定］作業ウィンドウでは、図のサイズを比率で指定することもできます。任意のサイズに変更するには、図を選択して四隅のサイズ変更ハンドルをマウス

ヒント

図の回転

図を任意の角度に回転するには、図の上部の 回転ハンドルをマウスでドラッグします。**Shift** キーを押しながらドラッグすると回転角度が 15 度単位に固定されます。[書式] タブの [回転] ボタンを使用することもできます。角度を数値で指定する場合は [図の書式設定] 作業ウィンドウの [サイズとプロパティ] の [サイズ] の [回転] ボックスで数値を指定します。

でドラッグします。**Shift** キーを押しながら四隅のサイズ変更ハンドルをドラッグすると、高さと幅の比率が固定されたままサイズ変更することができます。また、**Ctrl** キーを押しながらドラッグすると、図の中心を固定した状態で変更できます。

[図の書式設定] 作業ウィンドウの [サイズとプロパティ] の [サイズ]

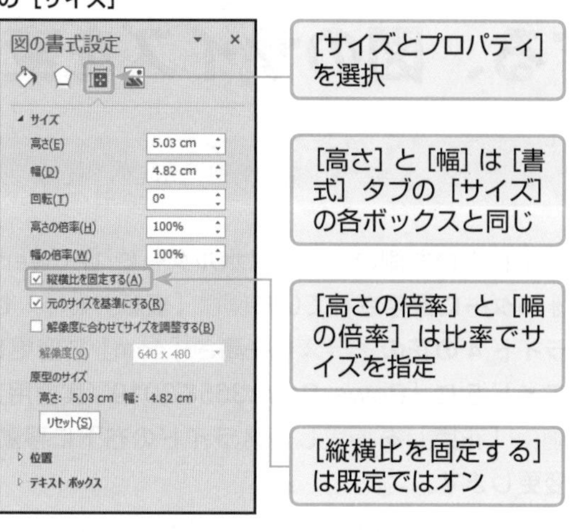

図のサイズ変更ハンドル

操作手順

【操作 1】

❶スライド 1 の右側のプレースホルダー内の [図] アイコンをクリックします。

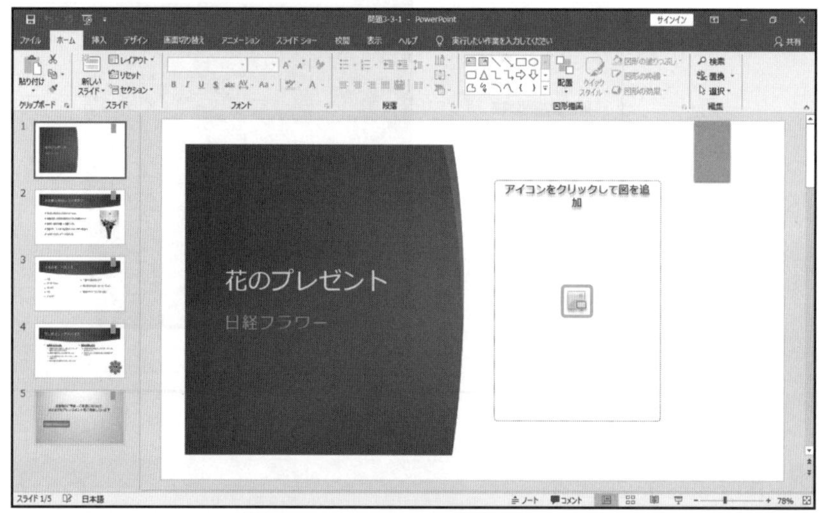

❷[図の挿入] ダイアログボックスが表示されます。

❸左側の一覧から [ドキュメント] をクリックします。

❹一覧から [PowerPoint365&2019 (実習用)] をダブルクリックします。

⑤一覧から「表紙」をクリックして［挿入］をクリックします。

⑥プレースホルダーに画像が挿入されます。

【操作 2】

⑦サムネイルのスライド 4 をクリックします。

⑧花のイラストをクリックします。

⑨［書式］タブの 5.03 cm ［図形の高さ］ボックスに「4cm」と指定します。

⑩イラストのサイズが変更されます。

> **ポイント**
> **単位の省略**
> ［図形の高さ］ボックスや［図形の幅］ボックス、［図の書式設定］作業ウィンドウのボックスに直接数値を入力する場合、単位は省略できます。

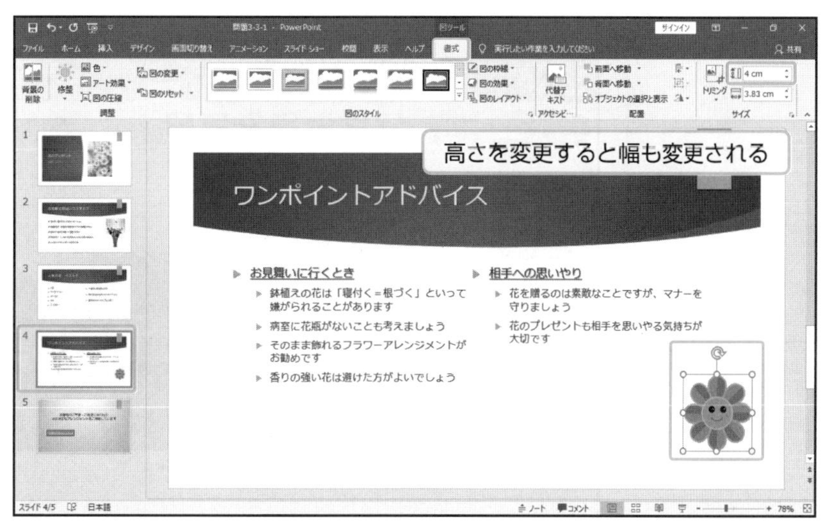

【操作 3】

⑪サムネイルのスライド 5 をクリックします。

⑫［挿入］タブの［画像］ボタンをクリックします。

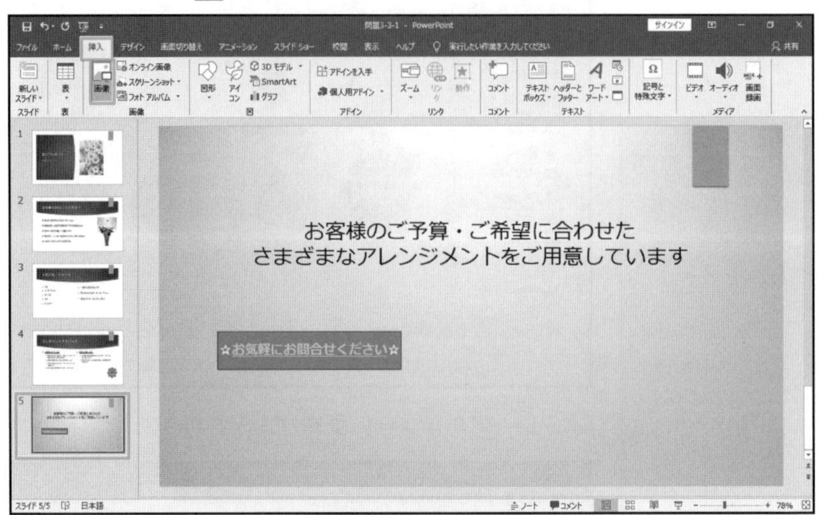

⑬［図の挿入］ダイアログボックスが表示されます。

⑭［ドキュメント］の［PowerPoint365&2019（実習用）］が選択されていることを確認します。

⑮一覧から「花束」をクリックして［挿入］をクリックします。

⑯スライドに画像が挿入されます。

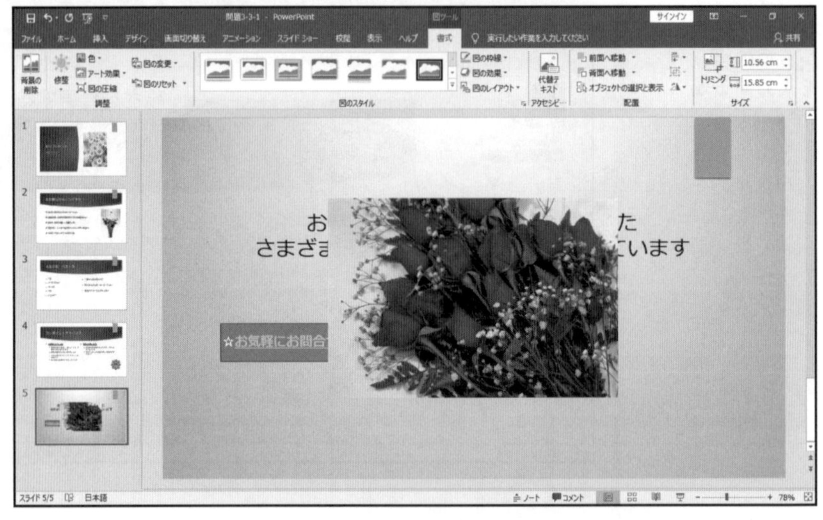

⑰ 画像をポイントし、マウスポインターの形状が に変わったらスライドの右下方向へドラッグします。

⑱ 画像がスライドの右下に配置されます。

ポイント

図の移動

図を選択して方向キーでも移動できます。その他、スライドを基準にして図を配置することもできます（「3-5-2 配置用のツールを表示する、図形や画像を配置する」を参照）。

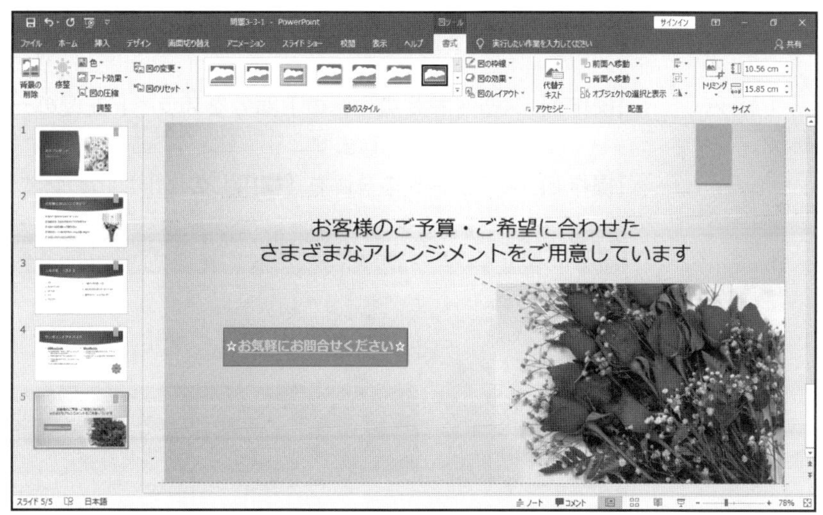

⑲ スライド 5 の画像が選択されていることを確認します。

⑳［書式］タブの［サイズ］の ［配置とサイズ］ボタンをクリックします。

㉑［図の書式設定］作業ウィンドウが表示され、［サイズとプロパティ］が選択されていることを確認します。

㉒［サイズ］の［高さの倍率］ボックスに「85%」と指定します。

㉓ 画像のサイズが縮小されます。

その他の操作方法

［図の書式設定］作業ウィンドウの表示

図を右クリックして［配置とサイズ］をクリックします。

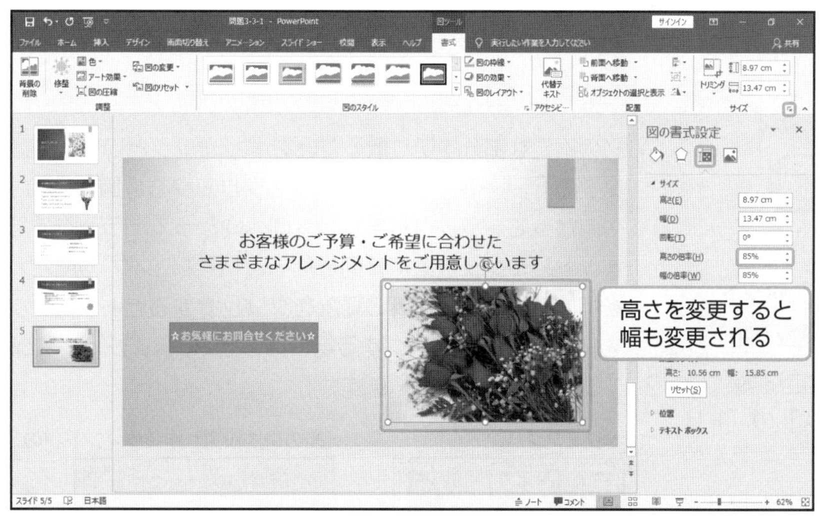

㉔［図の書式設定］作業ウィンドウの ［閉じる］ボタンをクリックします。

3-3-2 図をトリミングする

練習問題

問題フォルダー
└問題 3-3-2.pptx

解答フォルダー
└解答 3-3-2.pptx

【操作 1】スライド 2 の画像の下部分をスライド左側の一番下の箇条書きの位置あたりまでトリミングします。

【操作 2】スライド 5 の画像を「楕円」の図形に合わせてトリミングします。

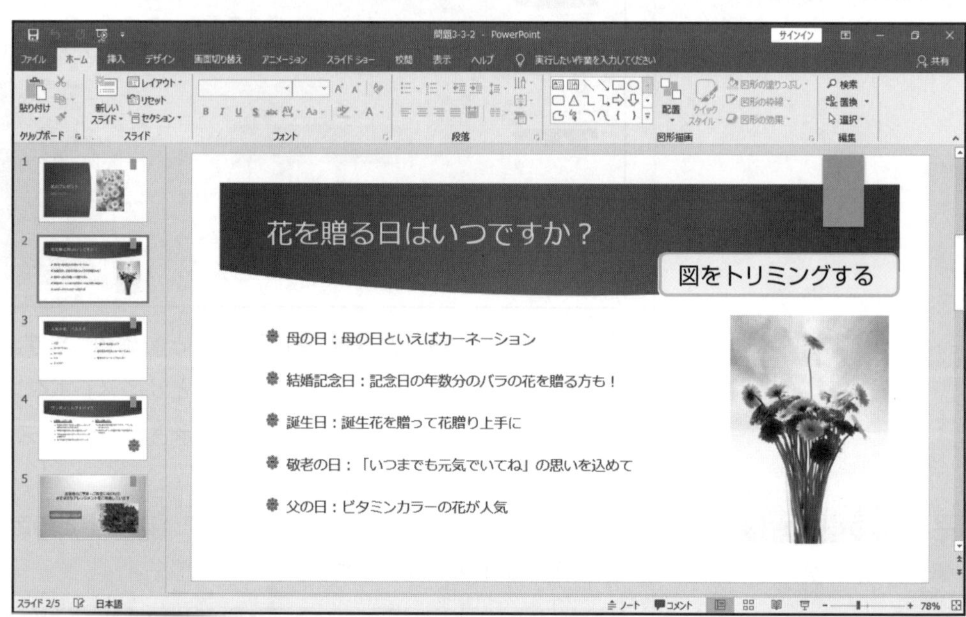

機能の解説

- トリミング
- [トリミング] ボタン
- トリミングハンドル
- [図の書式設定] 作業ウィンドウの [図] の [トリミング]
- 図形に合わせてトリミング

図の不要な部分を切り取ることをトリミングといいます。図をトリミングするには、[書式] タブの [トリミング] ボタンをクリックし、図に表示されたトリミングハンドルを内側へ向かってドラッグします。外側へ向かってドラッグすると図の周囲に余白が追加されます。トリミング位置に移動したら、[トリミング] ボタンを再度クリックするか **Esc** キーを押す、または図以外の場所をクリックするとトリミングハンドルを解除できます。数値を指定してトリミングする場合は、[図の書式設定] 作業ウィンドウの [図] の [トリミング] で数値を指定します。

トリミングハンドル

[図の書式設定] 作業ウィンドウの [図] の [トリミング]

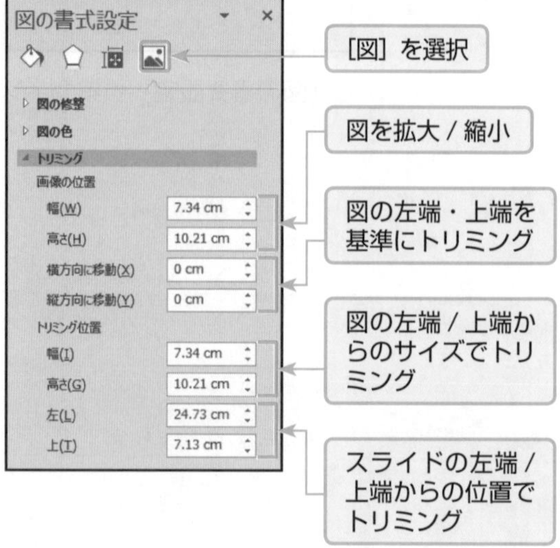

［画像の位置］のトリミング例
（幅を縮小して横方向と縦方向に移動）

［トリミング位置］のトリミング例
（幅と左位置でトリミング）

また、［トリミング］ボタンの▼をクリックし、［図形に合わせてトリミング］をポイントして図形を選択すると、図形に合わせてトリミングすることができます。この場合、図の縦横比を維持して図形の形にトリミングされます。

操作手順

【操作 1】

❶スライド 2 の画像をダブルクリックします。

❷［書式］タブの［トリミング］ボタンをクリックします。

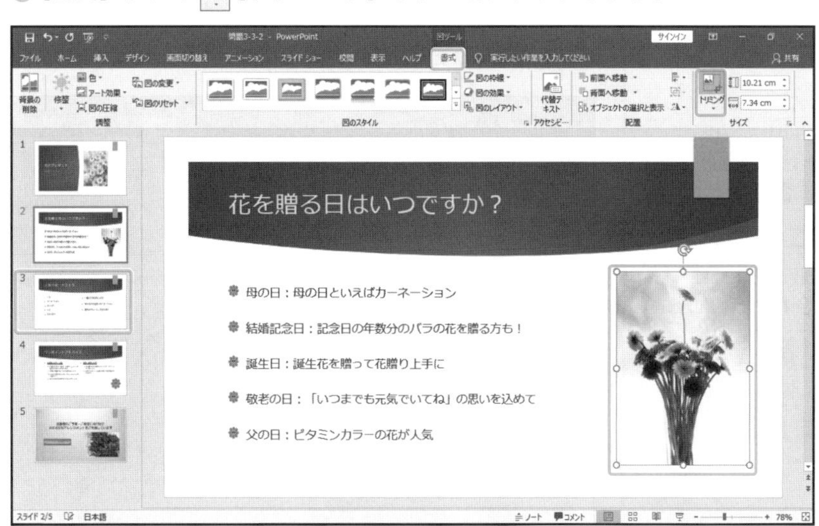

❸下辺中央のトリミングハンドルをポイントし、マウスポインターの形状が に変わったら上方向にドラッグします。

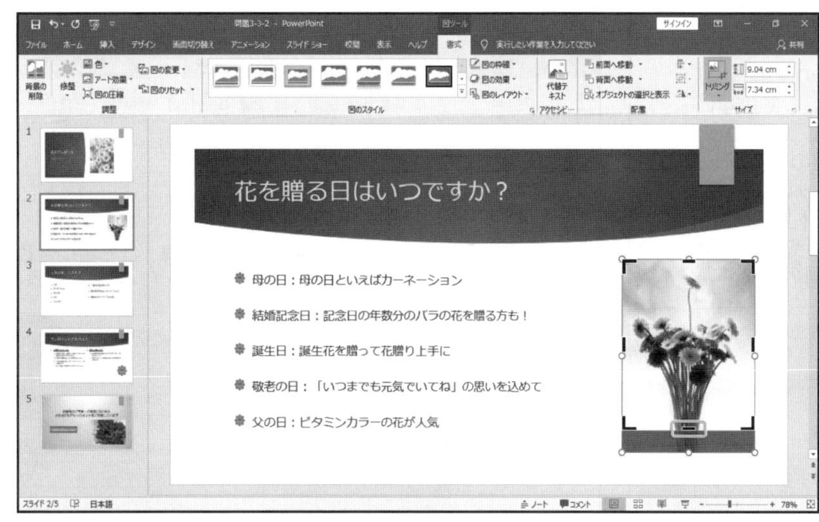

ヒント

［書式］タブの表示

図をダブルクリックすると［図ツール］の［書式］タブが表示されます。

その他の操作方法

トリミングハンドルの表示

図を右クリックしてミニツールバーの［トリミング］ボタンをクリックします。

④トリミングハンドルの位置を確認し、再度［トリミング］ボタンをクリックします。

⑤画像の下部分がトリミングされます。

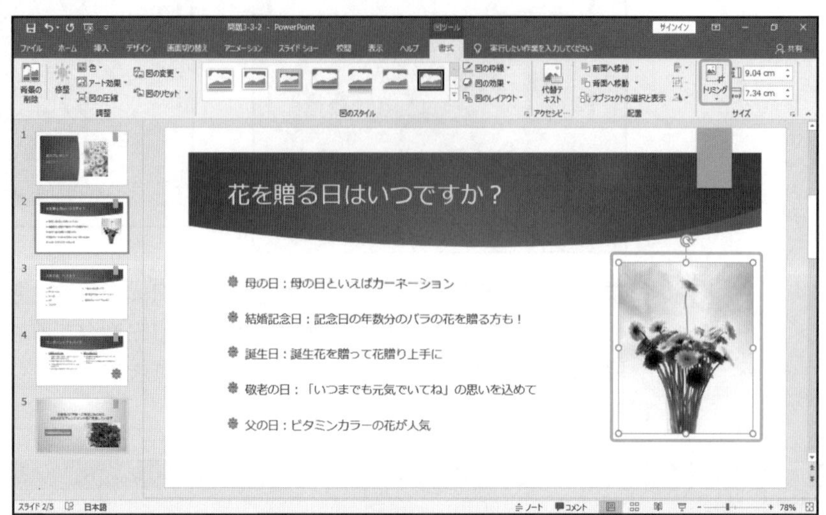

【操作 2】

⑥スライド 5 の画像を選択します。

⑦［書式］タブの［トリミング］ボタンの▼をクリックします。

⑧［図形に合わせてトリミング］をポイントし、［基本図形］の［楕円］をクリックします。

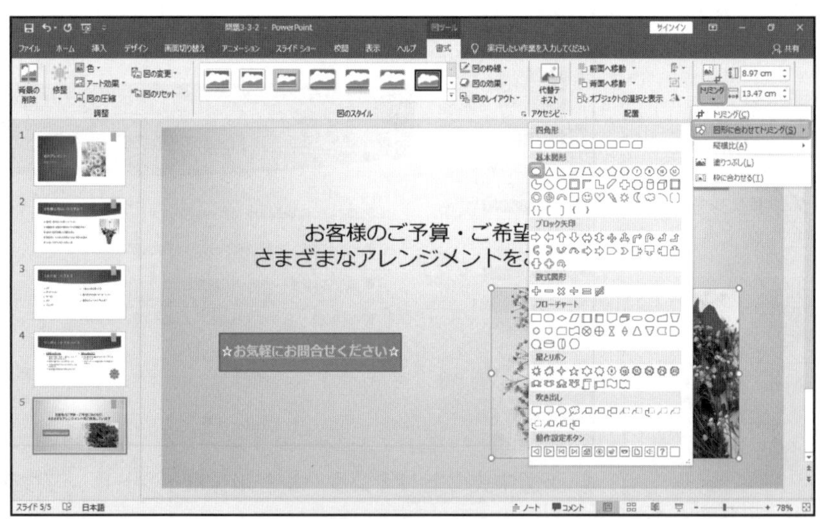

⑨画像が図形に合わせてトリミングされます。

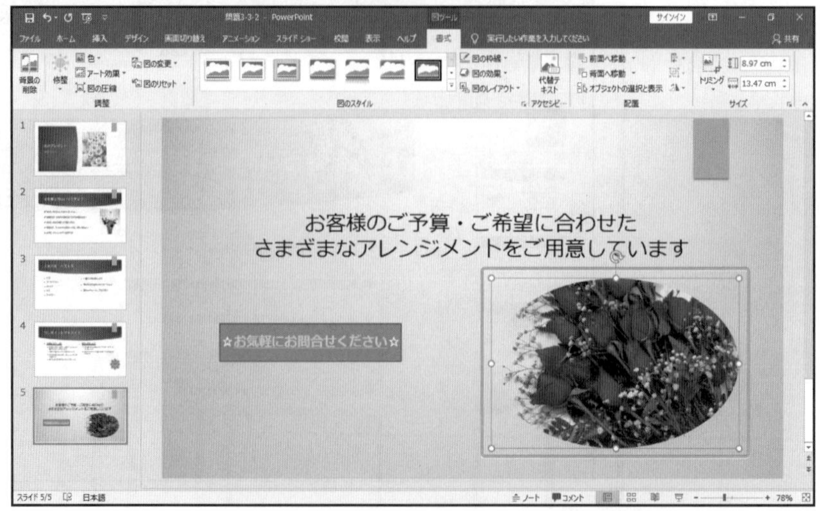

ポイント

図の圧縮

トリミング部分は表示されないだけで図の一部として残っています。この部分を図の圧縮機能でファイルから削除し、ファイルのサイズを小さくすることができます。図を圧縮するには、［書式］タブの［図の圧縮］ボタンをクリックして表示される［画像の圧縮］ダイアログボックスを使用します。

ヒント

その他のトリミング

［書式］タブの［トリミング］ボタンの［縦横比］を使うと、一般的な縦横比に合わせてトリミングできます。［塗りつぶし］は元の図のサイズのままトリミングの枠内に収まるように調整され、［枠に合わせる］は元の図全体がトリミングの枠内に収まるように調整されます。

ポイント

図とサイズのリセット

トリミング後に図の圧縮でトリミング部分を削除していない場合は、［書式］タブの［図のリセット］ボタンの▼をクリックして［図とサイズのリセット］をクリックすると、挿入時や編集作業時に変更された図のサイズが元に戻ります。

3-3-3 図に組み込みスタイルや効果を適用する

練習問題

問題フォルダー
└問題 3-3-3.pptx

解答フォルダー
└解答 3-3-3.pptx

【操作 1】スライド 1 の画像にスタイル「回転、白」を適用します。
【操作 2】スライド 2 の画像に「10 ポイント」のぼかしを適用します。
【操作 3】スライド 5 の画像にアート効果「テクスチャライザー」を適用します。

機能の解説

- アート効果
- [アート効果] ボタン
- 図の効果
- [図の効果] ボタン
- 図の効果を詳細に設定
- [図の書式設定] 作業ウィンドウ
- 図のスタイル

図にアート効果を適用すると、スケッチや絵画、図面のような外観にすることができます。アート効果は、[書式] タブの アート効果 [アート効果] ボタンで設定します。また、ぼかしや面取りなどの図の効果を適用することもできます。図に効果を設定するには、図の効果 [図の効果] ボタンを使用します。図の効果を詳細に設定するには、[図のスタイル] の [図の書式設定] ボタンをクリックして表示される [図の書式設定] 作業ウィンドウを使用します。複数の効果や枠線が組み合わされた図のスタイルは、[図のスタイル] の一覧から設定します。

[図の書式設定] 作業ウィンドウの [効果] の [影]

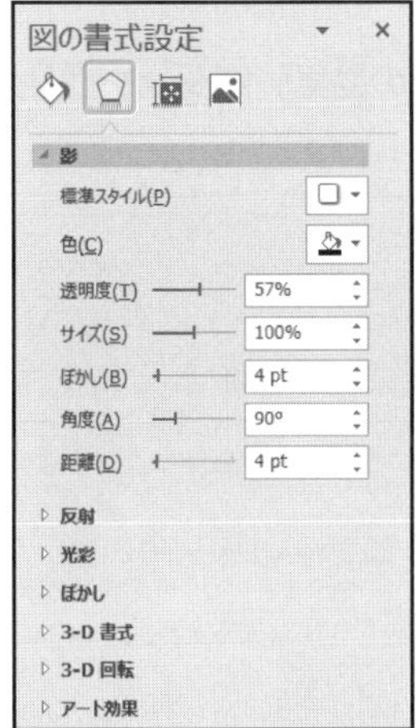

ヒント

図の修整

図のシャープネス、明るさやコントラストを修整するには、[書式] タブの [修整] ボタン、図の彩度やトーンなどの色を調整するには 色 [色] ボタンを使用します。

[修整] ボタン

操作手順

その他の操作方法

スタイルの設定

図を右クリックしてミニツールバーの［スタイル］ボタンを使用します。

【操作 1】

❶スライド 1 の画像をダブルクリックします。

❷［書式］タブの［図のスタイル］の［その他］ボタンをクリックし、［回転、白］をクリックします。

❸画像にスタイルが適用されます。

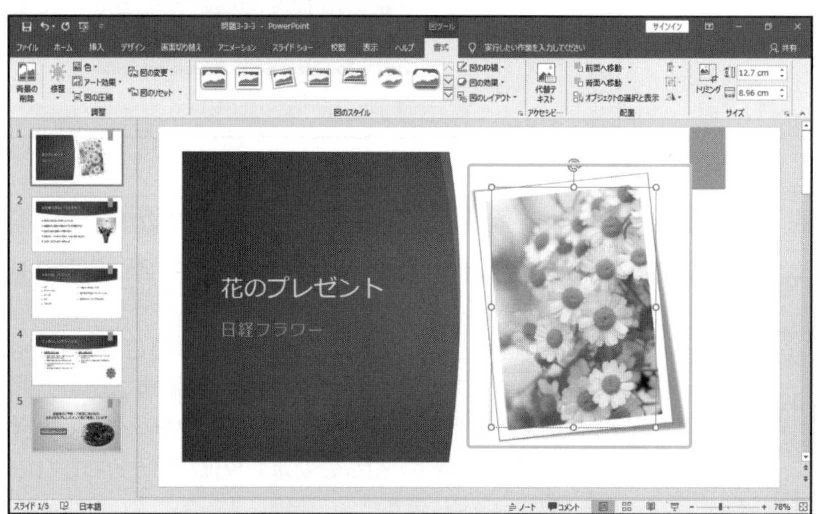

【操作 2】

❹スライド 2 の画像を選択します。

❺［書式］タブの 図の効果 ［図の効果］ボタンをクリックします。

⑥［ぼかし］をポイントし、［ソフトエッジのバリエーション］の［10 ポイント］をクリックします。

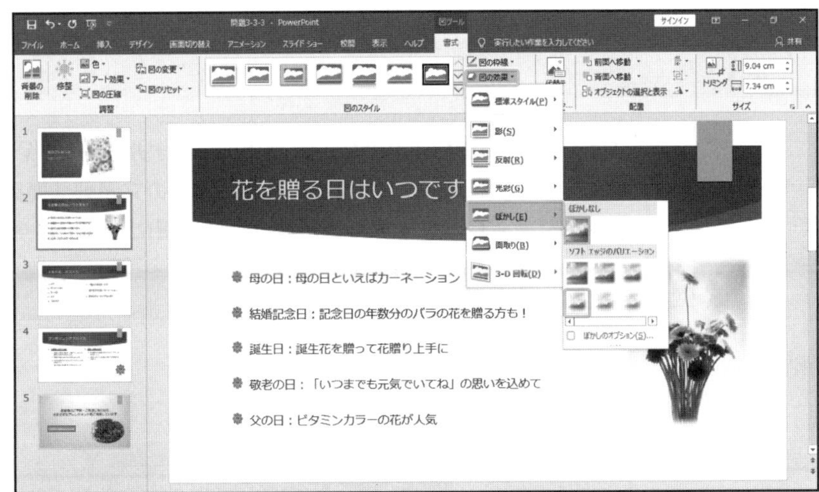

⑦画像にぼかしが適用されます。

【操作 3】

⑧スライド 5 の画像を選択します。

⑨［書式］タブの ［アート効果］ボタンをクリックし、［テクスチャライザー］をクリックします。

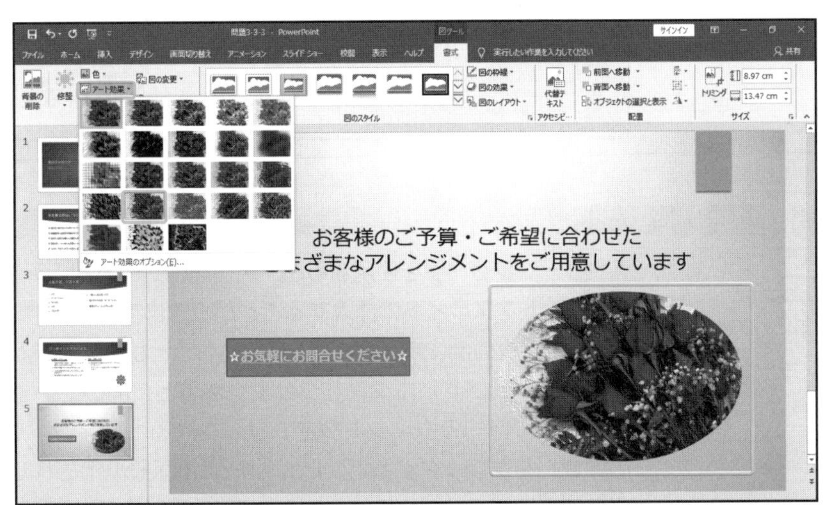

⑩画像にアート効果が適用されます。

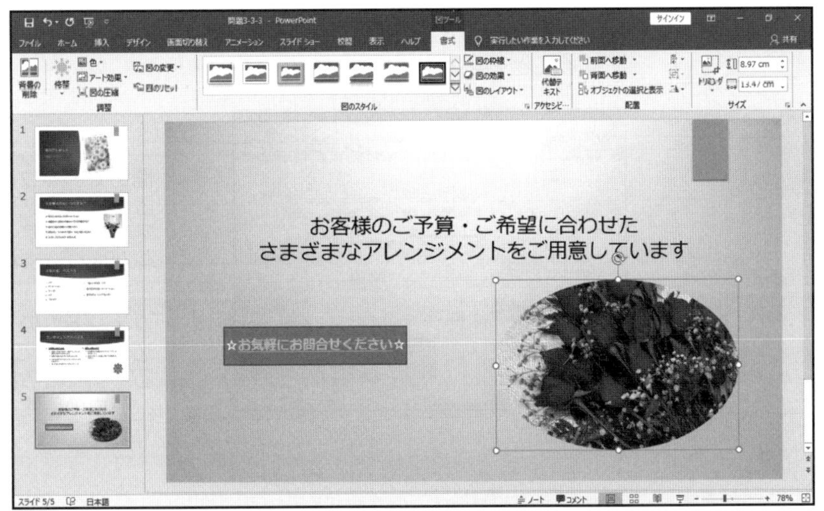

ポイント

図の枠線

図に枠線を設定するには、［書式］タブの ［図の枠線］ボタンを使用します。

ポイント

［図の効果］ボタン

［図の効果］ボタンでは、ぼかしのほかに面取り、影、反射、光彩、3-D 回転を設定することができます。［標準スタイル］には各種効果を組み合わせたものが用意されています。効果の詳細を設定するには［図の書式設定］作業ウィンドウを使用します。

ヒント

効果の解除

効果を解除するには、［図の効果］ボタンをクリックして一覧から設定した効果をポイントし、［(効果名) なし］をクリックします。

ポイント

図のリセット

図に対して行った修整をすべて取り消すには［書式］タブの ［図のリセット］ボタンをクリックします。

ヒント

図の変更

挿入されている図の配置やスタイルをそのままにして別の図に変更するには、［書式］タブの ［図の変更］ボタンを使用します。図のサイズは比率を保った状態で自動調整されて置き換わります。

ヒント

背景の削除

画像から背景を削除して特定の部分のみ表示することや不要な部分を取り除くことができます。背景の削除は、［書式］タブの［背景の削除］ボタンを使用します。

［背景の削除］ボタン

3-3-4 スクリーンショットや画面の領域を挿入する

練習問題

問題フォルダー
└問題 3-3-4.pptx
PowerPoint 365&2019（実習用）フォルダー
└K_MAP.docx
解答フォルダー
└解答 3-3-4.pptx

「PowerPoint365&2019（実習用）」フォルダーに保存されている Word 文書「K_MAP」を開き、スライド 5 に「K_MAP」の文字列「簡易 MAP」の下にある地図の画面の領域を挿入し、タイトルと重ならない位置に移動します。

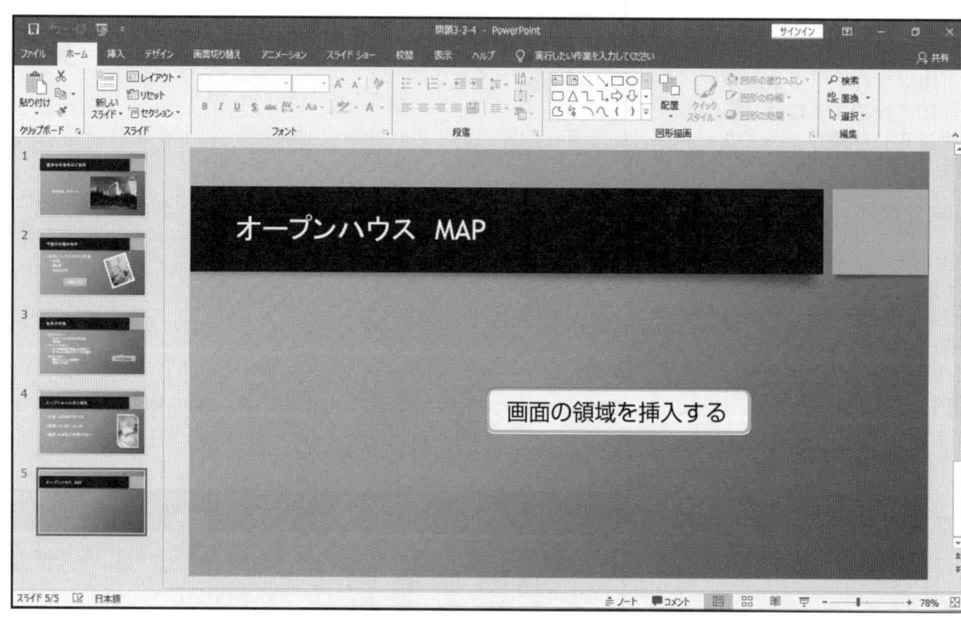

機能の解説

重要用語
- スクリーンショット
- [スクリーンショット] ボタン
- 画面の領域

スクリーンショットを使用すると、現在開いている別のアプリケーションのウィンドウの画面ショットをスライドに挿入することができます。作業中のプログラムを切り替えずに目的のウィンドウの全体または一部を取り込むことが可能です。[挿入]タブの [スクリーンショット] ボタンをクリックすると、開いているウィンドウがサムネイルで一覧表示され、目的のウィンドウをクリックするとウィンドウ全体が取り込まれます。[画面の領域] をクリックすると、PowerPoint が最小化されてすぐ後ろのウィンドウの画面が淡色で表示され、マウスポインターの形状が ＋ に変わり、その状態でドラッグした領域が取り込まれます。挿入したスクリーンショットは、図と同じように移動することや、ハンドルをドラッグしてサイズ変更することができます。また、[書式] タブを使用して加工することも可能です。

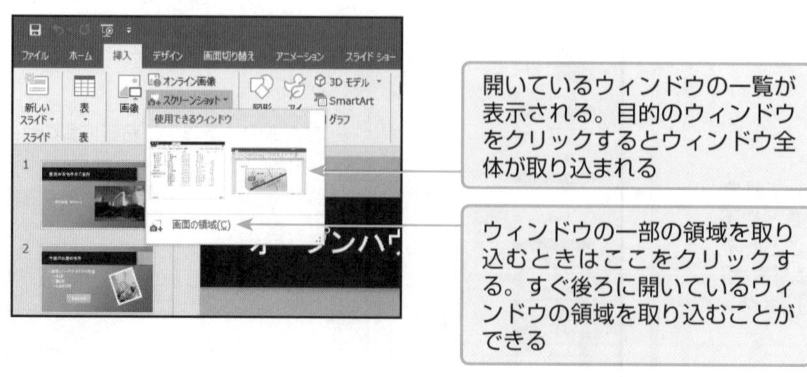

操作手順

❶「PowerPoint365&2019（実習用）」フォルダーの Word 文書「K_MAP」を開きます。

❷ タスクバーで PowerPoint をクリックしてウィンドウを切り替えます。

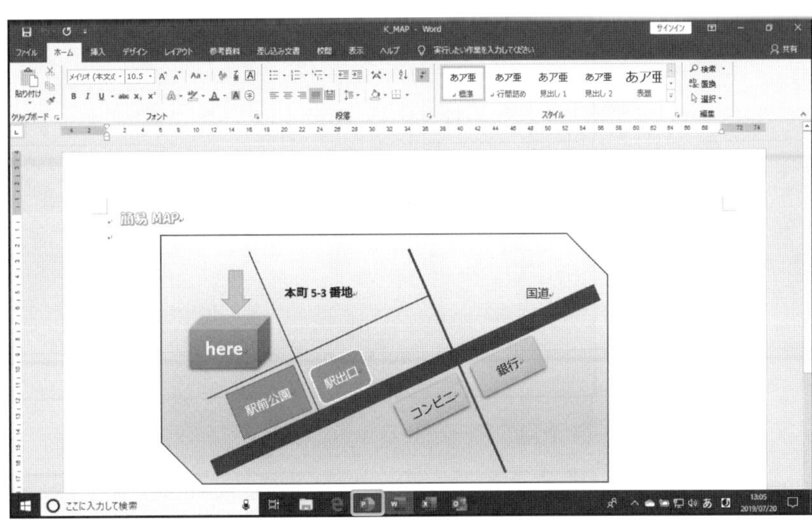

❸ サムネイルのスライド 5 をクリックします。

❹［挿入］タブの［スクリーンショット］ボタンをクリックし、［画面の領域］をクリックします。

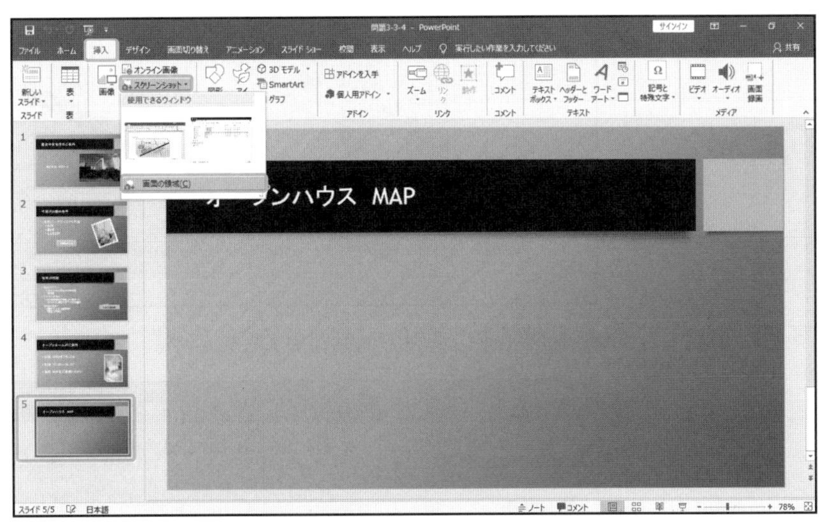

ヒント

使用できるウィンドウ

［使用できるウィンドウ］の一覧には現在開いているウィンドウの一覧が表示されます。最小化されているウィンドウは表示されません。

ポイント

画面の領域

複数のウィンドウが開いている場合、［画面の領域］をクリックして表示されるウィンドウは、すぐ背後に表示されているウィンドウです。

❺ PowerPointが最小化されてWordの画面が淡色で表示され、マウスポインターの形状が ＋ に変わります。

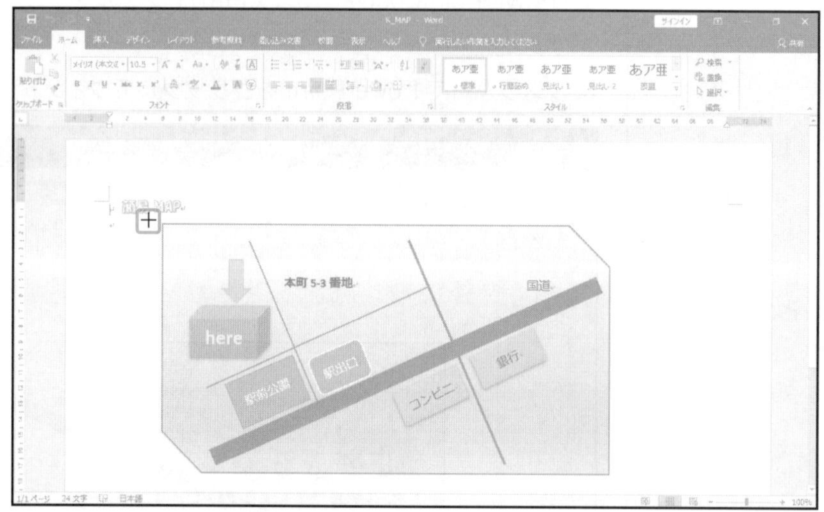

❻ 地図の部分をドラッグします。

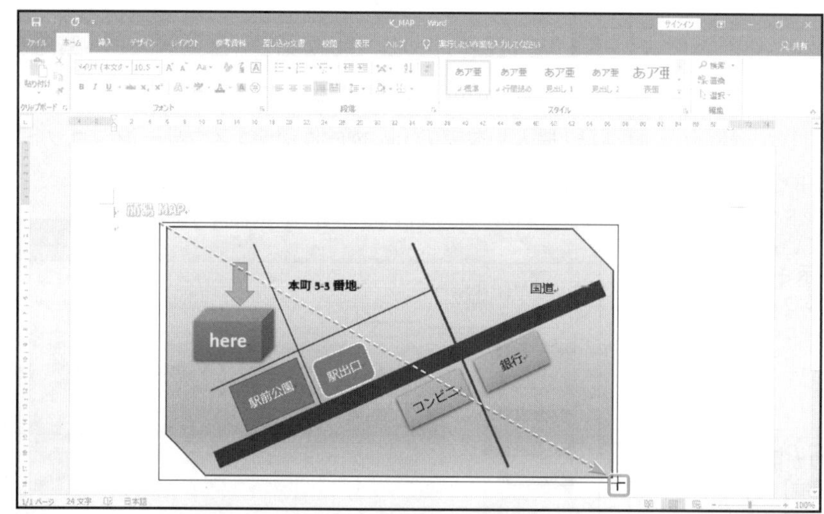

❼ スライドに画面の領域が挿入されます。

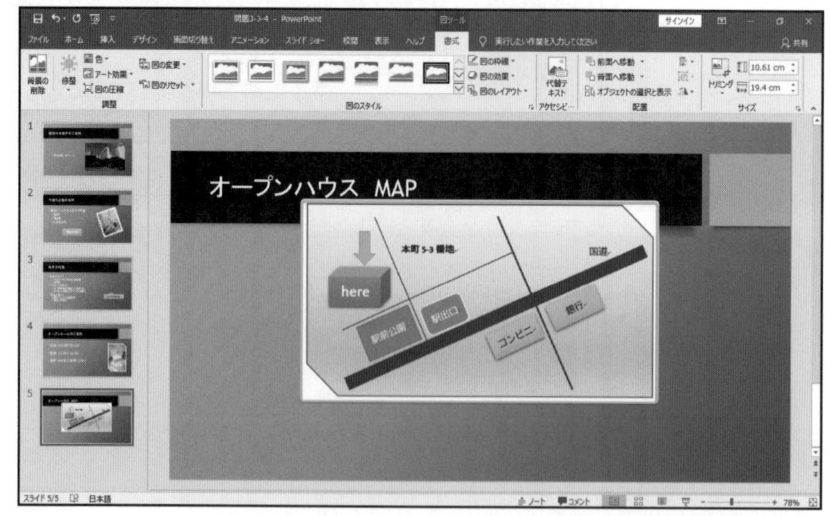

❽挿入した画像をスライドの下方向にドラッグして移動します。

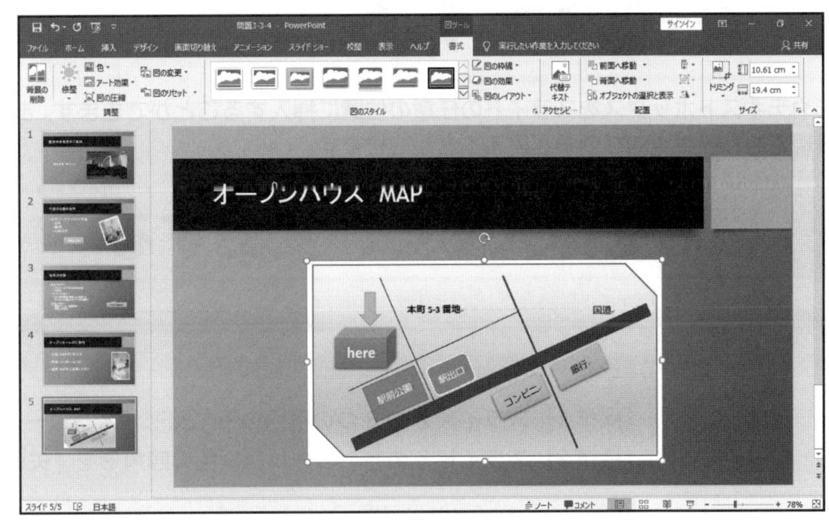

3-4 グラフィック要素を挿入する、書式設定する

さまざまな図形やテキストボックスをスライドの任意の位置に挿入することができます。また、挿入後に多彩な編集をして、文字だけでは表現できない視覚的な効果を得ることができます。

3-4-1 図形を挿入する、変更する

練習問題

問題フォルダー
└問題 3-4-1.pptx

解答フォルダー
└解答 3-4-1.pptx

【操作 1】スライド 2 の 3 つの楕円の下に図形「スクロール：横」を挿入します。

【操作 2】スライド 5 の右上のオレンジ色の四角形を「矢印：上」の図形に置き換えます。

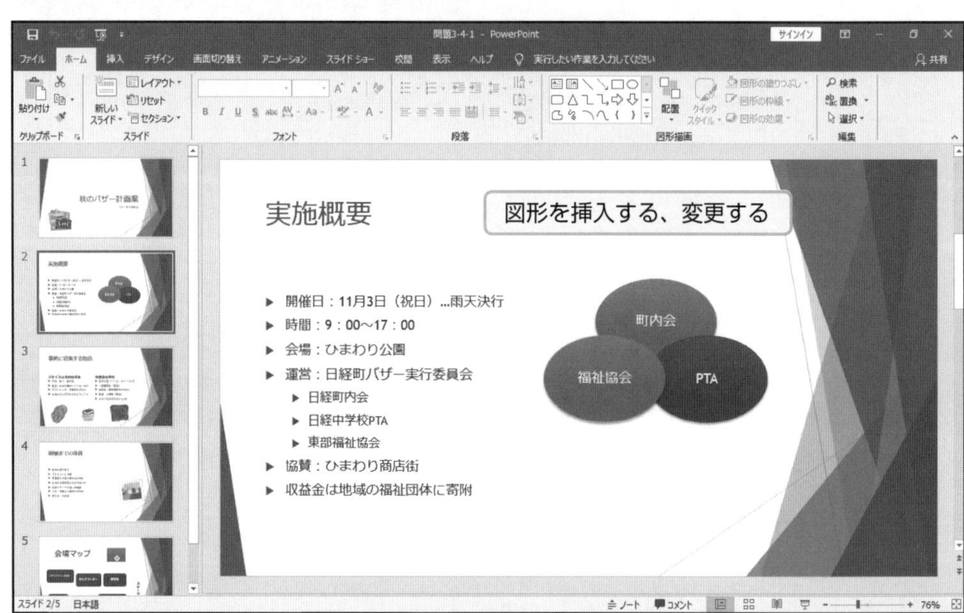

機能の解説

重要用語

□ 図形の挿入

□ [図形] ボタン

□ 図形を変更する

□ [図形の編集] ボタン

スライドの任意の位置に直線、矢印、四角形、多角形、円、吹き出しなど、さまざまな図形を挿入することができます。挿入する図形には、あらかじめテーマで決められた書式が設定されています。図形は、[挿入] タブの [図形] ボタンまたは [ホーム] タブの [図形描画] の [その他] ボタンをクリックして表示される一覧から目的の図形を選択して描画します。

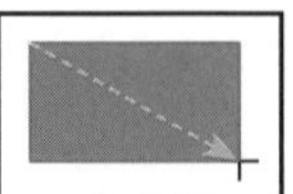

マウスポインターの形状が ＋ の状態で挿入する場所で左上から右下にドラッグして描画する

また、作成した図形を異なる図形に変更することができます。図形を変更しても図形の書式やサイズ、入力した文字を継承することができます。図形を変更するには、図形を選択して [書式] タブの [図形の編集] ボタンをクリックし、[図形の変更] をポイントして目的の図形をクリックします。

操作手順

【操作 1】

❶ サムネイルのスライド 2 をクリックします。

❷［挿入］タブの［図形］ボタンをクリックし、［星とリボン］の［スクロール：横］をクリックします。

> **その他の操作方法**
>
> **図形の挿入**
>
> ［ホーム］タブの［図形描画］の一覧から挿入する図形を選択します。

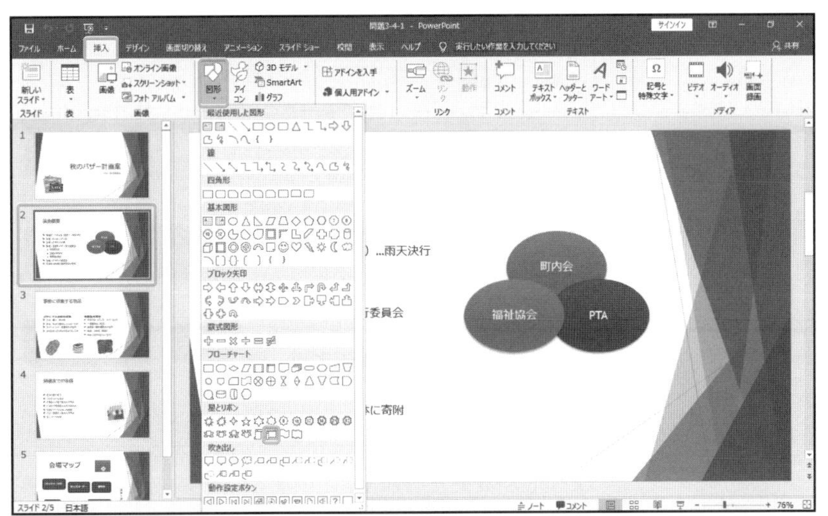

❸ マウスポインターの形状が ＋ に変わったことを確認し、3 つの円の図形の左下から右下にドラッグします。

> **ヒント**
>
> **正円や正方形の描画**
>
> 描画するときに **Shift** キーを押しながらドラッグすると、「楕円」の場合は正円、「正方形 / 長方形」の場合は正方形を挿入することができます。また、スライド上でクリックすると既定の大きさの図形が挿入されます。

❹ 図形「スクロール：横」が挿入されます。

> **ヒント**
>
> **図形の削除**
>
> 図形を選択して **Delete** キーを押します。

【操作 2】

❺スライド 5 の右上のオレンジ色の四角形を選択します。

❻［書式］タブの ［図形の編集］ボタンをクリックし、［図形の変更］をポイントして［ブロック矢印］の［矢印：上］をクリックします。

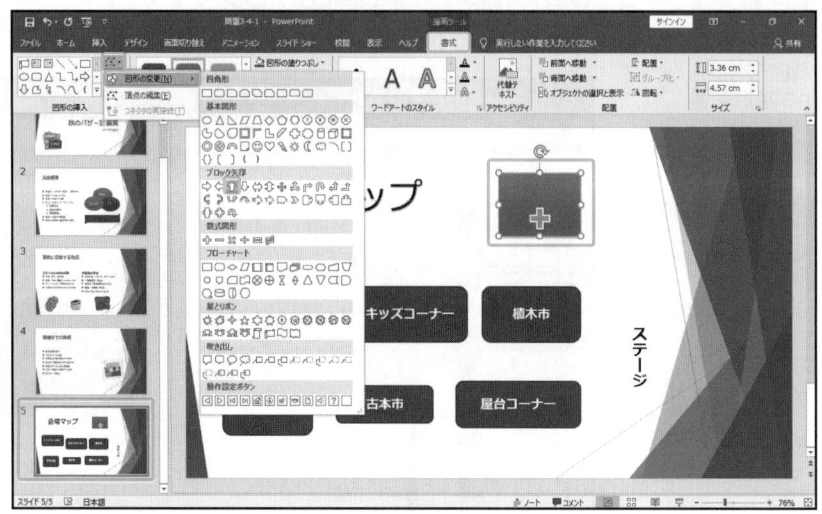

❼図形が変更されます。

❽図形以外の部分をクリックして、選択を解除します。

3-4-2 図形やテキストボックスにテキストを追加する

練習問題

問題フォルダー
└問題 3-4-2.pptx

解答フォルダー
└解答 3-4-2.pptx

【操作 1】スライド 5 の右上の「矢印：上」の図形の右側に横書きのテキストボックスを挿入し、「救護室」と入力します。

【操作 2】スライド 2 の右下の図形に「ご協力お願いします」と文字列を追加します。

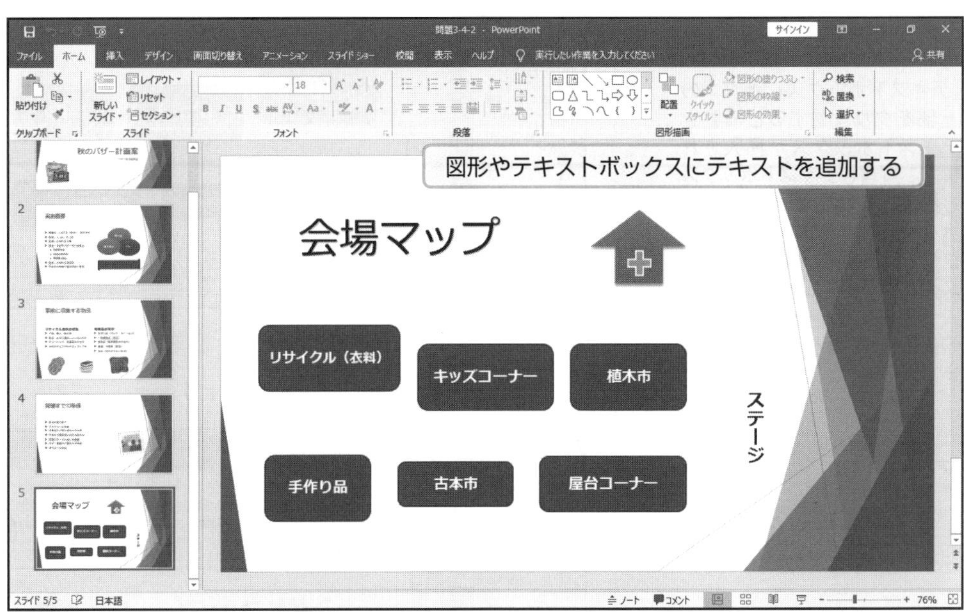

機能の解説

□ テキストボックス
□ ［テキストボックス］ボタン
□ 図形に文字列を追加

テキストボックスを使用すると、スライドの任意の位置に文字を入力して書式設定や段組みなどを設定することができます。テキストボックスには、横書きと縦書きの 2 種類があります。テキストボックスを挿入するには、［挿入］タブの ［テキストボックス］ボタンをクリックし、挿入位置でクリックして文字を入力します。文字列の入力後は、テキストボックス以外の部分をクリックして確定します。

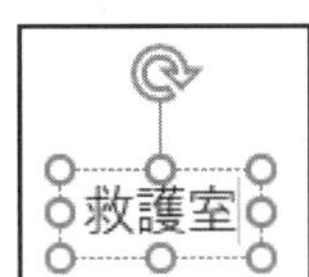

マウスポインターの形状が ↓ の状態で挿入する位置をクリックして文字を入力する。サイズは文字数に応じて自動調整される

また、［線］に分類されている図形を除くほとんどの図形に文字列を追加することができます。図形に文字列を追加するには、図形を選択して文字を入力します。入力した文字列の向きや書式設定はプレースホルダーと同じように操作できます。文字列の入力後は、図形以外の部分をクリックして確定します。

図形やテキストボックスのサイズや書式を変更するには、枠線をクリックして枠線を「実線」にします。枠線部分でドラッグすると移動、**Delete** キーを押すと削除されます（「3-4-3 図形やテキストボックスのサイズを変更する」を参照）。文字列の操作は、枠線が「点線」（文字列内にカーソルがある状態）で行います。

操作手順

【操作 1】

❶サムネイルのスライド 5 をクリックします。

❷［挿入］タブの［テキストボックス］ボタンをクリックします。

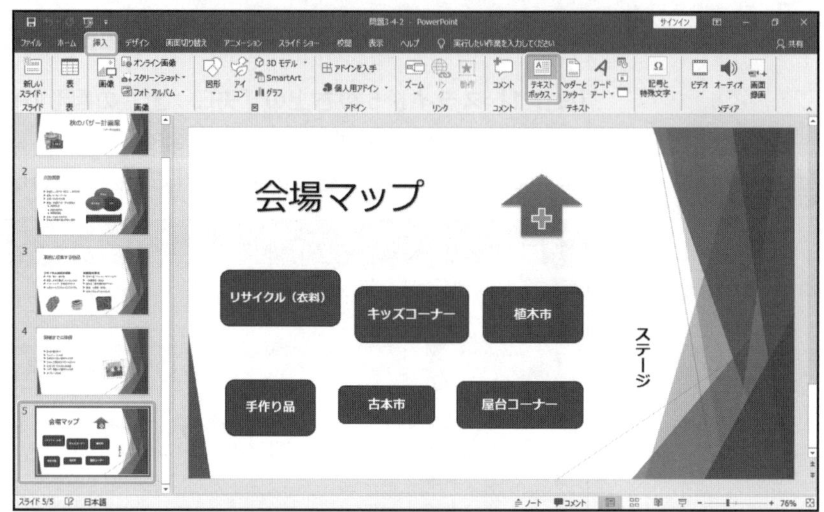

❸マウスポインターの形状が ↓ に変わったことを確認し、矢印の右側の最初の文字を入力したい位置でクリックします。

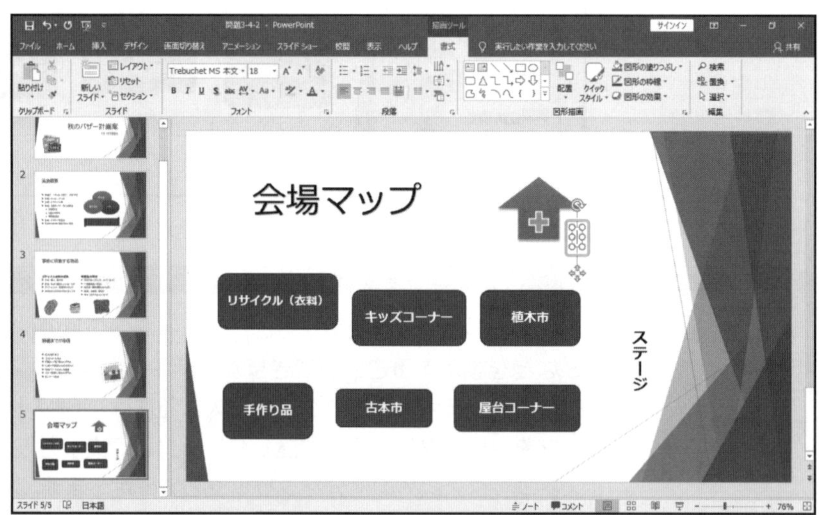

❹「救護室」と入力します。

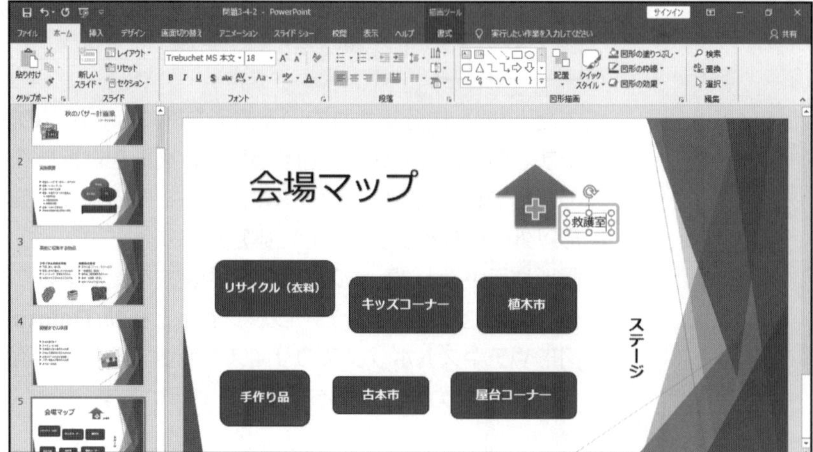

その他の操作方法

テキストボックスの挿入

［ホーム］タブの［図形描画］または［挿入］タブの［図形］ボタンをクリックして表示される［基本図形］の一覧からも挿入できます。

ヒント

［テキストボックス］ボタン

［テキストボックス］ボタンの上部をクリックすると横書きテキストボックスが挿入されます。縦書きテキストボックスを挿入する場合は、［テキストボックス］ボタンの▼をクリックして［縦書きテキストボックス］をクリックします。作成後にテキストボックスの文字列の方向を変更することもできます。

ヒント

テキストボックス内の改行

テキストボックス内で **Enter** キーを押すと改行され、テキストボックスが広がります。**BackSpace** キーを押すと改行が削除されて元の大きさに戻ります。

⑤テキストボックス以外の部分をクリックして、選択を解除します。

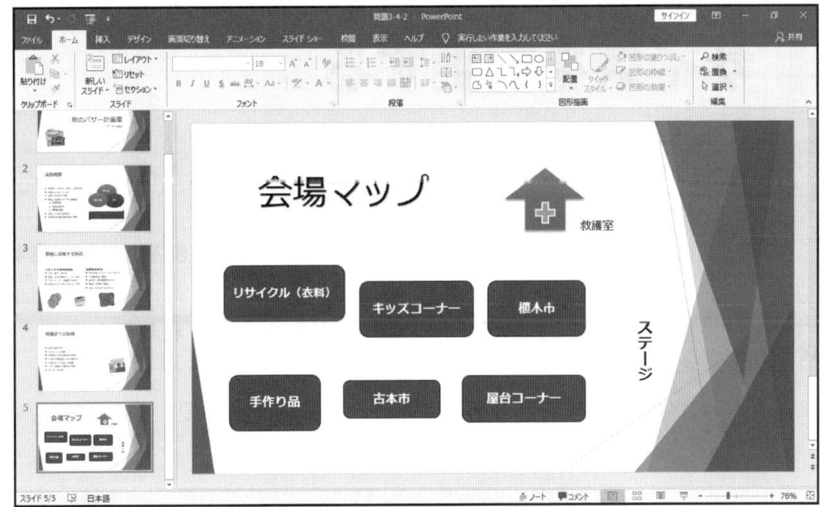

【操作 2】

⑥スライド 2 の右下の横巻の図形を選択します。

⑦「ご協力お願いします」と入力します。

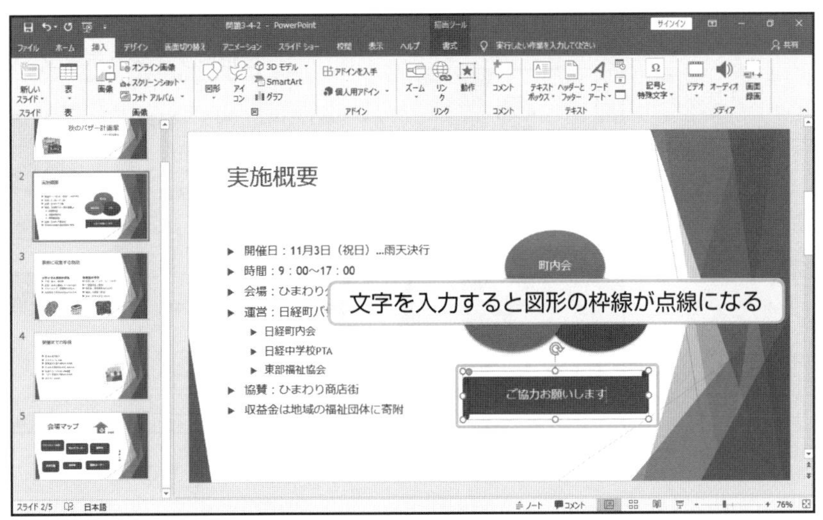

⑧図形以外の部分をクリックして、選択を解除します。

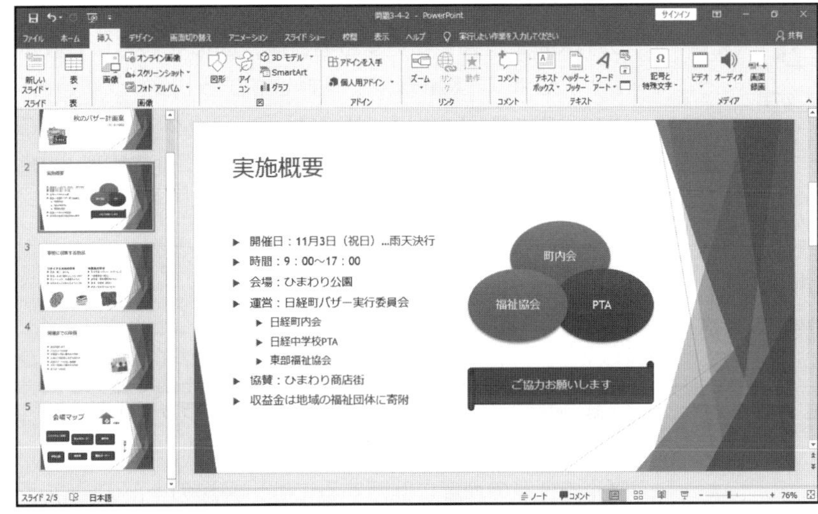

3-4-3 図形やテキストボックスのサイズを変更する

練習問題

問題フォルダー
└問題 3-4-3.pptx

解答フォルダー
└解答 3-4-3.pptx

【操作 1】スライド 2 の「ご協力お願いします」と入力された図形のサイズを高さ「2cm」、幅「8cm」に変更します。

【操作 2】スライド 5 の「救護室」と入力されたテキストボックスのサイズを高さ「1.5cm」、幅「3cm」に変更します。

【操作 3】「ステージ」と入力された図形のサイズを、縦横比を固定して「90%」に変更します。

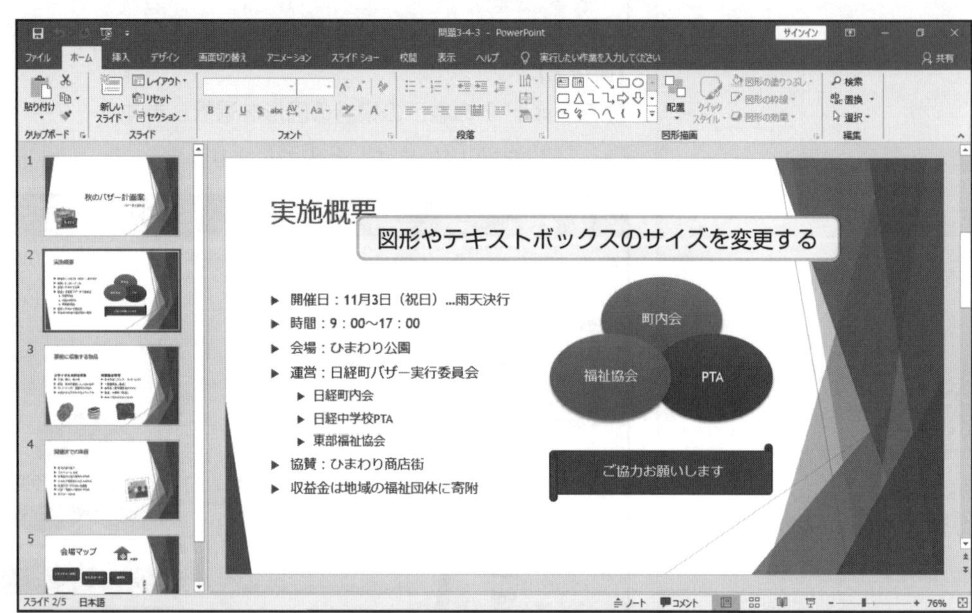

機能の解説

- □ 図形のサイズ変更
- □ サイズ変更ハンドル
- □ スマートガイド
- □ [図形の高さ] ボックス
- □ [図形の幅] ボックス
- □ [図形の書式設定] 作業ウィンドウ
- □ サイズの比率

スライドに挿入した図形やテキストボックスのサイズを変更することができます。図形のサイズをマウスで変更する場合は、図形を選択して表示されるサイズ変更ハンドルをドラッグします。**Shift** キーを押しながらドラッグすると高さと幅の比率が固定されたまま変更でき、**Ctrl** キーを押しながらドラッグすると図形の中心を固定した状態で変更できます。マウスでサイズを変更するときは、他の図形との配置やサイズを揃えやすいようにスマートガイドが表示されます（「3-5-2　配置用のツールを表示する、図形や画像を配置する」を参照）。

図形のサイズ変更ハンドル

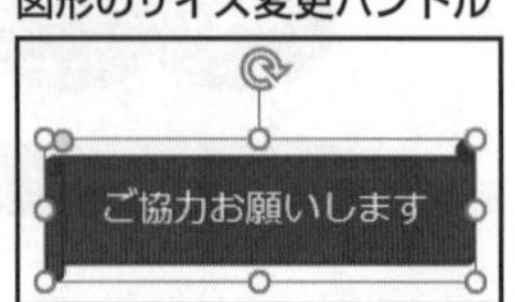

8 方向にあるサイズ変更ハンドルをポイントして変更したい大きさにドラッグする

図形を任意の角度に回転するには、図形の上部の 回転ハンドルをマウスでドラッグします。角度を数値で指定する場合は［書式］タブの ［回転］ボタンの［その他の回転オプション］をクリックし、［図形の書式設定］作業ウィンドウの［サイズとプロパティ］の［サイズ］の［回転］ボックスで数値を指定します。

ヒント

形状変更ハンドル

図形の種類によってはサイズ変更ハンドルや回転ハンドルのほかに黄色やピンク色の形状変更ハンドルが表示されます。このハンドルをドラッグして図形の形状を変更することができます。

文字列が入力されている図形やテキストボックスは、プレースホルダーと同じように枠線が実線の状態になるように選択します。

図形の文字列を編集の状態（枠線が点線）

図形を選択している状態（枠線が実線）

サイズを数値で指定する場合は、［書式］タブの 2.36 cm ［図形の高さ］ボックスや 7.51 cm ［図形の幅］ボックスに数値を指定するか、［サイズ］の ［配置とサイズ］ボタンをクリックして［図形の書式設定］作業ウィンドウを使用します。［図形の書式設定］作業ウィンドウでは、サイズを比率（パーセント）で指定することもできます。

［図形の書式設定］作業ウィンドウの［サイズとプロパティ］の［サイズ］

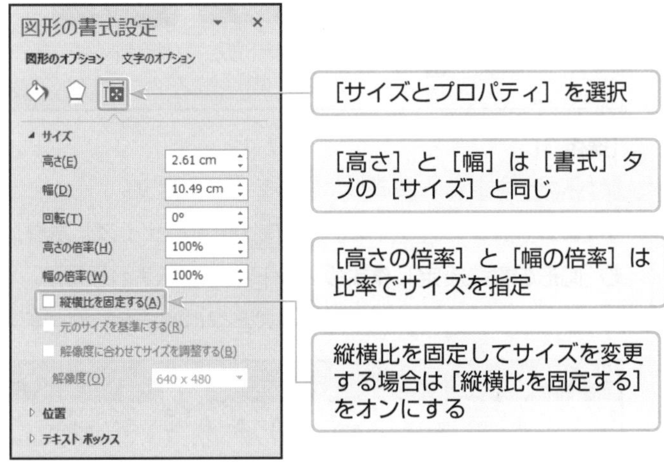

操作手順

【操作 1】

❶ スライド 2 の「ご協力お願いします」と入力された図形を選択します。

❷［書式］タブの［図形の高さ］ボックスに「2cm」、［図形の幅］ボックスに「8cm」と指定します。

❸ 図形のサイズが変更されます。

ポイント

単位の省略

［図形の高さ］や［図形の幅］ボックス、［図形の書式設定］作業ウィンドウのボックスに直接数値を入力する場合、単位は省略できます。

【操作 2】

❹ スライド5の「救護室」と入力されたテキストボックスを選択します。

❺［書式］タブの［図形の高さ］ボックスに「1.5cm」、［図形の幅］ボックスに「3cm」と指定します。

❻ テキストボックスのサイズが変更されます。

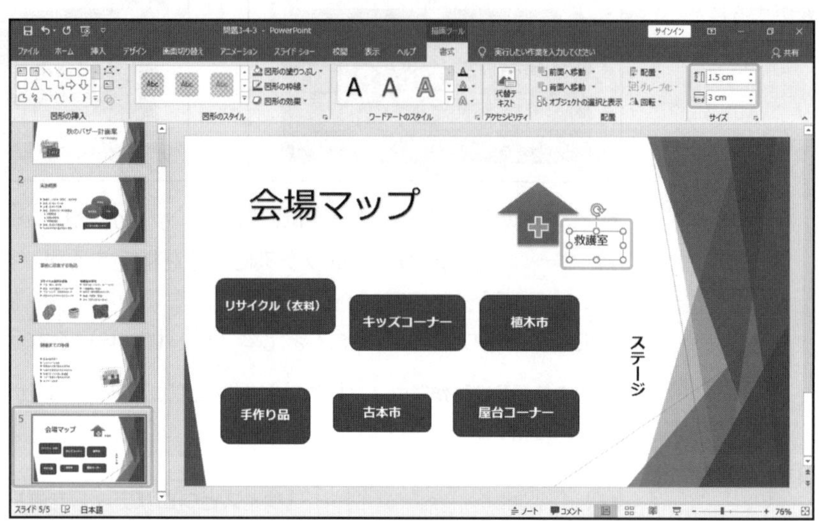

【操作 3】

❼「ステージ」と入力された図形を選択します。

❽［書式］タブの［サイズ］の ［配置とサイズ］ボタンをクリックします。

❾［図形の書式設定］作業ウィンドウが表示されます。

❿［図形のオプション］の［サイズとプロパティ］が選択されていることを確認します。

⓫［サイズ］の［縦横比を固定する］チェックボックスをオンにします。

⓬［高さの倍率］ボックスに「90%」と指定します。

⓭［幅の倍率］ボックスにカーソルを移動し、「90%」と表示されることを確認します。

⓮ 図形のサイズが変更されます。

その他の操作方法

［図形の書式設定］作業ウィンドウの［サイズとプロパティ］の表示

図形を右クリックして［配置とサイズ］をクリックします。

⑮［図形の書式設定］作業ウィンドウの ✕ ［閉じる］ボタンをクリックします。

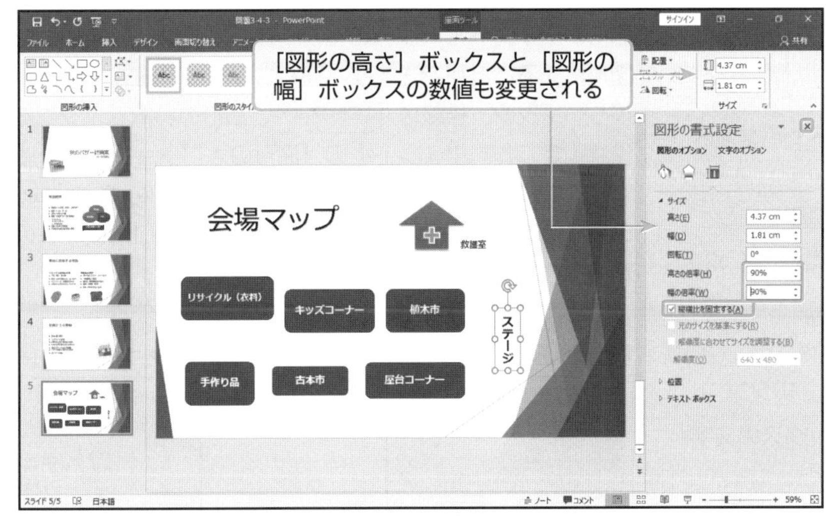

3-4-4 図形やテキストボックスの書式を設定する

練習問題

問題フォルダー
└問題 3-4-4.pptx

解答フォルダー
└解答 3-4-4.pptx

【操作 1】スライド 5 の「ステージ」と入力された図形に塗りつぶしの色「ゴールド、背景 2、白＋基本色 60%」、枠線に色「茶、アクセント 5」、太さ「6pt」、二重線を設定します。

【操作 2】「救護室」と入力されたテキストボックスにグラデーション「薄いグラデーション - アクセント 6」、種類「四角」、方向「中央から」を設定します。

【操作 3】「救護室」の文字列の配置を「自動調整なし」に変更して「中心」にします。

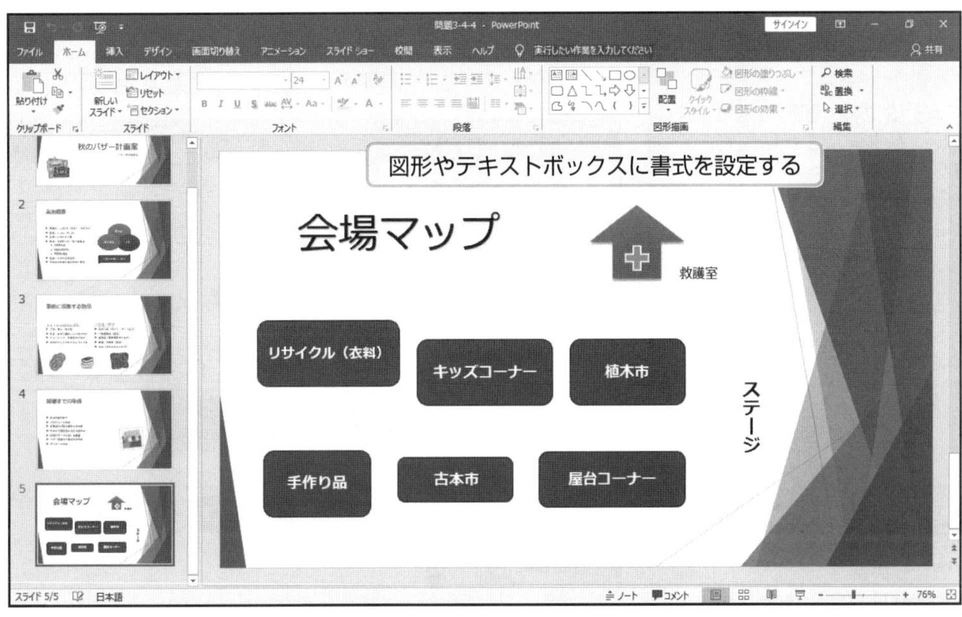

機能の解説

重要用語

- □ 図形やテキストボックスの書式設定
- □ 図形の塗りつぶし
- □ [図形の塗りつぶし] ボタン
- □ 図形の枠線
- □ [図形の枠線] ボタン
- □ テキストボックスの文字列の配置変更
- □ 自動調整なし

図形やテキストボックスの塗りつぶしや枠線などの書式を変更してオリジナリティのある図形にすることができます。塗りつぶしは [書式] タブの 図形の塗りつぶし [図形の塗りつぶし] ボタン、枠線は 図形の枠線 [図形の枠線] ボタンを使用し、詳細な設定は [図形の書式設定] 作業ウィンドウの [図形のオプション] の [塗りつぶしと線] を使用します。

サイズを変更したテキストボックスの文字列の垂直方向の配置を変更する場合は、[図形の書式設定] 作業ウィンドウの [サイズとプロパティ] の [テキストボックス] の [自動調整なし] をオンにしてから配置を変更します。

[図形の書式設定] 作業ウィンドウの [塗りつぶしと線] の [塗りつぶし]

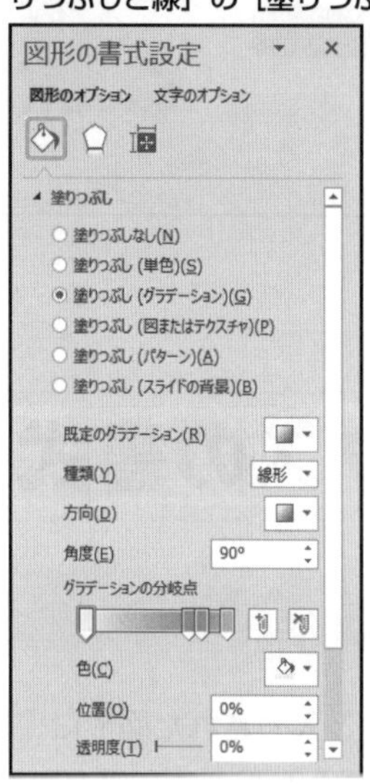

[図形の書式設定] 作業ウィンドウの [サイズとプロパティ] の [テキストボックス]

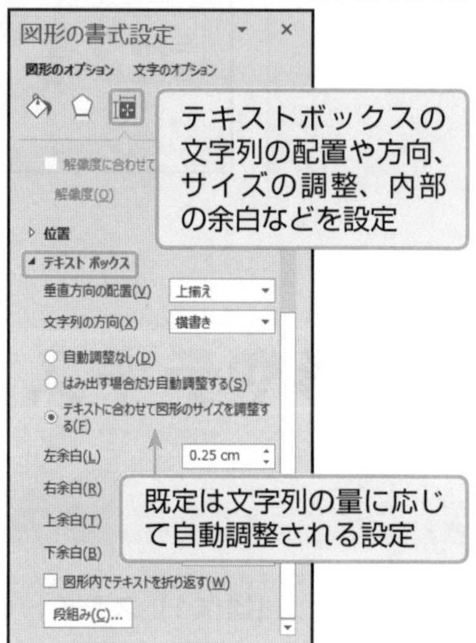

操作手順

その他の操作方法

図形の塗りつぶし

[ホーム] タブの [図形の塗りつぶし] ボタン、または図形を右クリックしてミニツールバーの [塗りつぶし] ボタンを使用します。

ポイント

塗りつぶしの解除

[図形の塗りつぶし] ボタンの▼をクリックして、[塗りつぶしなし] をクリックします。

【操作 1】

❶スライド 5 の「ステージ」と入力された図形を選択します。

❷[書式] タブの 図形の塗りつぶし [図形の塗りつぶし] ボタンの▼をクリックし、[テーマの色] の [ゴールド、背景 2、白＋基本色 60%] をクリックします。

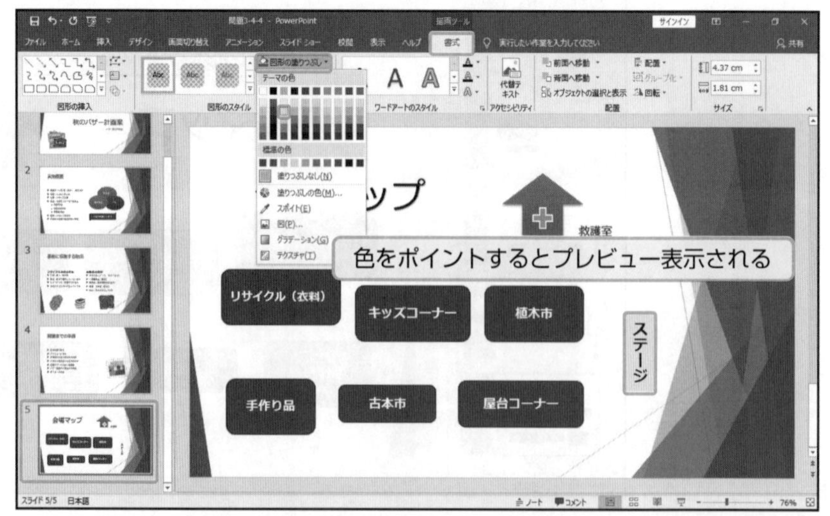

❸図形に塗りつぶしの色が設定されます。

❹［書式］タブの ［図形の枠線▼］［図形の枠線］ボタンの▼をクリックし、［テーマの色］の［茶、アクセント 5］をクリックします。

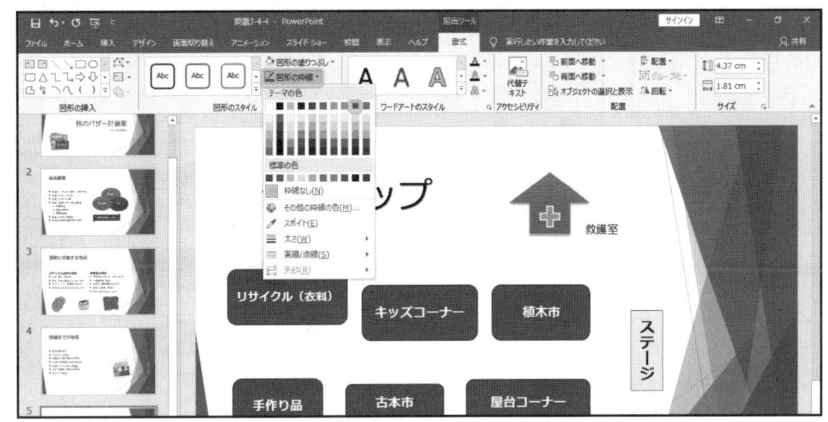

❺ ［図形の枠線▼］［図形の枠線］ボタンの▼をクリックし、［太さ］をポイントして［6pt］をクリックします。

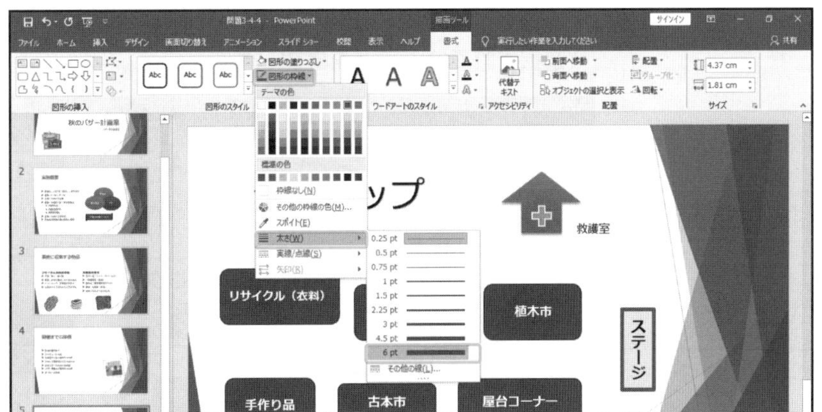

❻枠線の太さが変更されます。

❼ ［図形の枠線▼］［図形の枠線］ボタンの▼をクリックし、［実線 / 点線］をポイントして［その他の線］をクリックします。

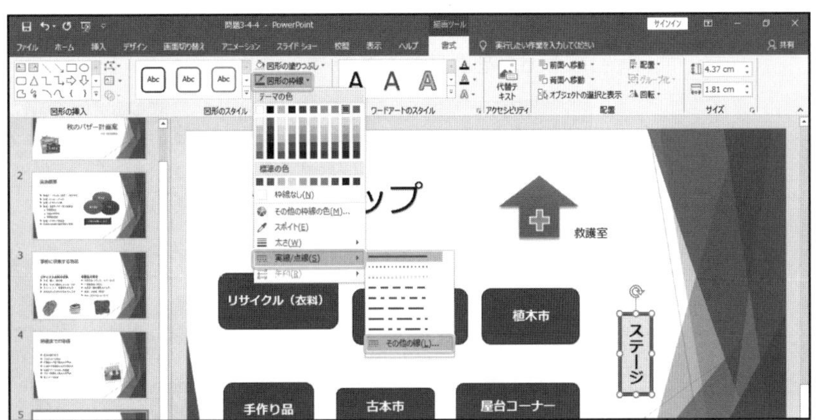

❽［図形の書式設定］作業ウィンドウが表示され、［図形のオプション］の［塗りつぶしと線］が選択されていることを確認します。

その他の操作方法

図形の枠線

［ホーム］タブの［図形の枠線］ボタン、または図形を右クリックしてミニツールバーの［枠線］ボタンを使用します。

ヒント

線の太さ

一覧に目的の太さがない場合は、［図形の書式設定］作業ウィンドウの［塗りつぶしと線］の［線］の［幅］ボックスに数値を指定します。

ヒント

図形の枠線の削除

［図形の枠線］ボタンの▼をクリックし、一覧から［線なし］をクリックします。

ヒント

複数の線の設定

［図形の書式設定］作業ウィンドウの［塗りつぶしと線］の［線］の一覧で複数の線の設定をまとめて行うことができます。

⑨［線］の［一重線 / 多重線］の をクリックして［二重線］をクリックします。

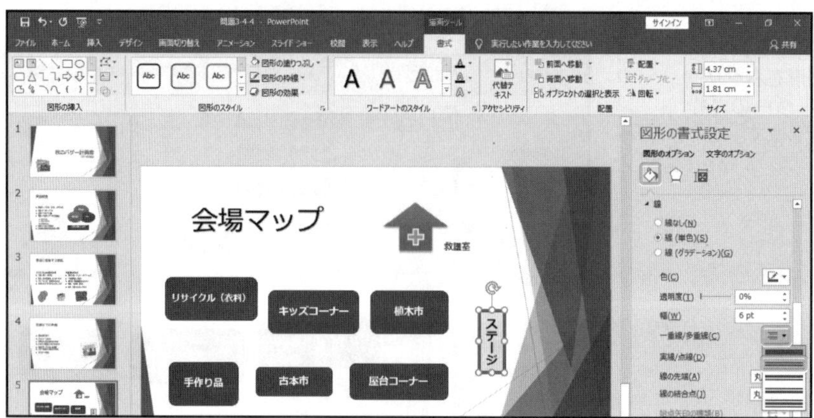

⑩図形の枠線の種類が変更されます。

【操作 2】

⑪「救護室」と入力されたテキストボックスを選択します。

⑫［図形の書式設定］作業ウィンドウの［図形のオプション］の［塗りつぶしと線］が選択されていることを確認します。

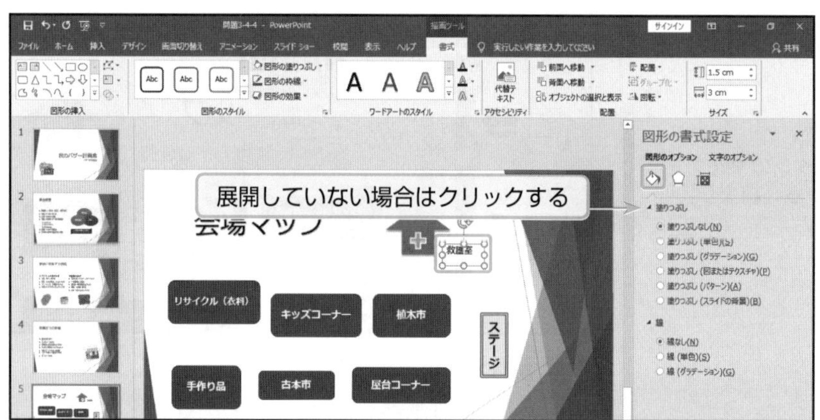

⑬［塗りつぶし］の［塗りつぶし（グラデーション）］をオンにします。

⑭［既定のグラデーション］の をクリックして［薄いグラデーション - アクセント 6］をクリックします。

⑮［種類］ボックスをクリックして［四角］をクリックします。

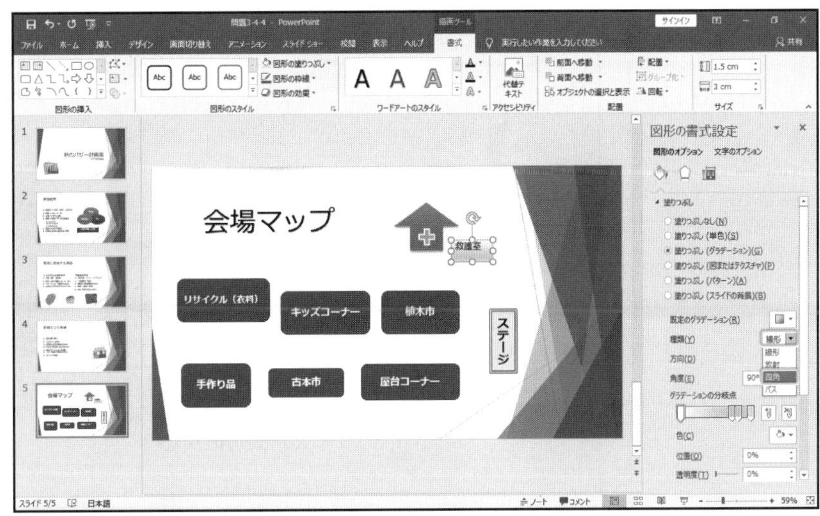

⑯［方向］の［▣▾］をクリックして［中央から］をクリックします。

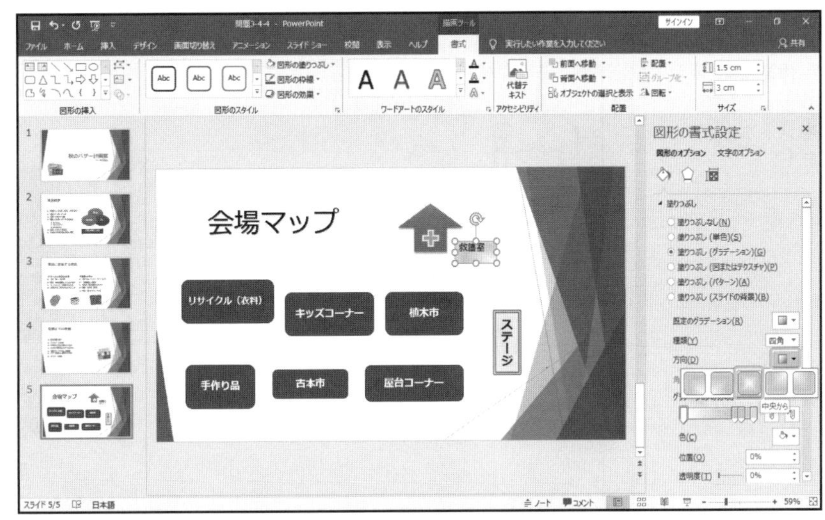

⑰テキストボックスにグラデーションの塗りつぶしが設定されます。

【操作 3】

⑱「救護室」と入力されたテキストボックスが選択されていることを確認します。

⑲［図形の書式設定］作業ウィンドウの［図形のオプション］の［サイズとプロパティ］をクリックします。

⑳［テキストボックス］をクリックします。

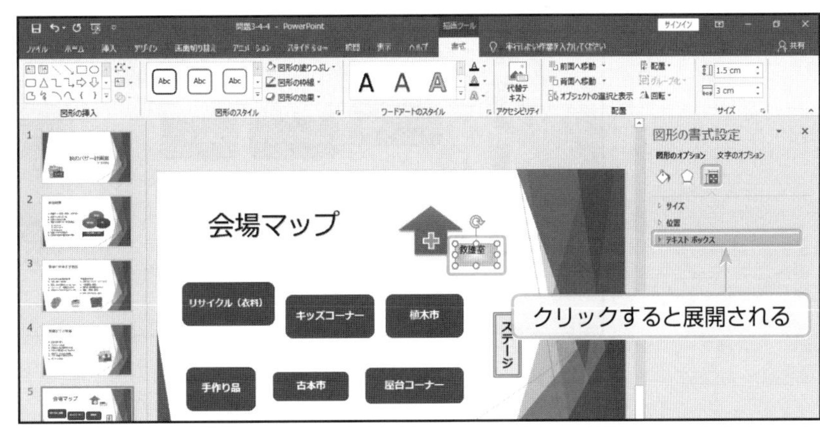

㉑［自動調整なし］をオンにします。

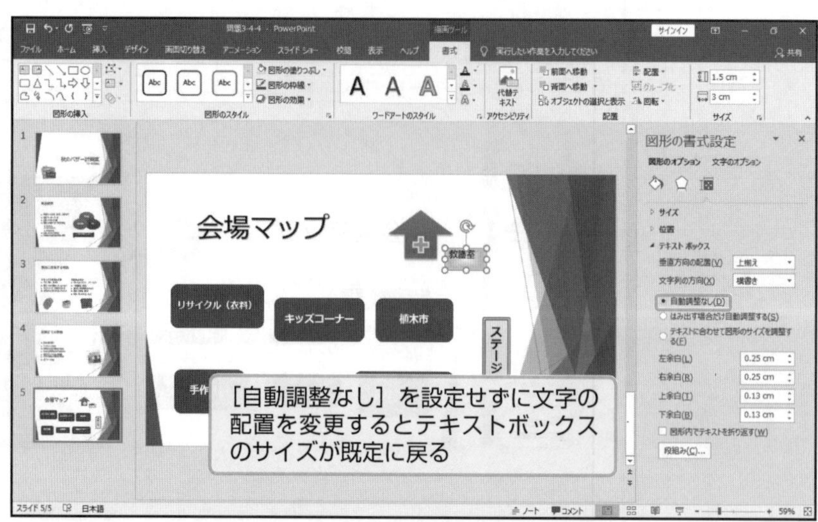

その他の操作方法

テキストボックス内の文字の配置

［図形の書式設定］作業ウィンドウの［文字のオプション］をクリックして［テキストボックス］をクリックします。

㉒［垂直方向の配置］の右側のボックスをクリックして［中心］をクリックします。

㉓テキストボックスの中心に文字が配置されます。

㉔［図形の書式設定］作業ウィンドウの ✕［閉じる］ボタンをクリックします。

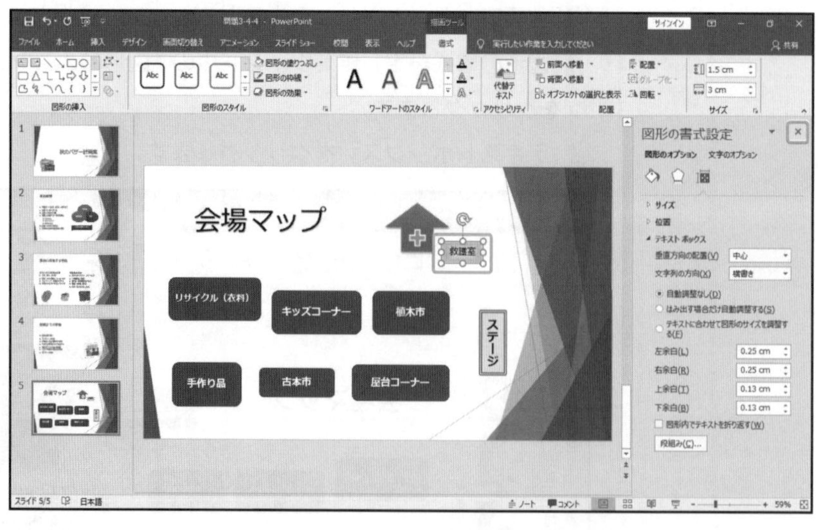

3-4-5 図形やテキストボックスに組み込みスタイルを適用する

練習問題

問題フォルダー
└問題 3-4-5.pptx

解答フォルダー
└解答 3-4-5.pptx

【操作 1】スライド 5 の図形「リサイクル（衣料）」と「手作り品」に「光沢 - 濃い赤、アクセント 1」、「キッズコーナー」と「古本市」に「光沢 - オレンジ、アクセント 3」、「植木市」と「屋台コーナー」に「光沢 - 茶、アクセント 6」の図形のスタイルを設定します。

【操作 2】「救護室」と入力されたテキストボックスに「標準スタイル 2」の図形の効果を設定します。

【操作 3】「会場マップ」にワードアートのスタイル「塗りつぶし（パターン）: オレンジ、アクセントカラー 3、細い横線；影（内側）」と「光彩：11pt；茶、アクセントカラー 5」の文字の効果を設定します。

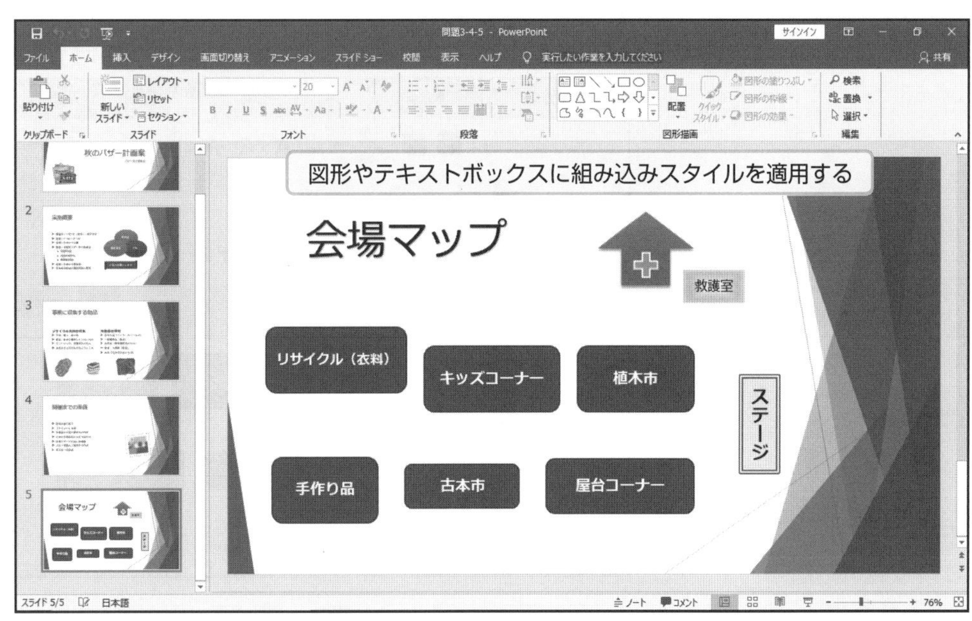

機能の解説

重要用語

- 図形のスタイル
- ［図形の効果］ボタン
- 複数の図形の選択
- ワードアート
- ワードアートのスタイル
- ［ワードアートのスタイル］

図形のスタイルとは、塗りつぶしや線、効果などの書式が複数組み合わされたものです。図形には、あらかじめテーマに沿ったスタイルが設定されています。［書式］タブの［図形のスタイル］のギャラリーを使ってスタイルを簡単に変更することができます。また、［図形の効果］ボタンを使用して図形やテキストボックスに「標準スタイル」や「影」、「反射」などの一覧から効果を設定することができます。複数の図形に同じ設定をするときは、1 つ目の図形を選択した後、2 つ目以降の図形を **Shift** キーまたは **Ctrl** キーを押しながらクリックして選択して操作します。

ワードアートとは、色や輪郭、影などの特殊効果が設定された飾り文字のことです。入力済みの文字列にワードアートのスタイルを設定するには、プレースホルダーやテキストボックス、文字列などを選択して［書式］タブの［ワードアートのスタイル］の一覧から選択します。また、［ワードアートのスタイル］にある各ボタンを使用して塗りつぶしや輪郭、効果を変更できます。［ホーム］タブの［フォント］にある各ボタンを使って、フォントの種類やフォントサイズなどを変更することも可能です。ワードアートの文字列を修正するには、ワードアート内をクリックしてカーソルを表示し、文字の追加や削除を行います。

［書式］タブの［図形のスタイル］と［ワードアートのスタイル］

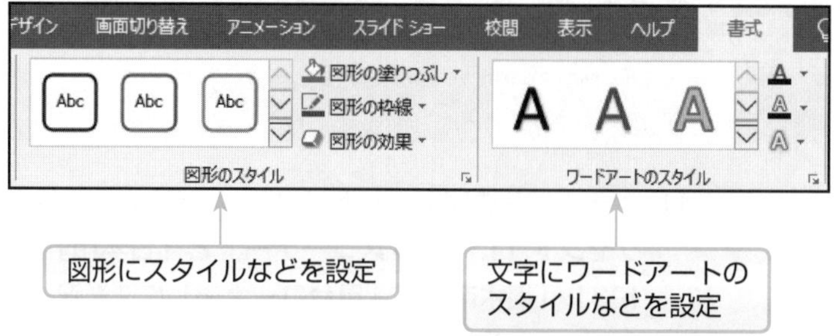

図形にスタイルなどを設定

文字にワードアートのスタイルなどを設定

操作手順

【操作 1】

❶スライド 5 の「リサイクル（衣料）」と入力された図形をクリックし、**Shift** キーまたは **Ctrl** キーを押しながら「手作り品」と入力された図形をクリックします。

❷［書式］タブの［図形のスタイル］の［その他］ボタンをクリックします。

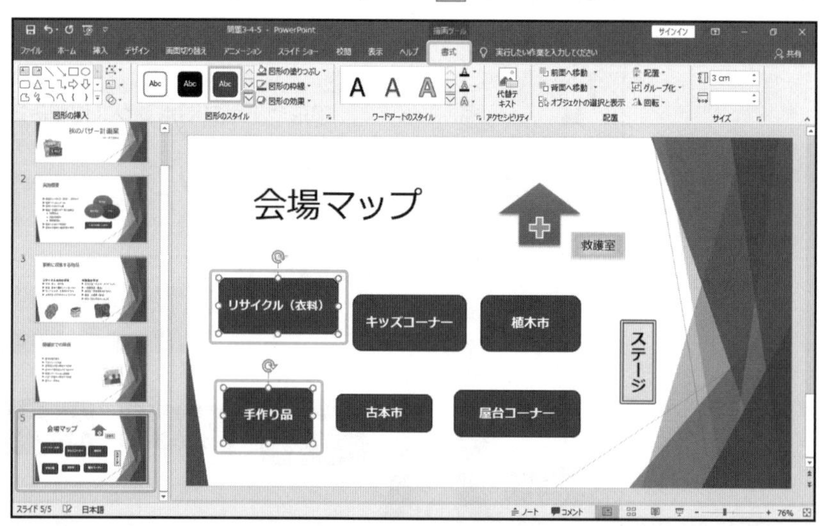

❸［テーマスタイル］の［光沢 - 濃い赤、アクセント 1］をクリックします。

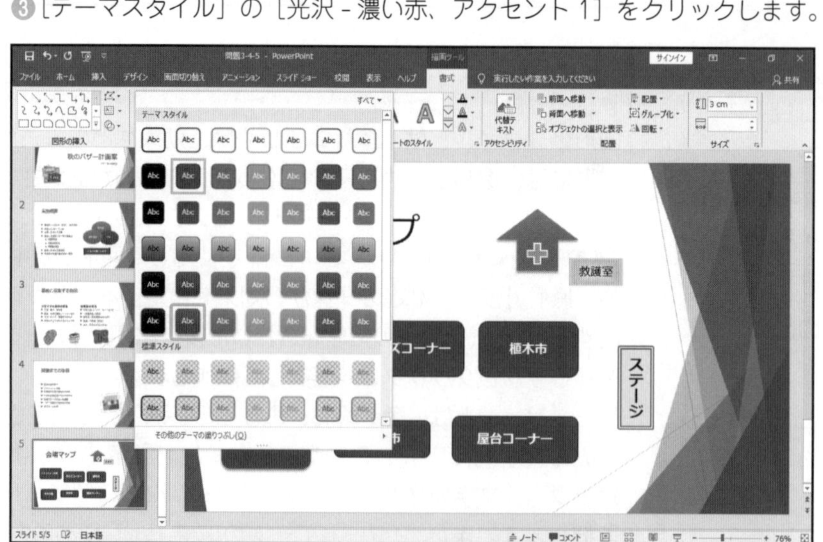

その他の操作方法

図形のスタイル

［ホーム］タブの［クイックスタイル］ボタンまたは図形を右クリックしてミニツールバーの［スタイル］ボタンを使用します。

［クイックスタイル］ボタン

④「キッズコーナー」と入力された図形をクリックし、**Shift** キーまたは **Ctrl** キーを押しながら「古本市」と入力された図形をクリックします。

⑤［図形の書式］タブの［図形のスタイル］の［その他］ボタンをクリックし、［テーマスタイル］の［光沢 - オレンジ、アクセント 3］をクリックします。

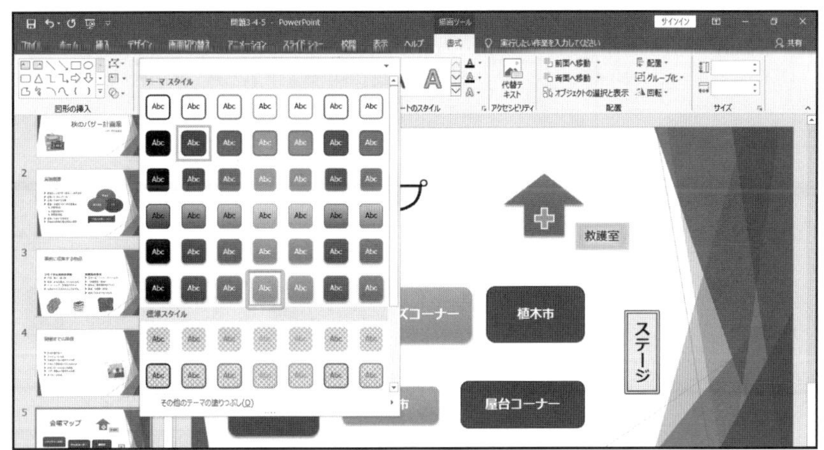

⑥同様に「植木市」と「屋台コーナー」と入力された図形に図形のスタイル［光沢 - 茶、アクセント 6］を設定します。

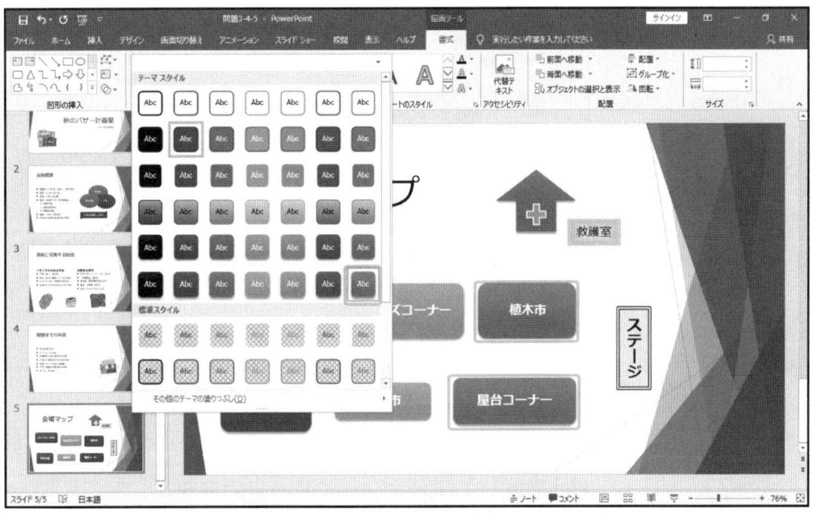

⑦図形にスタイルが設定されます。

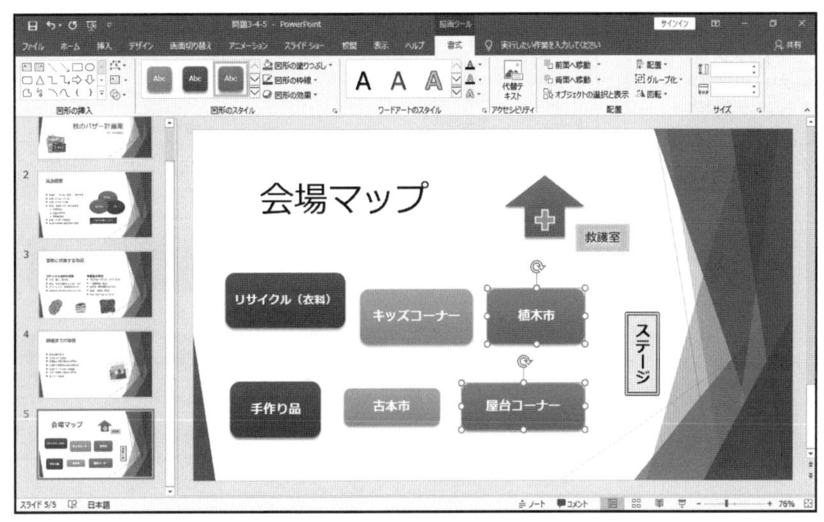

【操作 2】

❽「救護室」と入力されたテキストボックスを選択します。

❾［書式］タブの 図形の効果 ［図形の効果］ボタンをクリックし、［標準スタイル］をポイントして［標準スタイル］の［標準スタイル 2］をクリックします。

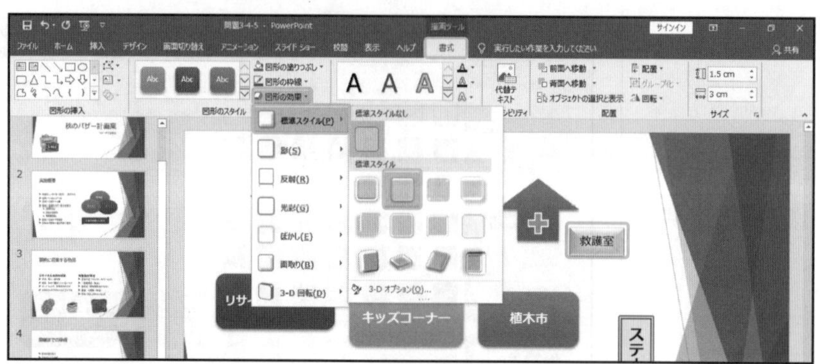

❿テキストボックスにスタイルが設定されます。

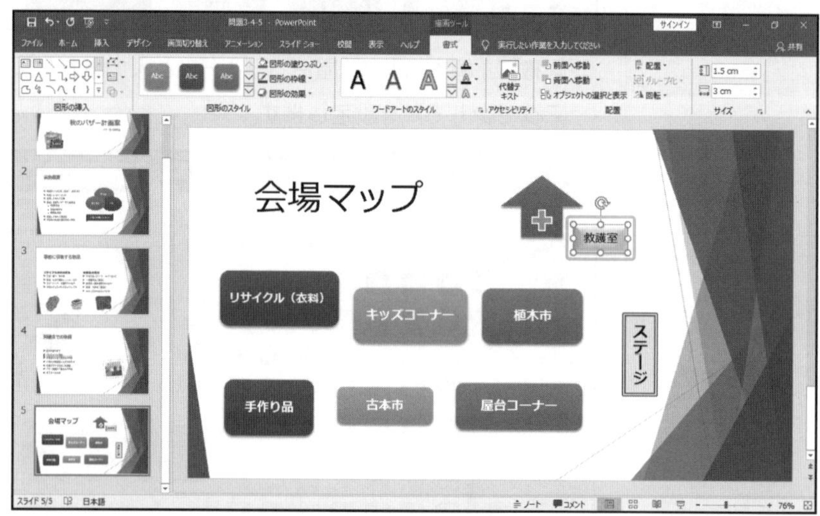

【操作 3】

⓫「会場マップ」と入力されたテキストボックスを選択します。

⓬［書式］タブの［ワードアートのスタイル］の ［その他］ボタンをクリックします。

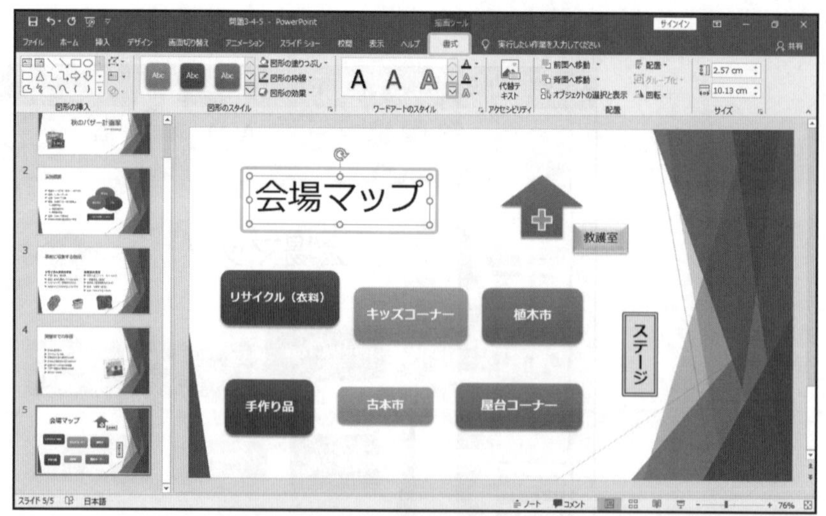

ヒント

既存の文字列からワードアートを新規作成

文字列を範囲選択し、［挿入］タブの［ワードアート］ボタンをクリックして一覧から目的のスタイルを選択すると、選択した文字列を基に新しくワードアートが作成されます。

⑬［塗りつぶし（パターン）：オレンジ、アクセントカラー 3、細い横線；影（内側）］をクリックします。

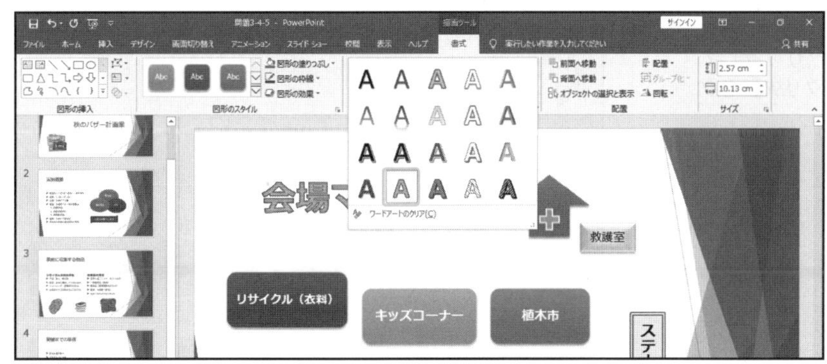

⑭文字列にワードアートのスタイルが適用されます。

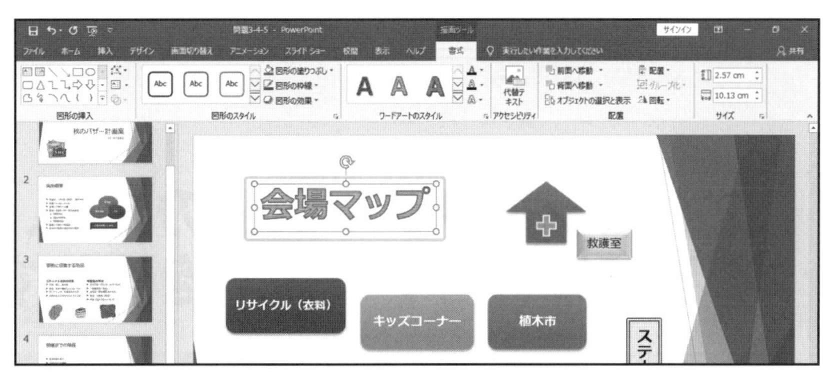

⑮［書式］タブの［ワードアートスタイル］の［文字の効果］ボタンをクリックします。

⑯［光彩］をポイントし、［光彩の種類］の［光彩：11pt；茶、アクセントカラー 5］をクリックします。

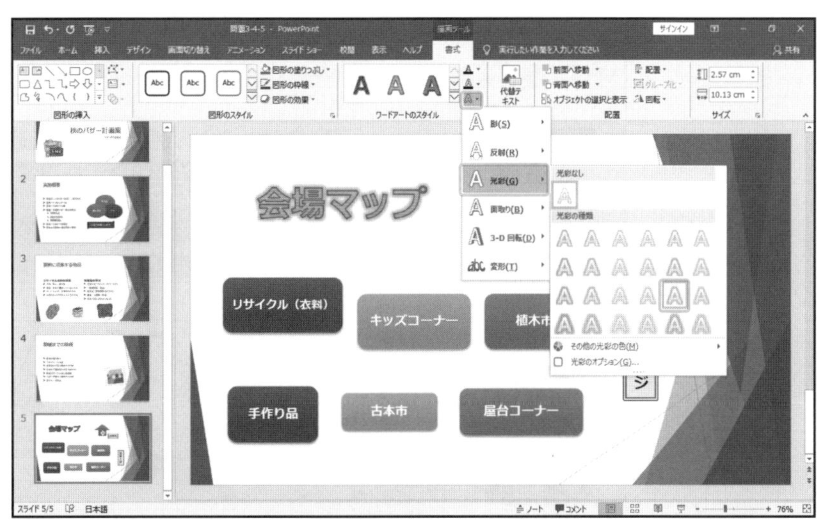

ポイント

新しいワードアートの挿入

新しいワードアートを挿入するには、［挿入］タブの［ワードアート］ボタンをクリックして一覧から目的のスタイルを選択し、スライドの中央に挿入された「ここに文字を入力」に文字を入力します。

［ワードアート］ボタン

ポイント

ワードアートの解除

解除するワードアートを選択し、[書式] タブの [ワードアートスタイル] をクリックして [ワードアートのクリア] をクリックします

⑰ワードアートに文字の効果が設定されます。

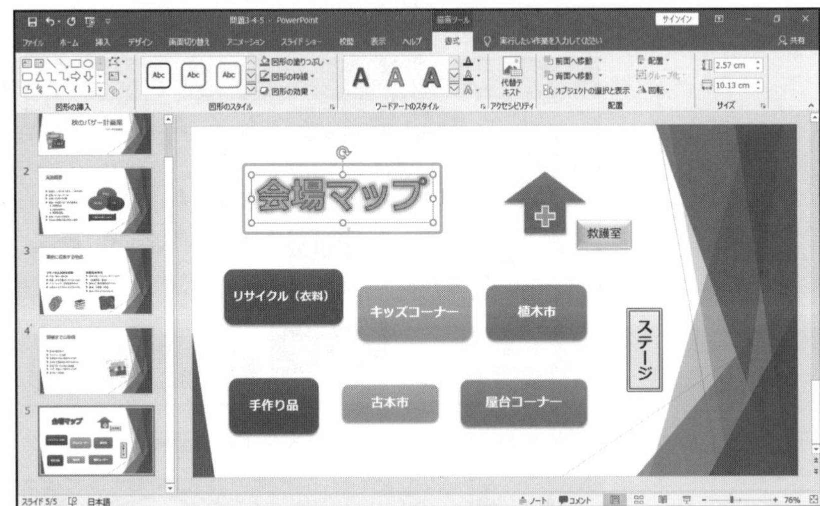

3-4-6 アクセシビリティ向上のため、グラフィック要素に代替テキストを追加する

練習問題

問題フォルダー
└問題 3-4-6.pptx

解答フォルダー
└解答 3-4-6.pptx

スライド５の地図の画像に「簡易地図」、吹き出しの図形に「駅から徒歩１分」という代替テキストを追加します。

機能の解説

重要用語

- 代替テキスト
- [代替テキスト] ボタン
- [代替テキスト] ウィンドウ

スライドに挿入したグラフィックに代替テキストを追加して、視覚に障害があるユーザーがわかりやすくすることができます。(「1-5-2　プレゼンテーションを検査する」の「アクセシビリティチェック」を参照)。代替テキストの設定は、画像や図形を選択して表示される［書式］タブの［代替テキスト］ボタンをクリックして表示される［代替テキスト］ウィンドウのボックスに入力します。

操作手順

その他の操作方法

［代替テキスト］ウィンドウの表示

図や図形で右クリックして［代替テキストの編集］をクリックします。

❶ スライド５の地図を選択します。

❷［書式］タブの［代替テキスト］ボタンをクリックします。

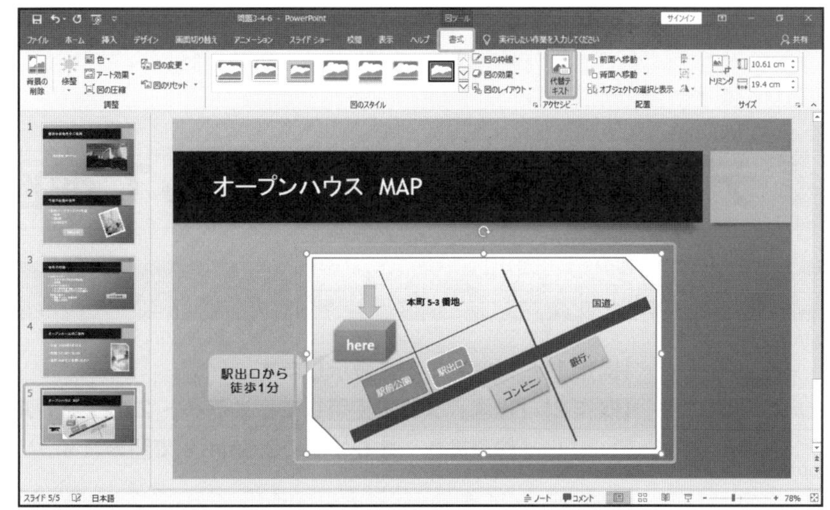

❸［代替テキスト］ウィンドウのボックスが表示されます。

❹ ボックス内をクリックし、「簡易地図」と入力します。

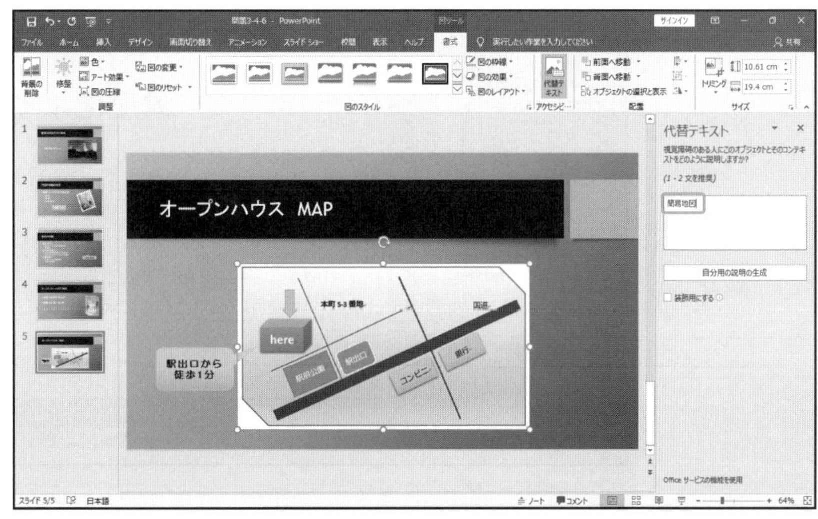

❺ 吹き出しをクリックして［代替テキスト］ウィンドウのボックス内をクリックし、「駅から徒歩１分」と入力します。

❻［代替テキスト］ウィンドウの［× 閉じる］ボタンをクリックします。

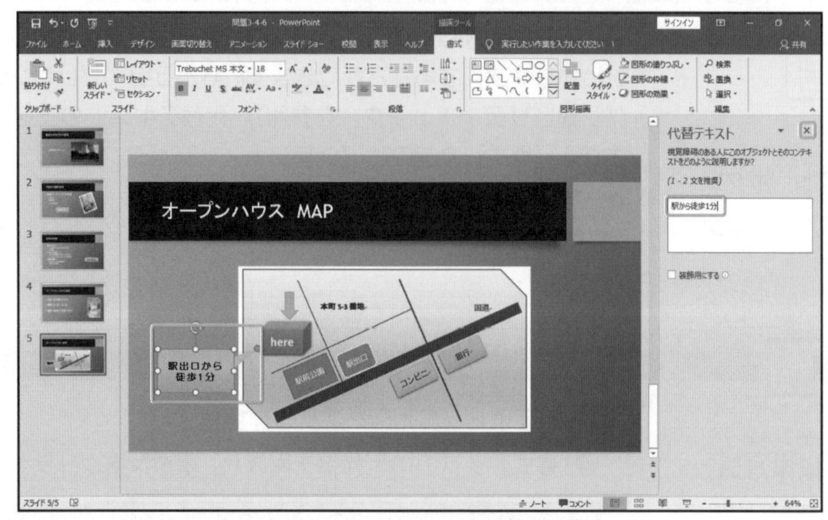

3-4-7 デジタルインクを使用して描画する

練習問題

問題フォルダー
└問題 3-4-7.pptx
解答フォルダー
└解答 3-4-7.pptx

【操作 1】［描画］タブを表示します。

【操作 2】［描画］タブを使用して、スライド 2 のタイトルの文字列「濃度による種類」を「鉛筆書き：オレンジ、3.5mm」で囲みます。

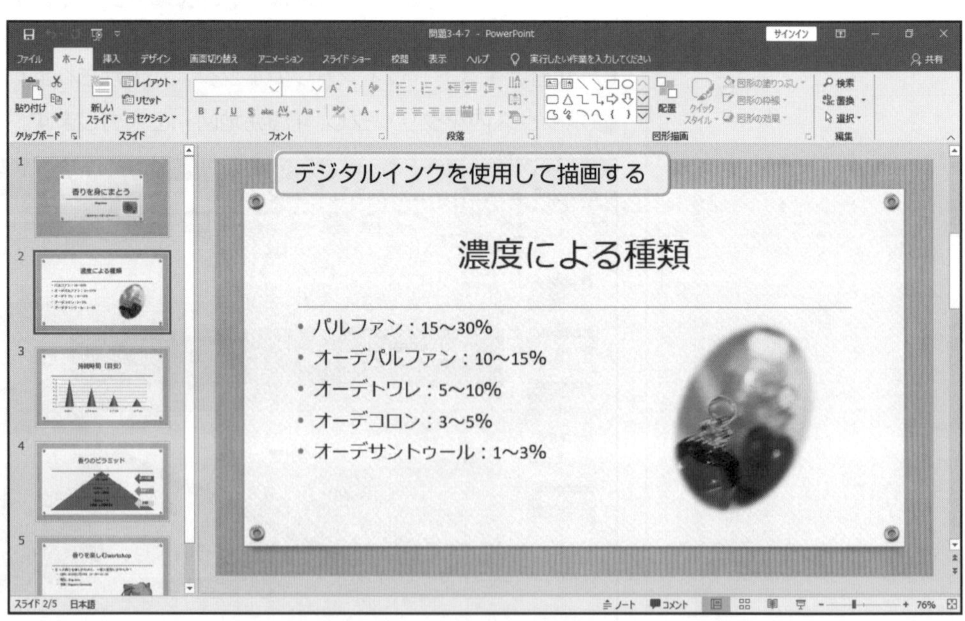

機能の解説

□［描画］タブ
□ インク

［描画］タブにあるインク機能を使用して、スライドにテキストや図形などを手書きのように描画することができます。［描画］タブを表示するには、任意のリボンで右クリックして［リボンのユーザー設定］をクリックし、［PowerPoint のオプション］ダイアログボックスの［リボンのユーザー設定］の［描画］チェックボックスをオンにします。ペンの種

類は、ペン、鉛筆書き、蛍光ペンがあり、各ボタンをクリックして色や太さなどを変更することが可能です。インクを終了するには **Esc** キーを押すか、［描画］タブの［描画］ボタンをクリックしてオフにします。

［描画］タブ

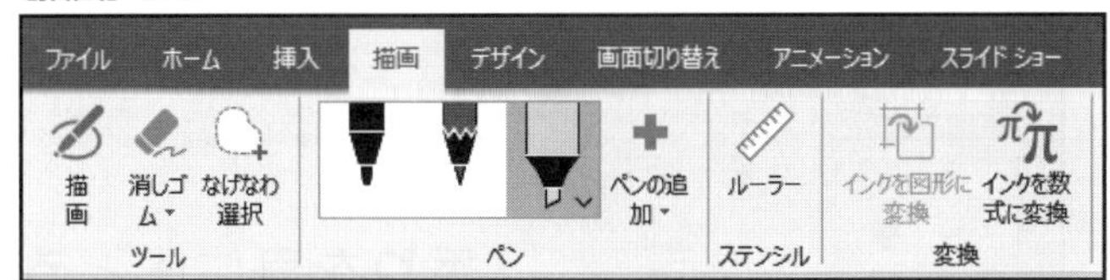

なお、使用しているデバイス（ノートパソコンやモニターなど）がタッチ対応の場合は［描画］タブは自動的に表示され、マウスのほかに指やデジタルペンなどを使用して描画することができます。

操作手順

【操作 1】

❶ 任意のリボン上で右クリックし、［リボンのユーザー設定］をクリックします。

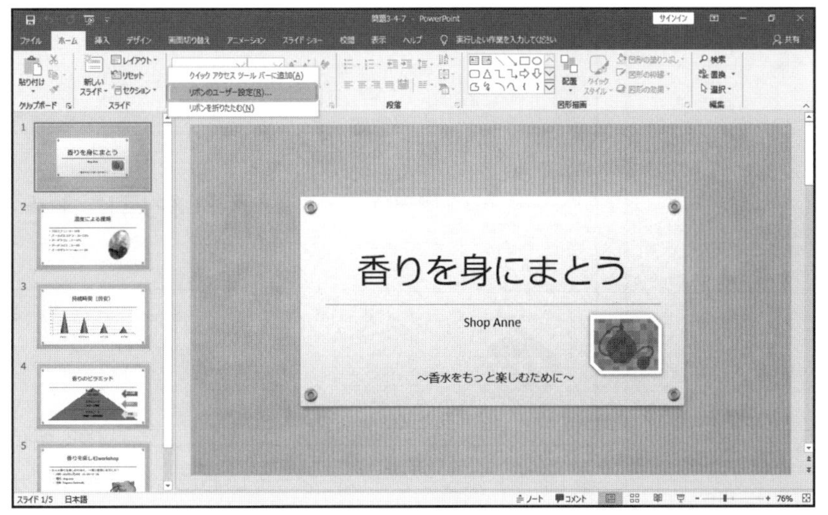

❷［PowerPoint のオプション］ダイアログボックスの［リボンのユーザー設定］画面が表示されます。

❸［リボンのユーザー設定］の［描画］チェックボックスをオンにして、［OK］をクリックします。

その他の操作方法

［描画］タブの表示

［ファイル］タブの［オプション］をクリックして表示される［PowerPoint のオプション］ダイアログボックスで［リボンのユーザー設定］をクリックして［描画］チェックボックスをオンにします。

❹［描画］タブが表示されます。

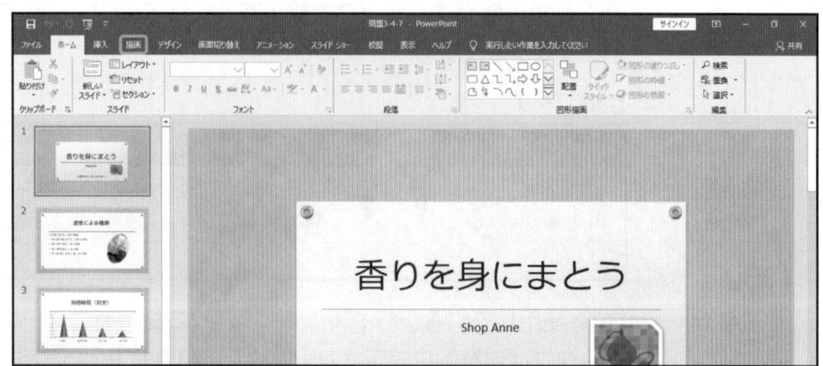

【操作 2】

❺［描画］タブの［鉛筆書き］をクリックし、［太さ］の［3.5mm］、［色］の［オレンジ］をクリックします（［鉛筆書き］が表示されない場合は、他のペンを選択して操作してください）。

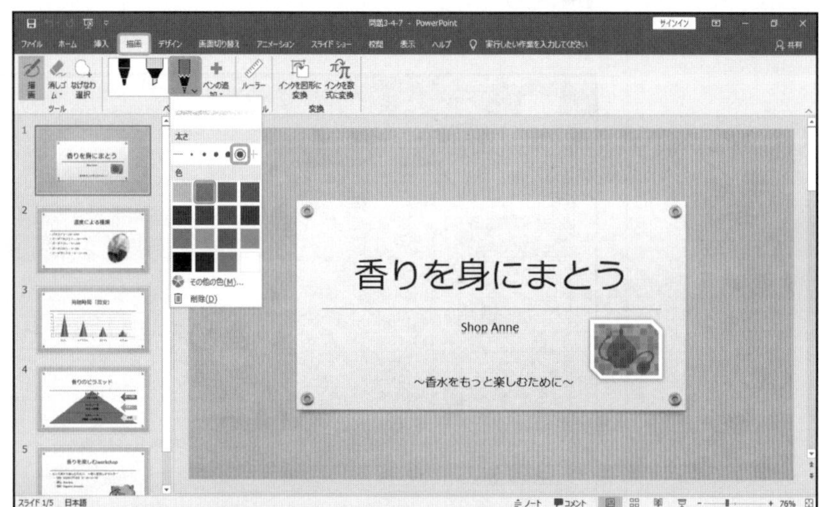

❻［描画］ボタンがオンになっていることを確認し、サムネイルのスライド 2 をクリックしてタイトルの文字列「濃度による種類」をドラッグして囲みます。

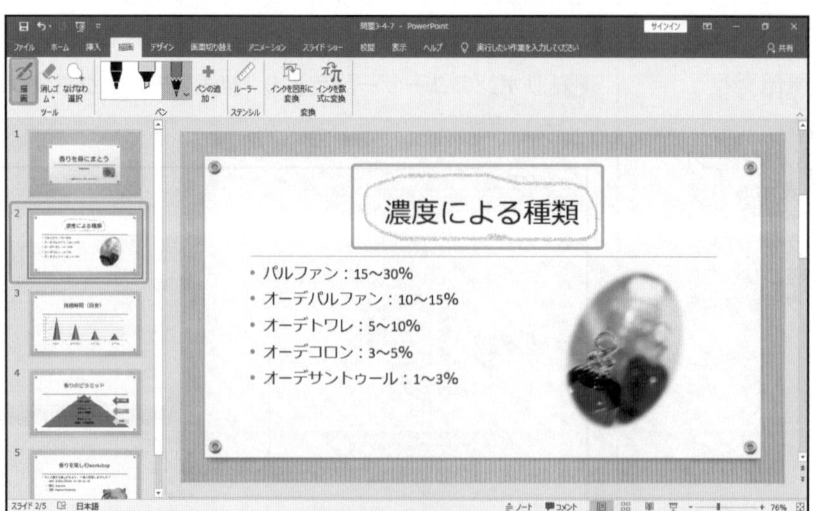

❼Esc キーを押してインクを解除します。

※操作が終了したら、表示したときと同じ操作で［描画］タブを非表示にします。

ヒント

インクの消去

インクを消去するには、［描画］タブの［消しゴム］ボタンを使用します。

3-5 スライド上の図形を並べ替える、グループ化する

図形やテキストボックス、画像などスライド上に配置される順序や配置を整えて見栄えの良いスライドを作成することができます。また、複数の図形や図をグループ化して１つの図形として扱うこともできます。

3-5-1 図形、画像、テキストボックスを並べ替える

練習問題

問題フォルダー
└問題 3-5-1.pptx

解答フォルダー
└解答 3-5-1.pptx

【操作 1】スライド５の「対角を切り取った四角形」の図形を最背面に移動します。
【操作 2】スライド２の３つの楕円を「町内会」、「PTA」、「福祉協会」の順に並べ替えます。

機能の解説

重要用語

- 前面へ移動
- 最前面へ移動
- 背面へ移動
- 最背面へ移動
- ［前面へ移動］ボタン
- ［背面へ移動］ボタン
- オブジェクト
- ［オブジェクトの選択と表示］ボタン
- ［選択］ウィンドウ

図形や図は挿入した順に重なって表示されます。重なり順序を変えるには、前面（最前面）または背面（最背面）へ移動したい図形や図を選択して、［書式］タブの［前面へ移動］ボタンや［背面へ移動］ボタンを使用します。

下から四角形→円→星の順

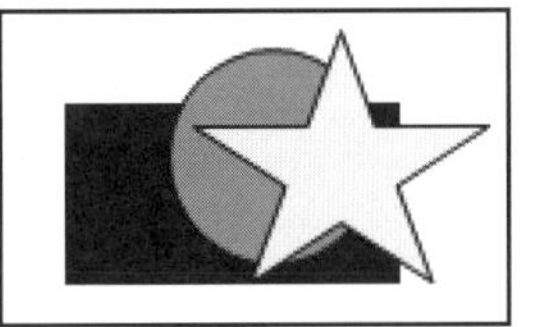

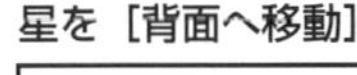

星を［背面へ移動］

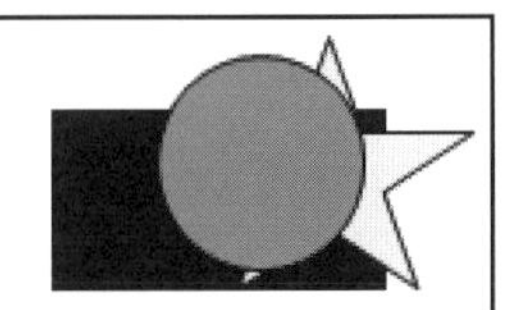

星を［最背面へ移動］

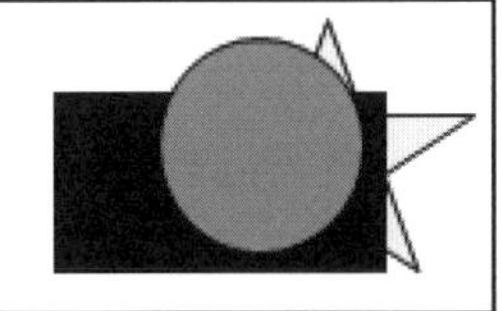

図形やテキストボックス、画像をはじめスライド上に配置されるさまざまなものをオブジェクトといいます。［書式］タブの［オブジェクトの選択と表示］ボタンをクリックして表示される［選択］ウィンドウを使用すると、重なり順序の確認や移動、背面に隠れているオブジェクトの選択、オブジェクトの表示／非表示の切り替えなどができます。

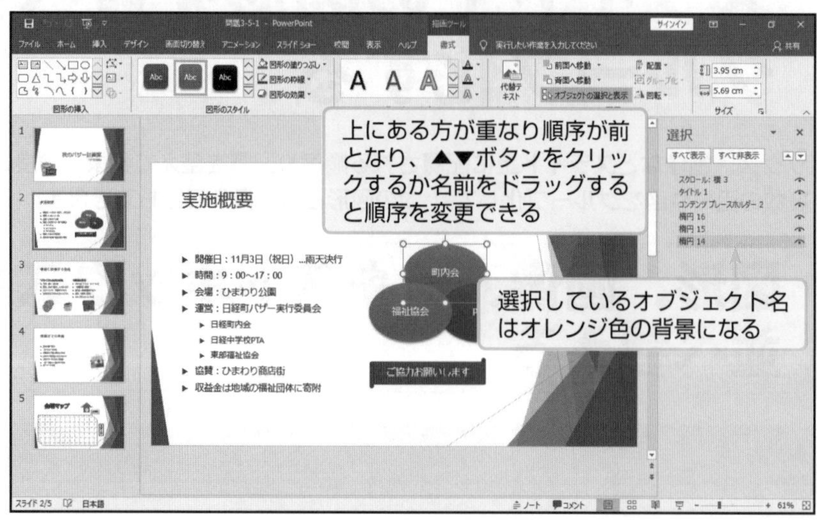

操作手順

【操作 1】

❶スライド 5 の対角を切り取った四角形を選択します。

❷［書式］タブの 背面へ移動 ［背面へ移動］ボタンの▼をクリックし、［最背面へ移動］をクリックします。

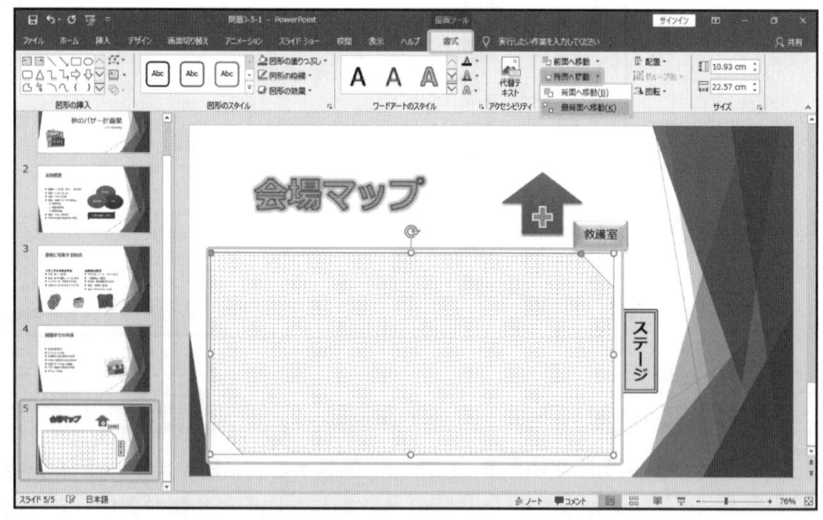

その他の操作方法

最背面へ移動

図形を右クリックして［最背面へ移動］をクリック、または［ホーム］タブの［配置］ボタンをクリックして［オブジェクトの順序］の［最背面へ移動］をクリックします。

［ホーム］タブの［配置］ボタン

❸ 図形が最背面に移動されます。

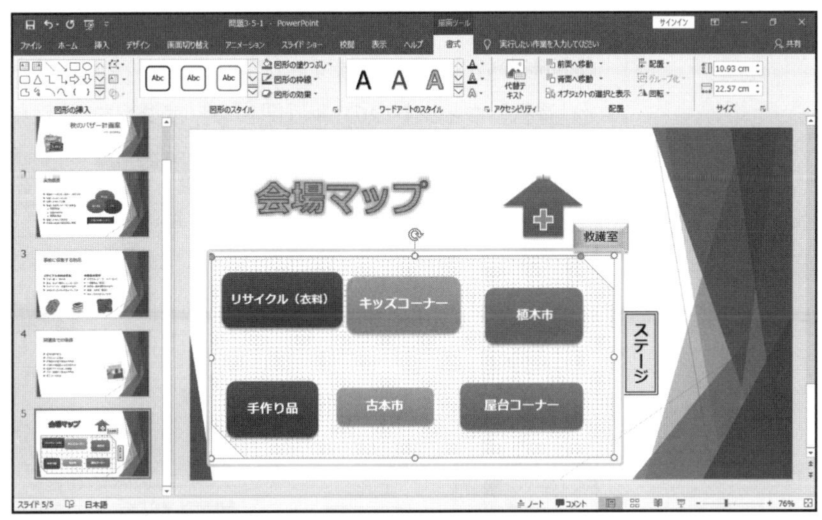

【操作 2】

❹ スライド２の「町内会」と入力された楕円を選択します。

❺［書式］タブの［オブジェクトの選択と表示］ボタンをクリックします。

❻［選択］ウィンドウが表示されます。

その他の操作方法

［選択］ウィンドウの表示

［ホーム］タブの［配置］ボタンをクリックして［オブジェクトの選択と表示］をクリックします。

ヒント

オブジェクト名

オブジェクト名の後に付く数字は、挿入時に自動的に振られます。オブジェクト名を変更するには、［選択］ウィンドウのオブジェクト名をクリックして入力します。

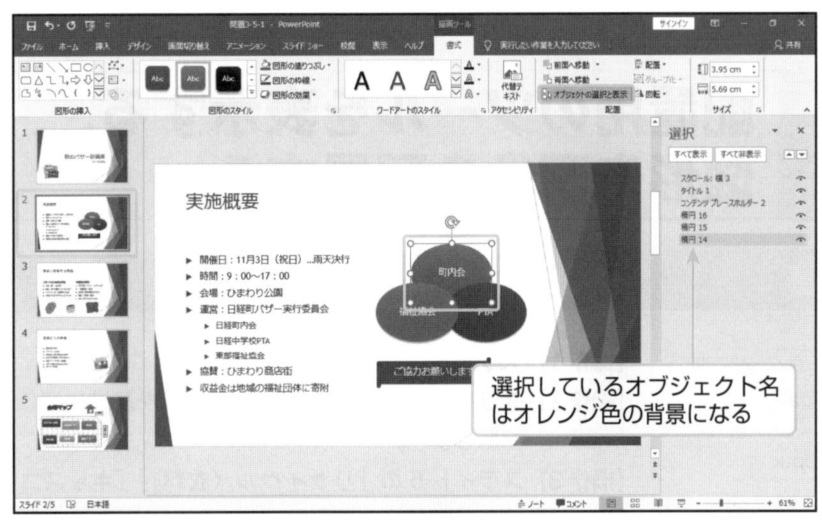

❼［選択］ウィンドウの［前面へ移動］ボタンを２回クリックします。

❽「町内会」と入力された楕円が楕円の一番上に移動します。

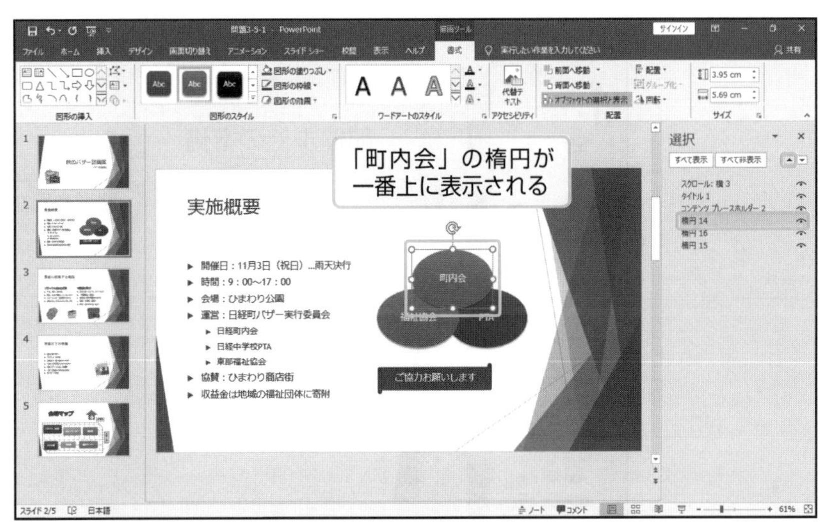

第3章 テキスト、図形、画像の挿入と書式設定

⑨「PTA」と入力された楕円を選択します。

⑩［選択］ウィンドウの［前面へ移動］ボタンをクリックします。

⑪図形が並べ替えられます。

⑫［選択］ウィンドウの［閉じる］ボタンをクリックします。

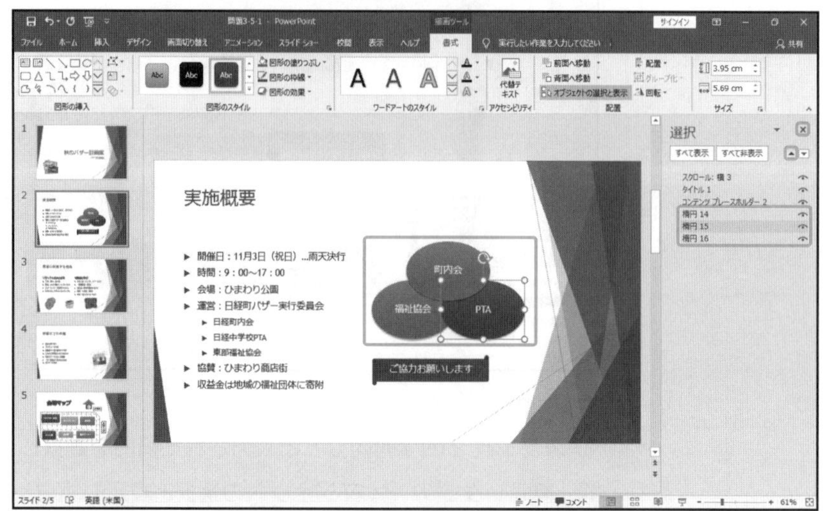

3-5-2 配置用のツールを表示する、図形や画像を配置する

練習問題

問題フォルダー
└問題 3-5-2.pptx

解答フォルダー
└解答 3-5-2.pptx

【操作 1】スライドにガイドを表示します。

【操作 2】スライド 4 のイラストを、左上隅を基準に横位置「17cm」、縦位置「7cm」に配置します。

【操作 3】スライド 5 の「リサイクル（衣料）」「キッズコーナー」「植木市」と入力されている図形を 3 つのうち一番下にある図形に揃えて配置し、左右に整列します。

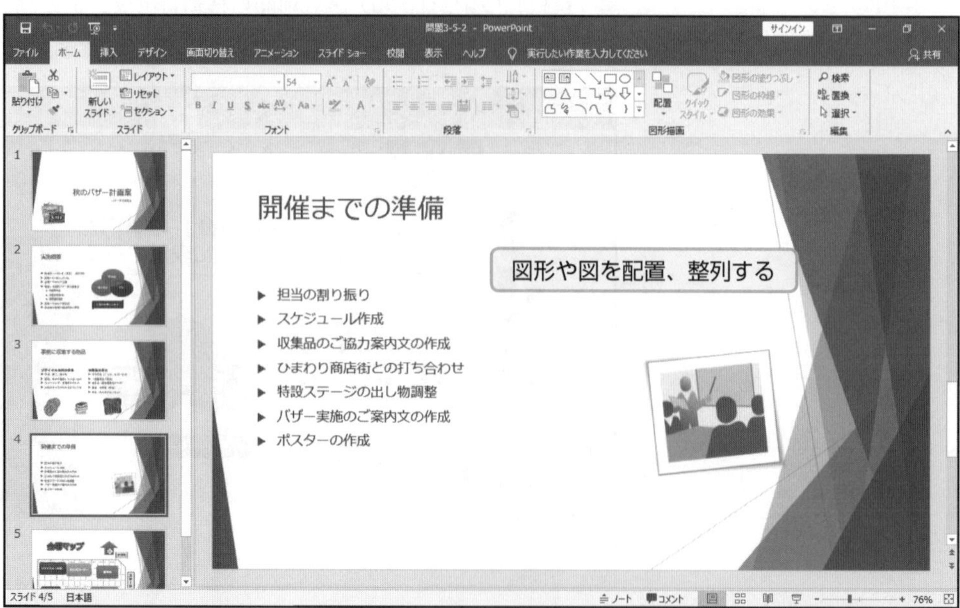

機能の解説

重要用語

- ガイド
- グリッド線
- ルーラー
- 配置
- 整列
- スマートガイド
- [グリッドとガイド] ダイアログボックス
- [配置] ボタン
- [図 (図形) の書式設定] 作業ウィンドウ
- [横位置] ボックス
- [縦位置] ボックス

ヒント

グリッド線

グリッド線とはオブジェクトの配置に使用する格子の線のことです。

ヒント

オブジェクトのドラッグ操作

オブジェクトを **Shift** キーを押しながらドラッグすると水平または垂直の位置を変えずに移動できます。また、**Ctrl** キーを押しながらドラッグするとオブジェクトがコピーされます。

スライドにガイドやグリッド線、ルーラーを表示すると、オブジェクトの配置や整列などの目安になります。これらを表示するには、[表示] タブの各チェックボックスをオンにします。また、オブジェクトをドラッグするとスマートガイドが表示され、他のオブジェクトに揃えて配置することができます。[表示] タブの [表示] の [グリッドの設定] ボタンをクリックして表示される [グリッドとガイド] ダイアログボックスでグリッドやガイドの表示 / 非表示や詳細設定ができます。

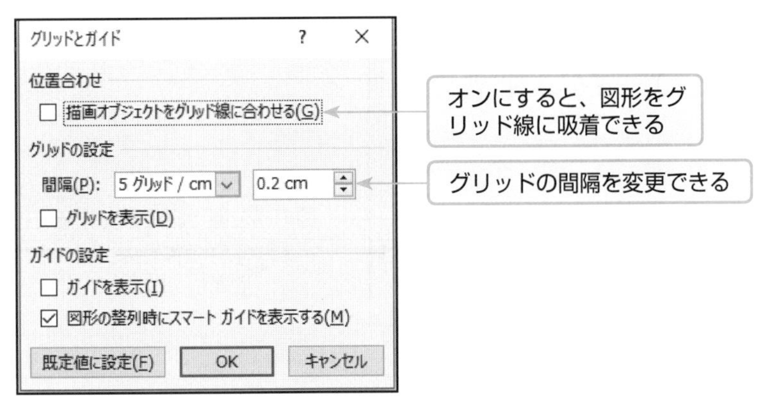

ルーラーとガイドを表示した状態で「古本市」と入力されている図形をドラッグした場合

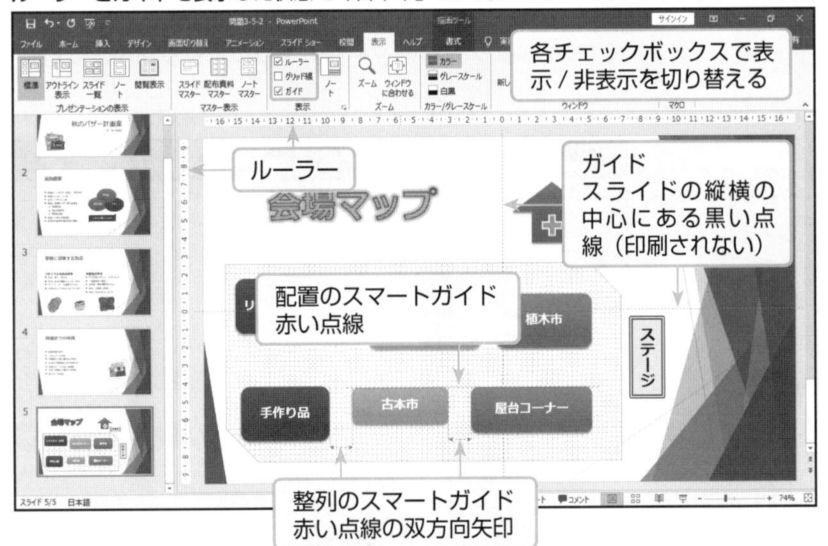

[書式] タブの [配置] ボタン ([図ツール] の [書式] タブは) を使用してオブジェクトを配置する場合、図形や画像を 1 つだけ選択すると既定ではスライドに対しての配置が変更されます (「1-1-1　スライドマスターのテーマや背景を変更する」を参照)。複数のオブジェクトを選択して配置を変更すると、既定では選択したオブジェクト間での位置関係が変更されます。たとえば、複数のオブジェクトを選択して上揃えを行うと一番上にあるオブジェクトの上端にすべてのオブジェクトの上端が揃えられます。また、3 つ以上のオブジェクトの間隔を均等に整列することもできます。
オブジェクトの位置を数値で設定するには、[書式] タブの [サイズ] の [配置とサイズ] ボタンをクリックして表示される [図 (図形) の書式設定] 作業ウィンドウの [サイズとプロパティ] の [位置] にある [横位置] ボックスと [縦位置] ボックスを使用します。[始点] の [左上隅] はスライドの左上隅を基準、[中央] はスライドの中央を基準にオブジェクトが配置されます。

ヒント

方向キーによる移動

オブジェクトを選択して方向キーを使って移動することもできます。

[図の書式設定] 作業ウィンドウの [サイズとプロパティ] の [位置]

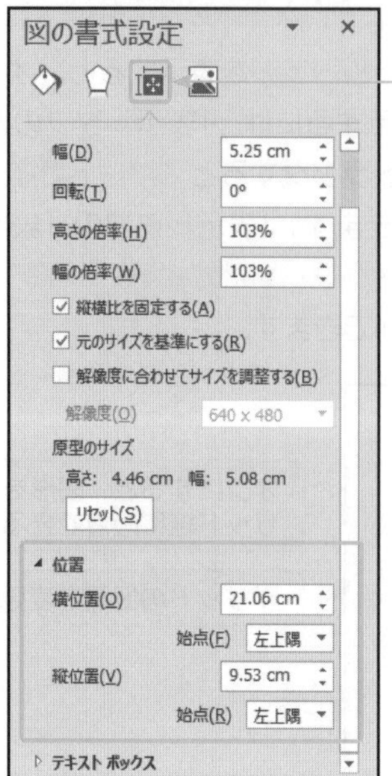

操作手順

その他の操作方法

ガイドの表示

スライド上で右クリックして［グリッドとガイド］の▶をポイントし、［ガイド］をクリックします。

ヒント

ガイドの操作

ガイドはドラッグして移動できます。**Ctrl** キーを押しながらドラッグするとガイドが追加されます。スライド上で右クリックして［グリッドとガイド］の▶をポイントし、［垂直方向のガイドの追加］や［水平方向のガイドの追加］をクリックしてガイドを追加することもできます。ガイドを削除するにはガイドを右クリックして［削除］をクリックします。

【操作 1】

❶［表示］タブの［ガイド］チェックボックスをオンにします。

❷ガイドが表示されます。

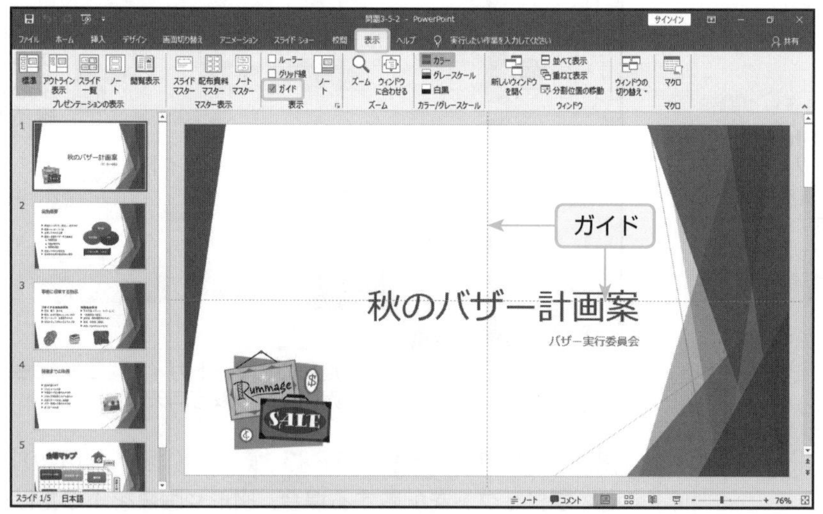

【操作 2】

❸スライド 4 のイラストを選択します。

❹［書式］タブの［サイズ］の［配置とサイズ］ボタンをクリックします。

❺［図の書式設定］作業ウィンドウが表示されます。

❻［サイズとプロパティ］が選択されていることを確認します。

❼［位置］をクリックします。

❽［横位置］の［始点］が［左上隅］であることを確認して「17cm」と指定します。

❾［縦位置］の［始点］が［左上隅］であることを確認して「7cm」と指定します。

❿イラストの配置が変更されます。

⑪［図の書式設定］作業ウィンドウの ×［閉じる］ボタンをクリックします。

【操作 3】

⑫スライド 5 の「リサイクル（衣料）」と入力されている図形をクリックし、**Shift** キーまたは **Ctrl** キーを押しながら、「キッズコーナー」「植木市」と入力されている各図形をクリックします。

⑬［書式］タブの 配置 ▾［配置］ボタンをリックします。

⑭［下揃え］をクリックします。

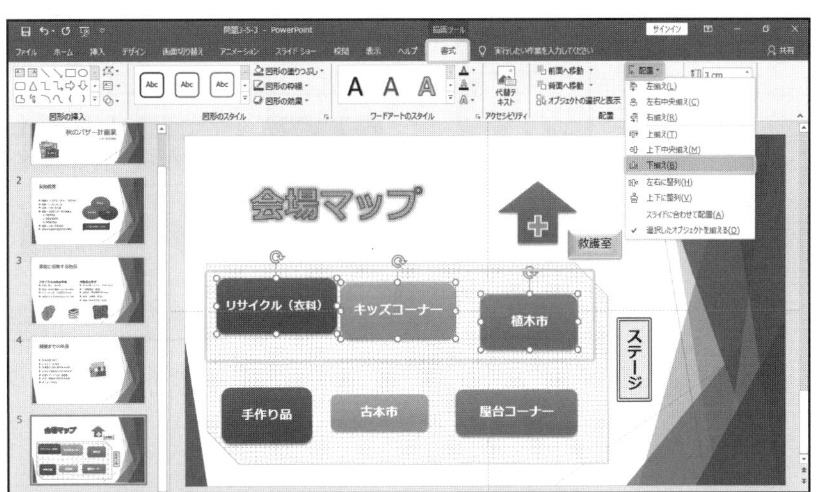

⑮ 3 つの図形が一番下にあった図形の下端に揃えられます。

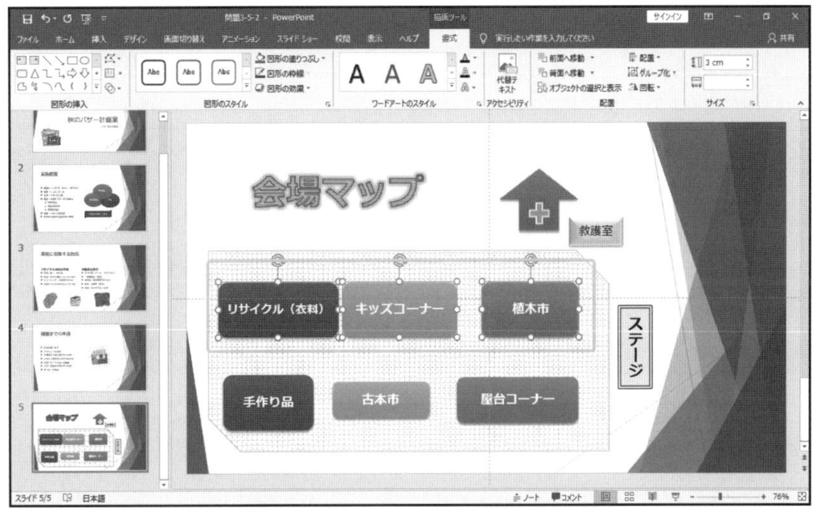

その他の操作方法

［図の書式設定］作業ウィンドウの表示

図を右クリックして［配置とサイズ］をクリックします。

ポイント

単位の省略

［図の書式設定］作業ウィンドウのボックスに直接数値を入力する場合は、単位は省略できます。

その他の操作方法

複数の図形の選択

選択する図形を囲むようにドラッグします。

その他の操作方法

配置と整列

［ホーム］タブの［配置］ボタンをクリックし、［オブジェクトの配置］の［配置］をポイントして表示される一覧から選択します。

［配置］ボタン

ヒント

［選択したオブジェクトを揃える］と［スライドに合わせて配置］

複数のオブジェクトを整列するとき、既定では［配置］ボタンの［選択したオブジェクトを揃える］がオンになっています。この場合は選択したオブジェクト間で整列されます。スライドを基準にして整列したい場合は、［スライドに合わせて配置］をオンにします。

⑯［書式］タブの 配置 ▾［配置］ボタンをクリックします。

⑰［左右に整列］をクリックします。

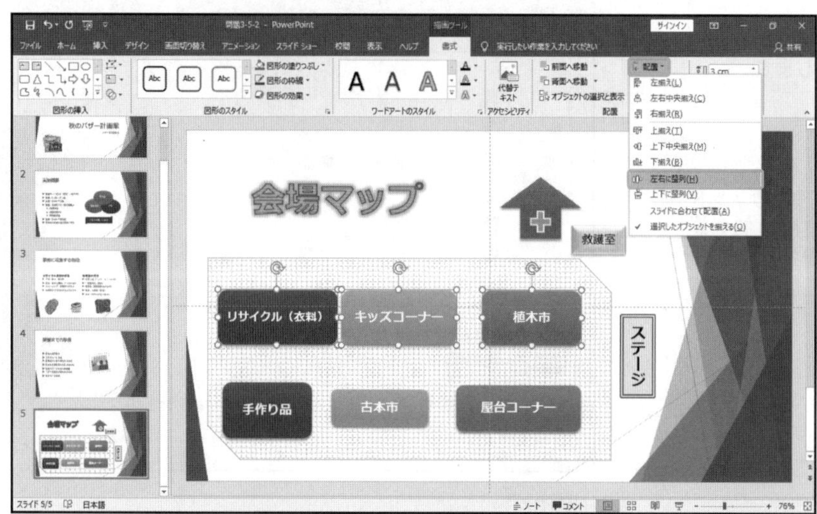

⑱３つの図形が左右に整列されて左右の間隔が均等になります。

※操作が終了したら［表示］タブの［ガイド］チェックボックスをオフにします。

3-5-3 図形や画像をグループ化する、図形を結合する

練習問題

問題フォルダー
└問題 3-5-3.pptx

解答フォルダー
└解答 3-5-3.pptx

【操作 1】スライド 3 の 3 つのイラストをグループ化します。

【操作 2】スライド 5 の「救護室」と入力されたテキストボックスの左側の 2 つの図形を「単純型抜き」で結合します。

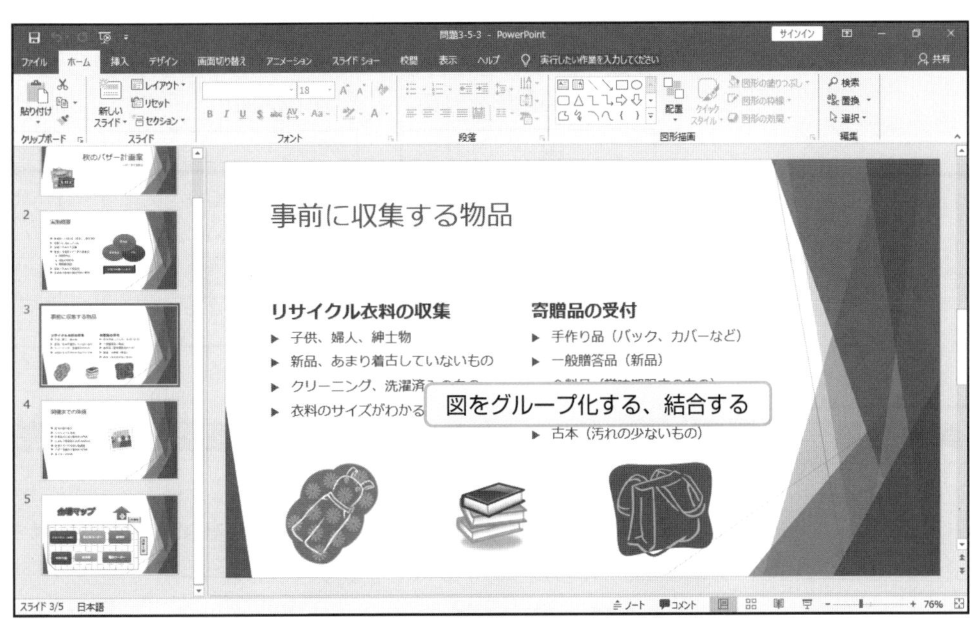

機能の解説

重要用語

- オブジェクトのグループ化
- ［グループ化］ボタン
- 図形の結合
- ［図形の結合］ボタン

ヒント

グループ化の無効

プレースホルダーやプレースホルダー内に挿入したオブジェクトはグループ化できません。

複数のオブジェクトをグループ化すると 1 つのオブジェクトとして扱うことができ、まとめて共通の書式を設定することや移動することができます。オブジェクトをグループ化するには、グループ化したいすべてのオブジェクトを選択し、［書式］タブの ［グループ化］ボタン（［描画ツール］の［書式］タブでは グループ化）をクリックして［グループ化］をクリックします。グループ化しても特定のオブジェクトを選択して個別に書式などを変更することができます。それには、グループ化したオブジェクトをクリックして選択し、さらに個別で変更したいオブジェクトをクリックします。

グループ化していない図形

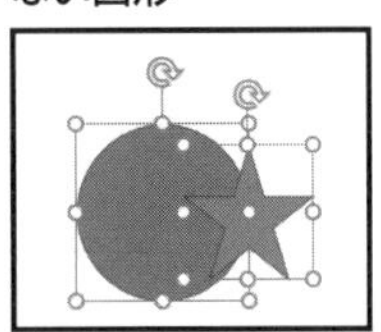

グループ化した図形

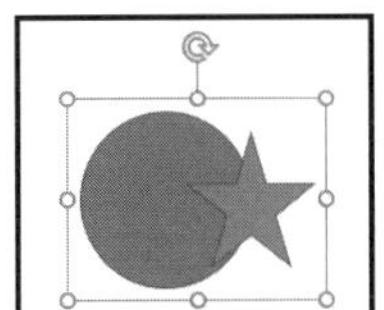

まとめて書式を設定

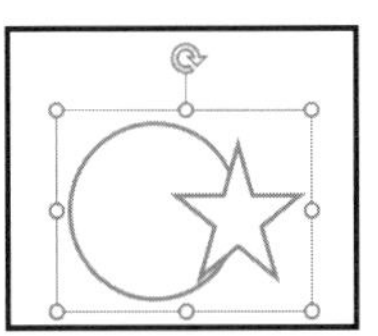

個別に書式を設定

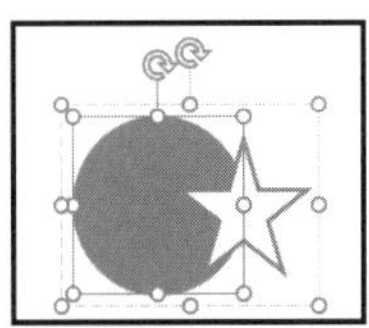

また、複数の図形を結合して新しい図形を作成することができます。結合した図形は、通常の図形と同じようにスタイルや枠線などを設定することができます。図形を結合するには、図形を結合したい状態に配置して結合する図形を選択し、［書式］タブの ［図形の結合］ボタンをクリックして結合したい種類をクリックします。なお、図形を結合すると結合前の図形は残りません。

図形の結合の方法は、次の 5 種類があります。

楕円と星の組み合わせ
元の 2 つの図形
（結合する位置に移動）

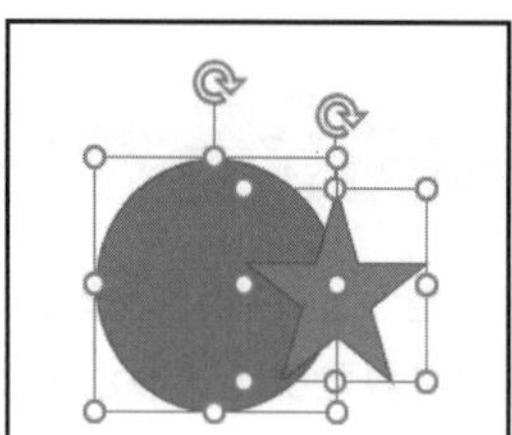

接合
複数の図形の重なる外周を結合して 1 つの図形に接合

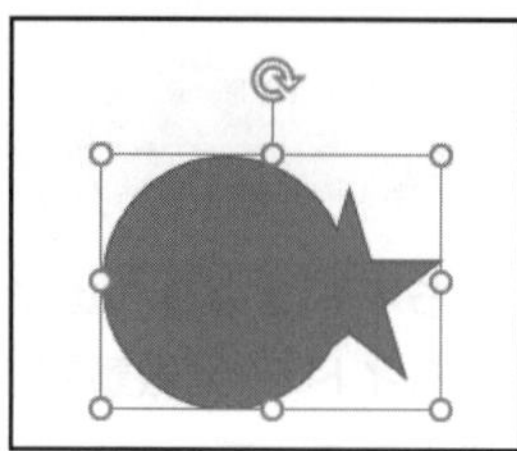

型抜き / 合成
図形の重なった部分が切り取られて 2 つの図形を合成

切り出し
複数の図形を組み合わせてできる図形を分割

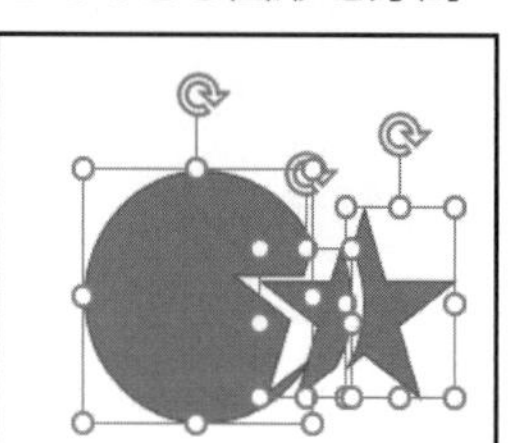

重なり抽出
複数の図形の重なった部分のみ抽出

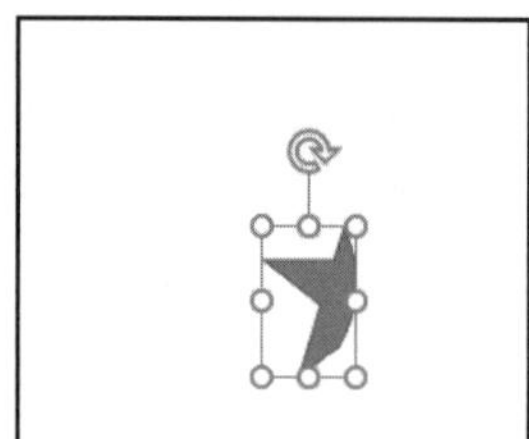

単純型抜き
複数の図形の重なった部分を切り取り

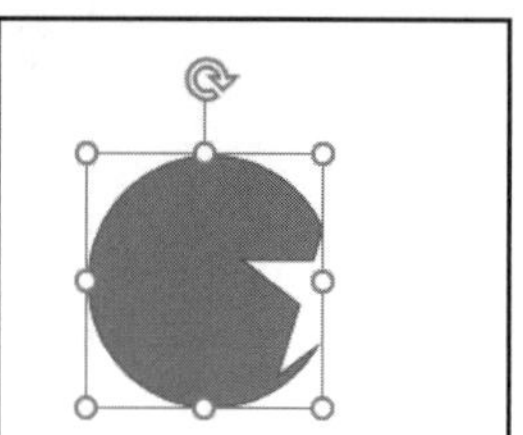

操作手順

【操作 1】

❶ スライド 3 の 1 つ目のイラストをクリックし、**Shift** キーまたは **Ctrl** キーを押しながら残りのイラストをクリックします。

❷［書式］タブの ［グループ化］ボタンをクリックし、［グループ化］をクリックします。

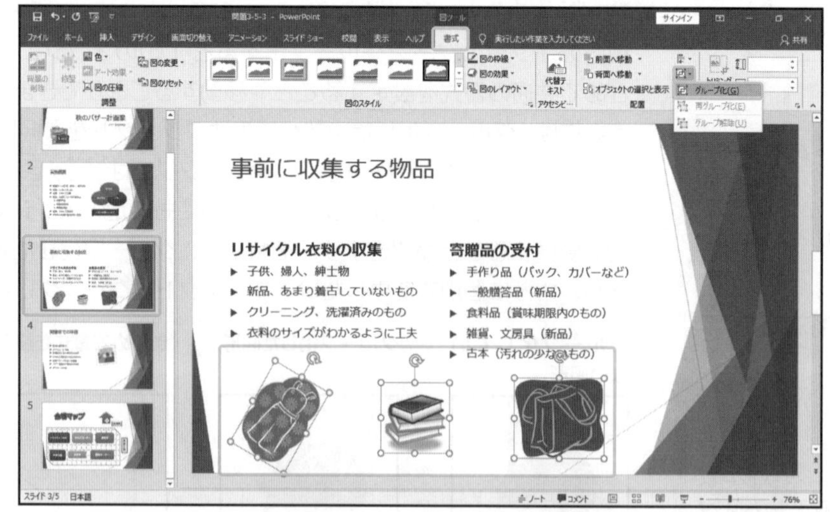

その他の操作方法

グループ化

［ホーム］タブの［配置］ボタンをクリックして［オブジェクトのグループ化］の［グループ化］をクリックするか、選択したオブジェクトを右クリックして［グループ化］をポイントし、［グループ化］をクリックします。

［配置］ボタン

ヒント

グループ解除と再グループ化

グループ化を解除するには、グループ化したオブジェクトを選択し、[書式] タブの [グループ化] ボタンをクリックして「グループ解除」をクリックします。グループ解除したオブジェクトを再度グループ化するには、グループ化されていたオブジェクトの1つをクリックし、[書式] タブの [グループ化] ボタンをクリックして [再グループ化] をクリックします。

ポイント

結合する図形の選択順

図形を結合するときは図形を選択する順番に注意します。たとえば、単純型抜きの場合は型抜きをする図形を後から選択します。

❸ 3つのイラストがグループ化されます。

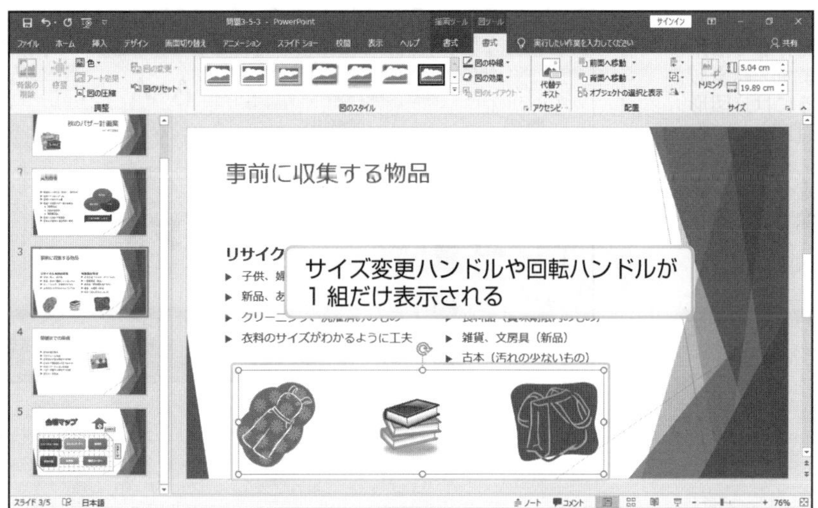

【操作 2】

❹ スライド5の上矢印の図形をクリックし、**Shift** キーまたは **Ctrl** キーを押しながら加算記号の図形をクリックします。

❺ [書式] タブの [図形の結合] ボタンをクリックします。

❻ [単純型抜き] をクリックします。

第3章 テキスト、図形、画像の挿入と書式設定

ヒント

結合した図形の保存

結合した図形を保存して活用することができます。結合した図形を保存するには、図形を右クリックし、[図として保存]をクリックして保存先とファイル名を指定します。保存した図形は画像として保存されます。

❼図形が結合されます。

Chapter 4

表、グラフ、SmartArt、3Dモデル、メディアの挿入

本章で学習する項目

- □ 表を挿入する、書式設定する
- □ グラフを挿入する、変更する
- □ SmartArt を挿入する、書式設定する
- □ 3D モデルを挿入する、変更する
- □ メディアを挿入する、管理する

4-1 表を挿入する、書式設定する

表を活用すると文字情報などを見やすくまとめることができます。挿入した表にはさまざまな書式を設定できるほか、行や列の追加や削除などの編集作業も簡単に行えます。また、Excel や Word の既存の表を活用することも可能です。

4-1-1 表を作成する、挿入する

練習問題

問題フォルダー
└問題 4-1-1.pptx
PowerPoint 365&2019（実習用）フォルダー
└香港ツアー価格 .xlsx
解答フォルダー
└解答 4-1-1.pptx

【操作 1】スライド 2 に 2 列 5 行の表を挿入し、列幅は挿入時のままで次の文字列を入力します。

項目	内容
時差	-1 時間
通貨	香港ドル
公用語	
飲料水	ミネラルウォーターを購入

【操作 2】スライド 7 に［PowerPoint365&2019（実習用）］フォルダーに保存されている Excel ファイル「香港ツアー価格」の表をインポートします。

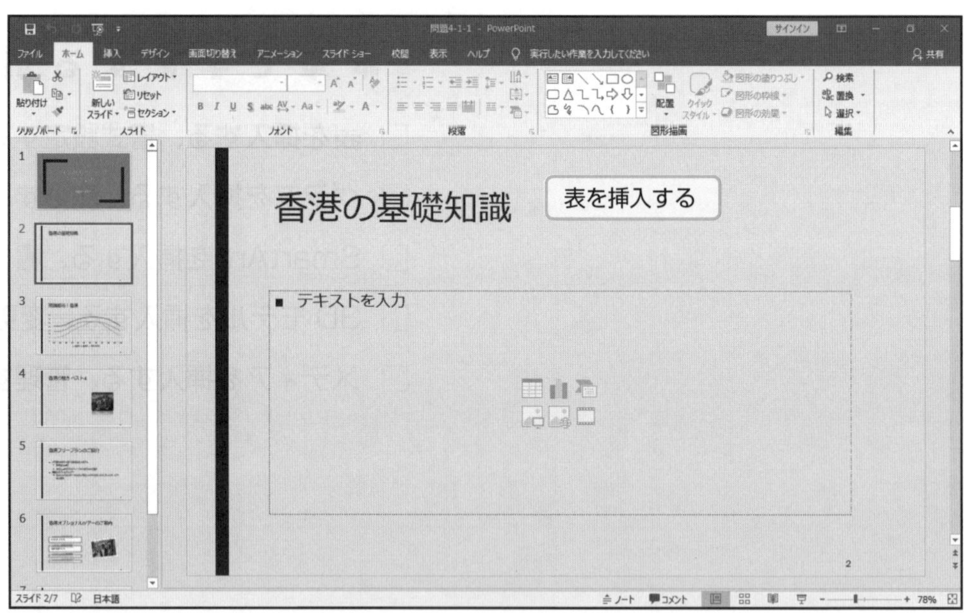

機能の解説

- 表の挿入
- ［表の挿入］アイコン
- ［表の挿入］ダイアログボックス
- ［表］ボタン

スライドに表を挿入すると情報を見やすくまとめることができます。プレースホルダーに［表の挿入］アイコンがある場合は、アイコンをクリックして表示される［表の挿入］ダイアログボックスで列数と行数を指定します。スライドの任意の位置に挿入する場合は、［挿入］タブの［表］ボタンを使用します。挿入される表にはテーマで決められた書式が設定されます。

- □ Excel で作成した表のインポート
- □ [オブジェクト] ボタン
- □ [オブジェクト] ダイアログボックス
- □ 外部データの表のコピー
- □ 貼り付ける形式
- □ [貼り付け] ボタン
- □ [貼り付けのオプション] ボタン

[挿入] タブの [表] ボタン

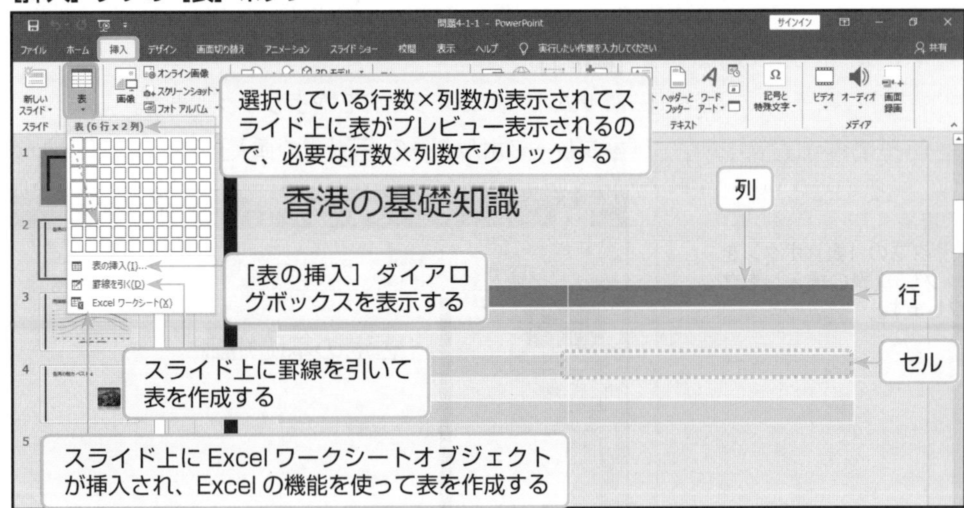

また、Excel などの外部データに作成されている表(テーブル)をインポートして活用することができます。[挿入] タブの[オブジェクト] ボタンをクリックして [オブジェクトの挿入] ダイアログボックスの [ファイルから] をクリックし、[参照] をクリックして挿入するファイルを選択します。

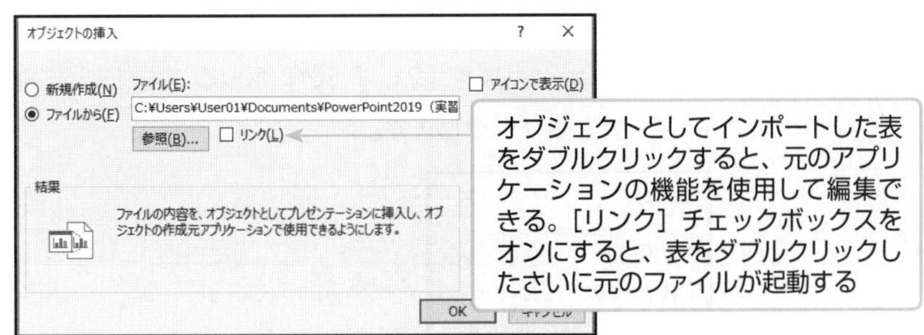

Word や Excel のファイルを開いて表をコピーすることもできます。Word や Excel で作成した表をコピーすると、既定ではスライドに設定されているテーマが適用された PowerPoint の表として貼り付けられます。Word や Excel で設定したテーマをそのまま使う場合や埋め込みオブジェクトとして貼り付ける場合は、[ホーム] タブの[貼り付け] ボタンの▼をクリックして貼り付ける形式を選択します。

ヒント

貼り付けのオプション

貼り付け後に表の右下に表示される (Ctrl)▾ [貼り付けのオプション] ボタンをクリックして貼り付け方法を変更することも可能です。

アイコン	貼り付ける形式
	貼り付け先のスタイルを使用(既定) PowerPoint のテーマに合わせて PowerPoint の表として貼り付けられる
	元の書式を保持 Word や Excel のテーマや書式で PowerPoint の表として貼り付けられる
	埋め込み Word や Excel のテーマや書式で埋め込みオブジェクトとして貼り付けられる(データは PowerPoint に保存)
	図 図として貼り付けられ、データの編集等はできない
	テキストのみ保持 文字列だけを貼り付け、表は解除される
	形式を選択して貼り付け [形式を選択して貼り付け] ダイアログボックスが表示され、リンク貼り付けや図の種類などを選択できる

操作手順

その他の操作方法

［表の挿入］ダイアログボックスの表示

［挿入］タブの［表］ボタンをクリックし、［表の挿入］をクリックします。

【操作 1】

❶ サムネイルのスライド 2 をクリックします。

❷ プレースホルダーの［表の挿入］アイコンをクリックします。

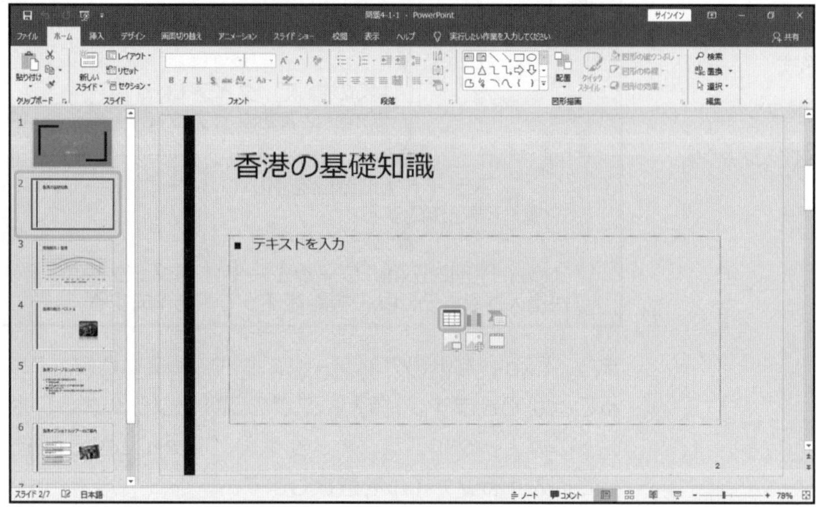

❸［表の挿入］ダイアログボックスが表示されます。

❹［列数］ボックスを「2」、［行数］ボックスを「5」に指定します。

❺［OK］をクリックします。

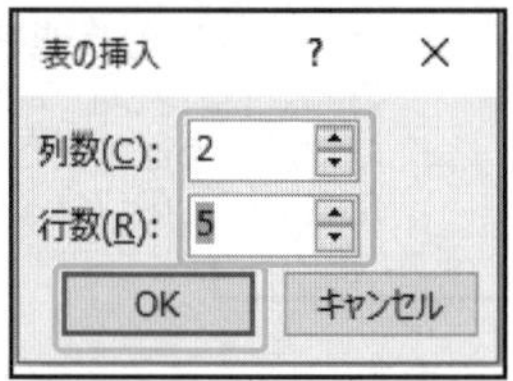

❻ スライドに表が挿入されます。

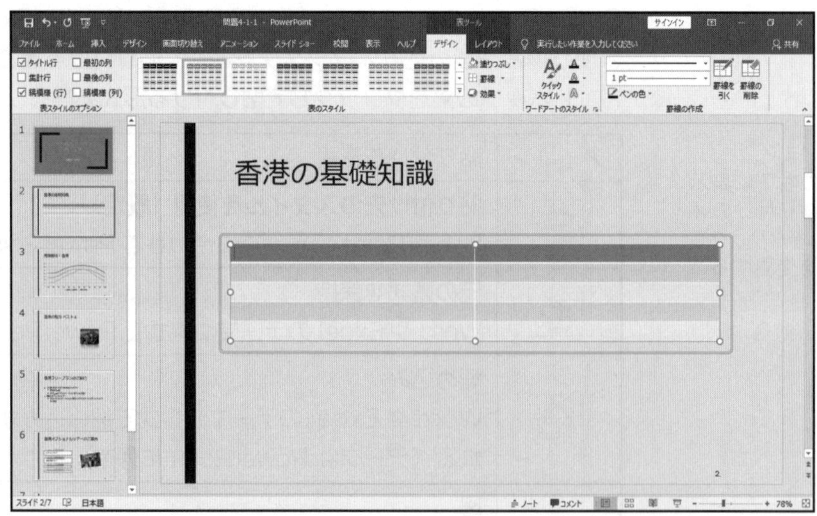

ポイント

セルの移動

方向キーまたは**Tab**キー(**Shift**＋**Tab**キー)を使用すると効率良くセルを移動できます。右下のセルで**Tab**キーを押すと行が追加され、**Enter**キーを押すとセル内で改行されます。

ヒント

表内の文字列の削除

表に追加した文字列を削除するには、文字列またはセルを選択するかセル内をクリックしてカーソルを表示し、**Delete**キーまたは**BackSpace**キーを押します。

⑦一番左上のセルにカーソルがあることを確認し、「項目」と入力します。

⑧セルをクリックするか方向キーでカーソルを移動して、すべての文字列を入力します。

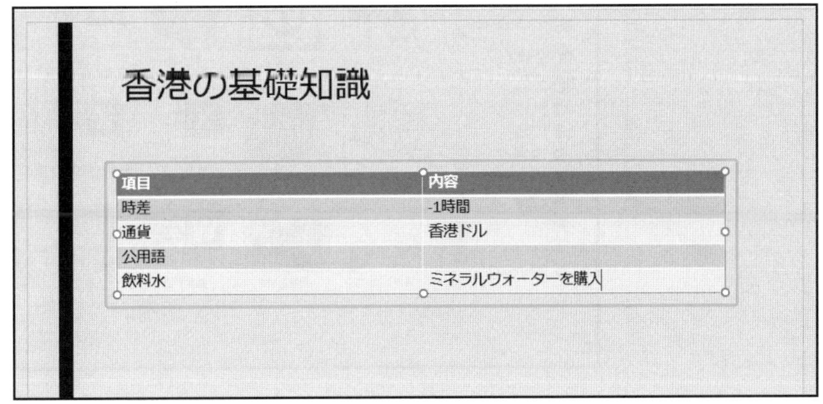

【操作2】

⑨サムネイルのスライド7をクリックします。

⑩［挿入］タブの［オブジェクト］ボタンをクリックします。

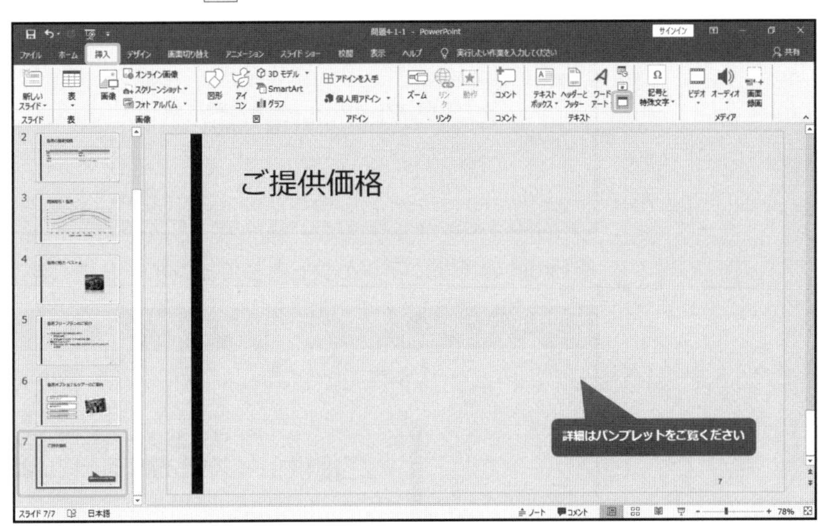

⑪［オブジェクトの挿入］ダイアログボックスが表示されます。

⑫［ファイルから］をオンにします。

⑬［参照］をクリックします。

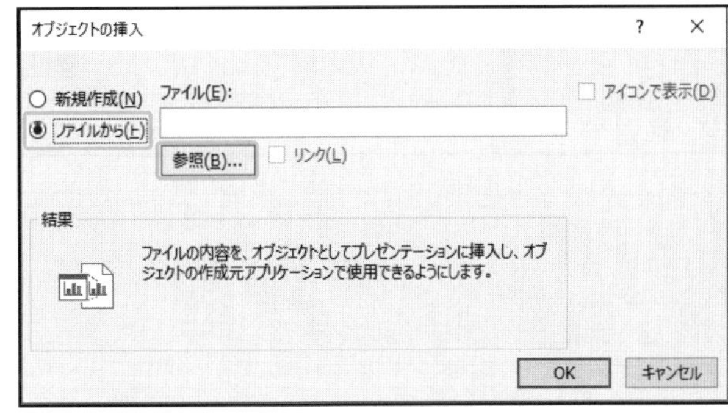

⑭左側の一覧から［ドキュメント］をクリックします。

⑮一覧から［PowerPoint365&2019（実習用)］をダブルクリックします。

第4章 表、グラフ、SmartArt、3Dモデル、メディアの挿入

⑯Excel ファイル「香港ツアー価格」をクリックして［OK］をクリックします。

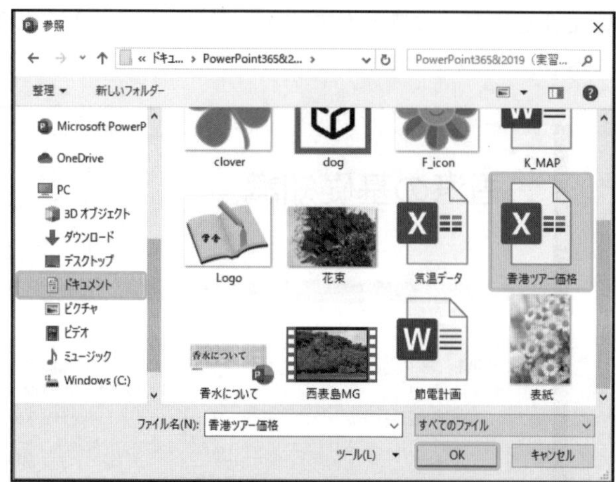

⑰［オブジェクトの挿入］ダイアログボックスの［OK］をクリックします。

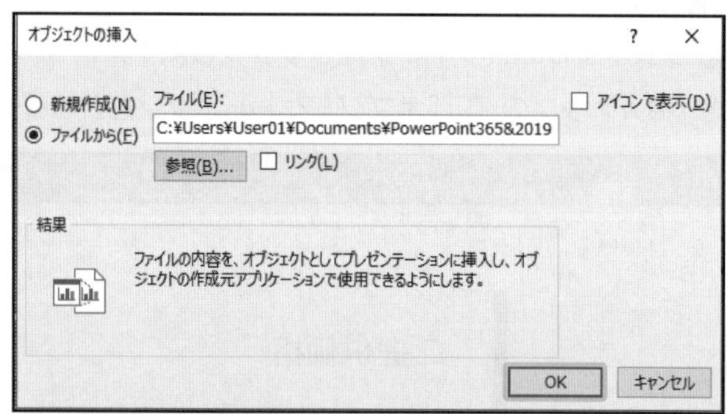

⑱Excel の表がオブジェクトとしてインポートされます。

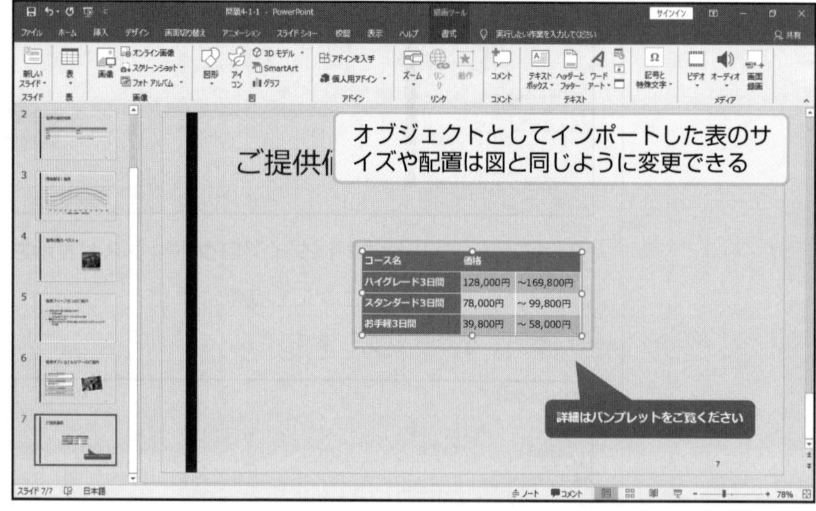

4-1-2 表に行や列を挿入する、削除する、セルを結合する

練習問題

問題フォルダー
└問題 4-1-2.pptx

解答フォルダー
└解答 4-1-2.pptx

【操作 1】スライド 2 の表の 4 行目（「公用語」と入力されているセルの行）を削除します。

【操作 2】表の右端に 1 列挿入し、1 行目に「備考」、4 行目に「水道水は避ける」と入力します。

【操作 3】最終行に 1 行挿入して 3 つのセルを結合し、「※詳細はパンフレットをご覧ください」と入力します。

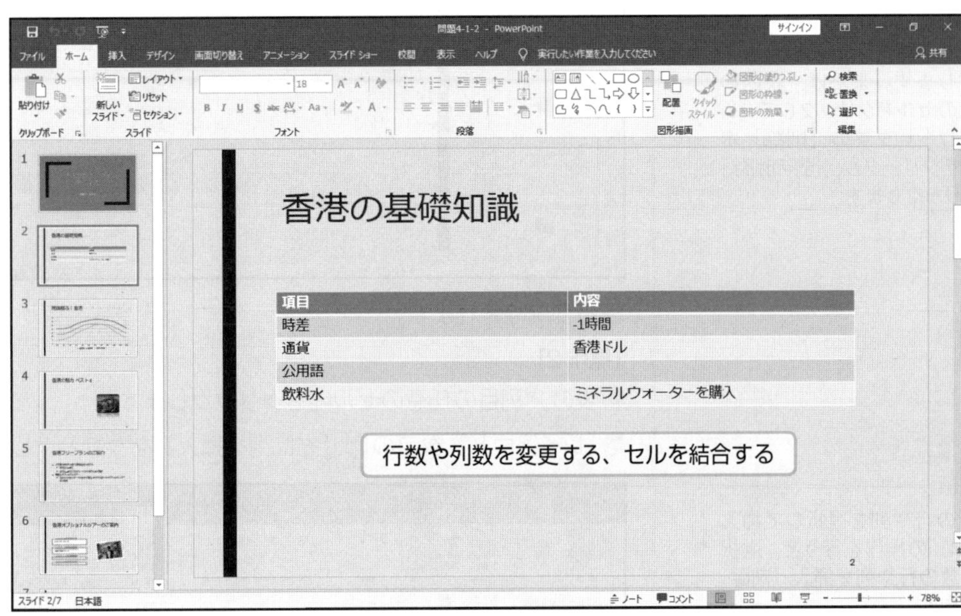

機能の解説

- 行や列の挿入
- 行や列の削除
- ［レイアウト］タブ
- セルの結合
- セルの分割

作成した表に行や列を挿入するには、挿入する位置の行または列にある任意のセル内をクリックし、［レイアウト］タブの［上に行を挿入］［下に行を挿入］［左に列を挿入］［右に列を挿入］の各ボタンをクリックします。行や列を削除するには、削除する行または列の任意のセル内をクリックし、［レイアウト］タブの［削除］ボタンをクリックして［行の削除］または［列の削除］をクリックします。

また、セルを結合するには、結合するセル範囲を選択して［レイアウト］タブの［セルの結合］ボタンをクリックします。セルを分割するには、分割するセル内をクリックして［レイアウト］タブの［セルの分割］ボタンをクリックし、［セルの分割］ダイアログボックスで数値を指定します。複数のセルを選択して分割することもできます。

操作手順

【操作 1】

❶スライド 2 の表の 4 行目の任意のセル内をクリックします。

❷［レイアウト］タブの［削除］ボタンをクリックします。

❸［行の削除］をクリックします。

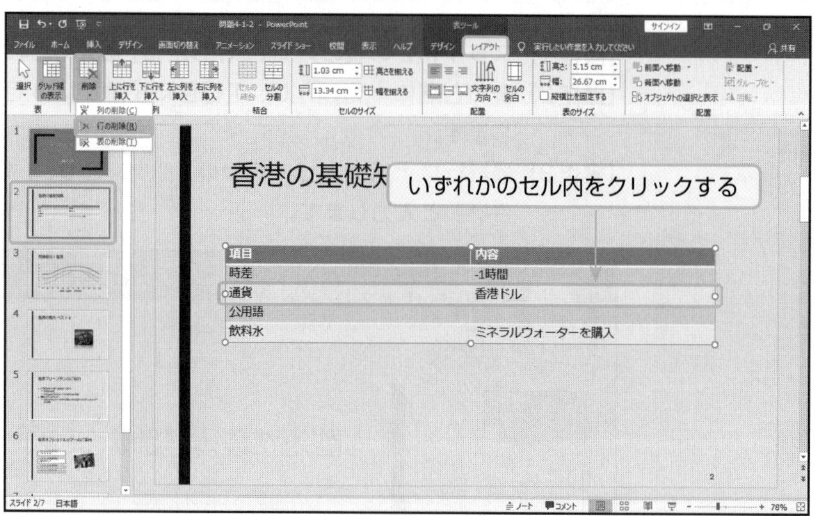

❹行が削除されます。

【操作 2】

❺表の 2 列目の任意のセル内をクリックします。

❻［レイアウト］タブの［右に列を挿入］をクリックします。

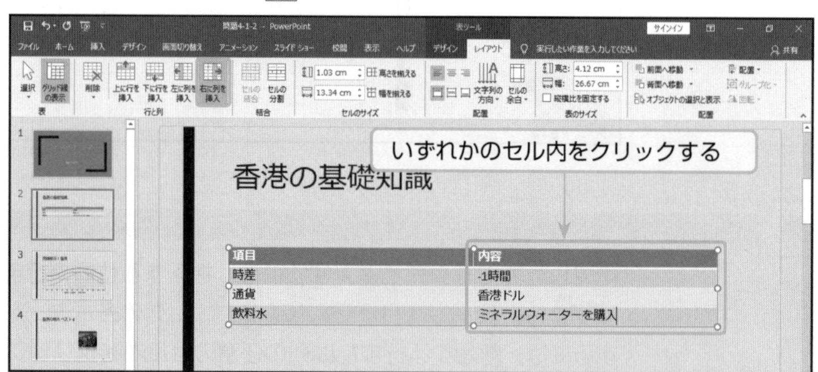

❼表の右端に列が挿入されます。

❽挿入された列の一番上のセルをクリックして「備考」と入力します。

❾セルをクリックするか方向キーで 4 行目にカーソルを移動して「水道水は避ける」と入力します。

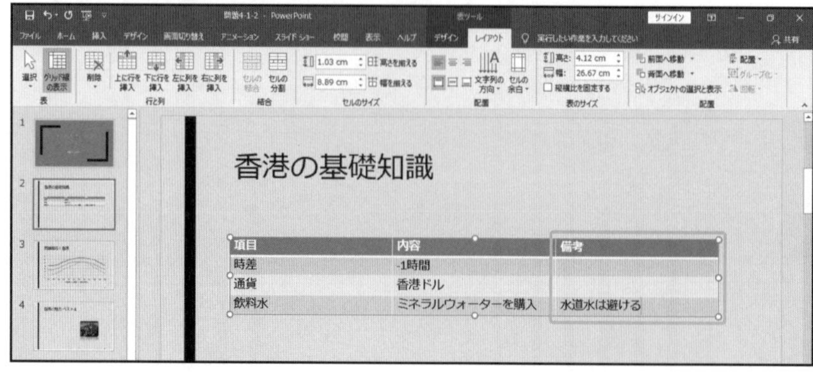

その他の操作方法

行や列の挿入／削除

挿入／削除する行または列にあるセル内で右クリックしてミニツールバーのボタンを使用します。

ヒント

表の削除

表の枠線上をクリックして表全体を選択し、**Delete** キーを押します。または、表内の任意のセルをクリックして［レイアウト］タブの［削除］ボタンをクリックし、［表の削除］をクリックします。

ヒント

複数の行や列の挿入（削除）

複数の行や列を選択して挿入（削除）の操作を行うと、選択した数の行や列を挿入（削除）できます。

【操作 3】

⑩ 4 行目にカーソルがあることを確認し、[レイアウト] タブの [下に行を挿入] をクリックします。

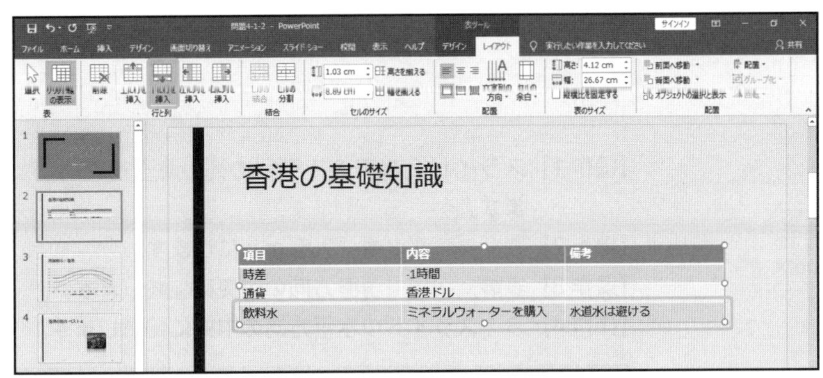

⑪ 5 行目の 3 つのセルが選択されていることを確認します。

⑫ [レイアウト] タブの [セルの結合] ボタンをクリックします。

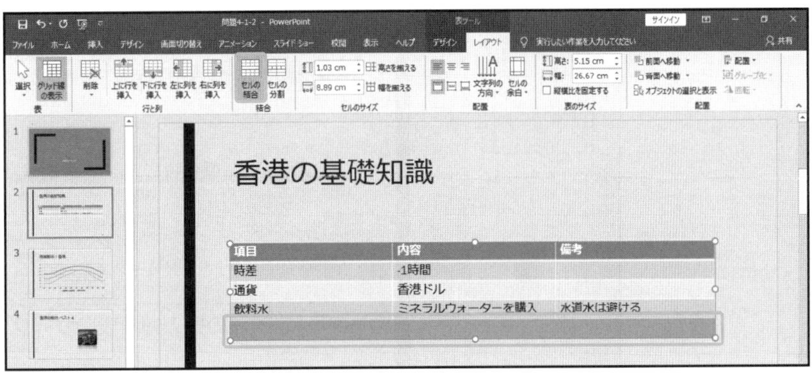

⑬ セルが結合されます。

⑭ 結合したセルに「※詳細はパンフレットをご覧ください」と入力します。

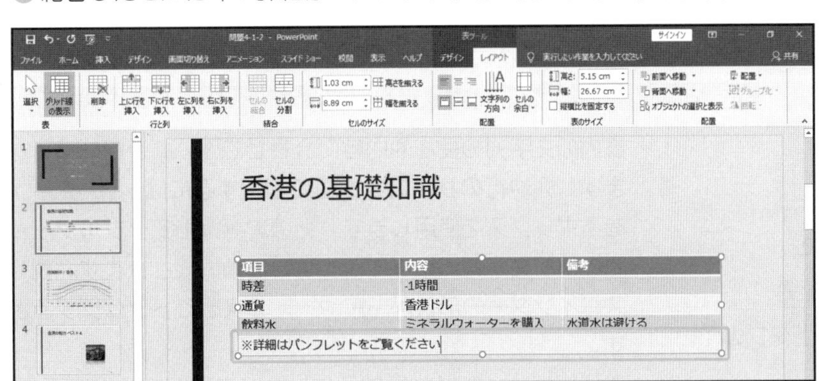

ポイント

複数セルの選択

始点のセル内をクリックして終点のセルまでドラッグします。または、始点のセルの左端下をポイントして、マウスポインターの形状が ➚ に変わったら終点のセルまでドラッグします。

その他の操作方法

セルの結合

結合するセルを範囲選択して右クリックし、[セルの結合] をクリックします。

4-1-3 表のサイズや配置を変更する、文字の配置を整える

練習問題

問題フォルダー
└問題 4-1-3.pptx

解答フォルダー
└解答 4-1-3.pptx

【操作 1】スライド 2 の表の 1 列目の列の幅を自動調整し、2 列目の幅を「9.5cm」にします。

【操作 2】表全体の高さを「7.5cm」にします。

【操作 3】表の文字列を垂直方向の中央に配置します。

【操作 4】表をスライドの水平方向の中央に配置します。

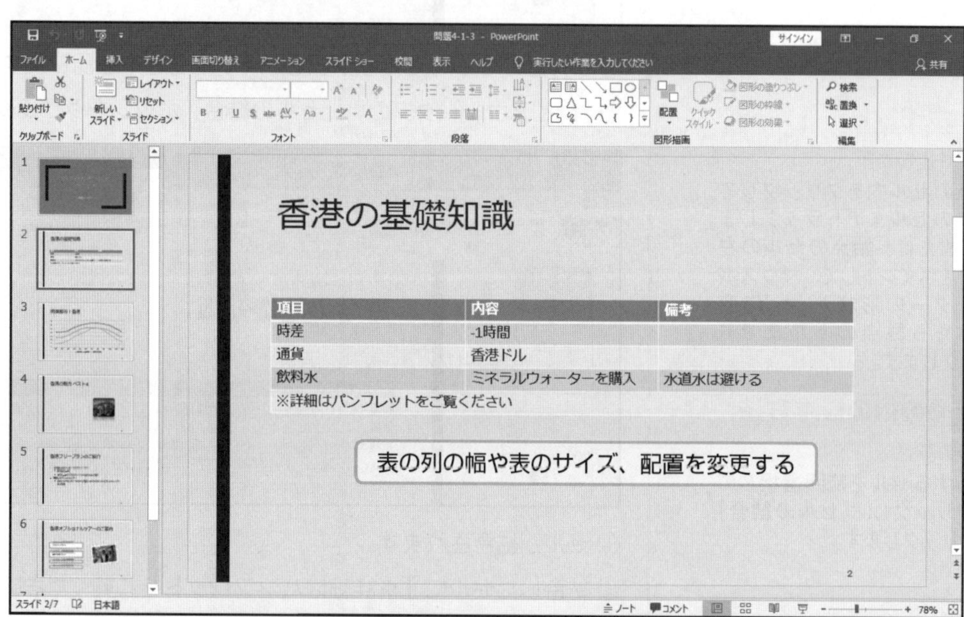

機能の解説

重要用語

- □ 列の幅の変更
- □ 行の高さの変更
- □ [レイアウト] タブの [セルのサイズ]
- □ 列の境界線
- □ 列の幅の自動調整
- □ 表全体のサイズ変更
- □ [レイアウト] タブの [表のサイズ]
- □ 文字列の配置
- □ 文字列の方向
- □ 表全体の配置の変更

表内の文字列の長さや内容に合わせて列の幅や行の高さを変更すると読みやすい表になります。列や行のサイズを数値で指定するには、[レイアウト] タブの [セルのサイズ] にあるボックスを使用します。列の境界線上でダブルクリックすると、境界線の左側にある列の幅が文字列の長さに合わせて自動調整されます。列や行の境界線をポイントしてマウスポインターの形状が ⫲ や ≑ の状態でドラッグすると任意の列幅や行高に変更できます。

表全体のサイズを変更するには、表を選択すると表示されるハンドルを任意の方向にドラッグします。**Shift** キーを押しながら四隅のハンドルをドラッグすると、表の縦横比が固定されたままサイズが変更されます。[レイアウト] タブの [表のサイズ] にあるボックスを使用すると数値で指定できます。

また、表内の文字列の配置を変更するには、変更したいセルをクリックして [レイアウト] タブの中央にある [配置] の各ボタンを使用します。セル内で文字列の方向を変更することも可能です。表全体または行や列単位で選択すると、選択したセルの文字列がすべて変更の対象となります。

表全体の配置を変更するには [レイアウト] タブの右端にある [配置] ボタンを使用します。

ポイント

単位の省略

[高さ] ボックスや [幅] ボックスに直接数値を入力する場合、「cm」は省略できます。

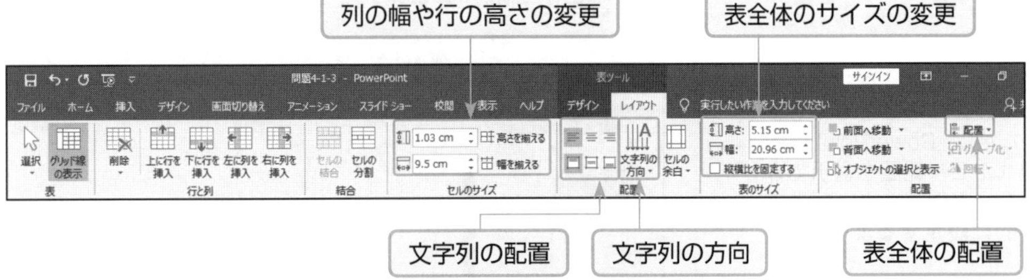

操作手順

【操作 1】

❶スライド 2 の表の 1 列目と 2 列目の境界線をポイントし、マウスポインターの形状が ⟺ に変わったらダブルクリックします。

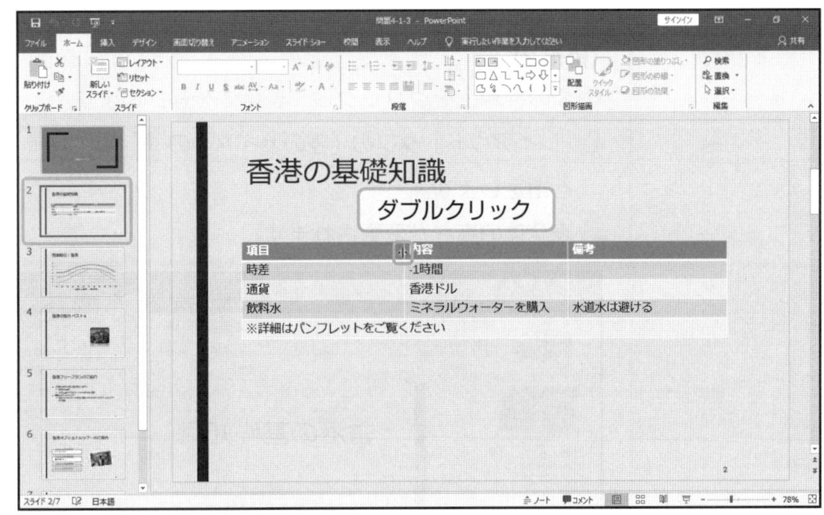

❷1 列目の列幅が自動調整されます。

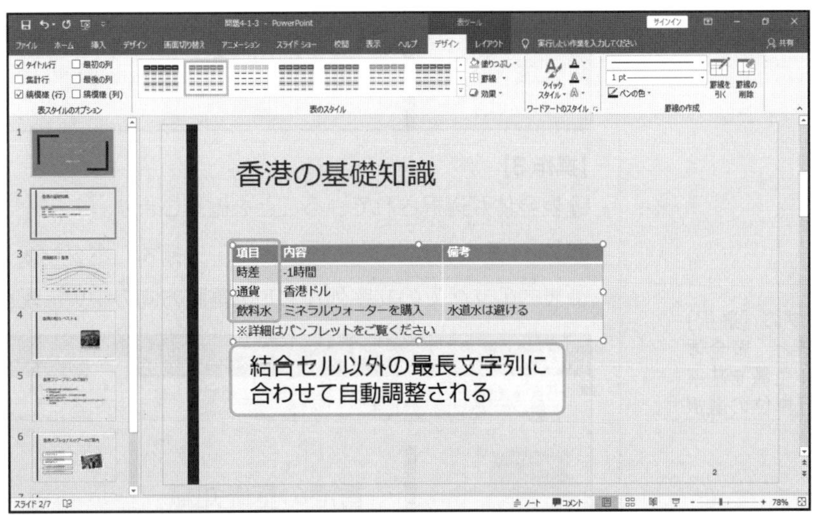

❸2 列目の任意のセル内をクリックします。

❹[レイアウト] タブの [セルのサイズ] の [8.89 cm] [列の幅の設定] ボックスに「9.5cm」と指定します。

第4章 表、グラフ、SmartArt、3Dモデル、メディアの挿入

ヒント

複数列（行）の設定

複数の列（行）を選択してまとめて設定することもできます。ただし、PowerPointの表は離れたセル範囲を選択できません。選択しやすい順番で効率的に設定するようにします。

ヒント

列幅や行高を揃える

[レイアウト] タブの 幅を揃える [幅を揃える] ボタン、高さを揃える [高さを揃える] ボタンを使用すると複数の列幅や行の高さを均等に揃えることができます。

⑤2列目の列幅が変更されます。

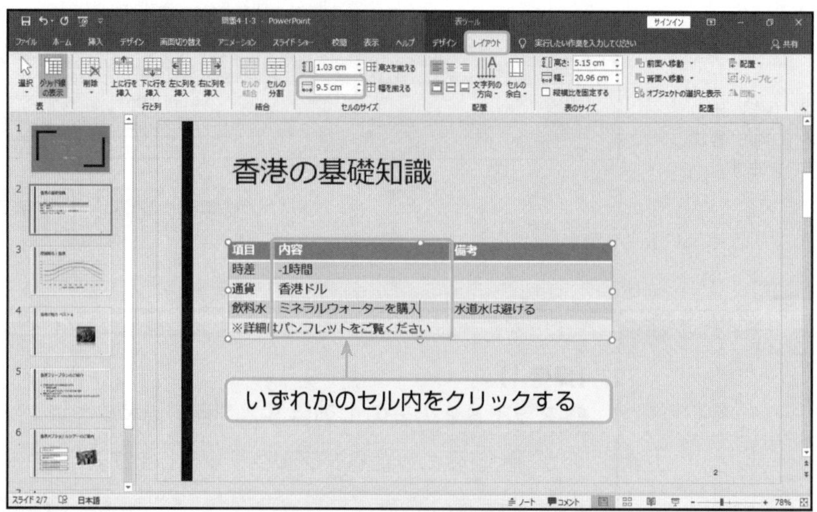

【操作 2】

⑥表の枠線上をクリックし、表全体を選択します。

⑦[レイアウト] タブの [表のサイズ] の 高さ: 5.15 cm [高さ] ボックスに「7.5cm」と指定します。

⑧表全体の高さが変更されます。

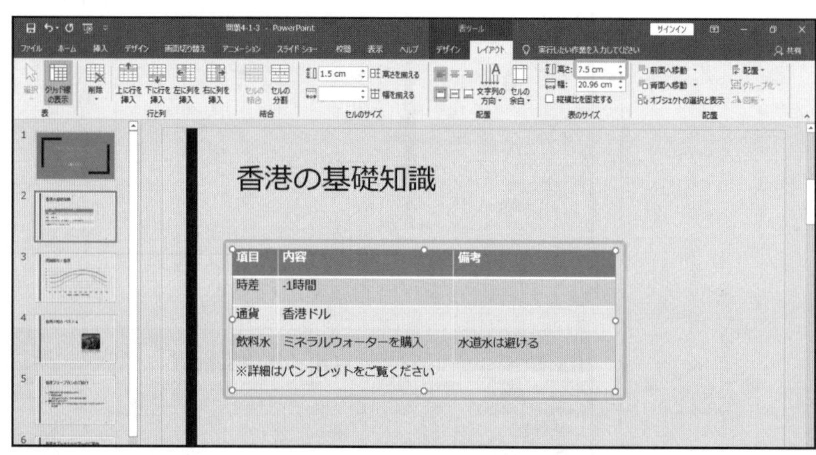

【操作 3】

⑨表全体が選択されていることを確認します。

⑩[レイアウト] タブの [上下中央揃え] ボタンをクリックします。

⑪表内のすべての文字列がセルの垂直方向の中央に配置されます。

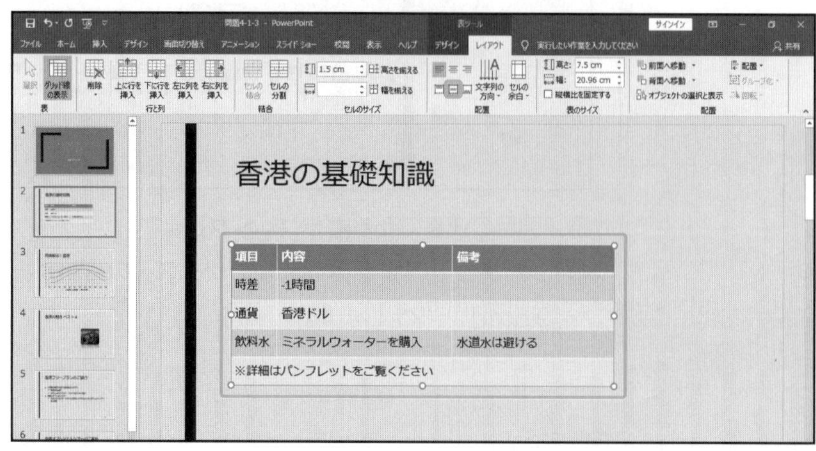

ヒント

[選択] ボタン

[レイアウト] タブの [選択] ボタンを使用すると、表全体の選択やカーソル位置を基準にした列または行単位の選択が行えます。

[選択] ボタン

ヒント

[ホーム] タブの利用

[ホーム] タブの [段落] のボタンを使用して配置を変更することもできます。[レイアウト] タブの [配置] にはない、セル内での両端揃えや均等割り付けも行えます。

【操作 4】

⑫ 表全体が選択されていることを確認します。

⑬ [レイアウト] タブの [配置▾] [配置] ボタンをクリックし、[左右中央揃え] をクリックします。

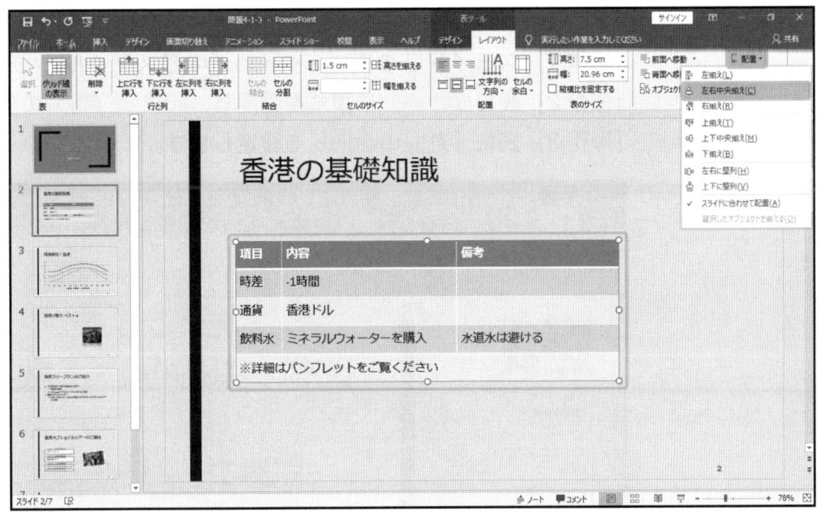

⑭ 表全体の配置が変更されます。

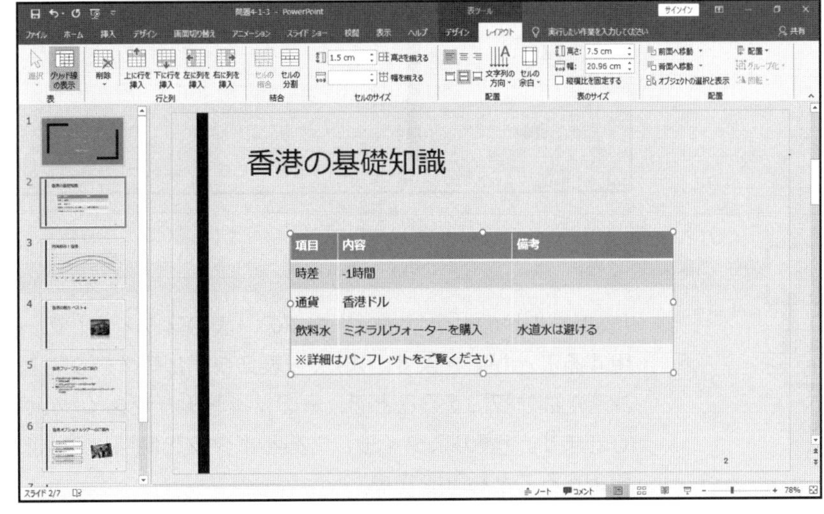

その他の操作方法

表の配置と整列

[ホーム] タブの [配置] ボタンをクリックして表示される [配置] からも同じ操作ができます。また、[左右に整列] でも水平方向の中央に配置されます。

ヒント

ドラッグやキーボードによる移動

表を任意の位置に移動するときは、表の枠線をポイントしてマウスポインターの形状が ✥ の状態でドラッグします。表の枠線をクリックして方向キーを使って移動することも可能です。

4-1-4 表の組み込みスタイルを適用する

練習問題

問題フォルダー
└問題 4-1-4.pptx

解答フォルダー
└解答 4-1-4.pptx

【操作 1】スライド 2 の表にスタイル「中間スタイル 2- アクセント 4」を適用します。
【操作 2】表の最初の列に書式を適用し、縞模様（行）の書式を解除します。
【操作 3】表に「丸」の面取りを設定します。

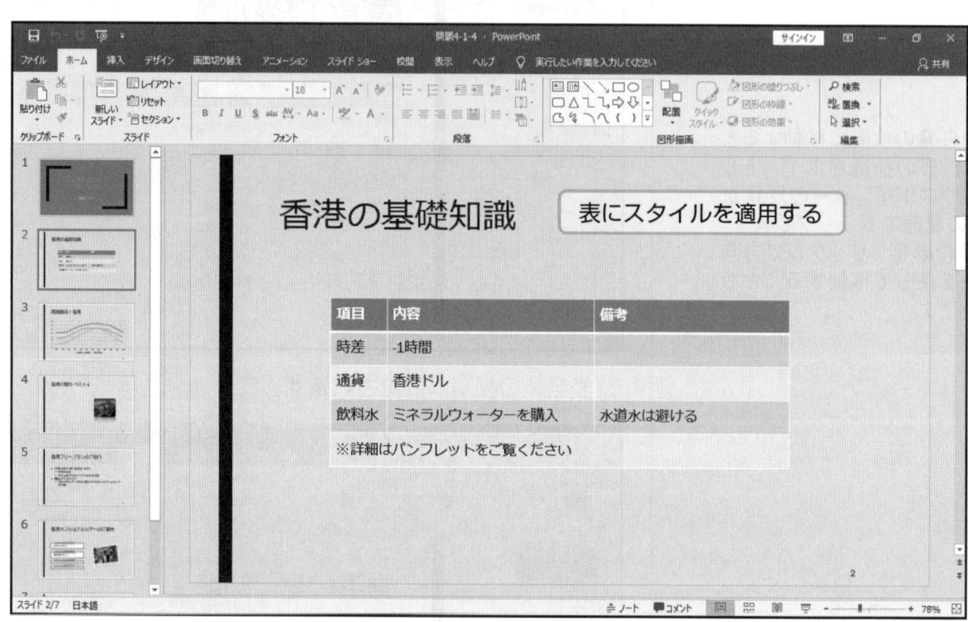

機能の解説

□ 表のスタイル
□ タイトル行
□ タイトル列
□ 塗りつぶし
□ 罫線
□ 効果

［表ツール］の［デザイン］タブの［表のスタイル］の一覧から表にスタイルを簡単に適用することができます。また、［表スタイルのオプション］にあるチェックボックスをオンまたはオフにすることで、表のタイトル行やタイトル列などの書式の設定を簡単に変更できます。［表のスタイル］にあるボタンを使用して、塗りつぶし、罫線、効果を個別に設定することも可能です。

チェックボックスをオンまたはオフにしてタイトル行などの設定を変更する

スタイルや塗りつぶし、罫線、効果を設定する

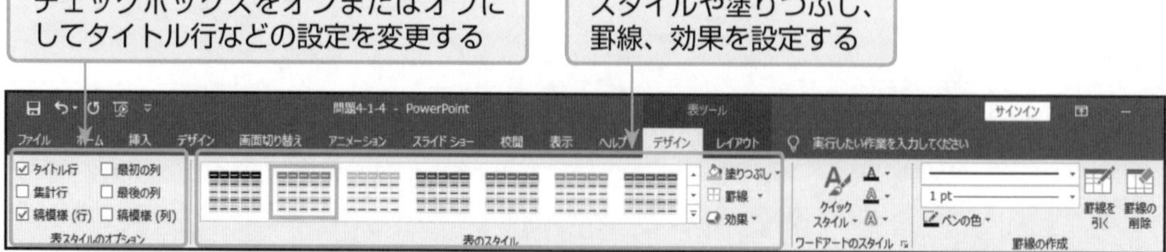

操作手順

【操作 1】

❶スライド 2 の表を選択します。

❷［表ツール］の［デザイン］タブの［表のスタイル］から［中間スタイル 2- アクセント 4］をクリックします。

ポイント

表のスタイル

目的のスタイルが表示されていない場合は、[その他] ボタンをクリックしてすべてのスタイルを表示します。

❸ 表にスタイルが設定されます。

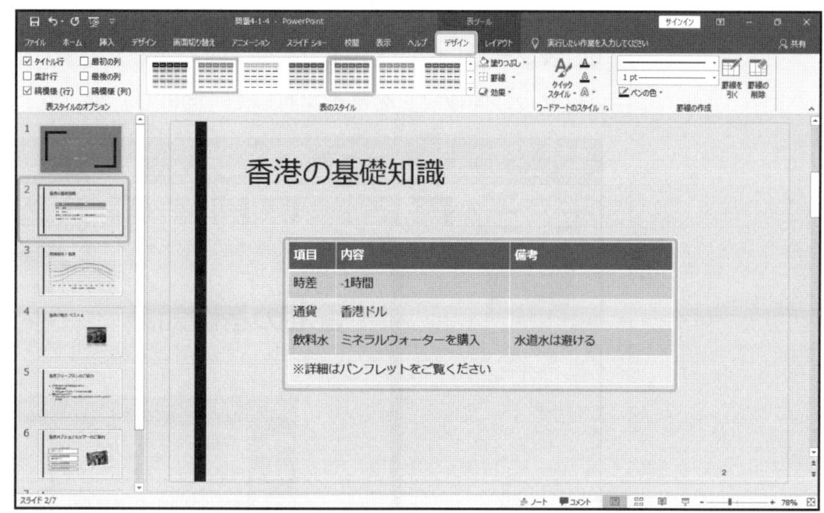

【操作 2】

❹ 表が選択されていることを確認します。

❺ [表ツール] の [デザイン] タブの [最初の列] チェックボックスをオンにします。

❻ 最初の列に書式が設定されます。

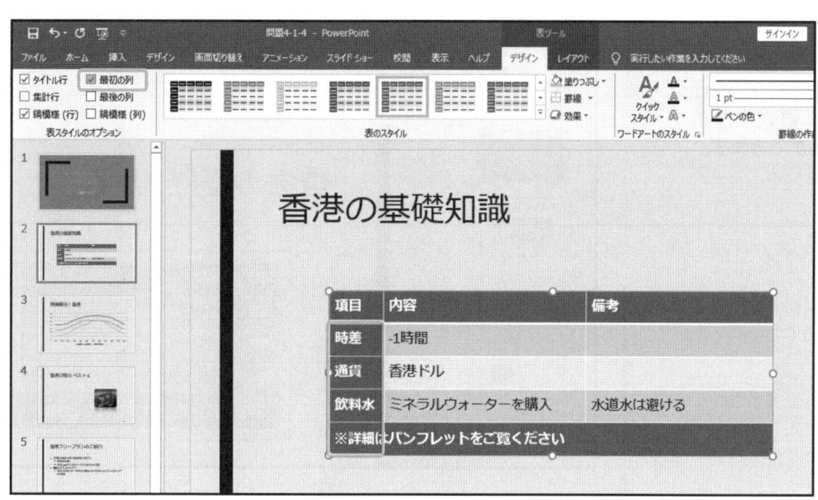

❼ [縞模様（行）] チェックボックスをオフにします。

❽ 偶数の行と奇数の行の書式が同じになります。

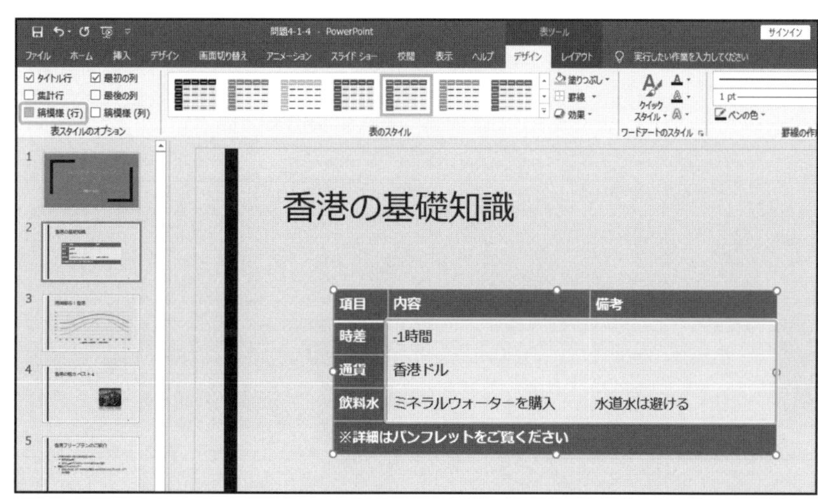

ヒント

表内の文字の書式設定

表内の文字列はプレースホルダーと同様にフォントやフォントサイズ、太字や影などを設定することができます。書式設定する文字列またはセルを選択して [ホーム] タブの [フォント] のボタンを使用します。また、[表ツール] の [デザイン] タブの [ワードアートのスタイル] のボタンを使用すると、表内の文字列にワードアートを適用できます。

【操作 3】

⑨表が選択されていることを確認します。

⑩[表ツール]の[デザイン]タブの 効果▾ [効果]ボタンをクリックします。

⑪[セルの面取り]をポイントして[面取り]の[丸]をクリックします。

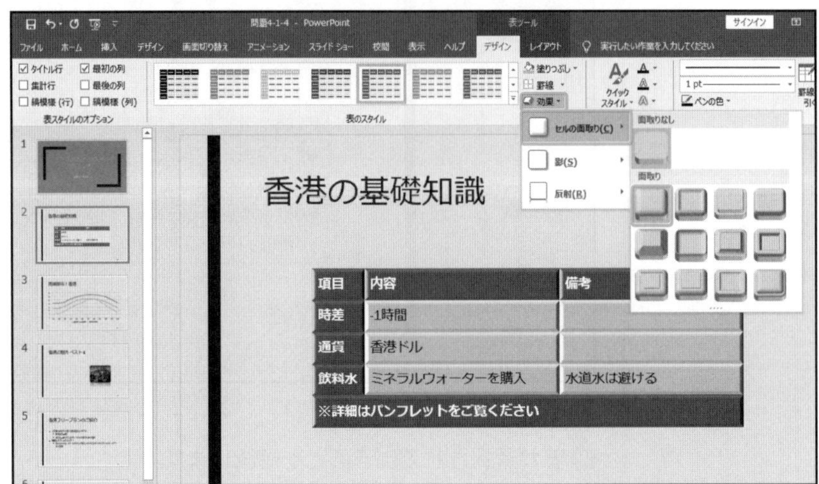

⑫表に効果が設定されます。

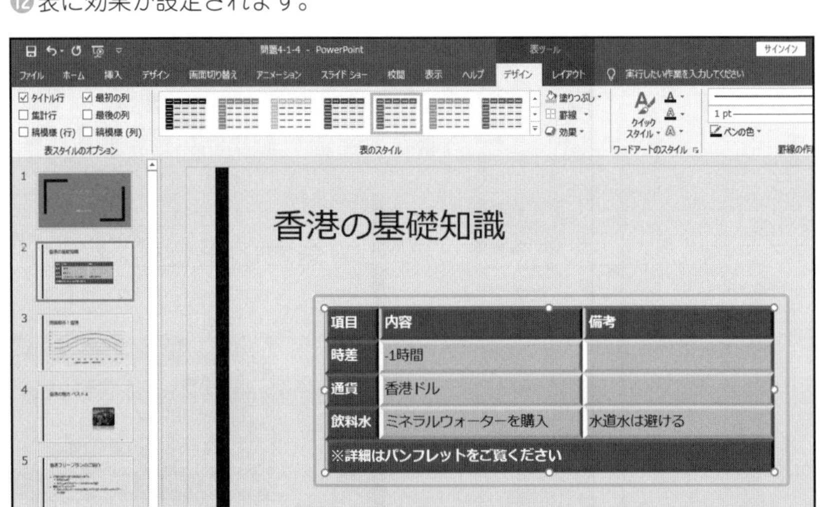

ヒント

インポートした表の書式設定

スライド7にあるExcelからインポートした表を選択すると[書式]タブが表示され、図形と同じように書式やサイズを変更することができます。

4-2 グラフを挿入する、変更する

スライドにグラフを作成し、Excel のワークシートと同様のシートでデータを入力して多彩な編集をすることができます。また、Excel で作成したグラフをコピーして活用することも可能です。

4-2-1 グラフを作成する、挿入する

練習問題

問題フォルダー
└問題 4-2-1.pptx
PowerPoint 365&2019（実習用）フォルダー
└気温データ .xlsx
解答フォルダー
└解答 4-2-1.pptx

【操作 1】スライド 4 に集合縦棒グラフを挿入し、次のデータを入力します。

	ファミリー	グループ
竹富島	48	50
西表島	32	28
小浜島	20	22

【操作 2】スライド 5 に［PowerPoint365&2019（実習用）］フォルダーに保存されている Excel ファイル「気温データ」のグラフを貼り付け先のテーマに合わせた埋め込みグラフとして挿入し、テーマのデザインに重ならないようにグラフの幅を小さくします。

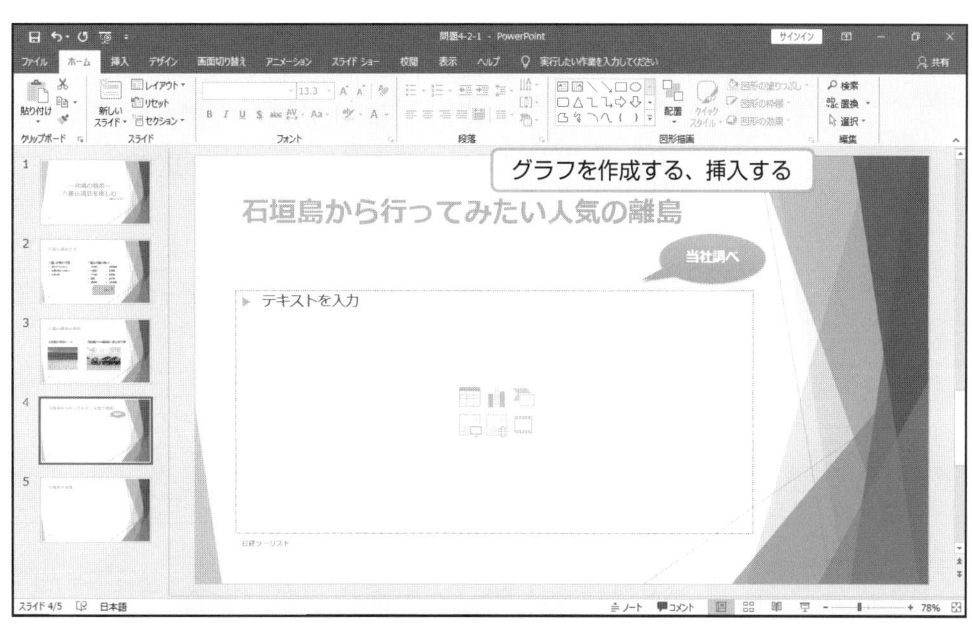

機能の解説

- グラフの挿入
- ［グラフの挿入］アイコン
- ［グラフの挿入］ダイアログボックス
- グラフの種類や形式

スライドに挿入するグラフは、Excel と同様の機能を利用することができます。グラフを挿入すると表示されるシートのサンプルデータを書き換えると、スライド上のグラフに反映されます。
プレースホルダーを使用する場合は、［グラフの挿入］アイコンをクリックして表示される［グラフの挿入］ダイアログボックスでグラフの種類と形式を指定します。任意の位置に挿入する場合は、［挿入］タブの［グラフ］ボタンを使用します。グラフを挿入するとサンプルデータを基にしたグラフがスライドに表示され、サンプルデータが入力された［Microsoft PowerPoint 内のグラフ］シートが別ウィンドウで開くので、データや範囲を修正します。

- □ ［グラフ］ボタン
- □ データの入力
- □ 外部データの活用
- □ リンク貼り付け
- □ 埋め込みオブジェクト
- □ ［貼り付け］ボタン
- □ ［貼り付けのオプション］ボタン

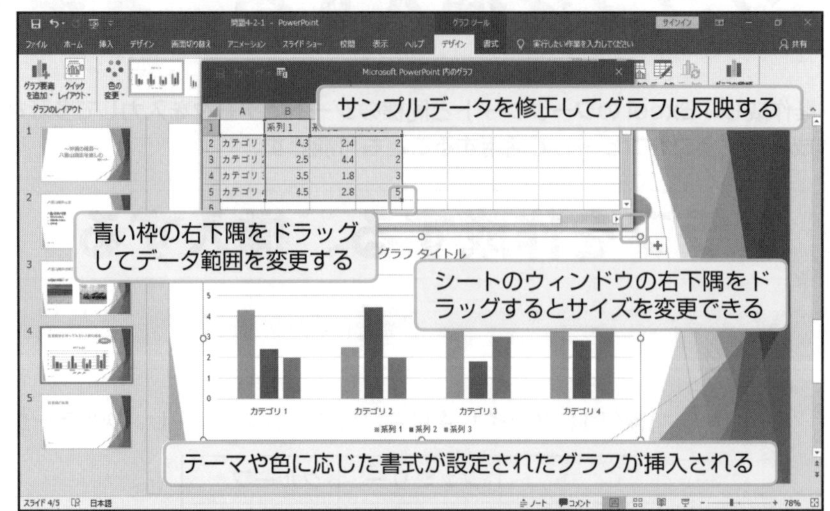

また、グラフを Excel や Word などの外部データからコピーして活用することができます。Excel で作成したグラフをコピーすると、既定ではスライドに設定されているテーマが適用された Excel のグラフへのリンクとして貼り付けられます。Excel のテーマをそのまま使う場合や埋め込みグラフとして貼り付ける場合は、［貼り付け］ボタンの▼をクリックして貼り付ける形式を選択します。貼り付け後にグラフ右下に表示される (Ctrl)▾［貼り付けのオプション］ボタンをクリックして貼り付ける形式を変更することも可能です。

アイコン	貼り付ける形式
	貼り付け先のテーマを使用しブックを埋め込む テーマ：PowerPoint のテーマ 貼り付け：埋め込みオブジェクト（データは PowerPoint に保存）
	元の書式を保持しブックを埋め込む テーマ：Excel のテーマや書式 貼り付け：埋め込みオブジェクト（データは PowerPoint に保存）
	貼り付け先のテーマを使用しデータをリンク（既定） テーマ：PowerPoint のテーマ 貼り付け：リンク貼り付け（データはリンクされている Excel に保存）
	元の書式を保持しデータをリンク テーマ：Excel のテーマや書式 貼り付け：リンク貼り付け（データはリンクされている Excel に保存）
	図 図として貼り付け（データの編集等はできない）
	形式を選択して貼り付け ［形式を選択して貼り付け］ダイアログボックスが表示され、リンク貼り付けや図の種類などを選択できる

操作手順

【操作 1】

❶サムネイルのスライド 4 をクリックします。

❷ プレースホルダーの [グラフの挿入] アイコンをクリックします。

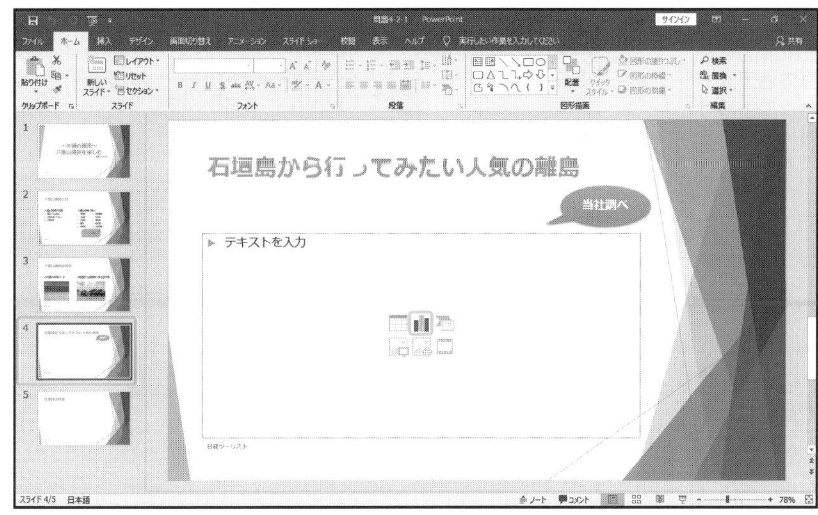

❸ [グラフの挿入] ダイアログボックスが表示されます。

❹ 左側の一覧で [縦棒]、右上の一覧で [集合縦棒] が選択されていることを確認します。

❺ [OK] をクリックします。

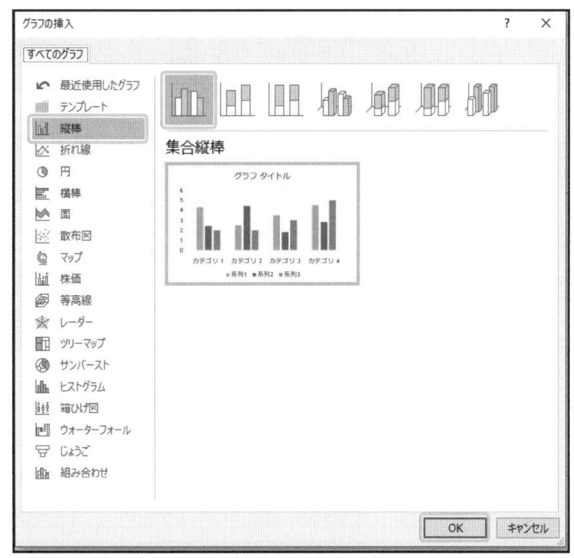

❻ スライドにグラフが挿入され、サンプルデータが入力されたシートが表示されます。

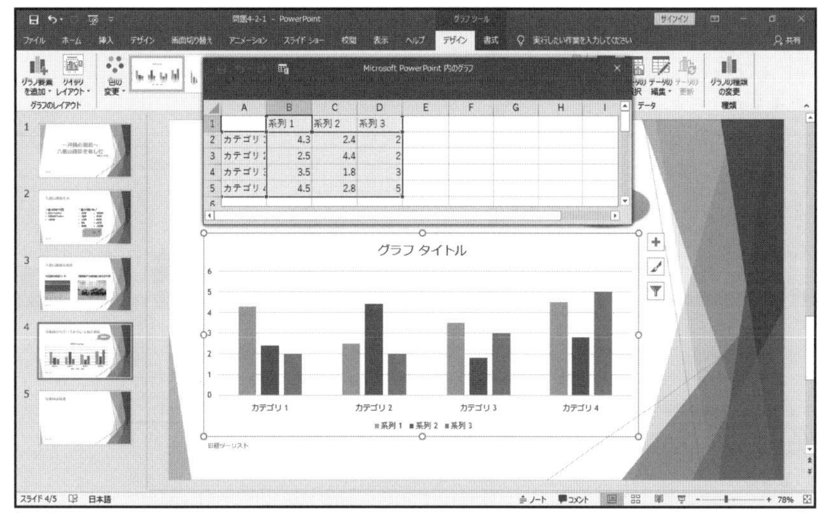

第4章 表、グラフ、SmartArt、3Dモデル、メディアの挿入

⑦シートにデータを入力します。

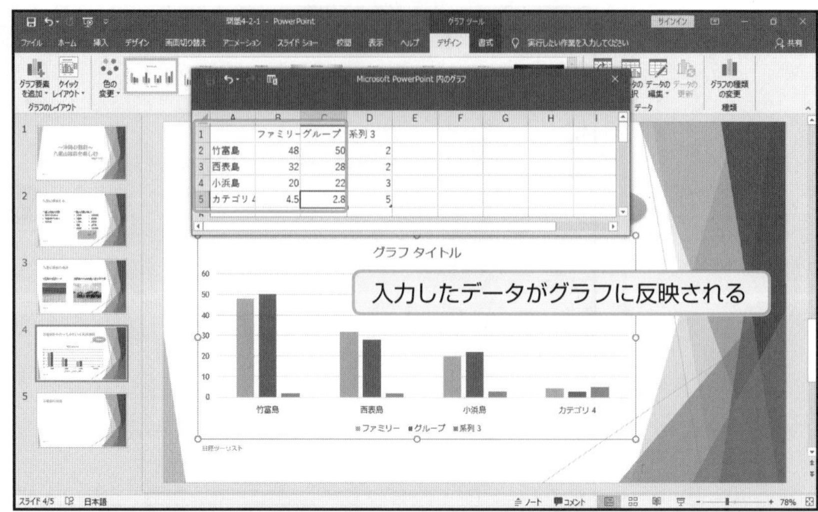

⑧セル範囲が A1 から C4 になるように、セル D5 の青い枠の右下隅をポイントしてマウスポインターの形状が ↘ になったらセル C4 までドラッグします。

⑨シートの ✕［閉じる］ボタンをクリックします。

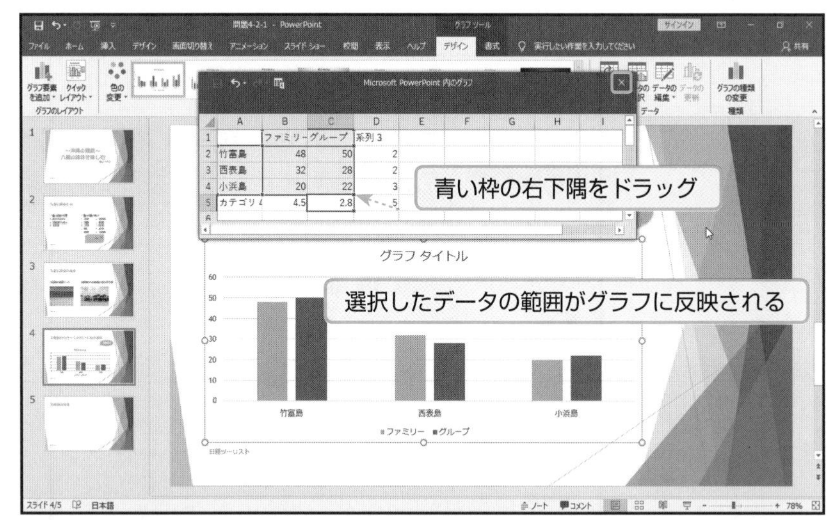

⑩データが反映されたグラフが挿入されます。

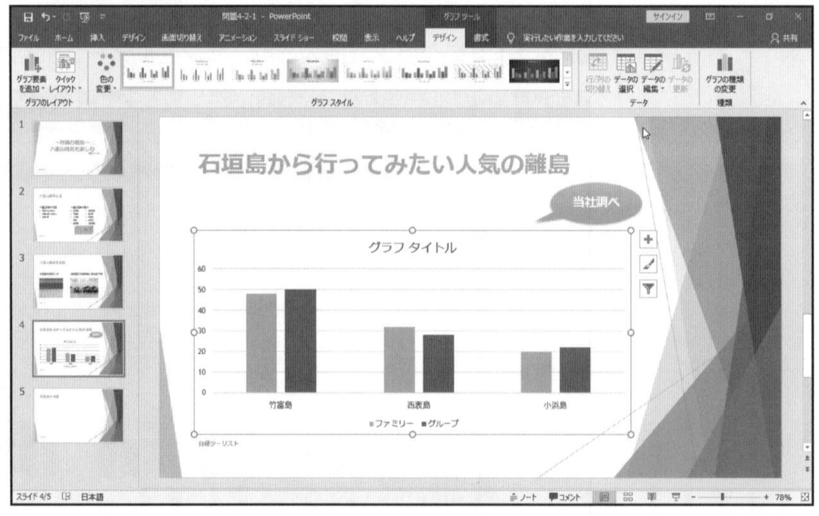

ヒント

シートのサイズ

Microsoft PowerPoint 内のシートのウィンドウの右下すみをドラッグするとウィンドウサイズを変更できます。

ポイント

セル内のデータの削除

青い枠をドラッグせずに不要なデータを削除するには、削除するデータが入力された列番号または行番号を右クリックして［削除］をクリックします。**Delete** キーではデータは削除されますが範囲の変更は行えません。

ヒント

グラフのデータの再編集

シートを閉じた後にグラフのデータを再編集するには、グラフを選択して［グラフツール］の［デザイン］タブの［データの編集］ボタンの上部分をクリックします。下部分をクリックすると［データの編集］と［Excel でデータを編集］が表示されます。

［データの編集］ボタン

ヒント

行 / 列の切り替え

データの編集中に［グラフツール］の［デザイン］タブの［行 / 列の切り替え］ボタンでグラフの行列（系列と項目）を入れ替えることができます。また、［データの選択］ボタンをクリックして表示される［データソースの選択］ダイアログボックスでは、データ範囲の修正や項目の追加と削除および行と列の入れ替えができます。

［行 / 列の切り替え］ボタン

［データの選択］ボタン

ヒント

グラフの削除

グラフを削除するには、グラフの枠線上をクリックして **Delete** キーを押します。

【操作 2】

⑪ エクスプローラーを起動して左側の一覧から［ドキュメント］をクリックし、［PowerPoint365&2019（実習用）］をダブルクリックします。

⑫ Excel ファイル「気温データ」をダブルクリックします。

⑬ Excel が起動し、Excel ファイル「気温データ」が表示されます。

⑭「気温」シートのグラフをクリックします。

⑮［ホーム］タブの［コピー］ボタンをクリックします。

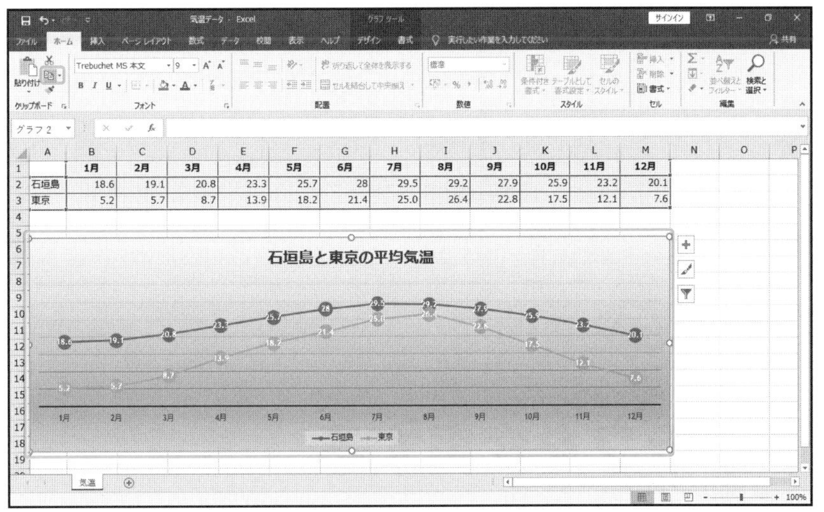

⑯ タスクバーで PowerPoint に切り替えます。

⑰ スライド 5 を選択します。

⑱［ホーム］タブの［貼り付け］ボタンの▼をクリックし、［貼り付け先のテーマを使用しブックを埋め込む］をクリックします。

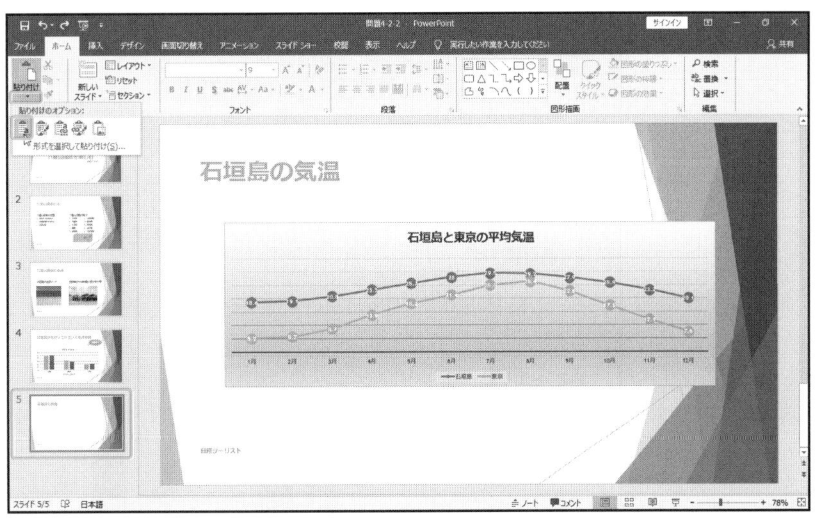

⑲ グラフが貼り付け先のテーマを使用した埋め込みオブジェクトとして貼り付けられます。

その他の操作方法

グラフの貼り付け

貼り付け先で右クリックして［貼り付けのオプション］から目的の貼り付け方法をクリックします。**Ctrl+V** キーを押して貼り付けた後に［貼り付けのオプション］ボタンをクリックして貼り付け方法を変更することもできます。

ヒント

埋め込みオブジェクトのデータ

埋め込みオブジェクトのグラフを選択して、[グラフツール]の[デザイン]タブの[データの編集]ボタンをクリックすると、[Microsoft PowerPoint内のグラフ]シートにコピー元のExcelファイルと同じ内容が表示されます。

⑳グラフの右側中央のハンドルにマウスポインターを合わせ、左にドラッグして位置を修正します。

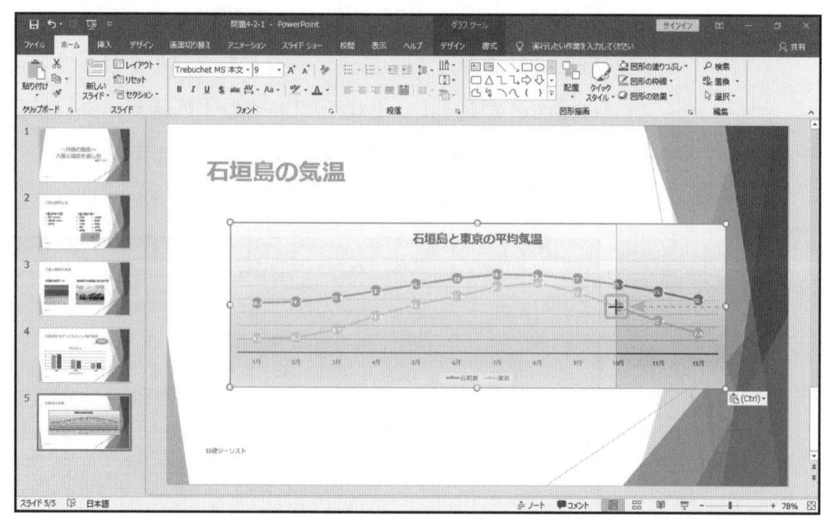

4-2-2 グラフを変更する

練習問題

問題フォルダー
└問題4-2-2.pptx

解答フォルダー
└解答4-2-2.pptx

【操作1】スライド4のグラフの種類を「積み上げ横棒」に変更します。

【操作2】スライド4のグラフにスタイル「スタイル9」、色「モノクロパレット1」を適用します。

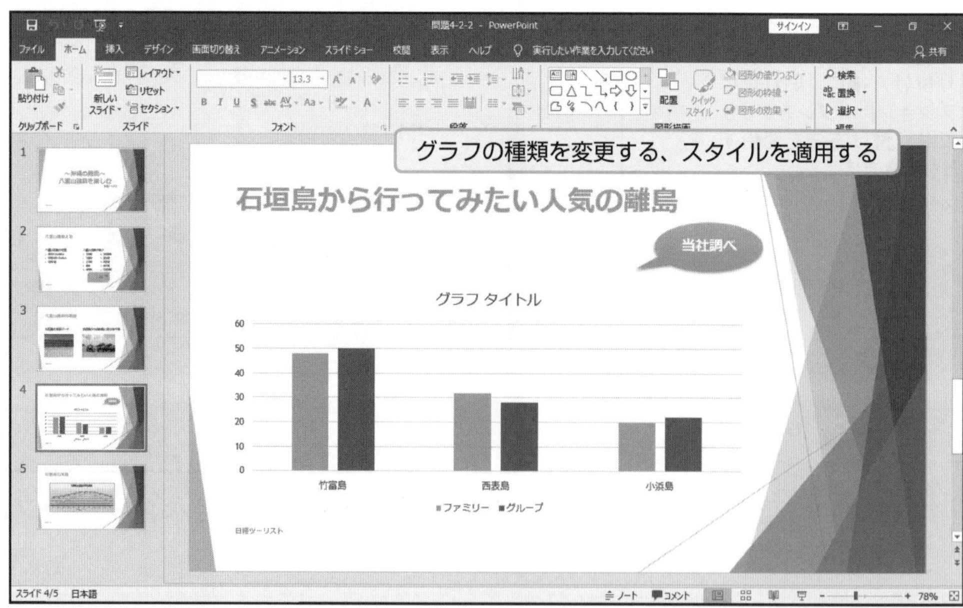

機能の解説

重要用語

- グラフの種類の変更
- ［グラフの種類の変更］ボタン
- スタイルの適用
- 色の変更
- ［グラフスタイル］ボタン

挿入したグラフの種類は後から変更することができます。グラフの種類を変更するには、［グラフツール］の［デザイン］タブの［グラフの種類の変更］ボタンを使用します。グラフ全体に複数の書式を組み合わせたスタイルを適用するには、グラフの右横の［グラフスタイル］ボタンをクリックして［スタイル］の一覧から目的のスタイルを選択します。グラフ全体の色を変更するには、［グラフスタイル］ボタンをクリックして［色］の一覧から選択します。［グラフツール］の［デザイン］タブの［グラフスタイル］でスタイルや色を変更することも可能です。なお、スタイルや色に表示される内容は、スライドに設定されているテーマやバリエーションによって異なります。

［グラフスタイル］ボタンの［スタイル］

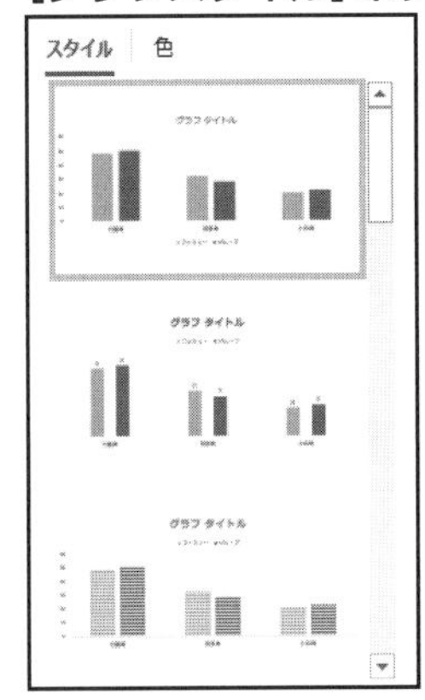

色

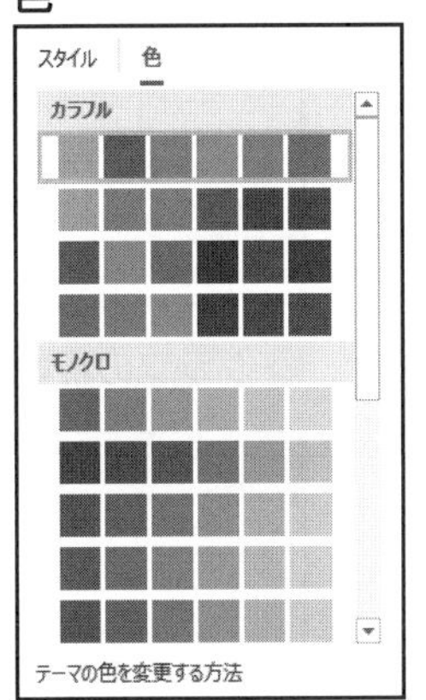

操作手順

その他の操作方法

グラフの種類の変更

グラフ内で右クリックして［グラフの種類の変更］をクリックします。

【操作 1】

❶スライド 4 のグラフを選択します。

❷［グラフツール］の［デザイン］タブの［グラフの種類の変更］ボタンをクリックします。

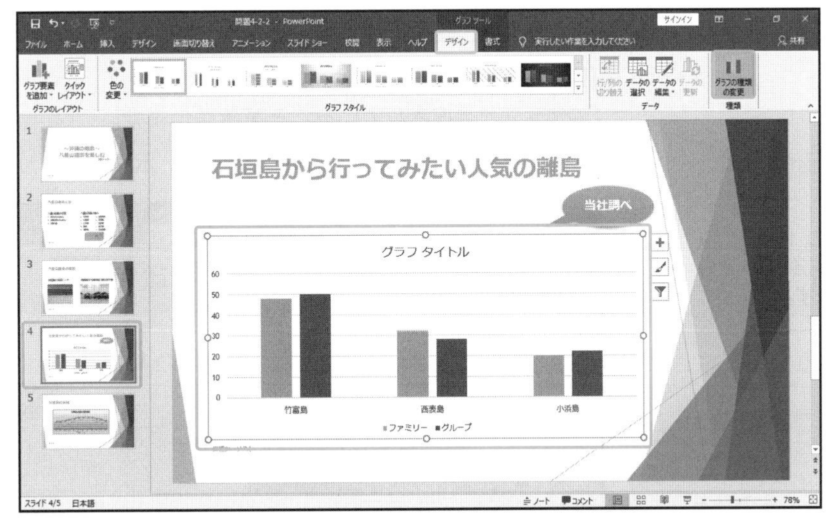

❸［グラフの種類の変更］ダイアログボックスが表示されます。

❹左側の一覧から［横棒］をクリックします。

❺右上の一覧から［積み上げ横棒］をクリックします。

❻［OK］をクリックします。

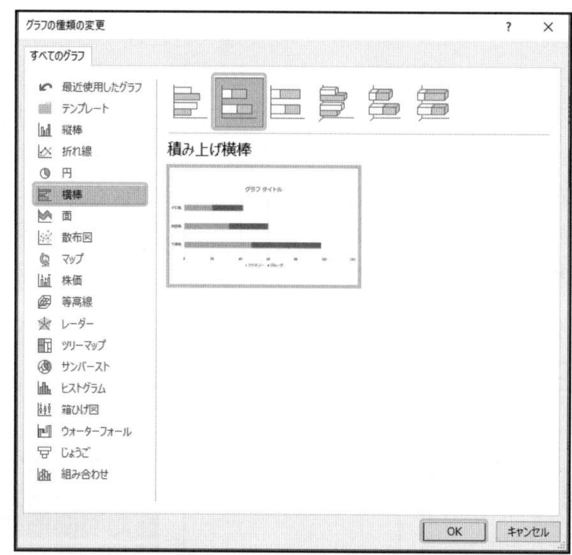

❼グラフの種類が変更されます。

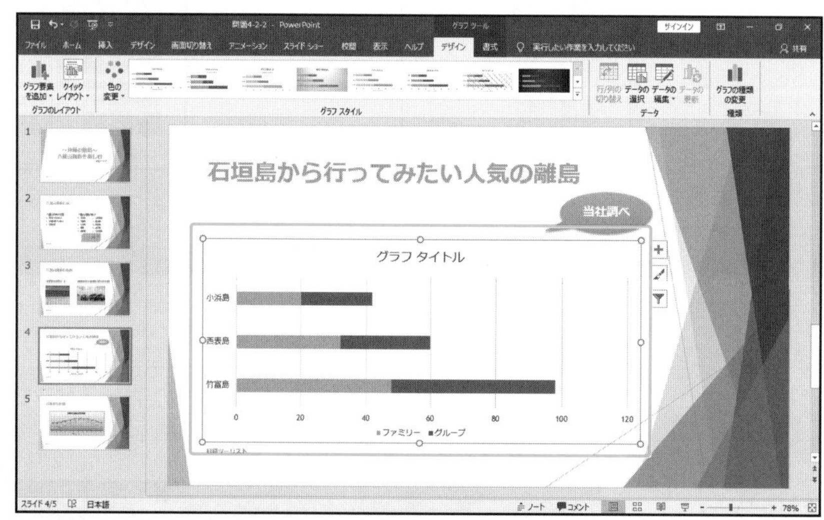

【操作 2】

❽グラフが選択されていることを確認します。

❾グラフの右横の［グラフスタイル］ボタンをクリックします。

その他の操作方法

スタイルの適用

［グラフツール］の［デザイン］タブの［グラフスタイル］の一覧から選択します。

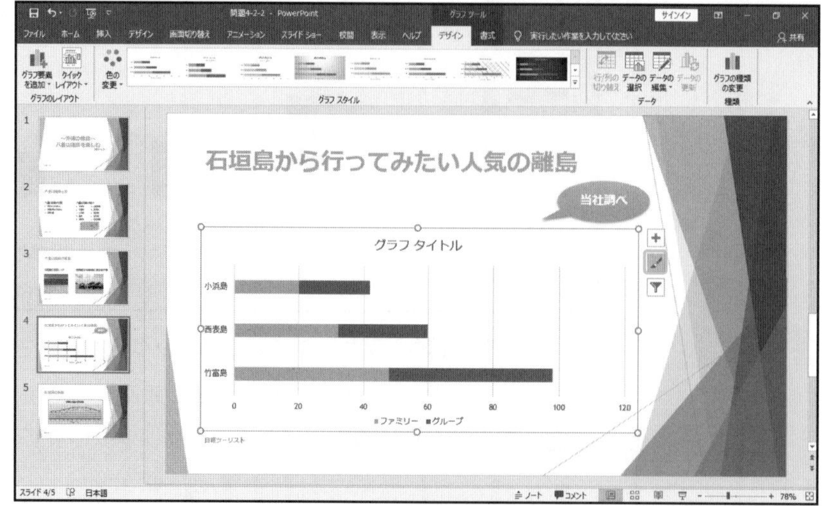

⑩［スタイル］が選択されていることを確認し、［スタイル 9］をクリックします。

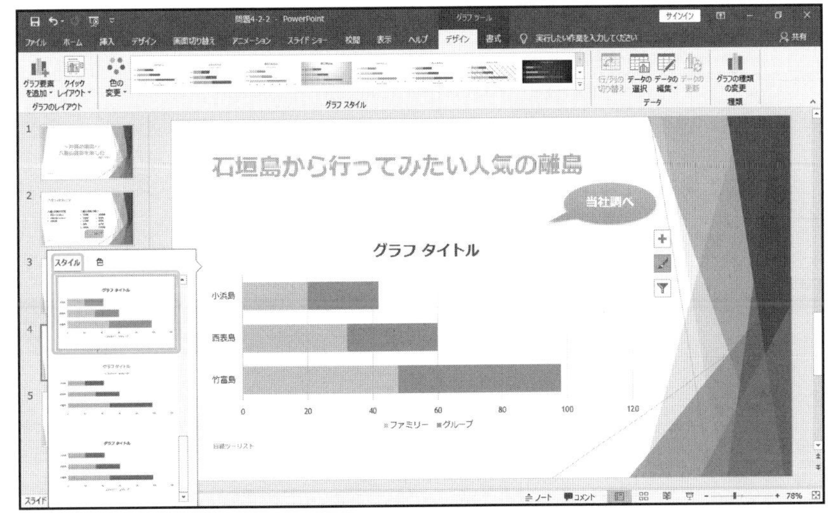

⑪グラフにスタイルが適用されます。

⑫［色］をクリックし、［モノクロパレット 1］をクリックします。

その他の操作方法

色の変更

［グラフツール］の［デザイン］タブの［色の変更］ボタンをクリックして表示される一覧から選択します。

［色の変更］ボタン

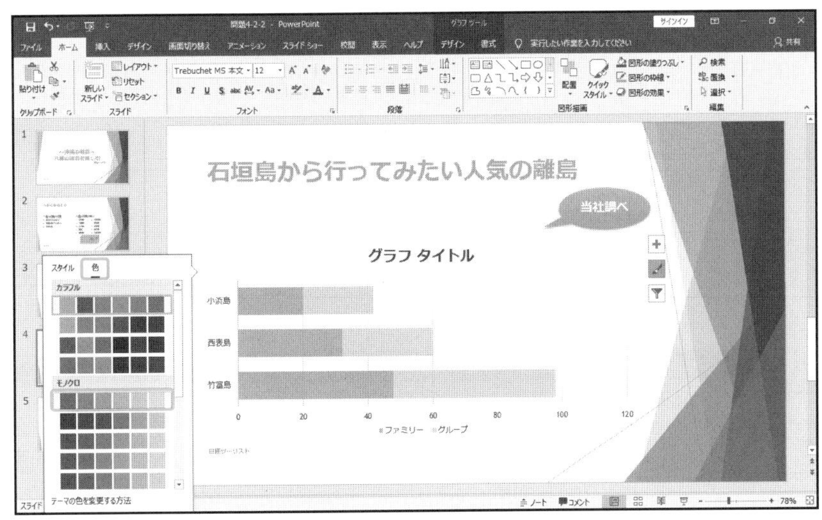

⑬グラフの色が変更されます。

⑭［グラフスタイル］ボタンをクリックして一覧を閉じます。

4-2-3 グラフの要素を変更する

練習問題

問題フォルダー
└問題 4-2-3.pptx

解答フォルダー
└解答 4-2-3.pptx

【操作 1】スライド 4 のグラフのデータラベルを「内側」に表示します。
【操作 2】グラフタイトルに「人気の離島」と入力し、下線を設定します。
【操作 3】縦軸を反転します。

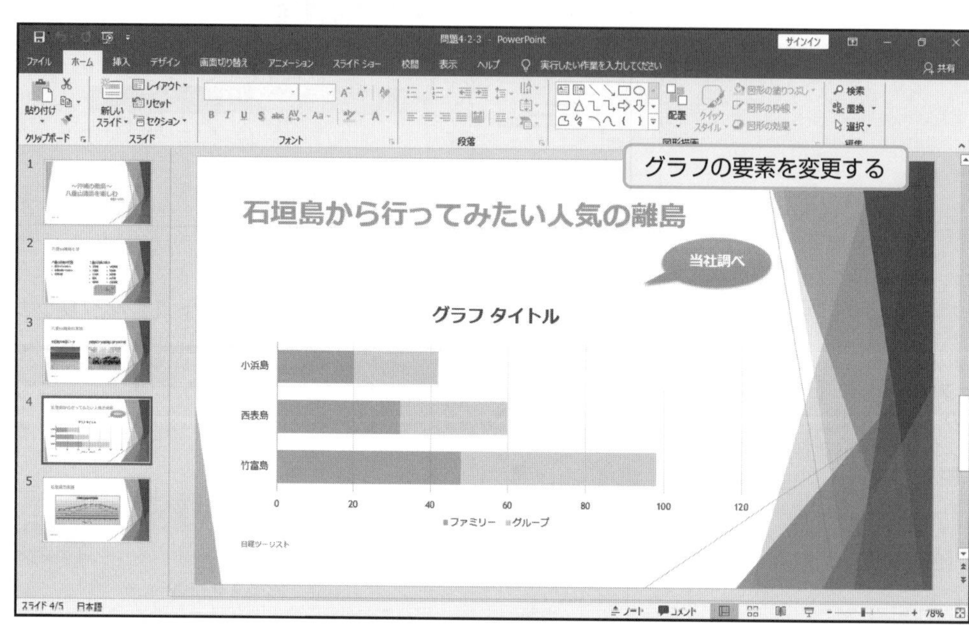

機能の解説

- グラフの要素
- ［グラフ要素］ボタン
- ［グラフ要素を追加］ボタン
- グラフ要素の書式設定
- ［選択対象の書式設定］ボタン
- 書式設定作業ウィンドウ

ヒント

グラフサイズの自動調整

グラフ要素の表示 / 非表示を切り替えたり配置を変更したりすると、グラフのサイズが自動的に調整されます。

スライドに挿入したグラフはグラフタイトルや凡例などのさまざまな要素で構成されており、各要素をマウスでポイントすると要素名が表示されます。各要素を表示するには、グラフの右横の ＋［グラフ要素］ボタンをクリックして目的の要素名のチェックボックスをオンにします。非表示にするには要素名のチェックボックスをオフにするか要素を選択して **Delete** キーを押します。要素名の右横に表示される ▶ をクリックすると配置を変更するなどの詳細な設定を行うことができます。［グラフツール］の［デザイン］タブの［グラフ要素を追加］ボタンを使用することも可能です。なお、グラフの要素はグラフの種類によって異なる場合があります。

積み上げ横棒グラフの要素

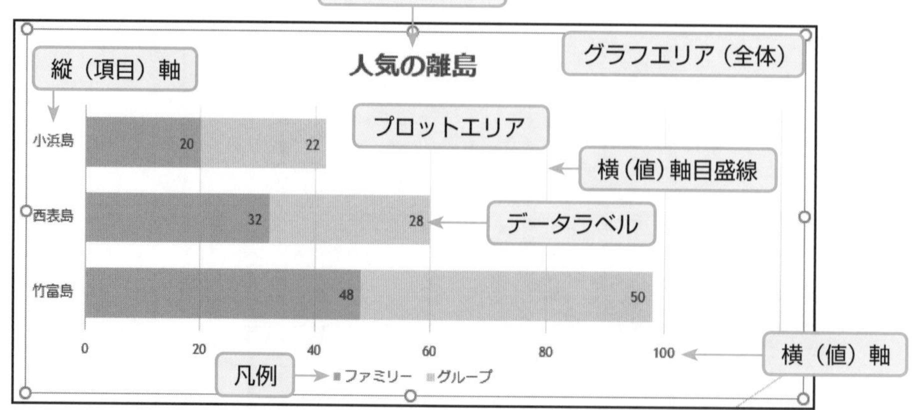

グラフタイトルや凡例などのグラフの要素や文字列に書式を設定するには、要素を選択して［ホーム］タブや［書式］タブを使用します。詳細な設定は、［書式］タブの［選択対象の書式設定］［選択対象の書式設定］ボタンをクリックして各要素の書式設定作業ウィンドウで行います。作業ウィンドウで設定できる内容は、選択した要素やグラフの種類によって異なります。

ポイント

レイアウトの変更

［グラフツール］の［デザイン］タブの［クイックレイアウト］ボタンを使用すると、グラフタイトルや凡例などの表示／非表示や配置などをあらかじめ設定されたレイアウトに変更できます。

［クイックレイアウト］ボタン

［グラフエリアの書式設定］作業ウィンドウ　［軸の書式設定］作業ウィンドウ

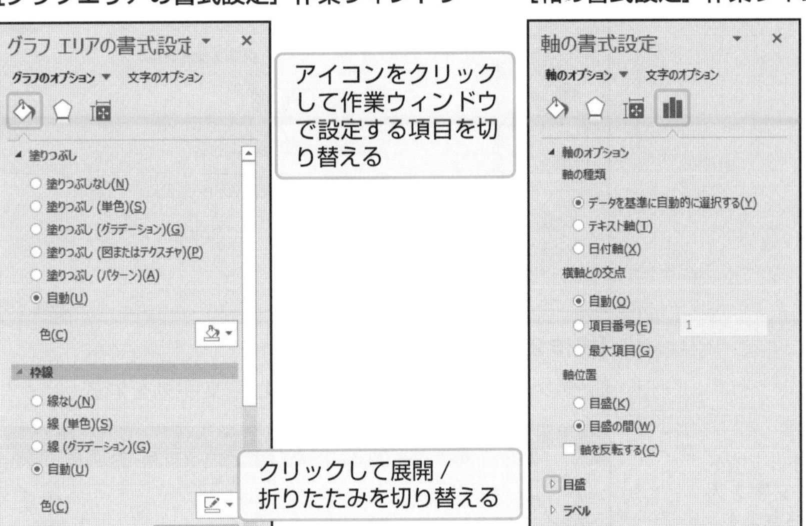

操作手順

その他の操作方法

データラベルの表示と配置

［グラフツール］の［デザイン］タブの［グラフ要素を追加］ボタンをクリックし、［データラベル］をポイントして表示位置をクリックします。［データラベルの書式設定］作業ウィンドウの［ラベルの位置］で変更することもできます。

【操作 1】

❶スライド 4 のグラフを選択します。

❷グラフの右横の［＋］［グラフ要素］ボタンをクリックします。

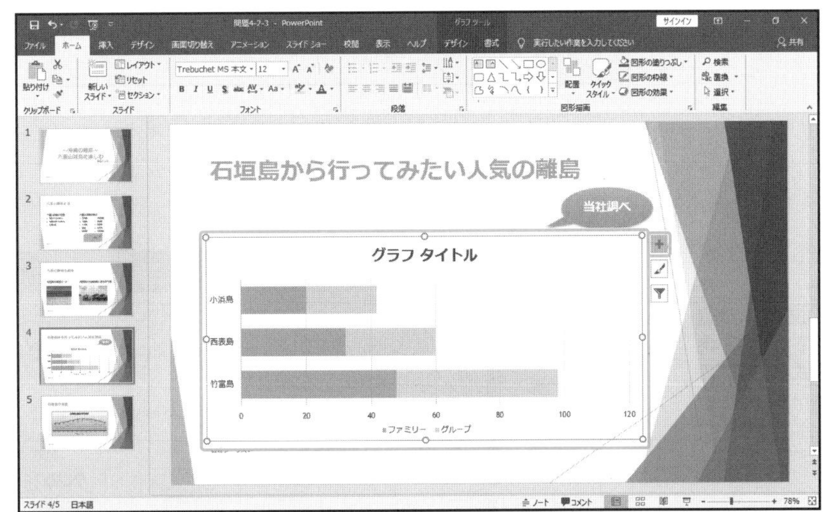

❸［グラフ要素］の［データラベル］をポイントし、▶をクリックします。

❹［内側］をクリックします。

第4章 表、グラフ、SmartArt、3Dモデル、メディアの挿入

ポイント

データテーブル

グラフ要素の［データテーブル］をオンにするとグラフの下部にシートの表を表示できます。▶ をクリックすると凡例マーカーの有無などの詳細設定ができます。

⑤データラベルが内側に表示されます。

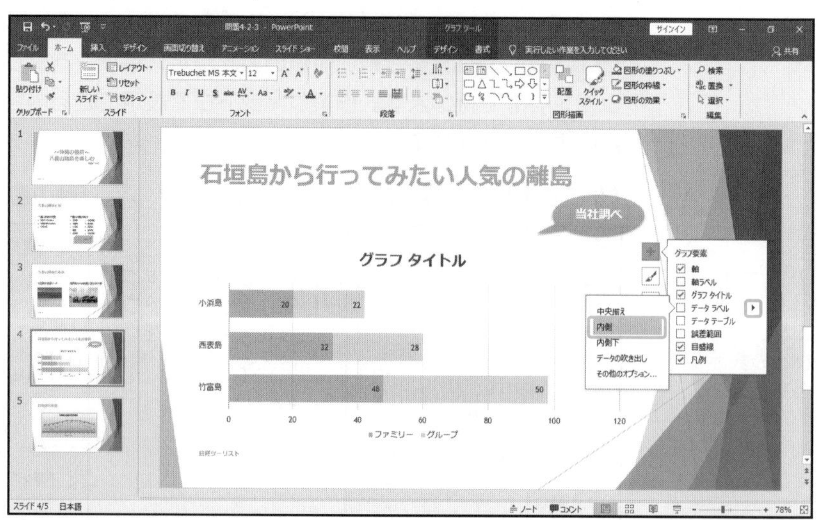

【操作 2】

⑥グラフタイトル内をクリックして文字列を消去し、「人気の離島」と入力します。

ポイント

グラフタイトルの修正

文字列「グラフタイトル」をドラッグして選択し、文字を入力すると上書き修正されます。

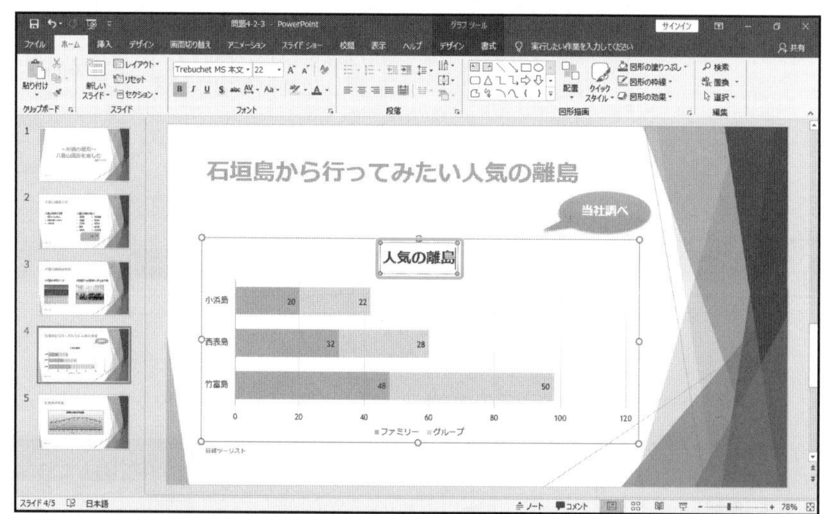

⑦グラフタイトルの外枠をクリックします。

⑧［ホーム］タブの U［下線］をクリックします。

⑨グラフタイトルに下線が設定されます。

ヒント

グラフ要素に設定した書式の解除

グラフの要素に設定した書式を解除するには、要素を選択して［書式］タブの リセットしてスタイルに合わせる［リセットしてスタイルに合わせる］ボタンをクリックします。

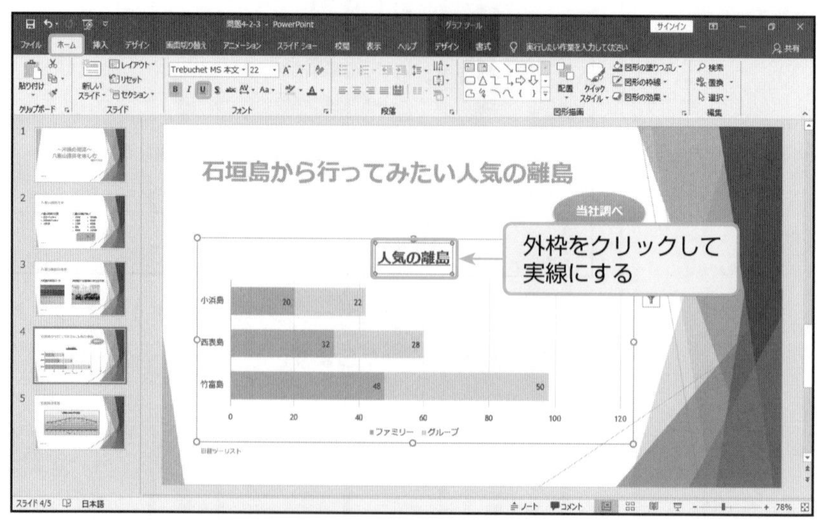

【操作 3】

⑩ グラフの［縦（項目）軸］を選択します。

⑪［書式］タブの［選択対象の書式設定］ボタンをクリックします。

その他の操作方法

［軸の書式設定］作業ウィンドウの表示

縦（項目）軸をダブルクリックするか、右クリックして［軸の書式設定］をクリックします。

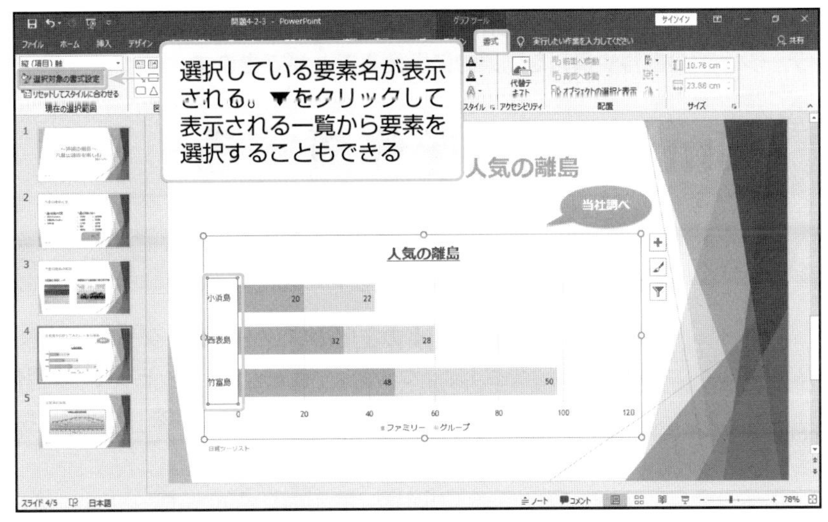

⑫［軸の書式設定］作業ウィンドウの［軸のオプション］が表示されます。

⑬［軸を反転する］チェックボックスをオンにします。

⑭ 縦（項目）軸が反転します。

⑮［軸の書式設定］作業ウィンドウの［閉じる］ボタンをクリックします。

ヒント

グラフフィルター

［グラフフィルター］ボタンを使用してグラフに表示する系列や項目を目的に合わせて非表示にすることができます。

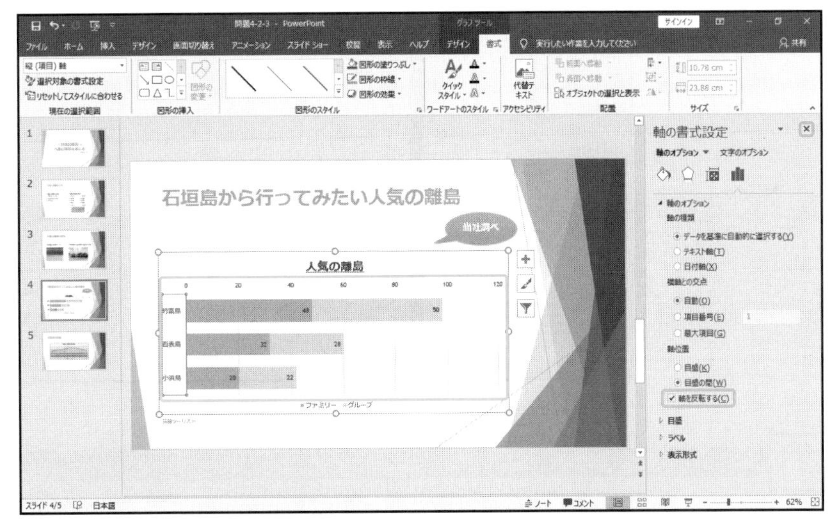

4-3 SmartArtを挿入する、書式設定する

SmartArtグラフィック（本テキストではSmartArtと記述します）を利用すると、少ない手順で表現力のある図解を作成してプレゼンテーションの内容や情報を効果的に伝えることができます。

4-3-1 SmartArtを作成する

練習問題

問題フォルダー
└問題4-3-1.pptx
解答フォルダー
└解答4-3-1.pptx

【操作1】スライド4の左側のプレースホルダーに「基本マトリックス」のSmartArtを挿入し、「グルメ」「夜景」「ショッピング」「個性的な街」と入力します。
【操作2】挿入したSmartArtのスタイルを「光沢」、色を「カラフル - アクセント3から4」に変更します。

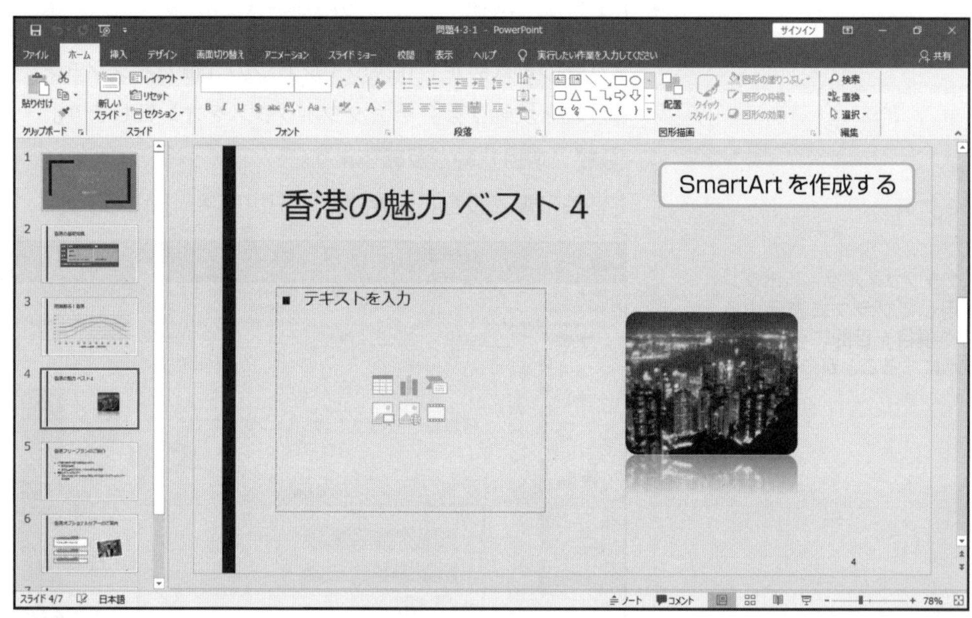

機能の解説

重要用語

- □ SmartArt
- □［SmartArtグラフィックの挿入］アイコン
- □［SmartArt］ボタン
- □［SmartArtグラフィックの選択］ダイアログボックス
- □ SmartArtのスタイル
- □ 色の変更
- □［色の変更］ボタン

SmartArtは、情報をより効果的に表現するための図表を作成する機能です。「リスト」「手順」「循環」などに分類されたレイアウトから選択して、わかりやすく洗練されたデザインの図解をすばやく作成できます。プレースホルダーを使用する場合は、［SmartArtグラフィックの挿入］アイコンをクリックします。任意の位置に挿入する場合は、［挿入］タブの［SmartArt］ボタンをクリックします。どちらの場合も［SmartArtグラフィックの選択］ダイアログボックスが表示されるので、一覧から用途に合った種類とレイアウトを選択します。

[SmartArt グラフィックの選択] ダイアログボックス

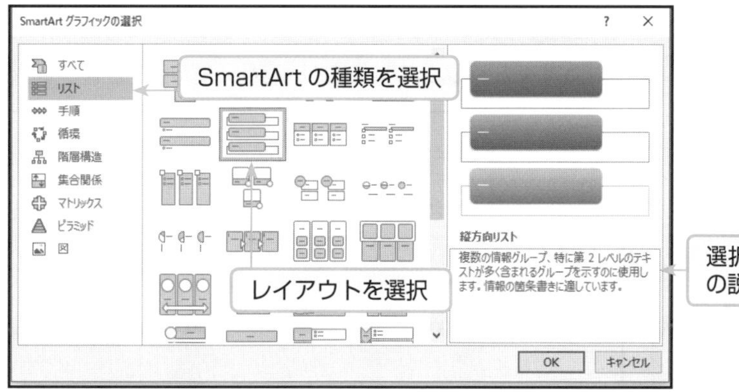

また、SmartArt には、エッジ、影、線、グラデーションなどの書式を組み合わせたスタイルが複数用意されています。SmartArt のスタイルを変更するには、[SmartArt ツール] の [デザイン] タブの [SmartArt のスタイル] の一覧から選択します。また、SmartArt の色を変更するには、[SmartArt ツール] の [デザイン] タブの [色の変更] ボタンをクリックして配色パターンを選択します。テーマやテーマの配色を変更すると、SmartArt の色もそれに合わせて変更されます。

操作手順

【操作 1】

❶ サムネイルのスライド 4 をクリックします。

❷ プレースホルダー内の [SmartArt グラフィックの挿入] アイコンをクリックします。

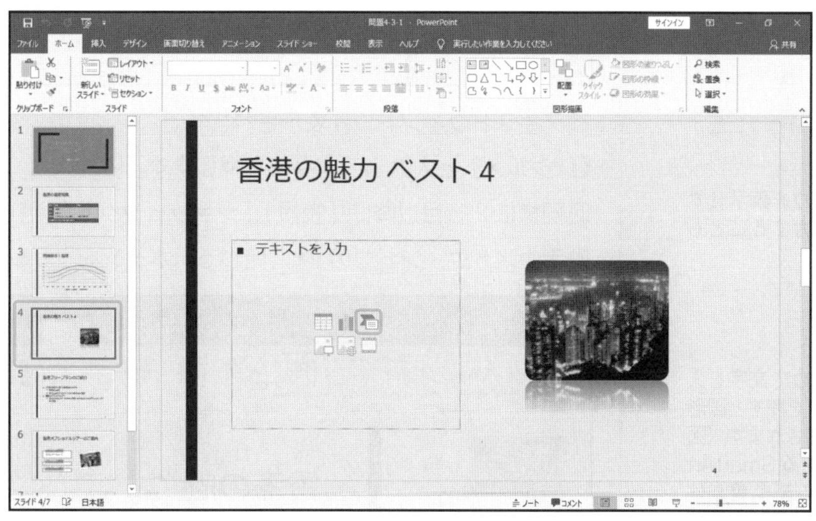

③［SmartArt グラフィックの選択］ダイアログボックスが表示されます。

④左側の一覧で［マトリックス］をクリックします。

⑤［基本マトリックス］をクリックし、［OK］をクリックします。

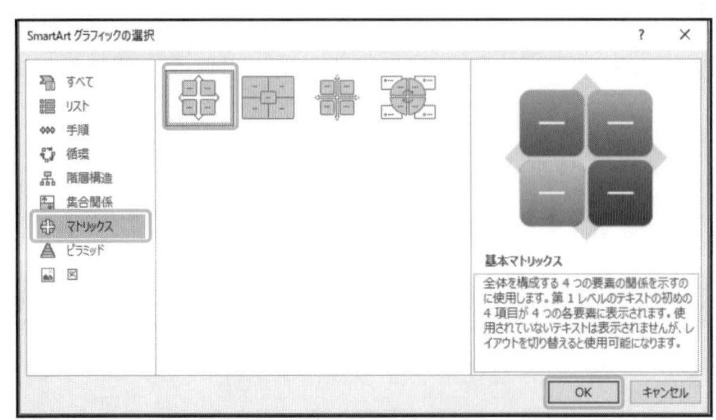

⑥選択した SmartArt が挿入されます。

⑦SmartArt の左辺の中央の ‹ をクリックします。

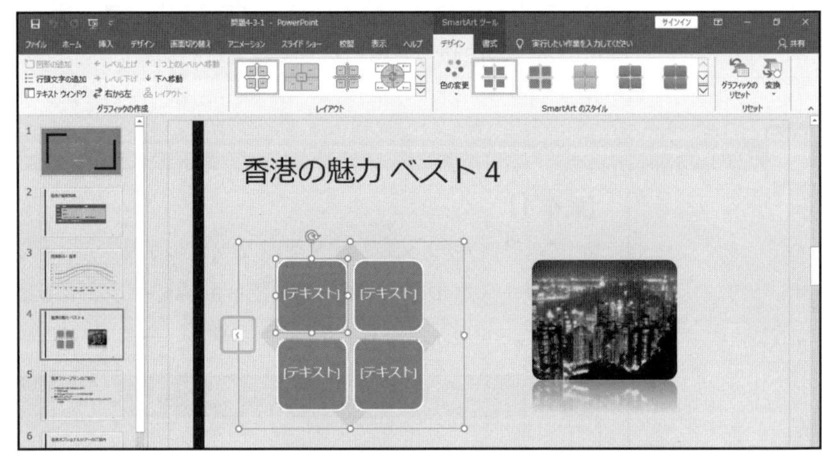

⑧テキストウィンドウが表示されます。

⑨「グルメ」と入力し、↓キーを押します。

⑩同様に 2 行目以降に「夜景」「ショッピング」「個性的な街」と入力します。

⑪テキストウィンドウの ×［閉じる］ボタンをクリックします。

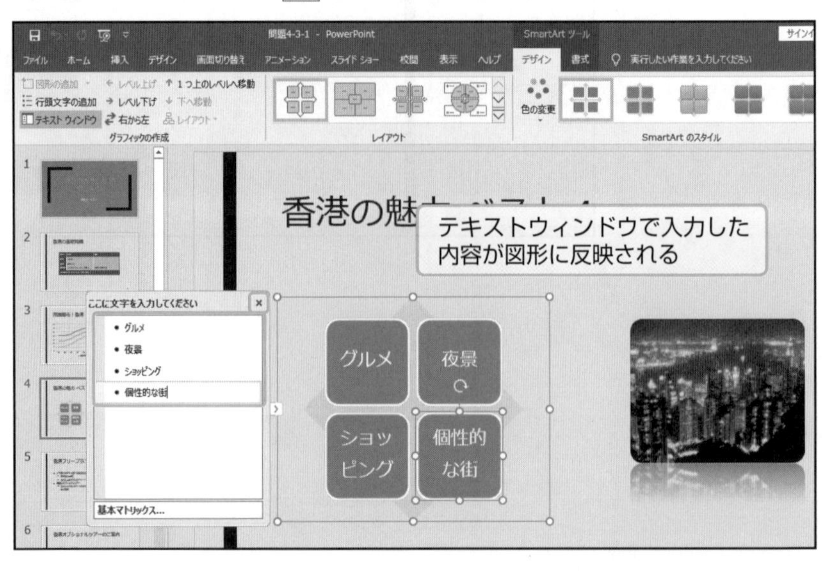

その他の操作方法

テキストウィンドウの表示

［SmartArt ツール］の［デザイン］タブの［テキスト ウィンドウ］［テキストウィンドウ］ボタンをクリックします。再度クリックするとテキストウィンドウが非表示になります。

その他の操作方法

文字の入力

テキストウィンドウを表示せずに図形に直接入力することもできます。

ヒント

SmartArt の改行

テキストウィンドウで文字を入力後、**Enter** キーを押すと図形または段落が追加されます（図形の数に制限がある SmartArt では制限を超える箇条書きは表示されません）。図形や段落を追加せずに行を変えるには↓キーを押すかマウスでクリックして移動します。段落内で強制改行するには **Shift** ＋ **Enter** キーを押します。

ヒント

文字サイズの自動調整

SmartArt の文字サイズは入力した文字の量に応じて自動調整されます。

【操作 2】

⑫ スライド 4 の SmartArt が選択されていることを確認します。

⑬ [SmartArt ツール] の [デザイン] タブの [SmartArt のスタイル] から [光沢] をクリックします (表示されていない場合は、[その他] ボタンをクリックして選択します)。

⑭ SmartArt のスタイルが変更されます。

⑮ [色の変更] ボタンをクリックします。

⑯ [カラフル] の [カラフル - アクセント 3 から 4] をクリックします。

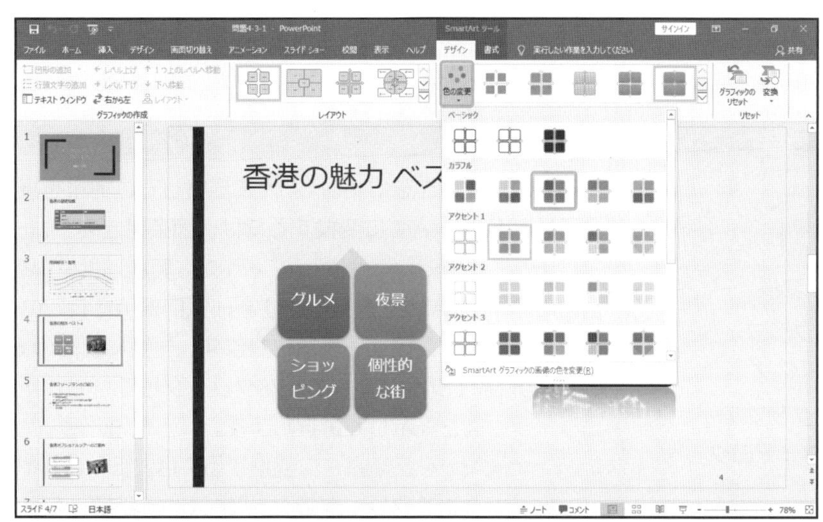

⑰ SmartArt の色が変更されます。

その他の操作方法

SmartArt のスタイル

SmartArt 内で右クリックし、ミニツールバーの [スタイル] ボタンをクリックして選択します。

その他の操作方法

SmartArt の色

SmartArt 内で右クリックし、ミニツールバーの [色] ボタンをクリックして選択します。

ヒント

SmartArt 内の図形に個別の書式を設定

SmartArt を構成する図形や図形内の文字は、[書式] タブを使用して個別に設定することができます。

ヒント

グラフィックのリセット

SmartArt に設定した書式を一度に解除するには、[SmartArt ツール] の [デザイン] タブの [グラフィックのリセット] ボタンをクリックします。

[グラフィックのリセット] ボタン

ポイント

レイアウトの変更

SmartArt のレイアウトを変更するには、SmartArt を選択して [SmartArt ツール] の [デザイン] タブの [レイアウト] の一覧から選択します。一覧にない場合は、[その他のレイアウト] をクリックして [SmartArt グラフィックの選択] ダイアログボックスから選択します。レイアウトを変更してもスタイルや色の設定は継承されます。

4-3-2 箇条書きを SmartArt に変換する

練習問題

問題フォルダー
└問題 4-3-2.pptx

解答フォルダー
└解答 4-3-2.pptx

スライド 5 の箇条書きを「縦方向箇条書きリスト」の SmartArt に変換します。

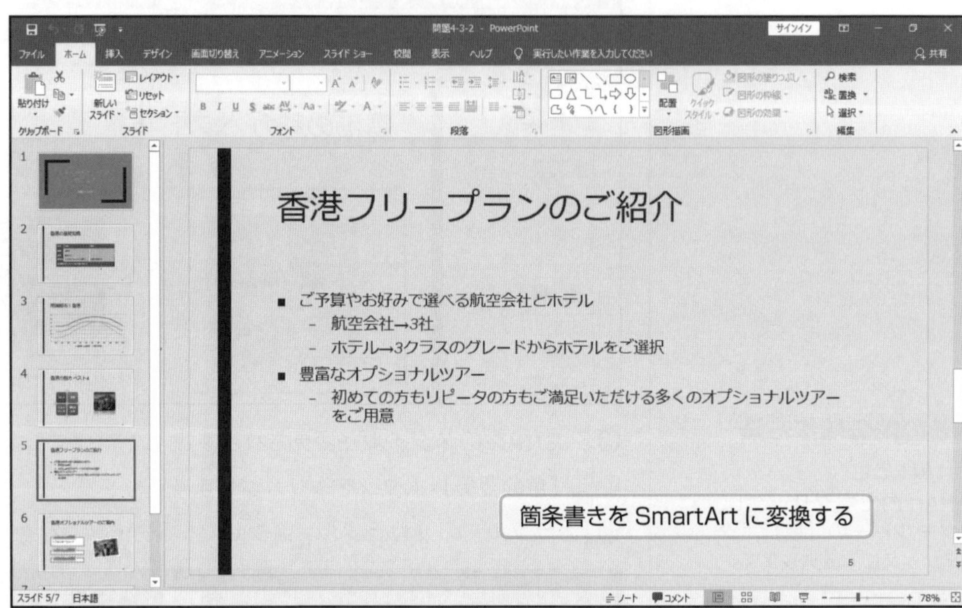

機能の解説

- □ SmartArt に変換
- □ [SmartArt グラフィックに変換］ボタン
- □ [SmartArt グラフィックの選択］ダイアログボックス
- □ SmartArt を箇条書きに変換
- □ [変換］ボタン

入力済みの箇条書きを SmartArt に変換して、情報を視覚的に表現することができます。箇条書きを SmartArt に変換するには、箇条書きのプレースホルダーを選択し、[ホーム］タブの [SmartArt グラフィックに変換］ボタンをクリックして表示される一覧から目的の SmartArt を選択します。一覧に表示されている SmartArt をポイントすると適用イメージがプレビュー表示されます。一覧に目的の SmartArt がない場合は、[その他の SmartArt グラフィック］をクリックして [SmartArt グラフィックの選択］ダイアログボックスを表示して選択します。
また、SmartArt を箇条書きに変換するには、[SmartArt ツール］の［デザイン］タブの [変換］ボタンをクリックし、[テキストに変換］をクリックします。[図形に変換］をクリックすると SmartArt が図形に変換されて個々の図形を個別に操作できるようになります。

操作手順

❶ スライド５の箇条書きのプレースホルダーを選択します。

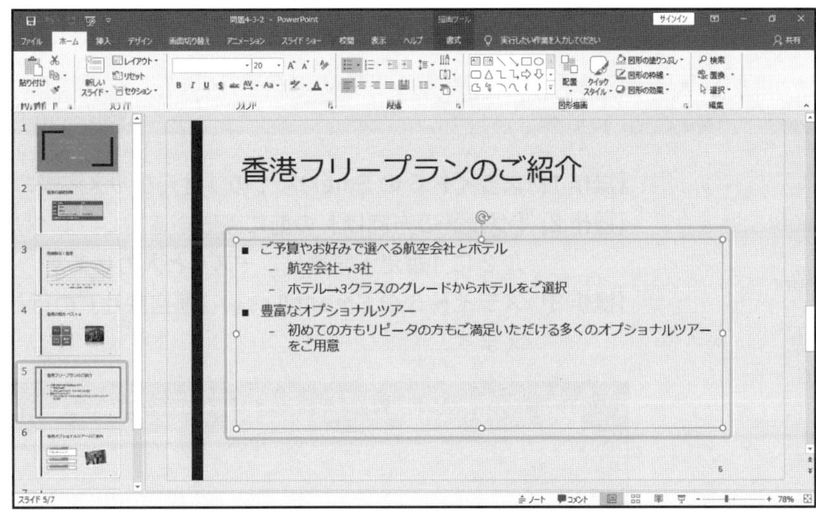

❷［ホーム］タブの ［SmartArt グラフィックに変換］ボタンをクリックします。

❸ 一覧から［縦方向箇条書きリスト］をクリックします。

❹ 箇条書きが「縦方向箇条書きリスト」の SmartArt に変換されます。

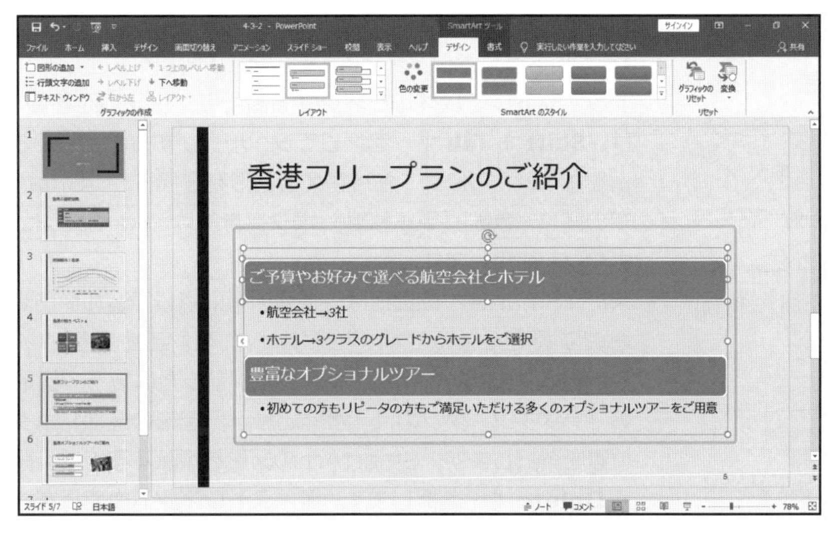

その他の操作方法

SmartArt に変換

箇条書きのプレースホルダー内で右クリックし、［SmartArt に変換］をクリックして表示される一覧から選択します。

ヒント

箇条書きのレベル

箇条書きにレベルが設定されている場合、SmartArt の種類によっては下位レベルのテキストが表示されません。また、図形の数に制限がある SmartArt では制限を超える箇条書きは表示されないなど、注意が必要です。

4-3-3 SmartArt にコンテンツを追加する、変更する

練習問題

問題フォルダー
└問題 4-3-3.pptx
解答フォルダー
└解答 4-3-3.pptx

【操作 1】スライド 6 の SmartArt の「地元グルメ満喫コース」を 1 レベル下げます。
【操作 2】「グルメの方向け」の前に図形を追加し、レベル 1 に「リピーター向け」、レベル 2 に「香港下町巡りコース」と入力します。
【操作 3】スライド 5 の SmartArt の「航空会社」の行と「ホテル」の行の順番を入れ替えます。

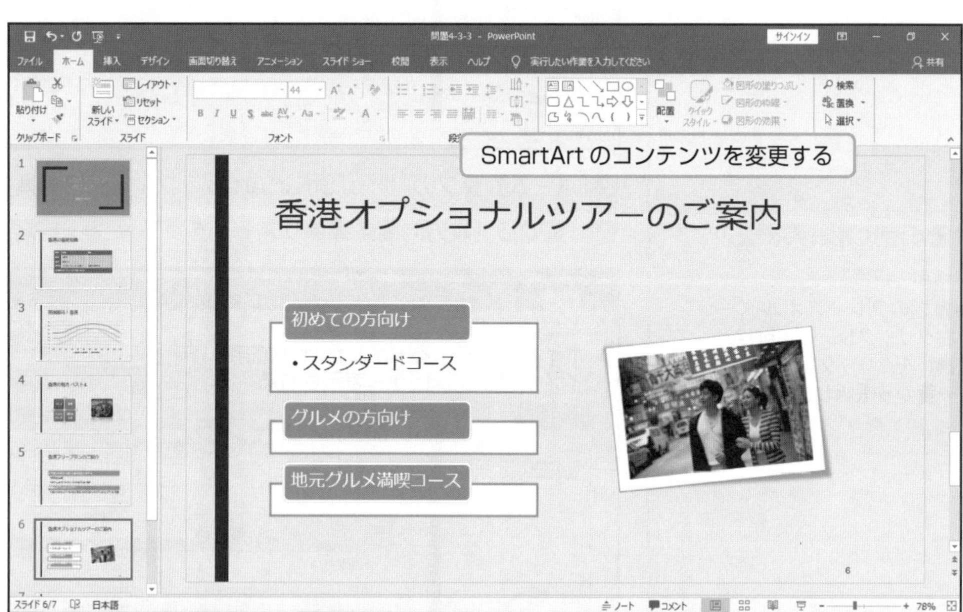

機能の解説

重要用語
- レベルの変更
- ［レベル下げ］ボタン
- ［レベル上げ］ボタン
- 図形の順番の並べ替え
- ［下へ移動］ボタン
- ［1 つ上のレベルへ移動］ボタン
- 図形の追加
- 図形の削除
- ［図形の追加］ボタン

SmartArt の中でレベルや順番を後から変更することができます。レベルを変更するには、レベルを変更する図形を選択して［SmartArt ツール］の［デザイン］タブの［レベル下げ］ボタンまたは［レベル上げ］ボタンをクリックします。テキストウィンドウでレベルを変更する箇所にカーソルを移動して **Tab** キーを押してレベル下げ、**Shift** + **Tab** キーを押してレベル上げすることもできます。SmartArt 内の図形の順番を並べ替えるには、並べ替える図形を選択して［SmartArt ツール］の［デザイン］タブの［下へ移動］ボタンまたは［1 つ上のレベルへ移動］ボタンを使用します。
また、SmartArt の図形は、情報の量に応じて追加や削除を行うことができます。図形を増減するとレイアウトや文字サイズは自動調整されます。図形を追加するには、SmartArt の新しい図形を挿入したい前または後ろの図形を選択し、［SmartArt ツール］の［デザイン］タブの［図形の追加］ボタンの▼をクリックして追加する位置を選択します。SmartArt の図形を削除するには、削除する図形の枠線をクリックして **Delete** キーを押します。テキストウィンドウで行を削除することで図形を削除することもできます。

操作手順

ポイント

SmartArt 内の図形の選択

SmartArt 内の個々の図形を選択するには、マウスポインターの形状が の状態で図形をクリックします。選択された図形の周囲にはサイズ変更ハンドルが表示されます。SmartArt 全体を選択するには、SmartArt 枠内の図形が配置されていない部分をクリックするか SmartArt の枠線上をクリックします。

【操作 1】

❶ サムネイルのスライド 6 をクリックします。

❷ スライド 6 の SmartArt の「地元グルメ満喫コース」と入力されている図形を選択します。

❸ [SmartArt ツール] の [デザイン] タブの → レベル下げ [レベル下げ] ボタンをクリックします。

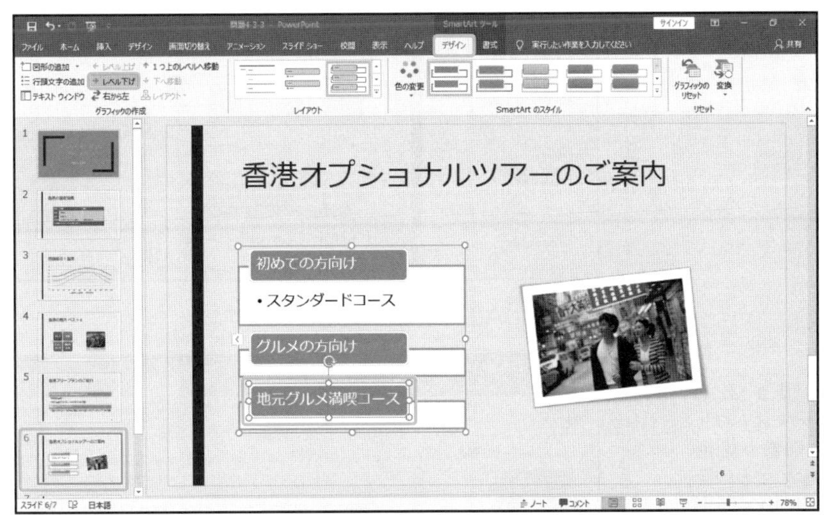

❹ 選択している図形のレベルが変更されます。

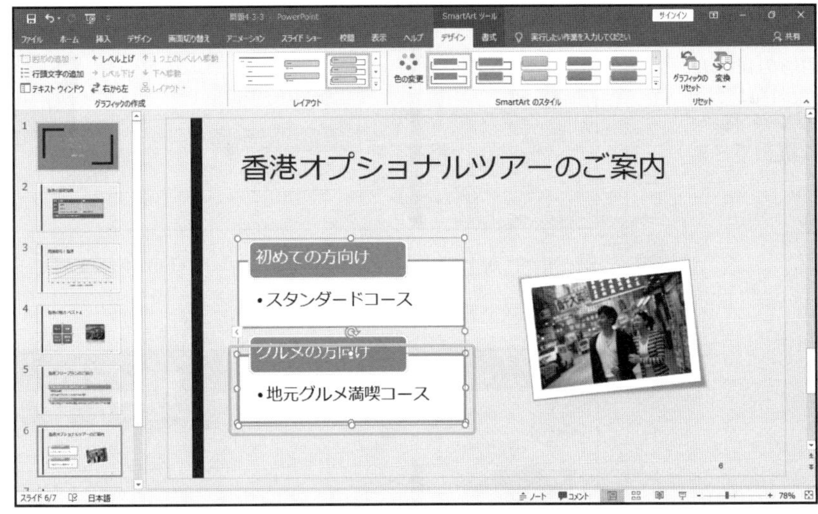

【操作 2】

❺「グルメの方向け」と入力されている図形をクリックします。

❻［SmartArt ツール］の［デザイン］タブの 図形の追加 ［図形の追加］ボタンの▼をクリックし、［前に図形を追加］をクリックします。

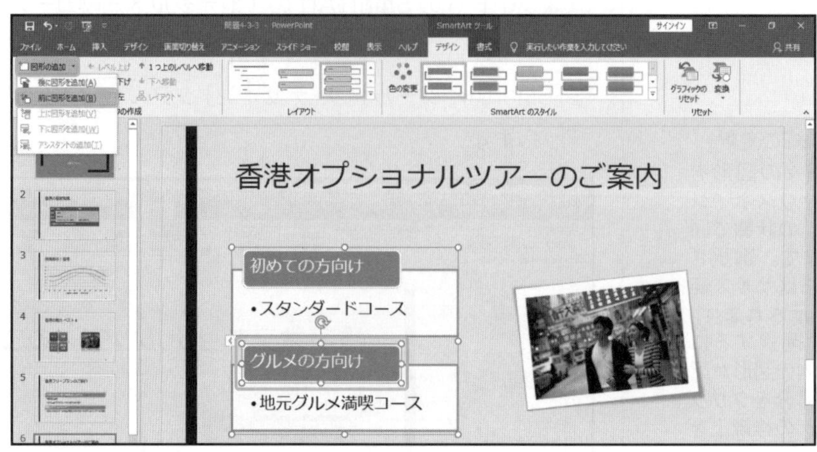

❼SmartArt に図形が追加されます。

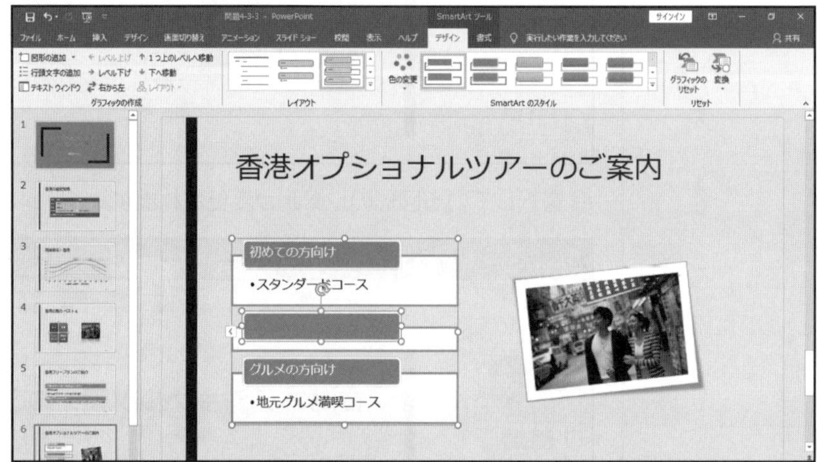

❽SmartArt の左辺の中央の をクリックします。

❾テキストウィンドウが表示されます。

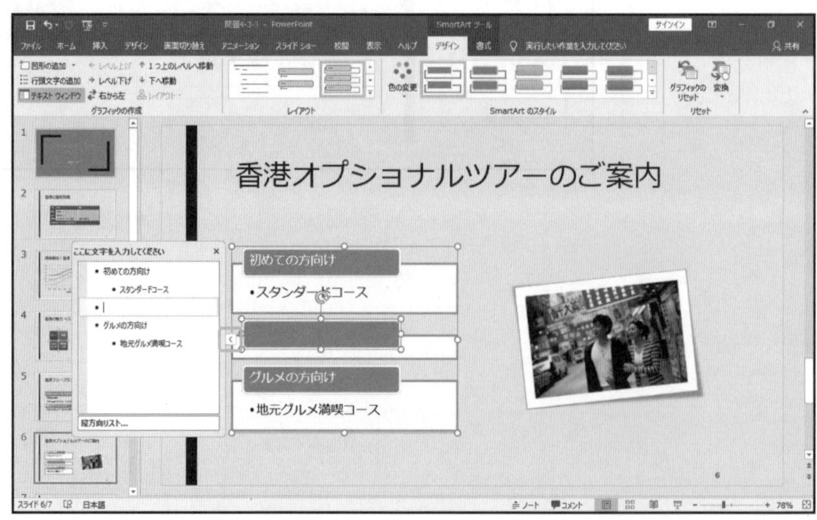

ヒント

［図形の追加］ボタン

［図形の追加］ボタンの▼をクリックしたときに表示される項目は、SmartArt のレイアウトや選択している図形によって変わります。

ヒント

SmartArt の制限

図形の数に制限がある SmartArt では、テキストウィンドウのテキストの数が図形の最大数を超えると、そのテキストに赤い×が付いて図形は表示されません。赤い×が付いたままプレゼンテーションを保存して閉じると、赤い×が付いている情報は保存されません。また、図形のレベルに制限がある SmartArt では［レベル上げ］ボタンや［レベル下げ］ボタンは選択できません。

⑩ 3 行目にカーソルがあることを確認し、「リピーター向け」と入力し、**Enter** キーを押します。

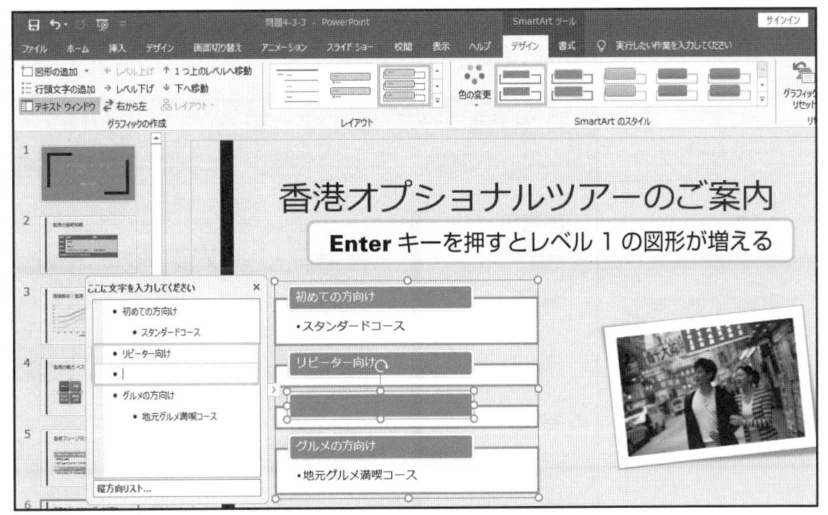

⑪ 4 行目にカーソルがあることを確認し、→ レベル下げ ［レベル下げ］ボタンをクリックします。

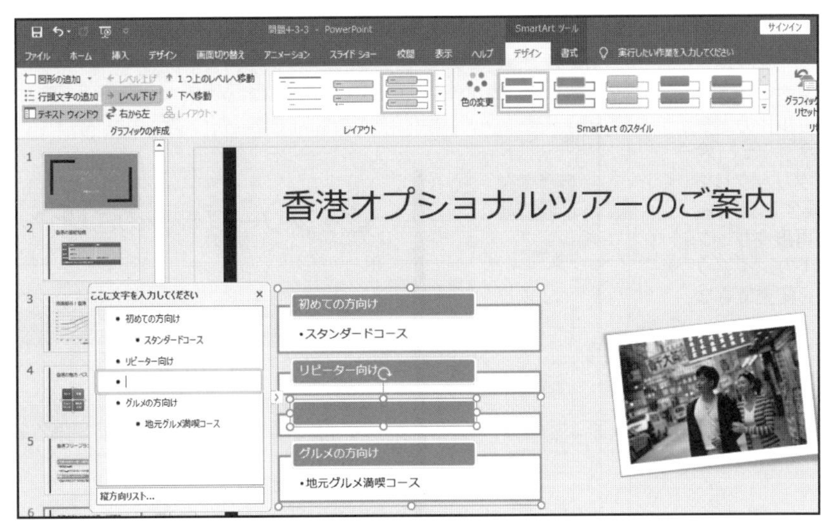

⑫ 選択している図形のレベルが変更されたことを確認し、「香港下町巡りコース」と入力します。

⑬ テキストウィンドウの ✕［閉じる］ボタンをクリックします。

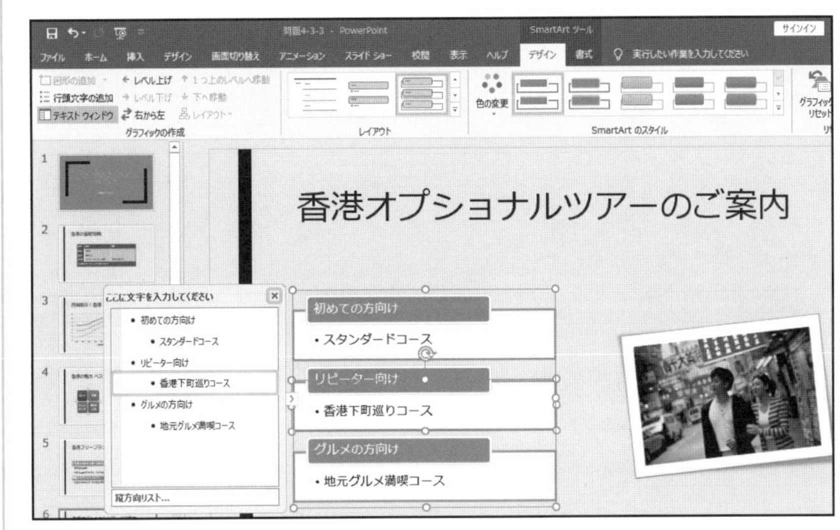

その他の操作方法

レベル下げ

テキストウィンドウでレベル下げする段落にカーソルを移動して **Tab** キーを押します。

ヒント

SmartArt のサイズ

SmartArt のサイズを変更するには、SmartArt の外枠のサイズ変更ハンドルをドラッグします。数値で指定する場合は、［書式］タブの［サイズ］ボタンをクリックして［高さ］ボックスや［幅］ボックスで設定します。

サイズ ［サイズ］ボタン

【操作 3】

⑭スライド 5 の SmartArt の「航空会社→ 3 社」の段落内をクリックします。

⑮[SmartArt ツール] の [デザイン] タブの [↓下へ移動] [下へ移動] ボタンをクリックします。

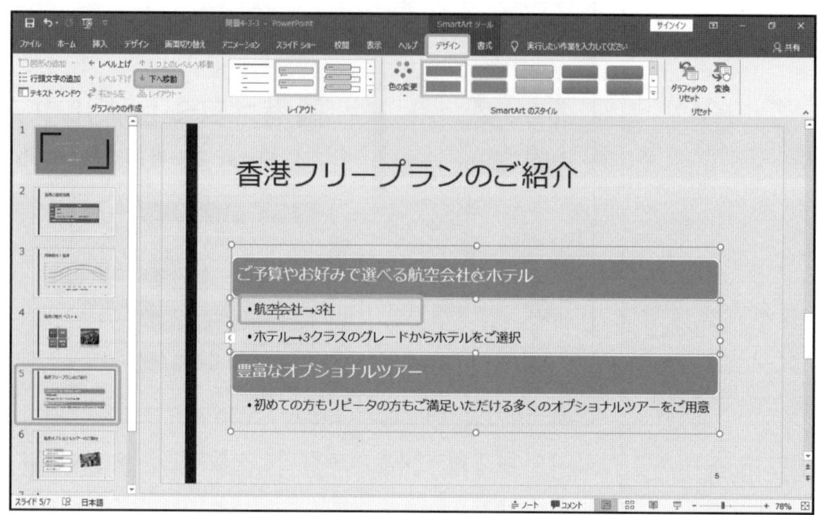

⑯SmartArt 内の箇条書きが並べ替わります。

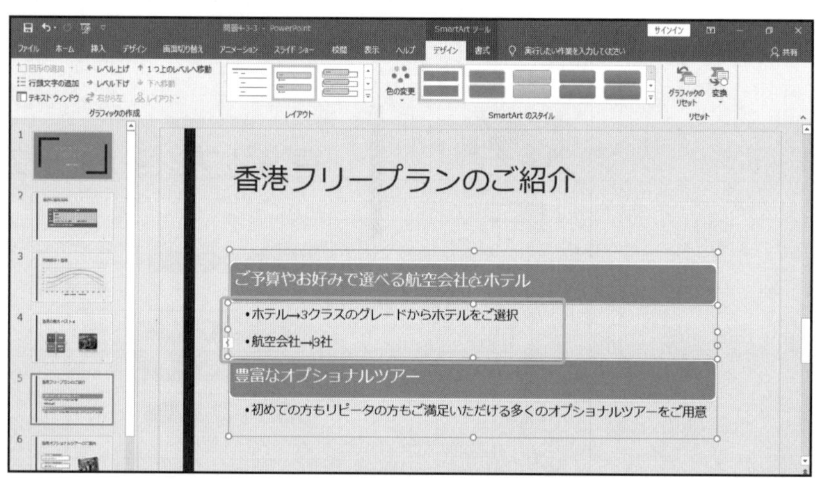

ヒント

向きの変更

SmartArt の向きを変更するには、[SmartArt ツール] の [デザイン] タブの [右から左] [右から左] ボタンをクリックします。元の方向に戻すには [右から左] ボタンを再度クリックします。SmartArt のレイアウトによっては向きを変更できない場合もあります。

4-4 3D モデルを挿入する、変更する

PowerPoint 2019 では、スライドに 3D モデルを挿入して回転させたり左右や上下に傾けて角度を変えたりするなど、ダイナミックな編集をすることができます。また、図と同じように配置やサイズを変更することも可能です。

4-4-1 3D モデルを挿入する

練習問題

問題フォルダー
└問題 4-4-1.pptx
PowerPoint 365&2019（実習用）フォルダー
└dog.glb
解答フォルダー
└解答 4-4-1.pptx

【操作 1】スライド 3 に［PowerPoint365&2019（実習用）］フォルダーに保存されている 3D モデルのファイル「dog」を挿入します。

【操作 2】挿入した 3D モデルのビューを「右上前面」にします。

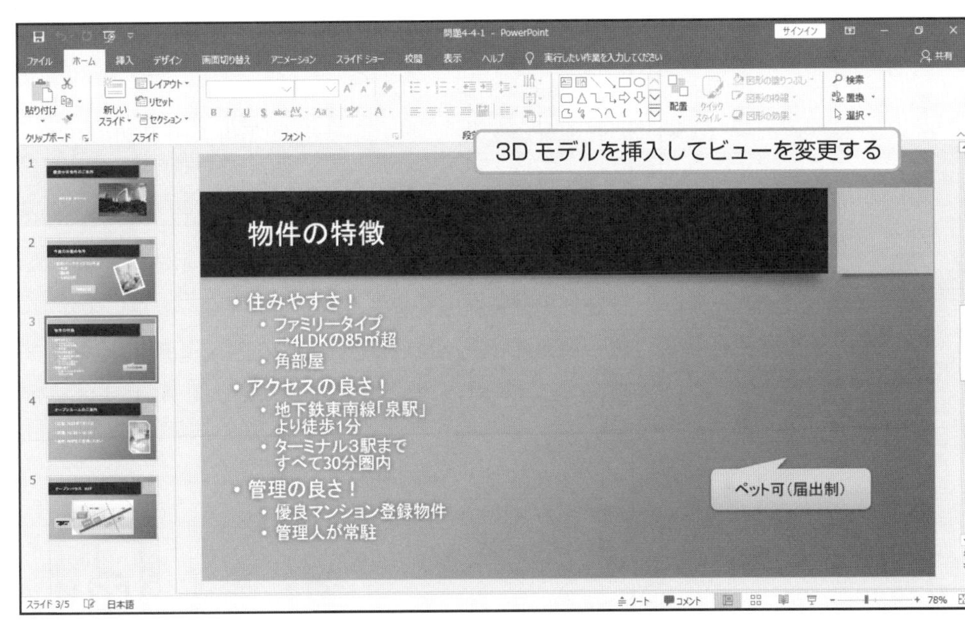

機能の解説

重要用語

- 3D モデル
- ［3D モデル］ボタン
- ［3D モデルビュー］

3D モデルとは、3 次元をベースにして作成された立体のモデルです。PowerPoint 2019 では画像と同じように 3D モデルを挿入できるようになりました。3D モデルを挿入するには、［挿入］タブの［3D モデル］ボタンの▼をクリックし、［ファイルから］をクリックして表示される［3D の挿入］ダイアログボックスでファイルを指定します。3D モデルのファイルを挿入後に表示される［3D モデルツール］の［書式］タブの［3D モデルビュー］を使用して上下左右、側面、背面などのモデルのビューに変更することができます。3D モデルの選択時に中央に表示される 内でドラッグすると、自由な向きや角度に 360 度回転させることが可能です。

［3D モデルツール］の［書式］タブの［3D モデルビュー］

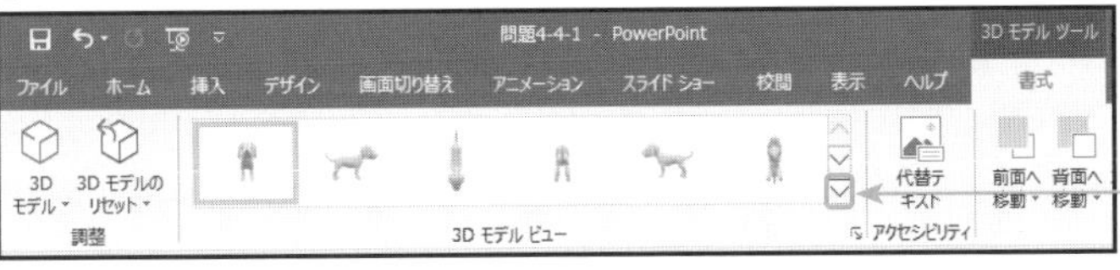

［その他］ボタンをクリックして、さまざまな角度と方向の組み合わせを選択できる

操作手順

【操作 1】

❶サムネイルのスライド 3 をクリックします。

❷［挿入］タブの 3D モデル ［3D モデル］ボタンの▼をクリックし、［ファイルから］をクリックします。

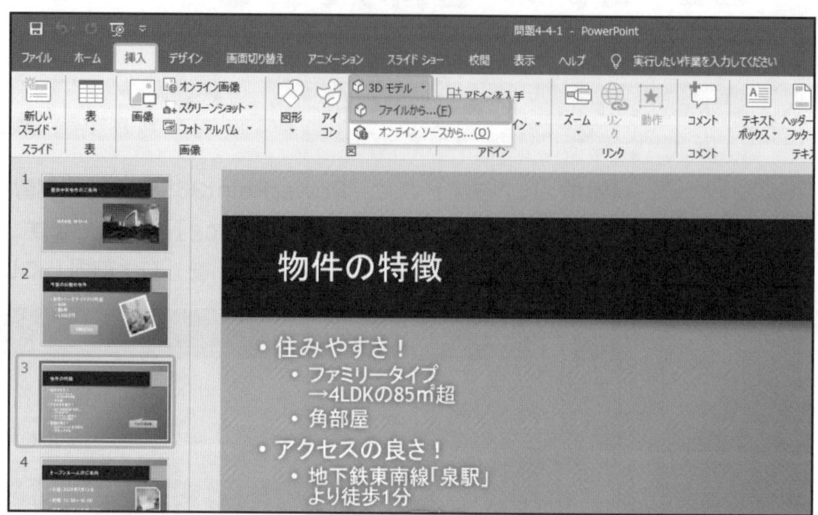

❸［3D の挿入］ダイアログボックスが表示されます。

❹左側の一覧から［ドキュメント］をクリックします。

❺一覧から［PowerPoint365&2019（実習用）］をダブルクリックします。

❻「dog」をクリックして［挿入］をクリックします。

ヒント

3D モデルの削除

3D モデルを削除するには、3D モデルをクリックして **Delete** キーを押します。

その他の操作方法

3D モデルビュー

3D モデルを右クリックして［ビュー］ボタンをクリックします。

ヒント

3D モデルのリセット

3D モデルのビューを挿入した状態に戻すには、［3D モデルツール］の［書式］タブの［3D モデルのリセット］ボタンの上部分をクリックします。下部分をクリックすると［3D モデルのリセット］と［3D モデルとサイズのリセット］が表示されます。

［3D モデルのリセット］ボタン

⑦ 3D モデルが挿入されます。

【操作 2】

⑧ 3D モデルが選択されていることを確認します。

⑨［3D モデルツール］の［書式］タブの［3D モデルビュー］の［その他］ボタンをクリックします。

⑩［右上前面］をクリックします。

⑪ 右上前面のビューに設定されます。

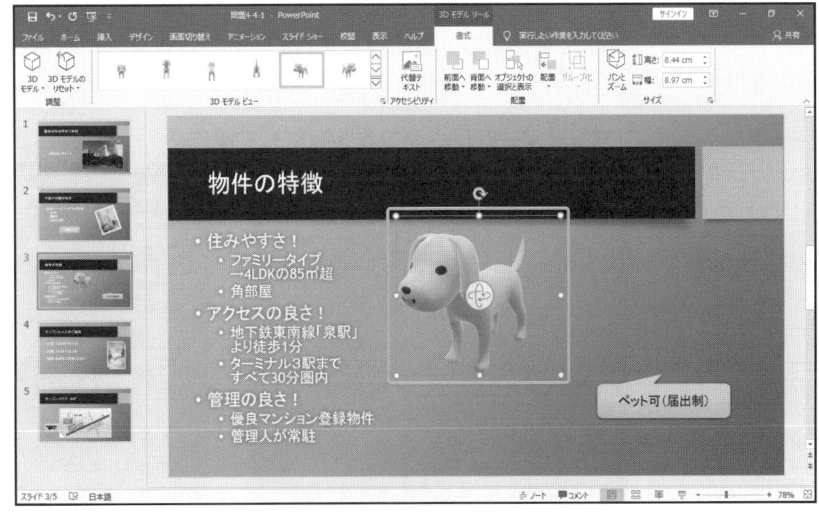

4-4-2 3D モデルを変更する

練習問題

問題フォルダー
└問題 4-4-2.pptx

解答フォルダー
└解答 4-4-2.pptx

【操作 1】スライド 3 の 3D モデルの幅を「7.5cm」に変更し、スライドの右側（吹き出しの上）の任意の位置に移動します。

【操作 2】パンとズーム機能を使って、犬のイラストを任意のサイズに縮小します。

機能の解説

- □ 3D モデルのサイズの変更
- □ 3D モデルの配置の変更
- □ [パンとズーム] ボタン

スライドに挿入した 3D モデルは、[3D モデルツール] の [書式] タブを使って図と同じようにサイズの変更や配置や整列をすることができます。図と同じように 3D モデルをドラッグして移動することも可能です。また、[3D モデルツール] の [書式] タブの [パンとズーム] ボタンをクリックしてオンにすると 3D モデルの右側の中央に が表示され、マウスポインターが ⇳ の状態で上方向にドラッグするとフレーム（枠）のサイズはそのままでモデルが拡大、下方向にドラッグすると縮小されます。また、フレーム内でモデルを任意の位置に移動することもできます。再度ボタンをクリックするとオフになります。

[パンとズーム] ボタンをオンにして操作

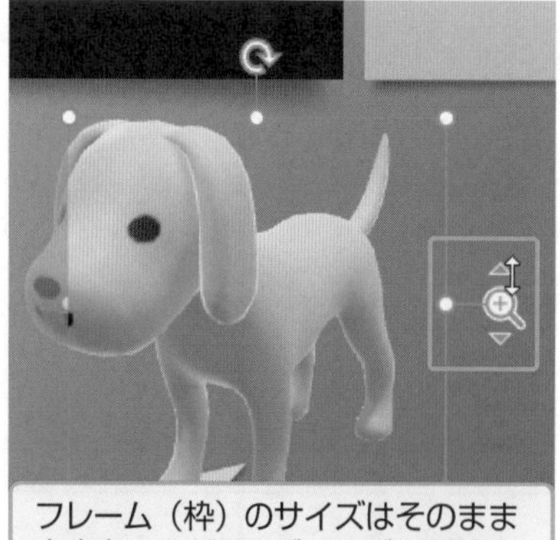

フレーム（枠）のサイズはそのまま
上方向▲にドラッグ：モデルが拡大
下方向▼にドラッグ：モデルが縮小

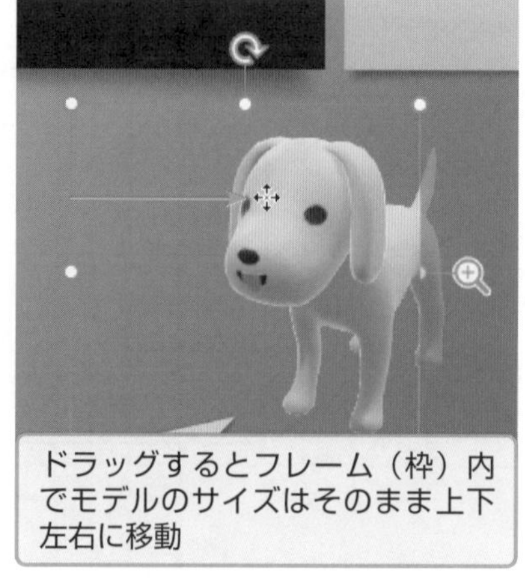

ドラッグするとフレーム（枠）内でモデルのサイズはそのまま上下左右に移動

操作手順

【操作 1】

❶ サムネイルのスライド 3 の 3D モデルをクリックします。

❷［3D モデルツール］の［書式］タブの［3D モデルビュー］の ［幅］ボックスに「7.5cm」と指定します。

❸ 3D モデルのサイズが変更されます。

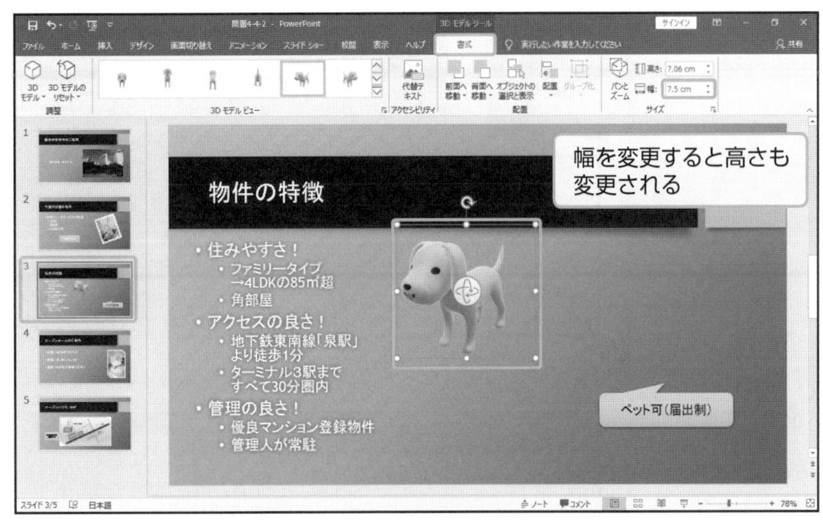

❹ 3D モデルの枠線をポイントし、マウスポインターが の状態で右方向の任意の位置にドラッグして移動します。

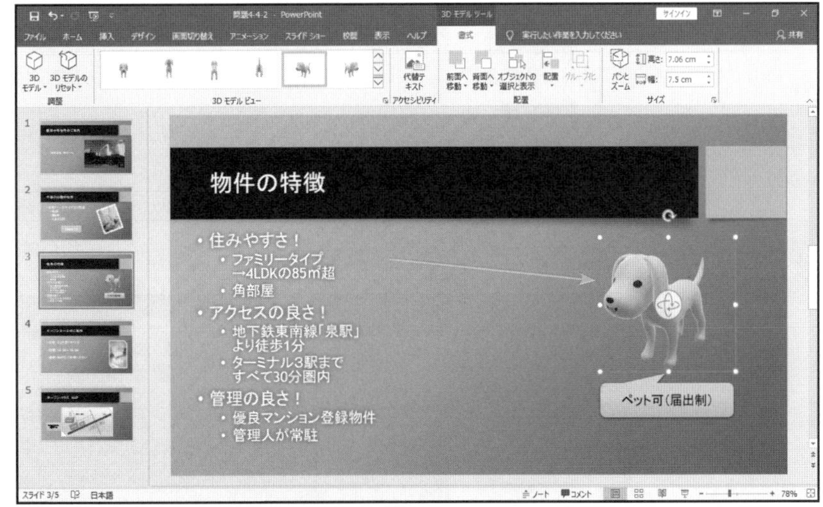

【操作 2】

⑤ 3D モデルが選択されていることを確認します。

⑥［3D モデルツール］の［書式］タブの［パンとズーム］ボタンをクリックします。

⑦ パンとズーム機能がオンになり、3D モデルの右側中央に が表示されます。

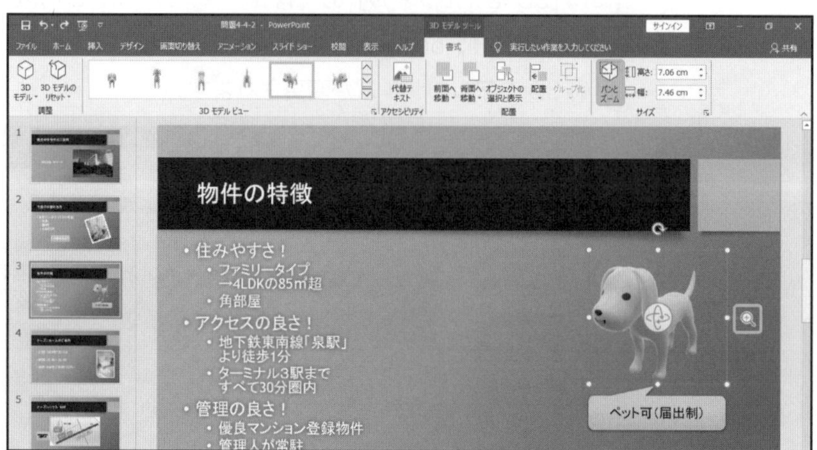

⑧ マウスポインターで をポイントして の状態で下方向にドラッグします。

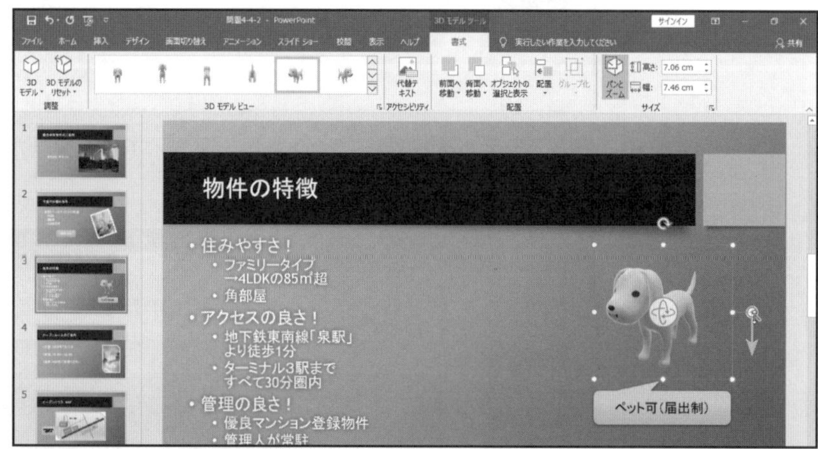

⑨ 3D モデルが縮小されます。

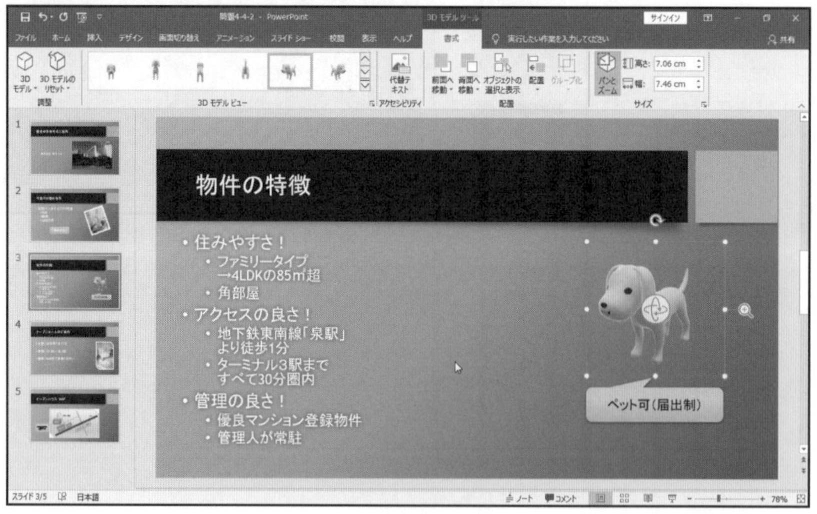

その他の操作方法

パンとズーム

3D モデルを右クリックして［パンとズーム］をクリックします。

ヒント

［3D モデルの書式設定］作業ウィンドウ

3D モデル内で右クリックして［3D モデルの書式設定］をクリックして表示される［3D モデルの書式設定］作業ウィンドウでは、3D モデルの角度や方向などを数値で指定するなどの詳細設定ができます。

4-5 メディアを挿入する、管理する

スライドにビデオやサウンドなどのメディアを挿入して、プレゼンテーションの印象を強めることができます。開始時間や終了時間を編集して適切な長さに調整することや、再生のオプションを設定することもできます。

4-5-1 ビデオやサウンドを挿入する

練習問題

問題フォルダー
└問題 4-5-1.pptx
PowerPoint 365&2019（実習用）フォルダー
└西表島 MG.mp4
└BGM.mp3
解答フォルダー
└解答 4-5-1.pptx

【操作 1】スライド 4 に「PowerPoint365&2019（実習用）」フォルダーに保存されているビデオ「西表島 MG」を挿入します。

【操作 2】ビデオのサイズを幅「16cm」に変更し、「回転、グラデーション」のビデオのスタイルを適用します。

【操作 3】スライド 5 に「PowerPoint365&2019（実習用）」フォルダーに保存されているサウンド「BGM」を挿入します。

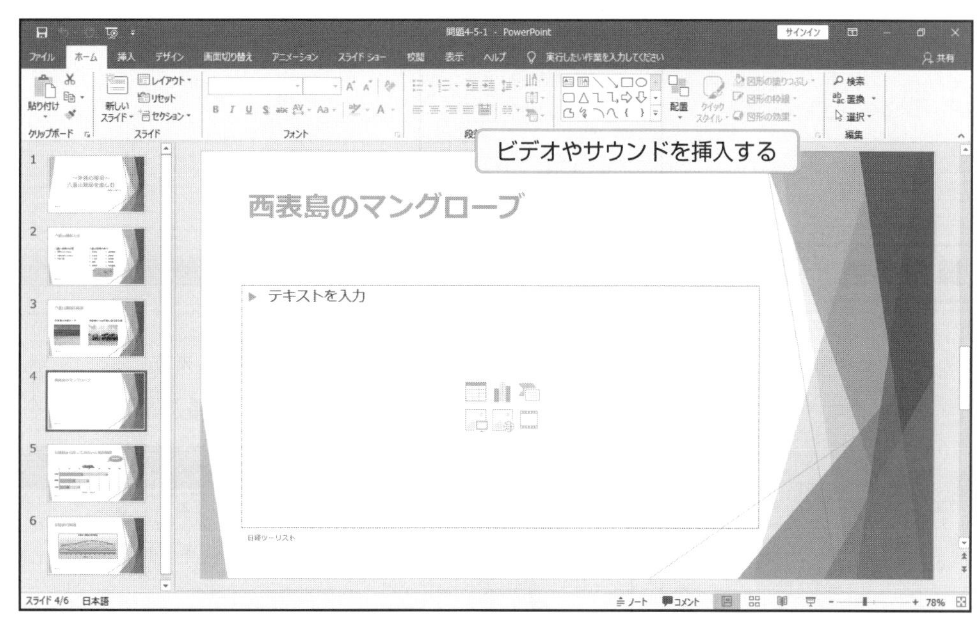

機能の解説

重要用語
- ビデオやサウンドの挿入
- ［ビデオの挿入］アイコン
- ［ビデオ］ボタン
- ［オーディオ］ボタン
- ビデオのウィンドウサイズの変更
- ［ビデオツール］の［書式］タブ

プレゼンテーションに直接ビデオやサウンドを挿入することができます。ビデオをプレースホルダーに挿入する場合は、［ビデオの挿入］アイコンを使用します。任意の位置に挿入する場合は、［挿入］タブの［ビデオ］ボタンをクリックして［このコンピューター上のビデオ］をクリックします。サウンドを挿入するには、［挿入］タブの［オーディオ］ボタンをクリックして［このコンピューター上のオーディオ］をクリックします。

スライドに挿入したビデオは、［ビデオツール］の［書式］タブを使って図と同じようにスタイルなどの書式の設定や配置の変更、ウィンドウサイズの変更ができます。［ビデオツール］の［書式］タブの［サイズ］の［配置とサイズ］ボタンをクリックして表示される［ビデオの設定］作業ウィンドウの［サイズとプロパティ］の［サイズ］では、ビデオのサイズを比率で指定することもできます。

□ ビデオの書式設定
□ ビデオの配置の変更
□ [ビデオの設定] 作業ウィンドウ

ヒント

ビデオのウィンドウのトリミング

[ビデオツール] の [書式] タブの [トリミング] ボタンや [ビデオの設定] 作業ウィンドウの [ビデオ] の [トリミング] でビデオのウィンドウをトリミングすることができます。

[トリミング] ボタン

[ビデオツール] の [書式] タブの各ボタン

明るさやコントラスト、色の変更
スタイルや枠線などの設定
配置の変更
サイズを数値で指定

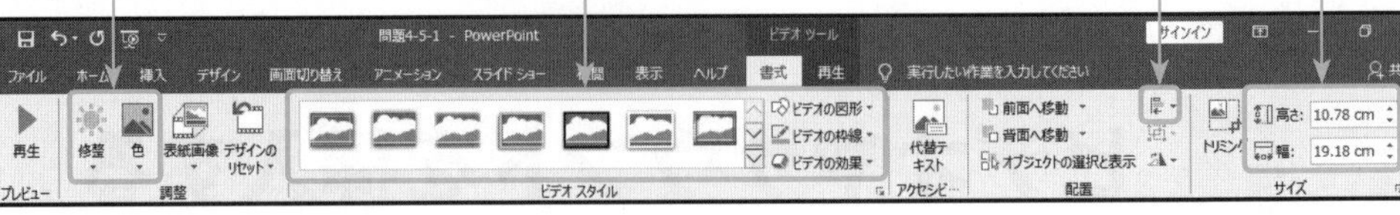

[ビデオの設定] 作業ウィンドウの
[サイズとプロパティ] の [サイズ]

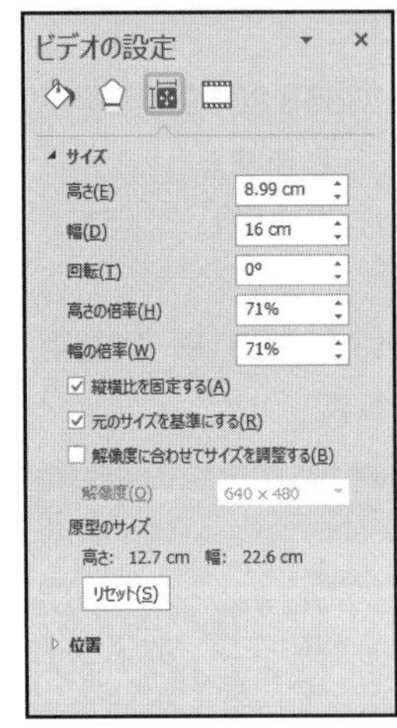

操作手順

【操作 1】

❶ サムネイルのスライド 4 をクリックします。

❷ プレースホルダー内の [ビデオの挿入] アイコンをクリックします。

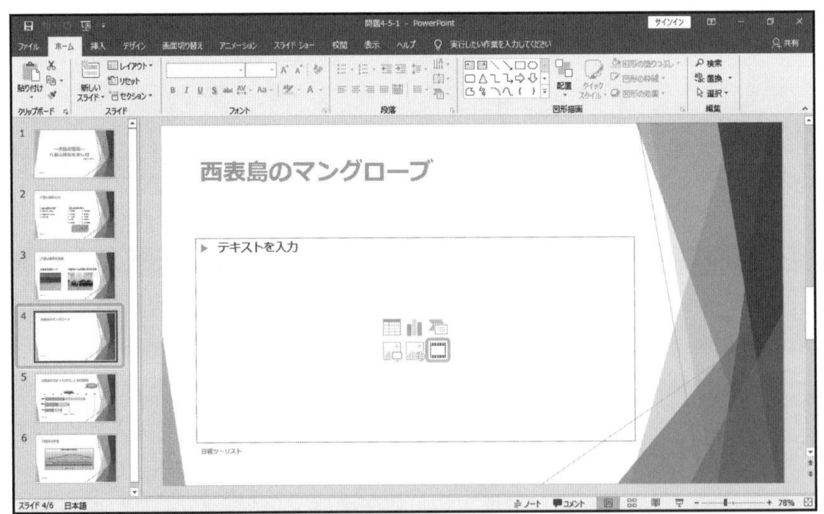

❸ [ビデオの挿入] ダイアログボックスが表示されます。

❹ 左側の一覧から [ドキュメント] をクリックします。

❺ 一覧から [PowerPoint365&2019 (実習用)] をダブルクリックします。

❻「西表島 MG」をクリックして［挿入］をクリックします。

❼プレースホルダーにビデオが挿入されます。

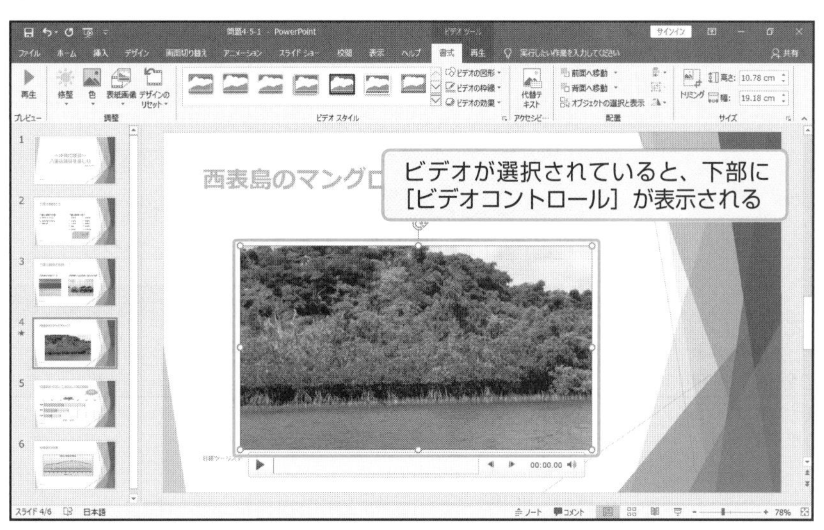

【操作 2】

❽ビデオが選択されていることを確認します。

❾［ビデオツール］の［書式］タブの 幅: 19.18 cm ［幅］ボックスに「16cm」と指定します。

❿ビデオのウィンドウサイズが変更されます。

ヒント

ビデオのプレビュー

［ビデオツール］の［書式］タブまたは［再生］タブの［再生］ボタンをクリックすると、標準表示でビデオを再生できます。ビデオの下にあるビデオコントロールのボタンを使うこともできます。

［再生］ボタン

ポイント

縦横比

ビデオのウィンドウサイズは既定では縦横比が固定されているので、高さを変更すると同じ比率で幅も変更されます。

ヒント

ビデオのウィンドウサイズの変更

ビデオを任意のウィンドウサイズに変更するには、ビデオを選択して四隅のサイズ変更ハンドルをマウスでドラッグします。

⑪［ビデオツール］の［書式］タブの［その他］ボタンをクリックします。

⑫［標準的］の［回転、グラデーション］をクリックします。

その他の操作方法

ビデオのスタイル

ビデオを右クリックしてミニツールバーの［スタイル］ボタンを使用します。

ヒント

ビデオの図形、枠線、効果

［ビデオツール］の［書式］タブの［ビデオスタイル］にあるボタンを使用すると、図と同様に形状や枠線、効果を設定することができます。

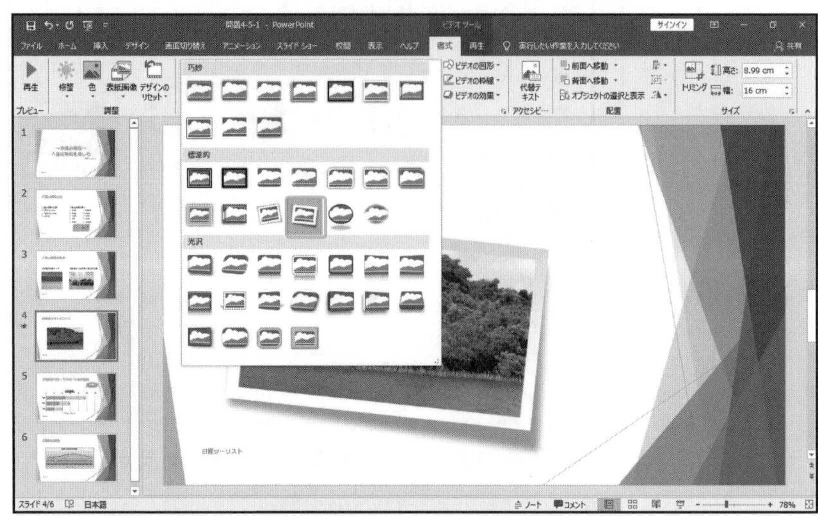

⑬ビデオにスタイルが適用されます。

【操作 3】

⑭サムネイルのスライド 5 をクリックします。

⑮［挿入］タブの［オーディオ］ボタンをクリックします。

⑯［このコンピューター上のオーディオ］をクリックします。

ヒント

オーディオの録音

［挿入］タブの［オーディオ］ボタンをクリックして表示される［オーディオの録音］を使用すると、PowerPoint 上で音声を録音することができます。

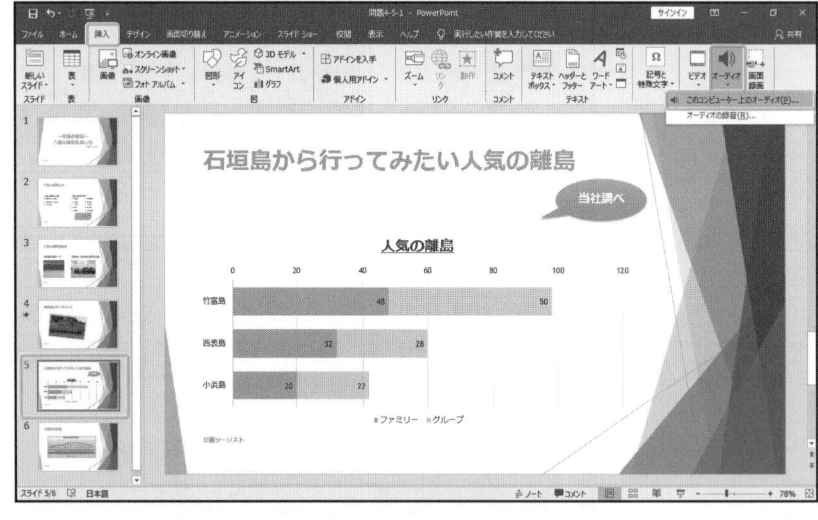

⑰［オーディオの挿入］ダイアログボックスが表示されます。

⑱左側の一覧から［ドキュメント］をクリックします。

⑲一覧から［PowerPoint365&2019（実習用）］をダブルクリックします。

⑳「BGM」をクリックして［挿入］をクリックします。

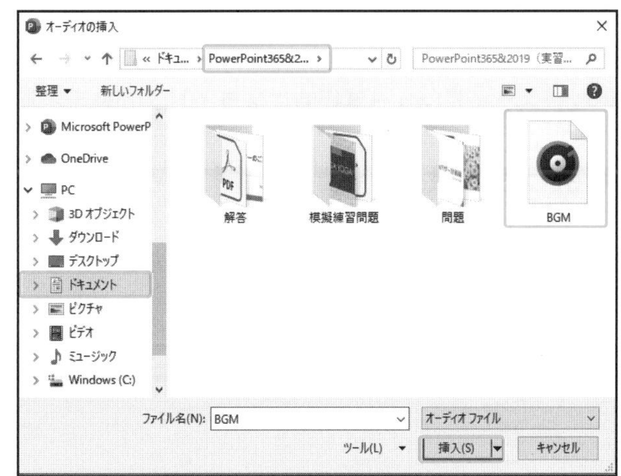

㉑スライドにサウンドが挿入されます。

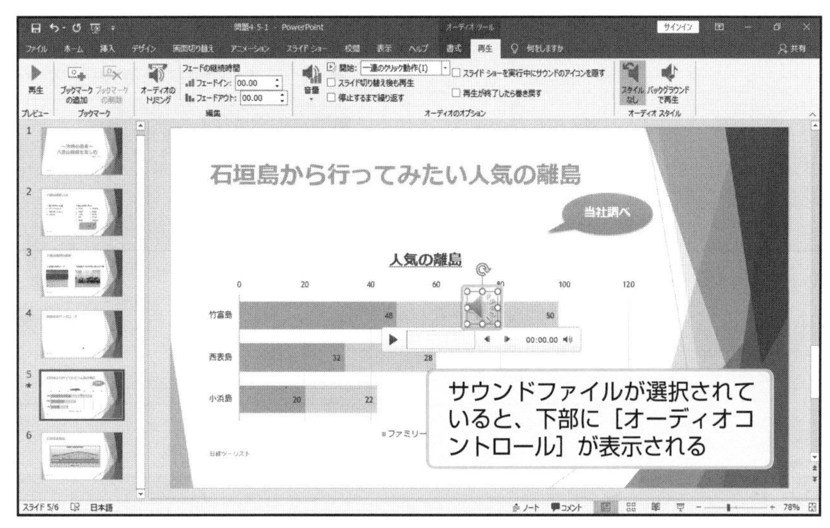

ヒント

オーディオの再生

［再生］タブの［再生］ボタンをクリックすると、標準表示でサウンドを再生できます。サウンドファイルの下にあるオーディオコントロールのボタンを使うこともできます。

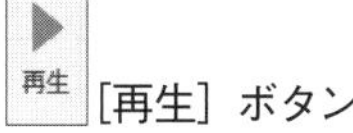

［再生］ボタン

4-5-2 メディアの再生オプションを設定する

練習問題

問題フォルダー
└問題 4-5-2.pptx

解答フォルダー
└解答 4-5-2.pptx

【操作 1】スライド 4 のビデオの開始時間を「1 秒」、終了時間を「8 秒」に設定します。

【操作 2】スライドショー実行時にスライド 4 が表示されたらビデオが自動再生するようにします。

【操作 3】スライド 5 のサウンドのアイコンがスライドショー実行中は非表示になるようにします。

【操作 4】スライドショー実行時にスライド 5 が表示されたらサウンドが自動再生するようにします。

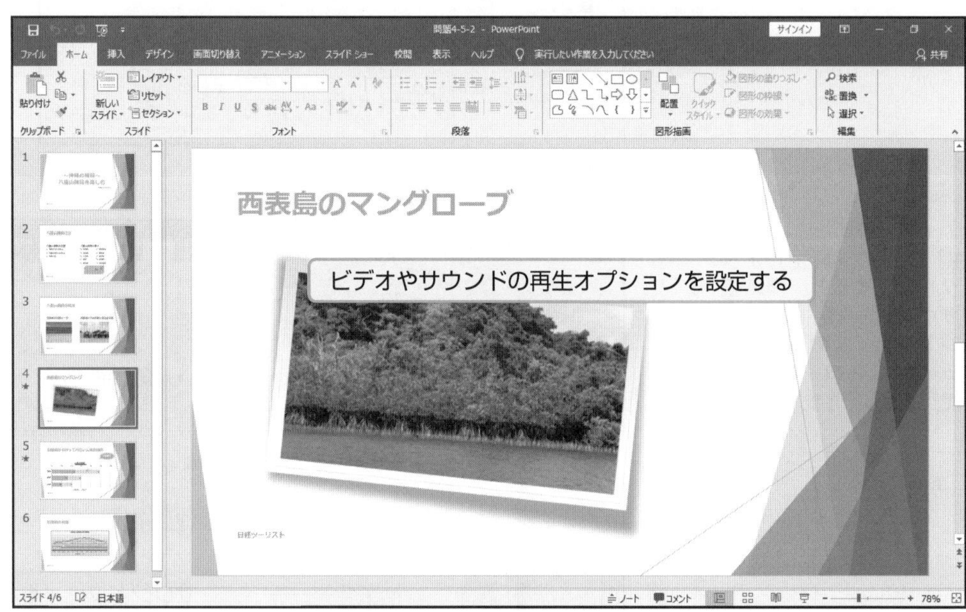

機能の解説

□ メディアの開始時間
□ メディアの終了時間
□［再生］タブ

ビデオやサウンドの開始時間と終了時間を変更して再生時間を編集することができます。ビデオの再生時間の編集は、［再生］タブの［ビデオのトリミング］ボタンをクリックして表示される［ビデオのトリミング］ダイアログボックスを使用します。サウンドの再生時間の編集は、［再生］タブの［オーディオのトリミング］ボタンをクリックして表示される［オーディオのトリミング］ダイアログボックスを使用します。

- □ [ビデオのトリミング] ボタン
- □ [ビデオのトリミング] ダイアログボックス
- □ [オーディオのトリミング] ボタン
- □ [オーディオのトリミング] ダイアログボックス
- □ 再生のオプション
- □ [開始] ボックス

[ビデオのトリミング] ダイアログボックス

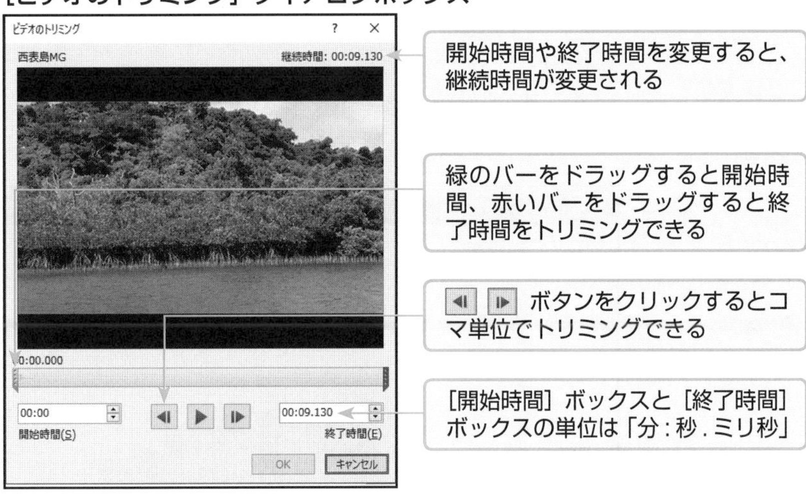

[オーディオのトリミング] ダイアログボックス

また、スライドショー実行時のメディアの再生に関する詳細なオプション設定を行うことができます。再生に関するオプションは、[再生] タブで設定します。

[再生] タブの [開始: 一連のクリック動作(I)] [開始] ボックスで選択できる内容は次のとおりです。

- 一連のクリック操作 : スライドショー実行時にクリックして再生
- クリック時 : スライドショー実行時にメディアファイルをクリックして再生
- 自動 : スライドショー実行時にメディアを挿入したスライドが表示されたときに自動的に再生

ヒント

音量の調整は[再生]タブの[音量] ボタンをクリックしで表示される一覧から選択します。

[音量] ボタン

ビデオの [再生] タブのオプション

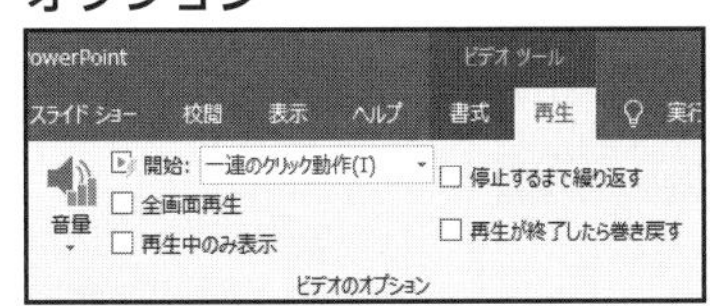

オーディオの [再生] タブのオプション

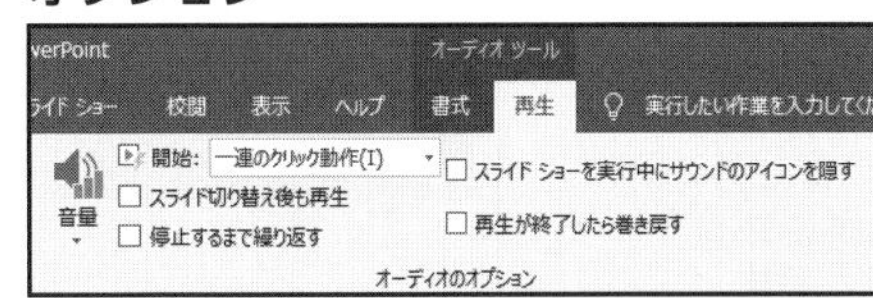

そのほか、[再生] タブの [フェードイン] ボックスや [フェードアウト] ボックスに時間 (秒) を指定すると、ビデオやオーディオにフェード効果を使用することができます。

操作手順

【操作1】

❶サムネイルのスライド4のビデオをクリックします。

❷［再生］タブの［ビデオのトリミング］ボタンをクリックします。

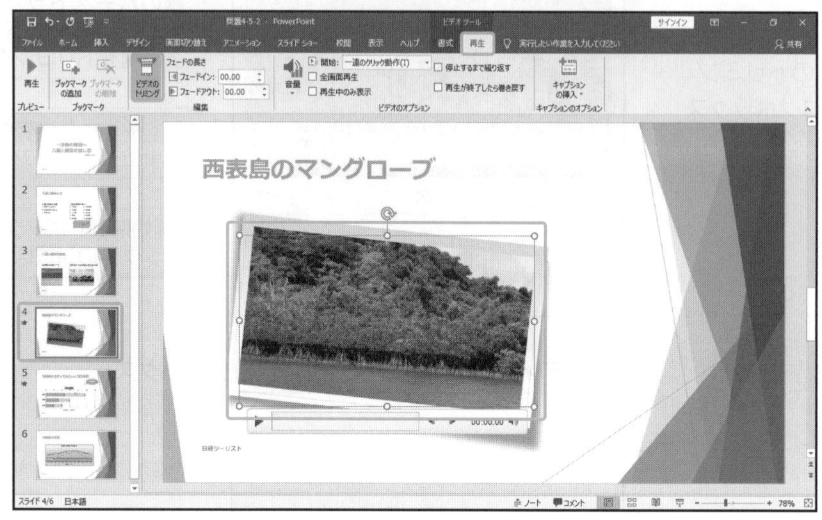

❸［ビデオのトリミング］ダイアログボックスが表示されます。

❹［開始時間］ボックスに「1」、［終了時間］ボックスに「8」と入力します。

❺開始時間を示す緑のバーと終了時間を示す赤のバーが移動したことを確認し、［OK］をクリックします。

緑のバーと赤のバーが移動し、終了時間が表示される

❻再生時間が編集されます。

【操作2】

❼スライド4のビデオが選択されていることを確認します。

❽［再生］タブの 開始: 一連のクリック動作(I) ［開始］ボックスをクリックします。

❾［自動］をクリックします。

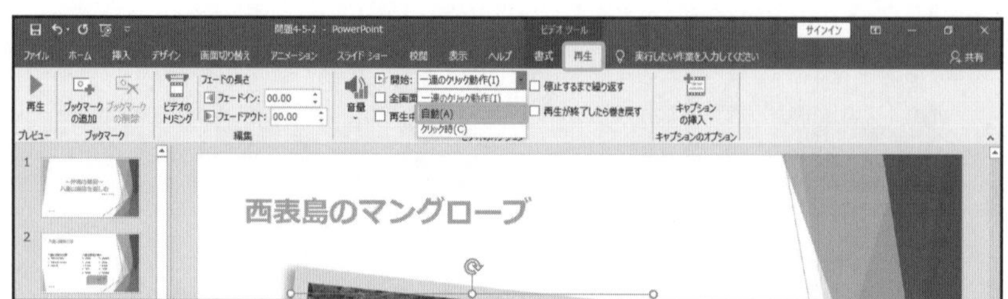

その他の操作方法

［ビデオのトリミング］ダイアログボックスの表示

ビデオを右クリックしてミニツールバーの［トリム］ボタンをクリックします。

ポイント

数値の指定

［開始時間］ボックスに「1」と入力し、［終了時間］ボックスにカーソルを移動するか**Tab**キーを押すと「00:01」と表示されます。

ヒント

フェードインとフェードアウト

［再生］タブの［フェードイン］ボックスに時間（秒.ミリ秒）を指定すると、開始時に映像が徐々に現れる効果を設定できます。［フェードアウト］ボックスに時間（秒.ミリ秒）を指定すると、終了時に映像が徐々に消える効果を設定できます。

その他の操作方法

［開始］ボックスの設定

ビデオを右クリックしてミニツールバーの［開始］ボタンをクリックして選択します。

⑩ビデオのオプションが変更されます。

【操作 3】

⑪スライド 5 のサウンドファイルを選択します。

⑫［再生］タブの［スライドショーを実行中にサウンドのアイコンを隠す］チェックボックスをオンにします。

ポイント

フェードインとフェードアウト

［再生］タブの［フェードイン］ボックスに時間（秒.ミリ秒）を指定すると、開始時にサウンドが徐々に聞こえる効果を設定できます。［フェードアウト］ボックスに時間（秒.ミリ秒）を指定すると、終了時にサウンドが徐々に消える効果を設定できます。

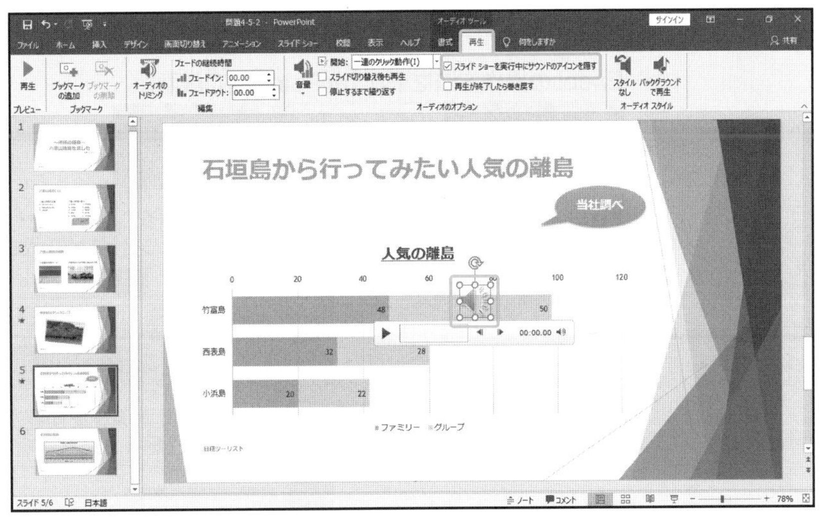

【操作 4】

⑬サウンドファイルが選択されていることを確認します。

⑭［再生］タブの［開始: 一連のクリック動作(I)］［開始］ボックスをクリックします。

⑮［自動］をクリックします。

ヒント

バックグラウンドで再生

［再生］タブの［バックグラウンドで再生］ボタンをクリックすると、［開始］ボックスが［自動］、［スライド切り替え後も再生］、［停止するまで繰り返す］、［スライドショーを実行中にサウンドのアイコンを隠す］の各チェックボックスがオンになります。

［バックグラウンドで再生］ボタン

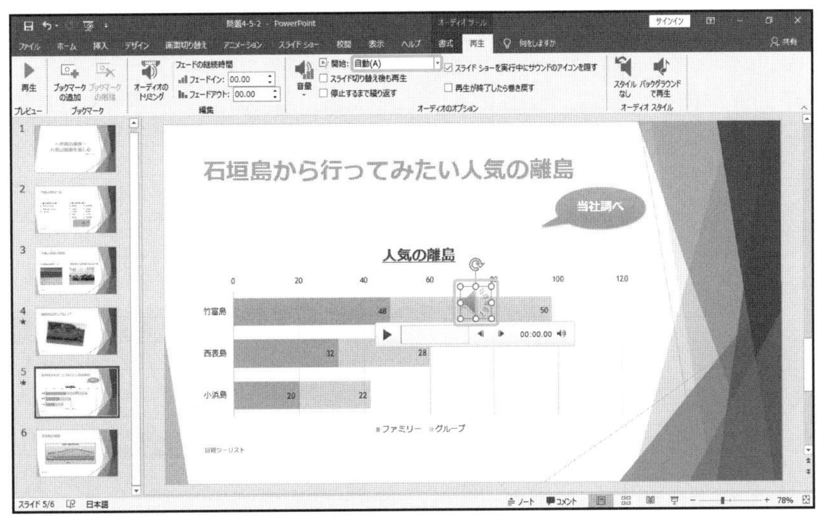

⑯サウンドのオプションが変更されます。

※設定を確認する場合はスライドショーを実行します。

ヒント

サウンドのオプションのリセット

［再生］タブの［スタイルなし］ボタンをクリックすると、サウンドに設定されたオプションがまとめてリセットされます。

［スタイルなし］ボタン

4-5-3 画面録画を作成する、挿入する

機能の解説

- □ 画面録画
- □ [画面録画] ボタン

[挿入] タブの [画面録画] ボタンを使用すると、PowerPoint 上で直接画面を録画して取り込むことができます。

Excel の操作方法を PowerPoint 上で録画

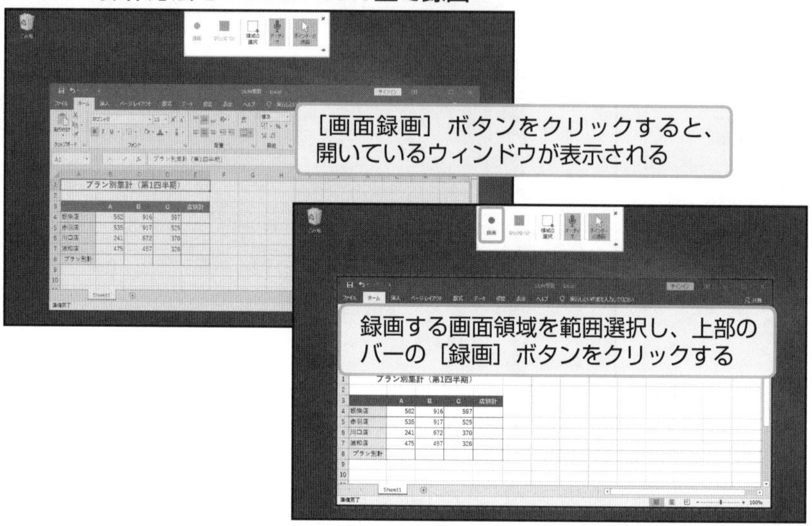

録画するときに表示されるバー

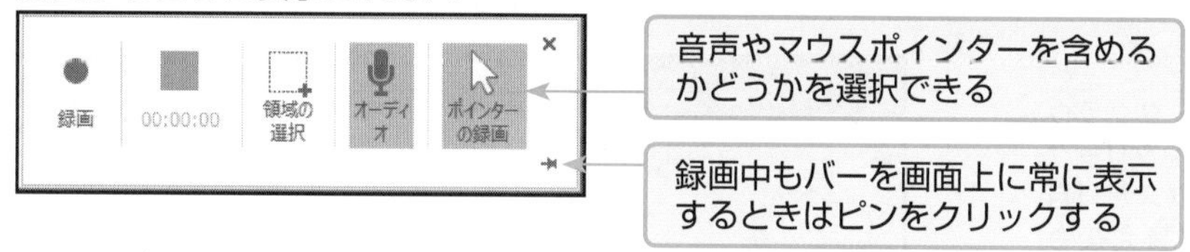

記録中はバーが非表示になりますが、画面上部にマウスポインターを合わせると表示されます。録画中の場合、その操作も記録されるので、終了時はショートカットキー（**Windows**+**Shift**+**Q** キー）を使用した方がよいでしょう。

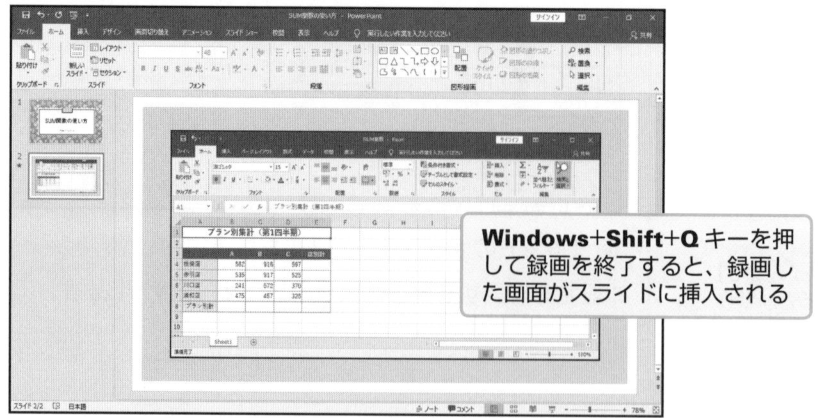

挿入した録画画面は、通常のビデオファイルと同じように編集することができます。録画内容を別ファイルで保存するには、録画した画面を右クリックして [メディアに名前を付けて保存] をクリックします。

Chapter 5

画面切り替えやアニメーションの適用

本章で学習する項目

- □ 画面切り替えを適用する
- □ スライドのコンテンツにアニメーションを設定する
- □ 画面切り替えとアニメーションのタイミングを設定する

5-1 画面切り替えを適用する、設定する

画面切り替え効果を設定すると、スライドショーで各スライドを切り替えるときに動きを付けることができます。インパクトのある効果を設定することにより、視聴者を引き付ける効果的なスライドショーを実行することができます。

5-1-1 画面切り替えを設定する

練習問題

問題フォルダー
└問題 5-1-1.pptx
解答フォルダー
└解答 5-1-1.pptx

【操作 1】すべてのスライドに画面切り替え効果「キューブ」を設定します。
【操作 2】スライド 1 の画面切り替え効果を削除します。

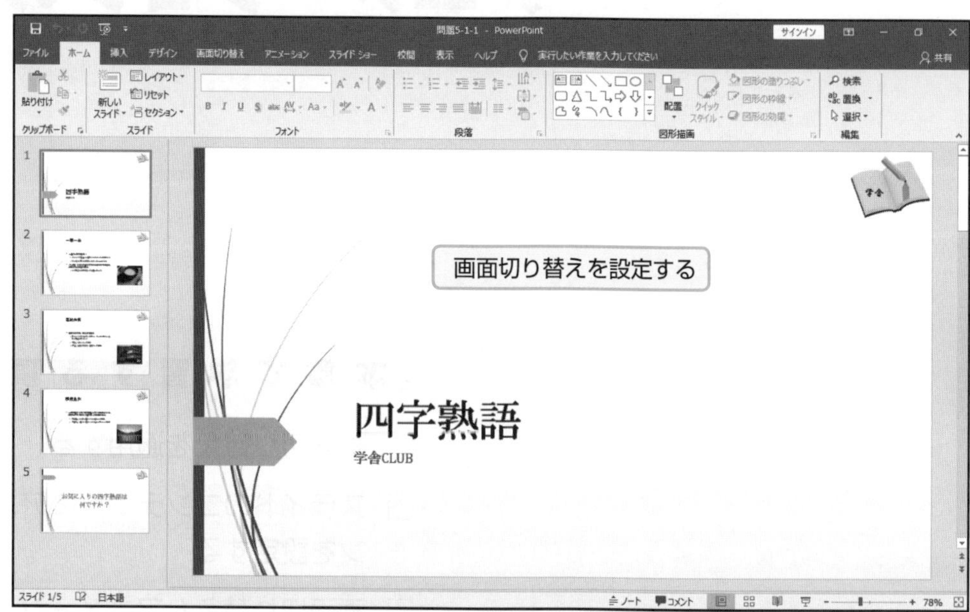

機能の解説

- 画面切り替え効果
- ［画面切り替え］タブ
- ［すべてに適用］ボタン
- 画面切り替え効果の削除

画面切り替え効果とは、スライドショーでスライドが切り替わるときに動きやサウンドを付ける特殊効果のことです。画面切り替え効果を設定するには、設定対象の 1 枚または複数のスライドを選択して、［画面切り替え］タブの［画面切り替え］の一覧から設定する効果を選択します。画面切り替え効果をクリックすると、選択した効果が再生されます。すべてのスライドに同じ画面切り替え効果を設定するには、1 枚のスライドに設定した後に［画面切り替え］タブの すべてに適用 ［すべてに適用］ボタンをクリックします。設定した画面切り替え効果を削除するには、スライドを選択して［画面切り替え］の［その他］ボタンをクリックして［なし］をクリックします。すべてのスライドの画面切り替え効果を削除するには、［なし］をクリックした後に すべてに適用 ［すべてに適用］ボタンをクリックします。

［画面切り替え］タブ

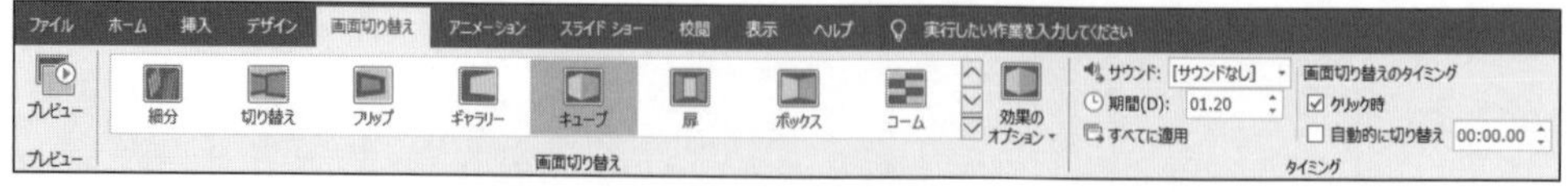

操作手順

【操作 1】

❶ 任意のスライドを選択します。

❷［画面切り替え］タブの［その他］ボタンをクリックします。

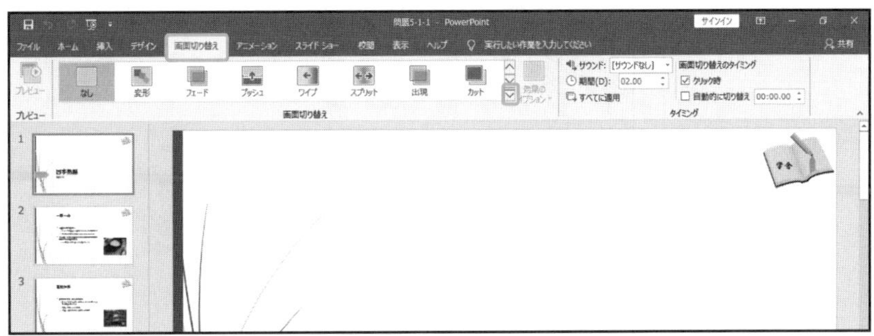

❸［はなやか］の［キューブ］をクリックします。

❹ 選択したスライドに画面切り替え効果の「キューブ」が設定され、再生されます。

❺［画面切り替え］タブの すべてに適用［すべてに適用］ボタンをクリックします。

❻ すべてのスライドに画面切り替え効果の「キューブ」が適用されます。

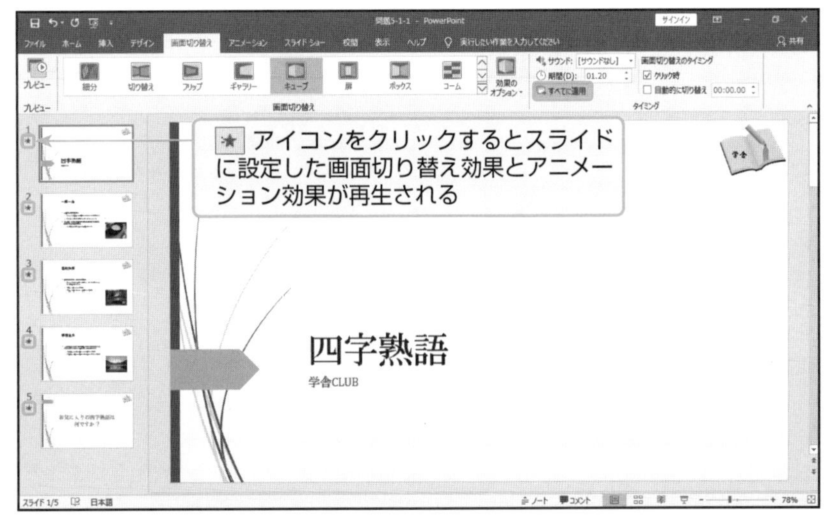

ヒント

再生アイコン

画面切り替え効果を設定したスライドはサムネイルのスライド番号の下（スライド一覧表示ではスライドの左下）に★アイコンが表示され、クリックすると画面切り替え効果のイメージを確認することができます。スライドのオブジェクトにアニメーション効果が設定されている場合は、すべての動きが再生されます。

ヒント

［画面切り替え］タブの［プレビュー］ボタン

［画面切り替え］タブの［プレビュー］ボタンをクリックすると、選択しているスライドの画面切り替え効果が再生されます。

［プレビュー］ボタン

【操作 2】

⑦スライド 1 を選択します。

⑧［画面切り替え］タブの［その他］ボタンをクリックします。

⑨［弱］の［なし］をクリックします。

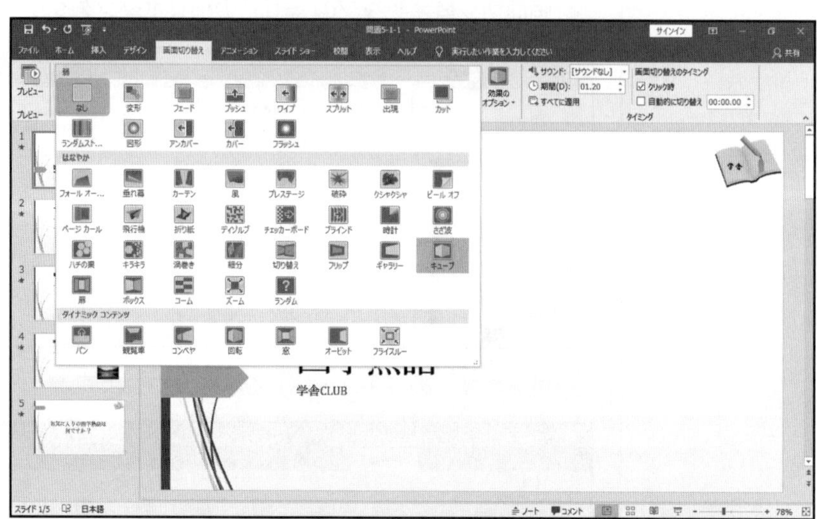

⑩スライド 1 の画面切り替え効果が削除されます。

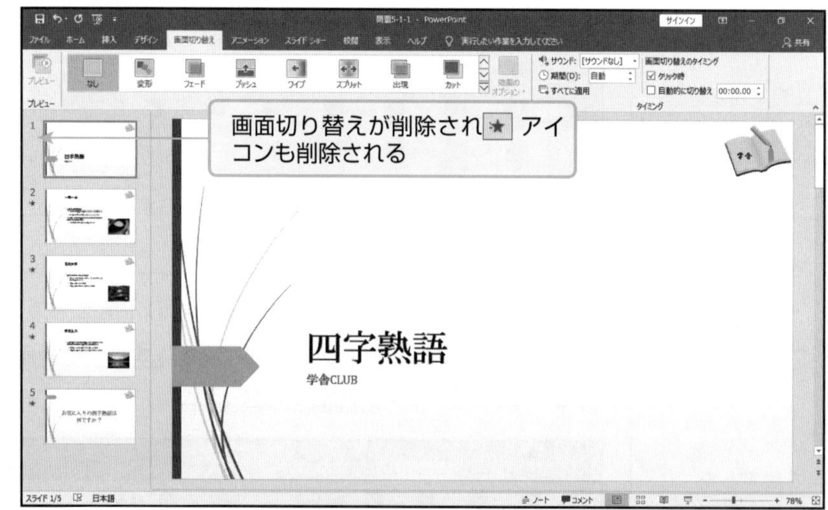

5-1-2 画面切り替えの効果のオプションを設定する

練習問題

問題フォルダー
└問題 5-1-2.pptx

解答フォルダー
└解答 5-1-2.pptx

【操作 1】スライド 5 の画面切り替え効果を「さざ波」、オプションを「左上から」に変更します。

【操作 2】スライド 2 から 4 に設定されている画面切り替え効果「キューブ」のオプションを「上から」に変更します。

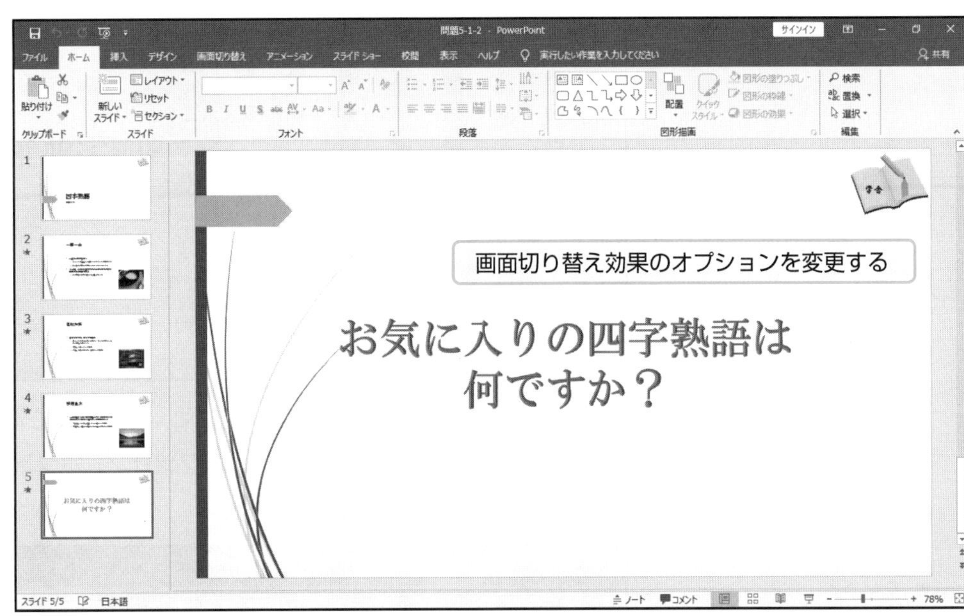

機能の解説

□ 複数の画面切り替え効果の管理

□ ［効果のオプション］ボタン

特定のスライドに異なる画面切り替え効果を設定し、1 つのプレゼンテーション内で複数の画面切り替え効果を管理することができます。また、設定した画面切り替え効果は、［画面切り替え］タブの［効果のオプション］ボタンで方向や形などを変更することができます。［効果のオプション］ボタンには、選択した画面切り替え効果のアイコンが表示されます。設定できる効果のオプションは、画面切り替えの種類によって異なります。

［キューブ］のオプション

［さざ波］のオプション

操作手順

【操作 1】

❶サムネイルのスライド 5 をクリックします。

❷［画面切り替え］タブの［その他］ボタンをクリックします。

❸［はなやか］の［さざ波］をクリックします。

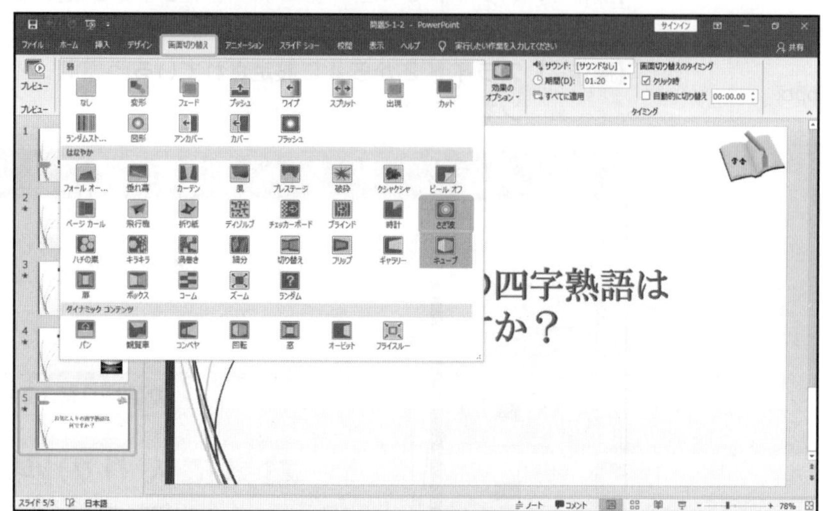

❹スライド 6 に画面切り替え効果の「さざ波」が適用され、再生されます。

❺［画面切り替え］タブの［効果のオプション］ボタンをクリックします。

❻［左上から］をクリックします。

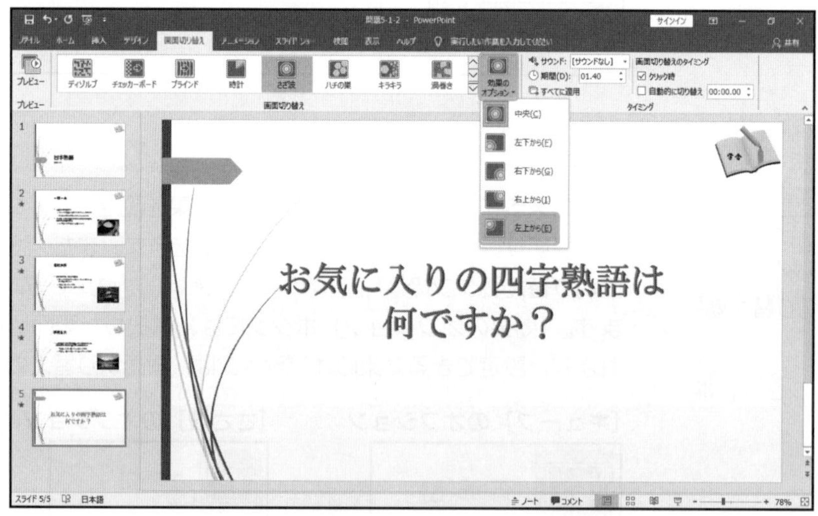

❼スライド 6 の画面切り替え効果「さざ波」に「左上から」のオプションが適用され、再生されます。

【操作 2】

❽スライド 2 をクリックし、**Shift** キーを押しながらスライド 4 をクリックします。

❾［画面切り替え］タブの［効果のオプション］ボタンをクリックします。

ポイント

すべてに適用

効果のオプションを変更後に［画面切り替え］タブの［すべてに適用］ボタンをクリックすると、選択しているスライドの画面切り替え効果が一緒に適用されます。

⑩［上から］をクリックします。

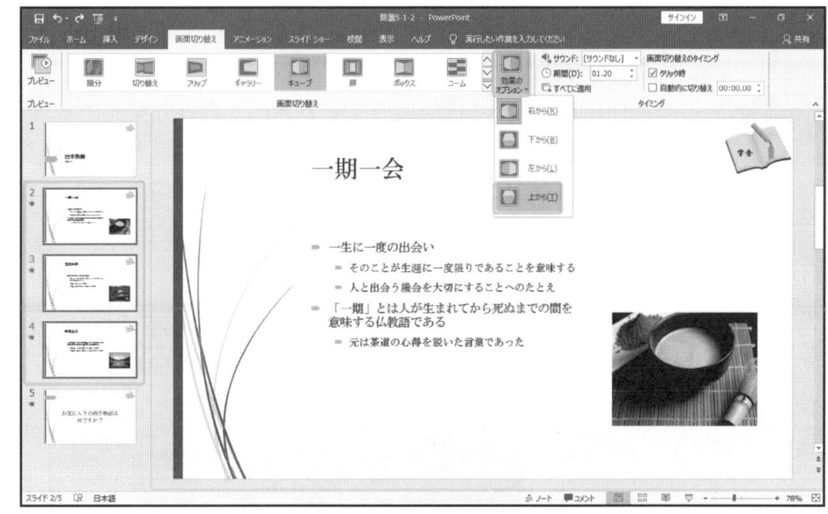

⑪スライド２から５の画面切り替え効果「キューブ」に「上から」のオプションが適用され、再生されます。

5-1-3 基本的な 3D 画面切り替えを適用する

練習問題

問題フォルダー
└問題 5-1-3.pptx

解答フォルダー
└解答 5-1-3.pptx

【操作 1】スライド 3 を複製し、複製したスライド 4 の 3D モデルを任意の角度やサイズに変更します。

【操作 2】スライド 4 に画面切り替え効果「変形」を設定します。

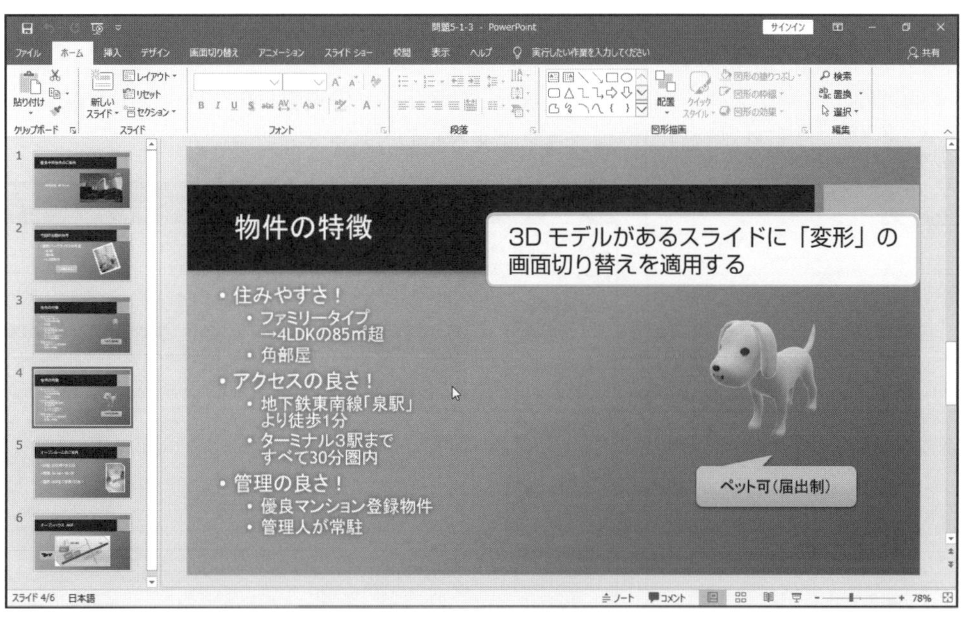

第5章 画面切り替えやアニメーションの適用

機能の解説

□「変形」画面切り替え効果

PowerPoint 2019 で新しく加わった「変形」画面切り替え効果を使用すると、テキスト、図などのさまざまなオブジェクトを滑らかに動かして表示することができます。特に 3D モデルが挿入されたスライドで活用すると効果的です。「変形」の画面切り替え効果を使用するには、2 枚のスライドに少なくとも 1 つの共通のオブジェクトがある必要があります。簡単な方法は、スライドを複製して 2 枚のスライド上にある共通のオブジェクトのサイズや位置を変更します。その後、2 枚目のスライドに「変形」の画面切り替え効果を適用します。

3D モデルが挿入されたスライドに変形の画面切り替え効果を設定する手順

1. スライドを複製
2. いずれかの 3D モデルのサイズや位置、角度などを変更
3. 2 枚目のスライドに画面切り替え効果の「変形」を設定

操作手順

その他の操作方法

スライドの複製

［ホーム］タブの［コピー］ボタンの▼をクリックして［複製］をクリック、または［Ctrl］+［D］キーを押します。

【操作 1】

❶ サムネイルのスライド 3 をクリックし、［新しいスライド］ボタンの▼をクリックして［選択したスライドの複製］をクリックします。

❷ スライド 3 が複製されます。

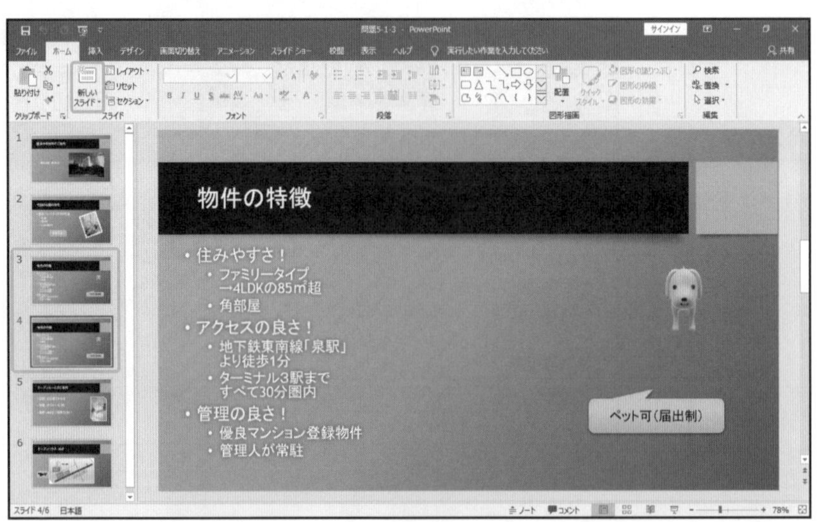

③スライド 4 の 3D モデルの位置やサイズを任意に変更します。

【操作 2】

④［画面切り替え］タブの［変形］をクリックします。

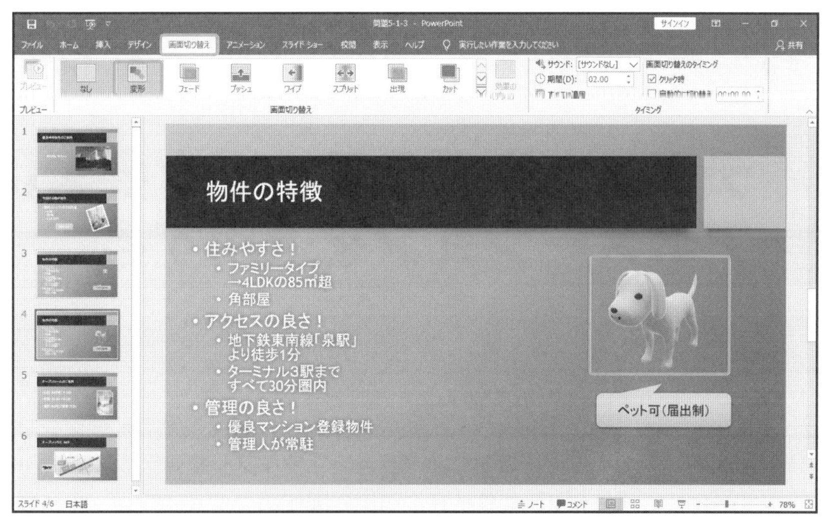

⑤「変形」の画面切り替え効果がプレビュー表示され、適用されます。

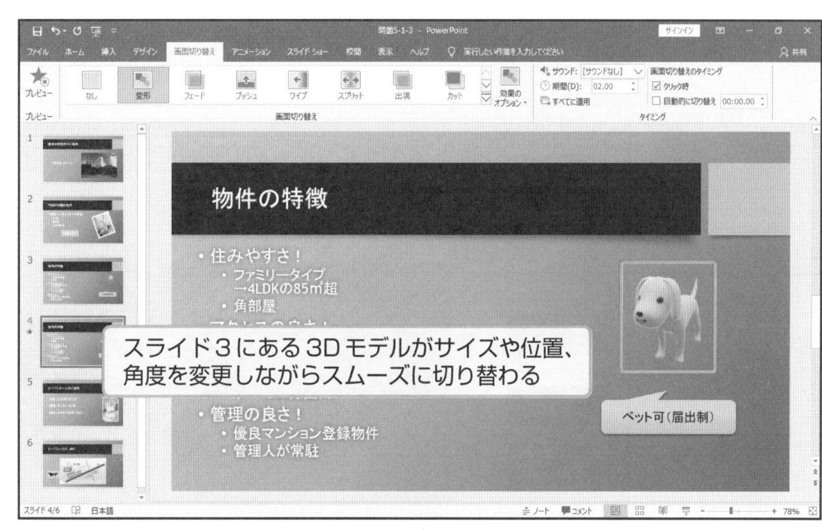

ヒント

変形の効果のオプション

変形を設定後、［画面切り替え］タブの［効果のオプション］ボタンを使用すると、オブジェクトのほかに単語や文字に対して設定できます。

［効果のオプション］ボタン

第5章 画面切り替えやアニメーションの適用

5-2 スライドのコンテンツにアニメーションを設定する

文字列やオブジェクトにアニメーション効果を設定して動きを付けることで、スピーチの流れに合わせた印象的なプレゼンテーションにすることができます。アニメーション効果には、「開始」、「強調」、「終了」、「アニメーションの軌跡」の４種類があります。

5-2-1 テキストやグラフィック要素にアニメーションを適用する

練習問題

問題フォルダー
└問題 5-2-1.pptx
解答フォルダー
└解答 5-2-1.pptx

【操作 1】スライド 2 のタイトルに開始のアニメーション「スプリット」、箇条書きに開始のアニメーション「ワイプ」を適用します。
【操作 2】スライド 1 の図に開始のアニメーション「グローとターン」を適用します。
【操作 3】スライド 4 の表に強調のアニメーション「拡大 / 収縮」を適用します。

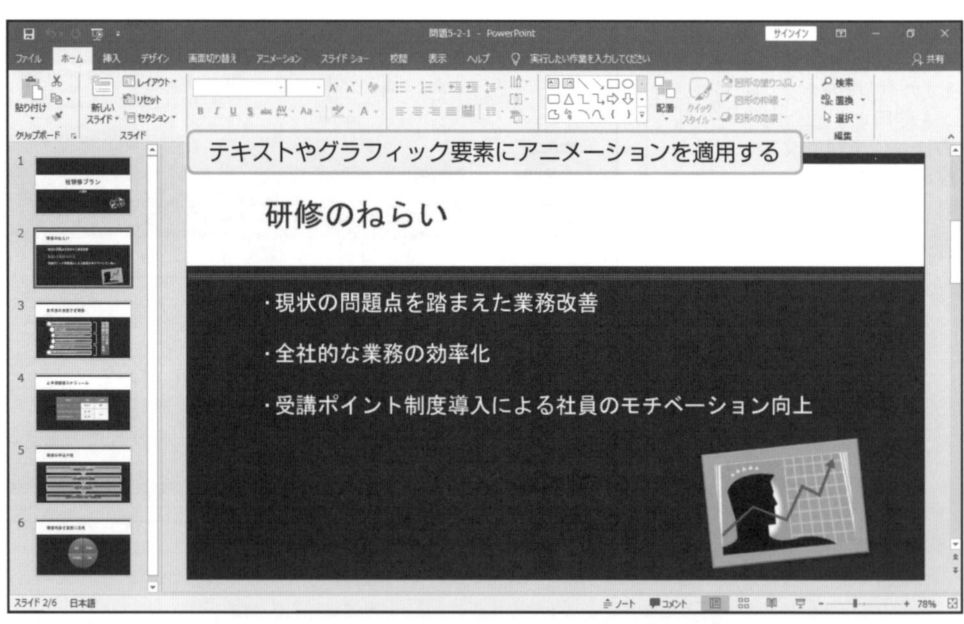

機能の解説

重要用語
- □ アニメーション
- □ 開始効果
- □ 強調効果
- □ 終了効果
- □ アニメーションの軌跡効果
- □ ［効果の変更］ダイアログボックス

アニメーションは、スライドに挿入した文字列や画像、SmartArt、グラフなどのオブジェクトに動きを付ける効果のことです。適切にアニメーションを設定することで、重要な箇所を強調することや、スピーチの流れに合った印象的なプレゼンテーションにすることができます。アニメーション効果は、使用目的によって開始、強調、終了、アニメーションの軌跡の４種類に分類されています。

アニメーションの種類	アイコンの色	使用目的
開始	緑	文字列やオブジェクトを表示する
強調	黄色	文字列やオブジェクトを強調して表示する
終了	赤	文字列やオブジェクトを非表示にする
アニメーションの軌跡		文字列やオブジェクトを軌跡に沿って移動させる

文字列にアニメーションを適用するには、設定するプレースホルダーを選択して［アニメーション］タブの［アニメーション］の一覧から適用するアニメーションを選択します。［その他の開始効果］や［その他の強調効果］などをクリックすると、対応する［効果の変更］ダイアログボックスが表示され、さらに多くの効果から選択して適用できます。図や図形、表、SmartArtなどのオブジェクトにアニメーションを適用するには、設定対象を選択して［アニメーション］タブの［アニメーション］の一覧から適用するアニメーションを選択します。

アニメーションのギャラリー

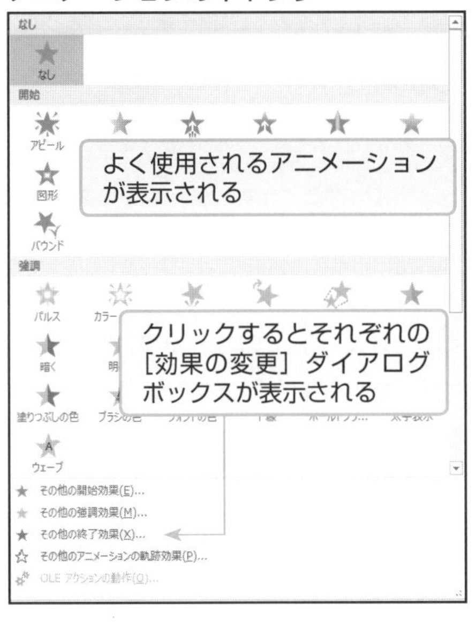

［開始効果の変更］ダイアログボックス

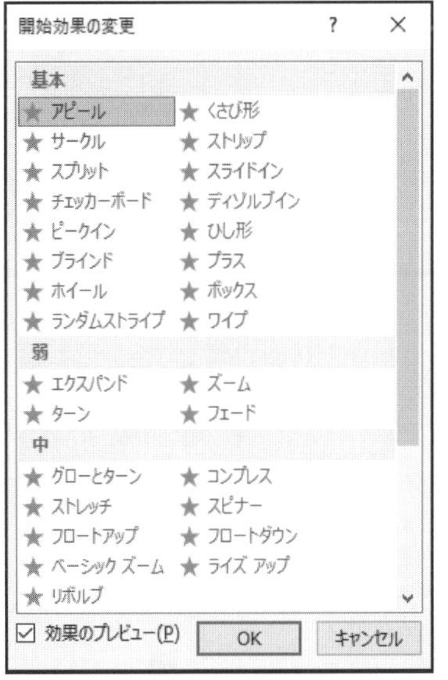

操作手順

【操作1】

❶ サムネイルのスライド2をクリックします。

❷ スライド2のタイトルプレースホルダーを選択します。

❸［アニメーション］タブの［アニメーション］の一覧から［スプリット］をクリックします。

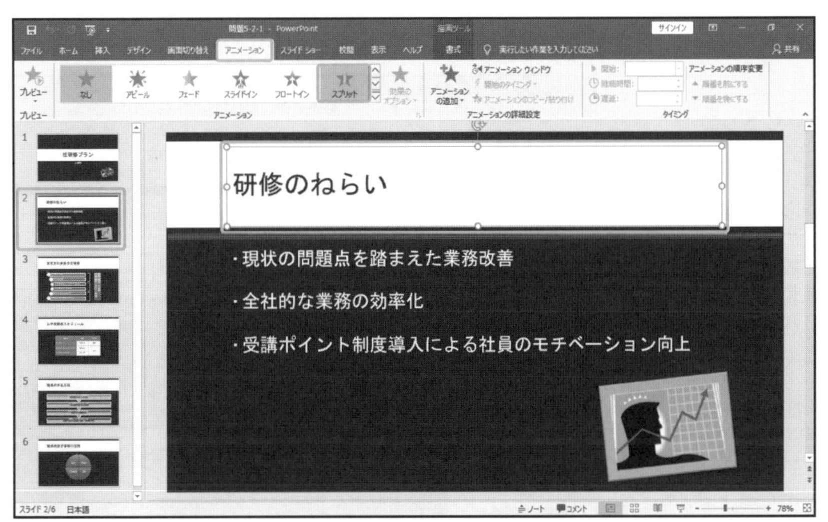

ヒント

アニメーションのプレビュー

［アニメーション］タブの［プレビュー］ボタンをクリックすると、適用したアニメーションの動きを確認できます。［プレビュー］ボタンの▼をクリックして［自動再生］をオフにすると、設定時に再生されなくなります。

［プレビュー］ボタン

❹タイトルに「スプリット」が適用され、再生されます。

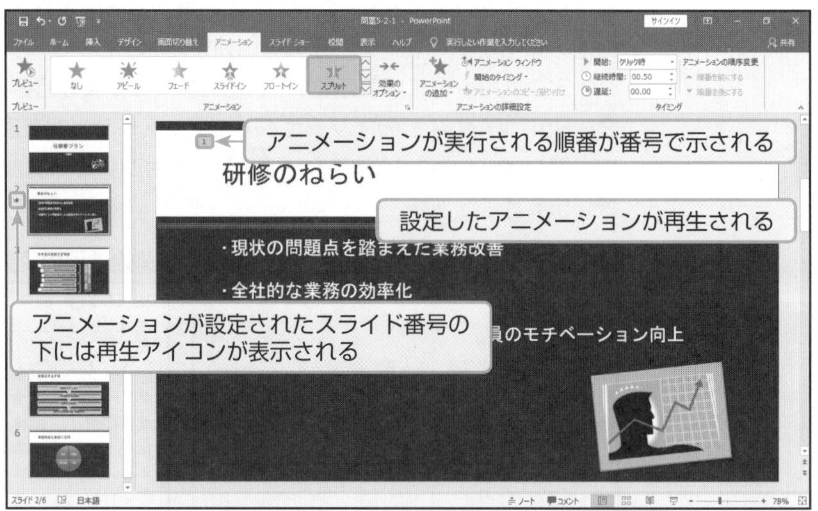

❺スライド２の箇条書きプレースホルダーを選択します。

❻［アニメーション］タブの［その他］ボタンをクリックします。

❼［開始］の［ワイプ］をクリックします。

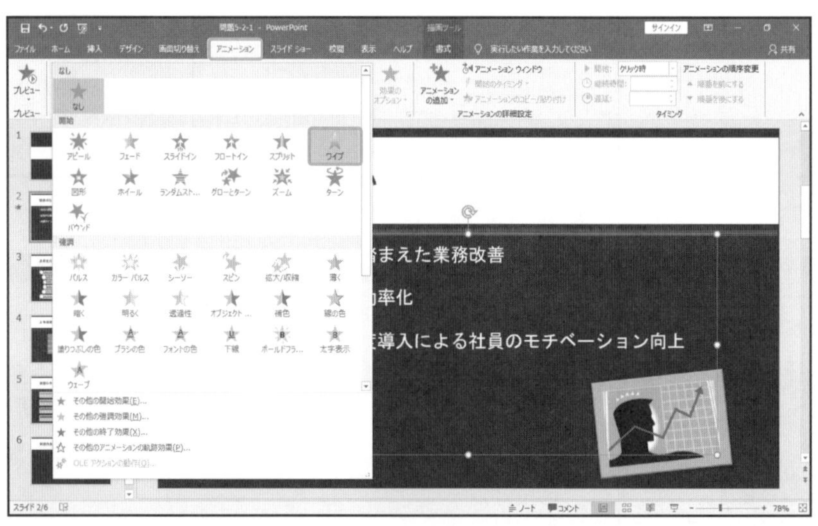

❽箇条書きに「ワイプ」が適用され、再生されます。

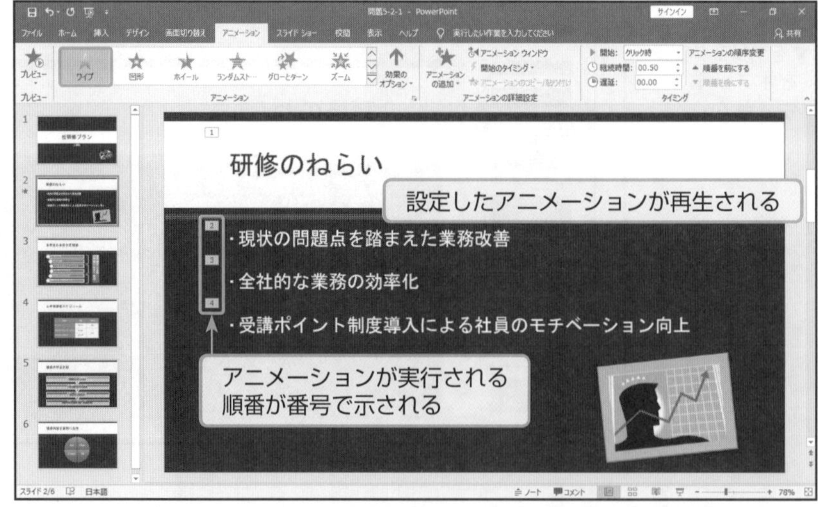

ポイント

アニメーション番号

［標準］モードで［アニメーション］タブを選択するか［アニメーションウィンドウ］を表示すると、スライド上に設定されているアニメーションの順番を示す番号が表示されます（アニメーションウィンドウについては「5-2-4　同じスライドにあるアニメーションの順序を並べ替える」を参照）。アニメーション番号がオレンジ色のものが選択されているアニメーションです。

ヒント

アニメーションの変更

適用されているアニメーション効果を変更するには、変更するアニメーション効果が設定されている文字列またはオブジェクトを選択し、［アニメーション］タブの［アニメーション］で目的のアニメーションを選択します。

ポイント

アニメーションの順序

アニメーション効果は各スライドで設定した順番に実行されます。後から順番を変更することも可能です（「5-2-4　同じスライドにあるアニメーションの順序を並べ替える」を参照）。

ポイント

箇条書きのアニメーション設定

箇条書きプレースホルダーを選択してアニメーションを設定すると、すべての箇条書きに適用されます。既定では第１レベルの段落単位で表示されますが、表示レベルは設定後に変更することができます（「5-2-2　アニメーションの効果を変更する」を参照）。特定の箇条書きを範囲選択してアニメーションを設定すると、選択範囲のみアニメーションが適用されます。

【操作 2】

⑨ スライド 1 の図を選択します。

⑩ [アニメーション] タブの [その他] ボタンをクリックします。

⑪ [開始] の [グローとターン] をクリックします。

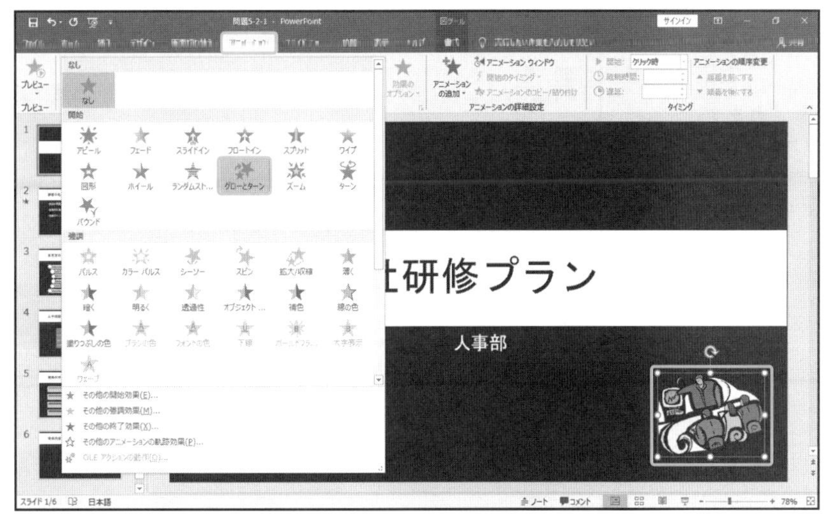

⑫ 図に「グローとターン」が適用され、再生されます。

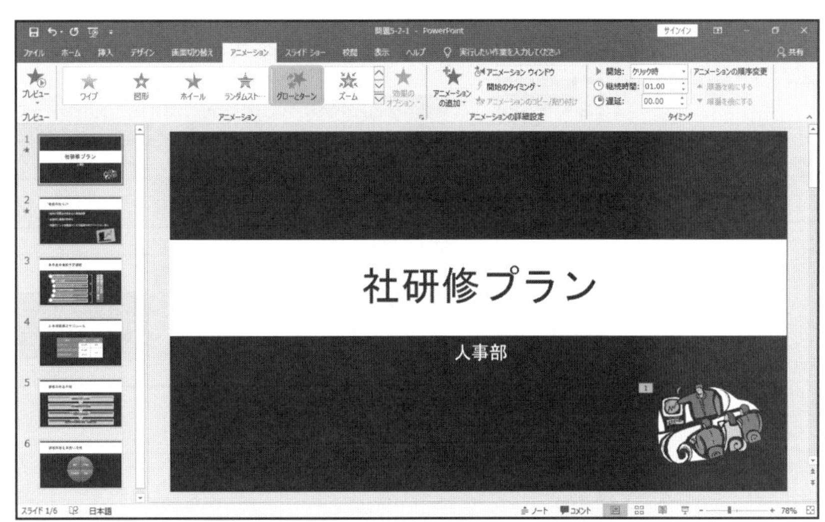

ヒント

アニメーションの追加

同じオブジェクトにアニメーション効果を追加するには、設定するオブジェクトまたはアニメーション番号を選択して [アニメーション] タブの [アニメーションの追加] ボタンを使用します。

[アニメーションの追加] ボタン

【操作 3】

⑬ スライド 4 の表を選択します。

⑭ [アニメーション] タブの [その他] ボタンをクリックします。

ヒント

アニメーションの削除

設定したアニメーションを削除するには、オブジェクトを選択して［アニメーション］の一覧から［なし］をクリックします。選択したオブジェクトに複数のアニメーションが設定されている場合、すべてのアニメーションが削除されます。特定のアニメーションを削除するには、アニメーション番号をクリックして操作します。

⑮［強調］の［拡大 / 収縮］をクリックします。

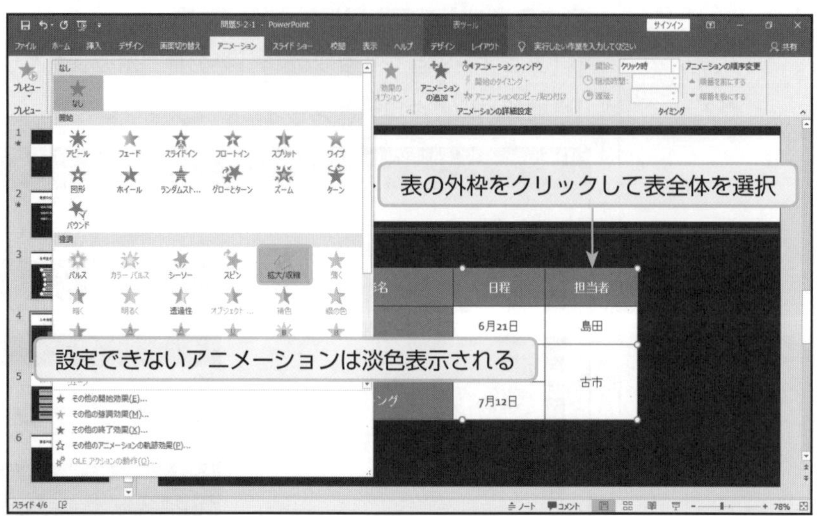

⑯表に「拡大 / 収縮」適用され、再生されます。

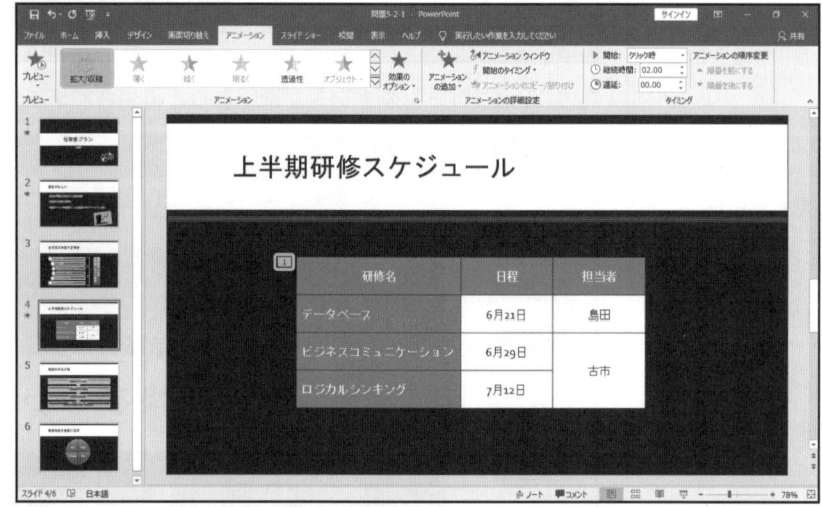

5-2-2 アニメーションの効果を変更する

練習問題

問題フォルダー
└問題 5-2-2.pptx

解答フォルダー
└解答 5-2-2.pptx

【操作 1】スライド 2 の箇条書きのアニメーションのオプションを「上から」、「すべて同時」に変更します。

【操作 2】スライド 5 の SmartArt に開始のアニメーション「フロートイン」を適用し、オプションを「フロートダウン」、「個別」に変更します。

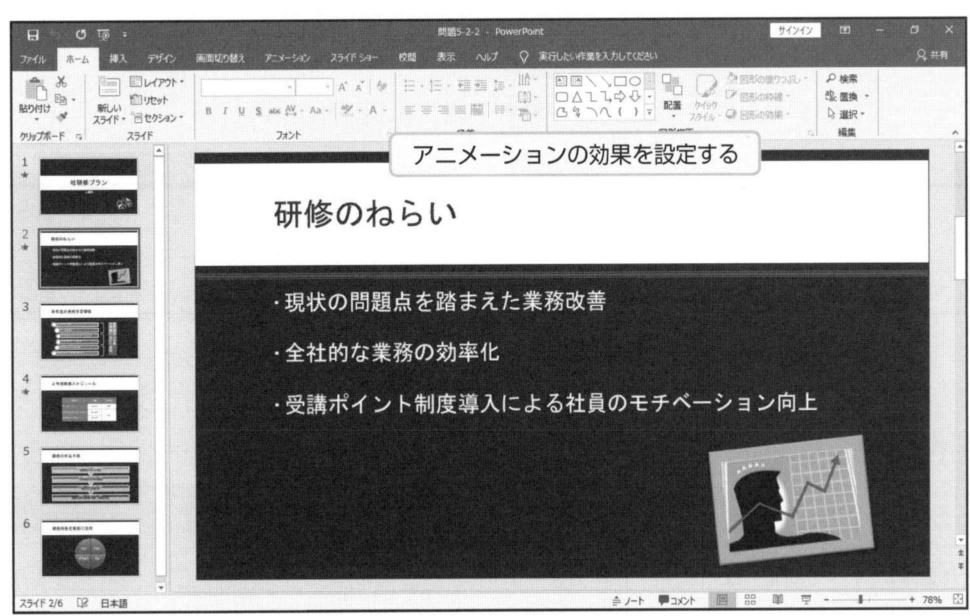

機能の解説

- 効果のオプション
- [効果のオプション] ボタン
- アニメーションの方向の変更
- アニメーションの表示レベルの変更

[アニメーション] タブの [効果のオプション] ボタンを使って、設定したアニメーションを表示する方向や表示レベルを変更することができます。[効果のオプション] ボタンには、各効果で設定できる [方向] や [色] などのオプションが表示されます。[連続] では箇条書きや SmartArt などの表示レベルを変更することができます。設定できるオプションの種類やボタンのアイコンは、対象のオブジェクトやアニメーションの種類によって異なります。より詳細な設定を行う場合は、[アニメーション] の [効果のその他のオプションを表示] をクリックして表示される各アニメーション効果のダイアログボックスを使用します。

[ワイプ] ダイアログボックスの [効果] タブ

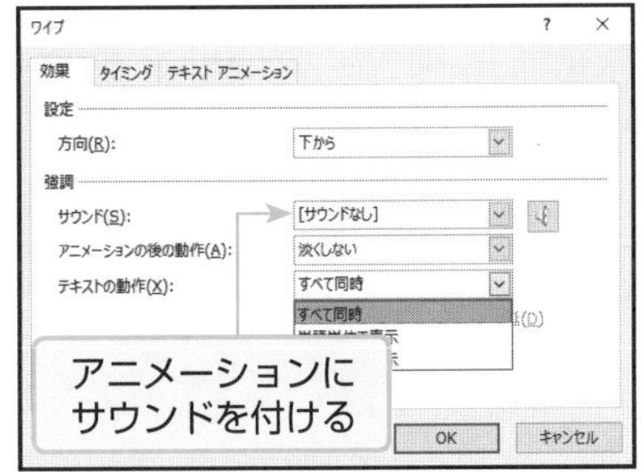

[ワイプ] ダイアログボックスの [テキストアニメーション] タブ

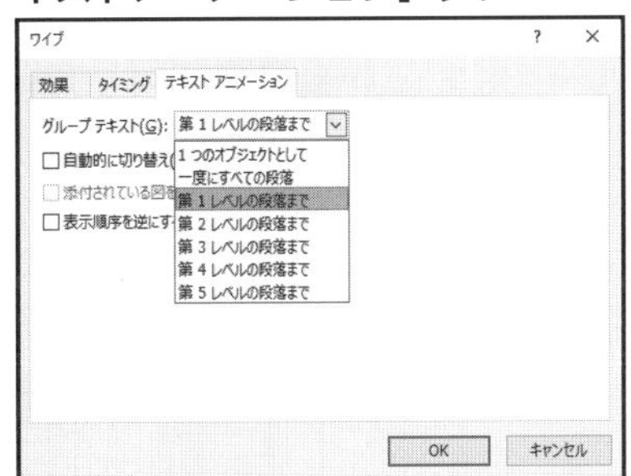

操作手順

【操作 1】

❶サムネイルのスライド 2 をクリックします。

❷スライド 2 の箇条書きプレースホルダーを選択します。

❸［アニメーション］タブの［効果のオプション］ボタンをクリックします。

❹［方向］の［上から］をクリックします。

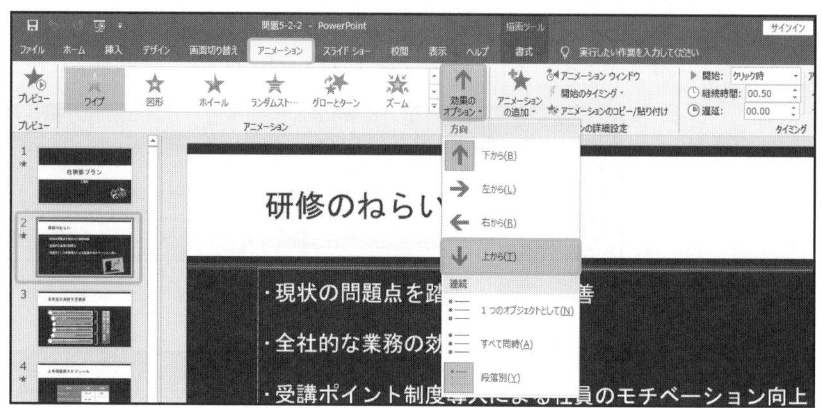

❺箇条書きに「ワイプ」の「上から」が適用され、再生されます。

❻［アニメーション］タブの［効果のオプション］ボタンをクリックします。

❼［連続］の［すべて同時］をクリックします。

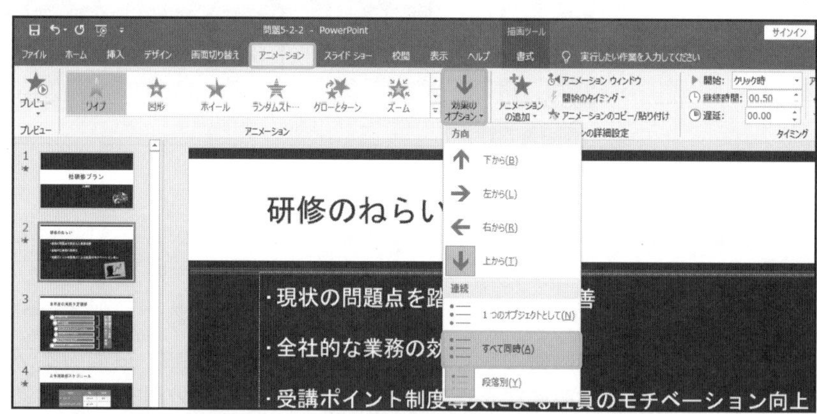

ポイント

箇条書きの表示レベル

［1 つのオブジェクトとして］は 1 つのオブジェクトとして再生されます。［すべて同時］は段落ごとにアニメーションが設定されて段落をすべて同時に再生します。［段落別］は段落ごとにアニメーションが設定されて順番に再生します。

❽箇条書きの段落が「すべて同時」に表示されるように設定され、再生されます。

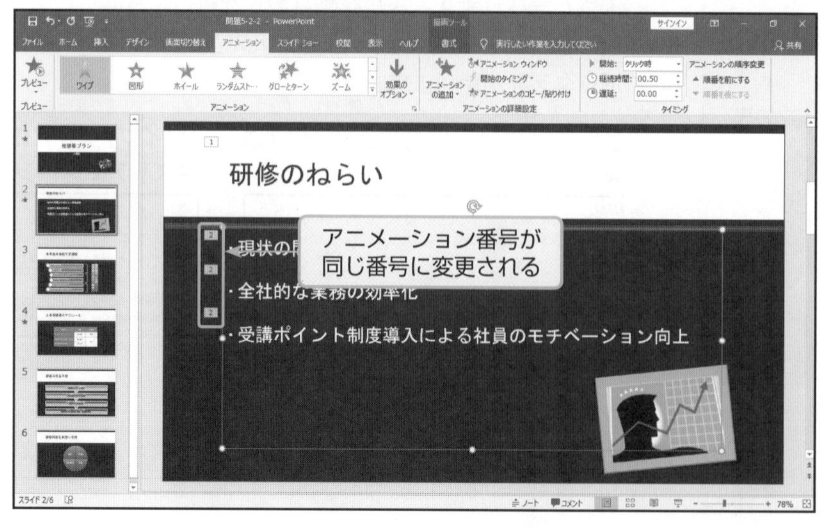

【操作 2】

⑨スライド 5 の SmartArt を選択します。

⑩［アニメーション］タブの［アニメーション］の一覧から［フロートイン］をクリックします。

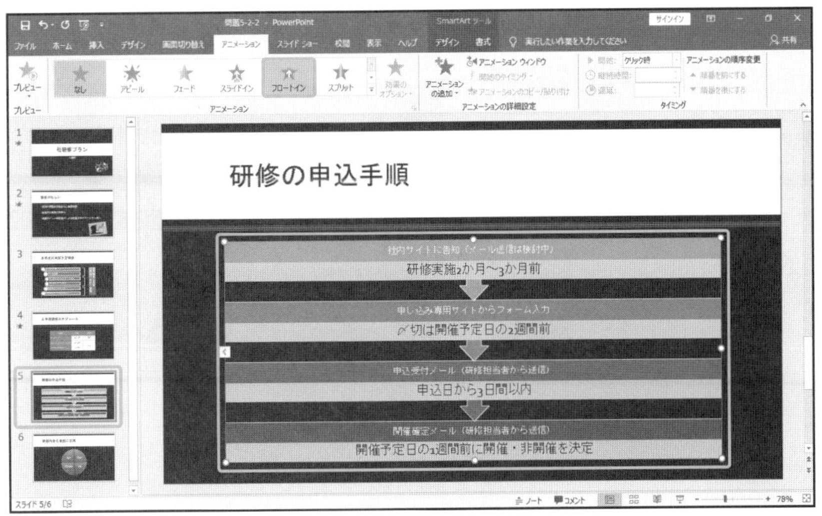

⑪SmartArt に「フロートイン」が適用され、再生されます。

⑫［アニメーション］タブの［効果のオプション］ボタンをクリックします。

⑬［方向］の［フロートダウン］をクリックします。

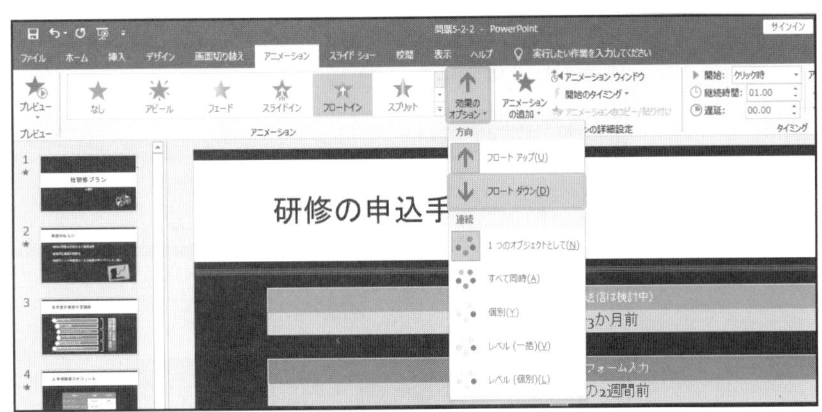

⑭SmartArt に「フロートダウン」が適用され、再生されます。

⑮［アニメーション］タブの［効果のオプション］ボタンをクリックします。

⑯［連続］の［個別］をクリックします。

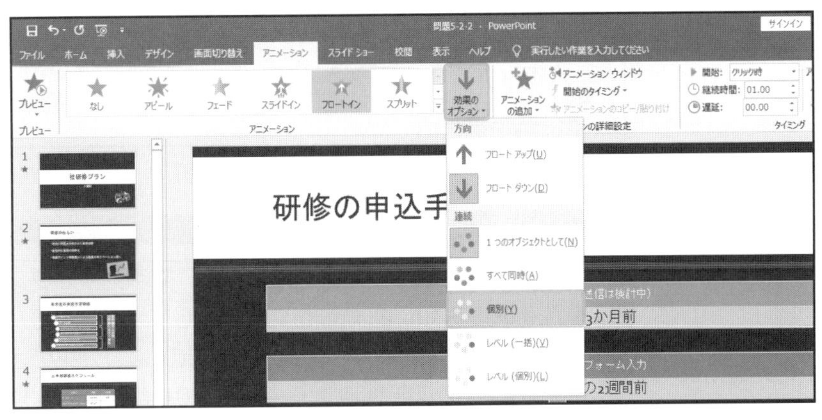

ポイント

SmartArt の表示レベル

［個別］はテキストウィンドウの表示順に 1 つずつ図形が再生されます。［レベル（一括）］は第 1 レベルの図形がまとめて再生され、次に第 2 レベルの図形がまとめて再生されます。［レベル（個別）］は第 1 レベルの図形がそれぞれ再生され、次に第 2 レベルの図形がそれぞれ再生されます。なお、表示レベルは SmartArt の種類によって異なります。

★ヒント

アニメーションの削除

設定したアニメーションを削除するには、[アニメーション]の一覧から[なし]をクリックします。選択したオブジェクトに複数のアニメーションが設定されている場合、すべてのアニメーションが削除されます。特定のアニメーションを削除するには、アニメーション番号をクリックして操作します。

⑰ SmartArt が「個別」に表示されるように設定され、再生されます。

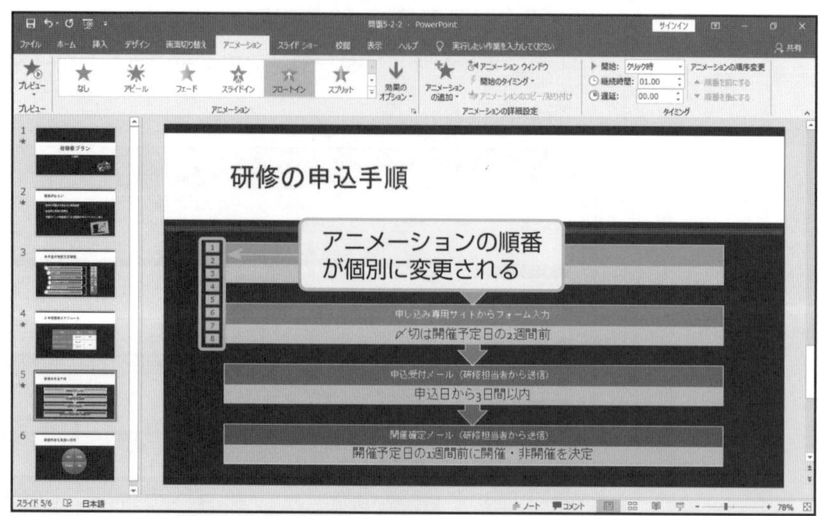

5-2-3 アニメーションの軌跡効果を適用する

練習問題

問題フォルダー
└問題 5-2-3.pptx

解答フォルダー
└解答 5-2-3.pptx

スライド 2 の図にアニメーションの軌跡効果「図形」の「ひし形」を適用します。

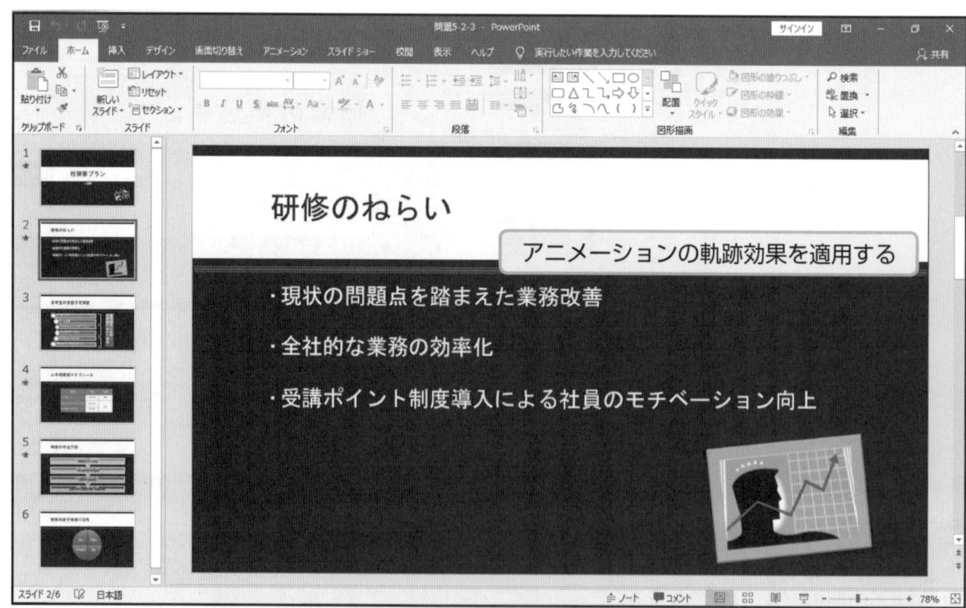

機能の解説

重要用語

- □ アニメーションの軌跡効果
- □ [アニメーションの軌跡効果の変更] ダイアログボックス

アニメーションの軌跡効果を適用すると、文字列やオブジェクトが軌跡に沿って移動します。軌跡を編集するには、軌跡をクリックしてサイズ変更ハンドルや回転ハンドルをドラッグします。また、[アニメーション] タブの [効果のオプション] では、アニメーションの軌跡の向きの変更やアニメーションの軌跡の詳細な編集、オブジェクトの移動時に軌跡が移動しないようにロックする、ロックの解除などを行うことができます。
[アニメーション] タブの [その他] ボタンをクリックして、[その他のアニメーション

の軌跡効果］をクリックして表示される［アニメーションの軌跡効果の変更］ダイアログボックスでは、プレビューを確認しながらさまざまなアニメーションの軌跡効果を設定することができます。

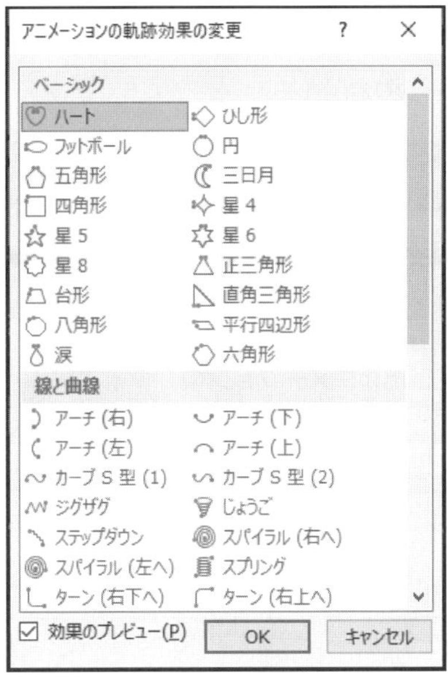

操作手順

❶スライド２の図を選択します。

❷［アニメーション］タブの［その他］ボタンをクリックします。

❸［アニメーションの軌跡］の［図形］をクリックします。

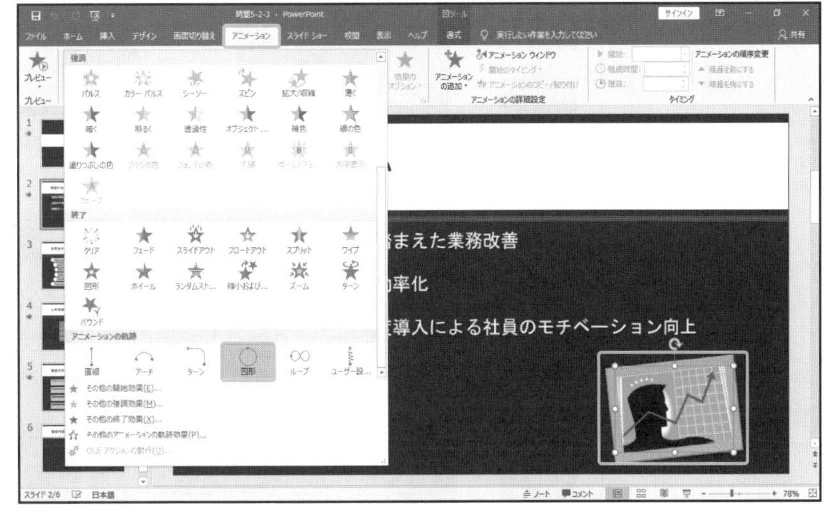

その他の操作方法

軌跡効果のひし形

［アニメーション］タブの［その他］ボタンをクリックし、［その他のアニメーションの軌跡効果］をクリックして表示される［アニメーションの軌跡効果の変更］ダイアログボックスで［ひし形］を選択します。

❹図に軌跡効果の「図形」（既定値の「円」）が適用され、再生されます。

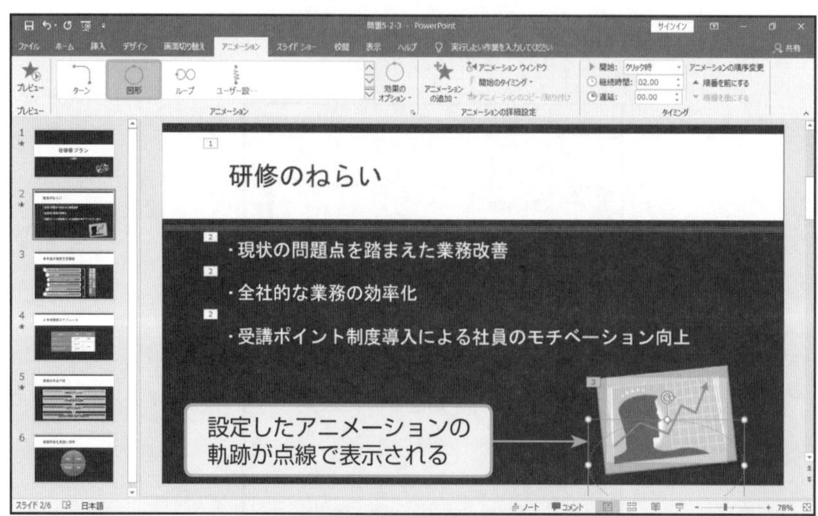

❺［アニメーション］タブの［効果のオプション］ボタンをクリックします。

❻［図形］の［ひし形］をクリックします。

> **ヒント**
>
> **ユーザー設定の軌跡**
>
> ［アニメーションの軌跡］の［ユーザー設定パス］を使用すると任意の軌跡を描画することができます。

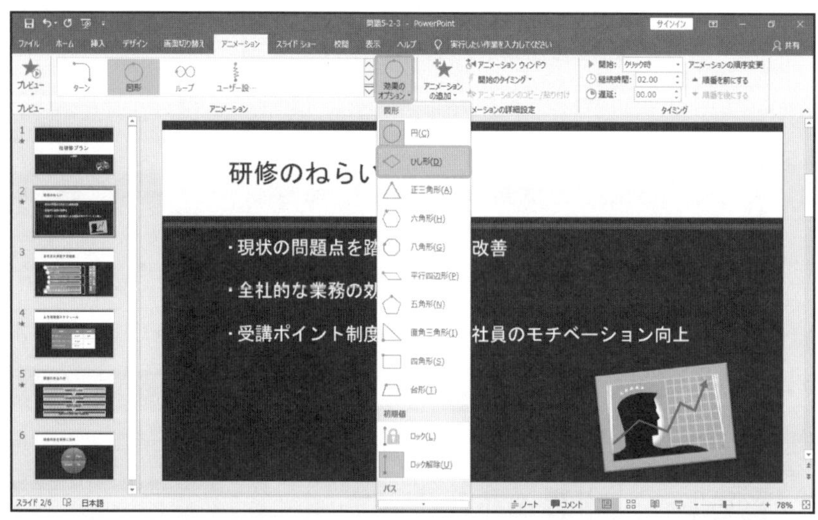

❼図に軌跡効果の「図形」の「ひし形」が適用され、再生されます。

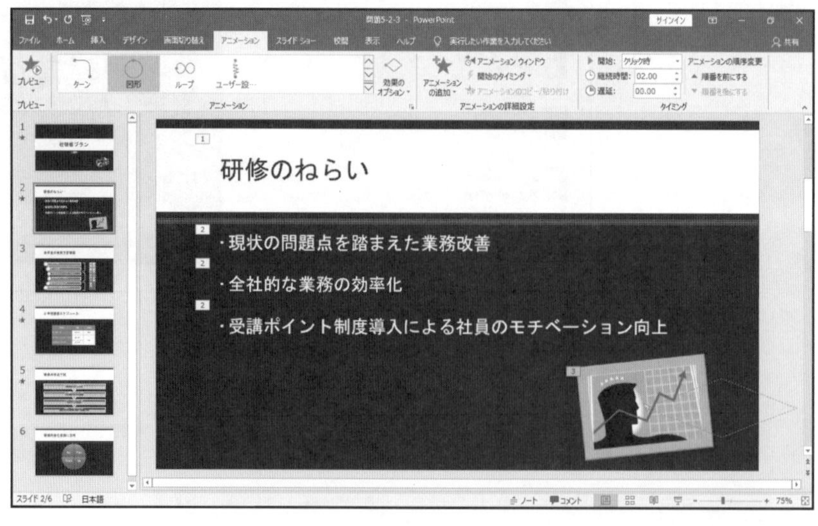

5-2-4 同じスライドにあるアニメーションの順序を並べ替える

練習問題

問題フォルダー
└問題 5-2-4.pptx
解答フォルダー
└解答 5-2-4.pptx

【操作 1】スライド 2 のタイトルに設定されているアニメーションをスライド 4 と 5 のタイトルにコピーします。

【操作 2】スライド 4 のタイトルのアニメーションがはじめに実行されるように順序を変更します。

【操作 3】アニメーションウィンドウを使用してスライド 5 のタイトルのアニメーションがはじめに実行されるように順序を変更します。

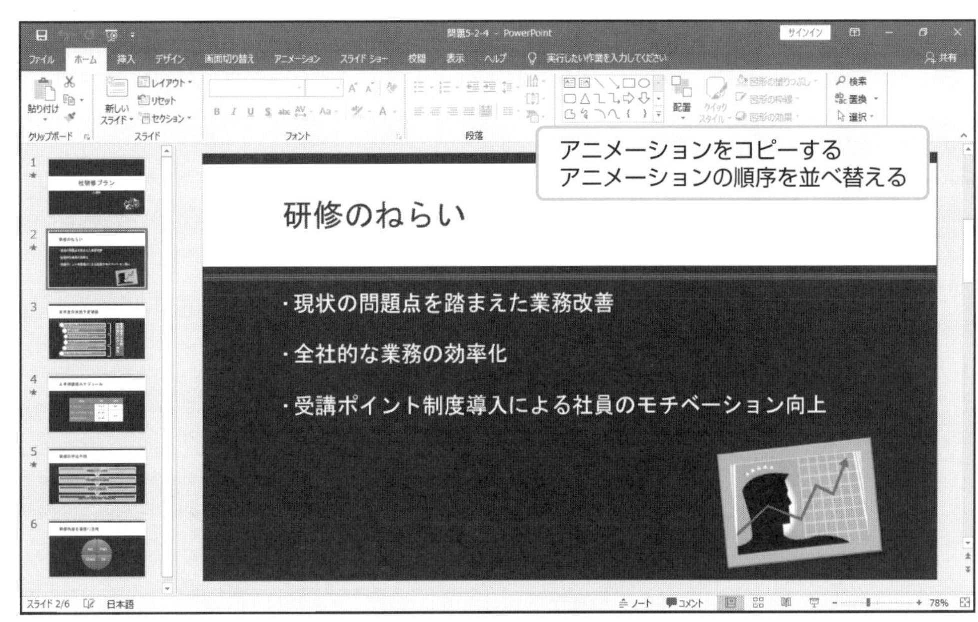

機能の解説

重要用語

- アニメーションのコピー
- [アニメーションのコピー / 貼り付け] ボタン
- アニメーションの順序の変更
- [順番を前にする] ボタン
- [順番を後にする] ボタン
- [アニメーションウィンドウ]

設定したアニメーションをオブジェクト間でコピーすることができます。アニメーションをコピーするには、コピー元のオブジェクトを選択して［アニメーション］タブの アニメーションのコピー/貼り付け ［アニメーションのコピー / 貼り付け］ボタンをクリックし、マウスポインターの形状が に変わったら、コピー先のオブジェクトをクリックします。複数のオブジェクトにコピーする場合は、［アニメーションのコピー / 貼り付け］ボタンをダブルクリックしてからコピー先のオブジェクトを順番にクリックします。解除するときは **Esc** キーを押すか、再度［アニメーションのコピー / 貼り付け］ボタンをクリックします。

また、アニメーション効果は各スライドで設定した順番に実行されます。設定後にアニメーションの順序を変更するには、順序を変更するアニメーションを選択して［アニメーション］タブの［アニメーションの順序変更］の ▲ 順番を前にする ［順番を前にする］ボタンまたは ▼ 順番を後にする ［順番を後にする］ボタンをクリックします。複数のアニメーションが設定されているときや同じアニメーション番号が設定されている場合などは、［アニメーション］タブの アニメーション ウィンドウ ［アニメーションウィンドウ］ボタンをクリックして表示される［アニメーションウィドウ］を使用すると便利です。［アニメーションウィンドウ］ではタイミングや継続時間の変更、各効果のダイアログボックスの表示もできます。

アニメーションウィンドウ（折りたたんだ状態）

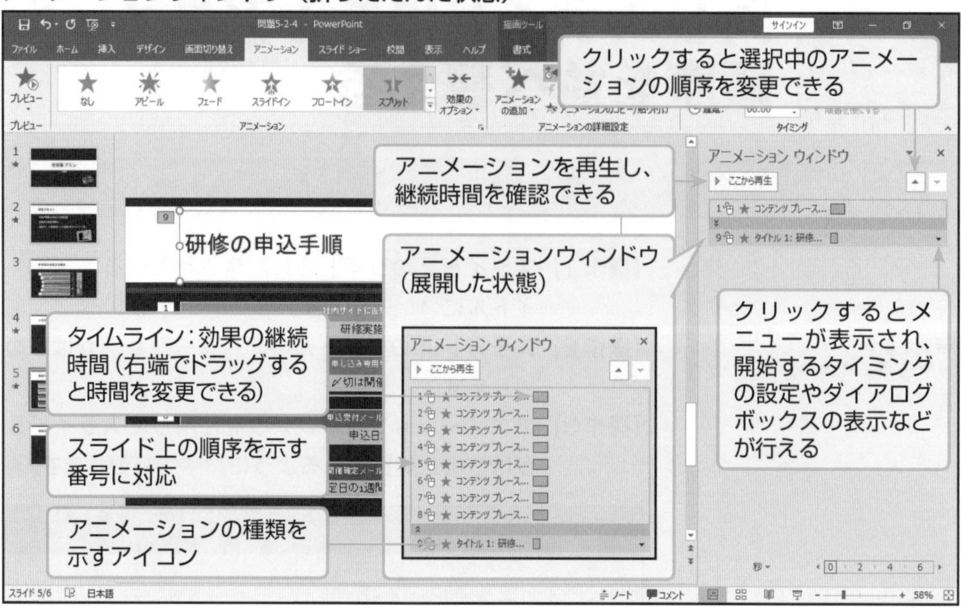

操作手順

【操作 1】

❶サムネイルのスライド 2 をクリックします。

❷スライド 2 のタイトルプレースホルダーを選択します。

❸［アニメーション］タブの アニメーションのコピー/貼り付け ［アニメーションのコピー / 貼り付け］ボタンをダブルクリックします。

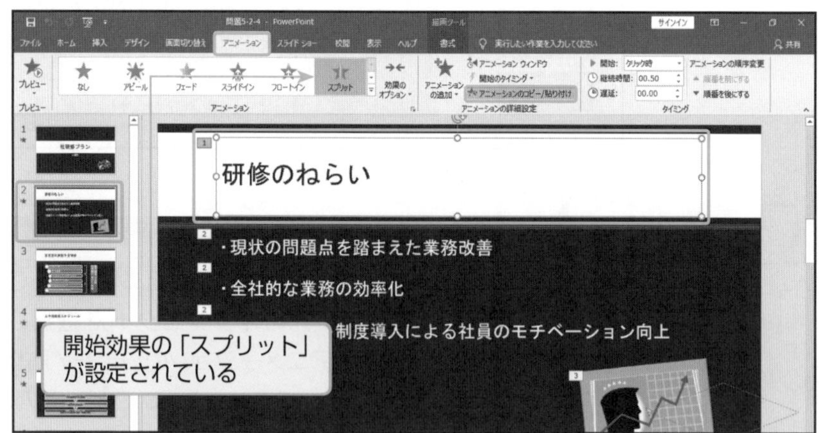

❹マウスポインターの形状が に変わったことを確認します。

❺スライド 4 のタイトルプレースホルダー付近をクリックします。

⑥アニメーションがコピーされ、再生されます。

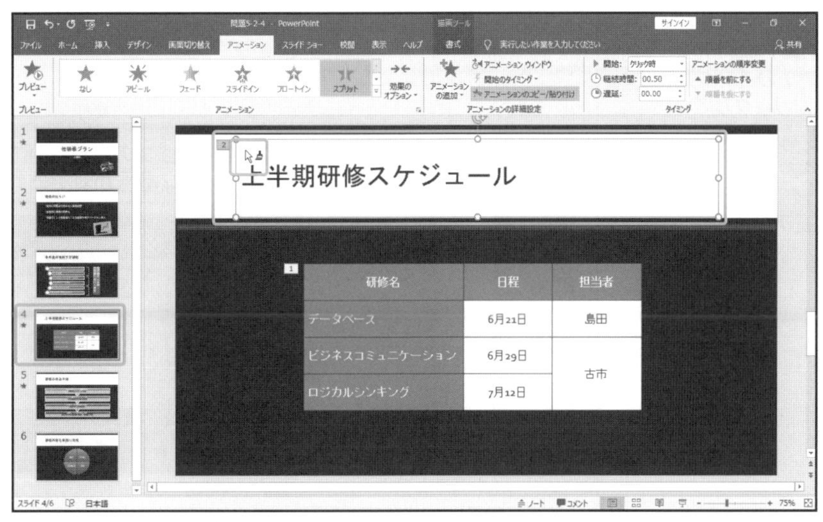

⑦同様に、スライド5のタイトルプレースホルダー付近をクリックします。

⑧アニメーションがコピーされ、再生されます。

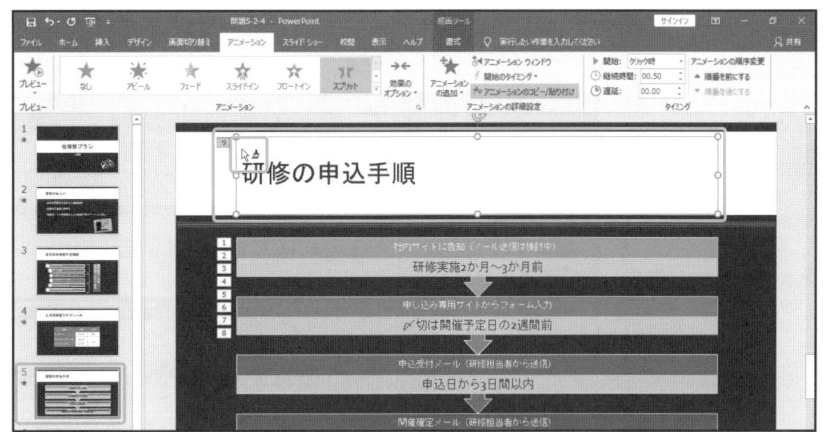

⑨**Esc** キーを押してアニメーションのコピーを解除します。

【操作2】

⑩スライド4のタイトルプレースホルダーを選択します。

⑪［アニメーション］タブの［アニメーションの順序変更］の ▲ 順番を前にする ［順番を前にする］ボタンをクリックします。

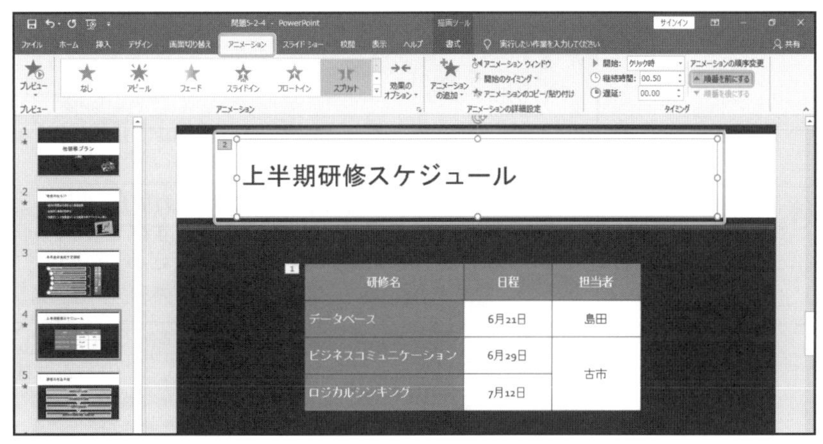

その他の操作方法

アニメーションの順序

［アニメーションウィンドウ］を表示して変更する効果を選択し、▲▼をクリックまたは選択箇所を上下にドラッグしても順序を変更できます。

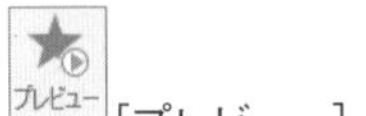

アニメーションの順序の確認

アニメーションの順序は、［アニメーション］タブの［プレビュー］ボタンをクリックして確認できます。

［プレビュー］ボタン

⑫アニメーションの順序が変更されます。

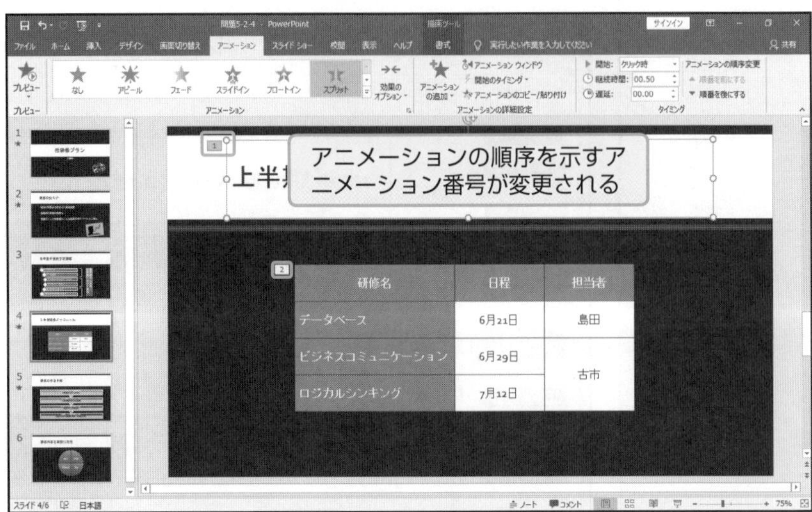

【操作 3】

⑬スライド 5 のタイトルプレースホルダーを選択します。

⑭［アニメーション］タブの アニメーション ウィンドウ ［アニメーションウィンドウ］ボタンをクリックします。

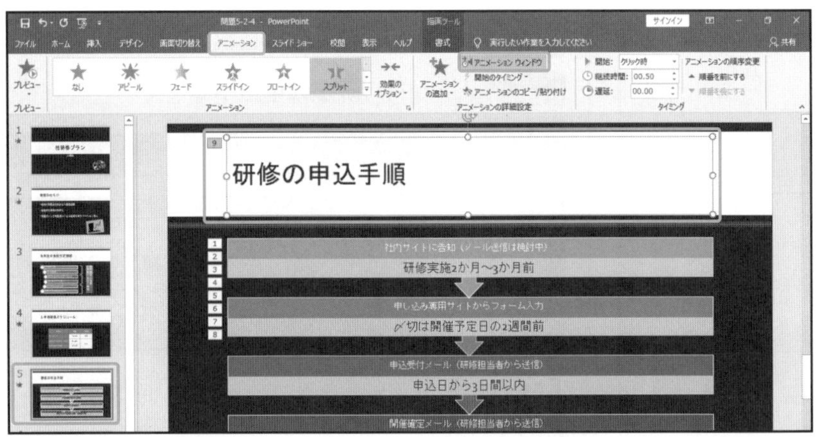

⑮［アニメーションウィンドウ］でタイトルのアニメーションが選択されていることを確認します。

⑯タイトルに設定されているアニメーション番号が「1」になるように［アニメーションウィンドウ］の ▲ ボタンをクリックします。

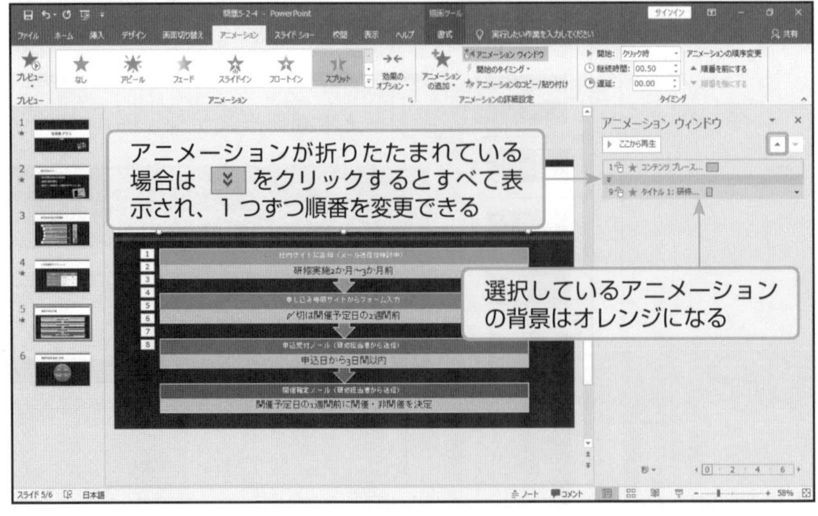

⑰ タイトルのアニメーションが一番上へ移動し、順序が変更されます。

⑱［アニメーションウィンドウ］の × ボタンをクリックします。

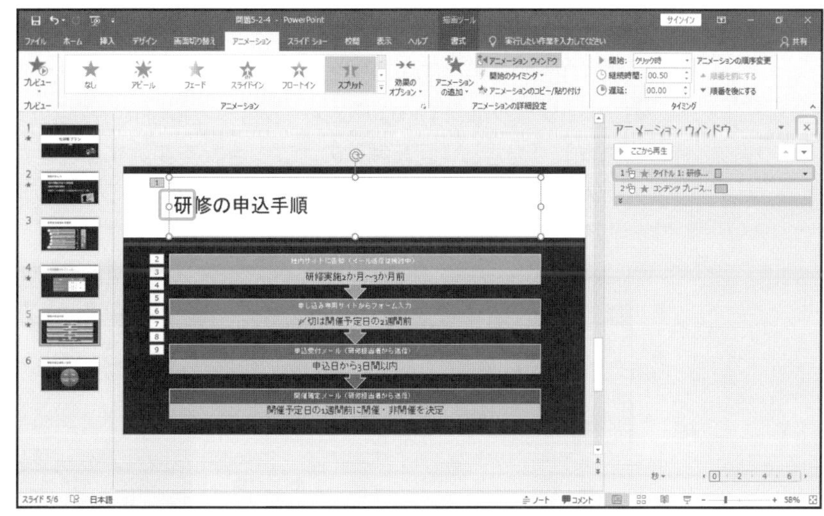

5-2-5 3D 要素にアニメーションを適用する

練習問題

問題フォルダー
└問題 5-2-5.pptx

解答フォルダー
└解答 5-2-5.pptx

スライド 3 の 3D モデルに 3D のアニメーション「ジャンプしてターン」を適用し、効果のオプションで方向を「前面」に変更します。

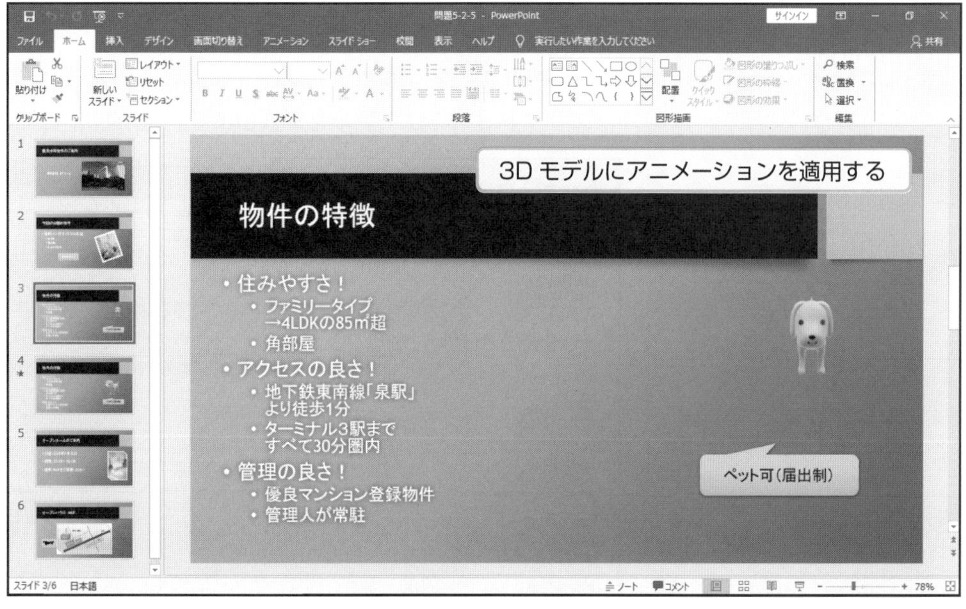

機能の解説

□ 3D モデルにアニメーションを設定

スライドに挿入した 3D モデルにアニメーション効果を適用して効果的に表現することができます。3D モデルを選択すると、[アニメーション] タブの [アニメーション] の一覧に 3D モデルにのみ設定できるアニメーション効果が表示されます。設定した 3D のアニメーションは、ほかのアニメーションと同様に [効果のオプション] ボタンを使用して、[方向]、[強さ]、[回転軸] のオプションを変更することが可能です。[効果のオプション] ボタンのアイコンや設定できる内容はアニメーションの種類よって異なります（「5-2-2 アニメーションの効果を変更する」を参照)。

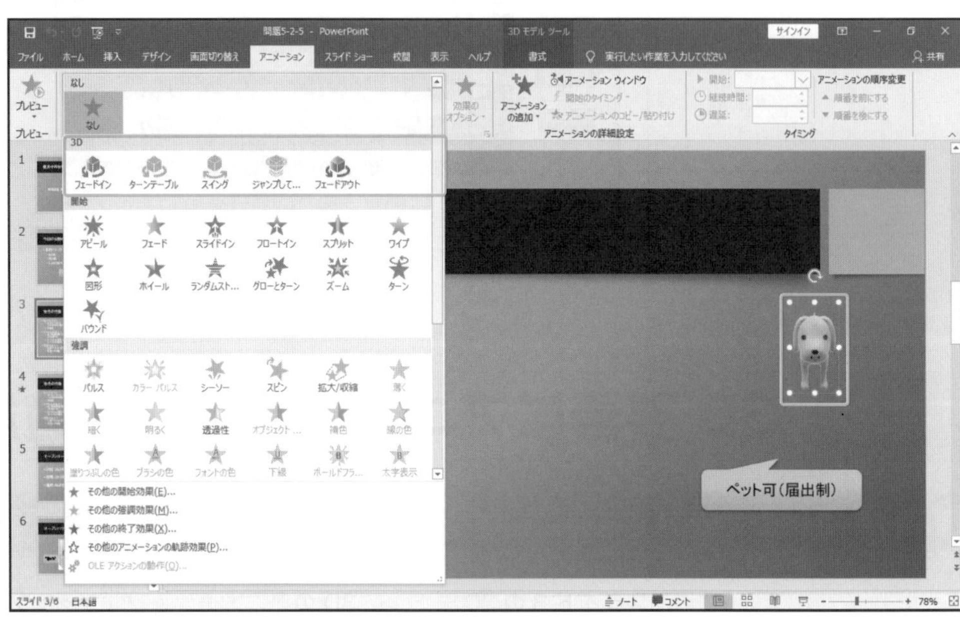

操作手順

❶サムネイルのスライド 3 をクリックします。

❷スライド 3 の 3D モデルを選択します。

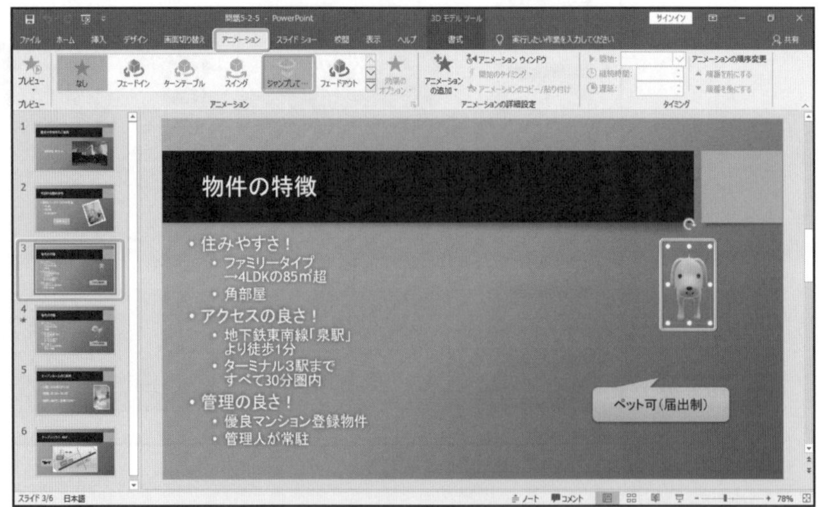

❸[アニメーション] タブの [アニメーション] の一覧から [ジャンプしてターン] をクリックします。

❹3D モデルにアニメーションが適用され、再生されます。

❺［アニメーション］タブの［効果のオプション］ボタンをクリックし、［方向］の［前面］をクリックします。

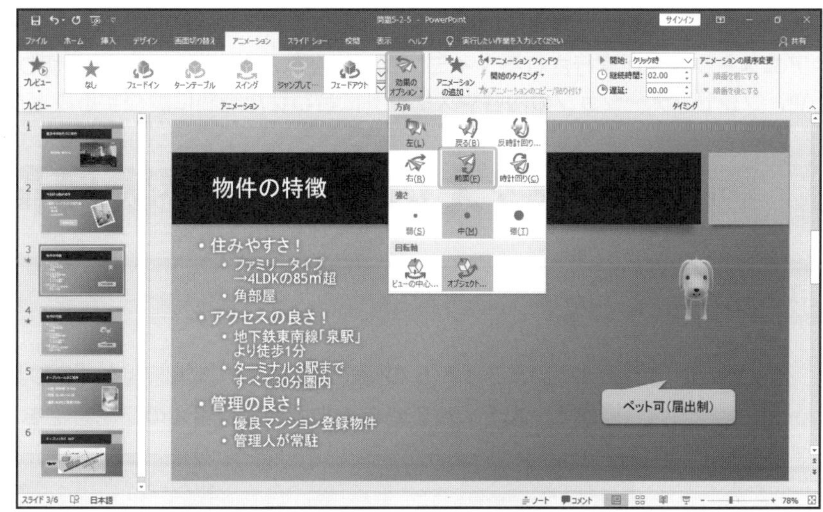

❻3D モデルに効果のオプション「前面」が適用され、再生されます。

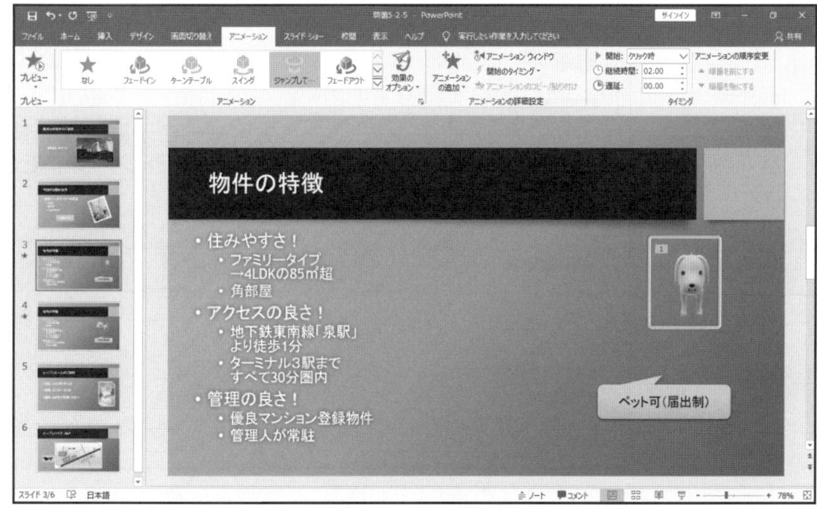

5-3 画面切り替えとアニメーションのタイミングを設定する

画面切り替えやアニメーションが実行されるタイミングや速度などを変更して、画面切り替えやアニメーションを自動的に実行することや、プレゼンテーションの内容やスピードに合わせた時間に調整することができます。

5-3-1 画面切り替えの効果の継続時間を設定する

練習問題

問題フォルダー
└問題 5-3-1.pptx

解答フォルダー
└解答 5-3-1.pptx

【操作 1】スライド 5 の画面切り替えの継続時間を「5 秒」に設定します。

【操作 2】スライド 2 から 4 の画面切り替えの継続時間を「3 秒」に設定します。

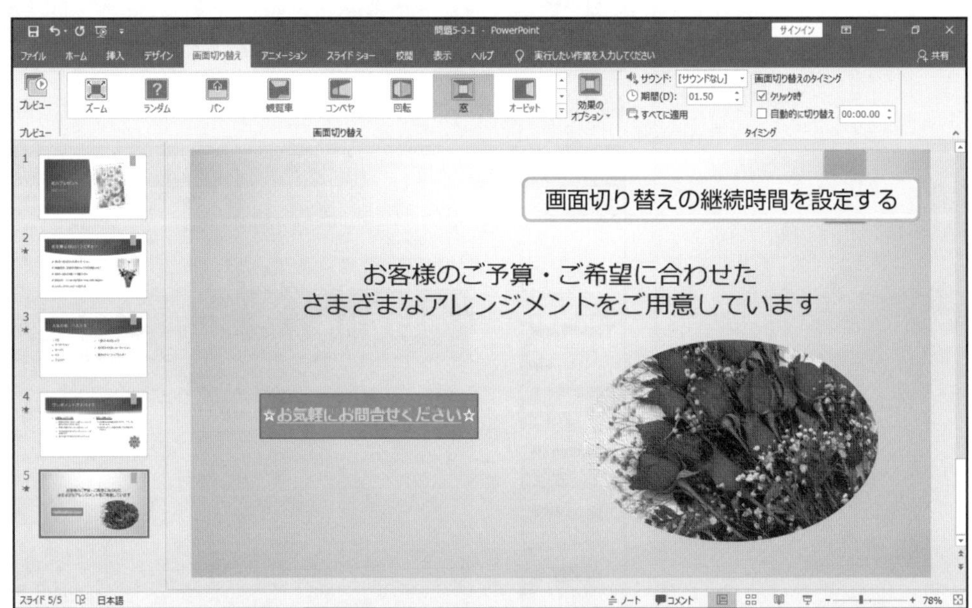

機能の解説

□ 画面切り替えの継続時間

□ [期間] ボックス

画面切り替えの継続時間とは、次のスライドに切り替わるまでの時間（速度）のことです。継続時間を長くすると、画面切り替えがゆっくり行われます。画面切り替えの継続時間を設定するには、[画面切り替え] タブの 期間(D): 01.50 [期間] ボックスで秒数を指定します。なお、それぞれの画面切り替え効果にあらかじめ設定されている継続時間は効果によって異なります。

[ピールオフ] の継続時間

[窓] の継続時間

操作手順

【操作 1】

❶ サムネイルのスライド 5 をクリックします。

❷［画面切り替え］タブの［期間(D): 01.50］［期間］ボックスに「05.00」と指定します。

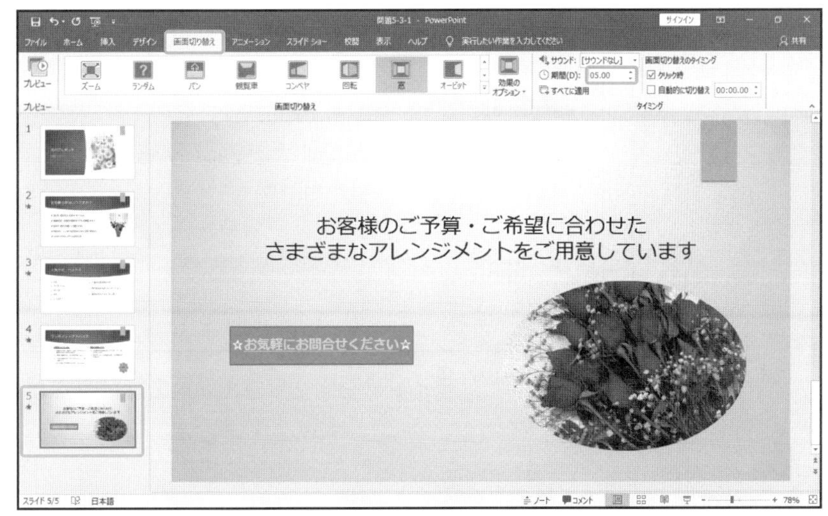

❸ スライド 5 の画面切り替え効果の継続時間が「5 秒」に設定されます。

【操作 2】

❹ サムネイルの一覧でスライド 2 をクリックし、**Shift** キーを押しながらスライド 4 をクリックします。

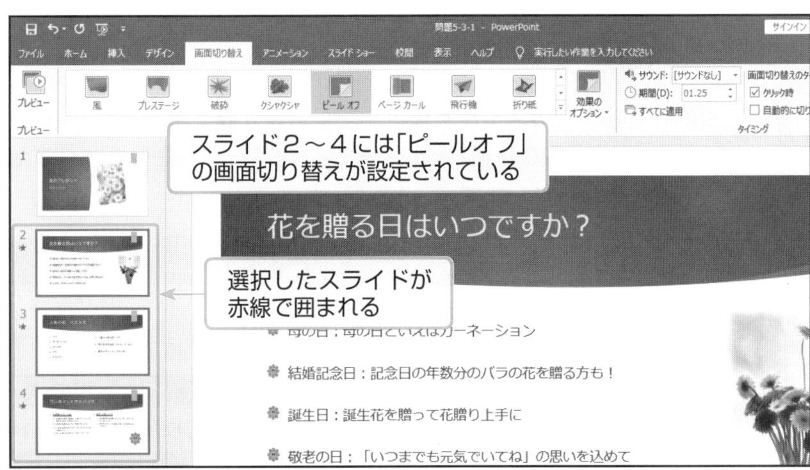

ヒント

継続時間の設定時間と入力

［期間］ボックスの設定時間の単位は「秒 . ミリ秒」です。ボックスに「5」と入力して確定すると「05.00」（5 秒）になります。

ヒント

異なる画面切り替えの継続時間

各スライドに異なる画面切り替え効果が設定されていても同じ継続時間にすることは可能です。複数のスライドを選択した際に異なる継続時間が設定されている場合は、[期間] ボックスは空欄になります。

期間(D):

[期間] ボックス

❺ [画面切り替え] タブの 期間(D): 01.25 [期間] ボックスに「03.00」と指定します。

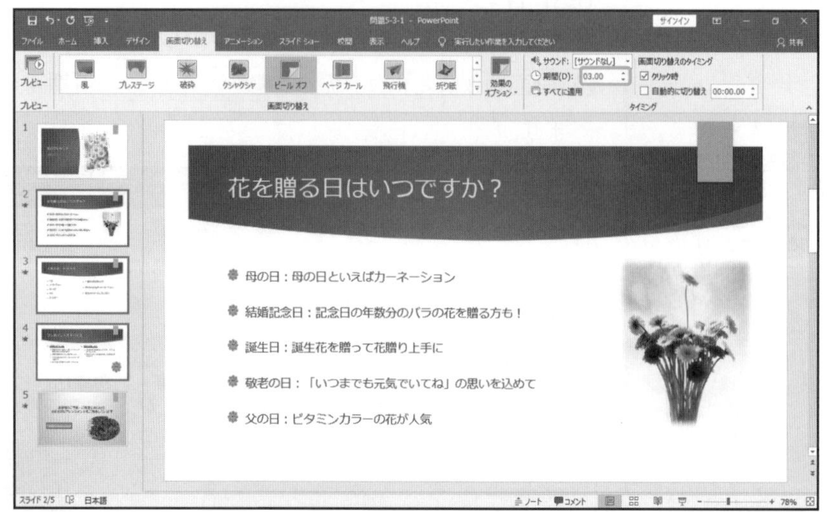

❻ 選択したスライドの画面切り替え効果の継続時間が「3 秒」に設定されます。

5-3-2 画面切り替えの開始と終了のオプションを設定する

練習問題

問題フォルダー
└問題 5-3-2.pptx

解答フォルダー
└解答 5-3-2.pptx

すべてのスライドに画面切り替え「観覧車」、画面切り替えのサウンド「チャイム」を適用し、20 秒後に自動的に切り替わるようにします。また、クリック時には切り替わらないようにします。

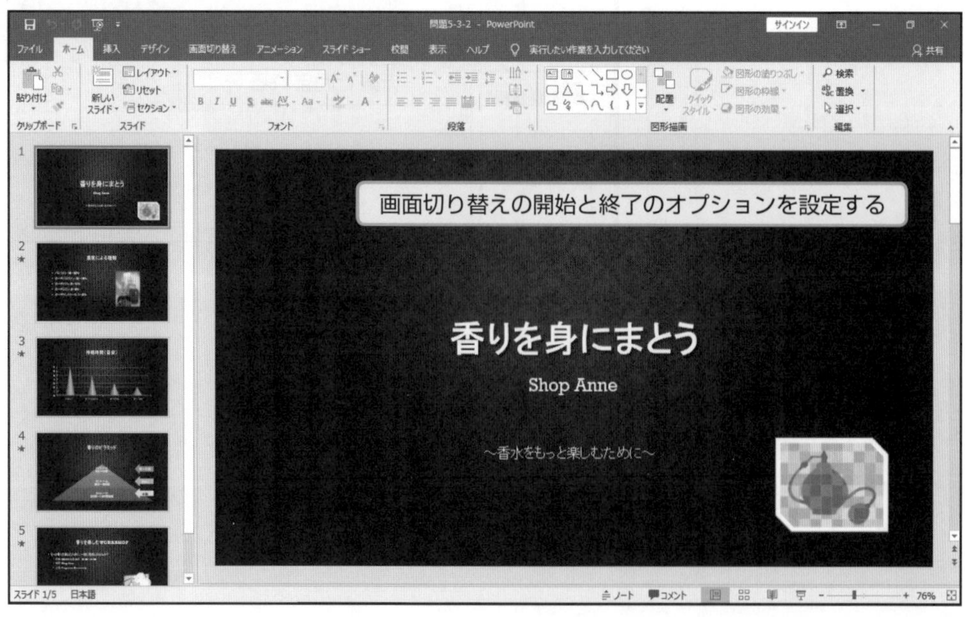

機能の解説

重要用語

- 画面切り替えのサウンド
- 画面切り替えのタイミング
- クリック時
- 自動的に切り替え

スライドショー実行時の画面切り替えにサウンド（効果音）を設定することができます。画面切り替えのサウンドは、［画面切り替え］タブの サウンド:［サウンドなし］［サウンド］ボックスの▼をクリックして表示される一覧から目的のサウンドを選択します。

また、画面切り替えのタイミングは、既定ではスライドショー実行時のマウスのクリック時（手動）に設定されていますが、指定時間が経過すると自動的に切り替わるように変更できます。画面の自動切り替えを設定するには、［画面切り替え］タブの［画面切り替えのタイミング］の □自動的に切り替え 00:00.00 ［自動的に切り替え］ボックスで時間を指定します。時間を指定すると［自動的に切り替え］チェックボックスが自動的にオンになります。［クリック時］チェックボックスと［自動的に切り替え］チェックボックスが両方オンの場合は、クリック時または指定時間の経過のいずれかの早いタイミングで画面が切り替わります。

操作手順

❶ 任意のスライドを選択します。

❷［画面切り替え］タブの ［その他］ボタンをクリックします。

❸［ダイナミックコンテンツ］の［観覧車］をクリックします。

❹ 選択しているスライドに画面切り替え効果の「観覧車」が適用され、再生されます。

❺［画面切り替え］タブの サウンド:［サウンドなし］［サウンド］ボックスをクリックします。

❻［チャイム］をクリックします。

ヒント

画面切り替え効果のサウンドの解除

解除するスライドを選択し、［画面切り替え］タブの［サウンド］ボックスの▼をクリックして［サウンドなし］をクリックします。

第5章 画面切り替えやアニメーションの適用

❼［画面切り替え］タブの □自動的に切り替え 00:00.00 ［自動的に切り替え］ボックスに「00:20.00」と指定します。

❽［自動的に切り替え］チェックボックスがオンになったことを確認します。

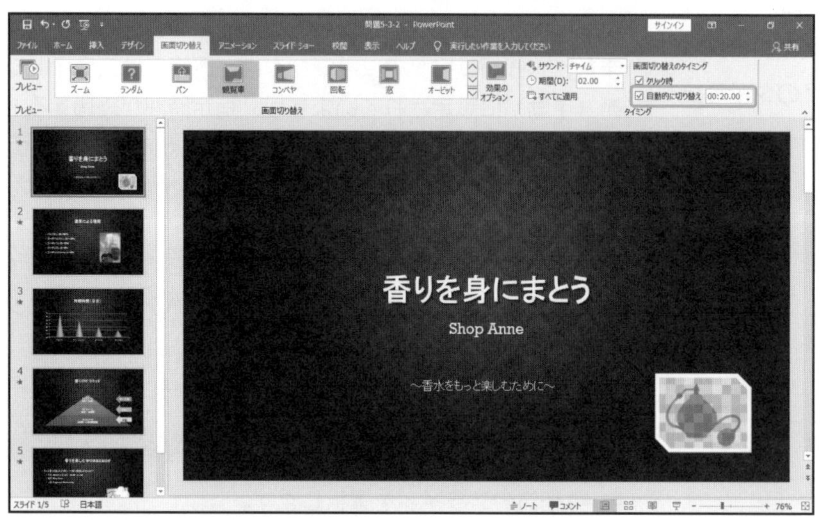

❾［画面切り替え］タブの［画面切り替えのタイミング］の［クリック時］チェックボックスをオフにします。

❿［画面切り替え］タブの すべてに適用 ［すべてに適用］ボタンをクリックします。

⓫すべてのスライドに画面切り替え効果のサウンド「チャイム」と自動切り替えのタイミングが適用されます。

ポイント

［自動的に切り替え］ボックスの設定時間と入力

［自動的に切り替え］ボックスの設定時間の単位は「分：秒.ミリ秒」です。［自動的に切り替え］ボックスに「20」と入力して確定すると「00:20.00」（20秒）になります。

ヒント

アニメーションの時間との関係

スライド上のアニメーション効果に設定した時間が画面切り替えのタイミングの時間よりも長い場合は、アニメーション効果に設定した時間が優先されます。

ポイント

すべてに適用

［画面切り替え］タブの［すべてに適用］ボタンをクリックすると、選択しているスライドの画面切り替え効果の動きやタイミングなどの設定内容がすべてのスライドに適用されます。一部を除く複数のスライドに適用したい場合は、**Ctrl**キーを押しながら適用するスライドを選択して設定します。

5-3-3 アニメーションのタイミングと継続時間を設定する

練習問題

問題フォルダー
└問題 5-3-3.pptx

解答フォルダー
└解答 5-3-3.pptx

【操作 1】スライド 2 の箇条書きのアニメーションのタイミングを「直前の動作と同時」、継続時間を「3 秒」に設定します。

【操作 2】スライド 5 の SmartArt のアニメーションのタイミングを「直前の動作の後」、SmartArt の各図形のアニメーションが 2 秒後に実行されるように設定します。

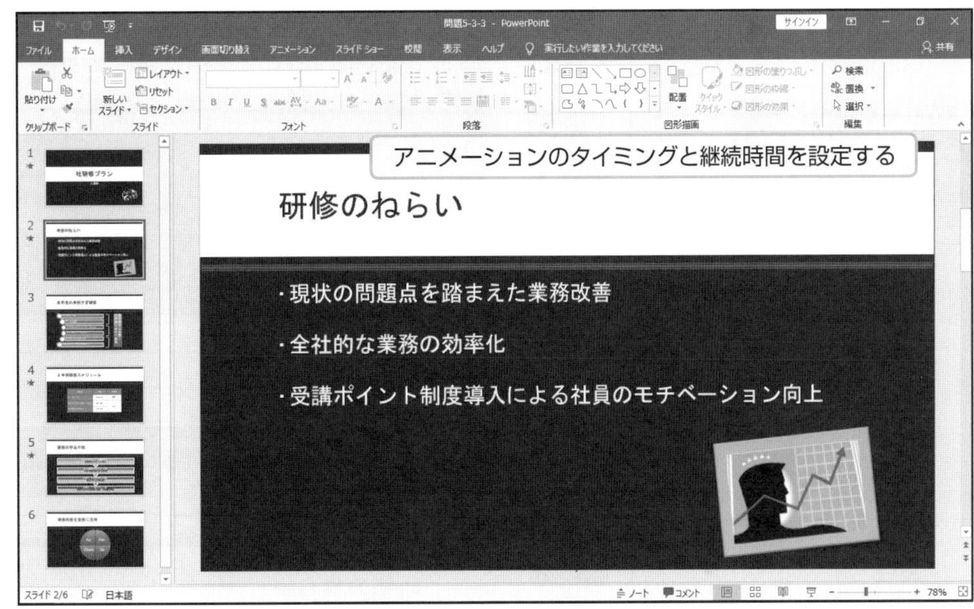

機能の解説

- アニメーションのタイミング
- クリック時
- 直前の動作と同時
- 直前の動作の後
- 継続時間
- 遅延

アニメーションを開始するタイミングや継続時間（速さ）、遅延（再生までの時間）は、[アニメーション] タブの [タイミング] の各ボックスで設定します。

▶ 開始: クリック時 [開始] ボックスで設定するアニメーションのタイミングは、次の 3 種類です。

・クリック時：スライドをクリックしたときにアニメーションを開始する
・直前の動作と同時：直前のアニメーション（または画面切り替え）と同時にアニメーションを開始する
・直前の動作の後：直前のアニメーション（または画面切り替え）終了時にアニメーションを開始する

アニメーションの速さを変更するには、継続時間: 00.50 [継続時間] ボックスで時間を指定します。遅延: 00.00 [遅延] ボックスで時間を変更すると、効果が開始される時間を遅らせることができます。[継続時間] ボックスと [遅延] ボックスの単位は「秒.ミリ秒」です。

操作手順

【操作 1】

❶サムネイルのスライド 2 をクリックします。

❷スライド 2 の箇条書きプレースホルダーを選択します。

❸［アニメーション］タブの ▶開始: ［開始］ボックスをクリックし、［直前の動作と同時］をクリックします。

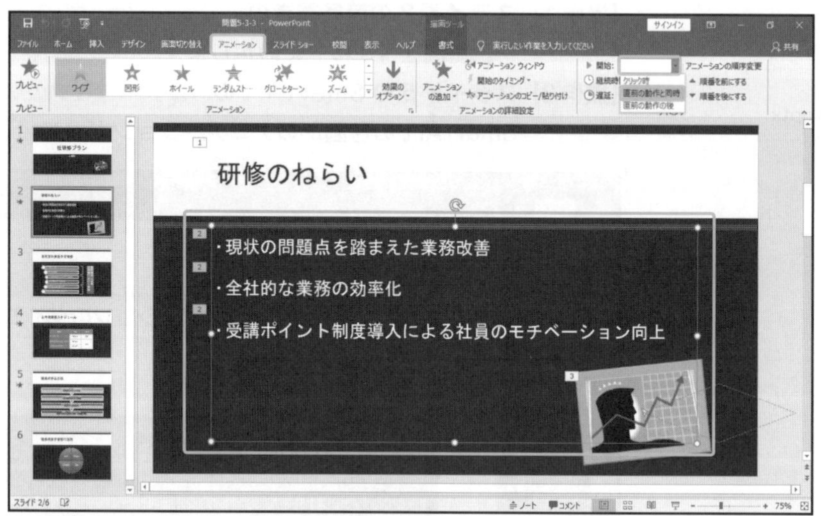

❹箇条書きのアニメーションを開始するタイミングが変更されます。

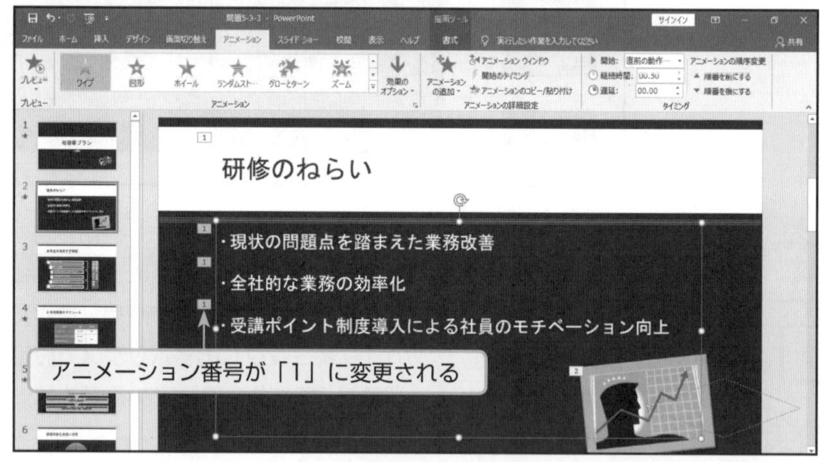

❺［アニメーション］タブの 継続時間: 00.50 ［継続時間］ボックスに「03.00」と指定します。

❻箇条書きのアニメーションが 3 秒の速さで再生されるようになります。

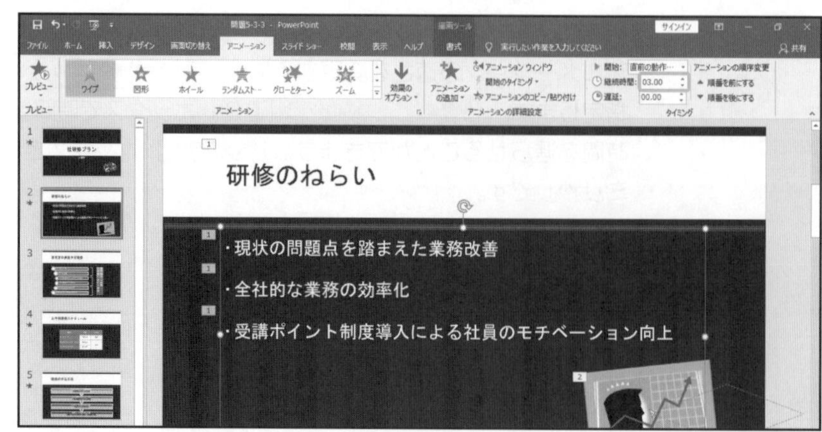

ヒント

設定の確認

開始のタイミングを確認するには、スライドショーを実行します。

ポイント

特定のアニメーションへの設定

オブジェクトに複数のアニメーション番号が表示されているときに特定のアニメーションだけタイミングや時間を変更する場合は、変更するアニメーションの番号を選択して操作します。

ヒント

継続時間の入力

［継続時間］ボックスに「3」と入力して確定すると「03.00」（3 秒）になります。

【操作 2】

⑦スライド 5 の SmartArt を選択します。

⑧［アニメーション］タブの ▶ 開始: クリック時 ［開始］ボックスの▼をクリックし、［直前の動作の後］をクリックします。

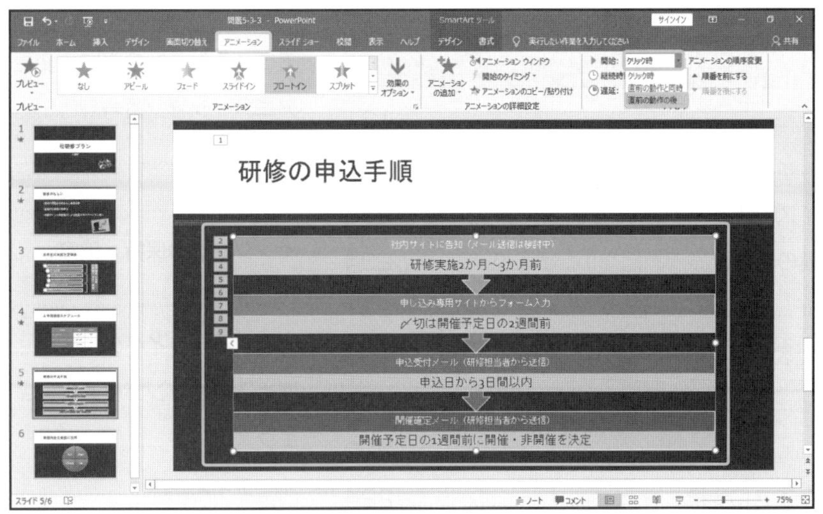

⑨SmartArt のアニメーションを開始するタイミングが変更されます。

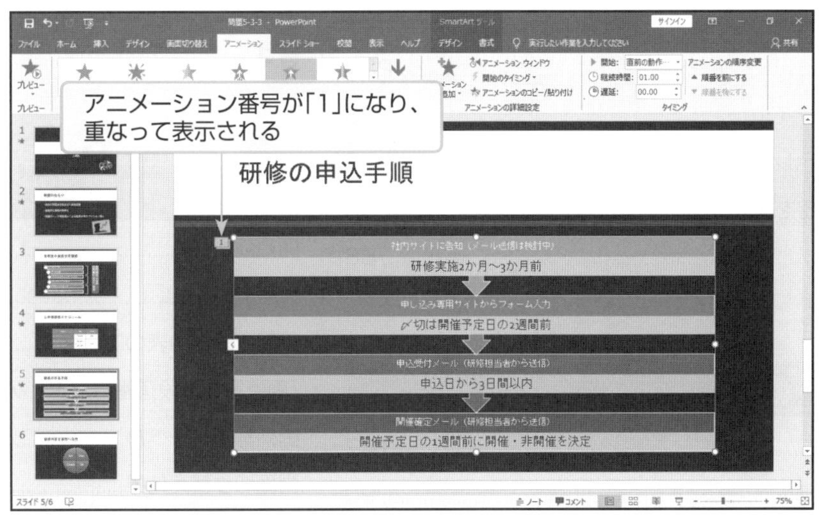

⑩［アニメーション］タブの 遅延: 00.00 ［遅延］ボックスに「02.00」と指定します。

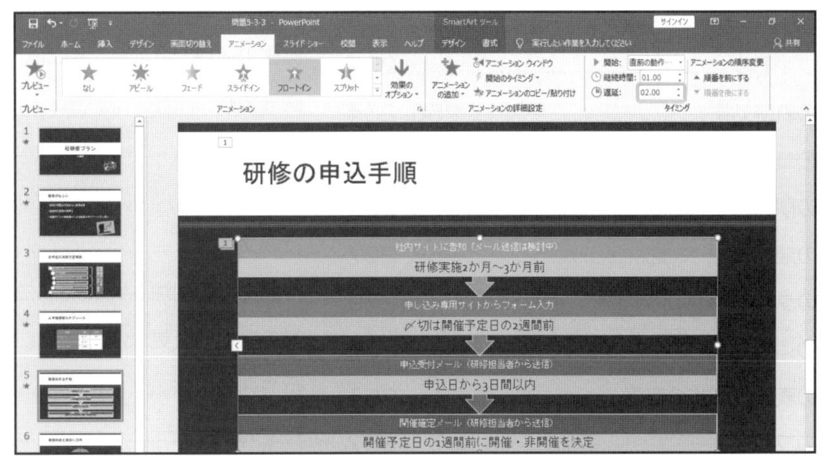

⑪SmartArt の各図形のアニメーションが 2 秒ずつ遅れて開始されるようになります。

遅延の入力

［遅延］ボックスに「2」と入力して確定すると「02.00」（2 秒）になります。

ヒント

［開始のタイミング］ボタン

［アニメーション］タブの 開始のタイミング ［開始のタイミング］ボタンでは、同じスライドにあるプレースホルダーや図形をクリックした後にアニメーションを開始するといった特別な開始条件を設定できます。

索引

数字・アルファベット

あ行

か行

さ行

た行

な行

は行

ま行

や行

ら行

わ行

模擬練習問題

マルチプロジェクトという試験形式に慣れるための模擬問題です。プロジェクト単位で解答が終了したらファイルを保存し、解答（PDF ファイル）および完成例ファイルと比較し、答え合わせを行ってください。

解答に必要なファイル、解答（PDF ファイル）、完成例ファイルは、[ドキュメント] フォルダーの [PowerPoint365&2019（実習用）] フォルダーにある [模擬練習問題] フォルダーに入っています。もしファイルがない場合は、「実習用データ」のインストールを行ってください。解答（PDF ファイル）およびそれを印刷したものは、本書を購入したお客様だけがご利用いただけます。第三者への貸与、賃貸、販売、譲渡は禁止いたします。

●模擬練習問題 1

プロジェクト 1　模擬 1-1_YOGA

あなたはヨガスタジオのスタッフです。入会希望者へのヨガのプレゼンテーション資料を作成しています。

【1】スライドマスターで箇条書きの行頭文字を [模擬練習問題] フォルダーにある「Bullet.png」にします。
【2】スライド「あなたの目的は」をスライド「ヨガの特徴」と入れ替えます。
【3】スライド「あなたの目的は」の「ダイエット」の図形を「エクササイズ」の図形の背面に移動します。
【4】スライド「ヨガの継続率」に [模擬練習問題] フォルダーの「yoga グラフ _bp.xlsx」のグラフをコピーして貼り付けます。
【5】スライド「こんな人におすすめ」の写真が上から順番にワイプするようにアニメーションの順番を変更します。
【6】スライド 1 をセクション「はじめに」、スライド 2~4 をセクション「ヨガを知ろう」スライド 5~8 をセクション「ヨガを始めよう」にします。

プロジェクト 2　模擬 1-2_ 友の会入会のご案内

あなたは松丸百貨店の広報部に所属しています。友の会入会案内のプレゼンテーションを作成しています。

【1】スライド 2 の図にスタイル「面取り楕円、黒」を設定します。
【2】スライド 5 の 1 つ目の箇条書きとして「満期のお知らせは、郵送にてご連絡いたします。」を追加します。
【3】タイトルスライドのタイトルの文字の色を「テーマの色」の「紫、アクセント 4、白 + 基本色 40%」に変更します。
【4】スライド 4 の表に「中間スタイル 2- アクセント 4」を設定します。
【5】スライド 8 にコメント「電話番号の確認」を追加します。
【6】すべての画面切り替え効果のオプションを「上から」に変更します。

プロジェクト 3　模擬 1-3_ 新システム ご紹介

Web 制作会社に勤めています。新しいシステムのプレゼンテーション資料を作成しています。

【1】タイトルスライドの背景を「青、アクセント 4」とし、透明度を「50%」にします。
【2】スライド 6 に [模擬練習問題] フォルダーの「ユーザー登録の推移 _bp.xlsx」の表をインポートします。
【3】スライド 7 に「会社概要 .docx」の表をスクリーンショットの「画面の領域」を使って追加します。タイトルと重ならないように位置やサイズを調整します。
【4】スライド 3 の図の右側の青い部分をトリミングします。
【5】画面切り替え効果の継続時間をすべて「3.50」にします。
【6】プレゼンテーションを XPS 形式としてとしてドキュメントフォルダーにエクスポートします。ファイル名は「新システムのご紹介」とします。

プロジェクト 4　模擬 1-4_Event 案内

あなたは会社で社内イベントの企画を担当しています。社員からのアンケートの結果などをプレゼンテーション資料にまとめています。

【1】会社プロパティに「BP システム株式会社」と入力します。
【2】スライド「背景とねらい」の 3D モデルのビューを「左」にして、幅を「13cm」にします。
【3】スライド「フリーコメント」を非表示にします。
【4】発表者ツールを使用してスライド「今後の予定」のタイトルを赤いペンで囲み、最後までスライドショーを実行します。注釈は保持します。
【5】スライド「今後の予定」の右側に [模擬練習問題] フォルダーの「event_image.jpg」を挿入します。
【6】スライド「背景とねらい」に「変形」の画面切り替え効果を設定します。

プロジェクト 5　模擬 1-5_2019 年度決算状況

区の職員であるあなたは、2019 年度の決算状況のプレゼンテーション資料を作成しています。

【1】タイトルスライドの図形 [フローチャート：分類] を「フローチャート：照合」に変更します。
【2】スライド 4 のグラフに凡例を追加します。
【3】画面切り替えが 20 秒後に自動的に切り替わるようにし、クリック時に自動的に切り替わらないようにします。
【4】スライド 2 の 2 つの図形を接合します。
【5】スライド 3 の左側に縦方向円形画像リストの SmartArt を追加し、「区税の増加」「個人住民税」「地方贈与税の増加」「地方税制変更」と文字を追加し、「個人住民税」と「地方税制変更」のレベルを下げます。画像は [擬練習問題] ノォルダーの「logo_bp.jpg」を挿入します。

プロジェクト 6　模擬 1-6_ ジビエ料理

あなたはホテルの広報部に所属しています。ジビエ料理やジビエフェアについてのプレゼンテーション資料を作成しています。

【1】ノートマスターのフッターに「clover HOTEL」と設定します。
【2】スライド「主なジビエの種類」の「獣類」から下の 4 つのセルを結合します。
【3】スライド「ジビエフェア開催」の図形が左からワイプするように設定します。
【4】スライド「ジビエの特徴」を複製し、複製したスライドのタイトルを「ジビエの特徴 2」とします。
【5】スライド「ジビエの特徴」のグラフに凡例マーカーなしのデータテーブルを表示します。
【6】スライド「ジビエフェア開催」の図形に塗りつぶしの色「濃い赤、アクセント 1、白、基本色 40%」、枠線「濃い赤、アクセント 1」、太さ「3 pt」、図形の効果、面取り「ソフト ラウンド」を設定します。

●模擬練習問題 2

プロジェクト 1　模擬 2-1_ イベントだより

あなたは社内の年間イベントを企画しています。多くの社員に参加してもらうためのプレゼンテーション資料を作成しています。

【1】スライドマスターの一番下に新しいレイアウト「オリジナル」を作成します。タイトルプレースホルダーの右に「メディア」プレースホルダーを挿入します。
【2】タイトルスライド以外のすべてのスライドにスライド番号を挿入します。
【3】タイトルスライドの次にスライド「背景とねらい」「今後の予定」「第 1 回お弁当選手権」へのリンクを含むサマリーズームのスライドを挿入します。
【4】スライド「イベント一覧」の「クリスマス」の下に図形を追加して「新年会」と入力します。
【5】スライド「第 1 回お弁当選手権」の波型の図形と「次回開催！」のテキストボックスを上下左右を中央揃えにします。
【6】すべてのスライドの画面切り替えの継続時間を「2.50」にします。

プロジェクト 2　模擬 2-2_ 新商品キャンペーン

あなたは広報部に所属しています。新商品のモニターキャンペーンについてのプレゼンテーション資料を作成しています。

【1】タイトルスライドの「100 名様限定」のテキストボックスを「上リボン（リボン：上に曲がる）」に変更します。
【2】すべてのスライドに「ギャラリー」の画面切り替え効果を設定します。
【3】スライド「応募方法」にコメント「開始日はいつですか」を挿入します。
【4】スライド「モニター特典」の箇条書きを縦方向箇条書きリストの SmartArt にします。
【5】スライド「モニター開始までの流れ」に基本ステップの SmartArt を追加し、「応募」「抽選」「投稿」と入力します。
【6】スライドマスターの背景を「薄いグラデーション - アクセント 2」、種類「放射」、方向「左上隅から」にします。

プロジェクト 3　模擬 2-3_ 海外旅行レポート

あなたは旅行会社に勤めていて、お客様からのアンケートをまとめてレポートを作成しています。

【1】タイトルスライドの後に［模擬練習問題］フォルダーの「海外旅行レポート _bp.pptx」のスライドを挿入します。元の書式は保持しません。
【2】スライド 5 の「その他」に「https://repo.example.com」へのハイパーリンクを設定し、表示文字列を「その他の少数意見」とします。
【3】スライド 4 のスライドレイアウトを「タイトルとコンテンツ」にします。
【4】スライド 6 の箇条書きの行頭文字を［模擬練習問題］フォルダーの「button.png」にします。
【5】スライド 6 の箇条書きのテキストに「ワイプ」のアニメーションを設定します。
【6】スライド一覧表示に切り替え、グレースケールで表示します。

プロジェクト 4　模擬 2-4_ 注目食材

あなたは和食フェアに向けて、社内でプレゼンテーションを行う準備をしています。

【1】スライド 6 の箇条書きのフォントサイズを「20pt」、行間を 1.5 にします。
【2】スライド 2 ～ 6 の背景のグラデーションを「上スポットライト - アクセント 3」、種類「線形」にします。
【3】スライド 3 の画像にアニメーションの軌跡「直線」を設定します。
【4】スライド 5 の右側に［模擬練習問題］フォルダーの 3D モデルのファイル「cube.glb」を挿入します。
【5】スライド 2 のオーディオをクリック時に 1 秒でフェードインするようにします。
【6】このプレゼンテーションをパスワード「edamame」で保護します。

プロジェクト 5　模擬 2-5_ スキューバダイビング

あなたはダイビングスクールで、スキューバダイビングの魅力を伝えるプレゼンテーションを作成しています。

【1】スライド 6 の「プランを選ぼう」を「蛍光ペン : 赤、2mm」で囲みます。
【2】スライド 4 の図形が左から順番にアニメーションされるようにします。
【3】スライド 6 の表の 1 列目の列の幅を自動調整します。表の高さを「6cm」にし、文字列を垂直方向の中央に配置します。
【4】スライド 4 の「学科」の楕円に代替テキスト「学科」を設定します。
【5】タイトルスライドの図形に「透視投影 : 右上」の影の効果を設定し、距離を「50pt」にします。

プロジェクト 6　模擬 2-6_ 健康診断

あなたは総務部に勤めていて、社員の健康診断の受診率を上げるためのプレゼンテーションを作成しています。

【1】スライド「検診を受けない理由」の表の最終行を削除します。
【2】スライド「早期に受診することによるメリット」の SmartArt の最後に「健康改善やダイエットのサポートあり」を追加します。
【3】スライド「受診して健康に仕事をしよう！」に［模擬練習問題］フォルダーの「health_bp.mp4」を挿入します。
【4】スライド「新制度」の 3D モデルに 3D のアニメーション「スイング」を適用し、方向を「左」に変更します。
【5】スライド「過去 5 年間の受診状況」のグラフに凡例マーカーなしのデータテーブルを追加します。
【6】このプレゼンテーションを最終版にします。

模擬テストプログラムの使い方

1. 模擬テスト実施前に必ずお読みください

模擬テストプログラム「MOS 模擬テスト PowerPoint 365&2019」（以下、本プログラム）をご利用の際は、以下を必ずご確認ください。

● Microsoft Office のインストールを確認する

本プログラムは、Office 2019 および Office 365（Microsoft 365）日本語版以外のバージョンや Microsoft 以外の互換 Office では動作いたしません。また、複数の Office が混在した環境では、本プログラムの動作を保証しておりません。なお、日本語版 Office であってもストアアプリ版では動作しないことがあります。その場合は、デスクトップアプリ版に入れ替えてご利用ください。くわしくは本書のウェブページ（https://bookplus.nikkei.com/atcl/catalog/20/P60420/）を参照してください。

●インストールが進行しない場合

「インストールしています」の画面が表示されてからインストールが開始されるまで、かなり長い時間がかかる場合があります。インストールの進行を示すバーが変化しなくても、そのまましばらくお待ちください。

●起動前に PowerPoint と Excel を終了する

PowerPoint または Excel が起動していると、本プログラムを起動できません。事前に PowerPoint および Excel を終了させてください。

●ダイアログボックスのサイズが大きいとき

Windows で［ディスプレイ］の設定を 100%より大きくしていると、一部の項目や文字が表示されなくなることがあります。その場合は表示の設定を 100%にしてください。

●文字や数値の入力

文字や数値を入力する場合は、問題文の該当する文字（リンクになっています）をクリックすると、クリップボードにコピーできます。自分で入力する場合、特別な指示がなければ、英数字は半角で入力します。入力する文字列が「」で囲む形式で指示されている問題では、「」内の文字だけを入力します。

●ダイアログボックスは閉じる

PowerPoint のダイアログボックスを開いたまま、［採点］、［次のプロジェクト］、［レビューページ］、［リセット］、［テスト中止］をクリックすると、正しく動作しないことがあります。ダイアログボックスを閉じてからボタンをクリックしてください。

●保存したファイルが残る場合

ファイルやテンプレートに名前を付けて保存する問題で、問題の指示と異なる名前で保存したり、異なるフォルダーに保存したりすると、テスト終了後にファイルが残ってしまう場合があります。その場合は、該当の保存先を開いて、作成したファイルを削除してください。［ドキュメント］フォルダーに保存する指示がある場合、OneDrive の［ドキュメント］ではなくコンピューターの［ドキュメント］に保存するよう気をつけてください。

●ディスクの空き容量が少ない場合

本番モードで模擬テストを実施し、[テスト終了] ボタンをクリックすると、「保存先のディスクに十分な空き容量がないか、準備ができていません。」というメッセージが表示されることがあります。成績ファイルを保存するフォルダーの変更は [オプション] ダイアログボックスで行います。

●判定基準

正誤判定は弊社独自の基準で行っています。MOS 試験の判定基準と同じであるという保証はしておりません。

●正しい操作をしているのに不正解と判定される場合

主に Office の更新などに伴い、環境によっては正解操作をしても本プログラムが不正解と判定することがあります。その場合は、正しい操作で解答していることを確認したうえで、判定は不正解でも実際には正解であると判断して学習を進めてください。

●利用環境による影響

本プログラムの正解判定は、利用環境によって変わる可能性があります。Office の各種設定を既定以外にしている場合や、Office が更新された場合などに、正解操作をしても不正解と判定されることや正解操作ができないことがあります。正解操作と思われる場合はご自分で正解と判断し学習を進めてください。

●複数の操作がある場合の判定

解答操作の方法が複数ある場合は、実行した結果が同じであればどの方法で解答しても同じ判定結果になります。[解答を見る] および後ろのページにある「模擬テストプログラム　問題と解答」ではそのうちの一つの操作方法を解答の例として記述しているので、ほかの操作方法で解答しても正解と判定されることがあります。

※ このほか、模擬テストプログラムの最新情報は本書のウェブページ（https://bookplus.nikkei.com/atcl/catalog/20/P60420/）を参照してください。

2. 利用環境

本プログラムを利用するには、次の環境が必要です。以下の条件を満たしていても、コンピューターの個別の状態などにより利用できない場合があります。

OS	Windows 10（ただし S モードを除く）
アプリケーションソフト	Microsoft Office 2019 または Office 365（Microsoft 365。いずれも日本語版、32 ビットおよび 64 ビット）をインストールし、ライセンス認証を完了させた状態。ただし上記の Office であっても、環境によってストアアプリ版では動作しないことがあります。その場合はデスクトップ版に入れ替える必要があります。くわしくは本書のウェブページ（https://bookplus.nikkei.com/atcl/catalog/20/P60420）をご覧ください。

インターネット	本プログラムの実行にインターネット接続は不要ですが、本プログラムの更新プログラムの適用にはインターネット接続が必要です。
ハードディスク	1.0GB 以上の空き容量が必要です。
画面解像度	横 1280 ピクセル以上を推奨します。
DVD-ROM ドライブ	本プログラムのインストールが完了していれば不要です。

※本プログラムは、Office 2019 または Office 365（Microsoft 365）以外のバージョンや Microsoft 以外の互換 Office では動作いたしません。また、複数の Office が混在した環境では、本プログラムの動作を保証しておりません。

※ Office のインストールは、本プログラムのインストールより先に行ってください。本プログラムのインストール後に Office のインストールや再インストールを行う場合は、いったん本プログラムをアンインストールしてください。

3. プログラムの更新

本プログラムは、問題の正解判定に影響があるような Office の更新が行われた場合や、データの誤りが判明した場合などに、更新プログラムを提供することがあります。コンピューターがインターネットに接続されている場合、更新プログラムがあるとその数を以下のようにかっこで表示します。

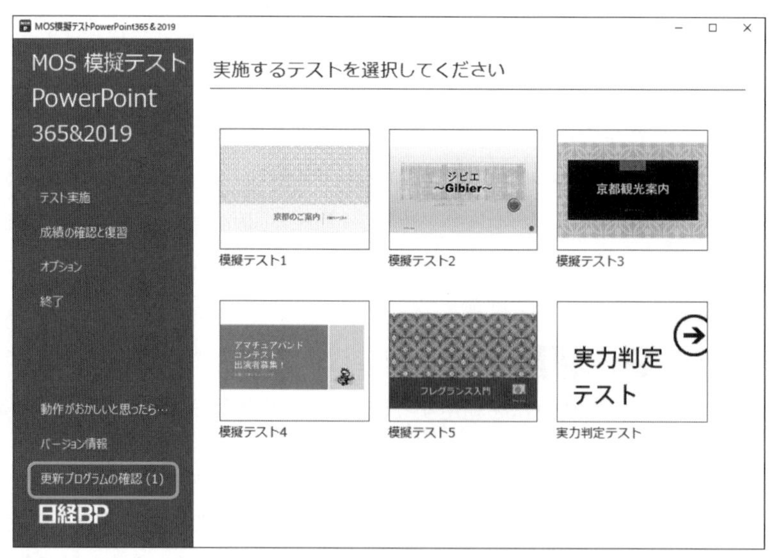

［更新プログラムの確認］をクリックすると、更新内容が確認できますので、必要に応じて［インストール］ボタンをクリックしてください。あとは自動で更新が行われます。その際、Windows の管理者のパスワードを求められることがあります。

4. 模擬テストの実施

① PowerPoint または Excel が起動している場合は終了します。

②デスクトップの [MOS 模擬テスト PowerPoint365&2019] のショートカットアイコンをダブルクリックします。

③ [テスト実施] 画面が表示されます。

●[テスト実施] 画面

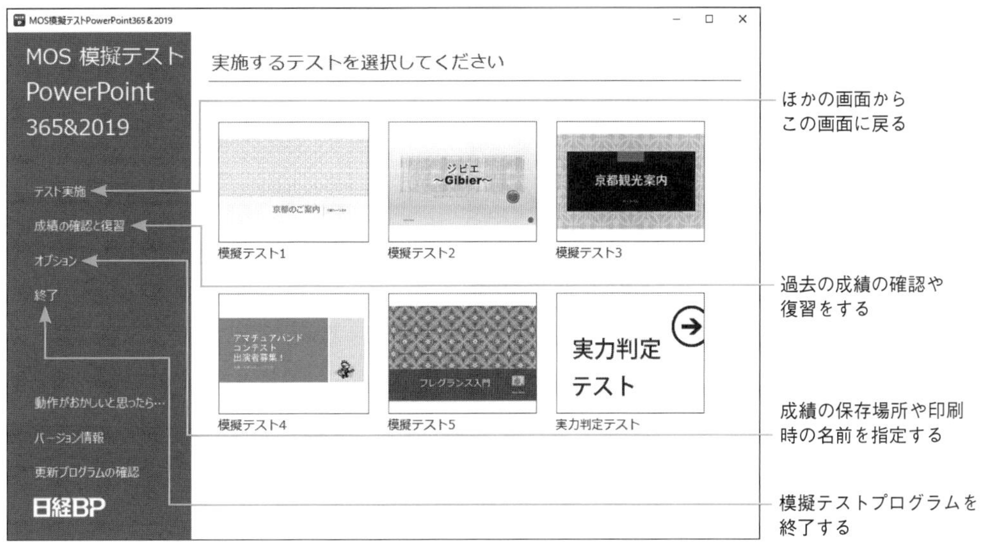

●練習モードで模擬テストを実施

一つのタスクごとに採点するモードです。

出題するタスクを選択する画面が表示されます。チェックボックスを使って出題されるタスクを選択します。

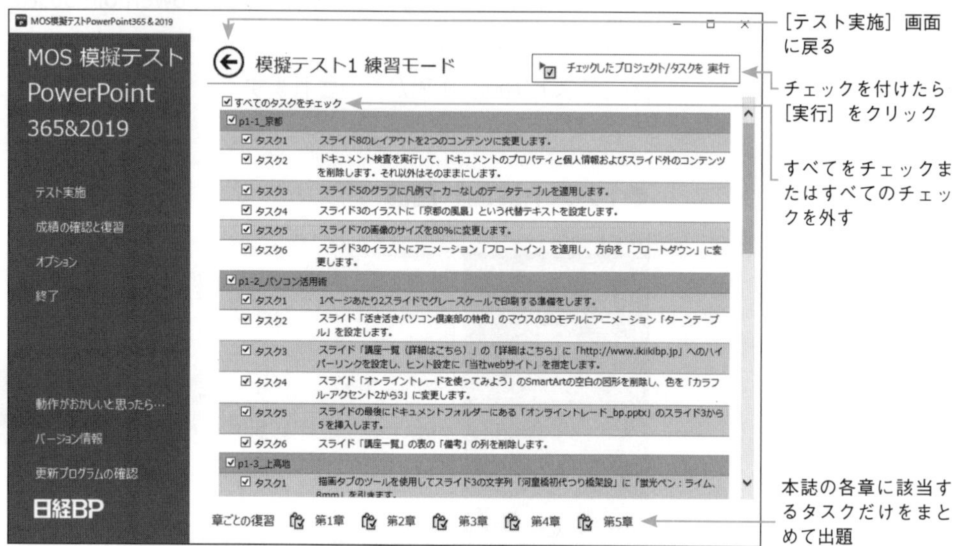

問題文に従って解答操作を行い、［採点］をクリックします。

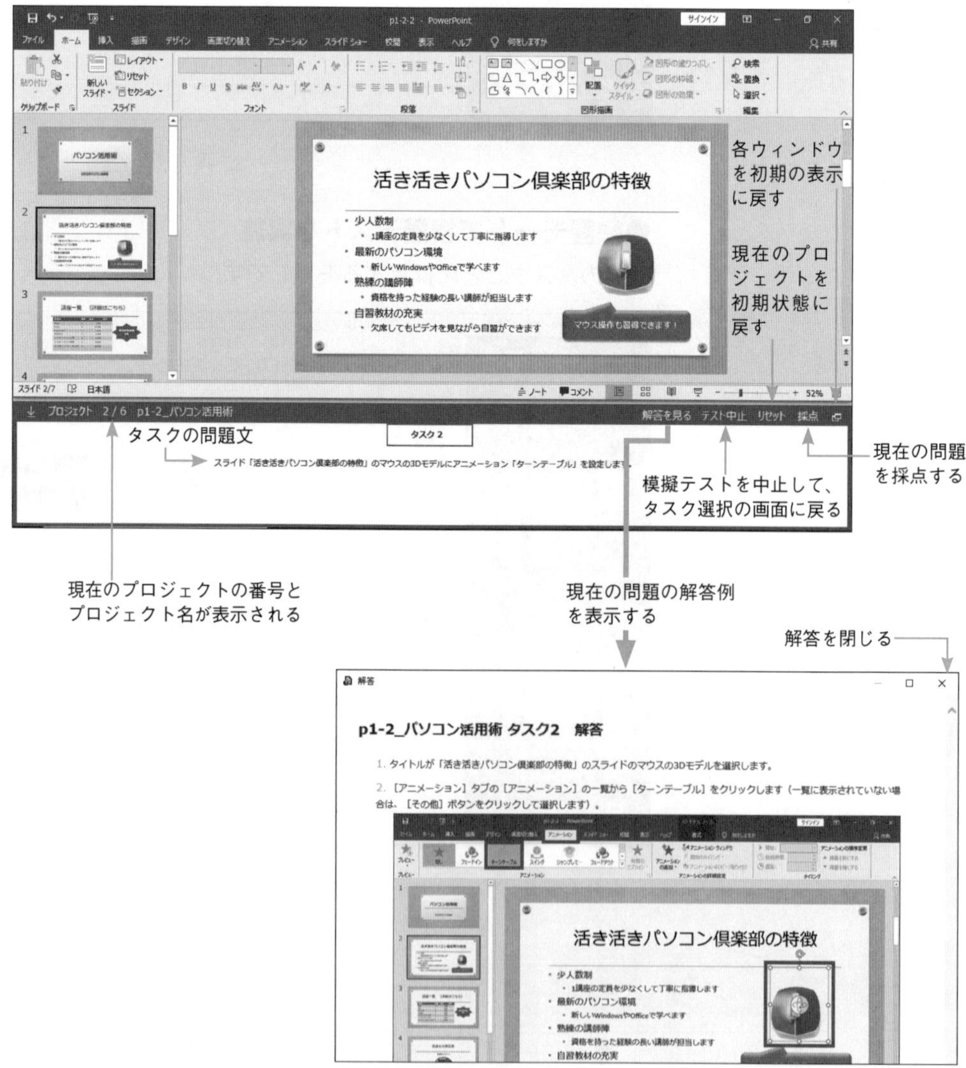

●本番モードで模擬テストを実施

MOS 試験と同様、50 分で 1 回分のテストを行い最後に採点するモードです。［実力判定テスト］は毎回異なる問題（プロジェクト）が出題されます。制限時間は 50 分で、制限時間を過ぎると自動的に終了します。

プロジェクト中の全部のタスクを解答またはスキップしたら次のプロジェクトに移行します。

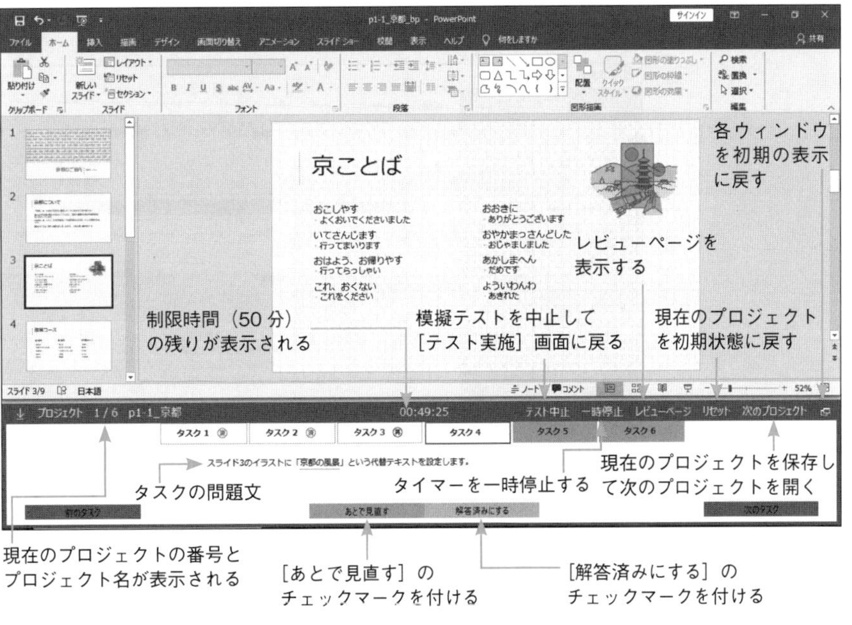

模擬テスト 使い方

全部のプロジェクトが終了したら、レビューページが表示されます。タスク番号をクリックすると試験の操作画面に戻ります。

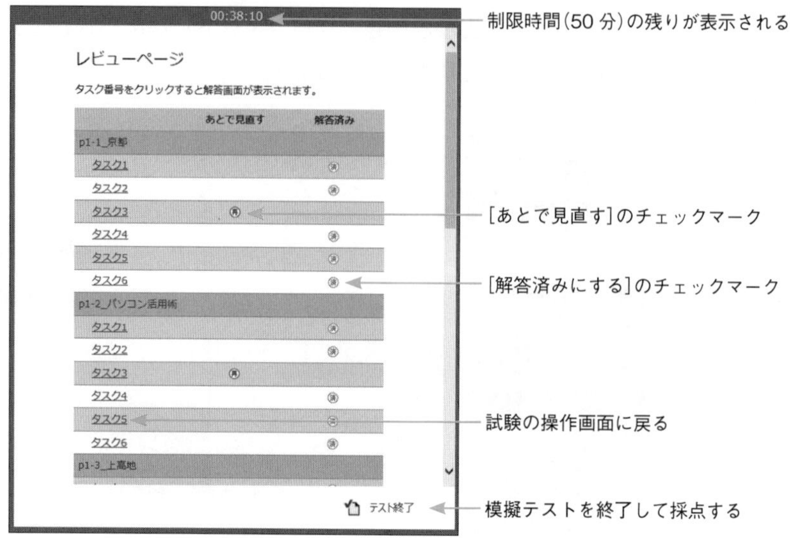

●［結果レポート］画面

本番モードを終了すると、合否と得点、各問題の正解 / 不正解を示す［結果レポート］画面が表示されます。

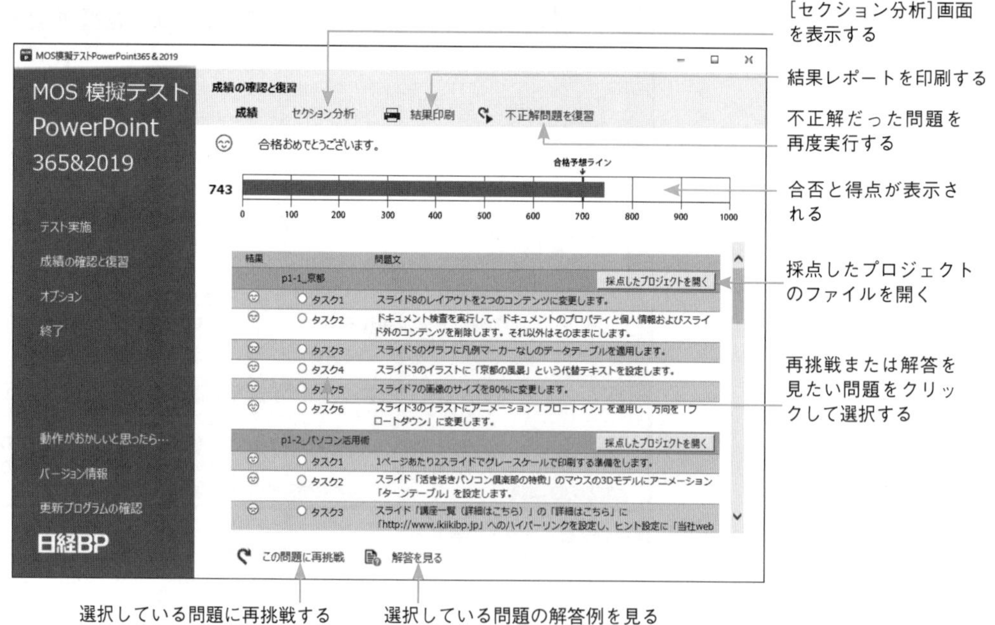

[採点したプロジェクトを開く]

模擬テスト終了時の PowerPoint 画面が表示され、確認することができます（ファイルに保存されないオプション設定は反映されません）。模擬テスト終了時のファイルを保存したい場合は、PowerPoint で［名前を付けて保存］を実行し、適当なフォルダーに適当なファイル名で保存してください。PowerPoint 画面を閉じると、[結果レポート]画面に戻ります。

[セクション分析]

本誌のどの章（セクション）で説明されている機能を使うかでタスクを分類し、セクションごとの正答率を示します。

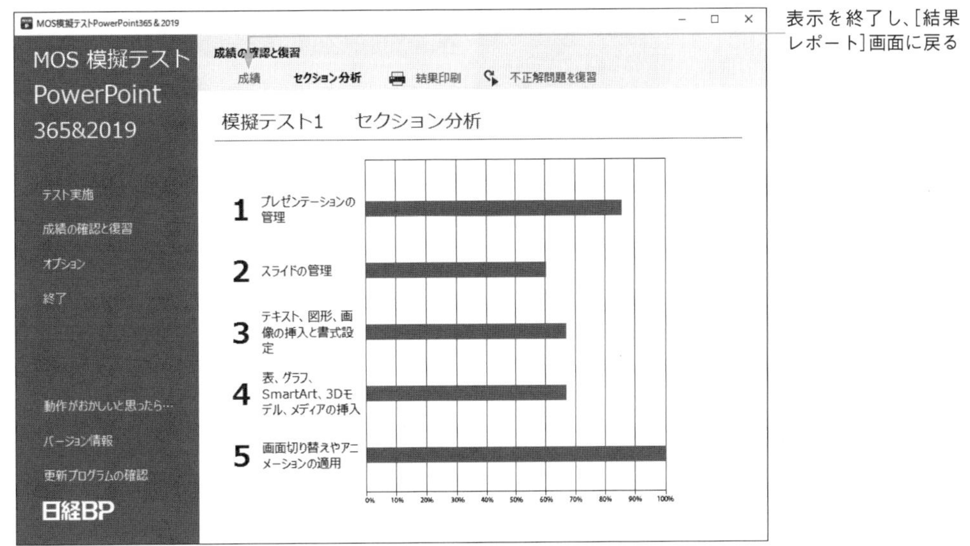

[印刷]

模擬テストの結果レポートを印刷できます。

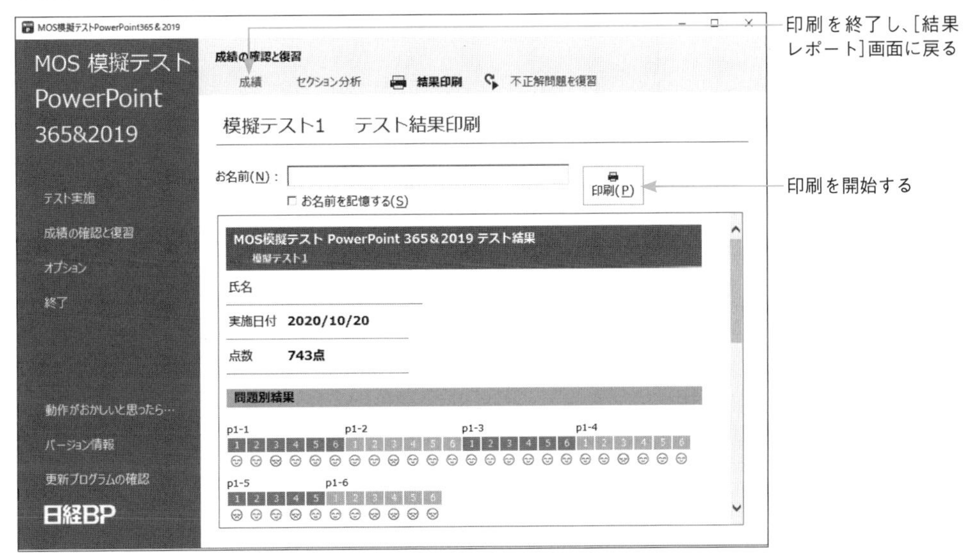

模擬テスト
使い方

●[成績の確認と復習] 画面

これまでに実施した模擬テストの成績の一覧です。問題ごとに正解 / 不正解を確認したり復習したりするときは、各行をクリックして [結果レポート] 画面を表示します。成績は新しいものから 20 回分が保存されます。

成績は Windows にサインイン / ログオンしたアカウントごとに記録されます。別のアカウントで模擬テストを実施した場合、それまでの成績は参照できないのでご注意ください。

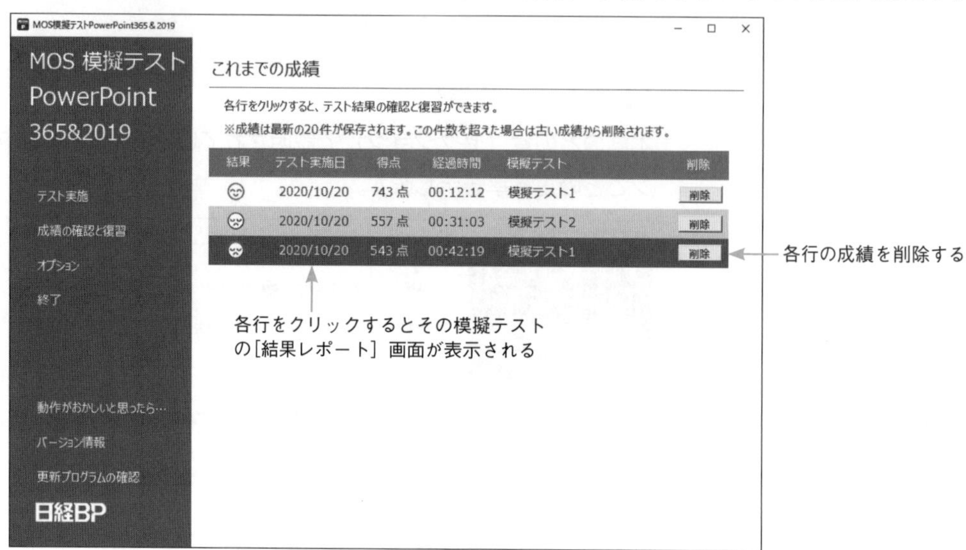

●[オプション] ダイアログボックス

成績ファイルを保存するフォルダーと、成績を印刷する場合の既定のお名前を指定できます。

成績ファイルを保存するフォルダーは、現在のユーザーの書き込み権限と、約 200MB 以上の空き容量が必要です。[保存先フォルダー] ボックスを空白にして [OK] ボタンをクリックすると、既定のフォルダーに戻ります。

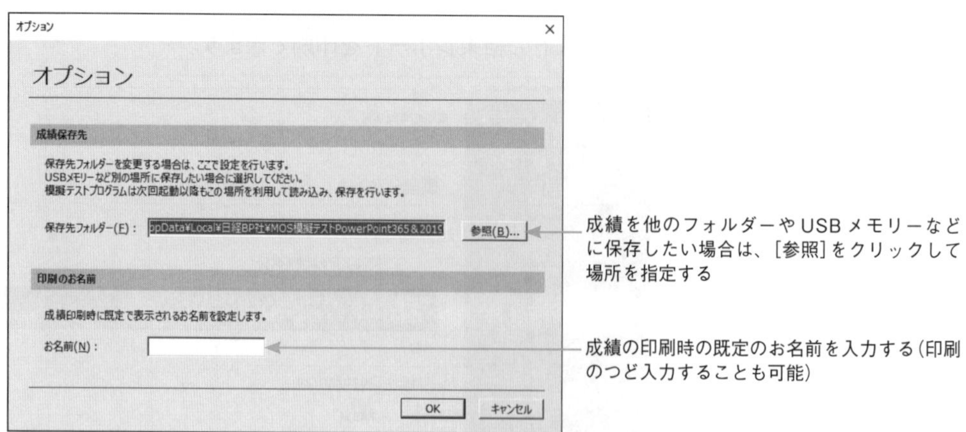

●終了

[テスト実施] 画面で [終了] をクリックすると、模擬テストプログラムが終了します。

模擬テストプログラム問題と解答

解答操作の方法が複数ある場合は、どの方法で解答しても、実行した結果が同じであれば同じ判定結果になります。ここではそのうちの一つの操作方法だけ（解答の例）を記述しているので、ほかの操作方法でも正解と判定されることがあります。

●模擬テスト 1

プロジェクト 1　京都

【タスク 1】スライド 8 のレイアウトを 2 つのコンテンツに変更します。

① サムネイルのスライド 8 をクリックします。
② ［ホーム］タブの［レイアウト］ボタンをクリックします。
③ ［2 つのコンテンツ］をクリックします。
④ スライド 2 のレイアウトが 2 つのコンテンツに変更されます。

【タスク 2】ドキュメント検査を実行して、ドキュメントのプロパティと個人情報およびスライド外のコンテンツを削除します。それ以外はそのままにします。

① ［ファイル］タブの［情報］の［問題のチェック］をクリックします。
② ［ドキュメント検査］をクリックします。
③ ［ドキュメントの検査］ダイアログボックスが表示されます。
④ ［スライド外のコンテンツ］チェックボックスをオンにします。
⑤ ［検査］をクリックします。
⑥ ［ドキュメントのプロパティと個人情報］の［すべて削除］をクリックします。
⑦ ドキュメントのプロパティと個人情報がすべて削除されます。
⑧ ［スライド外のコンテンツ］の［すべて削除］をクリックします。
⑨ スライド外のコンテンツがすべて削除されます。
⑩ ［ドキュメントの検査］ダイアログボックスの［閉じる］をクリックします。

【タスク 3】スライド 5 のグラフに凡例マーカーなしのデータテーブルを適用します。

① スライド 5 のグラフを選択します。
② グラフ右側の［グラフ要素］ボタンをクリックします。
③ ［グラフ要素］の［データテーブル］の▶をクリックします。
④ ［凡例マーカーなし］をクリックします。
⑤ グラフに凡例マーカーなしのデータテーブルが表示されます。

【タスク 4】スライド 3 のイラストに「京都の風景」という代替テキストを設定します。

① スライド 3 のイラストを選択します。
② ［図ツール］の［書式］タブの［代替テキスト］ボタンをクリックします。
③ ［代替テキスト］作業ウィンドウが表示されます。
④ 問題文の「京都の風景」をクリックします。
⑤ ［代替テキスト］作業ウィンドウのボックス内をクリックし、Ctrl+V キーを押します。
⑥ ［代替テキスト］作業ウィンドウのボックス内に「京都の風景」と入力されます。
⑦ ［代替テキスト］作業ウィンドウの［閉じる］ボタンをクリックします。

【タスク 5】スライド 7 の画像のサイズを 80% に変更します。

① スライド 7 の画像を選択します。
② ［図ツール］の［書式］タブの［サイズ］の［配置とサイズ］ボタンをクリックします。
③ ［図の書式設定］作業ウィンドウが表示されます。
④ ［サイズとプロパティ］の［サイズ］の［縦横比を固定する］チェックボックスがオンになっていることを確認します。
⑤ ［高さの倍率］に「80%」と指定します（数値を直接入力した場合は、入力後に Tab キーを押します）。
⑥ ［幅の倍率］が「80%」となり、画像のサイズが変更されたことを確認します。
⑦ ［図の書式設定］作業ウィンドウの［閉じる］ボタンをクリックします。

【タスク 6】スライド 3 のイラストにアニメーション「フロートイン」を適用し、方向を「フロートダウン」に変更します。

① スライド 3 のイラストを選択します。
② ［アニメーション］タブの［アニメーション］の一覧から［フロートイン］をクリックします（一覧に表示されていない場合は［その他］ボタンをクリックして選択します）。
③ アニメーションがプレビューされ、スライド上にアニメーション番号が表示されます。
④ ［アニメーション］タブの［効果のオプション］ボタンをクリックします。
⑤ ［方向］の［フロートダウン］をクリックします。
⑥ 設定したアニメーションのオプションがプレビューされます。

プロジェクト 2　パソコン活用術

【タスク 1】1 ページあたり 2 スライドでグレースケールで印刷する準備をします。

① ［ファイル］タブの［印刷］をクリックします。
② ［設定］の［フルページサイズのスライド］をクリックします。
③ ［配布資料］の［2 スライド］をクリックします。
④ 印刷プレビュー画面が 2 スライドの配布資料になります。
⑤ ［設定］の［カラー］をクリックし、［グレースケール］をクリックします。
⑥ 印刷プレビュー画面がグレースケールになります。

【タスク 2】スライド「活き活きパソコン倶楽部の特徴」のマウスの 3D モデルにアニメーション「ターンテーブル」を設定します。

① タイトルが「活き活きパソコン倶楽部の特徴」のスライドのマウスの 3D モデルを選択します。
② ［アニメーション］タブの［アニメーション］の一覧から［ターンテーブル］をクリックします（一覧に表示されていない場合は、［その他］ボタンをクリックして選択します）。
③ 設定したアニメーションがプレビューされ、スライド上にアニメーション番号が表示されます。

【タスク 3】スライド「講座一覧（詳細はこちら）」の「詳細はこちら」に「https://ikiiki.example.com」へのハイパーリンクを設定し、ヒント設定に「当社 web サイト」を指定します。

① タイトルが「講座一覧（詳細はこちら）」のスライドの文字列「詳細はこちら」を範囲選択します。
② ［挿入］タブの［リンク］ボタンをクリックします。
③ ［ハイパーリンクの挿入］ダイアログボックスが表示され、［リン

ク先］で［ファイル、Webページ］が選択されていることを確認します。
④ 問題文の「https://ikiiki.example.com」をクリックします。
⑤ ［アドレス］ボックス内をクリックし、Ctrl+Vキーを押します。
⑥ ［ヒント設定］をクリックします。
⑦ ［ハイパーリンクのヒントの設定］ダイアログボックスが表示されます。
⑧ 問題文の「当社webサイト」をクリックします。
⑨ ［ヒントのテキスト］ボックスをクリックし、Ctrl+Vキーを押します。
⑩ ［ハイパーリンクのヒントの設定］ダイアログボックスの［OK］をクリックします。
⑪ ［ハイパーリンクの挿入］ダイアログボックスの［OK］をクリックします。
⑫ 文字列「詳細はこちら」の文字列の色が変わり、下線が引かれて「https://ikiiki.example.com」へのハイパーリンクが設定されます。
⑬ 選択を解除し、マウスをポイントすると「当社webサイト」がポップヒントで表示されます。

【タスク4】スライド「オンライントレードを使ってみよう」のSmartArtの空白の図形を削除し、色を「カラフル - アクセント2から3」に変更します。

① タイトルが「オンライントレードを使ってみよう」のスライドのSmartArtの空白の図形（一番右側）を選択します。
② Deleteキーを押します。
③ 空白の図形が削除されます。
④ ［SmartArtツール］の［デザイン］タブの［色の変更］ボタンをクリックします。
⑤ ［カラフル］の［カラフル - アクセント2から3］をクリックします。
⑥ SmartArtの色が変更されます。

【タスク5】スライドの最後にドキュメントフォルダーにある「オンライントレード_bp.pptx」のスライド3から5を挿入します。

① サムネイルのスライド7をクリックします。
② ［ホーム］タブの［新しいスライド］ボタンの▼をクリックします。
③ ［スライドの再利用］をクリックします。
④ ［スライドの再利用］作業ウィンドウが表示されます。
⑤ ［スライドの再利用］作業ウィンドウの［PowerPointファイルを開く］をクリックします。
⑥ ［参照］ダイアログボックスが表示されます。
⑦ ［ドキュメント］が選択されていることを確認し、「オンライントレード_bp」を選択して［開く］をクリックします。
⑧ ［スライドの再利用］作業ウィンドウの3枚目のスライドをクリックします。
⑨ スライド8が挿入されます。
⑩ 同様に［スライドの再利用］作業ウィンドウの4枚目と5枚目のスライドをクリックします。
⑪ スライド9と10が挿入されます。
⑫ ［スライドの再利用］作業ウィンドウの［閉じる］ボタンをクリックします。

【タスク6】スライド「講座一覧（詳細はこちら）」の表の「備考」の列を削除します。

① タイトルが「講座一覧（詳細はこちら）」のスライドにある表の「備考」の列にある任意のセル内をクリックします。
② ［表ツール］の［レイアウト］タブの［削除］ボタンをクリックします。
③ ［列の削除］をクリックします。
④ 表の「備考」の列が削除されます。

プロジェクト3　上高地

【タスク1】描画タブのツールを使用してスライド3の文字列「河童橋初代つり橋架設」に「蛍光ペン：ライム、8mm」を引きます。

① サムネイルのスライド3をクリックします。
② ［描画］タブの［ペン］の一覧から［蛍光ペン］をクリックします（蛍光ペンが表示されていない場合は、［ペンの追加］ボタンをクリックして［蛍光ペン］をクリックします）。
③ ［色］の一覧から「ライム」、［太さ］の一覧から「8mm」をクリックします。
④ 「河童橋初代つり橋架設」の文字列をドラッグして描画します。
⑤ Escキーを押してマウスの状態を解除します。

【タスク2】スライド5のSmartArtにスタイル「凹凸」、色「カラフル - 全アクセント」を設定します。

① スライド5のSmartArtを選択します。
② ［SmartArtツール］の［デザイン］タブの［SmartArtのスタイル］の［その他］ボタンをクリックします。
③ ［3D］の［凹凸］をクリックします。
④ SmartArtにスタイルが設定されます。
⑤ ［SmartArtツール］の［デザイン］タブの［色の変更］ボタンをクリックします。
⑥ ［カラフル］の［カラフル - 全アクセント］をクリックします。
⑦ SmartArtの色が変更されます。

【タスク3】スライド7の「1日目」と「2日目」の文字列に太字、下線、影の文字のスタイルを設定します。

① スライド7の文字列「1日目」を範囲選択し、Ctrlキーを押しながら「2日目」を範囲選択します。
② ［ホーム］タブの［太字］ボタンをクリックします。
③ 同様に、［ホーム］タブの［下線］ボタン、［影］ボタンをクリックします。
④ 選択した文字列に「太字」、「下線」、「影」のスタイルが設定されます。

【タスク4】スライド6を非表示にします。

① サムネイルのスライド6をクリックします。
② ［スライドショー］タブの［非表示スライドに設定］ボタンをクリックします。
③ サムネイルのスライド6が薄くなり、スライド番号6に＼が表示されます。

【タスク5】すべてのスライドに画面切り替えのサウンド「チャイム」を適用し、15秒後に自動的に切り替わるようにします。また、クリック時には切り替わらないようにします。

① ［画面切り替え］タブの［サウンド］ボックスをクリックし、［チャイム］をクリックします。
② ［画面切り替え］タブの［自動］ボックスに「00:15.00」と指定します。
③ ［画面切り替え］タブの［自動］チェックボックスがオンになっていることを確認し、［クリック時］チェックボックスをオフにします。
④ ［画面切り替え］タブの［すべてに適用］ボタンをクリックします。
⑤ すべてのスライドの画面切り替えの設定が変更されます。

【タスク6】スライドのノートを2部、横方向で印刷するように設定します。すべての1ページ目が印刷されたら2ページ目が印刷されるようにします。

① ［ファイル］タブの［印刷］をクリックします。
② ［部数］ボックスに「2」と指定します。
③ ［設定］の［フルページサイズのスライド］をクリックします。
④ ［印刷レイアウト］の［ノート］をクリックします。
⑤ 印刷プレビュー画面がノートになります。
⑥ ［設定］の［縦方向］をクリックし、［横方向］をクリックします。
⑦ ［設定］の［部単位で印刷］をクリックし、［ページ単位で印刷］をクリックします。
⑧ 印刷の設定が変更されます。

プロジェクト 4　ワイン

【タスク 1】タイトルスライドのイラストに「直線（右へ）」のアニメーションの軌跡効果を設定します。

① スライド 1 のイラストを選択します。
② ［アニメーション］タブの［アニメーション］の［その他］ボタンをクリックします。
③ ［その他のアニメーションの軌跡効果］をクリックします。
④ ［アニメーションの軌跡効果の変更］ダイアログボックスが表示されます。
⑤ ［線と曲線］の［直線（右へ）］をクリックします。
⑥ 設定したアニメーションがプレビューされます。
⑦ ［OK］をクリックします。
⑧ イラストにアニメーションの軌跡効果が設定され、アニメーション番号が表示されます。

【タスク 2】スライド 4 の箇条書きを横方向箇条書きリストの SmartArt に変換します。

① スライド 4 の箇条書きプレースホルダーを選択します。
② ［ホーム］タブの［SmartArt グラフィックに変換］ボタンをクリックします。
③ 一覧から［横方向箇条書きリスト］をクリックします（一覧にない場合は、［その他の SmartArt グラフィック］をクリックし、［SmartArt グラフィックの選択］ダイアログボックスから選択します）。
④ 箇条書きが SmartArt に変換されます。

【タスク 3】タイトルスライドの前に「概要」、スライド 3 の前に「分類」、スライド 5 の前に「その他」というセクションを挿入します。

① サムネイルのタイトルスライドをクリックします。
② ［ホーム］タブの［セクション］ボタンをクリックします。
③ ［セクションの追加］をクリックします。
④ タイトルスライドの前にセクションが挿入され、［セクション名の変更］ダイアログボックスが表示されます。
⑤ 問題文の「概要」をクリックします。
⑥ ［セクション名の変更］ダイアログボックスの［セクション名］ボックスをクリックし、Ctrl+V キーを押します。
⑦ ［名前の変更］をクリックします。
⑧ セクション名が「概要」に変更されます。
⑨ サムネイルのスライド 3 をクリックし、手順 2 ～ 7 と同様の操作でセクションを追加してセクション名を「分類」にします。
⑩ サムネイルのスライド 5 をクリックし、手順 2 ～ 7 と同様の操作でセクションを追加してセクション名を「その他」にします。
⑪ セクションが挿入されます。

【タスク 4】スライド 3 の箇条書きを 2 段組みにし、2 段目が「フォーティファイド・ワイン」から始まるように改行します。

① スライド 3 の箇条書きプレースホルダーを選択します。
② ［ホーム］タブの［段の追加または削除］ボタンをクリックします。
③ ［2 段組み］をクリックします。
④ 箇条書きが 2 段組みになります。
⑤ 「フォーティファイド・ワイン」の行頭にカーソルを移動します。
⑥ Enter キーを 2 回押します。
⑦ 「フォーティファイド・ワイン」が 2 段目から始まる 2 段組みになります。

【タスク 5】スライド 8 のオーディオがスライド切り替え時に自動的に開始し、スライドショー実行中はアイコンを隠すようにします。

① スライド 8 のオーディオファイルのアイコンを選択します。
② ［オーディオツール］の［再生］タブの［開始］ボックスをクリックし、［自動］をクリックします。
③ ［オーディオツール］の［再生］タブの［スライドショーを実行中にサウンドのアイコンを隠す］チェックボックスをオンにします。
④ オーディオの再生オプションが変更されます。

【タスク 6】スライドマスターの「タイトルとコンテンツ」レイアウトの箇条書きレベル 1 の記号をピクチャフォルダー内のイラスト「ぶどう _bp.png」に変更します。

① ［表示］タブの［スライドマスター］ボタンをクリックします。
② 左側のサムネイルの［タイトルとコンテンツレイアウト］をクリックします。
③ 箇条書きの 1 行目の「マスターテキストの書式設定」の行頭をクリックします。
④ ［ホーム］タブの［箇条書き］ボタンの▼をクリックします。
⑤ ［箇条書きと段落番号］をクリックします。
⑥ ［箇条書きと段落番号］ダイアログボックスの［箇条書き］タブが選択されていることを確認し、［図］をクリックします。
⑦ ［図の挿入］ウィンドウの［ファイルから］をクリックします。
⑧ ［図の挿入］ダイアログボックスが表示されます。
⑨ ［ピクチャ］フォルダーが選択されていることを確認し、［ぶどう _bp］をクリックします。
⑩ ［挿入］をクリックします。
⑪ 箇条書きの第 1 レベルの行頭文字にぶどうのイラストが設定されます。
⑫ ［スライドマスター］タブの［マスター表示を閉じる］ボタンをクリックします。

プロジェクト 5　ペットと暮らす

【タスク 1】タイトルスライドに 3D オブジェクトフォルダーの「pet_bp.glb」を挿入し、スライドの右側に移動します。スライドの右側の青い背景の部分であれば位置はどこでもかまいません。

① サムネイルのスライド 1 が選択されていることを確認します。
② ［挿入］タブの［3D モデル］ボタンの▼をクリックします。
③ ［このデバイス］をクリックします。
④ ［3D モデルの挿入］ダイアログボックスが表示されます。
⑤ ［3D オブジェクト］が選択されていることを確認し、「pet_bp」を選択して［挿入］をクリックします。
⑥ 3D モデルが挿入されます。
⑦ 3D モデルの枠線をポイントしてドラッグし、スライドの青い背景の右方向の位置に移動します。

【タスク 2】スライド 3 の「お客さまの声」と入力されているのテキストボックスに「濃い青緑、アクセント 1」の「3pt」の枠線、「濃い青緑、アクセント 1、白＋基本色 80%」の塗りつぶしを設定します。

① スライド 3 の「お客様の声」と入力されているテキストボックスを選択します。
② ［描画ツール］の［書式］タブの［図形の枠線］ボタンの▼をクリックします。
③ ［テーマの色］の［濃い青緑、アクセント 1］をクリックします。
④ ［図形の枠線］ボタンの▼をクリックします。
⑤ ［太さ］をポイントし、［3pt］をクリックします。
⑥ テキストボックスに枠線が設定されます。
⑦ ［描画ツール］の［書式］タブの［図形の塗りつぶし］ボタンの▼をクリックします。
⑧ ［テーマの色］の［濃い青緑、アクセント 1、白＋基本色 80%］をクリックします。
⑨ テキストボックスに塗りつぶしが設定されます。

【タスク 3】スライド 6 の「☆ペットホテルも運営しています☆」と入力されているテキストボックスに「アーチ（上）」のアニメーションの軌跡効果を設定します。

① スライド 6 の「☆ペットホテルも…」と入力されているテキストボックスを選択します。
② ［アニメーション］タブの［アニメーション］の［その他］ボタンをクリックします。
③ ［その他のアニメーションの軌跡効果］をクリックします。
④ ［アニメーションの軌跡効果の変更］ダイアログボックスが表示されます。
⑤ ［線と曲線］の［アーチ（上）］をクリックします。
⑥ 設定したアニメーションがプレビューされます。
⑦ ［OK］をクリックします。
⑧ テキストボックスにアニメーションの軌跡効果が設定され、アニメーション番号が表示されます。

【タスク 4】スライド 3 の画像を最背面に移動し、3 つの吹き出しを「家族が増えたようだ」、「生活にハリができた」、「心に潤いが生まれた」と入力されている順番にします。

① スライド 3 の画像を選択します。
② ［図ツール］の［書式］タブの［背面へ移動］ボタンの▼をクリックします。
③ ［最背面へ移動］をクリックします。
④ 画像が最背面へ移動します。
⑤ 「家族が増えたようだ」と入力された吹き出しの図形を選択します。
⑥ ［描画ツール］の［書式］タブの［オブジェクトの選択と表示］ボタンをクリックします。
⑦ ［選択］ウィンドウが表示され、［思考の吹き出し：雲形 6］が選択されていることを確認します。
⑧ ［選択］ウィンドウの［前面へ移動］ボタンを 2 回クリックします。
⑨ ［思考の吹き出し：雲形 6］が一番上に移動します。
⑩ 「生活にハリができた」と入力された吹き出しの図形を選択します。
⑪ ［思考の吹き出し：雲形 7］が選択されていることを確認し、［前面へ移動］ボタンをクリックします。
⑫ ［思考の吹き出し：雲形 7］が上から 2 番目に移動します。
⑬ 図形の順番が変更されます。
⑭ ［選択］ウィンドウの［閉じる］ボタンをクリックします。

【タスク 5】分類プロパティに「販促資料」と入力します。

① ［ファイル］タブの［情報］を表示します。
② 問題文の「販促資料」をクリックします。
③ ［ファイル］タブの［情報］の［分類］ボックスをクリックし、Ctrl+V キーを押します。
④ ファイルのプロパティの分類に「販促資料」が入力されます。

プロジェクト 6　リニューアルオープン

【タスク 1】スライド「リニューアルに向けたご要望」のグラフを 3-D 円グラフに変更し、スタイル 2 を設定します。

① タイトルが「リニューアルに向けたご要望」のスライドのグラフを選択します。
② ［グラフツール］の［デザイン］タブの［グラフの種類の変更］ボタンをクリックします。
③ ［グラフの種類の変更］ダイアログボックスが表示されます。
④ 左側の一覧から［円］をクリックし、上の形式で［3-D 円］をクリックします。
⑤ ［OK］をクリックします。
⑥ グラフの種類が変更されます。
⑦ グラフ右側の［グラフスタイル］ボタンをクリックします。
⑧ ［スタイル］の［スタイル 2］をクリックします。
⑨ グラフにスタイル 2 が設定されます。

【タスク 2】タイトルスライドの画像が 2 番目に表示されるようにアニメーションの順番を変更します。

① タイトルスライドの画像を選択します。
② ［アニメーション］タブの［アニメーションの順序の変更］の［順番を前にする］ボタンをクリックします。
③ 画像のアニメーション番号が「2」になり、アニメーションの順番が変更されます。

【タスク 3】スライドの最後にドキュメントフォルダーにある「plan_bp.docx」のアウトラインからスライドを挿入します。

① サムネイルのスライド 4 をクリックします。
② ［ホーム］タブの［新しいスライド］ボタンの▼をクリックします。
③ ［アウトラインからスライド］をクリックします。
④ ［アウトラインの挿入］ダイアログボックスが表示されます。
⑤ ［ドキュメント］が選択されていることを確認し、「plan_bp」を選択して［挿入］をクリックします。
⑥ 「plan_bp」を基にしたスライド 5 から 7 が挿入されます。

【タスク 4】配布資料マスターの右のヘッダーの日付を削除して「リニューアル資料」、左のフッターに「配布用」を設定します。

① ［表示］タブの［配布資料マスター］ボタンをクリックします。
② ［配布資料マスター］画面の右上の［ヘッダー］ボックス内をクリックし、日付を削除します。
③ 問題文の「リニューアル資料」をクリックします。
④ ［配布資料マスター］画面の右上の［ヘッダー］ボックス内をクリックし、Ctrl+V キーを押します。
⑤ 問題文の「配布用」をクリックします。
⑥ ［配布資料マスター］画面の左下の［フッター］ボックス内をクリックし、Ctrl+V キーを押します。
⑦ 配布資料マスターの右上のヘッダーに「リニューアル資料」、左下のフッターに「配布用」が設定されます。

⑧ ［配布資料マスター］タブの［マスター表示を閉じる］ボタンをクリックします。

【タスク 5】スライド「宿泊プラン」のプレースホルダー内に3列5行の表を挿入し、1行1列目に「A プラン」、1行2列目に「B プラン」と入力します。

① タイトルが「宿泊プラン」のサムネイルのスライドをクリックします。
② プレースホルダー内の［表の挿入］アイコンをクリックします。
③ ［表の挿入］ダイアログボックスが表示されます。
④ ［列数］ボックスに「3」、［行数］ボックスに「5」と指定します。
⑤ ［OK］をクリックします。
⑥ 表が挿入されます。
⑦ 問題文の「A プラン」をクリックします。
⑧ 1行目の1列目のセル内をクリックし、Ctrl＋Vキーを押します。
⑨ 問題文の「B プラン」をクリックします。
⑩ 1行目の2列目のセル内をクリックし、Ctrl＋Vキーを押します。
⑪ 表に文字列が入力されます。

【タスク 6】スライド「名門エステサロンとの連携」の画像に「対角を丸めた四角形、白」のスタイルと「十字模様：エッチング」のアート効果を設定します。

① タイトルが「名門エステサロンとの連携」のスライドの画像を選択します。
② ［図ツール］の［書式］タブの［図のスタイル］の［その他］ボタンをクリックします。
③ 一覧から［対角を丸めた四角形、白］をクリックします。
④ 画像にスタイルが設定されます。
⑤ ［図ツール］の［書式］タブの［アート効果］ボタンをクリックします。
⑥ ［十字模様：エッチング］をクリックします。
⑦ 画像にアート効果が設定されます。

●模擬テスト 2

プロジェクト 1　ジビエ

【タスク 1】スライド「今年の秋冬に向けて」の前にスライドを追加し、レイアウトを「セクション見出し」にします。

① サムネイルのスライド「ジビエの特徴」を選択します。
② ［ホーム］タブの［新しいスライド］ボタンをクリックします。
③ ［ホーム］タブの［レイアウト］ボタンの▼をクリックし、［セクション見出し］をクリックします。
④ スライドが挿入され、レイアウトが変更されます。

【タスク 2】スライド「ジビエフェア開催」の画像に「四角形、ぼかし」のスタイルを設定し、縦横比を固定して高さを 8cm に設定します。

① スライド「ジビエフェア開催」の画像を選択します。
② ［図ツール］の［書式］タブの［図のスタイル］の［その他］ボタンをクリックします。
③ ［四角形、ぼかし］をクリックします。
④ ［図ツール］の［書式］タブの［サイズ］の［配置とサイズ］ボタンをクリックします。
⑤ ［図の書式設定］ウィンドウが表示されます。
⑥ ［縦横比を固定する］チェックボックスをオンになっていることを確認します。
⑦ ［高さ］ボックスに「8」と入力します。
⑧ ［図の書式設定］ウィンドウの［閉じる］ボタンをクリックします。
⑨ 画像にスタイルが設定され、サイズが変更されます。

【タスク 3】「2つのコンテンツ」スライドマスターの箇条書きの行頭文字を「塗りつぶしひし形の行頭文字」に変更します。

① ［表示］タブの［スライドマスター］ボタンをクリックします。
② サムネイルの［2つのコンテンツレイアウト］をクリックします。
③ 箇条書きのプレースホルダーを選択し、Shift キーを押しながらもう1つの箇条書きのプレースホルダーを選択します。
④ ［ホーム］タブの［箇条書き］ボタンの▼をクリックし、［塗りつぶしひし形の行頭文字］をクリックします。
⑤ 箇条書きの行頭文字が変更されます。
⑥ ［スライドマスター］タブの［マスター表示を閉じる］ボタンをクリックします。

【タスク 4】スライド「ジビエの特徴」の右側のプレースホルダーに左側の表のデータを使ってグラフ「積み上げ縦棒」を挿入します。データは手動で入力またはコピーをします。グラフタイトルは削除します。

① サムネイルのスライド「ジビエの特徴」をクリックします。
② 右側のプレースホルダー内の［グラフの挿入］アイコンをクリックします。
③ ［グラフの挿入］ダイアログボックスが表示されます。
④ ［縦棒］が選択されていることを確認し、［積み上げ縦棒］をクリックして［OK］をクリックします。
⑤ プレースホルダー内に積み上げ縦棒グラフが挿入され、［Microsoft PowerPoint 内のグラフ］シートが表示されます。
⑥ 左側の表を選択します。
⑦ ［ホーム］タブの［コピー］ボタンをクリックします。
⑧ ［Microsoft PowerPoint 内のグラフ］シートのセル A1 で右クリックします。
⑨ ［貼り付けのオプション］の［貼り付け先の書式に合わせる］をクリックします。
⑩ 表のデータが［Microsoft PowerPoint 内のグラフ］シートにコピーされます。
⑪ ［Microsoft PowerPoint 内のグラフ］シートの［閉じる］ボタンをクリックします。
⑫ ［グラフタイトル］をクリックします。
⑬ Delete キーを押して削除します。
⑭ グラフタイトルが削除されます。

【タスク 5】スライド「ジビエとは」のテキストに矢印の行頭文字の箇条書きを設定します。

① スライド「ジビエとは」の箇条書きのプレースホルダーを選択します。
② ［ホーム］タブの［箇条書き］ボタンの▼をクリックし、［矢印の行頭文字］をクリックします。
③ 箇条書きの行頭文字が変更されます。

【タスク 6】「ジビエの特徴」のスライドの箇条書きテキストに「ズーム」のアニメーションを設定し、タイミングを「直前の動作の後」にします。

① スライド「ジビエの特徴」の箇条書きのプレースホルダーを選択し、［アニメーション］タブの［アニメーション］の［その他］ボタンをクリックします。
② ［開始］の一覧から［ズーム］をクリックします。
③ ［アニメーション］タブの［開始］ボックスをクリックし、［直前

の動作の後］をクリックします。
④ 箇条書きにアニメーションが設定されます。

プロジェクト 2　健康診断

【タスク 1】タイトルスライドを除いたすべてのスライドにスライド番号とフッターに「総務部 _3 月」を表示します。

① ［挿入］タブの［ヘッダーとフッター］ボタンをクリックします。
② ［ヘッダーとフッター］ダイアログボックスの［スライド番号］チェックボックスをオンにします。
③ ［フッター］チェックボックスをオンにします。
④ 問題文の「総務部 _3 月」をクリックします。
⑤ フッターボックスをクリックし、Ctrl+V キーを押します。
⑥ ［タイトルスライドに表示しない］チェックボックスをオンにします。
⑦ ［すべてに適用］ボタンをクリックします。
⑧ タイトルスライド以外のスライドにスライド番号とフッターが表示されます。

【タスク 2】スライド「早期に受診することによるメリット」の右側のプレースホルダーにドキュメントフォルダーにある動画「medical_bp.wmv」を挿入します。

① スライド「早期に受診することによるメリット」の右側のプレースホルダー内の［ビデオの挿入］アイコンをクリックします。
② ［ビデオの挿入］ダイアログボックスが表示されます。
③ ［ドキュメント］が選択されていることを確認し、「medical_bp」を選択して［挿入］をクリックします。
④ スライドにビデオが挿入されます。

【タスク 3】スライド「受診率 100% に向けて」の図形の先頭に「受診を」の文字を追加します。

① サムネイルのスライド「受診率 100% に向けて」を選択します。
② 問題文の「受診を」をクリックします。
③ スライド内の図形の「強力に」の前でクリックし、Ctrl ＋ V キーを押します。
④ スライド内に文字が追加されます。

【タスク 4】スライド「検診を受けない理由」の表に「中間スタイル 1 －アクセント 5」を設定します。

① スライド「検診を受けない理由」の表をクリックします。
② ［表ツール］の［デザイン］タブの［表のスタイル］の［その他］ボタンをクリックします。
③ ［中間］の［中間スタイル 1 －アクセント 5］をクリックします。
④ 表のスタイルが変更されます。

【タスク 5】スライド「過去 5 年間の受診状況」にコメント「データの確認をお願いします。」を追加します。

① サムネイルのスライド「過去 5 年間の受診状況」を選択します。
② ［校閲］タブの［新しいコメント］ボタンをクリックします。
③ ［コメント］ウィンドウが表示されます。
④ 問題文の「データの確認をお願いします。」をクリックします。
⑤ コメントボックス内でクリックし、Ctrl ＋ V キーを押します。
⑥ ［コメント］ウィンドウの［閉じる］ボタンをクリックします。
⑦ スライドの左上にコメントマークが表示されます。

【タスク 6】スライド「健康診断は社員の義務」の写真に「ホイール」のアニメーションの開始効果を設定します。

① スライド「健康診断は社員の義務」内の写真をクリックします。
② ［アニメーション］タブの［アニメーション］の［その他］ボタンをクリックします。
③ ［開始］の一覧の［ホイール］をクリックします。
④ 写真にアニメーションが設定されます。

プロジェクト 3　社員交流イベント

【タスク 1】タイトルスライドにセクション「決定イベント」へのセクションズームを挿入し、スライドの右下に配置します。

① サムネイルのタイトルスライドを選択します。
② ［挿入］タブの［ズーム］ボタンをクリックし、［セクションズーム］をクリックします。
③ 一覧から［セクション 4：決定イベント］を選択し、［挿入］をクリックします。
④ セクションズームが挿入されます。
⑤ セクションズームをスライドの右下に移動します。

【タスク 2】スライド「フリーコメント」と「社員旅行の行き先」の順番を入れ替えます。

① サムネイルのスライド「フリーコメント」をクリックします。
② スライド「社員旅行の行き先」の後ろまでドラッグします。
③ スライドが入れ替わります。

【タスク 3】スライド「今後の予定」に「矢印と長方形のプロセス」の SmartArt を挿入し、「イベント募集」「イベントリーダー決定」「企画の開始」と入力します。

① スライド「今後の予定」のプレースホルダー内の［SmartArt グラフィックの挿入］ボタンをクリックします。
② ［SmartArt グラフィックの選択］ダイアログボックスが表示されます。
③ ［手順］をクリックし、一覧から［矢印と長方形のプロセス］をクリックして、［OK］をクリックします。
④ テキストウィンドウが表示されていない場合は、挿入した SmartArt グラフィックの左中央の左向き三角をクリックしてテキストウィンドウを表示します。
⑤ 問題文の「イベント募集」をクリックします。
⑥ テキストウィンドウの一番上で Ctrl+V キーを押して貼り付けます。
⑦ 下向き矢印を押してカーソルを 2 行目に移動します。
⑧ 同様に、2 行目に「イベントリーダー決定」、3 行目に「企画の開始」を問題文から貼り付けます。
⑨ スライドに SmartArt グラフィックが挿入されます。

【タスク 4】「社内イベント」という名前のスライドショーを作成し、4 枚目と 5 枚目以外を含めます。

① ［スライドショー］タブの［目的別スライドショー］ボタンをクリックし、［目的別スライドショー］をクリックします。
② ［目的別スライドショー］ダイアログボックスの［新規作成］をクリックします。
③ 問題文の「社内イベント」をクリックします。
④ ［目的別スライドショーの定義］ダイアログボックスの［スライドショーの名前］ボックスをクリックして Ctrl+V キーを押します。
⑤ ［プレゼンテーション中のスライド］の一覧で 4 枚目と 5 枚目以外のチェックボックスをオンにし、［追加］ボタンをクリックします。
⑥ ［OK］をクリックします。
⑦ ［目的別スライドショー］ダイアログボックスに「社内イベント」と表示されていることを確認し、［閉じる］をクリックします。

【タスク 5】スライド「背景とねらい」の箇条書きを「①②③」の段落番号に変更します。

① スライド「背景とねらい」の箇条書きのプレースホルダーを選択します。
② ［ホーム］タブの［段落番号］ボタンの▼をクリックします。
③ ［囲み英数字］をクリックします。
④ 段落番号が変更されます。

【タスク 6】スライド「今までの流れ」の「フリーコメント」の文字列にスライド「フリーコメント」へのリンクを設定します。

① スライド「今までの流れ」の文字列「フリーコメント」を選択します。
② ［挿入］タブの［リンク］ボタンをクリックします。
③ ［ハイパーリンクの挿入］ダイアログボックスが表示されます。
④ ［リンク先］は［このドキュメント内］をクリックします。
⑤ 「5. フリーコメント」を選択し、［OK］をクリックします。
⑥ 文字列にハイパーリンクが設定されます。

プロジェクト 4　ライフプランニング

【タスク 1】スライド「参考資料 2」の箇条書きテキストを SmartArt の「基本ベン図」に変換します。

① スライド「参考資料 2」の箇条書きのプレースホルダ—をクリックします。
② ［ホーム］タブの［SmartArt グラフィックに変換］ボタンをクリックします。
③ ［基本ベン図］をクリックします。
④ 箇条書きが SmartArt グラフィックに変換されます。

【タスク 2】ノートマスターのテキストプレースホルダーの高さを 11cm、幅を 17cm に設定して左右の中央に配置します。

① ［表示］タブの［ノートマスター］ボタンをクリックします。
② テキストプレースホルダーをクリックします。
③ ［描画ツール］の［書式］タブの［高さ］ボックスに「11」、［幅］ボックスに「17」と入力します。
④ ［配置］ボタンをクリックし、［左右中央揃え］をクリックします。
⑤ ［ノートマスター］タブの［マスター表示を閉じる］ボタンをクリックします。

【タスク 3】スライド 2 〜 4 をセクション「ライフプラン概要」、スライド 5 以降をセクション「参考資料」にします。

① サムネイルのスライド 2 を選択します。
② ［ホーム］タブの［セクション］ボタンをクリックします。
③ ［セクションの追加］をクリックします。
④ スライド 2 の前にセクションが挿入され、［セクション名の変更］ダイアログボックスが表示されます。
⑤ 問題文の「ライフプラン概要」をクリックします。
⑥ ［セクション名の変更］ダイアログボックスの［セクション名］ボックスをクリックし、Ctrl+V キーを押します。
⑦ ［名前の変更］をクリックします。
⑧ セクション名が「ライフプラン概要」に変更されます。
⑨ サムネイルのスライド 5 をクリックし、手順 2 〜 7 と同様の操作でセクションを追加してセクション名を「参考資料」にします。

【タスク 4】スライド「キャンペーン概要」の図に「シンプルな枠、白」のスタイルを設定し、「シャープネス：50%」に修整します。

① スライド「キャンペーン概要」の図をクリックします。
② ［図ツール］の［書式］タブの［図のスタイル］の［その他］ボタンをクリックします。
③ ［シンプルな枠、白］をクリックします。
④ ［図ツール］の［書式］タブの［修正］ボタンをクリックし、［シャープネス］の［シャープネス：50%］をクリックします。
⑤ 図にスタイルとシャープネスが設定されます。

【タスク 5】スライド「参考資料 1」の表の左端に列を追加し、1 列 1 行目に「疾病種類」、1 列 2 行目に「成人病」、1 列 6 行目に「その他」と入力し、1 列 2 行目から 5 行目までのセル、1 列 6 行目から 9 行目までのセルをそれぞれ結合します。

① スライド「参考資料 1」の表の左端列のセルをクリックします。
② ［表ツール］の［レイアウト］タブの［左に列を挿入］ボタンをクリックします。
③ 左端に列が追加されます。
④ 問題文の「疾病種類」をクリックします。
⑤ 1 列 1 行目のセルにカーソルを置き、Ctrl ＋ V キーを押して貼り付けます。
⑥ 問題文の「成人病」をクリックします。
⑦ 1 列 2 行目のセルにカーソルを置き、Ctrl ＋ V キーを押して貼り付けます。
⑧ 問題文の「その他」をクリックします。
⑨ 1 列 6 行目のセルにカーソルを置き、Ctrl ＋ V キーを押して貼り付けます。
⑩ 1 列 2 行目から 5 行目までを範囲選択し、［表ツール］の［レイアウト］タブの［セルの結合］ボタンをクリックします。
⑪ 1 列 6 行目から 9 行目までを範囲選択し、［表ツール］の［レイアウト］タブの［セルの結合］ボタンをクリックします。

【タスク 6】すべてのスライドが 12 秒後に自動的に切り替わるようにします。また、クリック時には切り替わらないようにします。

① ［画面切り替え］タブの［自動］ボックスに「12」と入力します。
② ［自動］チェックボックスがオンになり「00:12:00」と表示されます。
③ ［画面切り替え］タブの［クリック時］チェックボックスをオフにします。
④ ［画面切り替え］タブの［すべてに適用］ボタンをクリックします。
⑤ 画面切り替えの設定が変更されます。

プロジェクト 5　マイバッグ推進運動

【タスク 1】スライド「キャッチコピー」の下の 4 つの画像をグループ化します。

① スライド「キャッチコピー」の 4 つの画像を選択します。
② ［描画ツール］の［書式］タブの［グループ化］ボタンをクリックし、［グループ化］をクリックします。
③ 4 つの画像がグループ化されます。

【タスク 2】すべてのスライドの画面切り替えの効果のオプションを「左から」に変更します。

① ［画面切り替え］タブの［効果のオプション］ボタンをクリックし、［左から］をクリックします。
② ［すべてに適用］ボタンをクリックします。
③ 画面効果が変更されます。

【タスク 3】スライドの切り替えが「保存済みのタイミング」になるようにスライドショーのオプションを設定します。

① ［スライドショー］タブの［スライドショーの設定］ボタンをクリックします。
② ［スライドショーの設定］ダイアログボックスの［スライドの切り替え］の［保存済みのタイミング］をオンにし、[OK] をクリックします。
③ スライドショーのタイミングが変更されます。

【タスク 4】スライド「レジ袋有料化の意見」のグラフの種類を「集合縦棒」にします。

① スライド「レジ袋有料化の意見」内のグラフをクリックします。
② ［グラフツール］の［デザイン］タブの［グラフの種類の変更］ボタンをクリックします。
③ 一覧から［縦棒］をクリックし、[集合縦棒］が選択されていることを確認して、[OK］をクリックします。
④ グラフの種類が変更されます。

【タスク 5】スライド「背景」のレベル 1 の箇条書きの記号を塗りつぶし丸の行頭文字から塗りつぶしひし形の行頭文字に変更します。

① スライド「背景」の箇条書き「●買い物客のエコ意識の浸透」を選択します。
② Ctrl キーを押しながら、「● A 店・・・」「● B 店・・・」「●問題点」「●今後」の行を選択します。
③ ［ホーム］タブの［箇条書き］ボタンの▼をクリックし、[塗りつぶしひし形の行頭文字］をクリックします。
④ 選択した箇条書きの行頭文字が変更されます。

プロジェクト 6　田舎暮らし

【タスク 1】ドキュメントを検査して、「コメント」と「ドキュメントのプロパティと個人情報」を削除します。他はそのままにします。

① ［ファイル］タブの［情報］をクリックし、[問題のチェック］をクリックします。
② ［ドキュメント検査］をクリックします。
③ ［ドキュメントの検査］ダイアログボックスの［検査］をクリックします。
④ 検査結果の［コメント］と［ドキュメントのプロパティと個人情報］の［すべて削除］をクリックします。
⑤ ［ドキュメント検査］ダイアログボックスの［閉じる］をクリックします。

【タスク 2】すべてのスライドの画面切り替えの期間を 3.5 秒に設定します。

① ［画面切り替え］タブの［期間］ボックスに「3.5」と入力します。
② 「03.50」と表示されたことを確認し、[すべてに適用］ボタンをクリックします。
③ 画面切り替え効果の期間が変更されます。

【タスク 3】タイトルスライドの前に「田舎暮らしは良い暮らし」「お試し田舎暮らし」「"田舎暮らし"に関するお問い合わせ」へのリンクを含むサマリーズームのスライドを挿入します。

① サムネイルのタイトルスライドをクリックします。
② ［挿入］タブの［ズーム］ボタンをクリックして［サマリーズーム］をクリックします。
③ ［サマリーズームの挿入］ダイアログボックスが表示されます。
④ 「1。田舎暮らしは良い暮らし」「5。お試し田舎暮らし」「7。″田舎暮らし″ に関するお問合せ」チェックボックスをオンにし、［挿入］をクリックします。
⑤ サマリーズームが挿入されます。

【タスク 4】タイトルスライドの「田舎暮らしは良い暮らし」の文字の色を「茶、アクセント 6」に変更します。

① タイトルスライドのタイトルプレースホルダーを選択します。
② ［ホーム］タブの［フォントの色］ボタンの▼をクリックし［テーマの色］の［茶、アクセント 6］をクリックします。
③ タイトルの文字色が変更されます。

【タスク 5】スライド「田舎暮らしの始め方」の SmartArt を「縦方向ボックスリスト」に変更し、スタイルを「立体グラデーション」に変更します。

① スライド「田舎暮らしの始め方」内の SmartArt グラフィックをクリックします。
② ［SmartArt ツール］の［デザイン］タブの［レイアウト］の［その他］ボタンをクリックします。
③ 一覧から［縦方向ボックスリスト］をクリックします。
④ ［SmartArt ツール］の［デザイン］タブの［SmartArt のスタイル］の［その他］ボタンをクリックします。
⑤ ［3-D］の一覧から［立体グラデーション］をクリックします。
⑥ SmartArt のレイアウトとスタイルが変更されます。

【タスク 6】スライド「太森市への移住者の年代別人口比率」のグラフの下に 1 列 4 行の表を挿入し、右上のテキストボックス内の文字を各行に入力します。テキストボックスは削除します。

① サムネイルのスライド「太森市への移住者の年代別人口比率」をクリックします。
② ［挿入］タブの［表の追加］ボタンをクリックし、「4 行× 1 列」のセルでクリックします。
③ 挿入した表をグラフの下に移動します。
④ テキストボックス内の文字列「傾向」をドラッグし、Ctrl+C キーでコピーします。
⑤ 表の 1 行目のセル内をクリックし、Ctrl+V キーを押して貼り付けます。
⑥ 改行されたら Backspace キーで改行を削除します。
⑦ 同様にテキストボックス内の文字列「20 ～ 30 代の若い・・・」を表の 2 行目に貼り付けます。
⑧ 同様にテキストボックス内の文字列「子育て環境の・・・」を表の 3 行目に貼り付けます。
⑨ 同様にテキストボックス内の文字列「移住者の・・・」を表の 4 行目に貼り付けます。
⑩ テキストボックスを選択し Delete キーで削除します。

●模擬テスト 3

プロジェクト 1　観光案内

【タスク 1】スライドの最後に白紙のレイアウトのスライドを挿入します。

① サムネイルのスライド 8 をクリックします。
② ［ホーム］タブの［新しいスライド］ボタンの▼をクリックします。
③ ［白紙］をクリックします。

④ スライド 9 に「白紙」のスライドが挿入されます。

【タスク 2】スライド「散策コース」の SmartArt に開始効果のフェード、レベル（個別）を設定します。

① スライド「散策コース」の SmartArt を選択します。
② ［アニメーション］タブの［アニメーション］の［フェード］をクリックします（一覧に表示されていない場合は［その他］ボタンをクリックして選択します）。
③ アニメーションがプレビューされ、スライド上にアニメーション番号が表示されます。
④ ［アニメーション］タブの［効果のオプション］ボタンをクリックします。
⑤ ［連続］の［レベル（個別）］をクリックします。
⑥ 設定したアニメーションがプレビューされます。

【タスク 3】スライド「人気スポット Best3」の表のデータを使用して、右側のプレースホルダーに集合縦棒グラフを作成します。

① サムネイルのスライド「人気スポット Best3」をクリックします。
② 右側のプレースホルダーの［グラフの挿入］アイコンをクリックします。
③ ［グラフの挿入］ダイアログボックスが表示されます。
④ 左側の一覧が［縦棒］、上の形式が［集合縦棒］になっていることを確認して［OK］をクリックします。
⑤ プレースホルダー内に集合縦棒グラフが挿入され、［Microsoft PowerPoint 内のグラフ］シートが表示されます。
⑥ 左側の表を選択します。
⑦ ［ホーム］タブの［コピー］ボタンをクリックします。
⑧ ［Microsoft PowerPoint 内のグラフ］シートのセル A1 で右クリックします。
⑨ ［貼り付けのオプション］の［貼り付け先の書式に合わせる］をクリックします。
⑩ 表のデータが［Microsoft PowerPoint 内のグラフ］シートにコピーされます。
⑪ ［Microsoft PowerPoint 内のグラフ］シートのセル D5 の右下の青い枠にマウスポインターを合わせ、青い枠がセル B4 の右下になるようにドラッグします。
⑫ グラフのデータ範囲がセル A1:B4 に変更され、グラフに反映されます。
⑬ ［Microsoft PowerPoint 内のグラフ］シートの［閉じる］ボタンをクリックします。

【タスク 4】スライド「千年の都「京都」」のイラストと背後の図形をグループ化します。

① スライド「千年の都…」のイラストをクリックし、Shift キーを押しながら背後の図形をクリックします。
② ［図ツール］の［書式］タブの［オブジェクトのグループ化］ボタンまたは［描画ツール］の［書式］タブの［グループ化］ボタンをクリックします。
③ ［グループ化］をクリックします。
④ イラストと図形がグループ化されます。

【タスク 5】スライド「渡月橋」の葉っぱの図を最前面、「秋は紅葉」と入力された楕円を最背面に移動します。

① スライド「渡月橋」の葉っぱの図を選択します。
② ［図ツール］の［書式］タブの［前面へ移動］ボタンの▼をクリックします。
③ ［最前面へ移動］をクリックします。
④ 葉っぱの図が最前面に移動します。
⑤ 「秋は紅葉」と入力された楕円を選択します。
⑥ ［描画ツール］の［書式］タブの［背面へ移動］ボタンの▼をクリックします。
⑦ ［最背面へ移動］をクリックします。
⑧ 「秋は紅葉」と入力された楕円が最背面に移動します。

【タスク 6】タイトルスライドのコメントに「作成しました」と返信します。

① タイトルスライドのコメントアイコンをクリックします。
② ［コメント］ウィンドウが表示されます。
③ 問題文の「作成しました」をクリックします。
④ User01 のコメントの［返信］ボックスをクリックし、Ctrl+V キーを押します。
⑤ コメントの返信が入力されます。
⑥ ［コメント］ウィンドウの［閉じる］ボタンをクリックします。

プロジェクト 2　パソコン教室

【タスク 1】スライド 4 の表のサイズを高さ「11cm」、幅「16cm」にして、「回数」の列の数字を中央揃え、「価格」の列の数字を右揃えにします。

① スライド 4 の表の枠線を選択します。
② ［表ツール］の［レイアウト］タブの［表のサイズ］の［高さ］ボックスに「11cm」と指定します。
③ ［表ツール］の［レイアウト］タブの［表のサイズ］の［幅］ボックスに「16cm」と指定します。
④ 表の高さと幅が変更されます。
⑤ 表の 2 行 2 列目（「3」と入力されているセル）から 8 行 2 列目（「2」と入力されているセル）を範囲選択します。
⑥ ［表ツール］の［レイアウト］タブの［中央揃え］ボタンをクリックします。
⑦ 選択した範囲の値がセルの中央揃えに配置されます。
⑧ 表の 2 行 3 列目（「9,800」と入力されているセル）から 8 行 3 列目（「13,800」と入力されているセル）を範囲選択します。
⑨ ［表ツール］の［レイアウト］タブの［右揃え］ボタンをクリックします。
⑩ 選択した範囲の値がセルの右揃えに配置されます。

【タスク 2】スライド 7 の吹き出しの図形のサイズを高さ「3cm」、幅「8cm」に変更します。

① スライド 7 の右側の吹き出しの図形を選択します。
② ［描画ツール］の［書式］タブの［図形の高さ］ボックスに「3cm」と指定します。
③ ［描画ツール］の［書式］タブの［図形の幅］ボックスに「8cm」と指定します。
④ 図形のサイズが変更されます。

【タスク 3】タイトルスライド以外のスライドにスライド番号を表示します。

① ［挿入］タブの［スライド番号の挿入］ボタンをクリックします。
② ［ヘッダーとフッター］ダイアログボックスの［スライド］タブが表示されます。
③ ［スライド番号］チェックボックスをオンにします。
④ ［タイトルスライドに表示しない］チェックボックスをオンにします。
⑤ ［すべてに適用］ボタンをクリックします。
⑥ タイトルスライド以外のスライドにスライド番号が表示されます。

【タスク 4】スライド 2 に縦方向箇条書きリストの SmartArt を挿入し、上から「少人数制」、「少ない定員で丁寧に指導」、「自習教材の充実」、「欠席してもビデオ学習が可能」と入力します。

① サムネイルのスライド 2 をクリックします。
② プレースホルダー内の［SmartArt グラフィックの挿入］アイコンをクリックします。
③［SmartArt グラフィックの挿入］ダイアログボックスが表示されます。
④［リスト］の［縦方向箇条書きリスト］をクリックします。
⑤［OK］をクリックします。
⑥ SmartArt が挿入されます。
⑦ テキストウィンドウが表示されていない場合は、挿入した SmartArt グラフィックの左中央の左向き三角をクリックしてテキストウィンドウを表示します。
⑧ 問題文の「少人数制」をクリックします。
⑨［テキストウィンドウ］の 1 行目をクリックし、Ctrl+V キーを押します。
⑩ 手順 8 ～ 9 と同様の操作で 2 行目に「少ない定員で丁寧に指導」、3 行目に「自習教材の充実」、4 行目に「欠席してもビデオ学習が可能」と入力します。

【タスク 5】メディアのサイズを圧縮します。品質はどれでもかまいません。

①［ファイル］タブの［情報］の［メディアサイズとパフォーマンス］にある［メディアの圧縮］をクリックします。
② 任意の品質をクリックします。
③［メディアの圧縮］ダイアログボックスが表示され、メディアの圧縮状況が表示されます。
④［メディアの圧縮］ダイアログボックスの下部に［圧縮が完了しました…］と表示されたら［閉じる］をクリックします。
⑤ メディアが圧縮されます。

【タスク 6】すべてのスライドが 30 秒後に切り替わり、クリックでは切り替わらないようにします。

①［画面切り替え］タブの［画面切り替えのタイミング］の［自動］ボックスに「30」と入力します。
②［自動］ボックスに「00:30.00」と表示され、チェックボックスがオンになります。
③［画面切り替え］タブの［クリック時］チェックボックスをオフにします。
④［画面切り替え］タブの［すべてに適用］ボタンをクリックします。
⑤ すべてのスライドに画面切り替えの時間が設定され、クリック時には切り替えられなくなります。

プロジェクト 3　写真展

【タスク 1】タイトルスライドの画像のサイズを「85%」にします。

① スライド 1 の画像を選択します。
②［図ツール］の［書式］タブの［サイズ］の［配置とサイズ］ボタンをクリックします。
③［図の書式設定］作業ウィンドウの［サイズとプロパティ］が表示されます。
④［サイズ］の［高さの倍率］ボックスに「85%」と指定します。
⑤［幅の倍率］ボックスも「85%」に変更されます。
⑥［図の書式設定］作業ウィンドウの［閉じる］ボタンをクリックします。

【タスク 2】スライド 4 の 3 つの画像を上揃え、左右に整列します。

① スライド 4 の 1 つ目の画像をクリックし、Shift キーを押しながら残りの 2 つの画像をクリックします。
②［図ツール］の［書式］タブの［オブジェクトの配置］ボタンをクリックします。
③［上揃え］をクリックします。
④ 3 つの画像が一番上にあった画像の上端に揃えられます。
⑤［図ツール］の［書式］タブの［オブジェクトの配置］ボタンをクリックします。
⑥［左右に整列］をクリックします。
⑦ 3 つの画像が左右等間隔に配置されます。

【タスク 3】スライド 8 に動画「yacho_bp.mp4」を挿入し、動画の幅を「16cm」にします。

① サムネイルのスライド 8 をクリックします。
② プレースホルダー内の［ビデオの挿入］アイコンをクリックします。
③［ビデオの挿入］ダイアログボックスが表示されます。
④「yacho_bp」をクリックし、［挿入］をクリックします（「yacho_bp」が表示されていない場合は、左側の一覧から［ドキュメント］をクリックして指定します）。
⑤ 動画が挿入されます。
⑥［ビデオツール］の［書式］タブの［幅］ボックスに「16cm」と指定します。
⑦ 動画のサイズが変更されます。

【タスク 4】「既定のセクション」のセクション名を「概要」、「タイトルなしのセクション」のセクション名を「作品」に変更します。

① スライド 1 の前の「既定のセクション」をクリックします。
②［ホーム］タブの［セクション］ボタンをクリックします。
③［セクション名の変更］をクリックします。
④［セクション名の変更］ダイアログボックスが表示されます。
⑤ 問題文の「概要」をクリックします。
⑥［セクション名］ボックスをクリックし、Ctrl+V キーを押します。
⑦［名前の変更］をクリックします。
⑧ セクション名が「概要」に変更されます。
⑨ スライド 4 の前の「タイトルなしのセクション」をクリックします。
⑩ 手順 2 ～ 7 と同様の操作で、セクション名を「作品」に変更します。

【タスク 5】スライドマスターでスライドの背景のスタイルをスタイル 2 にします。

①［表示］タブの［スライドマスター］ボタンをクリックします。
② 左側のサムネイルの一番上の［スライドマスター］をクリックします。
③［スライドマスター］タブの［背景のスタイル］ボタンをクリックします。
④［スタイル 2］をクリックします。
⑤ スライドの背景が変更されます。
⑥［スライドマスター］タブの［マスター表示を閉じる］ボタンをクリックします。

【タスク 6】スライド 2 の箇条書きを「スプリット」のアニメーションに変更します。

① スライド 2 の箇条書きのプレースホルダーを選択します。
②［アニメーション］タブの［アニメーション］の［スプリット］をクリックします。
③ 箇条書きのアニメーションが変更され、プレビューされます。

プロジェクト 4　ペット可物件

【タスク 1】スライド 2 に変形の画面切り替え効果を設定します。

① サムネイルのスライド 2 をクリックします。
② ［画面切り替え］タブの［変形］をクリックします。
③ スライド 2 に「変形」の画面切り替え効果が設定され、プレビューされます。

【タスク 2】スライド 2 から 5 のみグレースケールで 5 部印刷する準備をします。1 ページ目がすべて印刷されたら 2 ページ目が印刷されるようにします。

① ［ファイル］タブの［印刷］をクリックします。
② ［設定］の［スライド指定］ボックスに「2-5」と入力します。
③ ［設定］の［カラー］をクリックします。
④ ［グレースケール］をクリックします。
⑤ 印刷プレビュー画面がグレースケールでプレビューされます。
⑥ ［部数］ボックスに「5」と指定します。
⑦ ［設定］の［部単位で印刷］をクリックします。
⑧ ［ページ単位で印刷］をクリックします。
⑨ 印刷の設定が変更されます。

【タスク 3】スライド 4 の画像を「四角形：1 つの角を丸める」の図形に合わせてトリミングします。

① スライド 4 の画像を選択します。
② ［図ツール］の［書式］タブの［トリミング］ボタンの▼をクリックします。
③ ［図形に合わせてトリミング］をポイントし、［四角形］の［四角形：1 つの角を丸める］をクリックします。
④ 画像が図形に合わせてトリミングされます。

【タスク 4】スライド 7 のグラフを「3-D 面グラフ」に変更し、スタイル「スタイル 4」、色「モノクロパレット 2」を設定します。

① スライド 7 のグラフを選択します。
② ［グラフツール］の［デザイン］タブの［グラフの種類の変更］ボタンをクリックします。
③ ［グラフの種類の変更］ダイアログボックスが表示されます。
④ 左側の一覧から［面］をクリックします。
⑤ 上の形式から［3-D 面］をクリックし、［OK］をクリックします。
⑥ グラフが 3-D 面グラフに変更されます。
⑦ グラフ右側の［グラフスタイル］ボタンをクリックします。
⑧ ［スタイル］タブの［スタイル 4］をクリックします。
⑨ ［色］タブの［モノクロ］の［モノクロパレット 2］をクリックします。
⑩ グラフのスタイルと色が変更されます。

【タスク 5】スライド 6 のビデオを 2 秒でフェードインし、スライドが切り替わったら自動で再生するようにします。

① スライド 6 のビデオを選択します。
② ［ビデオツール］の［再生］タブの［フェードイン］ボックスに「02.00」と指定します。
③ ［ビデオツール］の［再生］タブの［開始］ボックスをクリックし、［自動］をクリックします。
④ ビデオの再生の設定が変更されます。

【タスク 6】スライド8のスライドの背景をピクチャフォルダーの「building_bp.jpg」にして、透明度を 20% にします。

① サムネイルのスライド 8 をクリックします。
② ［デザイン］タブの［背景の書式設定］ボタンをクリックします。
③ ［背景の書式設定］作業ウィンドウの［塗りつぶし］が表示されます。
④ ［塗りつぶし］の［塗りつぶし（図またはテクスチャ）］が選択されていることを確認し、［画像ソース］の［挿入する］をクリックします。
⑤ ［図の挿入］ウィンドウの［ファイルから］をクリックします。
⑥ ［図の挿入］ダイアログボックスが表示されます。
⑦ ［ピクチャ］が選択されていることを確認して「building_bp」をクリックします。
⑧ ［挿入］をクリックします。
⑨ スライドの背景に画像が挿入されます。
⑩ ［背景の書式設定］作業ウィンドウの［塗りつぶし］の［透明度］ボックスに「20%」と指定します。
⑪ 背景の画像の透明度が変更されます。
⑫ ［背景の書式設定］作業ウィンドウの［閉じる］ボタンをクリックします。

プロジェクト 5　四字熟語とことわざ

【タスク 1】ノートマスターのテキストプレースホルダーにグラデーション「薄いグラデーション - アクセント 6」を設定します。

① ［表示］タブの［ノートマスター］ボタンをクリックします。
② ノートマスターの下部分のテキストプレースホルダーの枠線をクリックします。
③ ［描画ツール］の［書式］タブの［図形のスタイル］の［図形の書式設定］ボタンをクリックします。
④ ［図形の書式設定］作業ウィンドウの［塗りつぶしと線］が表示されます。
⑤ ［塗りつぶし］をクリックして展開します。
⑥ ［塗りつぶし（グラデーション）］をクリックします。
⑦ ［既定のグラデーション］のボタンをクリックし、［薄いグラデーション - アクセント 6］をクリックします。
⑧ ノートマスターのテキストプレースホルダーにグラデーションが設定されます。
⑨ ［図形の書式設定］作業ウィンドウの［閉じる］ボタンをクリックします。
⑩ ［ノートマスター］タブの［マスター表示を閉じる］ボタンをクリックします。

【タスク 2】スライド 1 にスライド 2 と 6 にリンクするスライドズームを挿入し、サムネイルを下部の灰色の部分にスライド 2 を左、スライド 6 を右に重ならないように配置します。灰色の部分であれば位置はどこでもかまいません。

① サムネイルのスライド 1 をクリックします。
② ［挿入］タブの［ズーム］ボタンをクリックします。
③ ［スライドズーム］をクリックします。
④ ［スライドズームの挿入］ダイアログボックスが表示されます。
⑤ 「2. 四字熟語とは」と「6. ことわざとは」のチェックボックスをオンにします。
⑥ ［挿入］をクリックします。
⑦ スライドズームのサムネイルが挿入されます。
⑧ 「ことわざとは」のサムネイルをスライドの灰色部分の右下、「四

字熟語とは」のサムネイルをスライドの灰色部分の左下に移動します。

【タスク 3】スライド 8 の矢印の図形に「パステル - 茶、アクセント 5」のスタイルを適用します。

① スライド 8 の矢印の図形を選択します。
② ［描画ツール］の［書式］タブの［図形のスタイル］の［その他］ボタンをクリックします。
③ ［テーマスタイル］の［パステル - 茶、アクセント 5］をクリックします。
④ 図形のスタイルが変更されます。

【タスク 4】スライド 7 のイラストのアニメーションが前の動作の後に表示され、継続時間が 2 秒になるようにします。

① スライド 7 のイラストを選択します。
② ［アニメーション］タブの［開始］ボックスをクリックします。
③ ［直前の動作の後］をクリックします。
④ イラストのアニメーション番号が「2」に変更されます。
⑤ ［アニメーション］タブの［継続時間］ボックスに「02.00」と指定します。
⑥ アニメーションの継続時間が変更されます。

【タスク 5】スライド 9 の箇条書きを「リボン状の矢印」の SmartArt に変換し、ブロックのスタイルを設定します。

① スライド 9 の箇条書きプレースホルダーを選択します。
② ［ホーム］タブの［SmartArt グラフィックに変換］ボタンをクリックします。
③ ［その他の SmartArt グラフィック］をクリックします。
④ ［SmartArt グラフィックの選択］ダイアログボックスが表示されます。
⑤ ［手順］の［リボン状の矢印］を選択します。
⑥ ［OK］をクリックします。
⑦ 箇条書きが SmartArt に変換されます。
⑧ ［SmartArt ツール］の［デザイン］タブの［SmartArt のスタイル］の［その他］ボタンをクリックします。
⑨ ［3-D］の［ブロック］をクリックします。
⑩ SmartArt のスタイルが変更されます。

プロジェクト 6　パーソナルカラー

【タスク 1】スライド「4 つのタイプ II」の表の最終行に行を追加し、セルを結合して 1 つのセルにします。

① スライド「4 つのタイプ II」の表の最終行の任意のセル内をクリックします。
② ［表ツール］の［レイアウト］タブの［下に行を挿入］ボタンをクリックします。
③ 表に最終行が追加されます。
④ 最終行のすべてのセルが選択されていることを確認し、［表ツール］の［レイアウト］タブの［セルの結合］ボタンをクリックします。
⑤ 4 つのセルが結合されます。

【タスク 2】スライド「診断の基本」の角丸四角形の枠線を「3pt」にし、「透視投影：左上」の影を設定します。

① スライド「診断の基本」の角丸四角形の図形を選択します。
② ［描画ツール］の［書式］タブの［図形の枠線］ボタンをクリックします。
③ ［太さ］をポイントし、［3pt］をクリックします。
④ 枠線の太さが変更されます。
⑤ ［描画ツール］の［書式］タブの［図形の効果］ボタンをクリックします。
⑥ ［影］をポイントし、［透視投影］の［透視投影：左上］をクリックします。
⑦ 図形に影の効果が設定されます。

【タスク 3】スライド「募集要項」を削除します。

① スライド「募集要項」のサムネイルをクリックします。
② Delete キーを押します。
③ スライドが削除されます。

【タスク 4】スライド「モニター募集」の箇条書きのアニメーションを「バウンド」に変更し、前のアニメーションに続いて表示されるようにします。

① スライド「モニター募集」の箇条書きプレースホルダーを選択します。
② ［アニメーション］タブの［アニメーション］の［その他］ボタンをクリックします。
③ ［開始］の［バウンド］をクリックします。
④ 「バウンド」のアニメーションがプレビューされ、変更されます。
⑤ ［アニメーション］タブの［開始］ボックスをクリックします。
⑥ ［直前の動作の後］をクリックします。
⑦ 箇条書きのアニメーション番号が「1」に変更され、アニメーションのタイミングが変更されます。

【タスク 5】スライド「モニター募集」の 3D オブジェクトのビューを「下前面」にし、幅を「20cm」に変更します。

① スライド「モニター募集」の 3D モデルを選択します。
② ［3D モデルツール］の［書式］タブの［3D モデルビュー］の［その他］ボタンをクリックします。
③ ［下前面］をクリックします。
④ 3D モデルのビューが変更されます。
⑤ ［3D モデルツール］の［書式］タブの［幅］ボックスに「20cm」と指定します。
⑥ 3D モデルの幅が変更されます。

【タスク 6】スライドショーがスライド 1 から 5 を出席者として閲覧し、クリックで切り替わる設定にします。

① ［スライドショー］タブの［スライドショーの設定］ボタンをクリックします。
② ［スライドショーの設定］ダイアログボックスが表示されます。
③ ［スライドの表示］の［スライド指定］をオンにします。
④ ［スライド指定］のボックスに「1」から「5」と指定します。
⑤ ［種類］の［出席者として閲覧する（ウィンドウ表示）］をオンにします。
⑥ ［スライドの切り替え］の［クリック時］をオンにします。
⑦ ［OK］をクリックします。
⑧ スライドショーが設定されます。

●模擬テスト 4

プロジェクト 1　アマチュアバンドコンテスト

【タスク 1】すべてのスライドのフッターに「リオンミュージック」を追加します。

① ［挿入］タブの［ヘッダーとフッター］ボタンをクリックします。

② ［ヘッダーとフッター］ダイアログボックスが表示されます。
③ 問題文の「リオンミュージック」をクリックします。
④ ［フッター］チェックボックスをオンにし、フッターボックスをクリックしてCtrl+Vキーを押します。
⑤ ［すべてに適用］ボタンをクリックします。
⑥ すべてのスライドにフッターが追加されます。

【タスク2】「募集部門」スライドにある表の一番下に行を追加し、左から「コピー・カバー部門」、「コピー・カバー曲を演奏」と入力します。

① スライド「募集部門」の表の2行目の任意のセルをクリックします。
② ［表ツール］の［レイアウト］タブの［下に行を挿入］ボタンをクリックします。
③ 表に行が追加されます。
④ 問題文の「コピー・カバー部門」をクリックします。
⑤ 挿入した行の左端のセル内をクリックし、Ctrl+Vキーを押します。
⑥ 問題文の「コピー・カバー曲を演奏」をクリックします。
⑦ 挿入した行の右端のセル内をクリックし、Ctrl+Vキーを押します。

【タスク3】左にテキスト、右にメディアのプレースホルダーの「オリジナル1」というレイアウトをスライドマスターの一番下に作成します。プレースホルダーのサイズは自由です。

① ［表示］タブの［スライドマスター］ボタンをクリックします。
② サムネイルの一番下のレイアウトをクリックし、［スライドマスター］タブの［レイアウトの挿入］ボタンをクリックします。
③ ［スライドマスター］タブの［名前の変更］ボタンをクリックします。
④ 問題文の「オリジナル1」をクリックします。
⑤ ［レイアウト名の変更］ダイアログボックスの［レイアウト名］ボックスでCtrl+Vキーを押して貼り付け、［名前の変更］をクリックします。
⑥ ［スライドマスター］タブの［プレースホルダーの挿入］ボタンの▼をクリックし、［テキスト］をクリックします。
⑦ ［マスタータイトルの書式設定］プレースホルダーの右側にドラッグして描画します。
⑧ ［スライドマスター］タブの［プレースホルダーの挿入］ボタンの▼をクリックし、［メディア］をクリックします。
⑨ ［テキスト］プレースホルダーの右側にドラッグして描画します。
⑩ ［スライドマスター］タブの［マスター表示を閉じる］ボタンをクリックします。

【タスク4】「応募方法」スライドの「こちら」の文字に「https://contest.example.com」へのハイパーリンクを設定し、表示文字列を「弊社HP」にします。

① スライド「応募方法」の文字列「こちら」をドラッグし、［挿入］タブの［リンク］ボタンをクリックします。
② ［ハイパーリンクの挿入］ダイアログボックスが表示されます。
③ 問題文の「弊社HP」をクリックします。
④ ［表示文字列］ボックスをクリックし、Ctrl+Vキーを押します。
⑤ ［リンク先］が［ファイル、Webページ］となっていることを確認します。
⑥ 問題文の「https://contest.example.com」をクリックします。
⑦ ［アドレス］ボックスをクリックし、Ctrl+Vキーを押します。
⑧ ［OK］をクリックします。
⑨ ハイパーリンクが挿入されます。

【タスク5】「募集部門」スライドの角丸四角形の図形を「四角形：メモ」に置き換えます。

① スライド「募集部門」の図形をクリックします。
② ［描画ツール］の［書式］タブの［図形の編集］ボタンをクリックします。
③ ［図形の変更］をポイントし、［基本図形］の［四角形：メモ］をクリックします。
④ 図形が変更されます。

【タスク6】「コンテストの流れ」スライドの箇条書きのアニメーションの効果のオプションを「フロートダウン」に変更し、継続時間を「2秒」にします。

① スライド「コンテストの流れ」の箇条書きのプレースホルダーを選択します。
② ［アニメーション］タブの［効果のオプション］ボタンをクリックし、［フロートダウン］をクリックします。
③ ［アニメーション］タブの［継続時間］ボックスに「2」と入力します。
④ 「02.00」と表示されます。
⑤ アニメーションの効果が変更されます。

プロジェクト2　夏の入会キャンペーン

【タスク1】スライド「概要」の箇条書きの行頭文字を①②③に変更します。

① スライド「概要」のコンテンツプレースホルダーを選択します。
② ［ホーム］タブの［段落番号］ボタンの▼をクリックします。
③ ［囲み英数字］をクリックします。
④ 段落番号が変更されます。

【タスク2】スライド「概要」の図形の塗りつぶしを「プラム、アクセント2、白＋基本色80%」に、枠線を「3pt」で「赤、アクセント1、白＋基本色40%」に、効果を「光彩：11pt；赤、アクセント カラー1」に設定します。

① スライド「概要」のコンテンツプレースホルダーを選択します。
② ［描画ツール］の［書式］タブの［図形の塗りつぶし］ボタンの▼をクリックします。
③ ［テーマの色］の［プラム、アクセント2、白＋基本色80%］をクリックします。
④ ［描画ツール］の［書式］タブの［図形の枠線］ボタンの▼をクリックし、［テーマの色］の［赤、アクセント1、白＋基本色40%］をクリックします。
⑤ ［図形の枠線］ボタンの▼をクリックし、［太さ］をポイントして、［3pt］をクリックします。
⑥ ［図形の効果］ボタンの▼をクリックし、［光彩］をポイントして、［光彩：11pt；赤、アクセント カラー1］をクリックします。
⑦ 図形に効果が設定されます。

【タスク3】スライド「新規入会人数」のグラフを「折れ線グラフ」に変更します。

① スライド「新規入会人数」内のグラフをクリックし、［グラフツール］の［デザイン］タブの［グラフの種類の変更］ボタンをクリックします。
② ［グラフの種類の変更］ダイアログボックスの一覧から［折れ線］をクリックします。
③ ［折れ線グラフ］が選択されていることを確認し、［OK］をクリックします。
④ グラフが折れ線グラフに変更されます。

【タスク 4】スライド「会員料金」の表のスタイルを「中間スタイル 2- アクセント 1」とし、交互についている行の色を解除し、列の縞模様を設定します。

① スライド「会員料金」内の表をクリックします。
② ［表ツール］の［デザイン］タブの［表のスタイル］の［その他］ボタンをクリックします。
③ ［中間］の［中間スタイル 2- アクセント 1］をクリックします。
④ ［表ツール］の［デザイン］タブの［縞模様（行）］チェックボックスをオフにし、［縞模様（列）］チェックボックスをオンにします。
⑤ 表のスタイルが変更されます。

【タスク 5】スライド「NEW プログラム」に「プログラムの確認をお願いします」というコメントを挿入します。

① サムネイルのスライド「NEW　プログラム」を選択します。
② ［校閲］タブの［新しいコメント］ボタンをクリックします。
③ ［コメント］ウィンドウが表示されます。
④ 問題文の「プログラムの確認をお願いします」をクリックします。
⑤ コメントボックス内でクリックし、Ctrl+V キーを押して貼り付けます。
⑥ ［コメント］ウィンドウの［閉じる］ボタンをクリックします。
⑦ スライドの左上にコメントマークが表示されます。

【タスク 6】すべてのスライドに「ピール オフ」の画面切り替えを設定します。

① ［画面切り替え］タブの［画面切り替え］の［その他］ボタンをクリックします。
② ［はなやか］の一覧の［ピール オフ］をクリックします。
③ ［画面切り替え］タブの［すべてに適用］ボタンをクリックします。
④ 画面切り替えが設定されます。

プロジェクト 3　ライフプラニング

【タスク 1】スライド 6 の箇条書きの文字の間隔を「広く」にして、サイズを「32pt」にします。

① スライド 6 の箇条書きのプレースホルダーを選択します。
② ［ホーム］タブの［文字の間隔］ボタンをクリックし、［広く］をクリックします。
③ ［ホーム］タブの［フォントサイズ］ボタンの▼をクリックし、［32pt］をクリックします。
④ フォントの設定が変更されます。

【タスク 2】スライド 3 の SmartArt の「貯蓄のテクニック相談」と「ライフイベント確認」を入れ替えます。

① スライド 3 の「貯蓄のテクニック相談」の図形を選択します。
② ［SmartArt ツール］の［デザイン］タブの［下へ移動］ボタンをクリックします。
③ SmartArt 内の順序が入れ替わります。

【タスク 3】「キャンペーン」セクションを 1 ページに 2 スライドで印刷する設定をします。

① ［ファイル］タブをクリックし、［印刷］をクリックします。
② ［設定］の［すべてのスライドを印刷］をクリックし、［セクション］の［キャンペーン］をクリックします。
③ ［フルページサイズのスライド］をクリックし、［配布資料］の［2 スライド］をクリックします。
④ 印刷設定が変更されます。

【タスク 4】スライド 4 のレイアウトを「タイトルとコンテンツ」に変更します。

① サムネイルのスライド 4 を選択します。
② ［ホーム］タブの［レイアウト］ボタンの▼をクリックし、［タイトルとコンテンツ］をクリックします。
③ スライドのレイアウトが変更されます。

【タスク 5】タイトルスライドの図形に「ターン」のアニメーションの軌跡を設定し、「上へ」のオプションに変更します。

① タイトルスライドの図形をクリックします。
② ［アニメーション］タブの［アニメーション］の［その他］ボタンをクリックします。
③ ［アニメーションの軌跡］の［ターン］をクリックします。
④ ［効果のオプション］ボタンをクリックし、［ターン（上へ）］をクリックします。
⑤ 図形にアニメーションが設定されます。

【タスク 6】スライド 2 にある図が本文と重ならないように上端をトリミングします。

① スライド 2 の図をクリックします。
② ［図ツール］の［書式］タブの［トリミング］ボタンをクリックします。
③ 図の上中央のハンドルを下方向に文字と重ならない位置までドラッグします。
④ ［トリミング］ボタンをクリックして、トリミングを確定します。
⑤ 図がトリミングされます。

プロジェクト 4　朝の新提案

【タスク 1】アクセシビリティチェックをし、エラーの出ている図に「朝活イメージ」という代替テキストを挿入します。

① ［ファイル］タブの［情報］をクリックします。
② ［問題のチェック］をクリックし、［アクセシビリティ チェック］をクリックします。
③ ［アクセシビリティ チェック］ウィンドウが表示されます。
④ ［エラー］欄の［代替テキストがありません］の［図 3（スライド 7）］の▼をクリックし、［説明を追加］をクリックします。
⑤ ［代替テキスト］ウィンドウが表示されます。
⑥ 問題文の「朝活イメージ」をクリックします。
⑦ ［代替テキスト］ウィンドウのボックス内をクリックし、Ctrl+V キーを押して貼り付けます。
⑧ ［代替テキスト］ウィンドウの［閉じる］ボタンをクリックします。
⑨ ［アクセシビリティ チェック］ウィンドウの［エラー］欄に図のエラーがないことを確認し、［閉じる］ボタンをクリックします。
⑩ 図に代替テキストが設定されます。

【タスク 2】タイトルスライドの次に、スライド「「朝活」とは」「朝活・実践データ」「ミニマムスタートから」へのリンクを含むサマリーズームのスライドを挿入します。

① サムネイルのタイトルスライドを選択します。
② ［挿入］タブの［ズーム］ボタンをクリックし、［サマリーズーム］をクリックします。
③ ［サマリーズームの挿入］ダイアログボックスが表示されます。
④ 「2。「朝活」とは」「5。朝活・実践データ」「7。ミニマムスタートから」のチェックボックスをオンにし、［挿入］をクリックします。

⑤ タイトルスライドの次にサマリーズームのスライドが挿入されます。

【タスク 3】スライド「出勤前の朝の時間を有意義に」の音量を「中」にして、オーディオをクリックすると1秒後にフェードインするようにします。

① スライド「出勤前の朝の時間を有意義に」内のサウンドをクリックします。
② [オーディオツール]の[再生]タブの[音量]ボタンをクリックし、[中]をクリックします。
③ [オーディオツール]の[再生]タブの[フェードの継続時間]の[フェードイン]ボックスに「1」と入力します。
④ [フェードイン]ボックスに「01.00」と表示されていることを確認します。
⑤ [オーディオツール]の[再生]タブの[開始]ボタンの▼をクリックし、[クリック時]をクリックします。
⑥ サウンドの設定が変更されます。

【タスク 4】スライド「「朝活」とは」の一番右の図形のサイズを縦横比率はそのまま 1.2 倍に拡大します。

① スライド「「朝活」とは」内の右端の図形をクリックします。
② [描画ツール]の[書式]タブの[サイズ]の[配置とサイズ]ボタンをクリックします。
③ [図形の書式設定]作業ウィンドウが表示されます。
④ [縦横比を固定する]チェックボックスをオンにします。
⑤ [高さの倍率]ボックスに「120」と入力します。
⑥ [幅の倍率]ボックスも「120%」と表示されていることを確認します。
⑦ [図形の書式設定]作業ウィンドウの[閉じる]ボタンをクリックします。
⑧ 図形が拡大します。

【タスク 5】スライド「出勤前の朝の時間を有意義に」の 3D モデルのビューを「下前面」にし、左右の中央に配置します。

① スライド「出勤前の朝の時間を有意義に」内の 3D モデルをクリックします。
② [3D モデルツール]の[書式]タブの[3D モデルビュー]の[その他]ボタンをクリックします。
③ [下前面]をクリックします。
④ [3D モデルツール]の[書式]タブの[配置]ボタンをクリックし、[左右中央揃え]をクリックします。
⑤ 3D モデルのビューと配置が変更されます。

【タスク 6】スライド「「朝活」とは」の図形のアニメーションが左から順番に表示されるように変更します。

① サムネイルのスライド「「朝活」とは」をクリックします。
② [アニメーション]タブをクリックし、現在のアニメーションの順番を確認します。
③ 右端の図形をクリックし、[順番を後にする]ボタンをクリックします。
④ アニメーションが左から順番になっていることを確認します。

プロジェクト 5　kids プログラミングスクール

【タスク 1】スライドのサイズを「画面に合わせる(16：10)」にしてコンテンツをサイズに合わせて調整します。

① [デザイン]タブの[スライドのサイズ]ボタンをクリックし、[ユーザー設定のスライドのサイズ]をクリックします。
② [スライドのサイズ]ダイアログボックスの[スライドのサイズ指定]の▼をクリックし、[画面に合わせる(16:10)]をクリックして[OK]をクリックします。
③ [サイズに合わせて調整]をクリックします。
④ スライドのサイズが変更されます。

【タスク 2】スライド「アジェンダ」にスライド「コンセプト」「マーケティング戦略(1)」にリンクするスライドズームを挿入し、サムネイルを SmartArt の下に重ならないように配置します。

① サムネイルのスライド「アジェンダ」を選択します。
② [挿入]タブの[ズーム]ボタンをクリックし、[スライドズーム]をクリックします。
③ [スライドズームの挿入]ダイアログボックスが表示されます。
④「4。コンセプト」「8。マーケティング戦略(1)」チェックボックスをオンにし、[挿入]をクリックします。
⑤ 挿入されたスライドズームを SmartArt グラフィックの下にドラッグします。

【タスク 3】スライド「事業計画の主旨」を非表示にします。

① サムネイルのスライド「事業計画の主旨」をクリックします。
② [スライドショー]タブの[非表示スライドに設定]ボタンをクリックします。
③ サムネイルのスライド「事業計画の主旨」が薄くなり、スライド番号に＼が表示されます。

【タスク 4】スライド「競合上の優位性」の 3D オブジェクトに「ジャンプしてターン」のアニメーションを設定し、方向を右に変更します。

① スライド「競合上の優位性」内の 3D オブジェクトをクリックします。
② [アニメーション]タブの[アニメーション]の一覧から[ジャンプしてターン]をクリックします。
③ [効果のオプション]をクリックし、[方向]の[右]をクリックします。
④ 3D オブジェクトにアニメーションが設定されます。

【タスク 5】スライド「市場分析 2」の右側のプレースホルダーにグラフ「3-D 円」を挿入し、左側の表のデータを設定します。データは手動で入力、またはコピーします。作成後、グラフのタイトルは削除します。

① サムネイルのスライド「市場分析(2)」をクリックします。
② 右側のプレースホルダー内の[グラフの挿入]アイコンをクリックします。
③ [グラフの挿入]ダイアログボックスの一覧から[円]をクリックし、[3-D 円]をクリックして[OK]をクリックします。
④ プレースホルダー内に 3-D 円グラフが挿入され、[Microsoft PowerPoint 内のグラフ]シートが表示されます。
⑤ 左側の表を選択します。
⑥ [ホーム]タブの[コピー]ボタンをクリックします。
⑦ [Microsoft PowerPoint 内のグラフ]シートのセル A2 で右クリックします。
⑧ [貼り付けのオプション]の[貼り付け先の書式に合わせる]をクリックします。
⑨ シートのセル「B5」の右下にあるハンドルをセル B4 までドラッグしてグラフ範囲を変更します。
⑩ [Microsoft PowerPoint 内のグラフ]シートの[閉じる]ボタンをクリックします。
⑪ グラフタイトル「売上高」をクリックし、Delete キーを押して削

除します。

プロジェクト6　リニューアルオープン

【タスク 1】プレゼンテーションに「お知らせ _bp」という名前を付けてドキュメントフォルダーに PDF ファイルとしてエクスポートします。

① ［ファイル］タブをクリックし、［エクスポート］をクリックして［PDF/XPS ドキュメントの作成］をクリックします。
② ［PDF/XPS の作成］をクリックします。
③ ［PDF または XPS 形式で発行］ダイアログボックスが表示されます。
④ ［ドキュメント］フォルダーが選択されていることを確認します。
⑤ 問題文の「お知らせ _bp」をクリックします。
⑥ ［ファイル名］ボックスをクリックし、Ctrl+V キーを押して貼り付けます。
⑦ ［ファイルの種類］ボックスに［PDF］と表示されていることを確認します。
⑧ ［発行］をクリックします。
⑨ ファイルが PDF 形式でエクスポートされます。

【タスク 2】すべてのスライドの画面切り替えにカメラのサウンドを設定します。

① ［画面切り替え］タブの［サウンド］の▼をクリックし、［カメラ］をクリックします。
② ［すべてに適用］ボタンをクリックします。
③ 画面切り替えにサウンドが設定されます。

【タスク 3】スライド「リニューアルオープンキャンペーン 1」の後にドキュメントフォルダーの「ホテルリニューアル _bp.docx」のアウトラインからスライドを挿入します。

① サムネイルのスライド「リニューアルオープンキャンペーン 1」を選択します。
② ［ホーム］タブの［新しいスライド］の▼をクリックし、［アウトラインからスライド］をクリックします。
③ ［アウトラインの挿入］ダイアログボックスが表示されます。
④ ［ドキュメント］が選択されていることを確認し、「ホテルリニューアル _bp」を選択して［挿入］をクリックします。
⑤ スライドが挿入されます。

【タスク 4】スライド「リニューアルオープンキャンペーン 1」の 3 つの図形を上下の中央に揃え、等間隔で横に並ぶように設定します。

① スライド「リニューアルオープンキャンペーン 1」内の 3 つの図形を選択します。
② ［描画ツール］の［書式］タブをクリックし、［配置］ボタンをクリックして［上下中央揃え］をクリックします。
③ ［配置］ボタンをクリックし、［左右に整列］をクリックします。
④ 3 つの図形の配置が変更されます。

【タスク 5】スライド「リニューアルのポイント」の箇条書きテキストを「横方向ベン図」の SmartArt に変換し、色をベーシックの「枠線のみ - 濃色 2」に変更します。

① スライド「リニューアルのポイント」の箇条書きのプレースホルダー内をクリックします。
② ［ホーム］タブの［SmartArt に変換］ボタンをクリックし、［その他の SmartArt グラフィック］をクリックします。
③ ［SmartArt グラフィックの選択］ダイアログボックスが表示されます。
④ ［集合関係］をクリックし、［横方向ベン図］をクリックして［OK］をクリックします。
⑤ ［SmartArt ツール］の［デザイン］タブをクリックし、［色の変更］ボタンをクリックします。
⑥ ［ベーシック］の［枠線のみ - 濃色 2］をクリックします。

【タスク 6】スライド「名門エステサロン」に 4 行× 2 列の表を挿入し、スライドの下部に配置します。左上のセルから下に「主なメニュー」「フェイシャル」「ボディ」「フットケア」と入力し、フェイシャルの隣のセルに「一番人気」と入力します。

① サムネイルのスライド「名門エステサロン」をクリックします。
② ［挿入］タブの［表の追加］ボタンをクリックし、「4 行× 2 列」のセルでクリックします。
③ 挿入した表をスライドの下に移動します。
④ 問題文の「主なメニュー」をクリックします。
⑤ 表の左上のセル内をクリックし、Ctrl+V キーを押して貼り付けます。
⑥ 問題文の「フェイシャル」をクリックします。
⑦ 表の 1 列 2 行目のセル内をクリックし、Ctrl+V キーを押して貼り付けます。
⑧ 同様に「ボディ」「フットケア」を 1 列 3 行目、1 列 4 行目に貼り付けます。
⑨ 問題文の「一番人気」をクリックします。
⑩ 2 列目 2 行目のセル内をクリックし、Ctrl+V キーを押して貼り付けます。

●模擬テスト 5

プロジェクト 1　フレグランス

【タスク 1】スライド 5 の「Let's enjoy a fragrance!」と入力されている図形に「グラデーション - 茶、アクセント 4」のスタイルを設定します。

① スライド 5 の「Let's enjoy a fragrance!」と入力されている図形を選択します。
② ［描画ツール］の［書式］タブの［図形のスタイル］の［その他］ボタンをクリックします。
③ ［グラデーション - 茶、アクセント 4］をクリックします。
④ 図形のスタイルが変更されます。

【タスク 2】スライド 3 のグラフに第 1 主横軸目盛線とグラフタイトルを表示し、グラフタイトルを「香りの継続時間」にします。

① スライド 3 のグラフを選択します。
② グラフ右横の［グラフ要素］ボタンをクリックします。
③ ［グラフ要素］の［目盛線］の▶をクリックし、［第 1 主横軸］をクリックします。
④ グラフに第 1 主横軸目盛線が表示されます。
⑤ ［グラフ要素］の［グラフタイトル］をクリックします。
⑥ グラフにグラフタイトルが表示されます。
⑦ 問題文の「香りの継続時間」をクリックします。
⑧ 「グラフタイトル」の文字列を範囲選択し、Ctrl+V キーを押します。
⑨ 「グラフタイトル」が「香りの継続時間」に変更されます。

【タスク 3】スライド 5 の箇条書きのアニメーションの 1 行目はスライドの切り替えと同時に表示され、残りの行は前の行が表示された 2 秒後に表示されるようにします。

① スライド 5 の箇条書きの 1 行目にカーソルを移動します。
② [アニメーション] タブの [開始ボックス] をクリックし、[直前の動作と同時] をクリックします。
③ 箇条書きのアニメーション番号が「0」に変更されます。
④ スライド 5 の箇条書きの 2 行目から 4 行目を範囲選択します。
⑤ [アニメーション] タブの [開始] ボックスをクリックし、[直前の動作の後] をクリックします。
⑥ [アニメーション] タブの [遅延] ボックスに「02.00」と指定します。
⑦ 箇条書きのアニメーションのタイミングが変更されます。

【タスク 4】スライド 5 の背景に「大理石(茶)」のテクスチャを設定します。

① サムネイルのスライド 5 をクリックします。
② [デザイン] タブの [背景の書式設定] ボタンをクリックします。
③ [背景の書式設定] 作業ウィンドウが表示されます。
④ [背景の書式設定] 作業ウィンドウの [塗りつぶし] の [塗りつぶし(図またはテクスチャ)] をクリックします。
⑤ [テクスチャ] ボタンをクリックし、[大理石(茶)] をクリックします。
⑥ スライドの背景に「大理石(茶)」のテクスチャが設定されます。
⑦ [背景の書式設定] 作業ウィンドウの [閉じる] ボタンをクリックします。

【タスク 5】描画タブのツールを使用してスライド 2 の「※一例です」の文字列の下に「ペン:黄、3.5mm」で線を引きます。

① サムネイルのスライド 2 をクリックします。
② [描画] タブの [ペン] の一覧から [ペン] をクリックします(ペンが表示されていない場合は、[ペンの追加] ボタンをクリックして [ペン] をクリックします)。
③ [色] の一覧から [黄]、[太さ] の一覧から [3.5mm] をクリックします。
④「※一例です」の文字列の下でドラッグして線を引きます。
⑤ Esc キーを押してマウスの状態を解除します。

【タスク 6】リハーサルを実施し、タイミングを保存します。

① [スライドショー] タブの [リハーサル] ボタンをクリックします。
② スライドショーが実行され画面左上に [記録中] ツールバーが表示されます。
③ クリックしながら最後のスライドまで進みます。
④ リハーサルが終了すると [スライドショーの所要時間は○○です。今回のタイミングを保存しますか?] というメッセージが表示されるので [はい] をクリックします。

プロジェクト 2 研修プラン

【タスク 1】スライド 5 の図がスライドの右端の内側までになるように、パソコンより右側部分をトリミングします。

① スライド 5 の図をクリックします。
② [図ツール] の [書式] タブの [トリミング] ボタンをクリックします。
③ 図の周囲にトリミングハンドルが表示されます。
④ 図の右側中央のトリミングハンドルをスライドの右側の内側まで左方向にドラッグします。
⑤ [トリミング] ボタンをクリックして、トリミングを確定します。
⑥ 図の右側部分がトリミングされます。

【タスク 2】スライド 7 の SmartArt を箇条書きにします。

① スライド 7 の SmartArt を選択します。
② [SmartArt ツール] の [デザイン] タブの [変換] ボタンをクリックします。
③ [テキストに変換] をクリックします。
④ SmartArt が箇条書きに変換されます。

【タスク 3】スライド 8 を複製します。

① サムネイルのスライド 8 をクリックします。
② [ホーム] タブの [新しいスライド] ボタンの▼をクリックします。
③ [選択したスライドの複製] をクリックします。
④ スライド 8 が複製されます。

【タスク 4】スライド 4 の右側に「プロセス」の SmartArt を挿入し、図形を 1 つ削除します。

① サムネイルのスライド 4 をクリックします。
② 右側のプレースホルダー内の [SmartArt グラフィックの挿入] アイコンをクリックします。
③ [SmartArt グラフィックの選択] ダイアログボックスが表示されます。
④ 左側の [手順] をクリックし、一覧から [プロセス] をクリックします。
⑤ [OK] をクリックします。
⑥ プレースホルダー内に SmartArt が挿入されます。
⑦ SmartArt の任意の図形をクリックします。
⑧ Delete キーを押します。
⑨ SmartArt の図形が 1 つ削除され、図形のサイズと配置が変更されます。

【タスク 5】スライド 3 に設定されているアニメーションのオプションを「個別」に変更し、アニメーションをスライド 6 の SmartArt にコピーします。

① スライド 3 の SmartArt を選択します。
② [アニメーション] タブの [効果のオプション] ボタンをクリックします。
③ [個別] をクリックします。
④ SmartArt のオプションが変更され、プレビューされます。
⑤ SmartArt が選択されている状態で、[アニメーション] タブの [アニメーションのコピー / 貼り付け] ボタンをクリックします。
⑥ スライド 6 の SmartArt をクリックします。
⑦ アニメーションがコピーされ、プレビューされます。

【タスク 6】使用されているフォントだけを埋め込んでファイルを保存する設定にします。

① [ファイル] タブの [オプション] をクリックします。
② [PowerPoint のオプション] ダイアログボックスが表示されます。
③ 左側の一覧から [保存] をクリックします。
④ [次のプレゼンテーションを共有するときに再現性を保つ] の [ファイルにフォントを埋め込む] チェックボックスをオンにします。
⑤ [使用されている文字だけを埋め込む(ファイルサイズを縮小する場合)] がオンになっていることを確認し、[OK] をクリックします。

プロジェクト3　エコ活動

【タスク1】スライド「RECYCLE（リサイクル）の流れ」の画像に「オフセット：右上」の影を設定し、影の透明度を「30%」にします。

① スライド「RECYCLE（リサイクル）の流れ」のカメの画像を選択します。
② ［図ツール］の［書式］タブの［図の効果］ボタンをクリックします。
③ ［影］をポイントし、［影のオプション］をクリックします。
④ ［図の書式設定］作業ウィンドウの［効果］の［影］が展開されて表示されます。
⑤ ［影］の［標準スタイル］のボタンをクリックし、［オフセット：右上］をクリックします。
⑥ 画像に影が設定されます。
⑦ ［透明度］ボックスに「30%」と指定します。
⑧ 画像の影のオプションが変更されます。
⑨ ［図の書式設定］作業ウィンドウの［閉じる］ボタンをクリックします。

【タスク2】1ページに3スライドの配布資料として単純白黒で印刷する準備をします。

① ［ファイル］タブの［印刷］をクリックします。
② ［設定］の［フルページサイズのスライド］をクリックします。
③ ［配布資料］の［3スライド］をクリックします。
④ 印刷プレビューが配布資料の3スライドに変更されます。
⑤ ［設定］の［カラー］をクリックし［単純白黒］をクリックします。
⑥ 印刷の設定が変更されます。

【タスク3】スライド「2つのRECYCLE（リサイクル）」の箇条書きを2段組みにし、「マテリアルリサイクル」から2段目になるようにします。

① スライド「2つのRECYCLE（リサイクル）」の箇条書きのプレースホルダーを選択します。
② ［ホーム］タブの［段の追加または削除］ボタンをクリックします。
③ ［2段組み］をクリックします。
④ 「マテリアルリサイクル」の行頭にカーソルを移動します。
⑤ Enterキーを2回押します。
⑥ 「マテリアルリサイクル」が2段目から始まる2段組みになります。

【タスク4】タイトルスライドの図のアニメーションが一番最後に実行されるようにします。

① タイトルスライドの図を選択します。
② ［アニメーション］タブの［アニメーションの順序の変更］の［順番を後にする］をクリックします。
③ 図のアニメーション番号が「3」と表示されます。

【タスク5】スライド「3R（スリーアール）を実践する」に3Dオブジェクトフォルダーの3Dモデル「3R_bp.glb」を挿入し、高さを「10cm」にしてスライドの白い部分の右に移動します。次に、ビューを「左上前面」にします。

① スライド「3R（スリーアール）を実践する」のサムネイルをクリックします。
② ［挿入］タブの［3Dモデル］ボタンの▼をクリックします。
③ ［このデバイス］をクリックします。
④ ［3Dモデルの挿入］ダイアログボックスが表示されます。
⑤ ［3Dオブジェクト］が選択されていることを確認し、「3R_bp」を選択して［挿入］をクリックします。
⑥ 3Dモデルが挿入されます。
⑦ ［3Dモデルツール］の［書式］タブの［高さ］ボックスに「10cm」と指定します。
⑧ 3Dモデルのサイズが変更されます。
⑨ 3Dモデルの枠線をポイントし、右方向にドラッグして移動します。
⑩ ［3Dモデルツール］の［書式］タブの［3Dモデルビュー］の［その他］ボタンをクリックします。
⑪ ［左上前面］をクリックします。
⑫ 3Dモデルのビューが変更されます。

【タスク6】スライドの最後にドキュメントフォルダーの「節電_bp.pptx」のすべてのスライドを順番どおりに挿入します。

① サムネイルのスライド9をクリックします。
② ［ホーム］タブの［新しいスライド］ボタンの▼をクリックします。
③ ［スライドの再利用］をクリックします。
④ ［スライドの再利用］作業ウィンドウが表示されます。
⑤ ［スライドの再利用］作業ウィンドウの［PowerPointファイルを開く］をクリックします。
⑥ ［参照］ダイアログボックスが表示されます。
⑦ ［ドキュメント］が選択されていることを確認し、「節電_bp」を選択して［開く］をクリックします。
⑧ ［スライドの再利用］作業ウィンドウの任意のスライドを右クリックします。
⑨ ［すべてのスライドを挿入］をクリックします。
⑩ スライド10から14にスライドが挿入されます。
⑪ ［スライドの再利用］作業ウィンドウの［閉じる］ボタンをクリックします。

プロジェクト4　八重山案内

【タスク1】「タイトルのみ」というスライドマスターのレイアウトを複製して「写真リスト」という名前に変更します。タイトルのフォントサイズを48ptに変更し、左側に画像、右側に表のプレースホルダーを重ならないように配置します。プレースホルダーのサイズや位置は自由です。

① ［表示］タブの［スライドマスター］ボタンをクリックします。
② 左側のサムネイルの［タイトルのみレイアウト］を右クリックします。
③ ［レイアウトの複製］をクリックします。
④ ［タイトルのみレイアウト］の下に［1_タイトルのみレイアウト］が複製されます。
⑤ ［スライドマスター］タブの［名前の変更］ボタンをクリックします。
⑥ ［レイアウト名の変更］ダイアログボックスが表示されます。
⑦ 問題文の「写真リスト」をクリックします。
⑧ ［レイアウト名の変更］ダイアログボックスの［レイアウト名］のボックス内をクリックし、Ctrl+Vキーを押します。
⑨ ［名前の変更］をクリックします。
⑩ レイアウト名が変更されます。
⑪ 「写真リスト」レイアウトの「マスタータイトルの書式設定」と表示されているプレースホルダーの枠線をクリックします。
⑫ ［ホーム］タブの［フォントサイズ］ボックスの▼をクリックし、［48］ptをクリックします。
⑬ ［スライドマスター］タブの［プレースホルダーの挿入］ボタンの▼をクリックします。
⑭ 一覧から［図］をクリックします。
⑮ 「マスタータイトルの書式設定」と表示されているプレースホルダーの左上から右下へドラッグします。
⑯ 図プレースホルダーが作成されます。

⑰ ［スライドマスター］タブの［プレースホルダーの挿入］ボタンの▼をクリックします。
⑱ 一覧から［表］をクリックします。
⑲ 図プレースホルダーの右側の余白をドラッグします。
⑳ 表プレースホルダーが作成されます。
㉑ ［スライドマスター］タブの［マスター表示を閉じる］ボタンをクリックします。

【タスク 2】スライド 3 の画像の左側に高さ「2cm」、幅「4cm」の角の丸い四角形を描画して「大人気！」と入力し、画像と上下中央に合わせます。

① サムネイルのスライド 3 をクリックします。
② ［挿入］タブの［図形］ボタンをクリックします。
③ ［四角形］の［四角形：角を丸くする］をクリックします。
④ 画像の左部分にドラッグして描画します。
⑤ ［描画ツール］の［書式］タブの［サイズ］の［図形の高さ］ボックスを「2cm」、［図形の幅］ボックスを「4cm」に変更します。
⑥ 問題文の「大人気！」をクリックします。
⑦ 図形をクリックし、Ctrl+V キーを押します。
⑧ 図形を選択している状態で、Shift キーを押しながら右の画像をクリックします。
⑨ ［描画ツール］の［書式］タブの［配置］ボタンをクリックします。
⑩ ［上下中央揃え］をクリックします。
⑪ 図形と画像が上下中央揃えになります。

【タスク 3】スライド 4 の SmartArt の「北緯 24 度…」の図形を一番下に移動します。

① スライド 4 の SmartArt の「北緯 24 度…」と入力されている図形を選択します。
② ［SmartArt ツール］の［デザイン］タブの［下へ移動］ボタンをクリックします。
③ 「北緯 24 度…」と入力されている図形が下に移動します。

【タスク 4】スライド 5 の「那覇空港と石垣空港…」と入力されている吹き出しのサイズに他の 2 つの吹き出しのサイズを合わせます

① スライド 5 の「那覇空港と石垣空港…」と入力されている吹き出しを選択します。
② ［描画ツール］の［書式］タブの［サイズ］の［図形の高さ］ボックスが「3cm」、［図形の幅］ボックスが「7.5cm」であることを確認します。
③ 「主要空港から…」と入力されている吹き出しを選択します。
④ ［描画ツール］の［書式］タブの［サイズ］の［図形の高さ］ボックスを「3cm」、［図形の幅］ボックスを「7.5cm」に変更します。
⑤ 「石垣島から…」と入力されている吹き出しを選択します。
⑥ ［描画ツール］の［書式］タブの［サイズ］の［図形の高さ］ボックスを「3cm」、［図形の幅］ボックスを「7.5cm」に変更します。
⑦ 3 つの吹き出しのサイズが同じに設定されます。

【タスク 5】すべてのスライドの画面切り替えの継続時間を「3 秒」にし、「20 秒後」に自動的に切り替える設定をします。なお、クリック時にも切り替えられるようにします。

① ［画面切り替え］タブの［期間］ボックスに「03.00」と指定します。
② ［画面切り替え］タブの［画面切り替えのタイミング］の［自動］ボックスに「00:20.00」と指定します。
③ ［自動］チェックボックスがオンになったことを確認します。
④ ［クリック時］チェックボックスがオンであることを確認します。
⑤ ［画面切り替え］タブの［すべてに適用］ボタンをクリックします。
⑥ すべてのスライドに画面切り替えの効果の継続時間が変更され、自動的に切り替える時間が設定されます。

【タスク 6】スライド 7 のビデオの開始時間を「2 秒」、終了時間を「8 秒」に設定し、再生が終わったら巻き戻すようにします。

① スライド 7 のビデオを選択します。
② ［ビデオツール］の［再生］タブの［ビデオのトリミング］ボタンをクリックします。
③ ［ビデオのトリミング］ダイアログボックスが表示されます。
④ ［開始時間］ボックスに「02.00」、［終了時間］ボックスに「08.00」と指定します。
⑤ ［OK］をクリックします。
⑥ ［ビデオツール］の［再生］タブの［再生が終了したら巻き戻す］チェックボックスをオンにします。
⑦ ビデオの設定が変更されます。

プロジェクト 5　ペット

【タスク 1】プロパティの会社名を「BP ペット」、サブタイトルに「pet」を設定します。

① ［ファイル］タブの［情報］の［プロパティをすべて表示］をクリックします。
② 問題文の「BP ペット」をクリックします。
③ ［プロパティ］の［会社］ボックスをクリックし、Ctrl+V キーを押します。
④ 問題文の「pet」をクリックします。
⑤ ［プロパティ］の［サブタイトル］ボックスをクリックし、Ctrl+V キーを押します。
⑥ 会社とサブタイトルのプロパティが設定されます。

【タスク 2】スライド 2 の画像に「面取り、反射付き、白」のスタイルを設定し、色の彩度を「200%」にします。

① スライド 2 の画像を選択します。
② ［図ツール］の［書式］タブの［図のスタイル］の［その他］ボタンをクリックします。
③ ［面取り、反射付き、白］をクリックします。
④ 画像にスタイルが設定されます。
⑤ ［図ツール］の［書式］タブの［色］ボタンをクリックします。
⑥ ［色の彩度］の［彩度：200%］をクリックします。
⑦ 画像の彩度が変更されます。

【タスク 3】スライド 8 を表示します。

① サムネイルのスライド 8 をクリックします。
② ［スライドショー］タブの［非表示スライドに設定］ボタンをクリックします。
③ サムネイルのスライド 8 がはっきり表示され、スライド番号についていた＼が消えます。

【タスク 4】スライド 2 のオーディオをクリック時に再生するようにし、スライドを切り替えた後も再生されるようにします。

① スライド 2 のオーディオファイルのアイコンを選択します。
② ［オーディオツール］の［再生］タブの［開始］ボックスをクリックし、［クリック時］をクリックします。
③ ［オーディオツール］の［再生］タブの［スライド切り替え後も再生］チェックボックスをオンにします。
④ オーディオの再生オプションが変更されます。

【タスク 5】すべてのスライドに「プレステージ」の画面切り替え効果を適用します。

① ［画面切り替え］タブの［画面切り替え］の［その他］ボタンをクリックします。
② ［はなやか］の［プレステージ］をクリックします。
③ 設定した画面切り替え効果がプレビューされ、選択したスライドに設定されます。
④ ［画面切り替え］タブの［すべてに適用］ボタンをクリックします。
⑤ すべてのスライドに画面切り替えの効果が適用されます。

プロジェクト 6　データ分析

【タスク 1】スライド 8 の「Word」と「PowerPoint」と入力されている 2 つの図形を上揃えにし、「Excel」と入力されている図形とアイコンの画像を含めた 4 つをグループ化します。

① スライド 8 の「Word」と入力されている図形を選択します。
② Shift キーを押しながら「PowerPoint」と入力されている図形をクリックします。
③ ［描画ツール］の［書式］タブの［配置］ボタンをクリックします。
④ ［上揃え］をクリックします。
⑤ 2 つの図形が上揃えで配置されます。
⑥ 2 つの図形が選択された状態で、Shift キーを押しながら「Excel」と入力されている図形とアイコンの画像をクリックします。
⑦ ［描画ツール］の［書式］タブの［グループ化］ボタンをクリックします。
⑧ ［グループ化］をクリックします。
⑨ 図形がグループ化されます。

【タスク 2】スライド 9 の右側のプレースホルダーに「ヒストグラム」のグラフを挿入し、グラフタイトルに「ヒストグラム」と入力します。

① サムネイルのスライド 9 をクリックします。
② 右側のプレースホルダー内の［グラフの挿入］アイコンをクリックします。
③ ［グラフの挿入］ダイアログボックスが表示されます。
④ 左側の一覧から［ヒストグラム］をクリックします。
⑤ 上の形式で［ヒストグラム］が選択されていることを確認し、［OK］をクリックします。
⑥ ヒストグラムが挿入されます。
⑦ ［Microsoft PowerPoint 内のグラフ］シートの［閉じる］ボタンをクリックします。
⑧ 問題文の「ヒストグラム」をクリックします。
⑨ 「グラフタイトル」と表示されている文字列を範囲選択し、Ctrl+V キーを押します。
⑩ グラフタイトルに「ヒストグラム」と表示されます。

【タスク 3】スライドマスターの「タイトルとコンテンツ」のコンテンツのプレースホルダ―の背景を「ブルーグレー、テキスト 2」で塗りつぶします。

① ［表示］タブの［スライドマスター］ボタンをクリックします。
② 左側のサムネイルから［タイトルとコンテンツレイアウト］をクリックします。
③ 箇条書きのプレースホルダーの枠線をクリックします。
④ ［描画ツール］の［書式］タブの［図形の塗りつぶし］ボタンをクリックします。
⑤ ［ブルーグレー、テキスト 2］をクリックします。
⑥ 箇条書きのプレースホルダーに色が設定されます。
⑦ ［スライドマスター］タブの［マスター表示を閉じる］ボタンをクリックします。

【タスク 4】セクション「分析」のセクション名を「データ分析」に変更します。

① スライド 4 の上の「分析」セクション名をクリックします。
② ［ホーム］タブの［セクション］ボタンをクリックします。
③ ［セクション名の変更］をクリックします。
④ ［セクション名の変更］ダイアログボックスが表示されます。
⑤ 問題文の「データ分析」をクリックします。
⑥ ［セクション名の変更］ダイアログボックスの［セクション名］ボックスをクリックし、Ctrl+V キーを押します。
⑦ ［名前の変更］をクリックします。
⑧ セクション名が「データ分析」に変更されます。

【タスク 5】すべてのスライドの画面切り替えの効果のオプションを「上から」、継続時間を「3 秒」とします。

① ［画面切り替え］タブの［効果のオプション］ボタンをクリックします。
② ［上から］をクリックします。
③ 選択したスライドに画面切り替えの効果のオプションが設定され、プレビューされます。
④ ［画面切り替え］タブの［期間］ボックスに「03.00」と指定します。
⑤ ［画面切り替え］タブの［すべてに適用］ボタンをクリックします。
⑥ すべてのスライドの画面切り替えのオプションと継続時間が変更されます。

【タスク 6】スライド 5 の表のスタイルを「中間スタイル 2-アクセント 4」にし、「縞模様（行）」を解除して「縞模様（列）」を設定します。1 行目の文字列を中央揃えにします。

① スライド 5 の表を選択します。
② ［表ツール］の［デザイン］タブの［表のスタイル］の［中間スタイル 2- アクセント 4］をクリックします。
③ ［表ツール］の［デザイン］タブの［縞模様（行）］チェックボックスをオフにします。
④ ［表ツール］の［デザイン］タブの［縞模様（列）］チェックボックスをオンにします。
⑤ 縞模様が列方向に変更されます。
⑥ 1 行目の 3 つのセルを選択します。
⑦ ［表ツール］の［レイアウト］タブの［中央揃え］ボタンをクリックします。
⑧ 1 行目の文字列が中央揃えに配置されます。

模擬テストプログラムの使用許諾契約について

以下の使用許諾契約書は、お客様と株式会社日経BP（以下、「日経BP」といいます）との間に締結される法的な契約書です。本プログラムおよびデータ（以下、「プログラム等」といいます）を、インストール、複製、ダウンロード、または使用することによって、お客様は本契約書の条項に拘束されることに同意したものとします。本契約書の条項に同意されない場合、日経BPは、お客様に、プログラム等のインストール、複製、アクセス、ダウンロード、または使用のいずれも許諾いたしません。

●使用許諾契約書

1. 許諾される権利について
日経BPは、本契約に基づき、以下の非独占的かつ譲渡不可能な使用権をお客様に許諾します。
(1) プログラム等のコピー1部を、1台のコンピューターへインストールし、1人が当該コンピューター上で使用する権利。
(2) 保存のみを目的とした、プログラム等のバックアップコピー1部を作成する権利。

2. 著作権等
(1) プログラム等およびプログラム等に付属するすべてのデータ、商標、著作、ノウハウおよびその他の知的財産権は、日経BPまたは著作権者に帰属します。これらのいかなる権利もお客様に帰属するものではありません。
(2) お客様は、プログラム等およびプログラム等に付属する一切のデータは、日経BPおよび著作権者の承諾を得ずに、第三者へ、賃貸、貸与、販売、または譲渡できないものとします。
(3) 本許諾契約の各条項は、プログラム等を基に変更または作成されたデータについても適用されます。

3. 保証の限定、損害に関する免責
(1) プログラム等を収録した媒体に物理的損傷があり、使用不能の場合には、日経BPは当該メディアを無料交換いたします。ただし、原則として、交換できるのは購入後90日以内のものに限ります。
(2) 前項の場合を除いては、日経BPおよび著作権者は、プログラム等およびプログラム等に付属するデータに関して生じたいかなる損害についても保証いたしません。
(3) 本契約のもとで、日経BPがお客様またはその他の第三者に対して負担する責任の総額は、お客様が書籍購入のために実際に支払われた対価を上限とします。

4. 契約の解除
(1) お客様が本契約に違反した場合、日経BPは本契約を解除することができます。その場合、お客様は、データの一切を使用することができません。またこの場合、お客様は、かかるデータの複製等すべてを遅滞なく破棄する義務を負うものとします。
(2) お客様は、プログラム等およびそれに付属するデータ、プログラム等の複製、プログラム等を基に変更・作成したデータの一切を破棄することにより、本契約を終了することができます。ただし、本契約のもとでお客様が支払われた一切の対価は返還いたしません。

5. その他
(1) 本契約は、日本国法に準拠するものとします。
(2) 本契約に起因する紛争が生じた場合は、東京簡易裁判所または東京地方裁判所のみをもって第1審の専属管轄裁判所とします。
(3) お客様は事前の承諾なく日本国外へプログラム等を持ち出すことができないものとします。日経BPの事前の承諾がない場合、お客様の連絡・通知等一切のコンタクトの宛先は、日本国内に限定されるものとします。

■ 本書についての最新情報、訂正、重要なお知らせについては下記 Web ページを開き、書名もしくは ISBN で検索してください。ISBN で検索する際は－（ハイフン）を抜いて入力してください。

https://bookplus.nikkei.com/catalog/

■ 本書に掲載した内容および模擬テストプログラムについてのお問い合わせは、下記 Web ページのお問い合わせフォームからお送りください。電話およびファクシミリによるご質問には一切応じておりません。なお、本書の範囲を超えるご質問にはお答えできませんので、あらかじめご了承ください。ご質問の内容によっては、回答に日数を要する場合があります。

https://nkbp.jp/booksQA

問題作成協力●清水 香里
装　　　　丁●折原カズヒロ
ＤＴＰ制作●クニメディア株式会社
模擬テスト
プログラム開発●エス・ビー・エス株式会社

MOS 攻略問題集 PowerPoint 365&2019

2020 年 12 月 14 日　初版第 1 刷発行
2024 年　4 月 26 日　初版第 5 刷発行

著　　者：市川 洋子
発 行 者：中川 ヒロミ
発　　行：日経 BP
〒 105-8308　東京都港区虎ノ門 4-3-12
発　　売：日経 BP マーケティング
〒 105-8308　東京都港区虎ノ門 4-3-12
印　　刷：大日本印刷株式会社

ISBN978-4-8222-8631-6　Printed in Japan